四川省新闻出版广播影视"十三五"发展规划重大项目
2016年度四川省文化产业发展专项资金资助项目
2015年中央高校基本科研业务费汪启明研究团队培育项目

丝绸之路汉文文献要目总览·南海分卷

主　　编　　汪启明　张雪永

分卷主编　　刘思文

西南交通大学出版社
·成　都·

图书在版编目（ＣＩＰ）数据

丝绸之路汉文文献要目总览.南海分卷 / 汪启明，张雪永主编；刘思文分卷主编. —成都：西南交通大学出版社，2021.11
ISBN 978-7-5643-8328-2

Ⅰ . ①丝… Ⅱ . ①汪… ②张… ③刘… Ⅲ . ①南海 – 丝绸之路 – 地方文献 – 内容提要 Ⅳ . ①Z812.2

中国版本图书馆 CIP 数据核字（2021）第 212495 号

Sichou zhi Lu Hanwen Wenxian Yaomu Zonglan • Nanhai Fenjuan

丝绸之路汉文文献要目总览·南海分卷

主　　编	汪启明　　张雪永
分卷主编	刘思文

出 版 人	王建琼
责任编辑	罗俊亮
封面设计	曹天擎
出版发行	西南交通大学出版社 （四川省成都市金牛区二环路北一段 111 号 西南交通大学创新大厦 21 楼）
邮政编码	610031
发行部电话	028-87600564　028-87600533
网址	http://www.xnjdcbs.com
印刷	成都勤德印务有限公司
成品尺寸	185 mm×260 mm
印张	37
字数	941 千
版次	2021 年 11 月第 1 版
印次	2021 年 11 月第 1 次
定价	198.00 元
书号	ISBN 978-7-5643-8328-2

丝绸之路汉文文献要目总览

编委会

把握好交通这个点（序一）

桂富强

前段时间我与文科处处长张雪永商量，希望做一个比较大的平台，随即就想到了做"一带一路"交通研究这个大平台。在"一带一路"的交通大平台下，我们可以进行更多的研究，这既为国家的"一带一路"贡献了我们的力量，又有利于我校的文科发展。

今天启动"丝绸之路汉文文献菁华"这个项目是让我们很兴奋的一件事，但是做项目就一定会有一些延伸的成果。关于这个项目的缘起和希冀，我有三句话：一是这件事太值得干。"一带一路"是一个很热的词，在交通的历史或者文献历史方面，西南交通大学要当仁不让地牵头做这件事，我们还有资深的专家，为项目研究打下了基础；二是项目一定要做大。我们要做到国家层面、影响到国家层面，我们不仅要出数据库、出书，关键还要出思想；三是一定要干好，从学校层面，要出钱、出人，另外一定要讲究市场，市场很重要，我们可以通过市场的力量来推动研究，这是一条比较好的路子。只是行政的支持是很有限的，如何将这个项目推向市场也是我们需要思考的问题。当然，研究项目需要专注，这是毋庸多言的，我们有专家团队、有很多博士生，我们要确保一定的时间，集中一定的人力、财力，专注地来完成这件事情。

做交通史的研究，丝绸之路是一个突破点，我们要把握好交通这个点，我们在这个点占领了一个高地，未来就有很好的延展性。项目的进行要注意交叉，广泛借助集体的力量，切忌闭门造车，这里的交叉可能是多学科交叉，那么老师、学生就要注意交叉合作，也可能是与校外的研究专家、研究成果有所交叉，此时我们可以借助四川的力量、全国的力量，甚至是全球的力量。

2015 年 6 月

"一带一路"的交大声音（序二）

张雪永

"一带一路"是"丝绸之路经济带"和"21 世纪海上丝绸之路"的简称，系由中国国家主席习近平于 2013 年 9 月和 10 月出访中亚和东南亚国家期间提出的重大倡议，旨在借用古代丝绸之路的历史符号，高举和平发展的旗帜，主动发展与沿线国家的经济合作伙伴关系，共同打造政治互信、经济融合、文化包容的利益共同体、命运共同体和责任共同体。习近平总书记指出："古丝绸之路绵亘万里，延续千年，积淀了以和平合作、开放包容、互学互鉴、互利共赢为核心的丝路精神。这是人类文明的宝贵遗产。" 2015 年 3 月 28 日，国务院授权国家发改委、外交部、商务部联合发布了《推动共建丝绸之路经济带和 21 世纪海上丝绸之路的愿景与行动》，首次以政府文件形式将"一带一路"倡议呈现给世界。

"一带一路"倡议提出后，因其承载的巨大经济、文化、科技潜力而备受世界瞩目。同时，由于"一带一路"依托中国古代陆上丝绸之路与海上丝绸之路相连的地理优势，其所掀起的参与热潮也使古代"丝绸之路"这一极具历史意义的国际通道重新进入人们的视线并得到广泛关注。

"一带一路"倡议覆盖古"丝绸之路"沿途主要地区，旨在以古代丝绸之路的路线为基础，依托陆地丝绸之路和海上丝绸之路的地理优势，打造新时代背景下的"丝绸之路经济带"和"21 世纪海上丝绸之路"。丝绸之路经济带倡议涵盖东南亚经济整合、东北亚经济整合，并最终融合在一起通向欧洲，形成欧亚大陆经济整合的大趋势。21 世纪海上丝绸之路经济带倡议从海上联通欧亚非三个大陆，和丝绸之路经济带倡议形成一个海上、陆地的闭环。"一带一路"倡议是中国为适应当今国际经济文化新格局变化而提出的，蕴含着以经济合作为基础和主轴，以人文交流为重要支撑，开放包容的合作理念。作为中国扩大和深化对外开放的需要，其在经济和文化领域都有不可估量的重大意义。

古代"丝绸之路"起始于中国，是连接亚洲、非洲和欧洲的古代路上商业贸易路线。狭义的丝绸之路一般指陆上丝绸之路，广义的丝绸之路又分为陆上丝绸之路和海上丝绸之路，根据具体路线的不同，陆上丝绸之路又可以分为沙漠丝绸之路、草原丝绸之路和西南丝绸之路。作为历时 2000 年之久，横贯亚欧大陆的国际要道，丝绸之路不仅仅是国际交通路线，更是"中西文化交流的大动脉"，是历史时期一个独特人文区域的"文化系统"。它将中国与亚、欧、非三大洲的众多国家联系起来，丝绸、瓷器、香料络绎于途。在丝绸之路的引领推动下，世界开始了解中国，中国开始影响世界。丝绸之路在推动东西方思想交流、文化交融和全球经济一体化、人类文明多样化等方面发挥了十分重要的作用，为古代东西方之间经济、文化交流作出了重要贡献。

从经济层面上讲,"一带一路"无疑会带来中国经济发展的巨大转变。首先,"一带一路"建设与区域开发开放相结合,将彻底改变我国之前的点状、块状的发展格局。有利于进一步开放我国西边门户,实现东中西联动发展、陆海统筹,构建经济空间一体化格局。其次,"一带一路"倡议中庞大的基础设施建设将极大改善目前中国产能过剩问题。据统计,倡议沿线国家和地区总人口约 44 亿,经济总量约 21 万亿美元,分别约占全球的 63%和 29%,"一带"沿线及辐射区域和"一路"港口和内陆纵深的关键枢纽、节点将形成庞大的基础设施需求,并吸引大量人口带动城市建设和工业园区建设。这有利于加大我国产能输出,缓解产能过剩问题,稳定国民经济。最后,"一带一路"倡议将提高各国间商品和服务贸易自由化、便利化的深度和广度,有利于我国开拓新的国际市场,改善国际融资环境,扭转在国际贸易中的不利地位。

丝绸之路不仅是经济发展之路,也是文化建设之路。从文化层面上讲,一方面,"一带一路"两端连接东西方文明源头,有利于促进东西方文明的交流与融合,实现沿线的跨文化交流。这个构想涉及几十个国家、数十亿人口,这些国家在历史上创造出了形态不同、风格各异的文明形态,是人类文明宝库的重要组成部分。"一带一路"作为沿线国家不同文化深入交融的融合剂,有利于促进不同文明之间的交流互鉴和世界文化的发展繁荣。另一方面,"一带一路"所迸发的新的文化活力也有利于提升我国的文化交流水平。首先,"一带一路"发挥连接不同文明的纽带作用,为我国传统文化的传承与现代文化的创新迎来难得的发展机遇。通过文化交流与合作,充分发掘沿线国家深厚的文化底蕴,弘扬中国传统文化精神,并吸收和借鉴外来文化当中优秀的部分,充实和更新自身,从而适应当前经济全球化和文化多元化的新形势。其次,"一带一路"所形成的新的贸易通道,极大提升了国家间贸易自由的广度和深度,这也开拓了我国文化产业的输出渠道,文化产业资源优势和市场优势结合,有利于抵御西方大众文化扩张对我国文化产业发展形成巨大冲击。最后,"一带一路"有利于我国在激烈的世界人才竞争中占据主导。通过与沿线国家广泛开展文化交流、学术往来、人才交流合作,深化沿线国家间人才培养与合作机制,培养国际性创新人才,有利于抵御当今世界激烈的人才竞争,维护我国的文化安全。

由于"一带一路"具有重大的经济和文化意义,对这一领域的探索日趋引起国内外诸多专家的重视,与此同时,作为"一带一路"的历史和地理基础,古代"丝绸之路"也逐渐引起学者的研究重视。目前,有关丝绸之路的国内外研究成果数量庞大,涉及领域广泛。据不完全统计,自 19 世纪后,仅国内文献研究成果就多达 9 万多篇,其中包涵经济领域文献约 3.1 万篇,文化领域约 2 万篇,政治领域约 1 万篇,此外如艺术、考古、交通、历史等领域的研究文献达 3 万多篇。而作为丝绸之路研究基础的历史文献和考古资料更是卷帙浩繁,如近代著名史学家、翻译家冯承钧先生的《西域南海史地考证论丛》1~9 编和《西域南海史地论著汇辑》收录了大量有关丝绸之路研究的论文和译文,成为我国丝绸之路研究的铺路石。值得一提的是,张星烺先生于 1930 年出版的《中西交通史料汇编》,这部 6 册的巨著系统反映了 17 世纪中叶以前中国与欧洲、印度、中西亚、非洲地区的关系,已经成为研究丝绸之路不可或缺的资料工具。此外,唐长孺先生主持的

《吐鲁番出土文书》（10 册）收集整理了 1959—1975 年在新疆吐鲁番的阿斯塔那、哈拉和卓等 203 座古墓地出土的从前凉升平十年（366 年）至唐大历四年（769 年）间一千八百多件文书，不但对于魏晋隋唐史的研究，更是对于丝绸之路的研究具有极其重要的意义。由于老一辈学者的努力，我国的丝绸之路研究一开始就奠定了坚实的文献学基础，这些文献资料对今天学者的研究功不可没。

如今，各界在政治经济、宗教文化、民族民俗、历史地理、考古、语言、艺术等领域对丝绸之路专题研究的日益深入，已成为此后我国丝绸之路研究的主要趋势。

如北京师范大学、复旦大学等成立了有 127 所高校参加的“'一带一路'高校联盟”，北京大学、吉林大学等分别成立了“'一带一路'研究中心”，清华大学成立了“'一带一路'研究院”，中国人民大学成立了“'一带一路'经济研究院”，北京外国语大学成立了“丝绸之路研究院”等。而目前学术界关于丝绸之路的研究文献琐碎繁杂，查找收集较为困难，对于丝绸之路历史资料与考古文献的收集和整理工作尚不完善，为相关研究带来了极大不便。因而，面对新时代背景下“一带一路”倡议所引发的丝绸之路研究热潮，传承老一辈学者的研究成果，进一步对丝绸之路历史文献和考古资料进行收集和整理，显得十分必要。

围绕学校党委以轨道交通为抓手，主动参与“一带一路”建设的号召，我们启动了“丝绸之路汉文文献菁华”的项目。在项目启动会议上，桂富强副书记指出：“我有三句话：一是这件事太值得干。'一带一路'是一个很热的词，在交通的历史或者文献历史方面，西南交通大学要当仁不让地牵头做这件事，我们还有资深的专家，为项目研究打下了基础。二是项目一定要做大。我们要做到国家层面、影响到国家层面，我们不仅要出数据库、出书，关键还要出思想。三是一定要干好，从学校层面，要出钱、出人，另外一定要讲究市场，市场很重要，我们可以通过市场的力量来推动研究。”“做交通史的研究，丝绸之路是一个突破点，我们要把握好交通这个点，我们在这个点占领了一个高地，未来就有很好的延展性。”今天呈现在读者面前的就是这个项目的成果之一。当然，这仅仅是第一步，西南交通大学在交通史方面还有很多的工作可以做。我们将在这方面继续进行下去。

2018 年 8 月

凡　例

一、本书分为上、下两编，上编为古代文献部分，包括总论、地理编、交通编、人文编、人物编等五个板块；下编为现代著述部分，包括图书编、期刊编、学位论文编、会议论文编等四个板块。

二、本书收录的材料以与南海及该地域相关文献为限，少量收录海上丝绸之路相关文献，具体内容包括南海及其周边政治、经济、科技、宗教、民俗、民族、地理、艺术、考古、语言等内容的专著和文献辑录两个部分。南海文献专著指作者编著的南海材料或后人辑佚并为学界认可的南海文献专著；辑录部分主要收录或选录历代典籍中与南海相关的文献。

三、上编古代文献部分材料先按五个板块分类，板块下的内容再按作者生卒年或大致生卒年先后顺序编排；每一作者均撰写作者小传，简要介绍该作者生平、成就和收录资料的来源；文献的时间范围截至 1911 年，所收资料均以善本为底本，与他本有异时，若底本文义可通则以底本为准，若底本有误则综合他本校正，并在该文献正文后列出校记。

四、下编现代著述按《中国图书馆图书分类法》逐级分类，所列条目按照《信息与文献　参考文献著录规则》（GB/T 7714—2015）编排；著作文献条目按"序号. [国别]作者书名[文献标识码]. 出版地：出版社，出版年."顺序标注，书名加粗，若著者为外国籍用"[国别]"标注，国内作者国别则省略不注；若只是著作中某章（节）涉及南海丝绸之路内容，则在"出版年"后按"第 X 页.章/节内容"格式择要标注页码和内容概述。

五、有关期刊与学位论文条目则按"序号. 作者. 文献题名[文献标识码]. 刊名，X 年 X 期(号)：页码."顺序标注，篇名加粗；学位和会议论文条目按"序号. 作者. 文献题名[文献标识码]. 文献出处，X 年 X 月"顺序标注，篇名加粗。

六、本书中所收与南海相关的历代文献资料，每条资料后面均详注书名、卷次、篇名，不用简称。本书上编古代文献与下编现代著述等两部分均采用简体字加新式标点的方式进行排印。

七、本书中标题用黑体，正文用宋体，正文中原双行小字用楷体小字，原按语、引用文字用仿宋；正文外作者简介、注释与校记用仿宋体，内容来源与相关性介绍用楷体。

八、全书主要由贵州师范大学、西南交通大学、成都大学三所高校的老师共同参与完成。由于我们水平有限，错误在所难免，望广大读者批评指正。

目　录

上编　古代文献类

总　论

地理编

交通编

人文编

人 物 编

下编　现代著述类

图 书 编

期刊编

学位论文编

会议论文编

上编　古代文献类

总　论

明·姚广孝等《明太祖实录》一则

姚广孝（1335—1418），幼名天僖，法名道衍，字斯道，又字独暗，号独庵老人、逃虚子，江苏长洲人。明朝政治家、佛学家、文学家。年轻时在苏州妙智庵出家为僧，精通三教，与明初儒释道各家学术领袖都有不错的关系。洪武十五年（1382），以"臣奉白帽著王"结识燕王朱棣，主持庆寿寺，成为朱棣的主要谋士。明成祖朱棣即位后，姚广孝任僧录司左善世，又加太子少师，被称为"黑衣宰相"。负责迁都事宜，一手规划今日北京城布局。后担任《永乐大典》《明太祖实录》的最高编撰官。晚年整理了反排佛的《道余录》，为佛教史上一件大事。永乐十六年（1418），病逝庆寿寺，追赠荣国公，谥号恭靖。皇帝亲自撰写神道碑铭，并以文臣身份入明祖庙，是明代第一人，也是唯一一人。

（洪武五年九月乙巳朔）南海盗黑鬼为乱，诏广东卫兵讨之，败其众于马鞍山，又败之于浪淘嘴，生擒黑鬼及伪都督元帅等三百七十余人，斩之。

…………

甲子，占城国王阿答阿者遣其臣阳宝摩诃八的佛禄等来贡方物，诏赐阿答阿者织金文绮纱罗四十匹，使者纱罗、文绮、钱帛有差。

…………

（辛酉）思州土官田弘率其所部蛮夷长官来朝贡方物，上命弘袭父职，为宣慰使，赐白金、文绮、钞锭。

癸亥，诏浙江、福建濒海诸卫改造多橹快船，以备倭寇。

…………

辛未，靖海侯吴祯还京师，先是祯督饷定辽，因完城练卒，尽收辽东未附之地，至是乃还。上曰："海外之地，悉归版图，固有可喜，亦有可惧。"祯曰："陛下威德加于四海，夫复何忧？"上曰："自古人君之得天下，不在地之大小，而在德之修否。元之天下，地非不广，及末主荒淫，国祚随灭。由此观之，可不惧乎！"祯对曰："圣虑深远，臣愚不及此。"

（清钞本《明太祖实录》卷七六）

《明太祖实录》先后三次修纂。初修于建文元年（1399），总裁为董伦等；再修于永乐之初，总裁为解缙；三修于永乐九年（1411），监修官为姚广孝、夏原吉，总裁为胡广、胡俨、黄淮、杨荣。《明太祖实录》卷七六中提及朝廷平定南海骚乱，收复版图及南海藩国进贡等情况，与南海地缘政治有关。

明·杨士奇《明宣宗实录》一则

杨士奇（1366—1444），名寓，字士奇，号东里，明吉安泰和（今江西省吉安市）人。一岁时丧父，年轻时曾游学四方。因建文帝修撰《明太祖实录》进入官场，历任礼部侍郎，拜少师、华盖殿大学士，兼兵部尚书，先后历经五朝，身在内阁为辅臣四十余年，首辅二十一年。杨士奇以"学行"见长，并任《明太祖实录》《明仁宗实录》《明宣宗实录》总裁。后因其子杨稷之罪致仕，明英宗下诏安慰，但不久后杨士奇忧虑不起，于明英宗正统九年（1444）去世，被追赠为太师，谥号文贞。

宣德五年六月庚午朔。上谕行在礼部臣曰：闻西南诸番进贡，海舟初到，有司封识，遣人入奏，俟有命，然后开封起运，使人留彼。动经数月，供给皆出于民，所费多矣。其令广东、福建、浙江三司，今后番船至，有司遣人驰奏，不必待报，三司官即同市舶司称盘，明注文籍，遣官同使人运送至京，庶省民间供馈。

…………

壬申，广西凭祥县土官李成遣族人李安福余等，卫都指挥金事安出遣指挥金事咬纳等来朝贡马。

…………

癸酉，琉球国中山王尚巴志遣使者阿蒲察都等来朝贡马及方物。

…………

丁丑，赐琉球国等处贡使阿蒲察都等宴。

…………

戊寅，遣太监郑和等赍诏往谕诸番国，诏曰：朕恭膺天命，祗嗣太祖高皇帝、太宗文皇帝、仁宗昭皇帝大统，君临万邦，体祖宗之至仁，普辑宁于庶类，已大赦天下。纪元宣德，咸与维新，尔诸番国，远处海外，未有闻知，兹特遣太监郑和、王景弘等赍诏往谕，其各敬顺天道，抚辑人民，以共享太平之福，凡所历忽鲁磨斯、锡兰山、古里、满剌加、柯枝、卜剌哇、木骨都束、喃渤利、苏门答剌、剌撒、溜山、阿鲁、甘巴里、阿丹、佐法儿、竹步、加异勒等二十国及旧港宣慰司其君长，皆赐彩币有差。

…………

赐琉球使臣阿蒲察都等十四人、广西平〔凭〕祥县土官族人李安福余、卫指挥金事咬纳等钞币及金织袭衣有差。

（清末至民国初年朱丝栏抄本《明宣宗实录》卷六七）

《明宣宗实录》卷六七所记南海诸番进贡与朝廷派郑和等大臣赏赐诸藩等内容，与南海地缘政治有关。

明·严从简《殊域周咨录》八则

严从简（生卒年不详），字仲可，号绍峰，明代浙江嘉兴（今浙江省嘉兴市）人。嘉靖三十八年（1559）中进士，任行人司行人和刑科右给事中。隆庆元年（1567）为人陷害，后遭贬官，历任婺源县丞、扬州同知，最后免官还乡。明神宗万历二年（1574）撰《殊域周咨录》二十四卷，还著有《安南来威辑略》《诗教》《使职文献通编》等。

占　城

占城国，古越裳氏界。本秦郡象林县地；汉为象林林邑县，属日南郡。汉末，有区连者，杀县令自立，僭称林邑国王。遂不入版图。孙吴时通使。后其国传外孙范熊，熊传子逸。被其臣范推之奴用事，赞逐诸子于逸。逸死，奴冒范氏族名文，篡夺之，攻并旁国。晋永和中，攻陷日南，求日南故北鄙地于交州刺史朱藩，以横山为界。既而交州刺史杨平同九真太守灌邃讨之。文子佛败走，官军追至其国。佛请降。其后复强，侵暴日南九真诸郡，无岁不至交州，疆域遂日大，延袤至三千里，或曰千里。文传至玄孙，为扶南王所杀。国臣范诸农平其乱而自立，传子阳迈，乍臣乍叛于中国。晋元嘉中，文帝使宗悫、擅和之往伐。阳迈惧，愿输金一万斤，银十万斤，铜三十万斤，还所掠日南户以纳款，其大臣谏止之；乃复遣大师范扶龙戍北界区栗城以拒晋。晋前锋萧景宪夺据其城，乘胜入象浦。阳迈出师驱象来战，悫制狮子形御之。象奔，师败。阳迈父子遂脱身走。获其国珍宝无算，消金人，归黄金数十万斤于朝。自是，历宋、齐、梁、陈、隋皆来修贡。隋仁寿末，复遣将刘方击破之。国主范志弃城走，获庙主十八枚，并铸金为之，盖其先有国以来十八世矣。方班师，范志复国。

至唐贞观中，其孙镇龙被弑。外戚诸葛地取之，更号环王。元和初，入寇安南骥、爱等州。都护张丹击破之。遂弃林邑，徙国于占，因号占城。周显德中，亦来修贡。宋建隆二年，其王释利因陀盘遣使来朝贡。表章书于贝多叶，盛以香木函。其后嗣王贡使不绝，宋亦厚赉之。政和中，授其王杨卜麻叠金紫光禄大夫，领廉白州刺史。杨卜麻叠言，身縻化外，不沾禄食，愿得薄授俸给，壮观小国。许之。宣和元年，进检校司空兼御史大夫怀远军节度琳州管内观察处置使，封占城国王。自是每遇恩辄降制加封邑。淳熙中，遣兵袭真腊，破之。庆元中，真腊大举兵复仇。遂灭其国，俘杀臣民几尽，更立真腊人以主之，因名占腊。元至元中，国主曰孛由补剌者吾，遣使归附，贡方物。其子补的立，复负固不服，元数遣重兵临之。又每遣使招谕。虽外示降款，中无顺志。

本朝洪武元年，其主阿答阿者遣使虎都蛮来贺即位，贡虎象方物。命行人吴用、颜宗鲁、杨载送使者归，赐以玺书及《大统历》、金绮等币。书曰："今年二月四日，虎都蛮奉虎象至。王之诚章，朕已具悉。然都蛮未至，朕之使已在途矣。朕之遣使，正欲报王知之。曩者我中国为胡人窃据百年，遂使夷狄布满四方，废我中国之彝伦。朕既已发兵讨之，遂二十年，芟夷既平，朕主中国，天下用安。恐番夷未知，故遣使以报诸国。不期王之使者先至，诚意至笃，朕甚嘉焉。今以《大统历》一本、织金绮、纱罗、绢五十匹专人送使者归。且谕王以道能奉若天命，使占城之人安于生业，王亦永保禄位，福及子孙。上帝寔监之，王其勉图勿怠。"

三年，安南举兵侵占城。阿答阿者遣平章蒲旦麻都奏闻。上遣翰林编修罗复仁、兵部主事张福赍诏谕安南并占城曰："朕本布衣，因天下乱，起兵以保乡里。不期豪杰云从，朕将数年，辟土日广，甲兵强盛，遂为臣庶推戴，君临天下，以承正统，于今三年。海外诸国入贡者，安南最先，高丽次之，占城又次之。皆能奉表称臣，合于古制，朕甚嘉焉。近占城遣平章蒲旦麻都来贡，言安南以兵侵攘。朕观之心有不安，念尔两国自古及今，封疆有定分，不可强而为之一，此天意也。况尔等所居之地，相去中国越山隔海。所言侵扰之事，是非一时难知。以朕详之，尔彼此世传已久，保土安民，上奉天道，尊事中国，尔前王必有遗训，不待谕而知者。朕为天下主，治乱持危，理所当行。今遣使往观其事，谕以畏天守分之道。如果互执兵端，连年不解，荼毒生民，上帝好生，必非所悦。恐天变于上，人怨于下，其祸有不能逃者。二国之君，宜听朕言，各遵其道，以安其分。庶几尔及子孙皆享福于永久，岂不美欤！"诏至，两国皆听命罢兵。乃遣中书管勾甘桓、会同馆副使路景赍贤诏印，封阿答阿者为占城国王。上又以占城通中国文字，遣使颁科举诏于其国。

      按：《宋史》纪占城制文吏五十余员，有郎中、员外、秀才之称，分掌资储宝货等事。详具《五代史》，则其国虽无科举之事，而亦知文教之崇久矣，故国人多有能词翰者。如《近峰闻略》所载，占城使人入贡诗，其《初发》云："行尽河桥柳色边，片帆高挂远朝天。未行先识归心早，应是燕山有杜鹃。"其《扬州对客》云："三月维杨富风景，暂留佳客与同床。黄昏二十四桥月，白发三千余丈霜。玉句诗闻贤太守，红莲书寄好文章。欲寻何逊旧东阁，落尽梅花空断肠。"其《江楼留别》云："青嶂俯楼楼俯渡，远人送客此经过。西风杨子江边柳，落叶不如离思多。"又常寓苏之天王堂，见葵花不识，问其名，人绐之谓一丈红花。即题云："花于木槿浑相似，叶比芙蓉只一舷〔般〕。五尺栏干遮不尽，独留一半与人看。"又《濯缨亭笔记》亦载宋亡后，沈敬之逃占城，乞兵兴复，占城以国小辞。敬之效秦庭之哭而不得，乃留居其国。占城宾之而不臣，敬之忧愤发病卒。其王作诗挽之曰："恸哭江南老巨卿，春风拭泪为伤情。无端天下编年月，致使人间有死生。万叠白云遮故国，一抔黄土盖香名。英魂好逐东流去，莫向边隅怨不平。"观此则占城不惟粗通文墨，而且敦重节义。不惟其臣有诗才，而其主亦善篇章。彬彬乎声名文物，匹于朝鲜，超于日木〔本〕远矣。我太祖科举诏之颁，真不鄙陋其人，而欲纳之于合教同文之盛也。宜哉！

四年，王遣其臣答班瓜卜农来朝。表用金叶，长一尺余，阔五寸，刻以本国书。俾译者译之，其意请给兵器、乐器、乐人，欲使安南知为声教所被，输贡之地，则不敢欺凌。上以兵器虽不足惜，但二国互争，而朝廷独与占城，则是助尔相攻，甚非抚安之义。又所请乐人，在声律虽无中外之殊，而语音则有华夏之异，难以发遣。命中书移咨国王，令其国有能习中土华言可教以音律者，选择数人至京习之。并谕福建行省，占城海泊货物皆免其征，以示怀柔之意。

八年，上以占城与爪哇等国贡使，每至中国，为商多行谲诈，诏禁阻之。

十三年，遣子入贡，贺万寿圣节。谕其勿与安南国交兵。

十六年，遣使赍勘合文册与之。

二十四年，入贡。以其国弑立，绝之。

永乐元年，遣使告谕即位。其王占巴的赖遣使奉金叶表文来贺，入贡方物。且言被安南侵掠，乞降敕往谕。上遣行人蒋宾、王枢使其国报之，赐以绒锦、织金、文绮、纱罗，仍谕安南王胡奃使息兵修好。

四年，敕广东都指挥司选精兵六百人，以能干千百户领之，具器甲糗粮，由海道往占城，会兵伐安南。又遣中使马彬等赍敕，赐以镀金银印及纱绢、金带、黄金百两、白金百两、织金、文绮衣二袭并诸色币。国王占巴的赖既出兵，复遣中官王贵通赍赐往劳之。赐白金三百两、彩币二十表里。

五年，占巴的赖已复安南所侵地。又得黎氏父子及其党恶，献俘贡方物谢恩。诏嘉奖之。

六年，国王遣其孙舍杨该奉表贡象及方物。比还，赐真金印及黄金百两、白金五百两、锦绮纱罗五十匹、彩绢百匹。自是屡表贡犀象及金银器物。

七年，命中官郑和等往赐其国。和统官兵二万七千余人，驾海舶四十八号，是岁秋九月，自太仓刘家港开船，十月至福建长乐太平港停泊。十二月于五虎开洋。张十二帆，顺风十昼夜，至占城国。其国临海，有港曰新州。西抵交趾，北连中国地。海船到彼，其酋长头戴三山金花冠，身披锦花手巾，臂腿四腕俱以金镯，足穿玳瑁履，腰束八宝方带，如妆塑金刚状。乘象，前后拥蕃兵五百余。或执锋刃短枪，或舞皮牌，槌鼓吹椰壳筒。其部领皆乘马，出郊迎诏。下象膝行，匍匐感恩。

按：《七修稿》载，淮安清江浦厂中草园地上有铁锚数枚，大者高八九尺，小亦三四尺者，不知何年之物。相传永乐间，三保太监下海所造。雨淋日炙，无点发之锈。视之真如银铸，光泽犹日用于世者。愚意此必良铁为之，故其色精莹如此。举一物之坚巨，而他物可推矣。其功费之靡滥何算也！又三保之称不知系是郑和旧名，抑岂西洋私尊郑和、王景弘、侯显等为三太保，故耶？

八年，王复遣使济标等贡象及金银器物。诏马彬等送济标还国，仍赉敕以文币赐之。

十一年，国王又遣其孙舍阿那沙等入贡。兵部尚书陈洽言："初讨黎贼及陈季扩之时，占城国王虽听命出兵，然寔怀二心。图唇齿相依，徘徊观望，愆期不进。及进至化州，大肆掳掠。以金帛战象资陈季扩。季扩遗以美女，复约季扩舅陈翁挺等三万余为党，侵夺升华府所隶四州十二县，厥罪与交趾等，请发兵讨之。"上以出师路由交趾，交民方安业，不忍用兵，远劳供给。但遣使赉敕谕占巴的赖而已。先是，占城定三年一贡之期，与安南国同。是岁遣行人往劳之。自后国王嗣位，必请命于朝。亦遣使行礼。

十六年，国王遣使贡瑞象。翰林儒臣金幼孜作赋献上，以表圣应。赋有序。

序曰：恭惟皇上膺受天命，统绍洪基，仁布寰宇，化周六合。是以扶桑月窟之境，雕题穷发之地，莫不梯山航海，奔走来贡。盖自三代以降，未有盛于今日者也。乃永乐十六年秋九月庚戌，占城国以象来进。其状瑰诡雄壮，玄肤玉洁，文有白章，粲若华星，郁如云霞。拜跪起伏，驯狎不惊，斯实希世之上瑞，天下太平隆盛之征。夫百兽之中，其强悍勇猛者，莫逾于象。非若虎豹熊罴之属，可以力制。今占城以是象来贡，既有以见其形质之美，而其驯扰狎习，似与仁兽无异。于以见圣德之广大，被于幽远，草木鸟兽咸沐恩光。而其感化之妙，固与凤凰来仪百兽率舞者同一效验之大矣。臣忝职词垣，幸际圣明，屡睹嘉祥之盛，不可不纪述以咏歌太平。谨拜手稽首而献赋曰："惟我皇明，受天命，临宝位，洽文德，隆至治，际天蟠地，覆冒无外。明无幽而不烛，化无远而弗被，惟诸福之毕来，致嘉祯之骈萃。羌万国以来庭，咸与琛而奉赟。或贡以威凤祥麟，或献以锦豹灵犀，或进以渥洼龙文之天马，或奉以西域卷鬣之神狮。其他若瑶琨、球琳、大贝、明珠、珊瑚、玛瑙、琥珀、砗磲，珍奇异产。海委河输，纷香焜耀，杂然前陈，则又不可以备书也。粤有巨兽，魁然其状，潜海滨以回翔，匿长林而自放，势侔山岳之穹窿，力抵万钧之雄壮。其生也大块孕其真，至和毓其精，瑶光助其神，斗宿濯其英。然后走百神，集众灵，播休氛，协嘉祯，忽乘云而下降，倐天开而日晶，采皎皎而烨煜，文璨璨而璘彬，耿繁星之布濩，莹雪花而缤纷。如肪之洁，如玉之温，经以白理，纬以玄黄，修众采以交互，纷五色而成章。炳炳蔚蔚，熠熠煌煌，六甲为之呵卫，五丁为之赞襄，岳祇因之而献瑞，坤珍以之而效祥。于是番酋夷长睨之而惕惊，象胥虞人望之而辟易。不假靰槛而自致，匪藉蔚罗而自格。乃告神明，涓吉日，载之以蔽空之长舟，藉之以幕云之文席，左叱阳侯，右麾海伯，风师前驱而缩恶，天吴后从而匍匐，迅飙为之帖息。魍魉窃伏以藏形，楔貐远引而遁迹。歘星驰而云驶，逾万里于倏忽。沐恩光于九重，近龙颜于咫尺。观其拜跽有常，动止有节，既容与而弗惊，亦安舒而自帖。万姓为之骏奔，百僚为之欣悦。麒麟参之以翱翔，驺虞随之而蹙蹙。于以导乘舆，服鸾辂。备万舞，协韶濩，宣人文，韶皇度。兆至德之桢符，绵万年之宝祚，囿斯世于泰和，措群生于丰遂，熙鸿化以弥流，亶圣心而祇畏。将以明刑弼教，保民图治，答景贶于上天，贻嘉猷于后世，又岂徒夸盛美侈多瑞，为目前之奇玩而已哉！臣忝厕列于禁垣，幸瞻依于日月，愧学术之粗疏，莫形容于万一。爰缵述于见闻，冀具存于事实，扬盛世之休嘉，著无前之伟绩。祝圣寿以悠长，颂皇图于无极。"为之颂曰："惟皇神圣，上帝之命，统临万方，靡不从命。维帝监观，祯祥之格，丕昭神化，洽此文德。皇不自圣，益敬于天，匪象之瑞，所瑞惟贤。大哉皇仁，覃被八弦。如天之行，如日之升。上帝之歆，协于皇德。亿万斯年，其未无斁。"

宣德元年，行人黄原昌颁正朔至其国。王仪度稍弗恪。原昌入，端坐责之，词明气壮。王叩首谢罪。赠以金帛奇物。悉却之。及还，复命。承顾问，悉以正对。上大悦，升户部员外郎。

　　按：原昌，福建楚溪人。永乐乙未进士，为人持重有气节；既奉使还，时奔竞之风甚炽，原昌耻随流俗浮沉，遂请老以归。

正统六年，国王卒，嗣子摩诃贵由请袭爵。上赐敕诏，遣给事中舒某失其名。为正使，及副使行人吴惠往封之。是冬十二月廿三日，发东筦。次日过乌猪洋，又次日过七州洋，瞭见铜鼓山。次日至独猪山，瞭见大周山。次日至交趾界，有巨州横绝海中，怪石廉利，风横，舟触之即靡碎，舟人甚恐。须臾风急过之。次日至占城外罗洋校杯墅中。廿九日，王遣头目迎诏，宝船象驾，鼓吹填咽，旌旄晻霭，毦衣椎髻，前后奔驰，至行宫设宴。王乘象迓于国门，戴金花冠，缠璎珞，环帐列戈戟，以群象为卫。既宣诏，王稽首受命。是时腊月，其国犹暑。民多裸袒，士著苧衣。南阡稻熟，北秧犹青。七年正月上元夜，王请赏烟火。爇沉檀，燃火树，盛陈乐舞。每夜鼓以八更为节。五月六日还，至七州洋，大风舟几覆。正使舒某忧泣，不知所为，惠为文以祭祝融与天妃之神。俄而开霁，瞭见广海诸山。十五日遂收广海，复抵东筦。

　　按：吴惠，字孟仁，东吴人。年二十，以粮役管运至京，途中日歌古诗。或言于县令，令奇之，名为弟子员。举永乐甲辰进士。洞庭有进士自惠始。授行人，喜言事。使占城还，升桂林守。义宁，峒蛮杨氏结苗人为乱，藩臬议进兵征之。惠止之曰："义宁，吾属，吾往抚之。不从，用兵未晚。"乃肩舆从十余人，入其峒，山石攒峭如剑戟。猺人腾跃如飞，闻太守至，奔告于其酋出迓。惠谕之曰："吾若属父母也，宜听吾语。"众唯唯。惠因为陈逆顺祸福。杨氏诸蛮感泣，留数日，历观诸屯形势，以数千人卫出境，归报罢兵。明年，武冈州盗起，宣言推义宁峒主为帅。藩臬咸尤惠。惠曰："吾当任其咎。"乃遣人至义宁。群猺从山巅望见惠使，即遥拜，言不敢反状。且求雪武冈之诬，盗计遂阻。迄惠在郡，无敢骚窃者。后升广东右参政，支正三品俸卒。愚谓航海飓涛，非人力所及，而惠蹈险如常，不为舒某之骇乱。噫！雷雨弗迷，大舜所以为圣；遭风存敬，程子所以为贤。惠之度量，于此可见。其后峒夷之反覆难信，犹之海波不测也。惠处之坦然，皆自此度量推之耳，惠岂无所本哉！观其日歌古诗，悠优讽咏，涵养性灵，中有素定者，故夷险一致，克定大事若是。语曰：诵诗三百，不能专对，授之以政不达，虽多亦奚为！今惠不惟专对于远，又能达政于蛮。则其所歌，固可谓有用之文章。而县令乃能识之于吟诵之间，亦异鉴也哉！抑因是知古人奉使列国，宴享之际，赋诗见志，占其所就，后竟不爽，谅有以夫。

又按：诏使之往占城者，其人不一。而独郑和之舟迹载于《星槎胜览》，吴惠之舟迹载于惠之日记，故特著之以见其道里所经，日月所历，俾后使可据而行耳。且和由新州而入，惠由校杯而入。岂二路皆可通而随风所泊，故异耶？

景泰末，摩诃贵由卒。其子槃罗茶全遣使入贡请封。

天顺中，命给事中江彤、行人刘寅之赍敕往封。谕其砥砺臣节，赐以彩币。国王槃罗茶全遣使沙婆利奉表入贡，即赐敕并彩币。

刘寅之，江西永新人。其父名髦，行谊端茂。永乐戊子，领乡荐，会试下第。道遇泽水，一女子溺将没，号救命。髦援之登舟，附载而归，道中皎然不敢犯。逮家，妇迎问曰："买妾乎！"髦告之故。妇扣女，言："本富族，今举家葬鱼腹矣。感君子再生恩，请服婢役以报。"髦曰："恶有是！吾力犹能返汝。"立命人送之还。至则茫茫大川耳。亲识皆绝形迹，复载之来。髦命妇善视，伺为择婿归之。妇曰："渠已无家。吾亦无后。君非构意室之，纵使从人，未必胜君。殆亦天作之合，使其侍君栉耳。"髦固不可。有知者劝谕数四，久之乃处副室。而生二子，长定之，次即寅之。兄弟文学相师友。寅之登景泰甲戌进士。使占城还，进员外郎，累升参政。定之为大宗伯，谥文定，为时名臣。而寅之声望相颉颃，人称二难云。夫观髦一事而有三善：拯溺全生，仁也；同舟不乱，义也；必其无所归而后纳之，礼也。厚德所感，宜食其佳胤之报哉！

成化六年，安南国王黎灏与占城交兵。时占城槃罗茶全卒，其弟槃罗茶悦嗣立。奏称："安南国差人索取犀象宝物，不从，起兵攻围本国。提拿臣兄连妻小五十余口，抢劫宝印，烧毁房屋，杀死军民三百余口，掳去男妇不计其数。差人占守本国地方。臣暂管国事，乞为赐印封王及敕安南放出掳国男妇人口。"广东市舶提举司右监丞韦春亦奏前事。请行礼部，差官奉敕赍去安南，戒谕国王黎灏息兵睦邻。上诏且不差人，待安南使人来，写敕与他赍去。

九年，上命工科右给事中陈峻等赍敕往占城国，封槃罗茶悦为王。为安南阻绝。峻等上疏曰："臣等奉命于十年正月二十九日到占城。新洲港口把守俱是安南番人，不容进入。臣等见得蛮人不逊，令通事满源等谕以出使占城国缘由。源等回报。番人言说，此港占城王退还我的安南国王，各立界牌把守，他自见在灵山为王。开船到灵山海面下碇，随令满源等上山访问。要见槃罗茶悦，有无实迹。回还报说山中遇见避兵人说，槃罗茶悦一家俱被安南虏去。地方尽数占夺，改为交南州名色，又令小旗姚官康四散缉访是实，开船回还。将赏赐印信并原捧诏敕进缴。"诏下兵部，会同五府、六部、都察院、通政司、大理寺等衙门，议得安南国来岁当朝，合候陪臣至日，行令通事詹升等将前项事情译审明白，另行具奏。定夺。

先是安南国王黎灏亦奏："占城国人乘船航海劫臣化州，房屋囷储入于烈火。除臣已差陪臣陈廷美赍本赴京陈奏外，成化六年八月，占城国王槃罗茶全又亲率水步掩袭化州。七年正月，茶全大兴忿兵，砍臣戍卒。臣溃围力战，茶全率众而南。本年十一月十二日，臣差陪臣阮德真赍本赴京具由陈奏。先于本年三月，茶全扫境内兵，复图再举。诡言从朝廷差使勘臣四川地方，碣石为标，永息纷纠。亲率象马，图欲破臣义州，使其弟槃罗茶遂领游兵先行，茶全继进。茶遂心衄气挫，惧致丧败，夜伏健儿杀之行帐，自立为王。自是国内纷纷，人心好乱。头目割据方面，鞠旅募兵倒戈相攻，殆无虚日。本年十二月初三日，臣钦蒙敕谕：'朕详览奏章，深察事理，互相仇杀皆非保境安民之道。且尔安南与占城曾受朝廷爵土，世修职贡，为中国藩屏，岂可构怨兴兵，自相攻击。《春秋》责备。贤者是宜安分修理，保守境土，解怨息争。先尽睦邻之道，仍禁守边头目毋启衅端，生事邀功。如欲假此为吞并计，恐非尔国之福。'大哉日月无私之照，至哉父母均爱之仁。俾臣与占城俯仰熙皞之天，偃息喧和之地。此远臣之真情，国人之毕愿也！臣深感圣恩，恪遵天戒，禁戢边吏，勿启衅端，固守封疆，敢行报复！然茶遂自弑逆之后，群情瓦解，有众心离。成化八年正月，茶遂亲至境上，差头目翁舅虚计赍书于臣，谓其兄茶全害民违天，家覆国破，自取之咎，荡折固宜，国人弗协。茶全忧惧成疾，国人立弟茶遂掌摄国事，已遣使赴京赍金叶表文，永袭王爵。乞臣同往城下一盟，以提夷海门为界，北则为义州，南则为占城北境。并乞臣援兵数千，拥立茶遂都于番地。臣谓解怨息争，钦承圣训。邻国废置，义不相干。乃差大头目范憲与茶遂盟。茶遂归至尸耐海口，槃罗茶悦子茶质苔来与其头目潜率徭峒之人，夜伏竹弩攻茶遂军。占人自惊，茶遂为乱兵所杀。茶质苔来自立为主，移都品持。法令虽严，人愈作叛，乱臣强盗自称为君长者几十人。有称摩诃支麻僗冰者，有称麻诃左皮罗拨者，二党驱象弄兵，迫臣边地，其余亦各据地方。臣差头目陈极赍书于左皮罗拨议和，求舒边患，即为支麻僗冰邀杀。臣恐兵连祸结，罪干天朝，戒戢守边头目益图守御，不许进兵。且占城为国，东抵于海，西逼徭蛮，北界臣义州，南与龟、賨二都接壤。占城、賨部仇隙有年。自是賨部徭蛮乐占城乱，率众抢掠，千百为群，道路不通，村墟岑寂。臣日夜思惟，自以钦承圣训。息兵睦邻，而遭彼国中微，溃乱无主，更相吞噬。意困臣边，乃遣头目刘宝赍臣书往与茶质苔来约坚邻好，共享太平。安分畏天，为圣朝藩屏。境土既定，岂可争夺。成化九年二月，茶质苔来率兵攻叛臣奢里阿麻，乃为奢里阿麻所败。臣差刘宝亦被害。奢里阿麻自为君长，争据一隅。奢里阿麻寻死，族弟波笼阿麻继统其徒，才弱力微，众心不附。连年水旱，禾稼寡收，居民皆以涧毛山兽为命。适有粒食，即致死伤。其民既为賨部所擒，又为百种徭蛮所掳。群盗驱驰阡陌，往来山楸，伏药矢以射居人，毒上流以绝行路。彼登山遐望，缘木窃窥，或见海中行船，或闻林中人迹，即起烟吹角，啸侣命俦。或率轻艇而掠海外之船，或驰健马以夺林中之货。加以虎狼犀象，载路盈岐，惟有海道稍通，波涛甚恶。臣与占城君长久绝音书，凶盗凭陵，为平民患。臣守边头目黎文见贼虐日滋，出不得已，放兵追逐。彼便缘涧登山，鼠窜林丛，更出迭入，使一方之人困于锋镝。成化九年三月初四日，奉睹敕谕，有云，王国与占城，势力大小不待辨说。若彼先启衅端，不度德量力，固为不义。若王无故乘彼小衅，辄兴忿兵，凌弱暴寡，亦岂得为义乎？敕至，王宜略其小失，益惇大义，将所掳人口尽数发还。戒饬边吏，毋生事邀功，兴兵构怨，旋致报复，自贻伊戚。臣拜读反思，不胜喜惧，震雷解雨，造化一心，臣即钦遵圣谕，凡掳获男妇该七百四十一人，并已发还本国，思修大义，庶盖前愆。其人皆被支麻僗冰及罗拨所抄。臣重念圣谕，不觉惊惶，切惟天地大德，谅不偏于生成，臣子小心，讵可忘于敬畏。天地既姁照以同仁，臣子敢悖违而召祸。故臣受封至今，凤宵惊惧，常以不能保守朝廷土地人民为虑。岂敢取非所有，违训背义，自速罪尤。臣虽至愚，能辨祸福。臣又切思，当占城国强盛之时，夺臣国四川之地，臣于占城衔怨，图报复其旧疆。今彼雕瘵纷拿，靡有统属，劳民戍卒，不遑启居，臣追思昔日之安，期笃睦邻之义。虽茶全敢违圣谕，构怨称兵，天鉴孔昭，自贻伊戚，而臣不与之校。数年已来，占城人民随而扰乱，上得罪于皇天子至圣，下丛怨于小民。臣顾虑之间，曷胜忧惧，伏望皇帝陛下刚中建国，光大包荒，亮臣惕励省躬，敢启并吞之念，怜彼流离失所，旋施绥定之恩，使彼众下辑宁，同囿和熙之治，而臣兵民休息，永无烽火之虞，在圣智转移之妙机，非臣愚之能得窥测也。顾占城兴废，于臣国诚不相干；然占城乱亡，致臣边反受其害。叩阍有请，自知逾越之难逃。忍毒无言，巨〔讵〕耐扰攘之滋甚。臣南境之事，举措皆难。羵尾跋胡，碍于进退。倘皇上海涵春育，宽远臣冒昧之诛，雨施云行，体上天哀怜之念，岂独臣国之幸，抑一方生聚之大幸。而南服倪髦，望阙焚香，祝圣寿于万万年矣！"上命兵部议。

十一年，兵部尚书项忠等疏曰："切缘海外诸番在荒服之外，正朔之所不加，教化之所不及，干戈相寻，互相吞噬，与中国利害不相干涉。自古帝王略外治内，不勤兵于外夷，惟修政于中国。今安南、占城二国僻居海外，各守一隅，虽是世受王封，远修职贡不足为中国轻重。顷者黎灏大兴兵甲，蹂躏占城地方，虏其国王妻小，杀其人民。劫其金印，烧毁房屋。而占城国王槃罗茶悦，累尝差人赴京控诉，荷蒙皇上覆载无私。凭其奏词，特降圣谕，俾黎灏改图易辄，去恶从善，欲全二国生灵，各图长守至计。续该差去右给事中陈峻等奏，占城国王槃罗茶悦一家俱被安南虏去，地方尽行占夺。又蒙皇上优容，待候陪臣来朝译审处分。今黎灏特遣陪臣进贡方物，历叙占城国王兄弟谋逆不道，强臣北叛，人民被害等情，并不曾开奏夺占国土改为交南州名色，比与陈峻等往年所奏不同。但恐陈峻等回京之后，彼已复还国土，尚未可知。欲行译问差来陪臣，彼必隐讳，不敢显扬国恶。合无待候进贡陪臣回还，特请敕谕一道，赍赴安南国王黎灏，大意谓：畏天保国，善后之计；违天虐民，取祸之原。眷念安南、占城，邻封接壤，气类相同，风俗不异。若论势力，固有大小强弱不同，而辅车相依，唇亡齿寒，义当忧患见恤，不宜秦、越蔑视。今尔国虽奏占城国王槃罗茶全节犯化州等界，及弟槃罗茶遂弑主，被乱兵杀死，茶质苔来自立为主，国人愈叛，率兵攻叛臣奢里阿麻，又被所败，后奢里阿麻自为君长，寻死，族弟波笼阿麻继，才弱力微，众心不附，国土大乱。继奉天朝敕谕，将掳获男妇七百四十一人发回本国等因。若凭所奏，有以见王始则出师有名，终则勉修大义，似可嘉尚。但先次占城国王槃罗茶悦奏诉，被尔国差人索取犀象宝物不从，起兵攻围，捉拿臣兄连妻小五十余口，抢掠宝印，烧毁房屋，杀其人民，占其地方，乞要袭封等情。及朝廷依凭所奏，差给事中等官陈峻等到占城册封回奏，占城国王一家俱被安南国虏去，地方尽被占夺，改为交南州名色，似与王今奏情词抵捂。第恐粉饰遮掩，缘道路隔绝，俱难辨别真伪。且占城国主正受王封，如使不恤国事，果犯疆界，残害人民，谋逆不道，罪固难逃。若乃覆其宗祀，迁其重器，杀其人民，占其地土，纵使快其心志，于大义有乖。况小国虽尔历代相传，载诸信史，未闻殄绝。今若一旦殄灭，不与兴继，恐海外诸番睥睨觊觎，或有仗义执言，一呼而起，悔将何追？若能复其宗祀，还其重器，返其人民，天朝亦汝嘉矣。顾诿钦承，免贻后悔，仍具实奏闻。如此则在我辞严义正，不失怀柔之体。在彼情虚理屈，自萌改悟之心矣。"上从之。

二十年，国王复遣使请封。上命使臣冯义等往册立之。至，则国王先为安南迫逐，徙居赤坎邦都郎。安南寻又遣兵攻杀之矣。其臣提婆苔者攘据故国，冯义因误封提婆苔为王。其国人上章陈诉。时冯义回自占城，卒于海上。副使某论罪戍边。

　　按：行人刘寅之本传及各书所载，前次请封者止是槃罗茶悦，未有茶全茶遂及苔来之名也。及据安南之奏，则称茶遂弑茶全自立，苔来又弑茶遂自立。则茶悦未尝主占城也。岂苔来惧有叛逆之名，而以其父名诳我耶？苔来既茶悦之子，越父继统则置其父于何地？我使陈峻往封茶悦，不得入疆，事在成化十年，距兹又十年。则所云被安南攻杀者，又不知为茶悦为苔来也。茶悦奏称安南提拿臣兄，则当是茶全也。岂苔来既弑茶遂而驾其祸于安南耶？今冯义误封者又称提婆苔，其与苔来不知还是二人或即一人讹为二名也。然安南侵逼之罪，固所必有，而占城内乱之事，亦不为虚。今俱不可考矣。但黎灏奏章乃六科日抄中全疏录出，字字皆其原文。而野史多系传闻，则提婆苔必是苔来之误耳。

二十一年，上别遣使封故王之弟齐亚麻勿庵为王。未至，而齐亚麻勿庵先卒。上复遣给事中李孟阳封王之次弟古来为王。时安南纳提婆苔而取其国。为申言古来不当嗣。古来航海至广州，辩诉其冤。孟阳至广州，上言："占城险僻，安南构兵未靖，而提婆苔又尝窃据，今封古来，万一安南弗顺，损中国威。宜传命古来归国听勘，仍敕安南悔过。"上悉从之。命两广督府主其事。都御史屠滽属广东参议姜英往勘。国人佥谓古来实王弟，有名者，宜继国统，奏闻。滽庸遂移檄谕安南，数其不能恤邻之罪，折其奸萌而导之顺逆。安南听命，不敢肆。孟阳乃致古来于崖州，受封而去。滽复选官军二千，令东莞商人张宣领之，护送古来至新州港，得反国。

　　按：孟阳，字时雍，号南冈，世为睢之长冈里人。登成化壬辰进士，为户科给事中。癸卯，查盘大同钱粮，值虏入寇，危甚，归陈边务十事。使占城，留广中，遥擢兵科都给事中。数年，克定古来之封。弘治戊申，始归朝，陈地方五事曰："惩旧散以修军政，设兵备以镇边方，开衙门以散啸聚，修城垣以御寇患，通朝报以广德意。"多见采纳。寻擢湖广参政，历南京工部尚书。正德丙寅，上疏致仕，有清慎老成之褒。赐诰给驿月廪。岁隶，享年七十有八。

弘治三年，古来上疏言："往者安南不道，纳臣叛将，夺臣国以授之，冒受天朝之封。赖先皇帝大恩，命都宪屠公委官逾岭海察事机，文告安南，使臣获有今日，皆圣天子之盛德与屠公之功也。臣表谢外有白金若干锭、黄金器饰若干事、异香番物若干夹，附使者谢屠公，敢昧死以请。"上命滽受之。滽固辞曰："绥远之仁，继绝之义，在圣天子。臣何功之有！"上嘉其诚，命礼部籍而贮于官。

　　按：洪武中，日本遣使请文于宋濂。敕濂撰文。日本献百金为谢，濂却不受。上知问，濂对曰："天朝侍从受小夷金，非所以崇国体。"今屠滽定占城之功，既非撰文之比，古来表奉谢滽亦非自献之私。滽不敢当，其视宋濂益有光矣。但滽既不受，则朝廷当却而还之。且明赐敕谕，言其乱亡之后，匮乏之秋，方将悯恤于尔，给助扶植。今尔反有黄金之谢，原尔感恩思报之情。若可令滽强受，据我以大字小之仁，岂图尔国谢仪！尔果沐德难忘，则恪守王章，效忠勿替。其所报于滽，斯为至矣，奚以金为！如此则于国体尤为正大，不亦愈于贮官之处乎！

十八年，古来卒，其子沙古卜洛来请嗣爵。

正德五年，遣给事中李贯、行人刘文瑞赍敕往封之。

　　文瑞，字廷麟，广东新会人。登正德辛未进士，授行人。占城请封，当遣使，推择文瑞以往。事竣，擢刑科给事中。后武宗时，屡出巡游。文瑞抗疏请回銮，数千言，不报。升湖广佥事，抵家卒。文瑞为人慷慨，不计赢乏。卒之日，敛葬不给，乡人贤之。

嘉靖元年，占城及暹逻等国商泊至广东。时太监牛荣提督市泊司。乘其货未报税，命家人蒋义私与交易，收买各物。事发，蒋义抵罪，货没于官。详见暹逻国中。自后贡使依期至，亦不能如朝鲜之绎络有常云。其国，凡王在位三十年，即入山，茹素受戒。令子侄摄国。居一岁，吁天矢曰："我不道，当充虎狼食或病死。"期年，得无恙，复入为王。于是国人呼为"芳嚟焉哈剌札"焉。

　　按：入山复辟，旧志所载如此。然观王卒方请封爵，则今亦无此事矣。必上世未通中国之时，乃或有是耳。

　　国中天无霜雪，气候常热如夏。木长青，随花随结。煮海水为盐，禾稻甚薄，国人粒食者鲜。

　　按杂志载，占城有一稻，其种耐旱而早熟。宋真宗闻其名，求种分给江淮两浙，择田之高者种之。即今南方早稻尖米，谓之黄秈，又云占城稻者是已。则彼国岂少粒食，皆传闻之未的耳。

　　人惟食槟榔，裹蒌叶，包蚶壳灰，行住坐卧不绝于口。土无丝茧，以白氎布缠其胸，垂至足，衣衫窄袖。撮发为结，散垂为髻于后。其王脑后髽结散，被吉贝衣，或云白衣。戴三山金花玲珑冠，七宝装，璎珞为饰，蹑革履，无袜，或云跣足。股胫皆露。乘象或黄犊车。臣荛叶冠，男蓬头，衣紫衣。若衣玄黄，罪死。出入亦乘象马。妇人亦脑后撮结，无笄梳，其服及拜揖与男子同。王铸金为庙主。其畜多黄牛水牛，无驴。有山牛不任耕耰，但杀以祭鬼。将杀，令巫祝之曰："阿罗和及扳。"译语曰："早教他托生。"其互市无缗钱，用金银，较量锱铢。或吉贝锦，定博易之直。有疾，旋采生药服食。地不产茶。酋长所居，屋宇门墙俱砖灰甃，及以坚木雕镂兽畜之形为革，外周砖垣。亦有城郭兵甲之防，药镞刀标之属。其部领所居亦分等第。门高有限，民下编茅，覆屋不得逾三尺。鱼不腐烂不食，酿不生蛆不为美。酒酿时，以米拌药丸干和入瓮中，封固如法，收藏日久，其糟生蛆为佳酝。他日开封，用长节竹干三四尺者拣入糟瓮中，或团坐五人，量人入水多寡，轮次吸竹，引酒入口，吸尽再入水，若无味则止。有味留封再用。或曰不会酿酝，惟饮椰子酒。酋长岁时采生人胆入酒中，与家人同饮。正当贺日，沐人胆汁，将领献人胆为贺，谓之通身是胆。

　　其俗犷悍，勇于战斗。或曰其人甚弱。尚释教。每正月一日，牵象周行所居之地，驱逐出郭，谓之逐邪。四月有游船之戏。定十一月十五为至日，人皆相贺。每十二月十五日，城外缚木塔，王及人民施衣服香药置塔上，焚之以祭天。刑禁亦设枷锁，小过以藤杖鞭之，或五六十至百。当死者以绳系于树，用梭枪舂其喉而殊其首。若故杀劫杀，令象踏之，或以鼻卷扑于地，象皆素习。犯奸者男女共入牛赎罪。有尸头蛮者，本是妇人，但无瞳神为异。其妇与家人同寝，夜深飞头而去食人秽物，飞回复合，其体即活如旧。若知而封固其项，或移体别处，则死矣。人有病者，临粪时遭之，妖气入腹必死。此妇人亦罕有，民间有而不报官者，罪及一家。番人戏之触弄其头，必有生死之恨。国无纸笔，以羊皮捶薄，熏黑，削细竹为笔，蘸白灰书，字若蚯蚓委曲之状。言语燕鴂，全凭通事传译。

　　按：占城既通文字，且有秀才，则纸笔乃其所有。虽言语不通于中国，而其诗文与华夏颇亦近似。若灰书之说，恐亦上世之事，而非今时之陋也。

　　其山曰金山，在林邑故国。山石皆赤色，其中产金。金夜则出飞，状如萤火。曰不劳山，在林邑浦外。国人犯罪，送此山令自死。

　　其产：金、银、锡、铁、狮、象、犀、牛。民获犀象，皆输于王。周显德中，尝贡云龙形通犀带。犀角、象牙最多。犀如水牛，大者八百斤，体黑无毛，蹄有三跲，独角在鼻端，长者可尺五寸。马小于骡。瑇瑁、伽南木香、朝霞大火珠、大如鸡卵，状类水晶。当午置日中，以艾藉之，辄火出。菩萨石、蔷薇水、洒衣，经岁香不歇。猛火油、得水愈炽，国人用以水战。乳香、沉香、檀香、丁香、槟榔、茴香、乌柄木、土人樵之为薪。苏木、胡椒、荜澄茄、白藤、吉贝、吉贝树名，其萃盛时如鹅毳，抽其绪纺之，以作布。亦染成五色，织为班布。丝纹布、白氎布、贝多叶、龙脑香、甘蔗、红蕉子、椰子、波罗蜜、形如东瓜。孔雀、山鸡。

其贡：象、象牙、犀角、孔雀、孔雀尾、橘皮、抹身香、龙脑、熏衣香、金银香、奇南香。

按：奇南出在一山。酋长差人禁民不得采取。犯者断其手，则在彼处亦自贵重，宜中国以为珍也。其香甚清远，中国制以为带，有直至百金者。但《星槎胜览》作琪楠，潘赐使外国回，其王馈之。载在志，则作奇蓝，此当是的。

土降香、檀香、柏木、烧碎香、花梨木、乌木、苏木、花藤香、芜蔓、番沙红印花布、油红绵布、白绵布、乌绵木圆壁花布、花红边缦、杂色缦、蕃花手巾、蕃花手帕、兜罗绵、被洗白布泥。

其朝：三年一期。

其里：东至东海，西云南，南真腊，北安南，东北广东，顺风半月程，匡州七日程。达于京师。我使往者自闽长乐五虎门西南行，顺风可十日至东北百里海口。立石塔为标，舟至是系焉。

按：志载，边永，河间任丘人。正统乙丑进士，拜行人。景泰壬申，使占城。其国人素狙诈，永诚以待之，礼以节之，以祸福利害晓之，国人信服。又叶应，广东归善人。登成化戊戌进士，初授行人。给赏广西，颁封占城，以廉谨称。此皆曾将占城之命者。但边永失其所役何事，叶应失其所往何岁，难编次于本国传中，今姑附此以俟补。

又元诗人陈孚出使安南，有纪事之诗曰："鼻饮如瓴瓶，头飞似辘轳。"盖言土人能以鼻饮酒者，有头能夜飞于海食鱼，晓复归身者。然《嬴虫集》中亦载老挝国人鼻饮水浆，头飞食鱼。今占城有头飞者，乃特妇人也。占城、安南、老挝，其地相接，宜有是种。若《七修类稿》载，近时中国有一人名汪海云者，亦能鼻饮头飞，此则怪事矣。因附于此，以志异焉。

又《星槎胜览》载，占城不解正朔，但看月生为初，月晦为尽，如此十次盈亏为一岁。昼夜善捶鼓，十更为法。酋长及民下非至午不起，非至子不睡。见月则饮酒歌舞为乐。然观吴惠日记，有上元烟火之宴，则已知有节候，非但视月生晦者。惠云，夜鼓以八更为节，又与十更异矣。大抵外国虽陋，久与中华往来，渐沾王化。时异制殊，前后难以概视耳。又占城物产有所谓观音竹者，如藤，长丈八尺许，色黑如铁，每节长二三寸。此亦《胜览》所不载者。

真腊 正南

真腊国在占城西南，本扶南属国。其先女子为王，号曰叶柳。南有激国人名混溃者，伐叶柳。降之，因以为妻。其后天竺僧桥陈如自西域来主其国，至其酋姓刹利名质多思那者，日渐强盛。

按：杭州静慈寺装罗汉像五百，以桥陈如为首，今观陈如特夷狄之主耳，但教人事佛，实非所谓白日升天，降龙伏虎，有诸佛灵圣者也。今乃崇奉香火以为尊神，则其诞漫可知矣，即一陈如而其余五百之妄可知矣。佛法之不足信，不彰彰哉！

隋大业中始通中国，传至伊今那，当唐真观初，并扶南而有之。扶南即象浦也。永徽初，益并吞诸小国。神龙以后，国分为二：其南近海，多陂泽，为水真腊；其北多山阜，号陆真腊。

后复合而为一。宋政和六年，遣使来贡。宣和一年，封为真腊国王。与占城等。隆元中，其酋长大举伐占城以复仇。杀戮殆尽，俘其王以归。更立国人为王，役为属国，号占腊。领部郡九十余处：曰真蒲，曰查南，曰巴涧，曰莫良，曰八薛，曰蒲买，曰雉棍，曰木津波，曰赖散坑，曰八厮里。其余不能悉记。各置官属，皆以木排栅为城。地方七千余里，有战象几二十万。建炎中，以郊恩授其王金衰宾深为校检司徒，加食邑，遂为常制。元唆都元帅置省占城，常遣一虎符百户、一金牌千户同到其国，竟为拘执不返。至元真中遣使招谕，始臣服。

本朝洪武初，遣使往告谕即位。国主忽儿那遣其臣奈亦吉郎等表贺，献方物。

六年，赐国王《大统历》并彩段等物。

二十年，复遣行人唐敬使其国，国主贡象五十九头，香六万斤。自后入贡不常。

永乐初元，遍谕海外诸蕃，告即位。遣御史尹绥往其国。绥受命自广州发舶，由海道抵占城，又由占城过淡水湖菩提萨州，历鲁般寺而至真腊。

按：真腊有鲁般墓，在其城南门外一里许。其城甚方整，四方各有石塔一座，俗传鲁般一夜造成。然鲁般本鲁人，安得有墓在真腊？今以般仙若常存世间，靡处不到，凡有宫殿塔桥之奇巧者，必指为般所造。不惟中国，而外夷亦然，又何妄哉！

绥既入国，备告朝廷所以遣使之意，辞情慷慨，威信并伸。夷王畏敬承命。绥归，凡海道所经，岛屿萦回，山川险恶，地境连接，国都所见，悉绘为图以献。上大悦。

按：元成帝时，遣永嘉周达观招谕真腊。往返一年半，悉得其国之风俗、道里、海物、土产，作《真腊风土纪》。言：其国自称为甘孛智，自温州开洋，行丁未针，历闽、广，过七州洋，经交趾、占城，至真蒲，乃真腊境矣。自真蒲行坤申针，过昆仑洋入港。港凡数十，惟第四港可入。其余悉以沙浅故，不通巨舟。然而弥望皆修藤古木，黄沙白苇，仓卒未易辨认，故舟人以寻港为难事。自港口北行，顺水可半月，抵其属郡曰查南。又换小舟顺水可十余日，过佛村，渡淡洋，则抵其地矣。大抵航海固必用针以为向，尤必用磁石以养针。磁石出福建之佛字山，有神最灵，凡取磁石必先致祷于神。神许则往，亦不多得，否则皆顽石无用者。洪武初，上饶人许穆以明经擢政和县丞，有惠政，远近以廉能称之。三载秩满，行李萧然。或告之曰："公既却人之贶，佛字山有磁石，盍往取焉，以供路资。"穆乃往取，未尝谒神，而触手皆磁石也。以之摄针，则衔尾而起，联牵五枚六枚而不断。凡得数十斤，持至京师。会大军将下海，求磁石为指南用甚急。遂售之，每斤易银一斤，民间至今传之。夫沧溟渺茫，非针不行，其法昉于周公之指南车，故名之为指南针。磁石之运针亦天造地设，非人力所为者。今观穆之得石助廉，亦何异也。岂神物之生，必有神灵以司之也耶！

二年，有中官往使，毕事将返。从行军逃者三人，其国王以本国三人补役从中官归朝。上曰："中国人自遁于彼，何预乃责其偿也。且留此三人语言不通，风俗不谙，吾将焉用？况各自有家，宁弃处中国乎？"礼部给其衣食与道里费，遣之还。尚书李至刚曰："臣意中国三人必非遁而不返，盖为彼国所诱匿之耳。则此三人亦不当遣。"上曰："为君但推天地之心以待人，何用逆诈乎？"竟遣之。

二年，国王参烈婆毗牙遣陪臣奈职等九人入贡方物。赐纱币表里。

三年，参烈毗牙卒。命序班王孜往祭之。封其长子参烈昭平牙为王。赐彩币等物。

十九年，参烈昭平牙遣使奉金缕表文，贡驯象与诸方物。

景泰三年来贡。赐王锦二段、纻丝六匹、纱罗各四匹；王妃纻丝四匹，纱罗各三匹。筵宴差来头目，并通事总管、火长赐衣服、纻丝、绢布有差。其后朝贡不绝云。

其国城周围约二十里。石濠广二十余丈，郭内人家可一万余。城三十所，各有数千家。城门之上有大石佛头五，面向四方；中置其一，饰之以金。当国之中有金塔一座，傍有石塔二十余座，石屋百余间，东向金桥一所，金狮子二枚列于桥之左右，金佛八身列于石屋之下。金塔至北可一里许，有铜塔一座，比金塔更高，望之郁然。又北一里许则为王宫。其正室之瓦以铅为之，屋头壮观，修廊复道，突兀参差。其莅事处有金窗棂，列镜四五十面。王宫之中又有金塔，王夜则卧其上。土人皆谓塔之中有九头蛇精，乃一国之土地主也。系女身，每夜则见王，先与之同寝交媾，虽其妻亦不敢入，二鼓乃出，方可与妻妾同睡。若此精一夜不见，则蕃王死期至矣。若王一夜不往，则必获灾祸。其次臣僚屋制皆用草盖，独家庙及正寝二处，许用瓦。亦随其等级为广狭之差。王宫官舍皆东向。男妇率拳发垂耳，性气捷劲，右手为净，左手为秽。县镇风习占城无异。交易皆妇人为之。唐人到彼，必先纳妇者，兼利其买卖故也。每日一墟，自卯至午即罢。无居铺，但以蓬席铺地。亦纳官司赁地钱，小交关用米谷及唐货，次用布，大交关则用金银。颇敬唐人，呼之为佛，伏地顶礼。近亦有脱骗唐人者。其民杀唐人则偿命，唐人杀其民则罚金。无金卖身赎罪。国中有丞相、将帅、司天等官，其下各设司吏之属，但名称不同耳。大抵皆国戚为之，否则亦纳女为嫔。其出入仪从亦有等级，用金轿，扛四金伞柄者为上金轿，扛二金伞柄者次之，以渐而降其下者止用一银伞柄而已。海岛村僻，人物丑黑，号为昆仑。至如宫人及南棚乃府第也。妇女多有白如玉者。大抵一布经腰之外，不以男女皆露出胸酥，椎髻跣足，虽国主之妻亦只如此。国主凡有五妻，正室一人，四方四人，其下嫔婢之属闻有三五千，未尝轻出户。凡人家有女美者，必召入内供役，皆有丈夫，与民间杂处。只于囟门之前削去其发，涂以银朱及两鬓以为别。

自桥陈如教人事天神，每旦诵经咒，故易世犹重僧。生女九岁，请僧作梵法，去其童身，点其额为吉利，名曰阵毯。人家养女，父母必祝曰："愿汝有人要，将来嫁千百个丈夫。"每岁四月内，当阵毯之家先报官司，给一巨烛刻画其间，约是夜点烛至刻画处，则为阵毯时候矣。先期择僧，亦各自有主顾。好僧皆为富室所取，馈以酒、米、布帛、槟榔、银器之类，有至一百担者。所以贫家至十一岁而始行事者，为难办此物耳。亦有舍钱与贫女阵毯者，谓之做好事，然一岁中，一僧止御一女。十岁即婚，嫁娶之家各八日不出，且昼夜燃灯不息。

文书皆以麂鹿皮染黑，用粉磋小条子，其名为梭，画以成字，永不脱落。每用中国十月为正月，亦有燃球烟火之设。以木接续，缚成棚，可高二十余丈，装烟火爆杖于其上，遇夜则请国主出观点放，虽百里之外皆见之。爆杖大如炮，声震一城，国主亦请奉使观焉。每一月必有一事，如四月则抛球。九月则压猎。聚众数闻。五月则迎佛水。送水与国主洗身，陆地行舟。七月则烧稻，新稻已熟，迎于南门外烧之以供佛。八月则挨蓝。伎乐舞也。斗猪斗象。国人亦有通天文者，日月薄蚀皆能推算，但只闰九月，一夜分四更。

民间争讼，虽小事亦必上闻。初无笞杖之责，但闻罚金而已。其人大逆重事，亦无绞斩之事，止于城西门外掘地成坑，纳罪人于内，实以土石，坚筑而罢。其次有斩手足指者，有去鼻者，但奸与赌无禁。奸妇之夫或知之，则以两柴绞奸夫之足，痛不可忍，竭其赀而与之，方可获免。然装局欺骗者亦有之。又有所谓天狱者，国宫对岸有石塔十二座，争讼莫辨，令各坐一塔中，其无理者必获病而出，有理者略无纤事，以此判曲直。如人家失物，盗不肯认，遂煎热油，令伸手于中，若果偷物则手腐烂，否则皮肉如故。蕃人有法如此。

人死无棺，止以"篦"席之类，盖之以布，丧亦用旗帜鼓乐之属。抛尸僻远，有鹰犬食尽，则谓父母福报；若不食，则为有罪。今亦渐有焚者，皆唐人之遗种也。父母死，别无服制，男子则髡其发，女子则于额页门剪发如钱以为孝。国主仍有塔葬埋。

厥土沃饶，田无畛域，随力所及而耕种之。一岁中三四番收种。盖四时如夏不识霜雪故耳。酒有四等：第一曰蜜糖酒，用药曲以蜜，水中半为之。次曰朋牙四，树叶名也，即以为酿。次曰包棱角，以米为之。其下曰糖鉴酒。以糖为之。又有茭浆酒。茭叶之浆。醑物无禁，滨海处皆可烧。又山间有石，味胜于盐，可琢成器。妇人不能蚕桑，针线之事，仅能织木绵布。近年暹人来居，却以蚕桑为业。寻常人家别无卓凳盂桶之类。作饭用瓦釜，作羹用瓦铫，以椰子壳为杓，以树叶造小碗，盛羹不漏。若府第富室及国之庆贺，器皿多用金银，地下铺虎豹麂鹿等皮，食品用布罩。王宫内以销金缣帛为之，皆舶商所馈。谚云："富贵真腊"，为此故之。

其王坐五香七宝床，上施宝帐，着朝霞吉贝，头戴金宝花冠，被珍珠缨络，足履革屦，耳悬金铛，常服白氎。凡出游时，诸军马拥其前，旗帜鼓乐踵其后，宫女三五百，花布花髻，手执巨烛为一队，虽白日亦点烛。又有宫女执标枪标牌为内兵，自成一队。又有羊车马车，皆以金为饰。臣僚骑象前列，其次则王之后，最后则王立于象上，手持宝剑。其四围象队甚多，又必迎小金塔金佛在前。观者跪地顶礼，否则为貌事者所擒。王每日两次坐衙治事。诸臣及百姓之欲见王者，皆列坐地上以俟。听内中隐隐有乐声，在外方吹螺以迎之。须臾见二宫女纤手卷帘，而王乃仗剑立于金窗之中矣。臣僚皆合掌扣头，螺声既绝，乃许抬头，王呼上殿则跪，以两手抱膊绕王环坐，议政事毕，跪伏而去。王即转身入，二宫女复垂其帘。王坐处有狮子皮一领，乃传国之宝也。

其产：铜。金颜香乃树脂，有淡黄色者，有黑色者，劈开雪白者为佳，夹砂石为下，其气能聚众香，番人以之和香涂身。笃耨香，树如杉桧，香藏于皮，老而脂自流溢者名曰笃耨；冬月因其凝而取之者名黑笃耨，盛以瓢碎，瓢而爇之，亦香，名笃耨瓢香。沉香，出真腊者为上，占城次之。速暂香，出真腊者为上，伐树去木而取香者，谓之生速，树仆木腐而香存者谓之熟速，其树木之半存者谓之暂香，黄而熟者为黄熟，通黑者为夹笺。麝香木，气似麝脐。白豆蔻，树如丝瓜，蔓衍山谷，春花夏实。象。苏木。翠羽。大风子。毗野树，花似木瓜，叶似杏，实似楮。婆田罗树，花叶实略似枣。歌毕陀树，花似林禽，叶似榆而厚大，实似李。庵罗树，花叶似枣，实似李。建同鱼，四足无鳞，鼻如象。吸水上喷，高五六丈。浮胡鱼，八足，状如鲌，嘴如鹦鹉。其贡：象、象牙、苏木、胡椒、黄腊、犀角、乌木、黄花木、土降香、宝石、孔雀翎。其里至：东海，西蒲甘，南加啰希，北抵占城，达于京师。

按：《吾学编》载，真腊属国有蒲甘者，而《一统志》则但谓其西至蒲甘，不言为属也。且《宋史》称崇宁五年，蒲甘遣使入贡，诏礼秩视注辇。注：辇亦海中夷国名。尚书省言："蒲甘乃国王，不可下视附庸小国。请令如交趾诸国礼。"从之。及考宋时宠遇交趾，每在各夷之上，故真宗景德四年，交趾遣使黄雅成等来贡，会含元殿大宴，真宗以雅成坐远，欲升其位，访于宰相王旦。旦曰："国家惠绥远方，优待使客，固无嫌也。"乃升雅成于尚书省五品之次，且诏拜其国王黎龙廷特进检校太尉，充静海军节度观察处置等使，兼御史大夫上柱国，赐推诚顺化功臣。夫宋礼交趾其崇如此，而以蒲甘与匹，则蒲甘昔固不属真腊也。今蒲甘不闻通使我朝，或宋末国弱，为真腊所并，亦未可知。且宋于各夷既封为王，复加官爵，如交趾、占城皆然。我朝册封之外，不杂以品职，庶为得体。

暹罗

暹罗国在占城极南，自占城海道顺风十昼夜可至。其国北岸连于交趾，本暹与罗斛二国之地。暹古名赤土，罗斛古名婆罗刹也。暹国土瘠，不宜耕种，罗斛土田平衍而多稼，暹人岁仰给之。隋大业初，曾遣使常骏自南海道往赤土，人遂讹传赤土为赤眉遗种云。后改曰暹，元元贞初，暹人常遣使入贡。至正间暹降于罗斛，合为一国。

> 按：《别志》云，赤土疆域正与暹罗同，东波罗刺国，西婆罗娑国，南诃罗旦国，北距大海，地方数千里。常骏自南海郡水行昼夜二旬，每值便风，至焦石山而过，东南泊陵伽钵拔多洲，西与林邑相对，上有神祠焉。又南行至狮子石，自是岛屿连接。又行二三日，西望见狼牙须国之山，于是南达鸡笼岛，至于赤土之界。林邑今占城也，观此则以赤土又为一国，与暹并壤耳。且《宋史》不载暹罗，岂以前不通中国者耶？

本朝洪武初，遣大理少卿闻良辅往谕之。暹罗斛国王参烈昭昆牙遂遣使入贡，进金叶表文。赐以《大统历》。

> 按：《别志》又载："永乐初，海外诸国来禀声教。良辅奉命往谕，自暹罗、爪哇以至西洋古里。"则良辅岂两使彼国耶？

七年，暹罗斛国使臣沙里拔来朝，自言本国令陪臣祭思里侪刺悉识替入贡，去年八月，舟次乌潴，遭风坏舟，漂至海南，收获漂余贡物苏木、降香、兜罗锦来献。省臣以闻，上怪其无表状，疑为蕃商覆舟，诡言入贡，却之。后其子参烈宝毗牙立。

九年，王遣子昭禄群膺奉金叶表文，贡象及胡椒、苏木之属。上命礼部员外郎王恒、中书省宣使蔡时敏往赐之印。诏曰："君国子民，非上天之明命，后土之鸿恩，曷能若是？华夷虽间，乐天之乐，率土皆然，若为人上能体天地好生之德，协和神人，则禄及子孙，世世无间矣。尔参烈宝毗牙思里哆哩禄自嗣王位以来，内修齐家之道，外造睦邻之方，况屡遣人称臣入贡，以方今蕃王言之，可谓盛德矣，岂不名播诸书哉！今年秋，贡象入朝，朕遣使往谕，特赐暹罗国王之印及衣一袭，尔当善抚邦民，永为多福。"恒等与昭禄群膺陛辞，赐文绮衣服并道里费。

十六年，给勘合文册，令如期朝贡。

二十年，又贡胡椒万斤，苏木十万斤。

二十八年，诏遣中使赵达、宋福等祭其故王参烈昭昆牙。赐嗣王昭禄群膺文绮四匹、罗四匹、氀丝布四十匹，王妃文绮四匹，罗四匹，氀丝布十二匹。敕谕之曰："朕自即位以来，命使出疆周于四维诸邦国，足履其境者三十六，声闻于耳者三十一，风俗殊异大国十有八，小国百四十九，较之于今暹罗为最近迩者。使至，知尔先王已逝，王绍先王之绪，有道于家邦，臣民欢怿。兹特遣人祭已故者，庆王绍位有道，敕至，其闼戾法度，罔淫于乐，以光前烈，其敬之哉！"

永乐元年，遣使入贺即位。自是其国止称暹罗国。

二年，遣使坤文现表贡方物。诏内使李兴等赍敕往劳之，并赐文绮纱帛。四年，复贡方物。且乞量衡为国中式。诏赐《古今烈女传》，给与量衡。

七年，王遣使奉仪物祭仁孝皇后，命中官以告几筵。是岁，复遣坤文琨贡方物。初，南海民何八观等流移海岛，遂入暹罗，至是因其使归。上命传谕国王，遣八观等还，毋纳流移，以取罪戾，并赍王金绒、纻丝、纱罗、织锦。

八年，贡马及方物，送中国流移人还。赐敕劳之。

十年，复贡。

十三年，昭禄群膺卒。其子三赖波磨札剌的嗣位，以兵侵满剌加国。满剌加诉于朝。遣敕谕之，令与满剌加平，敕曰："朕祗膺天命，君主华夷，体天地好生之心以为治，一视同仁，无间彼此。王能敬天事大，修职奉贡，朕心所嘉，盖非一日。比者满剌加国王亦思罕答儿沙嗣立，能继乃父之志，躬率妻子诣阙朝贡，其事大之诚，与王无异。然闻王无故欲加之兵。夫兵者凶器，两兵相斗，势必俱伤，故好兵非仁者之心。况满剌加国王既已内属，则为朝廷之臣，彼如有过，当申理于朝廷，不务出此而辄加兵，是不有朝廷矣。此必非王之意，或者左右假王之名，弄兵以逞私忿。王宜深思，勿为所惑，辑睦邻国，无相侵越，并受其福，岂有穷哉，王其留意焉！十五年，赐王锦四匹，纻丝、纱罗各十匹；赐王妃苎丝、纱罗各六匹。

十八年，又贡。遣中官杨敏等护贡使归国，仍厚赍其王。

十九年，王遣使奈怀等六十人入贡，谢侵满剌加国之罪。赐纱币有差。

二十一年，又贡。赏赐使臣及通事总管客人蕃伴衣服、纻丝、绢布、靴、袜、履、金银、纱帽诸物有差，诏定其例，使臣人等进到物货俱免抽分，给与价钞，给赏毕日，许于会同馆开市，除书籍及玄黄紫皂大花西番莲段并一应违禁之物不许收买，其余听贸易。二次使臣筵宴，回至广东，布政司复宴。

洪熙、宣德间，至如常期。赐王及妃，各减永乐十五年之半。正统、景泰间，贡或不常，赐复旧例。成化十三年，主遣使群谢提素英、必美亚二人来贡方物。美亚本福建汀州士人谢文彬也。昔年因贩盐下海，为大风飘入暹罗，遂仕其国，官至岳坤，岳坤犹华言学士之类。至南京，其从子瓒相遇识之，为织殊色花样缎匹贸易蕃货，事觉下吏，始吐实焉。

按：四夷使臣多非本国之人，皆我华无耻之士。易名窜身，窃其禄位者。盖因去中国路远，无从稽考，朝廷又惮失远人之心，故凡贡使至必厚待其人，私货来皆倍偿其价，不暇问其真伪。射利奸氓，叛从外国益众，如日本之宋素卿，暹罗之谢文彬，佛郎机之火者亚三，凡此不知其几也。遂使窥视京师，不独经商细务，凡中国之盛衰，居民之丰歉，军储之虚实，与夫北虏之强弱，莫不周知以去。故诸蕃轻玩，稍有恁陵之意，皆此辈为之耳。为职方者，可不慎其讥察也哉！

十七年，遣行人姚隆江西临川人，成化辛丑进士。往册封其王。弘治中，给事中林恒复奉使行册封礼。

刑部侍郎屠勋送林黄门诗曰："八月星槎万里行，载将恩雨过蛮城。更筹每用占朝暮，土色还应识地名。陆贾有才堪使粤，班生无处不登瀛。谁云此去沧溟远，飞梦时常到玉京。"大学士杨一清赠林黄门诗曰："百年文轨万方同，地尽暹罗古未通。封建屡崇昭代礼，揄扬兼伏使臣功。天连岛屿蛮烟静，日射沧溟瘴雨空。闻道越裳王化在，几多重译颂声中。"

正德十年，国王遣使贡方物，进金叶表文。诏译其字，无有识者，礼部以闻。太学士梁储疏曰："据提督四夷馆太常寺卿沈冬魁等呈，该回回馆教习主簿王祥等呈，切照本馆专一译写回回字，凡遇海中诸国，如占城、暹罗等处进贡，来文亦附本馆带译。但各国言语土字，与回回不同，审译之际，全凭通事讲说。及至降敕回赐等项，俱用回回字。今次有暹罗国王差人来京进贡金叶表文，无人识认，节次审译不便。及查得近年八百、大甸等处夷字失传，该内阁具题暂留差来头目蓝者歌在馆教习成效，合无比照蓝者歌事例，于暹罗国来夷人内选一二名在馆，并选各馆官下世业子弟数名送馆，令其教习，待有成之日，将本夷照例送回本王等因，实为便益。据此，臣等看得习译夷字，以通朝贡，系是重事。今暹罗夷字委的缺人教习，相应处置，合无着礼部行令大通事并主簿王祥等，将本国差来通晓夷字人再加审译，暂留一二在馆教习。待教有成效，奏请照便送回。庶日后审译不致差误。"上从之。

按：洪武十五年，命翰林侍讲火原洁等编类《华夷译语》，上以前元素无文字，发号施令但借高昌书制蒙古字行天下，乃命原洁与编修马懿赤黑等以华言译其语。凡天文、地理、人事、物类、服饰器用，靡不俱载。复取《元秘史》参考，以切其字谐其声音，既成刊布，自是使臣往来朔漠，皆得其情。又凡四夷分十八所，设通事六十人，大通事有都督都指挥等官，统诸小通事，总理贡夷降夷及归正人夷情番字文书译审奏闻。夫此即仿古象胥之制而设是官职，自国初迨正德不过百有余年，而遂失其所守，何也？且今四夷馆中有译字生、有平头巾通事、有食粮通事、有官带通事、有借职通事，以比太祖之时已数倍其员，而竟不能谙各国之来文，岂非校试之术疏，黜陟之法废，人皆食其食不事其事故耶？迄至嘉靖间，如通事胡士绅等乃交结奸夷，捏陷本管主事陈九川等以兴诏狱，则益不可言矣。兹欲肃其官常，使无素餐旷职，使毋诈上行私，以复太祖建官之盛典，谓非大宗伯之所当加意者哉！

嘉靖元年，暹罗及占城等夷各海船番货至广东，未行报税，市泊司太监牛荣与家人蒋义山、黄麟等私收买苏木、胡椒并乳香、白腊等货，装至南京，又匿税盘出，送官南京。刑部尚书赵鉴等拟问蒋义山等违禁私贩番货例，该入官苏木共三十九万九千五百八十九斤、胡椒一万一千七百四十五斤，可值银三万余两，解内府收贮公用，牛荣寅缘内铛。得旨，这贩卖商货给主。刑部尚书林俊复疏，谓："查得见行条例，通番下海买卖劫掠有正犯处死，全家边卫充军之条；买苏木、胡椒千斤以上边卫充军货物入官之条，所以严华夷之辩，谨祸乱之萌。今蒋义山等倚恃威权，多买番货，天幸匿税事发，将牛荣等参奏。陛下方俞正法之请，寻启用幸之门，忽又有旨给主，明主爱一颦一笑敝裤以待有功者。今三万余两之物果一敝裤比，给还罪人果赐有功比，皆臣等之所未喻也。伏望大奋乾刚，立断是狱，将代为营救并请讨之人下之法司，明正其罪。"上乃诏赃物照旧入官。

按：夷中百货，皆中国不可缺者，夷必欲售，中国必欲得之，以故祖训虽绝日本而三市舶司不废。市舶初设在太仓黄渡，寻以近京师，改设于福建、浙江、广东。七年，罢未几，复设。盖北夷有马市，西夷有茶市，江南海夷有市舶，所以通华夷之情，迁无有之货，收征税之利，灭戍守之费。且以禁海贾抑奸商，使利权在上也。然夷货之至，各有接引之家，先将重价者私相交易，或去一半，或去六七，而后牙人以货报官，且为之提督，如牛荣辈者复从而收腊之，则其所存以为官市者又几何哉！今提督虽革而接引积蠹莫之能去，盖多势豪为主，久握其利，海道副使或行严缉，是非蜂起，是以难刷其敝。迩年浙福之间都御史朱纨励禁接引，以致激生倭寇，然则市舶之当开与否，岂不有明鉴哉！

三十二年，国王遣使坤隋离等贡白象及方物。白象已毙，遣象牙一枝，长八尺，牙首镶金石榴子十颗，中镶珍珠十颗、宝石四颗，尾置金刚锥一根，又金盒内贮白象尾为证。

三十七年，又贡方物。视旧颇不同，迄今贡使不绝。

其国山形如白石峭砺，周千里，外山崎岖，内岭深邃，田平而沃，稼穑丰熟，气候常热。

风俗劲悍，专尚豪强，侵掠邻境，削槟榔木为标枪，水牛皮为牌，药镞等器，惯习水战。王宫壮丽，民楼居。其楼密联槟榔片，藤系之，甚固，籍以籐席、竹簟，寝处于中。王白布缠首，腰束嵌丝帨加绵绮，跨象或乘肩舆。男女椎髻，白布缠头，穿长衫，腰束青花手巾。其上下谋议，刑法轻重，钱谷出入，凡大小事悉决于妇人，其志量在男子上，其男一听苟合无序。遇中国男子甚爱之，必置酒饮，待欢歌留宿。男阳嵌珠玉，富贵者范金盛珠，行有声。婚则群僧迎送，婿至女家，僧取女红贴男额称利市。妇人多为尼姑道士，能诵经持斋，服色似略中国，亦造庵观。能重丧礼，人死气绝，必用水银灌养其尸，而后择高阜之地，设佛事葬之。酿秫为酒，煮海为盐。以海贝代钱，每一万个准中统钞二十贯。

货用青白花磁器、印花布、色绢、色缎、金、银、铜、铁、水银、烧珠、雨伞之属。其产：罗斛香、味极清远，亚于沉香。大风子油、苏木、其贱如薪。犀、象、犀角、象牙、翠毛、黄蜡、花锡。其贡：象、象牙、犀角、孔雀尾、翠毛、龟筒、六足龟、宝石、珊瑚、金戒指、片脑、米脑、糠脑、脑油、脑柴、檀香、安息香、黄熟香、降真香、罗斛香、乳香、树香、木香、乌香、丁香、阿魏、蔷薇水、丁皮、琬石、柴梗、藤竭、藤黄、硫黄、没药、乌爹泥、肉豆蔻、白豆蔻、胡椒、荜拨、苏木、乌木、大枫子、苾布、油红布、白缠头布、红撒哈剌布、红地绞节智布、红杜花头布、红边白暗花布、乍连花布、乌边葱白暗花布、细棋子花布、织人象花文打布、西洋布、织花红丝打布、织杂丝打布、剪绒丝杂色红花被面、红花丝手巾、织人象杂色红花文丝缦。

其里至：占城之极南，其道由广东占城七昼夜至其国。

　　按：《禹贡》曰："岛夷卉服。"召公曰："明王慎德，四夷咸宾毕献，方物惟服食器用。"盖民生不可裸形而立，则衣服之需日用急焉。故先王制贡不贵珠玉而贵布帛。若是我朝四夷所献，如朝鲜之苎布，哈密之氎布，交趾之白绢，皆重服用也。然暹罗海岛异俗，而能谙于织作，丝之贡数品，布之贡十有三品，如此可谓知所重矣。今天下惟浙东诸郡颇能尽力蚕桑，其他各省多不识缫茧。江淮虽多绵花，而不事纫织，是何异于暹俗之勤敏哉！

满剌加

满剌加国，古哥罗富沙也，在占城极南，自爪哇旧港顺风八昼夜可至。其国濒海，山孤人少。汉时尝通中国，受羁属于暹罗。每岁输金四十两为税，故未尝称国。

本朝永乐三年，其王西利八儿速剌遣使奉金叶表文朝贡，赐王彩缎袭衣。

七年，命中官郑和等持诏封为满剌加国王，赐银印、冠带、袍服。使者言王慕义，愿同中国属郡，岁效职贡。又请封其国之西山，定疆域界，俾暹罗不得侵扰。上悉从之，诏封西山为镇国山，赐以御制碑文，勒石其上。上以蹇义善书，手授金龙文笺，命书其诏。偶落一字，义奏曰："敬畏之极，辙复有此！"上曰："朕亦有之。此纸难得，姑注其旁可也。"义曰："示信远人，岂以是惜！"上深然之。复授以笺更书之。

九年，嗣王拜里苏剌率其妻子陪臣五百四十余人来贡广州，驿闻。上念其轻去乡土，跋涉海道而至，遣中官海寿、礼部郎中黄裳等往宴劳之。复命有司供张会同馆。既至，奉表入见，并献方物。上御奉天门宴劳之，别宴王妃及陪臣等，仍命光禄寺日给牲牢上尊，命礼部赐王锦绣龙衣二袭、麒麟衣一袭及金银器皿帏幔裀褥，赐王妃及其侄陪臣兼从文绮纱罗袭衣有差。出就会同馆复宴。既而王辞归，饯于奉天门，别饯王妃陪臣等。赐敕劳王曰："王涉海数万里至京，坦然无虞者，盖王之忠诚，神明所佑也。朕与王相见甚欢，固当且留。但国人在望，宜往慰之。今天气尚寒，顺风帆去，实为厥时。王途中善饮食善调护，副朕眷念之怀。"赐王金镶玉带、仪仗、鞍马、黄金百两、白金五百两，赐妃冠服、白金二百两，赐王子侄冠带并陪臣等各赏赉有差。复命礼部饯于龙江驿，仍赐宴于龙潭驿。

十一年，王遣人至爪哇国索旧港地，谓请于中国，已许之矣。上诏爪哇勿听。

十二年，王母来朝，宴赐如待王妃。

十七年，国王亦思罕答儿沙嗣立，复率妻子入朝。后暹罗国欲举兵攻之，遣使来告。上诏暹罗与平。

二十年，其子西哩麻哈剌以父新殁，率其妃及陪臣至阙朝贡。

宣德九年，复至。

景泰中，王子无答佛哪沙请封。遣兵科给事中王晖往封之。

天顺三年，王卒，其子苏丹茫速沙袭爵。

成化十四年，嗣王复请封。上命礼科给事中林荣为正使，行人黄乾亨为副使往封之。竣事而还，舟抵洋屿遭风，并溺于海上。悯之，遣官谕祭，荣赠某官，乾亨赠司副。各录一子入胄监。乾亨子后登第，即南畿提学御史如金也。

按：乾亨之曾祖名寿生，永乐中为检讨。祖子嘉以孝行，起知束鹿县。父深，景泰中拜监察御史。又寿生，永乐戊子应天发解，其年县庠杨慈亦在本省发解，时称同科两元，为一邑之盛。至乾亨复中成化甲午第一，时称祖孙两元，为一门之盛。盖四世甲科二榜首一监察，其荣遇真罕俪者。然《八闽志》载寿生敦行义、勤问学，经史百氏多所贯通，尤邃《诗经》，一时从游之士多取高第，为时闻人；而莆之业是经者，寿生实其初祖，则乾亨之家学渊源亦不诬也。且乾亨衔命，而蒙难殒其身，以昌其子，岂非天之报其世德也哉！

又按航海之役，本亦危道，观陈侃《琉球》一录，几覆者再。若人有后禄，天必相之。如宋刘崇之为侍郎使金，渡黄河，先一夜河口舟人梦岸上军马数百，有神人大呼曰："明日有刘侍郎渡河，见奉岳府指挥令我拥护，尔等须用小心。"次日崇之至，值河水泛涨，中流失楫，舟人仓里无措，其舟自风浪中直抵岸下，隔河望，水中若有数十人操舟而行者。崇之为儿时，书斋文籍为鼠啮，戏书一判示土地云："尔不职，杖一百，押出斋门。"是夜其师梦老人曰："某实不职，烦一言于侍郎免断。"次日，其师以告，崇之遂毁其判。夜又梦老人曰："谢教授救解，有少白金为谢。"次早于书几上得银一片，大以为异。后崇之果为侍郎。此与天妃之相陈侃，若一揆耳。因是知人之出处生死，自有定数，非人所为。尝闻黄门传凯南安人。奉使海蕃，祷梦于九鲤之神，梦中神语曰："青草流沙六六湾。"及觉，莫测其何指也。既至蕃国，宴间，其王请曰："有一联句，求天使对之。曰黄河濯水三三曲。"盖黄河九曲，彼以能知我地里相夸也。凯忽忆梦语，即应曰："青草流沙六六湾。"王起拜谢，相待益恭。盖彼处有青草渡三十六湾，以使臣亦能识其地里故耳。夫此未来之对语，鬼神预知，岂不有数存焉，而况人之生死乎！凡我乘槎之士，幸则为刘崇之、陈侃而不跃跃以喜，不幸则为林荣、黄乾亨而不戚戚以惧。亦曰：莫非命也，顺受其正而已。

后国王复遣使进火鸡，至今通贡不绝。

按：火鸡躯大如鹤，羽毛杂生，好食火炭，驾部员外张汝弼亲试喂之。

其国旧名五屿，东南距海，西北皆山，地瘠卤，田瘠少收。内有山泉流为溪，于中淘沙取锡，煎成块曰斗锡，每块重官秤一斤四两，及织芭蕉心簟，惟以斗锡通市，无他产。气候朝热暮寒，男女椎髻，身肤黑漆，间有白者，唐人种也。俗尚淳厚，民淘锡、网鱼为业。屋如楼阁而不铺板，但用木高低层布连床就榻，箕踞而坐，饮食厨厕俱在上。

货用青白磁器、五色烧珠、色绢，金银之属。其山曰：镇国。其产曰：锡、布、苏木、胡椒、象牙、犀角、硫黄、玳瑁。其贡：番小厮、犀角、象牙、玳瑁、鹤顶、鹦鹉、黑熊、黑猿、白鹿、锁袱，哈烈亦产，一名梭服，乌羔为之，纹如纨绮。金母鹤顶、金厢戒指、撒哈剌、白芯布、姜黄布、撒都细布、西洋布、花缦、片脑、栀子花、蔷薇露、沉香、乳香、黄速香、金银香、降真香、紫檀香、丁香、乌木、苏木、大风子、番锡、番盐。其道由广东。

按：《别志》云，满剌加国海旁之人亦能刳木为舟以取鱼。然海中有所谓龟龙者，高四尺，四足，身负鳞甲，露长牙，遇人即啮，啮即死，渔人甚畏其害。又山有黑虎，视虎差小，能变人形，白昼群入于市，人有觉其为虎者乃擒杀之。予尝闻牛哀化虎，搏杀其兄，涪民变虎，夜食其豕，未闻以虎化人者。兽之化人，如鹿之为黄衣郎，豕之为乌将军，猿之为袁公，狐之为阿紫，皆年久成精。而今随常可变，亦甚异哉！其国自奉正朔后，不属暹罗。

爪哇

爪哇国，古诃陵也，一曰阇婆，在真腊之南滨海，一云在海中。自占城起程，顺风二十昼夜可至其国。其属夷有苏吉丹、打板、纲底勿数种。旧传鬼子魔天与一罔象青面红身赤发相合，凡生子百余，常食啖人血肉，佛书所云鬼国，即此地也。其被啖几尽，忽一日雷震石裂，中坐一人，众称异之，遂为国王，即领余众驱逐罔象而除其害，自是生齿安业。至今其国之遗文载，此事已一千三百七十六年，考之当在汉时。

国中以木为城，有文字，知星历。国王以其子三人为副王，官有落佶连四人，共治国事，如中国宰相，无月俸，随时量给土产诸物。次有文吏三百余员，目为秀才。又有卑官殆千员。唐贞观末尝遣使入贡。宋元嘉十二年遣使朝贡，后绝。淳化三年十二月，其王穆罗茶遣使来朝贡，云中国有真主，本国乃修朝贡之礼。使还，赐金币甚厚，仍赐良马戎具以从其请。大观三年，遣使入贡。诏礼之如交趾。建炎三年，以南郊恩制，授阇婆国王怀远军节度琳州管内观察处置等使金紫光禄大夫检校司空使持节琳州刺史兼御史大夫上柱国阇婆国王。绍兴二年，复加食邑实封。

其地名苏鲁马者，为商舶所聚，米粮货物甚众。猢狲数百成群。唐时有一人家五百余口，男妇凶恶，忽日一僧至其家，与论吉凶之事，其僧取水噀之，俱化为猿猴，止留一老妪不化，今旧宅尚存。土人及商者常设饮食槟榔花果肉类以祭之，不然则祸甚验也。

其村有杜板者，在海滩，有水一泓，甘淡可饮，称为圣水。元世祖尝举兵伐其国，不克。后遣将史弼、高兴征之，数月不下。舟中乏水，粮尽，二将拜天况曰："奉天伐蛮，若天与我水即生，不与则死。"遂插枪咸苦海中，其泉随枪涌起，水味甘甜，众军汲而饮之。乃令曰："天赐助我，可力战也。"兵威由是大振，啖声奋击，番兵百万余众悉败走，乘胜长驱，生擒番人烹而食之，至今称中国能食人也。遂获酋长以归，既服罪，寻放还，仍封为爪哇国王。

其港口入北马头曰新村，居民环接，编茭樟叶覆屋，铺店连行，为市买卖。其地富饶，珍珠、金银、鸦鹘石、猫睛、青红砗磲、玛瑙、豆蔻、草蔗子、花木香、青盐无所不有。盖通商旅最众也。

本朝洪武二年，遣行人吴用、颜宗鲁赐其国玺书，书曰："中国正统，胡人窃据百有余年，纲常既惰，冠履倒置，朕是以起兵讨之，垂二十年，海内悉定。朕奉天命以主中国，恐遐迩未闻，故专报王知之。使者已行，闻王国人挽只某丁前奉使于元，还至福建而元亡，因来居京师，朕念其久离爪哇，必深怀念，今复遣人送还。颁去《大统历》一本，王其知正朔所在，必能奉若天道，俾爪哇之民安于生理，王亦永保禄位福及子孙，其勉图之弗怠。"

三年，其主昔里八达遣使朝贡。纳前元所授宣敕二道。诏封为国王。

九年，封三佛齐国。其王八达那巴那务怒朝廷封三佛齐与之埒，使臣过其境，邀杀之。

十三年，复遣其臣阿烈彝列时奉金叶表文，贡黑奴三百人。俟命月余，俾归，因诏谕其王曰："圣人之治天下，四海内外皆为赤子，所以广一视同仁之心。朕君主华夷，按驭之道，远迩无间。尔邦僻居海岛，顷尝遣使中国，虽云修贡，实则慕利。朕皆推诚以礼待焉。前者三佛齐国王遣使奉表来请印绶，朕嘉其慕义，遣使赐之，所以怀柔远人。尔奈何设为奸计，诱使者而杀害之？岂尔恃险远，故敢肆侮如是欤？今使者来，本欲拘留，以其父母妻子之恋，夷夏则一，朕惟此心，特命归国。尔国王当省己自修，端秉诚敬，毋蹈前非，干怒中国，则可以守富贵，其或不然，自致殃咎，悔将何及！"

三十年，上以爪哇所属三佛齐国挟诈，阻绝商旅，礼部移文暹罗转达其国谕之。后其国分为东西。

永乐元年，西王都马板遣使奉表贺即位，贡五色鹦鹉、孔雀。福建参议辛彦博伴押至京。赐其王袭衣文绮。

二年，东王孛令达哈亦遣使朝贡，且奏请印章。命铸涂金银印赐之。复赐东西二王苎丝、纱罗、帐幔、手巾、羊酒、器皿，王妃苎丝、纱罗、手巾等物。

三年，遣行人谭胜受往爪哇招流民梁道明等。胜受者，广东南海人，洪武癸酉乡贡进士，为临桂县丞，以政最，召为监察御史。俄降行人。初南海梁道明贸易于爪哇国，久而情熟，挈家住居，积有年岁。闽广军民弃乡里为商从之者至数千人，推道明为长。指挥孙铉使海南诸蕃，遇道明子及二奴，挟与俱归，闻于朝，乃遣胜受同千户杨信赍敕招往。道明属其副施进卿代领其众，自随胜受偕郑伯可寄来朝贡方物。赐道明等袭衣并文绮、缯帛甚盛。上以胜受奉使称旨，擢浙江按察使。是年，西王复贡。其旁近三小国各遣使同至朝贡。俱赐文绮袭衣。三国：蝶里、日夏罗治、金猫里。

四年，西王贡珍珠、珊瑚、空青等物。东王亦贡马。既而西王与东王相战，遂杀东王。时我使人舟过东王城，被西王杀我百七十人。西王遣使言东王不当立，已击灭之矣。降诏切责。

五年，西王都马板上表请罪。愿偿黄金六万两，复立东王之子。从之。

六年，西王都马板献黄金一万两谢罪。礼部臣言其欠偿金五万两，下使者法司治之。上曰："远人欲其畏罪则已，岂利其金耶！且既能知过，所负金悉免之。"仍遣使赍敕谕意，赐钞币而还。

八年，西王贡马及方物。

十一年，西王又贡。使还。敕曰："前内官吴宾等还言，王恭事朝廷，礼待敕使，有加无替。比闻王以满剌加国索旧港之地而怀疑惧。朕推诚待人，若果许之，必有敕谕。今既无朝廷敕书，王何疑焉！下人浮言，慎勿听之。今赐王文绮、纱罗，至可领也。"十三年，西王都马板更名杨惟西沙，遣使谢恩。

十六年，西王遣使献白鹦鹉。

十九年，又贡。而东王久不至，盖为其并，不复果立矣。西王自宣德后亦久不至。

正统三年，复遣使贡。赐王苎丝十匹、纱罗各三匹，妃苎丝六匹、纱罗各二匹。以后回赐不为例。

八年，令其国三年一贡。

景泰三年，西王遣使求讨伞盖、蟒龙衣服。诏各给其一。

四年，复贡方物。宴犒其使，赏赐织金素罗衣服靴袜，通事头目人等女使并女头目俱同。又命赍彩币赐王及妃。自后不常至，间或朝献云。

其国四乡。初至杜板，仅千家，二酋主之，皆广东漳泉人。流寓最久。又东行半日，至厮村，中国人客此成聚落，遂名新村，约千余家，村主广东人。番舶至此互市。又南水行可半日，至淡水港乘小艇，行二十余里至苏鲁马。亦有千余家，半中国人。港旁大洲，林木蔚茂，有长尾猴数万。又水行八十里，至漳沽登岸。西南陆行半日，至王所居，仅二三百家，总领七八人。王宫砖埔，埔高余三丈，方三十余里，屋高四丈。地覆板，蒙藤花席，跏趺而坐。民居茅茨砖库，坐卧于内。刑无鞭朴，罪不问轻重，藤击刃杀之。市用中国古钱。衡量倍于中国。

国人大抵三种：西番贾胡居久者，服食皆雅洁。中国流寓者，尚回回教，持斋受戒，曰唐人。土人颜色黝黑，坐卧无椅榻，饮食无匙箸，啖蛇蚁虫蚓，与犬同寝食，不为秽也。其婚姻无媒妁，惟纳黄金于女家，男造女家后五日迎归，金鼓刀盾前后甚都。妇被发跣足，紫嵌丝帨，戴被金珠，彩饰宝妆。其国地广人稠，甲兵火铳为东洋诸番之雄。其俗尚气好斗，生子一岁便以匕首佩之，刀极精巧，名曰不剌头，以金银象牙雕琢为靶。凡男子老幼贫富皆佩于腰间，若有争詈，即拔刃相刺，盖杀人逃三日而出即无事矣。男子猱头裸身，赤脚，腰围单布手巾。能饮酗酒，重财轻命。妇人亦然，惟项金珠，联纫带之，两耳塞荬樟叶圈于窍中。有病不服药，但祷神求佛。其丧事，凡主翁病死，婢妾辈相对而誓曰："死则同往。"临殡之日，妻妾奴婢皆满头簪草花，披五色手巾，随尸至海边或野地，畀尸于沙地，俾众犬食尽为好。如食不尽，则悲歌号泣，堆柴于旁，众妇坐其上，良久乃纵火烧柴而去死，盖殉葬之礼也。其王椎髻，戴金铃，衣锦袍，蹑革履，坐方床。官吏日谒，三拜而退。出入乘象，或乘牛，或腰舆，壮士五七百人执兵器以从。国人见王皆坐，俟其过方起。不设刑禁，犯罪者随轻重出黄金以赎，惟寇盗则置诸死。剪银叶为钱博易。室宇壮丽，饰以金碧。饮食丰洁，土不产茶，其酒出于椰子及虾蟍丹树，或以桃榔、槟榔酿成，亦甚香美。其田膏腴，地平衍，谷米富饶，倍于他国。民不为盗，道不拾遗。人有名而无姓。五月游江，十月游山，或乘山马，或乘软兜。乐有横笛鼓板，亦能舞，谚云"太平阁婆"者，此也。

其山川：曰保老岸山，在苏吉丹国，凡番舶未到，先见此山。顶耸五峰，时有云覆其上。曰鹦鹉山，产鹦鹉。曰八节涧。乃爪哇咽喉必争之地。元史弼尝会兵于此。其产：金、银、珍珠、番名没爹虾罗。犀角、番名低蜜。象牙、番名象罗。玳瑁、沉香、茴香、青盐、不假煎煮，日晒而成。檀香、树与叶似荔枝。龙脑香、丁香、番名香为昆炖卢林。荜澄茄、其藤蔓衍，春花夏实。花白而实黑。木瓜、椰子、蕉子、甘蔗、芋、槟榔、胡椒、树如葡萄。以竹木为棚架，三月花，四月实，五月收采晒干。硫黄、红花、苏木、桃榔木、吉贝、绞布、有绣丝绞、杂色丝绞。装剑、藤簟、白鹦鹉、能驯言语歌曲。孔雀、倒挂鸟、身形如雀而羽五色，日间闻好香则收而藏之羽翼间，夜则张尾翼而倒挂以放香。猴。国中山多猴，不畏人，呼以宵宵之声即出，或投以果则二大猴先至。士人谓之猴王、猴夫人，食毕。群猴食其余。

其贡：胡椒、荜茇、苏木、黄腊、乌爹泥、金刚子、乌木、番红土、蔷薇露、奇南香、檀香、麻藤香、速香、降香、木香、乳香、龙脑、血竭、肉豆蔻、白豆蔻、藤竭、阿魏、芦荟、没药、大枫子、丁皮、番木鳖子、闷虫药、碗石、荜澄茄、乌香、宝石、珍珠、锡、西洋铁枪、折铁刀、芯布、红油布、孔雀、火鸡、鹦鹉、玳瑁、孔雀尾、翠毛、鹤顶、犀角、象牙、龟筒、黄熟香、安息香。其入贡三年一期，正统八年定。后无恒。

其里至：东古女人国，西为三佛齐国，南古大食国，北占城国，达于京师。

三佛齐

三佛齐，前代至洪武间为国，今为旧港宣慰司地，古于陀利也。在占城之南，相距五日程。居海中，或曰居真腊、爪哇之间。泉州僧本称说，其表兄为海贾，欲往三佛齐，法当南行二日而东，否则值焦土，船必糜碎。此人行时遇风迅，船驶既二日半，意其当转而东，即回柁，然已无及，遂落焦土，一舟尽溺。此人独得一木，浮水三日，漂至一岛畔，度其必死，舍木登岸，行数十步，得一小径，路甚光洁，若常有人行者。久之有妇人至，举体无片缕，言语啁哳不可晓。见外人甚喜，携手与归石室中，至夜与共寝。天明，举大石塞其外，妇人独出，至日晡时归，必赍异果至，其味珍甚佳，世所无者。留稍久，始听自便。如是七八年，生三子。一日总步至海际，适有舟抵岸，亦泉人，以风误至者，乃旧相识，急登之。妇人奔走，号呼恋恋，度不可回，即归取三子对此人裂杀之。其岛甚大，然但有此一妇人耳。

为国时所管十五州，又有旁近属国曰单马令、凌牙斯、蓬丰、登牙侬、细兰诸种。国主号曰詹卑。其人多姓蒲。梁天监元年入贡，后绝。唐天祐初，复通中国。宋建隆以后，遣使入贡。淳化三年，广州上言，其使蒲押院黎前年来贡归道，闻本国为阇婆即爪哇。所侵，驻南海一年，今春欲归，至占城风信不利，复还，乞诏谕本国。从之。熙宁十年，使其臣保顺慕化大将军入见，以金莲花贮珍珠龙脑来献。元丰中，使至者再。

本朝洪武二年，遣行人赵述使其国。

四年，述还，国主马哈剌札八剌卜遣使奉金字表文随述贡方物，贺即位。赐《大统历》并诸文绮。

六年，复遣使贺正旦，贡方物。

八年，朝使招谕拂菻国，归历其地，遣使随入贡。

九年，国主卒。嗣子麻那者巫里表乞绍封，且请国印绶。上遣使赍诏册封，赐印用驼纽，银质，涂以金。诏曰："朕自混一区宇，常遣使招谕诸番。尔三佛齐国王即称臣入贡，于兹有年。今秋使者赍表至，知王薨逝，尔麻那者巫里以嫡子当嗣王位，不敢擅立，请奉于朝，可谓贤矣。朕嘉其诚，是用遣使赐以三佛齐国王之印。尔当善抚邦民，永为多福。"

十年，诏赐王及使臣织金、彩缎、纱罗、靴袜有差。

三佛齐本臣属于爪哇者。本朝开国之初，海外诸番通使不绝，商旅便之。自胡惟庸谋乱，三佛齐因而遣间谍绐我使臣羁留于境。爪哇国王闻知其事，戒三佛齐，令其礼送还朝。自后诸国道路不通，商旅阻绝。上欲遣使谕爪哇国，恐三佛齐中途阻之，命礼部移咨暹罗国王转达爪哇曰："自有天地以来，即有君臣上下之分，且有中国四夷之礼，自古皆然。我朝混一之初，安南、占城、真腊、暹罗、大琉球皆修臣职，惟三佛齐梗我声教。夫智者忧未然，勇者能从义，彼三佛齐以蕞尔之国而行奸于中国之中，可谓不畏祸者矣。尔暹罗国王犹守臣职，我皇上眷爱如此，可转达爪哇，俾以大义告于三佛齐。三佛齐系爪哇统属，其言必信，或能改过从善，则与诸国咸礼遇之如初，勿自疑也。"其后爪哇并三佛齐，废其国。其地有旧港，商舶所聚，爪哇置小酉以司市易。南海商人梁道明弃乡里来居，积岁聚众，为之酋长。

永乐三年，遣行人谭胜受招之还。详具《爪哇传》中。

按：梁道明、王直并入海为商者。道明其终归于首丘，王直其终徇于藁街，人其可不知顺逆以择祸福也哉！

五年，中使郑和往西洋还，泊旧港，遇海贼陈祖义等招之。陈祖义者，广东人。脱罪避居旧港，久之得为三佛齐将领，暴横掠过客。至是因郑和之招，诈降潜谋邀劫和。有施进卿者，祖义乡人也，诉于和。和整兵擒祖义，诛其党五千余人。承制官进卿留旧港为将领。祖义械送京师，斩于市。诸番闻之，皆詟服。是年，旧港酋长施进卿遣婿丘彦诚入贡。诏设旧港宣慰司，命进卿为宣慰使，赐印诰、冠带、文绮。

二十一年，进卿子济孙复遣彦诚奏父卒，请封，并言印为火所毁，请复给。命济孙袭宣慰使，赐冠带、织金、文绮、袭衣、银印，中使郑和赍往赐之。自是比诸番国，朝贡不绝。

其国在海中，扼诸番舟车往来之咽喉，商旅过不入，辄出船合战，故诸国之商舶辐辏。累甓为城，人民散处城外，水多地少，部领者皆于岸造屋居之，周匝皆仆从住宿。其余民庶皆于水架木筏，盖屋而居，覆以椰叶，以木椿拴阑，或水长则筏浮起，不能没也。或欲别居，起椿去之，连屋移徙，不劳财力。四时之气多热少寒，冬无霜雪，土沃倍于他壤。古云"一年种谷，三年生金"，言其米谷盛而多贸金也。民故富饶，俗嚣好淫。男女推髻，穿青绵布衫，用香油涂身。以金银贸易，货用烧五色珠、青白磁器、铜鼎、五色布、绢、色缎、大小磁瓮、铜钱之属。民习水陆战，临敌敢死，服药，兵刃不能伤击。兵随时征发，立酋长统率之。自备兵粮，平时亦不输征税。凡文字用梵书，其王指环为印。亦有中国文字，上表章用焉。三佛齐本南蛮别种，初隶爪哇，有地十五州。东距爪哇，西距满剌加，南距大山，西北滨海。

其产：金、银、水晶、珠、琉璃、犀、象、象牙、安息香、树脂，其形色类核桃瓤，不宜于烧，然能发众香，故人取以和香。龙脑香、檀香、乌楠木、单马令国出，树似上桐，可为器。猫睛石、细兰国出，莹洁明透，如猫眼睛。沉香、乳香、树如榕，以刀研之，液溢于外，凝结而成，其为品十，有其名滴乳瓶袋者黑榻缠末之别。蔷薇水、即蔷薇花上露，花与中国蔷薇不同，土人多取其花水以浸代露，故伪者多，以琉璃瓶试之，翻摇数四，其泡周上下者为真。万岁枣、木香、树类丝瓜，冬取根晒干。褊桃、婆律香、熏陆香、芦荟、草属，状如鼍尾，采之以玉器捣研成膏，名曰芦荟。栀子花、色浅紫，香清越。其花稀有之，土人采之曝干，藏琉璃瓶中。没石子、树如樟，开花结实如中国茅栗。苏合油、以浓而无滓者为上。腽肭脐、兽形如狐，脚高如犬，走如飞，取其肾以渍油，名曰腽肭脐。阿魏、树不甚高，土人纳竹筒于树梢，脂满其中，冬月破筒取脂，即阿魏也。或曰其脂最毒，人不敢近，每采时系羊树下，自远射之，脂之毒着于羊，羊毙即为魏。珊瑚、生海中最深处。初生色白，渐长变黄，以丝绳系五爪铁猫儿，用黑铅为坠，掷海中取之。初得肌理软腻，见风则干硬，变红色者为贵，若失时不取，则蠹败。没药、树高大如松，皮厚一二寸。采时掘树下为坎，用斧伐其皮，脂流于坎，旬余取之。血竭。树略同没药，采亦如之。自乳香以下，诸物多大食诸番出，而萃于三佛齐国。又产鹤顶、火鸡、神鹿。鹤顶鸟大于鸭，脑骨厚寸余，外黄内赤，鲜丽可爱。火鸡大于鹤，颈足亦似鹤，软红冠，锐嘴，毛如青羊色，爪甚利，伤人腹致死，食炭。神鹿大如巨豕，高可三尺，短毛喙，蹄三跲。

其贡：黑熊、火鸡、孔雀、五色鹦鹉、诸香、兜罗锦被、芯布、白獭、龟筒、胡椒、肉豆蔻、番油子、米脑。

其里至：占城国南五日。其入贡自广东达于京师。

浡泥

浡泥国在西南大海中，所统十四州，前代属爪哇，不通中国。宋太平兴国中，国主向打始因商人蒲卢歇遣使入贡。元丰中，国主锡里麻喏遣使又至。自后久绝。

本朝洪武三年，命监察御史张敬之、福建行省都司沈秩，秩，乌程人。持诏往谕。至其国，国主马合漠沙倨傲无礼。秩令译言曰："皇帝抚有四海，日月所照，霜露所坠，无不奉表称臣。浡泥以弹丸之地，乃欲抗天威耶！"国主大悟，举手加额曰："皇帝为天下主，即吾君父，安敢云抗？"秩折之曰："王既知君父之尊，为臣子奈何不敬？"亟撤去座，更设芗几，置诏书其上，命国主帅官属列拜于庭。秩奉诏立宣之，王俯伏以听，因曰："近者苏禄来侵，子女玉帛尽为所掠。必俟三年后，国事稍舒，当造舟入贡。"秩曰："皇帝登大宝已有年矣，四夷之国，东则日本、高丽，南则交趾、占城、闍婆，西则吐蕃，北则蒙古诸部落，使者接踵于道，王即行已晚，何谓三年？"国主曰："地瘠民贫，愧无奇珍以献，故将迟迟尔，非有他也。"秩曰："皇帝富有四海，岂有所求？但欲王之称藩一示无外尔。"国主曰："容与相臣图之。"又明日，其相王宗恕来曰："使者之言良是，请以五月五日成行。"爪哇有人问国主："苏禄来攻，王帅师却之。今闻归诚中国，无我闍婆矣。"国主惑之。秩复走见国主，国主辞以疾。秩大言谓宗恕曰："尔谓闍婆非中国臣耶？闍婆尚称臣，于尔国乎何有？使者还朝，天兵旦夕至，虽欲噬脐，悔何及乎？"宗恕悚然曰："敬闻命矣。"入白国主。大会其属，共议遣亦思麻逸等入朝。更以金佩刀、吉贝布为赠。秩毅然辞之。国主顾近诗曰："中国使者廉洁乃如是耶！闍婆来人讨索每无厌，况强之而不受耶？"秩以涉海万里，不可无纪，仍与敬之各赋一诗。国主大悦，书于板悬之。既别，舟行至海口，国主又惑。左右言令人与亦思麻逸曰："使者不受刀布，尔等必不还矣。"秩恐国主不安，复走其所反复譬晓之。王曰："使者之言如此，予中心释然矣。"王举酒酹地祝曰："愿天使早还中国，愿区区微介亦早归敝邦。"于是亦思麻逸随秩等至朝见，奉上金表，皇太子银笺，各献方物。赐宴于会同馆。已而遣归，宠赉其王甚厚。

八年，诏浡泥山川之神附祭于福建山川位次。

永乐三年，诏遣使封其国主麻那惹加那乃为王，给印符诰命。

六年，王率其妻子家属陪臣来朝，泊福州港，守臣以闻。上念王距中国数万里，远涉鲸波而至。遣中使偕礼部官往迎劳之，所过诸郡皆设宴。既至，王奉表入见，并上东宫笺，各献方物。妃亦上中宫笺，献珍物。上享王于奉天门，别宴妃及王弟王子陪臣他所。复命供张会同馆，日给牲牢。上尊赐王金绣龙金麒麟等袭衣，金玉装带仪仗鞍马，入赐妃与王子冠服，下逮陪臣傔从文绮纱罗袭衣，出就会同馆复赐宴焉。王卒于馆，辍朝三日，祭赙甚厚，谥为恭顺，赐葬南京城南石子冈，以西南蛮人隶籍中国者守之，树碑建祠，命有司春秋致祭。复令其子遐旺袭封。遣行人内官护送归国。濒行，赐宴奉天门，别宴王母陪臣等，赐金百两、银三千两，凡馆中帏幔裀褥器皿悉撤以赠。复命礼部宴饯于龙江驿，又宴龙潭驿。初，国王麻那惹加那乃上言，蒙恩封王爵，境土皆属职方，国有后山，乞封表为一方之镇。王卒，其子遐旺以为请。六年，诏封其山为"长宁镇国山"，御制碑刻石于上。

十二年，洪熙元年，皆来朝贡，今亦罕至矣。

其地炎热，多风雨，无城郭，树木栅以为固。或曰以板为城。王所居屋，覆以贝多叶，民舍覆以草。王坐绳床，出即大布单坐其上，众异之。名曰玩囊。战斗者持刀披甲，甲以铜铸，状若大筒，穿之于身，护其腹背。其国邻底门国。有药树，取其根煎为膏，服之及入其体，兵刀所伤皆不死。厥丧葬亦有棺敛，以竹为辇车，载弃山中。二月始耕则祀之。逾七年则不复祀。婚聘之资，先以椰子酒，次槟榔，又次以指环，然后以吉贝布或量出金银成其礼。国人以十二月七日为岁节，取树实为浆，澄漉腻如粉，食之能不饥。沥浆为酒。凡宴会，鸣鼓吹笛击钹，歌舞为乐。无器皿，以竹编具多叶为器，盛饮，食讫弃之。厥习尚奢侈。男女椎髻，以五采帛系腰，花锦为衫。王之服色略仿中国。基宇弘敞，原田获利，煮海为盐，酿秋为酒。爱敬中国人，每见中国人醉者，则扶之以归。番书无笔札，以刀刻贝多叶行之。事佛甚严，五月十三日国人竞作佛事。

其山：长宁镇国。其产：片脑、树如移桧，取者必斋沐而往，其成片似梅花者为上，其次有金脚、速脑、米脑、苍脑、札聚脑，又一种如油，名脑油。檀香、象牙、吉贝布、玳瑁、鹤顶、巴尾树、贝多叶、加蒙树、二树心可为酒。椰子、槟榔、纸。纸类木皮而薄，莹滑色微绿，宋时入贡，以书表。厥贡：珍珠、宝石、金戒指、金绦环、龙脑、牛脑、梅花脑、降香、沉速香、檀香、丁香、肉豆蔻、黄蜡、犀角、玳瑁、龟筒、螺壳、鹤顶、熊皮、孔雀、倒挂鸟、五色鹦鹉、黑小厮、金银八宝器。厥贡单目用银。

其里至：阇婆、四十五日。三佛齐、四十日。占城。三十日。其朝贡自广东达于京师。

琐里　古里

琐里国又曰西洋琐里国，古里国又曰西洋古里国，或为二国，或为四国。《会典》诸书所载各异，皆西海诸番之会。自广州舶船往诸番，出虎头门，如入大洋，分东西三路。东洋差近，周岁可回。西洋差远，两岁一回。宋于中路置巡海水师营垒。其国与伽蓝洲狮子国相邻，或云南距柯枝，西濒海。自柯枝海行可三日至，前代不通中国。

本朝洪武三年，遣使持诏谕西洋诸番曰："自古为天下主者，视天地所覆载，日月所照临，若远若近，生人之类无不欲其安土而乐生。然必中国治安而后四方外国来附。近者元君欢帖木儿荒淫昏弱，志不在民，四方豪杰割据，郡县十去八九。朕悯生民之涂炭，兴举义兵，攘除暴乱，天下军民尊朕为皇帝，国号大明，建元洪武。前年克取元都，四方以次平定。其占城、安南、高丽诸国俱已朝贡。今特遣将巡行北边，始知元君已殁，获其孙买的里八剌，封为崇礼侯。朕仿前代帝王治理天下，惟欲中外臣民咸乐其所。又虑汝等僻在远方，未悉朕意，故遣使者往谕，咸使闻知。"既而遣前行人闻良辅往谕西洋诸番。于是古里国主遣使来贡，进金叶表文。上以其国涉海道远，赐赉甚厚。

五年，琐里国主卜纳的亦遣使贡，奉金字表文，并图其土地山川以献。上赐国主《大统历》及织金、彩缎、纱罗各四匹，赐使臣彩缎、纱罗各二匹。

七年，上因暹罗番商诈贡，诏中书礼部曰："古者中国诸侯于天子比年一小聘，三年一大聘，九州之外番方远国则每世一朝，其所贡方物不过表诚敬而已。高丽稍近中国，颇有文物礼乐，与他番异，是以命依三年一聘之礼，彼若就每世一见，亦从其意。其他远国如占城、暹罗、西洋琐里等处新附国土，入贡既烦，劳费甚大，朕不欲也。今遵古典而行，不必频贡，其移文使诸国知之。"

永乐元年，二国各遣使贡马。诏许其附载胡椒等物皆免税。命有司造舰舶二百五十艘，备使西洋。

三年，古里又遣使朝贡，诏封古里国王给印诰。

五年，复来贡。七年，遣中官郑和偕行人通西南夷，封海神宋灵惠夫人林氏为"护国庇民普济天妃"，建祠于京师仪凤门。

> 按：天妃，莆田林氏都巡君之季女，幼契玄理，预知祸福，在室三十年。宋元祐间，遂有显应，立祠于州里。至元中，显圣于海，保护海运。万户马合法忽鲁循等奏立庙。号天妃，赐祭太牢。洪武初，海运风作，漂泊粮米数百万石于落漈。落漈言水往不可回处。万众号泣待死矣，大叫天妃，则风回舟转，遂济直沽。后又封"昭应德正灵应孚济圣妃娘娘"之号。自后四方受恩之人遂各立庙，故今在处有之也。永乐中，杭州百户郭保海运遭风，一旦昼如夕者，似三日夜矣。舟人泣叫天妃，许以立庙。顷刻遂见天日。成化间，杭州给事中陈询钦往日本国。至大洋风雨大作，舟将覆矣。陈祷天曰："予命已矣，如君命何！"远见二红灯自天而下，若有人言曰："救人不救船。"忽有灯至舟上，有渔舟数只飘泊而至，遂得渡登山。即语曰："吾辈为天妃所遣，此山自某地去可几日至广东也，但多蛇难行，今与尔盒药敷足，则无害矣。"已而果然。复入京，领敕又行。下舟时，梦天妃曰："赐尔木，此回当刻我像，保无虞也。"明日，有大木浮水而来。舟人取之，乃沉香，至今刻像于家。

和等领甲士驾巨舰自福州长乐县出五虎门航大海，西南行抵占城，正南行八昼夜抵满剌加，以达西洋古里，分舟宗遍往支国阿舟、忽鲁谟斯等处。于是古里复遣使贡金丝宝带。金丝细如发，结花，缀八宝、珍珠、鸦鹘石于上。

二十二年，仁宗即位。从前户部尚书夏原吉之请，诏停止西洋取宝船，不复下番。宣德中复开，至正统初复禁。成化间，有中贵迎和上意者，举永乐故事以告，诏索郑和出使水程。兵部尚书项忠命吏入库检旧案不得，盖先为车驾郎中刘大夏所匿。忠答吏，复令入检三日，终莫能得，大夏秘不言。会台谏论止其事，忠诘吏谓："库中案卷宁能失去？"大夏在旁对曰："三保下西洋费钱粮数十万，军民死且万计。纵得奇宝而回，于国家何益！此特一敝政，大臣所当切谏者也。旧案虽存，亦当毁之以拔其根，尚何追究其有无哉！"忠竦然听之，降位曰："君阴德不细，此位不久当属君矣。"大夏后果至兵部尚书。自后其国亦不常至，间一遣使朝贡云。

> 按：《灼艾集》中刘大夏为兵部郎中，有中官用事，献取交南策，以中旨索永乐中调军数。公故匿其籍，徐以利害告尚书。余子俊力言阻之，事遂寝。与此相类，因附记以俟考。

其国古里王好浮屠，敬象牛，老不传子，传外孙，否则传弟，无外孙、弟传善行人。族类分五种，如柯枝王南毗人不食牛，将领回回人不食猪。大家晨起用牛粪为囊佩之，每旦水调抹额及股。国事皆决于二将领。俗尚信义，行者让路，道不拾遗。海滨为市，通诸番。用金银钱。以葫芦为乐器，红铜丝为弦，歌声相协，铿锵可听。刑无鞭笞，轻断手足，重罚金、诛戮。田瘠宜麦，产沉香、木香、西洋布、幅广至四五尺。五色布、花帨阔五尺、孔雀、白鸠、胡椒、马、国多骏马，来自西域。五色鸦鹘石。

其贡：宝石、金系腰、珊瑚珠、琉璃瓶、琉璃碗、宝铁刀、苏合油、龙涎、栀子花、花氈、单伯兰布、苾布、红丝花手巾、番花人马象物手巾、线结花靠枕、木香、乳香、檀香、锡、胡椒。

琐里其产：撒哈剌、以毛织之，蒙茸加氍毹，有红绿二色。红八者蓝布、觊木黑布、白苾布。其贡：马、红撒哈剌、红八者蓝布、红番布、木里布、白苾布、珠子顶串、黄黑虎。其贡道亦由广东。

（明万历刻本《殊域周咨录》卷七至卷九《南蛮》）

《殊域周咨录》卷七至卷九《南蛮》中介绍了南海及其周边占城、真腊、暹罗、满刺加、爪哇、三佛齐、浡泥、琐里和古里等 9 个国家的政治、经济、文化等情况，与南海地域密切相关，故将其纳入此编。

明·张燮《东西洋考》

张燮（1574—1640），字绍和，自号"海滨逸史"，明漳州龙溪（今福建省龙海市）人。张燮出生于一个官宦世家，天资聪慧，自幼受到家学熏陶，10 岁便通五经，兼览史鉴百家。青年时，文章诗歌名噪一时。张燮 21 岁中举，其父亲张廷榜因"不善事上"被降职，终至无故"论罢"。张燮深感官场竞争的剧烈，无意仕进，不再进京考进士走做官的路，而是定居镇江侍奉父亲。其间与当地名流蒋孟育等，于漳州开元寺旁风雅堂组成佅云诗社，往来唱和。明神宗万历四十五年（1617），张燮写成《东西洋考》，是记载明代中外关系和东南亚各国历史、地理的重要文献，也是一部综述漳州与东西洋各国贸易通商的指南，对研究中外关系史、经济史、航海史、华侨史等都有很高的史料价值。周起元誉之为"开采访之局，垂不刊之典"。明熹宗天启年间，何乔远荐张燮入朝编修《神宗实录》，张燮力辞不就。除《东西洋考》外，张燮还著有《群玉楼集》，刊刻汉魏《七十二家文选》，黄宗羲称他为"万历间作手"。

饷税考

宋时发舶海上，郡国有司，临水送之。尝登泉山，见刻石，纪岁月甚夥。尔时典綦重云。闽在宋元俱设市舶司。国初因之，后竟废。成弘之际，豪门巨室，间有乘巨舰贸易海外者，奸人阴开其利窦，而官人不得显收其利权，初亦渐享奇赢，久乃勾引为乱，至嘉靖而弊极矣。

二十六年，有佛郎机船，载货泊浯屿，漳泉贾人往贸易焉。巡海使者柯乔发兵攻夷船，而贩者不止。都御史朱纨获通贩九十余人，斩之通都，海禁渐肃，顾海滨一带，田尽斥卤，耕者无所望岁，只有视渊若陵，久成习惯，富家征货，固得稛载归来，贫者为佣，亦博升米自给，一旦戒严，不得下水，断其生活，若辈悉健有力，势不肯缚手困穷，于是所在连结为乱，溃裂以出，其久潜踪于外者，既触网不敢归，又连结远夷，向导以入。漳之民始岁岁苦兵革矣。

四十四年，奏设海澄县治，其明年隆庆改元，福建巡抚都御史涂泽民请开海禁，准贩东西二洋：盖东洋若吕宋、苏禄诸国，西洋若交阯、占城、暹罗诸国，皆我羁縻外臣，无侵叛，而特严禁贩倭奴者，比于通番接济之例。此商舶之大原也。先是发舶在南诏之梅岭，后以盗贼梗阻，改道海澄。

隆庆六年，郡守罗青霄以所部雕耗，一切官府所需，倚办里三老，良苦，于是议征商税，以及贾舶。贾舶以防海大夫为政。

万历三年，中丞刘尧海请税舶以充兵饷，岁额六千。同知沈植条海禁便宜十七事，着为令，于时商引俱海防官管给，每引征税有差，名曰引税。东西洋每引税银三两；鸡笼、淡水，税银一两。其后加增东西洋税银六两，鸡笼、淡水二两。每请引百张为率，尽即请继，原未定其地而限其船。

十七年，中丞周案议将东西洋贾舶题定额数，岁限船八十有八，给引如之。后以引数有限，而愿贩者多，增至百一十引矣。其征税之规，有水饷、有陆饷、有加增饷。水饷者，以船广狭为准，其饷出于船商；陆饷者，以货多寡，计值征输，其饷出于铺商。又虑间有藏匿，禁船商无先起货，以铺商接买货物，应税之数给号票，令就船完饷，而后听其转运焉。西洋船面阔一丈六尺以上者，征饷五两，每多一尺，加银五钱；东洋船颇小量，减西洋十分之三；陆饷：胡椒、苏木等货，计值一两者，征饷二分；鸡笼、淡水地近，船小，每船面阔一尺，征水饷五钱，陆饷亦如东西二洋之例。

加增饷者，东洋吕宋，地无他产，夷人悉用银钱易货，故归船自银钱外，无他携来，即有货亦无几，故商人回澳，征水陆二饷外，属吕宋船者，每船更追银百五十两，谓之加征。后诸商苦难。

万历十八年，量减至百二十两。每岁夏仲至秋中，风汛届期，宾客扬帆归抵海外，经过南澳、浯铜诸寨及岛尾濠门、海门各巡司，随报饷馆，逐程遣舟护送，以防寇掠，实欲稽察隐匿宝货云。自万历四年，饷溢额至万金，刊入章程，录至十一年，累增至二万有余。

二十一年，倭寇朝鲜，闽以震邻，禁止通贩，海上人辄违禁私下海，或假借县给买谷捕鱼之引，竟走远夷。中丞许孚远深念之，恐复为变如嘉靖时，移檄招谕，凡留贩人船，不论从前有引无引，日远日近，俱许驾回，诣官输饷如故事。凡私通及压冬情罪，一切宥免。于是越贩商人胡台、谢楠等二十四船，闻抚绥令，皆驾船回澳。

二十二年，饷骤溢至二万九千有奇。此因逆而顺收之者也。其后当事疑税饷赢缩，防海大夫在事久，操纵自如，所申报不尽实录，议仿所在榷关例，岁择全闽府佐官一人主之，及瓜往还，示清核，毋专利薮。而泉人以兵饷匮乏，泉观察议分漳贩西洋，泉贩东洋，各画陇无相搀越，欲于中左所设官抽饷，如漳例。漳郡守持之，谓割漳饷以给泉兵，则漳饷当匮。且有不漳不泉，夤缘为奸者，将奈何，奏记力言其不可，独榷税，不属海防，官听上裁。

　　详文略曰：本府军需往往告匮，即隆庆间，开设舶税，仅数千金，万历间增至万两，以此佐之，犹且不敷，动请司饷济急，往牒具在也。迨十三年，增税至二万余，兼以尺土寸田，凡属官者，靡不括以充饷，即铁垆、牛行、渡船、渔税，搜无遗利，始免仰给司牧，然亦必尽数追完，方克有济。见在十县饷额，共三万七千七百九十余，凑船税二万余，大都六万上下，而水陆官兵月粮，修船、置器、犒赏诸费，岁不下六万，如二十一年禁海饷诎，则括府县帑藏支用，岂有赢余，积藏于库哉！饷在漳则漳利，饷在泉则泉利，其便均也，漳饷匮则请在漳，泉饷匮则请在泉，其不便均也。今欲东西洋分属漳泉，割漳饷以赡泉兵，不惟漳之兵食，无从措给，从此私贩之徒，缘为奸利，不漳不泉，东影西射，公然四出，不可究诘者，又什百于昔日。本府筹之，未见善画，在彼府计，其无弊何如耳。于是漳泉分贩议罢不行，而上章请改设饷馆、给关防。

会二十七年，上大权天下关税，中贵人高采衔命入闽，山海之输，半搜罗以进内府，而舶税归内监委官征收矣。时议委三司首领一员，与委官合管。正税外，索办方物，费复不赀，诸虎而冠者，生翼横噬，漳民汹汹，赖有司调停安辑之，不大沸。时郡守韩擢，澄令龙国禄也。

三十四年，有旨封闭矿洞，各省直税课，有司照常征解，命甫下，海内方忻忻忭舞，而所在税监仍奏请转解，及办进方物，且言："税归有司，奴辈无所事事，乞召回。"

于是旨纷出，先后互异，税银准解工部，又总解税监，分进内库，方物准折办，又敕该监照旧办进，其布政司银既汇解，而税监者，又欲州县有司径解。及代办方物，有司莫知适从。纷然久之。藩司具咨户部请画一。而部咨回复，以藩司一邦之主，若金花税粮等银，何莫不由藩司，而州县敢于径解乎？

近者南赣巡抚题奉明旨，各处税课都著类总解税监，分解应用。是各处者，指各省直言也；类总解监者，明命布政司类总也；若由州县径解，当云各解，何须类总为乎？方物乃税监芹曝之诚，非有司贡献之礼，抚臣既题准折办。及措处加平等费，续奉明旨照旧办进，并未有有司备办之旨，谨始虑终，正在今日，亟当移会该监，备将历来明旨，开导其详，使知类总二字，旨意昭然，径解之举，终属悖谬矣。自是议稍定，当事复申前饷官之议，以"海澄洋税，原议轮委各府佐征收，但外府官远来住札非便，而增设供应人役，所费倍繁。不若于本府佐刺五员，岁委一员管理，事无专属，既于原议不悖，且于事体为宜"，当路报可，于是本府官承委，岁一更代云。

四十一年，上采诸臣议，撤案铠还，诏减关税三分之一，漳税应减万一千七百。当事悉罢五关杂税，独以洋商罗大海之重利，即不减犹可支持，仅蠲三千六百八十八两，然不可谓非圣世洪洞之恩也。夫贾人占风犯涛，博十一于鳞介之国，幸而取赢，远望故里关山，欣同隔世。有续命缕，乃墨者既凭高攫之。黠者、豪者，又从旁百计浚之，情倍可怜。当议蠲时，主者曰："孰使之走不测风涛，与蛟龙争命也。"比于征贱丈夫，不必议，此亦未足服商人之口。要以弊窦开而无变计，则中阉虽撤，遗毒尚沿，赋虽减犹未减。惟是上下相维美意，行其良法，使害马既去，鲛泣长收，纵蠲少犹多也。

四十四年，推官萧基署郡符，蒿目商困，条上恤商厘弊凡十三事。

看得海澄饷税，初仅三千，其后增益至万，又加倍之。迫中使专摧，始盈二万七千。近奉恩命，减三分之一，议减三千，乃蠹弊未涤，飓害连遭，商人羽毛剥落，行道相戒，给引日少，将来饷额愈不可支。及今不为厘正，上下交病，安所底止，请先言其害，而后规其便可乎？

一曰：官害。

夫仓巡，下属逢船至，营求差使，如田夫逐鹿，一有奉委，骤以富名。称验查而常例不赀，称押送而常例不赀、称封钉而常例又不赀。夫饷船动载数千担，旬日盘量，不能殚其数，即贤者亦不克胜，而况鼹鼠之腹，止计充囊者乎？又况狡者、桀者，卖放指吓，倍索常例之外，尤有足未到船，锤已充盈者乎？故差官是瘠商之蠹贼也。

一曰：吏害。

夫衙役之横，无如饷馆之甚，上以尝官，下以蚀商，报货则匿其半，而输半直于吏书，量船则匿其一，而酬其二分于吏书，喜则啸虎，怒则张鸥，甚官坏而吏仍肥，饷亏而书悉饱，皂快人役，同类分至，惨焰异常，故衙党是残商之蜂虿也。

一曰：奸商之害。

夫一船，商以数百计，皆四方萍聚雾散之宾，而听命于商主，受压于船主，彼操颐指之柄，先从外洋派敛众商，从一科十、从十科百，动称使费，代为打点，而市棍包引之徒，分门别户，以相表里，衙胥狙狯之雄，丝牵绳联，以相应和。彼各舱之商，抛命图财，讵堪鱼肉，有委货于中流，以求脱免者，故积年操柄，是削商之刀锯也。三害不芟，将见吏书以积包者为市，包棍以船主为市，船主又以商梢为市，其究商绝民困，饷亏计穷，浸渐以往，又不止今日之情形也。为今日计，商人宽一分则受一分之惠，诸蠹减一分则省一分之害，厘弊拯急，无出此二言矣。谨据臆参访舆论，酌为规条，凡议十三，以听采夺。

一议水饷。

水饷，以梁头尺寸为定。载在成册，而商人往往克减尺寸，官亦利其加增而重科之。吏书人役百般诈索，奸弊莫清，今酌以十月修船时，饷官躬诣，从腹阔处，看量尺寸，编记天地玄黄字号，以某船往某处给引，其同澳即照字号规则，依纳水饷，不必复量梁头。其约省商费，固无量也。在饷官，虽以今年理来年之船，然互相代稽，事所宜然；贤者自不惜以一劳而杜百扰；今春，除已驾发外，议以今秋九十月始。

一议复印信官单之规。

原给引时，商船量报梁头登引，而本海道发印信官单一本，发与商人，以备登报各舱货物，递送掣验。如所报有差错，船没官；货物斤数不同，货没官；此厉禁也。重以道印之册，至严崇也；谁敢犯之？迩因内监套官单付饷馆书吏，命各商先替草单，吏书从中任其加增，商欲不减报货物不可得者，是秽丛也。合无请复旧规，将道印官单于请引时发下商人；令诸在船散商，亲填货物多寡，如不能书者，即写代笔某人。与主商梁头阔狭，备造官册，随送随验，隐报者，如律究治。亦厘弊清商之急务也。

一议出水免委官验船。

洋船多以百计，少亦不下六七十只。列艘云集，且高且深，委官二员，竭力莫胜，适以饱索常例止矣。而奸商藉经验护送之名，益便于放胆犯载，是滋害也。夫一船一商主司之，即散商负载而附者，安能逃其耳目？合无专责一人，仰船至亲递甘结，同港诸船主，共相保结，严以一体连坐之律，又广开首举之门，能首实者，给重赏，如此责命，必鲜有犯者，而出水杂费杜矣。商已当受其利矣。故委验之官，断可已也。

一议入港先委官封钉。

封钉，前无此例，近年始有之，防漏货也。然滔滔洋波，何地不可匿载，何必入港而封之？适以饱官差之需索乎？只宜严禁地方套小艇，先出海外接载饷货，须命巡栏澳甲之人防之。然假巡缉名色驾船者，多是漏载之奸，应示禁巡栏澳甲之船，在大担内者，只就海畔瞭望，不许近泊商船，在本港者，从溪边巡视，不许在商船边往来。倘商梢登岸，止用小艇渡载，而搜检有夹带货者，究没其巡栏澳甲人役，如三五成群，生事指骗者，亦究治；此法三令五申，未必不可以杜漏货而蠲商害也。

一议禁加起。

夫匿货漏税应尽没官，律有明禁，至凛凛也。自有加起之名，而商人始不得实报，留其余以待加起，于是明用钱少，暗用钱多，如报导本船一千担，其加起作一千二三百者有之，甚则加起作一千五六百者有之，是官与商为市也。此加起者，归何手乎？而考成徒以虚报故事登册，宜额饷之亏失也。合无照旧规货物，逐一开报，有加起者，以漏货论，大书告示，使民遵守，商货尽数开填，饷额必有羡无失，即船寡之年，无虞乏矣。故革绝加起，与梁头加增者并禁，于以绝干没，杜衙蠹，足国饷，有三善焉。

一议验船后船货二税。

船货二税，俱从在船货物多寡、精粗、匀科。命舱商自秤，以防船主多科之弊，迩因有常例，有加增、有果子银、有头鬃费，名色不等，俱从商首取给，任其科索，东洋船有敛三百余金者，西洋船有敛四百金者，悉归商首操纵，不止饷一费一，甚饷一而费二矣。众商为喉，主商为腹，怨声载道。率此之由，自今以后，合无容舱商自纳自秤，仿收粮银之法，投入柜内，商首不得科索，止命银匠数人，验银足色，限十日内通完，违限者，方指名差追，不得混票，更严禁管饷收饷人役，措索情弊，亦苏小商而杜奸商之一端也。

一议禁包引给引。

时积年市猾，每每包引，包保至五六船者，串惯主商，倡言给引费至数十两，而后来诸商自给引者，只得如数出费，彼且从中瓜分，及船回销引时，又倡言费银数十两，而后之销引者，只得如数出费，彼又从中瓜分，此辈坐富，作奸已久，甚至捏名给引，虚造邻结，将引移东转西，卖与越贩，如朱彩德等，其证也。近略访郑心斋等究治外，今后引从商人自给，保取里邻实保，无容包同衙役作弊，犯者重治，以清市猾。

一议洋船随至随验以便起货。

海舟入澳，跋涉久而几坏，装载重而甚危，而巨飓时作，覆没堪虞。乃衙门吏胥，不饱欲壑，不为禀验，以致风水叵测，阁破泾漏，如前年之秋可鉴也。自后船至，即行抽验，限以三日为期，不得逾期刁难，违者究治，所谓早一日得一日之便者也。

一议苏游兵之害。

洋船启行，既有经馆验船，经县盖印抱引出洋，法綦密矣。何必更用厦门司盖印，复添设浯铜游之盘诘乎？

夫盘诘，所以防四月后逾期之船，杜越贩也。今一概嗜为利孔，尽行留难，总哨目兵，次第苞苴，藉声揗诈，阻滞拖延，是费商也，亦厉商也，合请示禁。

一议复失水压冬之船，免征饷银。

失水者，人货俱付之奔涛，而勒追者，复向迫之，诛求其家人父子于断肠招魂之余，株连亲党，波及侣傍。此近日之苛政也。

自今以后，如失水被劫之情形，既核同港邻澳之公结不虚，应宜宽免，以恤游魂，至压冬而索水饷者，向无而近有之，为不无假道走倭之虞耳。

然多有中途飘泊，归来无期者，应从宽免，如不得已，于饷乏时只宜先征一半，留其余以待来归，不得一概并索，则旧规所宜酌复者，此为亟矣。

一议洋饷充额，以六十船为率。

夫每年征输，大似贡法，无论岁之丰缺，船之多寡，广收不益，数诎不减，何不平也。今约饷馆六十只，即可足额，其溢出者，随多寡申报，征银储府，以备公用，或留异日补乏之资，逐年仍送查盘，以便稽实。如每年船出六十下者亦少，然就给引之时，可量酌之，取数果少，不过从西洋吕宋二处船只。稍稍增补，权宜申请以无失额，亦不为厉，此乃万一之遇，在司饷者相机裁之耳。

一议饷馆吏书。

饷馆吏书，旧从府拨吏二书四，而中间帮附，不知其几矣，乃司饷官，势不能不携人役跟用，此皆胶商之膏，而蔽上之窦也，且府役权难约束，不无掣肘之形。若本役独为任使，适多骈指之累矣，合无饷吏二名，自本府发，其书手即就饷官衙役取去，止许四名而止。庶钤束自由，功罪有归，而衙党亦差汰矣。

一议禁主商科敛方物。

近查蔡美一船，簿开出方物银百十两，而册载仅半之，余盖未可量算矣，且物货原有定价，闻平易之，未闻其酷索之也。总之官市一，吏书市二矣，书吏索一，主商又敛二矣。重重征削，皆商膏也。应宜切禁船主，不得藉此项名色，科敛众商，即有应用之货，平交公买，其价值载在成册可依，不然，中使藉上供之名，穷搜异贝，哀号方熄，可令人已去而弊犹踵乎？何得不就今厘革也。

分守参知洪世俊，力赞之，条上中丞台，若直指悉报，可俾垂令甲舶，事有重大难决者，悉诣府决之。而饷大夫，亦凛凛奉德意惟谨，贾人子各得意去，譬之旱魃之后而登泰岱，值触石之吐云矣。若通倭之禁，向岁稍弛，廷臣章数上，近乃岁岁申饬，犯者戮不待时，然禁严而倭患尚剧；此又司关所不得问也。

◎ 水饷

万历三年，提督军门刘详允东西洋船水饷等第规则：时海防同知沈植议详。

船阔一丈六尺以上	每尺抽税银五两	一船该银八十两
一丈七尺以上阔船	每尺抽税银五两五钱	一船该银九十三两五钱
一丈八尺以上阔船	每尺抽税银六两	一船该银一百零八两
一丈九尺以上阔船	每尺抽税银六两五钱	一船该银一百二十三两五钱
二丈以上阔船	每尺抽税银七两	一船该银一百四十两
二丈一尺以上阔船	每尺抽税银七两五钱	一船该银一百五十七两五钱
二丈二尺以上阔船	每尺抽税银八两	一船该银一百七十六两
二丈三尺以上阔船	每尺抽税银八两五钱	一船该银一百九十五两五钱
二丈四尺以上阔船	每尺抽税银九两	一船该银二百一十六两
二丈五尺以上阔船	每尺抽税银九两五钱	一船该银二百三十七两五钱
二丈六尺以上阔船	每尺抽税银十两	一船该银二百六十两

贩东洋船，每船照西洋船丈尺税则，量抽十分之七。

◎ 陆饷

万历十七年，提督军门周详允陆饷货物抽税则例：万历三年，陆饷先有则例，因货物高下，时价不等，海防同知叶世德呈详改正。

胡椒　　每百斤抽税银二钱五分

象牙　　成器者每百斤税银一两，不成器者每百斤税银五钱

苏木　　　东洋木小每百斤税银二分，西洋木大每百斤税银五分

檀香　　　成器者每百斤税银五钱，不成器者每百斤税银二钱四分

奇楠香　　　税银二钱八分

犀角　　　每十斤花白成器者税银三钱四分，乌黑不成器者税银一钱

沉香　　　每十斤税银一钱六分

没药　　　每百斤税银三钱二分

玳瑁　　　每百斤税银六钱

肉豆蔻　　　每百斤税银五分

冰片　　　每十斤上者税银三两二钱，中者税银一两六钱，下者税银八钱

燕窝　　　每百斤白者税银一两，中者税银七钱，下者税银二钱

鹤顶　　　每十斤上者税银五钱，次者税银四钱

荜拨　　　每百斤税银六分

黄蜡　　　每百斤税银一钱八分

鹿皮　　　每百张税银八分

子绵　　　每百斤税银四分

番被　　　每床一分二厘

孔雀尾　　　每千枝税银三分

竹布　　　每匹八厘

嘉文席　　　每床税银五分

番籐席　　　每床税银一分

大风子　　　每百斤税银二分

阿片　　　每十斤税银二钱

交阯绢　　　每匹税银一分

槟榔　　　每百斤税银二分四厘

水藤　　　每百斤税银一分

白藤　　　每百斤税银一分六厘

牛角　　　每百斤税银二分

牛皮　　　每十张税银四分

藤黄　　　每百斤税银一钱六分

黑铅　　　每百斤税银五分

番锡　　　每百斤税银一钱六分

番藤　　　每百斤税银二分六厘

乌木　　　每百斤税银一分八厘

紫檀　　　每百斤税银六分

紫（木景）　　　每百斤税银一钱

珠母壳　　　每百斤税银五分

番米　　　每石税银一分四厘

降真　　　每百斤税银四分

白豆蔻　　　每百斤税银一钱四分

血碣	每百斤税银四钱
孩儿茶	每百斤税银一钱八分
束香	每百斤税跟二钱一分
乳香	每百斤税银二钱
木香	每百斤税银一钱八分
番金	每两税银五分
丁香	每百斤税银一钱八分
鹦鹉螺	每百个税银一分四厘
毕布	每匹税银四分
锁服	每匹红者税银一钱六分，余色税银一钱
阿魏	每百斤税银二钱
芦荟	每百斤税银二钱
马钱	每百斤税银一分六厘
椰子	每百个税银二分
海菜	每百斤税银三分
没石子	每百斤税银二钱
虎豹皮	每十张税银四分
龟筒	每百斤税银二钱
苏合油	每十斤税银一钱
安息香	每百斤税银一钱二分
鹿角	每百斤税银一分四厘
番纸	每十张税银六厘
暹罗红纱	每百斤税银五钱
棕竹	每百枝税银六分
沙鱼皮	每百斤税银六分八厘
螺蚆	每石税银二分
獐皮	每百张税银六分
獭皮	每十张税银六分
尖尾螺	每百个税银一分六厘
番泥瓶	每百侗税银四分
丁香枝	每百斤税银二分
明角	每百斤税银四分
马尾	每百斤税银一钱
鹿脯	每百斤税银四分
磺土	每百斤税银一分
花草	每百斤税银二钱
油麻	每石税银一分二厘
黄丝	每百斤税银四钱
锦鲂鱼皮	每百张税银四分

甘蔗鸟　　　　每个税银一分

排草　　　　　每百斤税银二钱

钱铜　　　　　每百斤税银五分

万历四十三年，恩诏量减各处税银。漳州府议东西二洋税额贰万柒千捌拾柒两陆钱叁分叁厘，今应减银叁千陆百捌拾柒两陆钱叁分叁厘，尚应征银贰万叁千肆百两。货物抽税见行则例：

胡椒　　　　　每百斤税银二钱一分六厘

象牙　　　　　成器者每百斤税银八钱六分四厘，不成器者每百斤税银四钱三分二厘

苏木　　　　　西洋每百斤税银四分三厘，东洋每百斤税银二分一厘

檀香　　　　　成器者每百斤税银四钱三分二厘，不成器者每百斤税银二钱七厘

奇楠香　　　　每斤税银二钱四分二厘

犀角　　　　　每十斤花白成器者税银二钱九分四厘，乌黑不成器者
　　　　　　　税银一钱四厘

沉香　　　　　每十斤税银一钱三分八厘

没药　　　　　每百斤税银二钱七分六厘

玳瑁　　　　　每百斤税银五钱一分八厘

肉豆蔻　　　　每百斤税银四分三厘

冰片　　　　　每十斤上者税银二两七钱六分五厘,中者税银一两三钱八分二厘，下者税
　　　　　　　银六钱九分一厘

燕窝　　　　　每百斤白者税银八钱六分四厘，中者税银六钱五厘,下者税银一钱七分三厘

鹤顶　　　　　每十斤上者税银四钱三分二厘，次者税银三钱四分六厘

荜拨　　　　　每百斤税银五分二厘

黄蜡　　　　　每百斤税银一钱五分五厘

鹿皮　　　　　每百张税银六分九厘

子绵　　　　　每百斤税银三分四厘

番被　　　　　每床税银一分

孔雀尾　　　　每千枝税银二分七厘

竹布　　　　　每匹税银七厘

嘉文席　　　　每床税银四分三厘

番藤席　　　　每床税银一分二厘

大风子　　　　每百斤税银一分七厘

阿片　　　　　每十斤税银一钱七分三厘

交阯绢　　　　每匹税银一分四厘

槟榔　　　　　每百斤税银二分厘

水藤　　　　　每百斤税银九厘

白藤　　　　　每百斤税银一分四厘

牛角　　　　　每百斤税银一分八厘

牛皮　　　　　每百张税银三钱四分六厘

藤黄　　　　　每百斤税银一钱三分八厘

乌铅	每百斤税银四分三厘
番锡	每百斤税银一钱三分八厘
番藤	每百斤税银二分二厘
乌木	每百斤税银一分五厘
紫檀	每百斤税银五分二厘
紫（木景）	每百斤税银八分六厘
珠母壳	每百斤税银四分三厘
番米	每石税银一分
降香	每百斤税银三分四厘
豆蔻	每百斤税银一钱二分一厘
血碣	每百斤税银三钱四分六苍
孩儿茶	每百斤税银一钱五分五厘
束香	每百斤税银一钱八分一厘
乳香	每百斤税银一钱七分三厘
木香	每百斤税银一钱五分五厘
番金	每两税银四分三厘
丁香	每百斤税银一钱五分五厘
鹦鹉螺	每百个税银一分二厘
毕布	每匹税银三分四厘
锁服	每匹红者税银一钱三分八厘，余色税银八分六厘
阿魏	每百斤税银一钱七分三厘
芦荟	每百斤税银一钱七分三厘
马钱	每百斤税银一分四厘
椰子	每百个税银一分七厘
海菜	每百斤税银二分六厘
没石子	每百斤税银一钱七分三厘
虎豹皮	每百张税银三钱四分六厘
龟筒	每百斤税银一钱七分三厘
苏合油	每十斤税银八分六厘
安息	每百斤税银一钱四厘
鹿角	每百斤税银一分二厘
番纸	每百张税银五分二厘
暹罗红纱	每百斤税银四钱一分四厘
棕竹	每百枝税银五分二厘
沙鱼皮	每百张税银五分九厘
螺蚆	每石税银一分七厘
獐皮	每百张税银五分二厘
獭皮	每百张税银五分二厘
尖尾螺	每百个税银一分四厘

番泥瓶	每百个税银三分四厘
丁香枝	每百斤税银一分七厘
明角	每百斤税银三分四厘
马尾	每百斤税银九分
鹿脯	每百斤税银三分四厘
磺土	每百斤税银九厘
花草	每百斤税银一钱七分三厘
油麻	每石税银一分
黄丝	每百斤税银三钱四分六厘
锦魟鱼皮	每百张税银三分四厘
甘蔗鸟	每只税银九厘
排草	每百斤税银一钱七分三厘
钱铜	每百斤税银四分三厘

别有货物，先年无开载者，今依时估，附记于后：

哆罗嗹	每匹红色税银五钱一分九厘，余色每匹三钱四分六厘
番镜	每面税银一分七厘
番铜鼓	每面税银八分七厘
红铜	每百斤税银一钱五分五厘
烂铜	每百斤税银八分七厘
土丝布	每匹税银一分六厘
粗丝	每匹税银八厘
西洋布	每匹税银一分七厘
东京乌布	每匹税银二分
八丁荞	每百斤税银一钱正
青花笔筒	每个税银四厘
青琉璃笔筒	每个税银四厘五毫
白琉璃盏	每个税银四厘
琉璃瓶	每个税银一分
莺哥	每个税银三分
草席	每一床税银九厘
漆	每百斤税银二钱
红花米	每百斤税银二钱
犀牛皮	每百斤税银一钱
马皮	百张税银三钱四分六厘
蛇皮	每百张税银二钱
猿皮	每百张税银一钱
沙鱼翅	百斤税银六分八厘
翠鸟皮	四十税银五分

樟脑	每百斤税银一钱
虾米	每百斤税银一钱
火炬	每千枝税银一钱
棕竹枯	每百枝税银三分
绿豆	每一石税银一分
黍仔	每一石税银一分
胖大子	每百斤税银三分
石花	每百斤税银二分六厘

万历四十五年，督饷通判王起宗呈详番舶载米回港，征税如西国米例。

详文略曰：海澄洋税，上关国计盈虚，下切商民休戚，职日夜兢兢，惟缺额病商是惧。然变态多端，有未入港而私接济者，有接济后而匿报者，甚欲并其税而灭之者。即今盘验数船，除物货外，每船载米或二三百石，或五六百石；又有麻里吕船商陈华满船载米，不由盘验，竟自发卖。问其税，则曰："规则所不载也。"访其价，则又夷地之至贱也。夫陆饷照货料算，船盈则货多，货多则饷足。今不载货而载米，米不征，饷不费而获厚利，孰肯载货而输饷乎？诚恐贪夫徇利，后不载货而载米，国课日以亏也。查规则内，番米每石税银一分二厘。今此米独非番地来者乎？今后各商船内，有载米五十石者，准作食米免科。凡五十石外，或照番米规则，或量减科征，庶输纳惟均，而国饷亦少补也。

◎督饷职官

本府海防同知，相继署税务凡七人。

罗拱辰　广西马平人，举人。隆庆三年，任清军同知。后以才望，改海防。隆庆六年，税务初起，公首膺斯任。议留税银若干，筑城圭屿，城凡八面，以象八卦名曰：神龟负图。其后卒官，吏民惜之。万历间，城为豪所毁，驱其石去，至今海波微蓁，始议更筑，转思罗公之勋矣。"

沈植　湖广临湘人，万历元年任。三年，当路请舶税以充兵饷。公条海税禁约十七事，当路才之，后擢广东金宪。

周裔登　广东南海人，辛未进士，万历七年任。后擢□部员外郎，民有平恕之思。

姚应龙　浙江慈溪人，举人，万历十三年任。公磊魂多英，御事胸有成局，后中谗去，竟祀名宦。

叶世德　浙江温州人，举人，万历十七年任。后擢王长史。

王应乾　广西马平人，举人，万历二十年任。

舒九思　浙江奉化人，举人，万历二十一年任。久之，论劾罢去。当路始疑舶政为防海大夫私物，而轮管之议起矣。

各府佐贰官委署饷务只一人。

赵贤意　浙江东阳人，乙未进士，授邵武府推官，以能声最诸郡。来督漳饷，时万历二十六年也。未几，中贵人横操利权，各府佐遂罢遣。

本府佐贰官，轮署饷务，凡十二人。事归有司，后议以本府轮管，不复借材他郡。

杜献璠 南直上海人，举人。清军同知。署三十四年饷。是时商人稍脱税珰之苦，而公华胄起家，不妄取予。擢宗正大夫，人为立碑。郡人副使郑怀魁撰。侯展骥霞中，濯鳞海甸，虞廷九载，汉吏任专，夜烛清凝，晨鸟化警，军籍清核，而辕门无脱巾之号，考校贞严，而楚庭无冤玉之恨，其最著者，督饷吾澄，率多惠政。彼逃命于龙堆鳞谷之险，争息于蜗角蝇头之间者，得侯如得艾也。单车诣船，城社塞渔猎之窦，诸饷投柜，豪猾绝干没之阶。马如羊，金如粟，箕敛幸见息肩；门如市，心如水，貂珰为之夺气。货无逗遛，商称便利，南阳杜母，政在今日，如晦王佐，不蔡可占矣。兹擢宗正大夫，行以亲民者入而展亲，以佐郡者转而佐国，又岂特一方之惠？向阳之春也耶。郑侨功成，宜播舆人之诵，羊祜德厚，永垂岘首之思，共勒贞珉，爰志不朽。

沈有严 南直宣城人举人，海防同知，署三十五年饷。公强直自遂，风骨稜稜，而舶政乃更平易，贾人安之。

钟显 江西定南人，岁贡，督捕通判，署三十六年饷。后被劾罢去。

陈钦福 江西南丰人，举人，督粮通判，署三十七年饷。公门市心水，在脂不润，擢广东提举。商人至今思之。

吕继梗 浙江新昌人，举人，督捕通判，署三十八年饷。公温然长者，所在与名流酬和，盛有篇章，其为政，详练周至，尝陈饷事十议。两台命悬象魏，以示来兹，商人立石颂德。郡人宫保尚书戴耀撰：

　　夫澄，东南偏一澨也，民故鲜耕种之饶，以海为田，始岁输不逾九千，既中使至，竭泽渔矣。民安土任贡，犹将抚其凋敝，况危生以供上乎！必实与以长便，俾上不病国，下不病商，可永垂无扰者，而后为轸念之至，若我吕侯其人已。

　　侯，浙东之博闻有道术者也，娴于经济，声华烨然。倅漳未暮月，而案牍神恬，崔苻迹扫，当涂者廉其贤，属之饷务，当是时也，澄云霓侯，而侯亦雨露澄。曰："风涛叵测，东西岐岛。有发不及至者，至不及返者，返不及有货者，饷其能如额乎？即可如额，而诸为饷病者，弊窦种种，计饷则不得不计弊矣。"蒿目焦思，条其款十，上于两台藩臬，皆报可，而侯得一意行之，诸不便国不便商者，一切报罢。

　　于是船得从实报，报得从实验，验得从实纳，有不督责而自输者，较曩额加溢焉。饷事竣，商人私相告语曰："吕侯十法，吾商人生命也。创行利可近，习行利又可远，易人而行易纷，异时而湮又易废，且奉公者所便，抑又营私者之所不便也。以为便，枹不上下鼓；以为不便，方圆左右画矣。吾侪何知，梗商者惟恐一日兴，便商者惟恐一日废耳。"遂相与叩台使者请曰："得此法，与贾舶常相维，不惟议法者德，抑亦主行法者德也。夫法少不便，必有尼之者。今而后俱得请也，长便可知已。"以烛弊如镜照，以厘奸如剸犀，以凛积猾，如立之冰谷，以便贾航，如负之春暄，以垂宪来兹，又如衡之平，轻重低昂，咸取则焉。石可泐，此法不可朽也。爰勒贞珉，以视来者。其十法，划然夫已另编之饷署之前。侯字思楸，由乡进士两令邑，三守州，今任清漳别驾，其世家尤多显仕云。

龚朝典　湖广临湘人，举人，海防同知。署三十九年饷，以墨论罢。

张应奎　湖广蕲水人，甲辰进士，推官。署四十年饷，后卒于官。

邵圭　浙江余姚人，举人，清军同知，署四十一年饷。公长才亮识，倾心俊流，其督饷自足额而外，多从宽政，商人德之，立碑颂美，后左迁，商人无贫富悉致厚赆，公好语谢却之，商人流涕而别。郡人御史林秉汉撰：

闽，古泽国也。澄之贾，淫于海，指南所至，累译而通。紫贝文甲之玩，异香华毳之奇，耀宇内而饰天府。岁益县官刍挽费九千缗，中贵人至倍征三之，几与中原大都会埒矣。缇骑络驿，画鹢、方物、冰蚕、火浣不尽入内供，而以资旁猎，市豪猾胥，又横吸焉。茫茫大壑，真成苦海。孰驾慈航而济之者，则邵侯其烈哉。

侯奕世载德，家著宦谱。先司寇名迹彪炳，玉昆金友，渊源渐矣。顷广德最迁贰吾郡，郡即繁剧乎，而咄嗟治办，贾其余力，旁兼数篆，捷举若承蜩，当道嘉之，更以澄饷属侯，侯甫视事，详询商民便苦，有虎翼狐假、藉上供而恣鱼肉者乎？有积猾作奸、干没不可诘者乎？有诬越禁以恐吓，而借有力为吞舟者乎？尽得某利某害状，条请两台，诸蠹病商者，悉屏绝，永勿令蹂躏，众悉感悦，歌何暮焉。届期，风便浪恬，群舰云屯，侯随至随阅，以所报簿书为征，以所颁衡尺为准，要以岁输如额而止，毋增羡、毋苛责、毋淹时日、毋繁讼牍，有没而逋饷者，怜其孥勿督，赋自登而下不扰，一切驵猾，孰得侵牟其间，为商患苦者哉。

君子是以谓侯识之朗也；其于利病，靡不晰也，才之赡也；其于纷纠，靡不解也，守之励也；其于膏脂，靡不净也，惠之普也；其于卵翼，靡不周也。盖二郡而理，兼篆而理，署饷而又理，使人并歌舞而尸祝之，异时足要津而手盘错，将与先司寇伯仲辉映，何必减骠骑哉！

余里居，闻侯政最稔，而商民乞余言勒诸石。夫饷署若传舍然，阅人多矣。几能令万心悦而万口颂者，而于侯独著，然则直道何尝不在人。而上之驭之者，与其贿而没没，何若使人谓子实生我，而令名之垂以不朽也。余不文，爰次口碑纪之，以表好德之公，且劝后之受饷事者，知所慕尚云尔。

卢崇勋　广东增城人，举人，海防同知，署四十二年饷。公莅事清谨，既满，人为立碑。邑人御史周起元撰：

闻之利器，非盘错弗显，而剚犀断蛟，则纯钩之用始神。澄故难薮也。民以海为禾，犹稆人以禾为禾。当连辀结艎，捆载而归，持筹不烦，以供上方额易易耳。不者而难易半，或期至而洋舶有至未至，或过期乃至，犹可东支西补，虽烦筹而额无虞不足，何居乎澄今年饷也。澄舶每乘穟发去，乘熏来，是年七月将望，熏风变为凄，其舶至仅什之二，征输几何。望后稍鳞次至，而饷篆改委之议下矣。议未定，为八月五日，是夜异风挟雨怒号，无一刻停，空中如簸，诘朝视之，拔木发屋，而数十万洋货，一飓立尽。伤哉！舟待飓乎！飓待舟乎！公冒雨亟省之，灾民迸首雨衣环公泣，公亦泣，亟驰檄请蠲。顾上额近奉明敕，业减三分之一，而必复减之，不益难之难乎！虽巧妇安能嘘无烟之铛、炊无米之炊也。公毅然曰："事不辞艰，且恶乎辞之，则亟。"

按本年籍常例，秋毫弗入。正赋抄忽勿漏。一切均输，以佐饷额，则覆按往年籍。

黜者毋久逋，殷者毋幸免，一切并征，以佐饷额，则豫按来年，募商人量征水饷，将来舶至，免重征。盖其始，民若磕磜，既而知上额之必不可减，催科之即为抚字，衮甫之歌，已继麕裘而作矣。

嗟乎！大盈内，贡山赋海，视弹丸饷镪，太仓梯米耳！夫乌知公固粒获寸掇，稊米而登之太仓乎哉！

是月也，觱发又至而赋成，清风两袖，飘然还署，令治办人人如公，岂忧难事哉！盖公所难与易所难者如此，其它治状，已载口碑中，兹不具赘。

江一雷　山东即墨人，例贡，督粮通判，署四十三年饷。

丘建经　广东汝源人，岁贡，督捕通判，署四十四年饷。

王起宗　应天上元人，官生，督粮通判，署四十五年饷。公温秀朗畅，兴利除弊之际，绰有成绪，而所部不扰，商人谋为立碑，郡人会魁林茂桂撰：

环寓皆商也，独澄之商舶，民间酿金发艅艎，与诸夷相贸易。以我之绮纨磁饵，易彼之象玳香椒，射利甚捷，是以人争趋之。第其出也，凌飙破浪，与天吴九首博命；其返也，头会箕敛，不胜噬血吮肤之惨。是以人又争患苦之，视中土之商，轮楫优游，利害劳逸，奚啻霄壤。

理饷先属海防，今议于郡佐中岁委一员，称曰饷馆。岁丁巳，我王侯以半刺承檄，理其事。侯，金陵世家也。才若流云，慧若然犀，一睹簿单，胸中便自了了，接诸商务，节省简便。如舶初进港，苦验发稽迟，未免漂损，侯登时往验，风雨不辞，便一。先时每委役将货物秤明，而后请验，干没无算，侯既躬核，斯窦随塞，便二。今岁红毛酋为梗，舶货被掠，仅存其半，饷若全征，其谁堪之？侯就中量派，许其半征，便三。至久番漏报，法应株及，通船没官，侯只着漏者充完饷额，不用桁杨，便四。其余借口上进方物，减值强市，额外横征者，一切明禁，便五。间有全舟覆没，往时征饷如故，侯廉其实状，务从宽恤，便六。

盖侯心切惠商，而拘束左右甚严，检防宿蠹甚周，是以诸商议伐贞珉，以纪不磨，而介不佞一辞也。

盖侯尝署余邑矣，其为政勤而强，练而密，简而不烦，刑罚平恕，闿不沐浴其膏露者。夫圭海之商，即梁山之民也；民有去思，商有忭儛，侯岂特无忝官常，直不负家声哉？宜为颂。

颂曰：大海东汇，涛涌波沉，岛夷棋列，氛雾瀺淫，念此海贾，趋险莫禁。一叶为亩，指南为针，济边取给，匪今斯今。不畏鲸侮，而畏渔侵，天惠此邦，屏星聿临。琉璃为照，香莲为心，泛泛者舶，其至如林。一切众生，波罗蜜斟。欢呼告语，我席我祍。虎盖齐高，龙门媲深。召公是似，芾棠载阴，刻篆丰碑，后来所钦。

◎公署

督饷馆在县治之右，即靖海馆旧基。

嘉靖四十二年，新设海防，改建为海防馆。万历间，舶饷轮管，因改为督饷馆。

四十五年，通判王起宗以饷馆验船，旧往厦门，厦门无驻札处所，议于圭屿再建公馆一区，于验船为便。奏记申请，其略曰：

　　商船出海，向属浯铜官兵，于厦门盘验，始放开驾，近改委各馆轮验。职冬春之间，已验放出洋，身履其地，始知不便者三，故易地设馆之议，不得不为之请也。

　　夫厦门原隶泉州，为浯铜汛地，职等非随波上下者比，必驻公馆，方可讥盘。厦门原设参府、海防二署，当洋船开驾，正春汛防海之会，参府及泉州防馆驻札，职诣其地，既无空闲公廨，又难借扰民居。不便者一。

　　况漳州官远涉泉境，既非所辖之地，又无服役之人，势难单骑裹粮，而跟随人役，不下数十人，若涣散民居，殊非关防体统。不便者二。

　　且本府至厦门，两经潮汐，冲突波涛，一遇风则轻舟难泛，时日稽迟，商船不无耽阁。不便者三。

　　职往来洋上，相地度形，圭屿一山，浮于海口，环山皆海，适在中央，乃商船必由之路，又澄邑所属之区，且今筑造城堡其上，添制兵船其下。职议于圭屿设立公馆，将来盘验，即驻本屿。船之出洋也，既可稽查；船之回港也，亦便瞭望。不越出于他境，不阻隔于风涛，虽易地不同，及讥察则一，此职目击而身历者。

　　俯候详示。另议设处估计工料覆详，亦一劳永逸之计也。

论曰：

司关掌国货之节，以联关市，此周制也。汉时，商各以其物自占，率二千而算一。轺车二算，船五尺以上一算。匿不自占，占不悉，没其缗钱，告者以半畀之，从此网綦密矣。

市舶之设，始于唐、宋。大率夷人入市中国，中国而商于夷，未有今日之伙者也。夷人来市，似乎以逸待劳，然鳞介窥我版图，纷然其扰，不若自此之彼，境内永清。开舶以来，垂数十载，榷额之时赢时缩，榷司之谁浊谁清，榷政之递因递革，据牍覆按，抑可深长思矣。

　　（清光绪二十二年湖南长沙刻《惜阴轩丛书》本《东西洋考》卷七《饷税考》）

　　《东西洋考》卷七《饷税考》主要介绍了南海地域陆饷、督饷职官、公署等内容，这些与南海及沿线政治、经济相关。另，该书卷一至卷七记叙了南海地域及沿线诸国地理、历史、气候、名胜、物产等情况，因与地理编内容重复，故此编仅辑录卷七的部分内容。

清·钮琇《觚賸续编》三十二则

钮琇（1644—1704），字玉樵，清苏州吴江（今江苏省苏江市）人。清代著名学者、文学家，也是一名易学家。清康熙十一年（1672）为贡生。任项城知县时，熟知项城的人文、地理条件等，并捐俸添置牛、种、耕具等，劝百姓复业。任高明县令时，招纳强人守御城池，给贫苦百姓提供饭食，高明县得以安宁。康熙四十三年（1704），病逝于高明县令任上。钮琇博雅工于诗文，清初文言小说选集《虞初新志》中就收录了他的作品。钮琇还著有笔记小说《觚賸》《觚賸续编》，记述明末清初杂事。《四库全书总目提要》称《觚賸》为文"幽艳凄动，有唐人小说之遗"。另著有《临野堂集》《文集》《诗余》及《白水县志》，均存于《清史列传》。

新城家法

新城王氏自参议公而后，累世显秩。家法甚严，凡遇吉凶之事，与岁时伏腊祀庙祭墓，各服其应得之服，然后行礼。子弟各入泮宫，其妇始易银笄练裙，否则终身荆布而已。膺爵者缨绂辉华，伏牖者襜褕偃蹇，贵贱相形，惭惶交至。以是父诫其子，妻勉其夫，人人勤学以自奋于功名。故新城之文藻贻芳，衣冠接武，号为宇内名家。

喉簧腹鼓

《酉阳杂俎》云："许州有一老僧，自四十年以后，每寐熟，喉间有声如鼓簧。许州伶人伺其寝，即谱其声，按之丝竹，皆合古奏，僧觉亦不自知。"《稗史汇编》云："陈子直主簿之妻有异疾，每腹胀，则中有声如击鼓，远闻于外，腹消则声亦止。一月一作，经数十医莫能治。"腹鼓可对喉簧，竹革之音，由肉而得，此乃古今所创闻者。

哑樵

会稽东南有山曰平水。康熙初，樵人经其下，见一大蛇如蟒，蜿蜒涧泥内，久之，涂附其身。樵人释担而观，涧旁有洞，蛇曳泥而入，随以泥封洞口。樵归遂不能言，与人酬对，唯张手作状而已。如是者三年，复过前遇蛇处，阴云乍合，雷雨骤至，霹雳一声，有龙从洞中出，腾空而出。樵人不禁大呼曰："向我卷舌不能出声者，正此物为之也。"于是能言如初。

海天行

海忠介公之孙述祖，倜傥负奇气，适逢中原多故，遂不屑事举子业，嘅焉有乘桴之想。斥其千金家产，治一大舶，其舶首尾长二十八丈以象宿，房分六十四口以象卦，篷张二十四叶以象气，桅高二十五丈曰擎天柱。上为二斗以象日月，治之三年乃成，自谓独出奇制，以此乘长风，破万里浪，无难也。濒海贾客三十八人，赁其舟载货，互市海外诸国，以述祖主之。崇祯壬午二月，扬帆出洋，行至薄暮，飓风陡作，雪浪粘天，蛟螭之属，腾绕左右，舵师失色，随风飘至一处，昏霾莫辨何地。须臾云开风定，遥见六七官人高冠大带，拱立水次，侍从百辈，状貌丑怪，皆鱼鳞银甲，拥巨螯之剑，荷长须之戟，秉炬张灯，若有所伺。不觉舟忽抵岸，官人各喜跃上舟，环视曰："是可用已。"即问船主为谁。述祖不解其意，匆遽声诺。诘朝呼述祖同入见王。约行三里许，夹道皎如玉山，无纤毫尘土，至一阙门，门有二黄龙守之，周遭垣墙，悉以水晶叠成，光明映彻，可鉴毛发。述祖私念曰："此殆龙宫也。"又逾门三重，方及大殿。其制与人间帝王之居相似，而辉煌巇巚，广设千人之馔，高容十丈之旗，不足言矣，王甫升殿，首以红巾围两肉角，衣黄绣袍，髯长垂腹。众官进奏曰："前文下所司取二舟，久不见至，今有自来一舟，敢以闻。"王曰："旧例二舟陈设贡物，今少一奈何？"众曰："贡期已迫，臣等细阅此舟，制度暗合浑仪，以达天衢，允宜利涉。且复宽大新洁，若将贡物摒挡，俟到王宫，以次陈设，似无不可。"王允奏曰："徙其凡货凡人，涤以符水，速行勿迟。"众唯唯下殿，仍回至舟，将人货尽押上岸，置之宫西琅玕池内。唯述祖不肯前，私问曰："贡将焉往？"众曰："贡上天耳。"述祖曰："述祖虽炎陬贱民，而志切云霄，常恨羽翼未生，九阊难叩，幸遭奇缘，亦愿随往。"众曰："汝浊世凡人也，去则恐犯天令，不可。"中有一官曰："汝可具所生年月日时来。"

述祖巫书以进。官与众言："此人命有天禄，且系忠直之裔。姑许之。"俄顷异贡物者数百人，络绎而至。赍贡官先以符水遍洒舟中，然后奉金叶表文供之中楼。次有押贡官二员，将诸宝物安顿。述祖私窥贡单，内开：赤珊瑚林一座，大小共五十株。黄珊瑚林一座，大小共七十株，高者俱一丈四五尺。夜光珠一百颗，火齐珠二百颗，圆大一寸五分。鲛绡五百匹。灵梭锦五百匹。碧瑟瑟二十斛。红靺鞨二十斛。玻璃镜一百具，圆广三尺，各重四十斤。玉屑一千斗，金浆一百器。五色石一万方。其他殊名异品，不能悉记。安顿已毕，大伐鼍鼓三通，乃始启行。逆风而上，两巨鱼夹舟若飞，白波摇漾，练静镜平，路无坦险，时无昼夜。中途石壁千仞，截流而立，其上金书"天人河海分界"六大字。众指示述祖曰："昔张骞乘槎，未能过此，今汝得远泛银潢，岂非盛事。"述祖俯首称谢。食顷之间，咸云南天关在望矣。既而及关，赍贡官、押贡官各整朝服，异宝诸役俱易赭色长衣，亦令述祖衣之，登岸陈设。足之所履，皆软金地，间以瑶石，嵌成异彩。仰视琼阙璚堂，绛楼碧阁，俱在飘渺之中，若近若远，不可测量。门下天卿四员，冕笏传旨，令赍贡官入昊天门，于神霄殿前进表行礼。述祖及众役叩首门外，唯闻乐音缭绕，香气氤氲，飘忽不断而已。随有星冠岳帔者二人为接贡官，察收贡物，引押贡官亦入行礼毕。玉音宣问南方民事，北方兵象，语甚繁，不尽述。各赐宴于恬波馆，谢恩而出。于是集众登舟，述祖假寐片时，恍忽不知几千万里，已还故处，因启领所押货物与同行诸人。王下令曰："述祖之舟，曾入天界，不可复归人寰，众伴在池，宜令一见。"则三十八人俱化为鱼，唯首未变，述祖大恸。前取舟官引至一室，慰谕之曰："汝同行人，命应皆葬鱼腹，其得身为鱼，幸也。汝以假舟之故，贷汝一死。尚何悲哉？候有闽船过此，当俾汝归。"日给饮食如常。居久之，忽有报者曰："闽船已到。"王召见，赐白黑珠一囊曰："以此偿造舟之价。"命小艇送附闽船，抵琼山还家。壬午之十二月也。家人蚤闻覆溺之信，设主发丧，乍见述祖，惊喜逾望。述祖亦不言所以，但云狂风败舟，幸凭擎天柱。遇救得免。次年，入广州，出囊中珠，鬻于番贾，获赀无算，买田终老。康熙丙子，粤僧方趾麟亲访述祖，具得其详。时述祖年已九十六，貌如五十岁人。元时陈孚出使安南，其国宴享之际，以朱盘进炙鱼，人面鱼身，置之席上，孚举箸取双目啖之，鱼味在目，彼国服其多识。三十八人之首未变者，盖亦将为人面鱼也。

丙辰会状

吴门彭修撰定求，为云客先生之子，幼奉乩仙甚谨，云客严禁之，终莫能夺。录练既久，遂能通神，废乩运腕，不假思索，始为诗文，继为制艺，随笔疾书，悉成佳构。棘闱获隽，用此技也。康熙丙辰岁，计偕入都，余友吴大冯与彭有旧，得其经义秘本示余，内有朱书"元君许我必中丙辰会状"十字，余窃异之。及礼闱榜发，与殿试传胪，果皆第一。盖功名之事，原有定数，而元君独能预告之。所谓元君者，岂即所奉之乩仙耶？或云乩仙是前朝进士松江杜麟征。

綜

蒲城王孝齐名綜，谒选县令，唱名读如梁，王不应，唱至再三，王趋进曰："知县名读如京而呼作梁，未敢应耳。"吏部哄然曰："汝进士出身，即己名尚未识耶？綜为击冠之绳，古谓之帻梁，故字书止有梁音。汝乃以偏傍读之，谬矣。"又吴江有廪生沈宄，顺治中江南督学御史岁试点名，不解宄字，乃破宄为两，呼云"合龙"。识字之难如此。王綜以知县内升礼部，康熙三十二年出为江西督学道。今之司文柄者，其学问大抵然欤！

鱼头

陈州环城皆水，水产佳鲫。康熙初，旗人张自用巡抚河南，陈州牧以鲫馈之，揭书"鲜鲫百头"。张其骇愕，促召中军，以手折示之曰："送鱼者皆称'尾'，此独称'头'，陈州牧由进士得官，当必有说。"中军曰："职有知书之胥白谦，可令入对。"须臾谦至，跪而答曰："小人常读《诗经》，有《在藻》之篇，其首章云：'鱼在在藻，有颁其首。'其次章云：'鱼在在藻，有莘其尾。'故鱼有称尾，亦有称首者。今州牧之称头不称尾，正见其尊上之意。"张大惊喜，手扶谦起曰："汝有此大学识，岂可屈居下役！汝即入我幕府，专掌书记可也。"自后事必咨谦，谦行则行，谦止则止，不逾年，拔为本省提塘，复改文职，以同知解秩归，俨然据开封缙绅之座矣。昔人有一字师，今之白谦其一字官乎！唐贾岛骑驴游东都，得"鸟宿池边树，僧推月下门"之句，又欲用"敲"字改"推"字，沉思未定，不觉堕驴。适昌黎韩公舆从而出，遇于涂，岛以质公，公曰："敲字佳矣。"岛起而下拜。宋范文正公撰《严子陵祠堂记》成，末句为"先生之德，山高水长"。李太伯在座曰："公此文一出名世，只一字未安。"公曰："何字？"李曰："'先生之德'不如以'风'字代'德'字。"公欣然从之。元萨天锡有诗《送笑隐住龙翔寺》，颈联云："地湿厌闻天竺雨，月明来听景阳钟。"虞学士见之曰："诗固好，但'听''闻'字意重，唐人诗有'林下老僧来看雨'，改作'地湿厌看天竺雨'，音调更胜。"萨大服而去。皆所谓一字师也。

季氏之富

江南泰兴季氏，与山西平阳亢氏俱以富闻于天下。季自沧苇以御史回籍后，尤称豪侈，其居绕墙数里，中有复道周巡，健儿执铃柝者，共六十人，月粮以外，每夕犒高邮酒十瓮，烧肉三十盘。康熙九年，霖雨连旬，恐霉气侵浥，命典衣者曝裘于庭，张而击之，紫貂、青狐、银鼠、金豹、舍利狲之属，脱毛积地，厚三寸许。家有女乐三部，悉称音姿妙选，阁晏宾筵，更番佐酒，珠冠象笏，绣袍锦靴，一妓之饰，千金具焉。及笄而后，散配僮仆与民家子，而娇憨之态，未能尽除。日至高舂，晨睡方起，即索饮人参、龙眼等汤，梳盥甫毕，已向午矣。制食必依精庖为之，乃始下箸。食后辄按牙歌曲或吹洞箫一阕，又复理晚妆，寻夜宴。故凡娶季家姬者，绝无声色之娱，但有伺候之烦，经营之瘁也。

溺妾入梦

山东单务孜，号秋厓，仲弟务嘉，皆举进士，同官于京师。秋厓有妾少而艾，甚见珍宠。居久之，请假归省，虑妾随舆而东，不免风尘之困，因买舟潞河，俾其母偕以行。甫出津门，狂飙骤发，舟覆而殁。秋厓抵家后，妾讣至矣，闻之不胜震悼。阅二载，复至京就补，道由德水，去州城尚数里而遥，西日已落，投宿村店。店主辞曰："茅舍土床，固不足以肃尊客，且小有不靖，恐惊从者耳。"维时道路昏黑，仆马饥倦，遂强而入宿焉。秋厓疑于店主之言，辗转不能成寐，残灯在几，乍灭乍明，忽于东壁影出红绡一缕。顷之，又于红绡上迭现青绡一缕，宛似妇人衣带。未几湘裙垂地，玉颜半露，拥髻低徊，移步而前，则昔年沉水之妾也。歔欷而言曰："妾荷君厚爱，不幸罹兹水厄，与君永绝。久俟于此，以求一见。行当再生君家，为君犹子。君亟入京，延僧于长寿寺，设水醮一昼夜。幸藉祈禳，庶免殇妖。"言讫，仍隐壁而去。秋厓如梦始寤，大呼有鬼。群仆燃炬四照，阒无所见。晓起蓐食。兼程入都。是时务嘉果于五日前举雄，与妾语适符。方妾之溺于津门也，求其尸，再宿乃得，锦靴未脱，金环在指，但两手坚握不展，展之则掌中各有黍米在焉。秋厓季弟孝廉务劭，尝与客道其握黍之异。

象声

都下有为象声之戏者，其人以尺木来，隔屏听之，一音乍发，众响渐臻。或为开市，则廛主启门，估人评物，街巷谈议，牙侩喧呶，至墟散而息。或为行围，则军帅号召，校卒传呼，弓鸣马嘶，鸟啼兽啸，至猎罢而止。自一声两声以及百千声，喧豗杂沓，四座神摇。忽闻尺木拍案，空堂寂如，展屏视之，一人一几而已。吴南村先生尝言：古法之不传于今者有三，啸其一也。象声之戏，盖得啸之遗意而极于变者。今其人已没，而法亦不传。

白蕈散

明万历间，龙溪林茂废学溺赌，家产荡尽。适有表兄李姓者，经商广州，将往依焉，至羊城太平门访之。李去香山县贸易，不得遇。急欲觅香山渡，而心绪忙迫，闽粤语音不相通，遂误上肇庆渡。渡法：人给一牌，将抵埠，计牌收钱。同载六十五人，俱交牌与钱毕，及林则实无一钱，乃解衫为质，渡主怜而免之。迨于登岸，则肇庆府而非香山县也，益徬徨无措，仍以衫质食于店。闲游街市，仰见督院榜示："府中公子患病，有能治者与百金。"是时吴公元夫总制两粤，亦龙溪人，中年止生一子，甫弱冠而身染黄病，吐呕膨胀，不能饮食。两粤名医，延致殆遍，百治不效，故有此示。茂自度穷困已极，姑妄应之，以搏一饱，不则谊属同乡，当无大咎，遂揭榜纸纳于怀。为守役所见，执茂赴辕，传鼓言其故，即命延入。吴坐中堂，茂憔悴褴褛，蒲伏阶下。吴问："知医乎？"曰："知。"问其姓，曰："林。"问其居，曰："龙溪。"吴曰："同乡大姓也。"命起而与之坐。少顷左右扶公子出，面黄如金，而腹大于瓠，奄奄仅存一息。茂略作按脉状，漫曰："不难治也。"左右皆掩口笑。吴问："应用何药？"林复漫曰："此症非君臣佐使之剂所能愈，进一草方，当获神效。"吴赐以酒食，遣中军官与同骑而出，茂枵然已久，忽餍珍味，腹作痛几欲堕马，行至城外旷地，请停骑于此间觅草，实遗矢也。而于粪土中见鲜蕈一枝，色白肥大，采取入袖，告中军曰："仙草已得。"联辔还府，而日向夕矣。茂固不知白蕈之能疗疾也，聊藉以塞责，兼可晚餐耳。亟命煮汤进公子。是夜宿府中，辗转不能成寐。明日天尚未晓，内传林先生甚急。茂惊惧不知所为，曳履而入。见公子坐床啜粥，魂魄始定。公子曰："昨饮汤更余，大吐浓痰一器，中有三红筋。折而细视，则血裹人发，纠缠成团。今自吐后，胸膈空洞思食，与无疾同。非先生其孰奏此再生之功！"未几，总制公亦至，再三称谢。茂意甚惝恍，惟唯唯逊让而已。留阅数日，设宴召茂，赠以冬夏之服一篋，黄金十笏，白金三百两，楼船甲士，送归龙溪。方茂之出制府也，潜往遗矢处，发白蕈之根，乃从败梳而生。盖梳能治发，梳发为蕈，以驱发瘕，宜得速效。茂因悟药理，还家后，遂习岐黄之术，而家日以饶。嗟乎，天下之人，中鲜实学，而盗虚声。享厚利者，独一林茂乎哉！

嗣姑化男

荆州马洋潭有黄姓者，朴老而鳏独，为乡塾师。一女名嗣姑，生有慧质，幼在塾随父读书，年十四，自绣白衣大士，悬之室中，礼供甚虔。一夕，忽梦大士呼而语之曰："汝父固乡里善人，数宜有子，其奈年老何！我欲以汝子之。"因遍抚其体，啖以红丸。甫下咽，觉有热气如火，从胸臆下达两股间。迷眩者七日，欺然而起，则已化为男子矣。先是翁以嗣姑许字同里谭姓，因往告以此异。谭怒诧其妄，鸣于官，质验果真，乃解婚。四方观者云集。康熙丙辰初夏，渭川孙静庵适过其地，亦造门请见，嗣姑冠履出迎，黛粉之痕未消，瑱犹在耳也。孙有句云："梦中变化真奇创，红颜忽作男儿相。卸却罗衫蝴蝶裙，博带宽衣相揖让。见人低首尚含羞，珠环小髻乌蛮样。"

名字前定

金文通公之俊，世居吴江之曹村。村分南北，如南北阮，南居者贫而勤学，北居者富而寡文。方公在娠时，其翁姥宿南村小楼，一夕忽有炮声，梦惊偕寤，闻空中语曰："今夕吉时，为汝家德儿上梁。"诘朝访之，则北村兴筑新宇，鼓乐升炮也。地极闳敞，制尤壮丽，广庭夹道，环以流泉，庶民之家，所未曾有。公生而弥月，太姥褓携外氏，舅问甥有乳名否，曰："未也，舅命之。"舅曰："观其形貌端纯，似有德者，可名德儿。"太姥忆空中语，心颇喜讶，然秘不告人。阅三十余载，公已贵，而北业渐替，以其居出鬻，太翁受之，今之端清堂是已。叹息数有前定，始与贺者言其事。公少时遇运乩者，询终身禄命，乩曰："汝岂凡人也耶！"故字"岂凡"。

饽饽

丁丑状元李蟠，字根大，书法不甚精楷，文思亦复迟涩。当廷试日，诸进士薄暮皆出，而蟠独留殿前，护军催督甚急。蟠泣告曰："毕生之业，在此一朝，幸毋相促，以成鄙人功名。"护军哂诺，直至四鼓，始获呈卷。上廉知之，以为苦心之士，拔置一甲一名。同榜探花，则慈溪姜宸英也。姜作五言戏赠云："望重彭城郡，名高进士科。仪容如绛勃，刀笔似萧何。木下还生子，虫边更着番。一般难学处，三十六饽饽。"蟠伟干虬须，状似武人，其为诸生时，以刀笔闻，廷试怀面饼三十六枚，餐之至尽。饽饽，都下方言也。

双双

吴门有名妓蒋四娘者，小字双双，媚姿艳冶，僛态轻盈，琴精奕妙，复善谈谑。花月之筵，坐无双双，不足以罄客欢也。毗陵吕状元苍臣遇于席，一见倾悦，以千金买之，携至京师，扃置花市画楼，穷极珍绮，以资服馔，自谓玉堂金屋，称人间佳配。而双双以为琼盎芙蓉，雕笼鹦鹉，动而触隅，非意所适。顺治甲午除夕，共相饯岁，出两玉卮行酒。吕鞒其旧者奉蒋曰："此我家藏重器，为卿浮白。"蒋以新者自与，仍以旧者还吕曰："君虽念旧，妾自怀新。"吕意怫然。明年放归吴门，双双构室南园，颇有卉木之胜。昆山徐生，其旧识也，泛扁舟访之，蒋留茗话。徐生曰："四娘已作状元妇，何不令生状元儿，而重寻旧游耶？"双双曰："人言嫁逐鸡犬，不若得富贵婿。我谓不然。譬如置铜山宝林于前，与之齐眉举案，悬玉带金鱼于侧，与之比肩偕老，既乏风流之趣，又鲜宴笑之欢，则富贵婿犹鸡犬也，又奚恋乎！尝忆从苍臣于都下时，泉石莫由怡目，丝竹无以娱心。每当深闺昼掩，长日如年，玉宇无尘，凉蟾照夜，徙倚曲栏之间，怅望广庭之内，寂寂跫音，忽焉肠断。此时若有一二才鬼，从空而坠，亦拥之为无价宝矣。人寿几何，难逢仙偶，非脱此苦海，今日安得与君坐对也？"徐生大笑而别。

泽民实事

《书》曰："民惟邦本，本固邦宁。"为邦本计者，莫先于兴利除害，害不除，则利亦不能兴也。故出而在外，入而在内，凡有地方之责，其于民间疾苦，或因时陈告，或即事吁闻，其始相其可行而后为，其既期于必行而后止。议定一朝，泽流万姓，则言与人俱不朽矣。河南自闯贼蹂躏之后，田野半化污莱，天朝底定，荒者减其额税。惟灵宝一县，以许姓族大粮多，当事避嫌，未经豁免，虚粮二万，贻累日久。康熙十七年，江采白甫至其邑，夙夜筹画，三请于院司，竟得奏蠲，合境欢腾，江亦因之内擢。旧例顺天狱之罪犯军流者，必俟咨行各省金妻到日，然后发遣。康熙四十年，钱再亭为京尹，请先犁定地方，押赴本省，领妻同解，则击者不致淹滞于囹圄，行者不致欺辱于道路，三便之奏，奉诏允行。又琉璃亮瓦二厂，旧例除官房富户外，小民计屋输租，而贫苦之氓，倒坏之舍，糊口未能，算缗何出，请悉贷之，于是岁免租四千三百有奇。当再亭在垣中时，建白俱切政要，而其尹京兆也，犹不忘民瘼，天下称之。江采白名蘩，汉阳人。钱再亭，名晋锡，太仓人。

于家琵琶

蒲州于孝廉有爱姬曰红桃，美容止，善谈谑，尤擅名琵琶。北地闺闱，多娴此技，而红桃纤指娇喉，拢弦叶曲，其调与众绝异，故才一发声，闻者即知为于家琵琶也。崇祯末，闯寇所至蹂躏，河汾间罹祸尤酷。孝廉被执，闯帅将杀之。牛金星见其年韶质秀，且已登科，丐为子师而免。红桃亦于此散失，不知所往。孝廉从金星于军，数月后，馆之晋王府中，晋府初经兵燹，虽重楼迭阁，而栋折垣颓，金粉凋落，沼荒林败，竹柏倾欹。孝廉于最后之宫，置一榻焉，妖狐昼啸于庭，奇鬼宵窥于牖，诡形怪响，百态千声。孝廉斯时，虽偷息人间，实同冥域，而心念红桃，如醉如痴，一切可憎可怖之境，翻置度外矣。又逾一载，闯兵进逼京师，列营保城北。序届残冬，云同霰集。孝廉与牛子共一行帐，薄暮雪下愈密。二鼓初报。孝廉启帐小遗，四望皎然，隐隐闻琵琶声，触其夙好，遂跣足踏雪潜行求之。越数十行帐，独一帐有灯，声从帐出，俯而谛听，是耳所素熟者，大恸一声，身仆深雪不能起。帐中人疑其奸细，捆缚入账，识为金星西席，乃释而询其故。孝廉曰："家有小姬，素善琵琶，兵间散去，已逾二载，愿见之私，虽寐不忘。今宵万籁俱寂，清调远闻，恍出吾姬之手，不胜悲痛，干触麾下，疏狂之咎，尚期宥之。"帐中人亦豪者，慨焉出姬相见，果红桃也。乃复行酒列炙，俾孝廉与姬欢饮达旦。明日言于金星，以红桃归孝廉，仍遣二骑送回浦州。孝廉入本朝，以扬州通判终。

夜光

蓝田幕客瞿修龄言：于康熙三十年四月阴晦之夕，从其主人勘地至一山间，时方二更，豁然天曙，红光浮岭，朗照林谷，行三四里许，仍复昏黑。昔于顿在海南时，三更忽晓，如日初出，移时复暗，是夜海中大金鳌浮出有光，照耀天地，遍岭南悉见，乃知是鳌所为。秦地去海万里，何由得光？盖深山大泽，俱有龙蛇之属，不第金鳌有光也。

豹仙

徐州李蟠以文望雄于乡，跌宕自喜。其家去州城一二里，有赵翁者，所居之村与李村相望，晨夕往来无间也。赵翁颇饶于赀，小筑数十楹，外周以垣，中分两院而空其半，栏槛曲折，花木幽深。忽一日，有美髯老人从空屋中曳杖而出，自号"豹仙"，颜如童孺，衣冠甚古，长揖赵翁，偕入其室，则屏帏之丽，几案之精，皆非素有。翁顾视骇愕，豹仙曰："老夫生无氏族，居无井里，所至之地，安即为乡。昨从天目、天台渡江而北，遍访幽栖，曾无惬意。适见君有闲馆，绝远嚣尘，暂顿妾婢于此，当图留珠之报，用酬割宅之恩，幸无讶也。"言未既，美姬渐次出见，焚香于炉，瀹茗于碗，更侍递进，光艳照座。豹仙笑指诸姬曰："此皆老夫养生之具矣。"赵翁告退，念其礼意既殷，谈论复雅，顿忘怪异，转与亲昵，暇则辄相过从。豹仙自言得道汉时，市朝屡变，转瞬间不觉千有余岁。赖有狐氏八仙，从侍巾栉。红粉四班，命曰"阴猎"，逾月则遣一班于三百里外媚人取精，挹彼注兹，合同而化，运之以气，葆之以神，延生之术，实由于此。赵翁度其必能前知，因叩以吉凶祸福，无不奇中。惊传乡曲，咸以真仙奉之。蟠独不信，一夕痛饮极醉，直造豹所，大呼"妖兽"，数其惑众之罪。豹则早已避去，其室阒如，而蟠仍毒詈不止也。赵翁隔院闻其声，亟往谆劝，令仆夫乘月扶归。明日豹仙复见，赵翁曰："吾友无状，深获罪于老仙。醉人当恕，幸无较焉。"豹仙曰："此君天禄甚高，老夫辈法当退避。计其年满三十，当魁天下，四十六岁，位至三公。但其生平有二隐事，实伤阴德，致干天罚。且性近鬼躁，功名虽显，不免淹阻，或至迁谪。若老夫则迹本萍浮，呼当马应，既被谴驱，无庸留滞矣。"辞别出门。有顷过觇其居，鸟语在檐，落红满地，依然一空院也。他日赵以二隐事询李，李嘿而不悦，似有悔咎之色。康熙丁丑，蟠果状元及第，寻以事去官。

猿风鹰火

天津徐纬真素嗜方技，纵酒落魄。康熙初，偶有江淮之行，道经山东古庙，忽闻庙中大呼："徐纬真救我！"乃解鞍小憩，又闻呼之如前。入庙遍视，并无一人，唯有一大铁钟覆地，语出钟内。徐问曰："汝是何怪，而作人语，且呼我望救耶？"钟内语曰："上古猿公，黄石老曾从学剑，我即其裔也。以剑术之疏，误伤良善，蒙上帝谴责，囚此钟已百有余年。今限满当出，幸君开之。"徐曰："我无千钧之力，岂能独发此钟？"钟内语曰："不劳君手发也，君但去钟上十二字，我即出矣。"钟体泥封，篆文苔绣，取石敲磨，有顷立尽。钟内语曰："可矣。然须速走，稍迟半刻，不无于君有害。"徐遂跨驴疾行二三里，回望来处，云霾风暴，响若山崩，遥见大白猿从空飞堕，叩首驴前，倏忽不见。徐生南游半载，仍还都下，天街夜静，明月满户，闻剥啄声甚急。启户纳之，则年少书生，仪容妍雅，再拜称谢，而曰："余济南之钟囚也，赖君拯拔之恩，得超沉沦之厄。上帝赦其凤愆，仍还仙秩。感君厚德，没齿弗谖。念君志切鼎垆，学求图纬，今于天府琼笈，窃得道书三卷授君，以申环珠之报。必于一夕篝灯毕抄，慎毋缓也。"出书置几，匆匆辞别。徐生展阅第一卷，其文如《论语》《孝经》，曰平平无奇耳。展阅第二卷，其文如《阴符》《鸿烈》，曰此亦不足习也。展阅第三卷，其皆文言吐火吞刀之秘，征风召雨之奇，乃大喜曰："我所求者，正在于是。"遂亟录之。天甫向晓，而少年已至，窥徐意在末帙，色若不怿者。叹曰："我所以报公者，岂谓是乎？第一卷具帝王之略，第二卷成将相之才，第三卷术数之书耳，用之而善，仅以修业，用而不善，适以戕生。然缘止于此，当可奈何！"言未既，人与书俱失矣。徐原籍山阴，自获书后，尝以其术试于故乡。或捉月于怀，悬之暗室；或捏雷于掌，放之晴霄，以法为戏，取薄酬而资旅食。一日饮酒大醉，时值炎暑，袒而坐于门，适凉飙骤起，向空书符，招之入袖，良久不放。怒触风伯，于袖中大吼，破袖而出，雷火继之，肤发焦枯，随以致毙。又康熙庚申，高州大旱，有琼山诸生黄宾臣者，自言得奇门真传。有司往请之，宾臣结坛观山寺，披发仗剑，以目视日，竟暑不下一睫，天果微雨。诘朝烈日如故，有司诮其左道无验，宾臣于是由观山迁坛于发祥寺，登浮图第四层，上下左右，悉封以符，谓观者曰："明午必雨，但从东南来，则吉，否则当有性命之忧。"因作书与家人诀。明日未时，烈日中狂风大作，宾臣谓其仆曰："雨从西北来，不祥。尔当速去！"其仆甫下塔，霹雳一声，雨如注，有老人见一麻鹰口含火丸，从塔顶飞入，霹雳再震，宾臣颠仆塔外，右臂一孔如针，血涔涔流不已而死。而死此皆素无修道之真，妄习亵天之术，宜其干神怒，遭冥诛也。

东坡亭

昔苏公子瞻在惠州时，结亭白鹤峰上，今名东坡亭，面临东江，而附州之归善县城，适当其前。自有亭以来，城墙颓坠，广四五尺许，屡筑屡圮，久不修治。康熙三十四年，县令林宸书决计完之。土人以为东坡胜迹，应仍其旧，林不以为然。卜吉鸠工，以蠔灰累石，备加坚巩，月余又复崩陷如故。盖苏公之神栖游于此，不欲障其眺望也。亭之左右，有水二泓，一曰"朱池"，一曰"墨沼"，燃烛亭内，虽风狂雨暴，其焰不熄不摇。

奇嗜

南海孝廉李檩，字倩为，性嗜腌鸭尾，每膳必需。家人以全鸭进者，则割尾而弃其余。亲友设宴，以为亵而不供，则怫然谢去，虽珍错盈前，不肯下箸。佛山镇有一豪家，筵宴不时，烹饪狼籍，其用腌鸭，日以数十计，恶其尾膻，未下釜时，即命庖人刢投墙处。倩为闻而叹曰："委明珠于粪壤，抵尺璧于污泥，天下有拂人之性如此伧父哉！世不爱宝，我不忍其弃于地也。"遂徙居与豪家结邻，日享其腌尾焉。粤中荔枝，必俟五六月红熟，方以甘鲜擅名，非其候则攒眉螫口，不可下咽。倩为独嗜纯青者，蘸以香山盐虾酱，一啖百枚。尝曰："人间至味，无逾于是，惜不能与腌鸭尾日夕慰我馋耳。"蔗霜米饴，皆所深嫉。其令河内时，见民有姓唐者，以其音之似糖也，辄怒目曰："万姓谱中何一不可姓，而必姓此乎！"遇有罪者必倍其笞。

两梦

尚柂山名崇干，其先番禺人，本姓蔡，鼎革后，尚藩立为嗣，因冒姓尚，常自言："藩生之有文名者，唯余与盛某相埒。"壬子秋闱试后，盛某之弟，梦一贵人乌帽绛袍，鼓吹登堂，指挥胥役，上文魁匾额。诘旦，告其母与嫂，同是梦也。后二日，复梦前贵人到门，除去匾额，付年少头陀，投匾于水，头陀坐其上，荡漾而去。旦又告其母与嫂，梦亦如一。及榜发，柂山获荐，而盛某被斥。访之房考官，乃知盛某七艺已入彀，因二场表语不合，以柂山卷易之。柂山又言："彻棘之晨，梦过荒寺，恍若旧游，因于佛前嘿祷，心期获隽。展拜间，闻有'自然祐尔'之语，出金刚口中。再登后殿，见一人手敲桐鱼，坐而诵经，余侧窥之，亦头陀也，貌与余酷似。未几，喧呶聒耳，悚然惊寤，则报捷者在门矣。"尝观人世之事，变态万端，悉如梦幻，科名特其一耳。有梦而失之者，有梦而得之者，是又梦中之梦也。盛子失意后，不久徂谢。柂山由县令起家，生有象贤，文誉显著，此亦头陀之善梦者哉。

红衣土偶

京师刘光廷，有枣园在东直门外，其实长白甘脆，称为佳果。熟时园丁晨起看视，逾夕辄减，而莫测其故，走告光廷。光廷曰："此必有窃者，汝特守之不密耳。"遂自往诣园，恰值月夜，持桃梧伺于树隐。至四鼓后，见有红衣女子从墙外飞入，不假攀援，不惧钩刺，往来轻捷，甚于猿鸟，摘其肥而熟者，即纳口中。光廷植梧大喝，红衣者飘瞥扬去。光廷开门迹之，经三四里，天色已明，红衣者至一土地祠而隐。光廷入祠追索，诸土偶积埃盈寸，唯右侧红衫侍女，露首如沐。光廷怒视曰："汝是窃我枣者。"举梧奋击，破其像，获腹枣斗许而归。

相墓四大惑

人之生也，有耳目可以视听，有手足可以持行，尚不能精攻文以取贵，善治产以致富，乃信堪舆家言，求诸冥冥之朽骨，茫茫之顽土，谓富贵当安坐而致，一大惑也。相墓之书曰："前有泞池，后有丘陵，东有流水，西有长道，谓之正穴。"然岩居者绝少围潆，泽居者难求崇阜，居在山水之间，又安能恰兼四者有之？而必曰"此为正穴"，一大惑也。陈魏公俊卿父墓在莆田南寺之侧，本一富民葬处也，葬后二十年间，其子若孙无不病目，多至失明。有术人语之曰："此害由墓而起，当急徙之。"富民子大惧，即别卜改窆，而故穴为俊卿所得。富民病者愈，而俊卿官至右仆射，封魏国公。柯四者，莆田之小民也。有一山人善相地，为富家卜葬，夜卧于穴，土神呵之曰："此柯状元祖穴，奈何犯之，可速迁免祸。"明旦以告主人，其家遂别葬。然郡中大族，并无柯氏。他日山人假坐米肆，肆主姓柯，问家有葬者否，曰："我父枯骨，尚在浅土。"遂以地言于柯，移父骨葬于其中。生子曰潜，景泰辛未及第，仕至翰林侍读。然则宅兆之吉，若有所待，苟非其人，不容妄冀。乃祖父之殁，辄延地师，遍求善地，一大惑也。古今称地师之神者，晋有郭景纯，宋有张鬼灵。然景纯自知命尽，而不能逃于刑诛；鬼灵自知数促，而不能免于夭折。况其术万不如景纯、鬼灵，而欲为他人祛祸就福，避凶趋吉，有是理乎？一大惑也。

树怪

石涛和尚以前朝宗室遁迹桑门，结茅于徽之黄山。岁暮雨雪，与一二禅侣围火庵内。更定以后，突见一人排户直入，其形甚巨，蓝发紫面，张口若箕，亦于炉旁踞坐。诸禅侣惊愕散匿，石涛凝然不动，徐举铁火箸夹一红炭置其口中，其人衔炭箸负痛疾趋而去。阅三日，雪霁，石涛携筇出游，离庵里许，见路侧核桃树，槎枒如人，树本上有横坎，广七八寸，铁箸与炭在焉。乃知前宵之排户者，即此怪也，遂命僮斫而薪之。石涛道行超峻，妙绘绝伦，太仓王麓台谓："海内丹青家，不能尽识，而大江以南，当推石涛第一，余与石谷，皆所未逮。"

还金

顺治十年三月，龙溪老农黄中与其子小三操一小船，往漳州东门买粪，泊船浦头，浦傍厕粪，黄所买也。父子饭毕，入厕担粪，见遗有腰袱一具，携以回船，解袱而观，内有白金六封。黄谓其子曰："此必上厕人所失者。富贵之人，必不亲自腰缠；若贫困之人，则此银即性命所系，安可妄取？我当待其人而还之。"小三大以为迂，争之不听，悻悻径回龙溪。黄以袱藏船尾，约篙坐待。良久，遥见一人狂奔而走，入厕周视，彷徨号恸，情状惨迫。黄呼问故，其人曰："我父为山贼妄指，现系州狱。昨造谒贵绅达情，州守许以百二十金为酬。今鬻田宅，丐亲友，止得其半。待州守许父保释，然后拮据全馈，事乃得解，故以银袱缠腰入州。因急欲如厕，解袱置板，心焦意乱，结衣而出，竟失此银。我死不足惜，何以救我父之死乎！"言讫，泪如雨下。黄细询银数与袱色俱符，慰之曰："银固在也，我待子久矣。"挈而授之，封完如故。其人惊喜过望，留一封谢黄。黄曰："使我有贪心，宁肯辞六受一？"挥手使去。是时船粪将满，而子久不至，遂独自刺船归。行至中途，风雨骤作，舣棹荒村之侧。村岸为雨所冲洗，轰然而崩，露见一瓮，锡灌其口。黄亦不知中有何物，但念取此可为储米器，然重不能胜，力举乃得至船。须臾雨霁风和，月悬柳外，数声欸乃，夜半抵家。小三以前事告母，两相怨詈，黄归扣户，皆不肯应。黄因诳云："我有宝瓮在船，汝可出共举之。"子母惊起趋船，月光射瓮头如雪，手异而上，凿锡倾瓮，果皆白锃，约有千金，黄愕然悟蕉鹿之非梦矣。黄之邻止隔苇墙，卧听黄夫妇切切私语甚悉，明日以擅发私藏首于官。龙溪宰执黄庭讯，黄一无所讳，直陈还银获银之由，宰曰："为善者食其报，此天赐也，岂他人所得而问乎？"笞邻释黄，由是迁家入城，遂终享焉。

红娘子

陆云士之宰江阴也，汤西崖以孝廉来游，有情必达，他则不然，群客交妒西崖。云士曰："公等无多言也，公试观天下有几西崖乎？"是时西崖甫逾弱冠，颜美如玉，而词笔娟秀，所至倾坐。邑有妓号红娘子者，已在杜秋之年矣，西崖悦其妍媚，比于啖蔗之甘，客装所蓄，尽散炉头而去。阅岁，西崖登第入翰院，遣人致书云士，云士大喜，以为汤君心念旧交，不以云泥有间也。发其缄，寒暄外，唯惓惓问红娘子无恙，且言："红有假子，颇能文，已令采芹于泮否？"绝不及畴昔礼遇之雅。云士大怒，裂书投地，作长牍谩语复之。余闻云士盛有男宠，老而艰嗣，畜爱童字鹤书者为子，委以邑政，因致夺秩。云士家于杭，杭人称云士为"子梅妻鹤"。则云士亦不得专以昵红咎西崖也。

少陵骨

至元十年，乔中山以东漕掾出使延安，道经鄜州，土人传有少陵枯骨在石中者，因往观之。石树州市道傍，色青质坚，人骨一具，跌坐于内，与石俱化而状若生成。按《唐书·文苑传》：甫携家避乱荆楚，寓居耒阳，永泰二年，啖牛肉白酒，一夕而卒，年五十九。其子宗武流落江湘，不久亦殁。元和中，宗武子嗣业自耒阳迁甫之枢，归葬于偃师县西北首阳山之前。则少陵枯骨。应在首阳，何由而见于鄜地乎？"今夜鄜州月，闺中只独看"，此少陵寄家鄜州，在长安忆其儿女之诗，亦不久居于鄜也。乃后之好事者，因拾遗官号，而讹改妇人之妆；因偶寓鄜州，而妄指石函之骨。少陵身已逝矣，而犹不免为名累也如此哉！

十力前知

十力禅师者，空隐和尚之上座也。十公能诗，工八分书，为人慷慨有才略。少时久游西北边关及滇黔秦蜀，多识天下豪杰，与曹文诏、虎大威两总戎交厚。年五十，始皈依空隐，出家匡庐。崇祯辛巳，从空隐说法于广州光孝寺，与二樵薛起蛟同乡旧识，梵修之暇，辄抵掌谈四方兵将强弱与险要塞阨处，娓娓不倦。密语二樵曰："汝辈经生，不知兴废大势，尚搦管呫嗫何为者？"二樵因叩其兴废之由。曰："朋党乱于朝，盗贼乱于野，大事去矣，不久且将革命。"

二樵问："李闯连营十八，大者十万，小者不下四五万，已破豫楚，复据秦晋，意欲窥伺神京，朝中贵臣，多有为其心腹者，草野之民，忧之久矣。代兴者岂即此寇耶？"曰："非也。天降祸乱，以致闯贼披猖。然中国之民，不过与中国之君相终始。日月既没，虽有爝火，尚不能以微光自存，矧兹腐草之萤哉！"二樵曰："然则谁得之？"曰："有天命者得之，老僧不及见矣，汝等行当自知，毋多言。"癸未八月，十公坐化于罗浮。次年甲申，怀宗殉国，弘光偏安江左，不久亦亡，而本朝太祖以天命建元，其言悉验。

小座师

潘稼堂素与南州交好。康熙乙卯，徐太史果亭典试浙江，偕潘入闱。潘得许汝龙卷，极赏其后场五策，亟称于太史，因此入彀。撤棘后，许谒徐，并见潘于武林行馆，尊为小座师。己未，潘以布衣应诏，授翰林院检讨。康熙壬戌，分校礼闱，许卷仍以潘荐成进士，遂为真座师矣。汝龙改名汝霖，今官至礼部侍郎。

岳家神兵

余家吴江之北麻村，居濒麻湖。康熙四十一年四月晦夕，遥见燎火遍野，列如繁星，穿林登陇，其行甚速，铫炮喧震，而绝无人声。湖内之舟，舳舻相接，桅灯高入天际，其灯皆书"岳府"二字。村人举家出走，惊以为盗。久之乃灭。及晓访之，远地百里内，无不有此，咸以为忠武神兵，道经吾邑也。

（清康熙四十一年临野堂刻本《觚賸续编》卷三《事觚》）

《觚賸续编》卷三《事觚》中记载了如新城家法、喉簧腹鼓、哑樵、海天行、综、鱼头、溺妾入梦、白荸散、嗣姑化男、饽饽、夜光、豹仙、东坡亭等南海地域政治、民俗、地理、艺术与语言方面的材料，故将其纳入此编。

清·桂文灿《广东图说》一则

桂文灿（1823—1884），字子白，清州南海（今广东省佛山市）人。清道光二十九年（1849）举人。光绪九年（1883），任湖北郧县知县，善治狱，事必躬亲。光绪十年（1884），以积劳卒于任。曾与曾国藩、林昌彝、陈庆镛、郭嵩焘等名士交游。其学说以博文、明辨、约礼、慎行为宗，著述颇丰，有《四书集注笺》《周礼通释》《经学博采录》《子思子集解》《潜心堂文集》《毛诗释地》《广东图说》等 50 余种。

琼州府

府治在省城西南一千七百里秦楚之际，属南越。汉元封元年置珠崖、儋耳二郡，始元五年省儋耳郡，初元三年省珠崖郡，入合浦为都尉治。后汉仍属合浦郡。三国吴赤乌五年复置珠崖郡。晋平吴，省入合浦。隋大业中复置珠崖郡，唐武德五年置崖州，贞观元年置都督府，五年分置琼州。天宝初改崖州曰珠崖郡，琼州曰琼山郡。乾元初复曰崖州、琼州，均属岭南道。贞元五年，移都督府于琼州，五代属南汉。宋开宝五年省崖州，熙宁四年移琼州，治崖州，故地仍曰琼州。琼山郡属广南西路，政和元年升为靖海军节度使。元初曰琼州，至元十五年属海北海南道，天历二年改曰乾宁安抚司。明洪武元年改琼州府，二年降为州，三年仍升为府，属广东布政使司，今因之。

东西距九百七十里。

南北距九百九十五里。

东至乐会县海岸五百里。

东南至陵水县海岸五百四十里。

南至崖州海岸九百六十五里。

西南至感恩县海岸八百一十里。

西至儋州海岸四百八十里。

西北至临高县海岸二百八十里。

北至琼山县海岸一十里。

东北至文昌县海岸一百六十里。

琼郡孤悬海外，五指山居其中，生黎环之其，外熟黎环之，又其外十三州县环之。琼山附郭为咽喉，崖州在南，为后户，险隘尤多焉。琼山东南为定安、文昌，又东南为会同、乐会，又东南为万州、陵水，西南为澄迈、临高，又西南为儋州，又西南为昌化、感恩。港汊纷歧，岛屿错出，暗沙礁石所在有之，尤险阻者，则为万里长沙。自万州迤东直至南澳，此盖粤海天堑也。自来琼患在黎，近则黎多向化，昔日所视为异类者，将来或侪之编氓渐磨之，久则然耳。

（清同治五年刻本《广东图说》卷六七《琼州府》）

《广东图说》卷六十七《琼州府》介绍了琼州府沿革、地理位置与环境等，与南海沿线政治、地理相关，故将其纳入此编。

清·郭嵩焘《使西纪程》一则

郭嵩焘（1818—1891），字筠仙，号云仙、筠轩，别号玉池山农、玉池老人，清长沙湘阴（今湖南省岳阳市）人。清道光二十七年（1847）考中进士，咸丰二年（1852），积极促成曾国藩创办湘军，是湘军创建者之一。咸丰六年（1856）年末，郭嵩焘到京城任翰林院编修。咸丰九年（1859），到天津随僧格林沁帮办防务。同治元年（1862），被授为苏松粮储道，旋迁两淮盐运使。同治二年（1863），任广东巡抚，同治五年（1866），罢官回籍。光绪元年（1875），授福建按察使，不久出任驻英公使，中国首位驻外使节。光绪四年（1878），兼任驻法使臣，次年称病归国。光绪十七年（1891），病逝，终年73岁。

二十三日卯刻开行。午正，行九十五里，在赤道北二十一度二十二分。船主以沙漏定每时分数，而系尖木板于绳，用辘轳转绳而投尖木板海中，计绳之尺丈。每沙漏尽，则引绳觇其丈尺，以辨所行之里数。据云：每一点钟行三十四里，日以午正总计所行之里数，而以量日机器测赤道远近，每日一牌示。遥见捕鱼船数十，张帆一叶，随波上下，知距琼南万州一带为近也。二十四日午正，行八百三十一里，在赤道北十七度三十分。计当在琼南二三百里，船人名之"斋纳细"，犹言中国海也。海多飞鱼，约长数尺，跃而上腾，至丈许乃下。左近拍拉苏岛，出海参，亦产珊瑚，而不甚佳，中国属岛也，系荒岛，无居民。同舟英人拍得斯里西里，方绕地球一周。附船回国，询知专为游历，盖亦英国之富民也。是夕雨，而热如盛夏，不能盖被。

（清光绪刻铁香室丛刻本《使西纪程》上卷"二十三日"）

《使西纪程》上卷"二十三日"中记载了南海地理位置、渔业资源、岛屿与气候情况，与南海经济、地理相关，故将其纳入此编。

清·张岳崧《琼州府志》一则

张岳崧（1773—1842），字子骏，又字翰山、瀚山，号指山、觉庵，清海北定安（今海南省定安县）人，清代知名的书画家。清嘉庆九年（1804）中举，嘉庆十四年（1809）殿试一甲第三名进士，成为海南在科举时代唯一的探花，官至湖北布政使（从二品）。主持编纂《琼州府志》，擅长书画，与丘濬、海瑞、王佐并誉为"海南四大才子"，也是海南读绝（丘濬）、忠绝（海瑞）、吟绝（王佐）、书绝（张岳崧）"四绝"中的"书绝"。

自陵水旧陵港北二百二十里为州属大洲湾，一名大洲港，东有小洲，遇东风可泊十余船。大洲湾东三十里有前后坡，东接大洋，名大洲洋，中有前后岭、南观岭、双篷岭、鸡冠岭，皆屹立大海，不能泊船。昔传万州有千里石塘、万里长沙，为琼洋最险之处。舟过此者，但望即已沉溺，不可救。故土人船师皆不能实指其处，或云即在鸡冠诸岛之间。

大洲港北四十里有小港，曰南港，曰东澳港，大船不能入，与乐会县洋面分界。

（清道光修光绪补刊本《琼州府志》卷一八上《万州海防》）

《琼州府志》卷一八上《万州海防》介绍了南海海域交通与海港分布情况，与南海交通、地理相关，故将其纳入此编。

清·李翰章《广东舆地图说》一则

李翰章，李鸿章兄，湘军卓越功臣，曾为粮台和筹措军饷的江西厘金局帮办，湘军得以维持、发展、壮大，维持长期战争，均有赖于他。后为两广总督。

粤省地势，东西袤长，南北稍狭，然前襟大海，其中岛屿多属险要，故水师每岁例有巡洋，东自南澳之东南南澎岛，西迄防城外海之大洲、小洲、老鼠山、九头山……皆粤境也。今之海界以琼南为断，其外即为七洲洋，粤之巡师自此还矣。

（清宣统元年广东参谋处铅印本《广东舆地图说》卷首"录例"）

《广东舆地图说》卷首"录例"提及南海地域及沿线岛屿分布与地理范围，属南海地理、交通类文献，故将其纳入此编。

清·李准《李准日记》二则

李准（1871—1936），原名继武，派名新业，亦名木，字直绳，清顺庆邻水县（今四川省广安市）人。李准的父亲李征庸曾任南海县令，李准在 17 岁时便和父亲前往广东。其后，李准两次参加科举，但没有上榜。清光绪二十四年（1898），李准就任广东钱局提调。次年，李准又兼任广东海防善后提调和厘金局总办。后被两广总督岑春煊赏识，任广东巡防营统领，兼巡各江水师。光绪三十三年（1907），李准出巡外海，至东沙岛，发现该岛已被倭人占据并派兵监视。通过李准交涉，日本将该岛交还中国，仍名为东沙岛。宣统元年（1909），李准又视察西沙，历时一月，宣誓中国主权并组织绘制了西沙群岛总图和西沙各岛的分图。李准还长于书法，擅隶书、篆书，并时常练习，以作书为乐，其作品为时人所重。李准为维护南海诸岛主权作出了巨大贡献，由于他曾巡视南海诸岛，因此南海诸岛中有一块岛礁被命名为"李准滩"，以作纪念。

近因法占南海九小岛，引起国际纠纷，据日前南京电讯，粤省电中央，认为九岛为我最南领土，前清时曾派广东水师提督李准至该岛调查，并鸣炮升旗云。李直绳先生亲来本社（国闻周报社），与记者谈此事。谓彼于清光绪三十三年四月间（西历一九〇七年五月间），奉两广总督张人骏之命，巡阅南海，发现十四个岛，各为勒石命名，悬旗纪念。缘是年春，李氏先巡海至东沙岛，见悬有日旗，经交涉收回，因思中国领海中恐尚有荒弃之地，乃更有南巡之举。有《巡海纪事》一册。此外并有测绘之图，在辛亥革命时遗失。惟海陆军部及军机处尚有存案可稽也。据李氏之《巡海纪事》，是年四月初四日（西历五月十五日）乘伏波、琛航两舰自琼州启碇。因避风，十一日（西历五月二十二日）始自榆林港放洋，翌午抵珊瑚岛，命名为伏波岛。继续巡行，共发现十四岛，各为勒石命名。二十三日回航。李氏自谓其地或即法国所占者。然以海程计之，大抵为西沙群岛。李氏笔记明言其地"西人名之曰'怕拉洗尔埃伦'"，自系"Paraccl Is."之译音。笔记且有"林肯岛"之名，经李氏易为"丰润岛"，林肯岛固西沙群岛之一。李氏此记虽不能证法所占者即我领土，然西沙群岛固我之疆域无疑也。今当海疆多事，此记之价值乃显。《大公报》近曾刊露李氏笔记之一部分，兹并关于东沙岛者一并刊露之，洵珍贵史料也。

东沙岛

中国向不以领海为重，故于海面之岛屿，数千年来并无海图，任外人之侵占而不知也。粤之东有东沙岛焉，距香港一百二十海里，距汕头八十海里，在澎湖、南澳之间，向无居人，闽粤之渔户常有至其地者。航海之船，往往遭风漂没于此。渔人多有得其资财者，故粤谚有曰："要发财，往东沙。"光绪三十三年春，余乘伏波舰巡洋至其地，远望有旭日之旗高飘，不胜惊讶，以为此吾国之领海，何来日本之国旗，即下令定碇，乘舢板登岸。是有木牌竖于岸曰"西泽岛"，乃进而执西泽，询以何时侵占此岛。西泽曰："已二年余矣。"余曰："此乃我国之领海，何得私占？"西泽曰：此乃无主之岛，以其距台湾不远，以为属之台湾，不知为广东属地也。"问其经营何种事业？曰："取岛上之鸟粪，以为磷质及肥料，并采取海带、玳瑁等物。"余巡阅一周，长约十余里，宽约三四里，有工厂三座，办公室一座，并有制淡水机器，轻便铁道十余里，海面有小汽船一艘。据云其共已费二十余万元。余一面派人监视，不许再行采取各物，存货亦不许运去，乃回省商之张安帅，_{按即两广总督张人骏，字安圃。}与日人交涉，交还此岛。外部索海图为证，而航海所用海图为外人测绘，名此岛曰布那打士，_{按：}即 Pratas。不足为证。遍查中国旧有舆图各书及粤省通志，皆无此岛名。王雪岑观察，博览群书，谓余曰：乾隆间有高凉总兵陈伦炯著《海国闻见录》，有此岛之名，即据此图与日人交涉，乃交还此岛。日公使以西泽经营此岛费去在数十万，其工厂、房屋、机器、铁道、汽船，索补偿其二十余万，我以彼盗取此岛之磷质、肥料、海带、玳瑁等物为抵偿品，而交还焉。其岛桑树极多，其铁道枕木多以本岛之桑木为之。交还后由劝业道经营，仍留管事及工人在彼，采取各项出产品。每月余派广海舰送火食至岛，运各物回省。改革后，党人只知占地盘，谋权利，遂不以此岛为意。留岛之人绝粮而死，可哀也。我虽不杀岛人，岛人由我而死，余滋愧内疚于心矣。后由国民政府于此岛建无线电台，以报风讯，上海包工人亦以久无运粮食，接济工人食料，亦绝粮而死。涉讼经年，索抚恤其家属。今已设无线电，可通信息，不致再绝粮也。

西沙岛

东沙岛之案交涉既终，因思粤中海岛之类于东沙者必不少。左翼分统林君国祥，老于航海者也，言于余曰："距琼州榆林港迤西约二百海里，有群岛焉，西人名之曰'怕拉洗尔挨伦，_{按：}即 Paracel Is。距香港约四百海里，凡从新加坡东行来港者，必经此线。但该处暗礁极多，行船者多远避之。"余极欲探其究竟，收入海图，作中国之领土，因请于安帅，_{按：即张人骏。}而探此绝岛。安帅极然余说。同寅中之好事者，亦欲同望一观焉。乃以航海探险之事属之林君国祥，乘伏波、琛航两舰。林君曰："此二船太老，行驶迟缓，倘天色好，可保无虞，如遇大风，殊多危险。余以急欲一行，故亦所不计。因偕林君下船，考验船上之锅炉机器，应修理者修理之。凡桅帆缆索，无不检查。其铁链之在舱底者，概行拉出船面，林君节节以锤敲之，其声有坏者，立以白粉条画之为记，概用极粗之铅线扎之，防其断也。备食米数百担，其他牛羊猪鸡等牲畜，罐头食器汽水称是。各色稻粱麦豆种子各若干。淡水舱满储淡水，炭舱满储烟煤。除船员外雇小工百名，木石缝工油漆匠若干，备木材桅杆国旗之属又若干。盖将觅此群岛为殖民地也。

余带卫队一排，以排长范连仲领之。吴君敬荣为伏波管带，刘君义宽于琛航管带。余乘伏波，以林君为航海之主，悉听其指挥。王君仁棠随行参赞。同行者于李子川观察、_{哲浚。}王叔武太守、_{文焘。}丁少苏太守、_{乃澄。}裴岱云太守、_{祖герман**祖泽。}汪道元大令、_{宗珠。}邵水香二君、_{思源。}刘子仪大令、德人无线电工程师布朗士、礼和洋行二主布斯域士。

三十三年四月初二日启行，初三日抵琼州之海口，采买鱼菜，添盛淡水。道府来迎，应酬一日夜，初四日下午起碇，沿琼岛南行，初五日入崖州属之榆林港。清风徐来，余于甲板上观之，见此港山环水绕，形势极佳，而水深至二三十尺。入口不三里，下锚，四围皆山，不是水口，诚避风良港也。惜局面太小，不能多容军舰，有七八艘已不足以回旋。港内水波不兴，上下天光，一碧万顷，以为正可直驶西沙矣。国祥曰："天气不可恃。须看天文，有三五天之西南风，乃可放洋，且亦须于此添盛淡水。"少顷，偕各员登岸，每人各持木棍一根，备倚之行，且可以御禽兽。此国祥之言也。余以为御兽可也，禽岂能为人害乎？国祥曰："西沙岛多大鸟，不惧人，且与人斗，非此不足御之。"

上岸后，沿平原而入山凹，一路遍地椰子树，结实累累，大可逾抱，高约百数十尺，其直如棕，叶长大似蕉，但分裂而不连属。其时天正炎热，行人苦渴，以枪向椰树击之，其实纷纷下坠，人拾一枚。其有为弹穿者，汁流出，即以口承之，味甘而滑，解渴圣品也。步行约六七里，有居人焉，披发赤足，无衣，以布围盖下身，其黑如漆，前后心及两肘两腿，毛茸茸然，两耳贯以铁环，大如饭碗之口。老少可辨，男女殊难认也。其所住室，以椰子树为之，高不及丈，宽约一二丈，横梁门柱，皆椰树也。上盖及壁，都以椰叶编作人字形之厚箔为之。有门无窗，屋内之地，亦铺以椰席，厚可数寸。无桌几床帐，饭食起居，咸于此焉。余以手镜为之照像，各嘻嘻笑不已。又与同人行至一处，有男女多人，于野外草地上跳舞。有老者壮者于旁，敲锣吹笛及击瓦器，跳舞者女子居多，间亦有男子与偕，皆青年也。其齿白，而口吐红色之沫。询之，乃含槟榔使之然也。此男女跳舞者，如两情相合，即携手相归而为夫妇矣。其语不可辨，国祥能懂一二，盖黎山之生黎也。旋亦觅得一能谙汉语之熟黎作舌人。据云：山中马鹿极多，以其大如马，可以代步，故以马鹿呼之。余极欲猎，苦无猎犬，熟黎曰："可以黎人代之。"余即令此熟黎觅数人来带路，并驱马鹿。生黎手持一棍，举动如飞，其山中之木桩，坚如刀锥，履之过，如履平地。余率卫兵多人追随于后，乏极傍石而坐。稍事休息。正打火吸雪加烟，群鹿自林奔出，大若牛马，余持枪击之，僵其一，倒地而起者再，卫兵捉之，其角大如碗，长约三尺，余开三四叉。倒地时跌损一角，血淋淋出，一卫兵以口承而吮之。嗣以五六人用大木杠抬之回船，权之重四百斤。去皮分食其肉，茸则悬之船面，以风吹之，以为可以保存也，三两日后，生蛆腐烂，臭不可近，弃之大海中矣。

一日雨后，余正在船面高处坐而纳凉，忽见一黑色之物自海面向余船而来，昂首水面，嘴锐而长。余问曰："此何物也？"国祥曰："此鳄鱼也，韩文公在潮作文驱之者，即此是也。"语时鳄鱼已及船边，攀梯而上，余命梯口卫兵击之以枪，而卫兵反退后数武，不敢击。余速下夺枪击之，鳄血下坠，白腹朝天，距船已四五丈矣。即令水手放舢板往捞，水手以挠挑之，长约丈余，重不可起，恐其未死，不敢下手。再击二枪，反沉水底而不见踪迹矣。

连日风色不佳，夜间月光四围起晕，必主有风，不能放洋。国祥于此购买柴薪无数，船面堆如山积，备缺煤时之用也。又购黎人椰席数百张，为建屋作墙壁上盖铺地之用也。第四日约集同人往三丫港观盐田，去此约二十里，以藤椅贯以竹作杆代步，雇黎人抬。议定每人小洋二毛，黎人力极大，行甚速，惟不善抬，一路殊多危险，不一时而至其地矣。其盐田界两山中，绵亘十余里，皆盐田也。其水咸头极重，一日即可成盐，两日成者亦有之。然较之他处盐田则不可多见矣。其价极贱，每石不过二三百钱，故香港、澳门一带之私盐，皆由此运往焉。沿途树林内多红绿色之鹦鹉，大小不等，白色者较大而少，又多小猴，飞行绝迹，擒之不易。回榆林港后，抬轿之黎人，每人给以银二毛，不肯受，以其求益也。增之至四毛，不受如故。询之，乃知其议价时以为每一乘轿两人共二毛，今多与二毛，故不受。其朴野如此，真上古之民哉。有黎人以大竹笼抬大蚺蛇一条来卖，给以银二元，令抬去，又抬薏米酒若干坛来，每坛给以银一元，其色黑而味甜。又有此间之回民，操北方语者，将石蟹飞蛇来卖。其石蟹鲜有完好者，磨醋可治疮毒，飞蛇可以催生。人争购之。又有一种椰珠，如鱼目，闻系数百年之椰壳内实结成，岱云购得之。其回民相传为马伏波征交趾时遗留于此者，至今人不多，然仍操北方之音，与粤人异。国祥云："天色已好，可放洋矣。"

　　四月十一日下午四钟启碇，出口，风平浪静。七钟，忽见前面似一山行，若隐若见，国祥曰："此处向无山，必鲸鱼也，当绕道避之。"余以千里镜窥之，见一黑影，横亘于水面，不甚高，同人争欲一睹为快，无何渐渐沉下矣。船仍按经纬度直行，国祥敬荣经夜不睡，行于甲板上，监视舵工，其桅杆顶尚有一人持望远镜观察前面之岛，不敢一毫懈也。国祥曰："以船之速率及海程计之，此时应可见最近之岛，今不见，必有误。"以天文测之，差一度几秒，危险万分，此为本船马力不足，为大流冲下之过，宜仔细，此处暗礁极多，稍不慎，则全船齑粉矣。

　　少顷，桅顶人报告，已见黑影，然在上游。国祥敬荣乃心定而直驶向该岛。十一点二十分下碇，锚链几为之尽。其处水清，日光之下，可见海底，多红白珊瑚，大如松柏之树。有一种白色带鱼，长约丈余，穿插围绕于珊瑚树内，旋转不已。饭后，余率诸人乘舢板登岸。国祥请余勿坐舢板，宜乘大号扒艇平底者，乃可登岸。余从之，果至最近岸之浅滩内，乘舢板者果不得入。此项扒艇，国祥于海口购七八只之多，余初以为无用，今乃知为得用也。

　　余仍持木棍，离扒艇，践石堆超越以过。此石跳彼石，相距有远有近，有高有低，扒艇不能前，非此不能登彼岸也。余正站圆形之大石上，欲再跳，而相距稍远，恐坠水中，迟回者再，而所立之石动矣。余以为力重为之也，而此石已起行而前，余惊惧欲仆者屡矣，石行较近彼石，乃跳过焉。余惊问："石何能行？"国祥敬荣同曰："此石乃海内大蛤也。其壳已生绿苔，不知若干年矣。"又见一鱼，其色黑而杂以红黄。国祥曰："此小鲸鱼也，亦长七八尺。潮水退不能出，困于此浅水滩耳。"余以棍拨之，头上一孔，喷出之水，高可一丈。余急登岸。见沙地上红色蟹极多，与他蟹异，爪长而多，其行甚速。以棍击之，即逃入一螺壳中而不见。拾壳起，见其爪拳屈于壳内，了无痕迹。每蟹必有一壳，大不逾二寸。有一蟹之壳，先为人拾起，致无所归，即拳伏于沙上，如死者然。余以竹筐拾归者数百枚，分赠亲友，名之曰寄生蟹。工人持铲锄上岸，在各处掘地及泉，而求淡水。掘十余处，至二三丈，均不可得，其实非岛，乃一沙洲耳。西人亦谓之挨伦。

　　此岛长不过六七里，行不过数钟，即环游一周矣。岛上无大树，有一种似草非草似木非木之植物，高约丈余，大可合抱，枝叶横张。避此林中，真清凉世界也。其地上沙土作深黑色，数千百年之雀粪积成之也。岛中无猛兽虫蛇，而禽鸟极多，多作灰黑色。大者昂头高与人齐，长嘴，见人不惧。以棍击之，有飞有不飞，其大者恒与人斗，不自卫，将啄人目。遥见大群之鸟，约千余百只，集沙滩上。余击以鸟枪者三，均不见飞，以为未中。遣兵往视之，已击倒三十余鸟。卫兵逐之始群飞去。盖不知枪之利害，人为何物也。

　　其椰树及石上，多德人刻画之字，皆西历一千八百余年所书。德人布朗士以笔抄其文记之。其石亦非沙石，乃无数珊瑚虫结成者，因名之曰珊瑚石。又至一处，有石室一所，宽广八九尺，四围以珊瑚石砌成，上盖以极大蛤壳两片为之。余于此而休息焉。石上亦有刀刻之德文，盖千八五十年所书也。均有照片，改革后不知失于何处矣。余督工刻字珊瑚石上曰："大清光绪三十三年，广东水师提督李某巡阅至此。"勒石命名伏波岛。以余乘伏波先至其地，故以名之。又命木匠将制成木架。建木屋于岛，以椰席盖之为壁，铺地，皆椰席也。竖高五丈余之白色桅杆于屋侧，挂黄龙之国旗焉。此地从此即为中国之领土矣。

　　夜宿岛中，黄昏后听水中晰晰有声，国祥曰："此海中大龟将上岸下蛋也，从此不忧乏食矣。"

率众各将牛眼打灯，反光怀内，候于河上，月下见大龟鱼贯而上，为数不可胜计。群以灯照之，龟即缩颈不动，水手以木棍插入龟腹之下，力掀之，即仰卧沙上，约二十只。国祥曰："可矣，足吾辈数百人三日之粮矣。"国祥又引水手，持竹箩，在树下拨开积沙，有龟蛋无数，其色浅红，而圆大如拳，壳软而不硬，拾两大箩筐。归后，汤以开水，撕开一口，吸而食之，其味厥美。国祥曰："雀蛋更多，但不能如龟蛋之可口。"黎明率同人于树下拾各种雀蛋，大小不等，有如鸡鸭卵，有大如饭碗长六七寸者，均作淡绿色。其极大者，有黑点无数，剖之多腥，而此极大之卵，如鸵鸟之蛋，壳坚如石，了不可破，后携至省垣，在大新街嘱刻象牙之匠人，开天窗，镌山水人物形，作陈列品。其仰卧之大龟，长约一丈，宽亦六七尺，各水手工人，以刀斧从事去壳，宰割其肉，各分一脔，色红如牛肉，其裙边厚二寸，每龟得二三十斤，其全数重量盖四五百斤也。尚留八只，不许宰割，即以生者抬于舢板或扒艇上，运之上船，以起重架起之，始得上。八龟已将官舱前面隙地占满，致水手工人无休息食饭处，众即于龟腹上围坐而食，且于此斗牌焉。夜间余怜其仰卧，令人返仆之，夜深人静，群龟鸣如鸭，乒乓之声极厉，致同人不得睡，仍令水手反之仰卧，始无声焉。午后率同人回船，留牲畜之种山羊、水牛雌雄各数头于岛。布朗士对之泣曰："可怜此牛羊将渴而死，以其无淡水也。"

正午开行，约三十里，又至一处。两面皆岛，海底有沙，可以寄碇，非如伏波岛之尽珊瑚石，难于寄碇也。且岸边有沙，舢板扒艇，皆可登岸。又率同人偕上。其林木雀鸟，一切与前岛同。工人之掘井者，少顷来报曰："已得淡水，食之甚甘。掘地不过丈余耳。"余尝之，果甚甘美，即以此名曰甘泉岛。勒石竖桅，挂旗为纪念焉。此岛约十余里，宽约六七里，余行两三小时，尚未能一周也。在沙滩上拾得一物，其状如金瓜，大如蜜橘，其色为青莲，其分瓣处，间以珍珠白点，似石非石，质轻而中空，上面有蒂，如罂粟壳之状，下空一孔，甚为美观，不知为何物也。敬荣曰："此动物而兼植物，有生者当寻与军门一看，其他尚有种种色色千奇百怪之物，为内地所未见者。"有一石杯，盛之凉水，不漏而易干，盛热水，则发腥臭之味。手摩之直如石制，然其质软，物本圆者，可以为方，可以为椭圆形。其红白珊瑚，遍地皆是。其红者大逾一寸，然质粗而少纹，白者更多。余曾拾得一大者，百数十枚结于一块，如一山形，以玻璃匣盛之，后与石瓜、石杯同陈列江南劝业会中。阅此岛毕，亦放牲畜于上。又过对岸之岛，较小于甘泉岛，纵横不过八里耳。其珊瑚比前更多，因名之曰珊瑚岛，亦勒石悬旗为纪念。

下午回船开行，约二十海里，又至一岛，定碇后，乘舢板上岸，海内带草极多，长不知若干丈，开小白花。舢板之桨樉，亦为之阻滞，不得进行。见一石，上有物圆如金瓜，其蒂上开紫色之花，如蝴蝶状。余曰："此必昨日海岸拾得石瓜之生者，即泊船近之，余亲手抚其根，长约四五寸，似为石质而长于石上者，力拔之始下，而根断矣。有白浆自根下流出，其腥异常，如蟹爪之肉，其花甚硬，亦似石质，然鲜艳无比，究不知其为动物植物也。拾回数日，其花自凋落，壳之浆亦流尽，而为空壳，并与前拾之瓜，一并呈于安帅，送江南劝业会矣。上岸阅视一周，情形与各岛相同，名之曰琛航岛，勒石竖旗。回航。是夜即下碇于此。

第三日黎明又开行，约十余海里，而至一岛。登岸后见有渔船一艘于此，取玳瑁大龟，蓄养于海边浅水处，以小树枝插水内围之，而不能去。余询其渔人何处人。据言为文昌陵水之人，年年均到此处趁天清气朗，乘好风，即来此取玳瑁、海参、海带以归。余询以尔船能盛淡水粮食若干，敢冒此险乎？渔人曰："我等四五人，食物有限，水亦不能多带，食则龟肉、龟蛋、雀蛋、雀肉、鱼、虾之属，饮则此岛多椰子树，不致渴死。"余告以前方有甘泉之岛，如往彼处，不忧无淡水也。余视其船内，以石灰腌大乌参及刺参一舱，皆甚小者。余问以海边之大乌参，有大逾一丈几尺者，何不腌之？渔人曰："内地不消此大者。"因引余视海边之浅水内有一大乌参，长丈余，色黑如死猪然。余以棍挑之，其肉如腐者，脱去一块，皮虽甚黑，而肉极白，但无血耳。不少动，以为其死也。一工人以十字锹锄之，又脱一大块，而此参乃稍行而前，真凉血动物也。岛上情形与各岛相同。游览既周，名之曰邻水岛。勒石竖旗，而往他岛，均皆命名勒石，有名曰霍丘岛者，以余妹倩裴岱云太守为霍丘人也；有名归安岛者，以丁少苏太守为归安人也；有名为乌程岛者，以沈季文大令为乌程人也；有名曰宁波岛者，以李子川观察为宁波人也；有名为新会岛者，以林瑞嘉分统国祥为新会人也；有名为华阳岛者，以王叔武为华阳人也；有名曰阳湖岛者，以刘子怡大令为阳湖人也；有名为休宁岛者，以吴荩臣游戎敬荣为休宁人也；有名为番禺岛者，以汪益元大令为番禺人也。尚有一岛距离较远，约六十余海里，其岛长二三十里，向名曰林肯，改名为丰润岛，以安帅主持大事也。以天色骤变，不敢再为留连，恐煤完水尽，风起不得归也。四月二十三日鼓浪而行，历四十八小时而抵香港，次日即回省。盖出门已将一月矣。将经过情形一一为安帅述之。安帅惊喜欲狂，以为从此我之海图，又增入此西沙十四岛也。所拾得奇异各物，陈列于厅肆中。同寅中及士绅争来面询，余口讲指划，疲于奔命。所历各岛，皆令海军测绘生绘之成图，呈于海陆军部及军机处存案。此次之探险，以极旧行不过十海里之船，数百人之生命，付于林瑞嘉之手，实乃天幸，非尽人力可致也。

（1933 年 8 月 16 日上海《申报》连载《李准日记》光绪三十三年《东、西沙岛》）

《李准日记》光绪三十三年《东、西沙岛》中介绍了东沙岛、西沙岛地理、历史、气候、物产等情况，与南海经济、文化、地理相关，故将其纳入此编。

清·李准《广东水师国防要塞图说》一则

李准，具体简介详见前。

西沙岛在琼州陵水县榆林港之东南，星罗棋布，延袤直自纬北一十五度四十六分至纬北一十七度一十七分五秒，横自经东一百一十一度一十四分至经东一百一十二度四十五分。共岛十五处，分为西七岛东八岛。水深一十三拓至二十拓不等。岛产磷质雀粪极多。宣统元年，张前部堂派员查勘。现拟招徕华商承办岛务，官为保护维持，以重领土，而保利权。

（清宣统二年刊本《广东水师国防要塞图说·西沙岛图说》）

《广东水师国防要塞图说·西沙岛图说》记载了西沙岛地理位置、岛礁分布、物产资源及主权维护等内容，与南海政治、经济、地理相关，故将其纳入此编。

清·钱骏祥《宣统政纪》一则

钱骏祥（1848—1931），字新甫，号念爱、耐庵，晚号聩叟，清嘉兴（今浙江省嘉兴市）人。清光绪进士，曾任检讨、侍讲、侍读、后任会典馆纂修、国史馆协修纂修、编书处总校。清光绪二十年（1894）任山西学政。清光绪二十年（1901）奉讳里居，任敷文书院山长，后书院改立中学堂，被举为监督，次年回京供职。著有《晋轺集》《子影集》《微尘集》等，均未付梓。

粤疆滨海，南海大洋中，洲岛甚多。日人占据东沙岛，现已据理力争，即可将该岛收回。又查有西沙岛，在崖州属榆林港附近。该岛共有十五处，其地居琼崖东南，适当欧洲来华之要冲，为南洋第一重门户。业已分别勘明，将各岛逐一命名，以便书碑。其岛产则有矿砂，为多年动物所积成，可作肥料之用，一律开采，实足以浚利源，且开辟以后，需要工役必多，招徕而安集之，尤为殖民之善策。拟即在岛内设厂，先从采砂入手，俟东沙岛收回后，亦即一并筹办。得旨：著袁树勋悉心经画，妥筹布置，以辟地利。

（民国景十通本《清续文献通考》卷三八四《宣统政纪》）

《清续文献通考》卷三八四《宣统政纪》记载了清代管理东沙岛、西沙岛，收回南海主权的情况，属南海政治、地理类文献，故将其纳入此编。

清·颜斯综《南洋蠡测》一则

颜斯综，生平不详。

南洋之间，有万里石塘，俗名万里长沙，向无人居。塘之南为外大洋，塘之东为闽洋。夷船由外大洋向东，望见台湾山。转而北，入粤洋，历老万山，由澳门入虎门，皆以此塘分华夷中外之界。唐船单薄，舵工不谙天文，惟凭吊铊验海底泥色，定为何地，故不能走崴泥[一]。

大洋[二]塘之北为七洲洋，夷人知七洲多暗石，虽小船亦不乐走。塘之西为白石口，附近有一埠，四面皆山，一峡通进，平原旷野，颇有士[三]人，并无酋长，产胡椒、沙藤。有唐人坟墓，碑记梁朝年号及宋代咸淳。或云此暹罗极东边境。十余年前，英吉利据此岛，名之曰星忌利坡。召募开垦，近开[四]已聚唐人、杂番数万，闽粤之轻生往海外者，冒风涛，蹈覆溺而不顾。良由生齿日众，地狭民稠，故无室无家之人一往海外，鲜回乡者。此岛由外洋至粤十余日，由七洲洋至粤仅七八日。近来英吉利甘心留粤，一则恃南洋港脚诸番，沿途俱有停泊，二则恃星忌利坡离粤不远，彼国虽隔数万里之遥，今则无异邻境。此外，海岸土瘠产稀，如飞头蛮等处，虽常到，不屑顾，其志盖欲扼此东西要津，独擅中华之利，而制诸国之咽喉。古今以兵力行商贾，以割据为垄断，未有如英夷之甚者。

（《小方壶斋舆地丛钞》本《南洋蠡测》）

《南洋蠡测》介绍了南海地域范围、交通路线、历史文化和军事地位，与南海政治、经济、军事与地理相关，故将其纳入此编。

校记：

[一]崴泥，何新华《中文古籍中广东华侨史料汇编》广东人民出版社 2016 年版作"外大洋"。

[二]大洋，何新华《中文古籍中广东华侨史料汇编》广东人民出版社 2016 年版中无。

[三]士，何新华《中文古籍中广东华侨史料汇编》广东人民出版社 2016 年版作"土"。

[四]开，何新华《中文古籍中广东华侨史料汇编》广东人民出版社 2016 年版作"闻"。

清·卢宗棠、唐之莹《感恩县志》一则

卢宗棠，生平不详。

唐之莹，清广东感恩县（今海南省东方市）人，清代附贡。撰有《鱼鳞洲》。

保平港距城西南十三里，潮满，水深丈余，或五六尺，可容大船十余。自该港东驶十五里，至南山岭岭角，水深一丈。沙底有礁，北风可泊，南山岭东十五里，至红塘湾，水深可寄碇。红塘湾至三亚港八十里，港面阔大，水深可泊船数百。港外白礁岭角，水深九尺，泥底，东南风可泊。岭后大湾，东北风亦可泊。港西南大小玳瑁洲，有礁，不可泊。中有双礁，出水。三亚港东二十里至榆林港，港面辽阔，水深山高，能避飓风。内港量水至二丈，间有礁。东边有沙角，皆泥底。榆林港东三十里至琊琅湾，水深二丈五尺内外，有三洲，可泊船数十。东北风，湾外亦可泊。琊琅湾东二十里，至铁炉港，水深八尺。港外东南二十里，有古崎洲。铁炉港东三十里，至合口港，潮满，水深七尺。藤桥港东三十里，至陵水县赤岭港。赤岭港东八十五里，至桐栖港，水深丈余，可泊船数十。港内有礁，外有白石，水深一丈五尺，泥底。内外皆可泊，东北风亦可避。桐栖港东三十里，至黎庵港，口小，水深，内有礁，可泊船数十。黎庵港迤北四十里，至万州双蓬石，周围百丈，上出燕窝，船过无妨。双蓬石北二十里，至分界洲，内外皆可过船。分界洲北七十里，至柑蔗洲，水深一丈，沙底，东北风可泊。柑蔗洲北六里，至大洲湾，内外皆可过船。洲头湾口水深四丈，西南风可泊船五六只。洲尾白沙湾水深二丈，可泊船数只。洲东接大洲洋，有千里石塘，万里长沙，为琼洋最险之处。大洲湾北二十里，至细花山，山外可过船，山内有礁，细花山北十里，至大花山，水深二丈，南风可泊船数只。角内有礁。大花山北十里，至那乐港，港口浅窄，潮满，水深八尺。港神，俗忌猪肉，勿以奉之。那乐港北七十里，至乐会县博敖港，港口水深七八尺，巨石林立，非本港小艇为向导，不能入。港外虽有礁，水深可过船。西南角一带沙地可寄碇。博敖港北二十里，至会同县潭门港，潮满，水深七尺，可泊船六七只。潭门港北三十里，至临同湾，西北风可泊船数十。湾外有礁，进船须择净处。临同湾北二十里，至沙笔港，潮满，水深七尺，有礁。沙笔港北十里，至长岐港，大船不能进。长岐港北二十里，至文昌县冯家湾，水深八九尺，北风可泊船十余。冯家湾北四十里，至清澜港，水深港阔，可泊船数十。清澜港北六十里，至铜鼓岭大湾内，南北风可泊船数十。又有小湾，可泊船三四[一]只。对面有七洲，名七洲山。北接硇州，东通夷洋。铜鼓岭北六里至抱凌港，有礁，大船不能进。抱凌港西十里至加定角，西南风可泊船五六只，但有礁，要捡净处下碇[二]。加定角西三十里至抱虎湾，小船潮满可进。湾外有礁，净处可寄碇。抱虎湾西四十里，至乌石仔，西南风可泊船四五[三]只。乌石仔西五十里，至急水门，外有沙阔三十里，沙沥阔十余里，内外可过船。木兰山角有石龙一二里，水干冲浪，山角有礁，离沙一里，船过即入急水门，要小心防绞流。沙门长十里。沙颈东北有抱虎沙，亦长十里。又有七洲沙，长八十里。山北二十里有沙角头。再北八十里有铜鼓沙，长二十里，阔三四里。沙顶水深一丈。沙侧深二丈。沙沥深六丈。船过无碍。铜鼓沙西北二十里，又有罗斗沙一带，有一沥介在二沙中。数沙，有风则打浪。出急水门，即至木兰头，湾内东风可泊船数十。木兰头西五十里，至七星岭，岭西新铺湾水深七尺，东南风可泊船。岭角离岸百丈，有礁，水深，船过无碍。七星岭西三十里，至铺前港，口外上角有礁，下角有沙，离岸百数十丈，水深，皆可过船。港口亦有沙，中有沥，进船水深八尺。港中，东有礁，西有沙。入至炮台，可寄碇，不能避风。自港口上角驶六七里，至铺前，沙长三十里，阔三四里，量水至一丈五尺，即出沙口，直驶西北避沙角。东风架甲庚位，半更可到白沙角。自铺前至琼山县白沙港五十里，潮满，水深八尺，可泊大船数十。白沙港至牛矢港，外可寄碇。再驶二里，即至海口。此琼治之门户也。水师流水簿略，参《府志》。

　　自海口西向回崖，二里至盐灶港，外可寄碇。盐灶港四里至小英港，水深二丈，南风可泊船数百。小英港四里至红纱角，角外上下有暗礁，离岸百数十丈乃无虞。红纱角五十里至北腩湾，埋边沙冈有缯寮，北边又多暗礁，船不可近。缯门下水深，可寄碇。北腩湾五十里至澄迈县东水港，可泊舟数十。港外南湾，南风亦可泊。东水港五十里至花场港，多沙礁，船进必偏西，从沙边入，过沙头，可避飓风。花场港十五里至临高县马袅港，水深八尺，可泊大船十余。但港口上下有礁，须小心进焉。马袅港三十里至石牌港，船过石牌，须离岸二百五十丈，进港必偏西而入，至炮台边，可避飓风。石牌港迤南四十里至临高角，东风架乾巽位，可过石栏。离岸八里，有石龙。临高角南三十里至安全港，港外皆礁，东北边可泊船。入内港最要小心，水深五六尺。又南一里，至后水港，港外多礁，港内泥底，潮满水深七尺，可避飓风。后水港南三里至山尾，离岸十里有沙，阔五里，水深四丈。转过沙尾，驶甲庚位，约三四十里，有一带石，名将军印，阔六七里，长三十里。印内有沥，泥底，水深四丈，可过大船，可避大风。南风亦无碍。山尾南十一里至兵马角，水深九尺，泥底，东南风可泊船数十。角上有石栏，水深六丈，船过无妨。兵马角南六里至鹅门港，港口有散石，潮落内外皆干，潮满水深七尺，小心可进，大风能避船三四只。鹅门港南五里至南恒港，港内外与鹅门同。南恒港南八十里至儋州洋浦港，水深四丈，泥底，可容大船数十。且近州城，便于樵汲。上有石山，曰尖辰山。洋浦港南三十里至新英港，可避飓风。港外十五里有一带石，名三牙牌。水干出面，量水三丈，下帆可过。驶尽牌尾，向南驶入砂沥，水深无碍。港口有沙一道，出入最忌。牌尾正西约十里远，即沙帽头，一带皆有暗礁，船只往来须要小心。新英港南三十里至田头涌，向北二里有礁一带，长十余里，阔三里，上至东北边五六里，水深二丈，船过无碍。田头涌南二十五里至沙帽头，有沙礁，水干可见。沙帽头南二十五里至海头港，可泊船十余。港外东西有沙，东兼有港正沥，潮满水深七尺。海头港南三十里至昌化县海尾，有礁，水浅，不可进船。海尾南五十里至棋子湾，东南可泊船二三只。自棋子湾驶二里，便有暗礁，名棋子石。石下有沙，过此至昌化港。港外一里亦有沙一道。昌化港南三十里至三洲门，有三口沙一道，港口亦有沙礁，不可进船。港外西北二十里，船过无妨。三洲门南五十里至四更沙，沙口水深二丈。北边见沙打浪，转入沙湾内。东南风可寄碇。此处沙线最险，舟人视为畏途。船舶往来，或绕出大洋避之。四更沙四十里至北黎港，有沙礁，船进要小心。北黎港迤东三十里至鱼鳞洲，南风可泊。内有明礁，离岸二十余里，方可进船。鱼鳞洲迤东二十里至感恩沙，内通县城，外有沙线一道。沙口水深一丈，沙头有礁，水深八尺，皆可过船。沙内东南风亦可泊船。感恩沙东三十里至岭头湾，有礁，大船不可泊。岭头湾东三十里至白沙港，口有沙礁，大船勿进。白沙港东二十里至州属莺歌湾，湾头有缯寮，又有石牌，船驶须离岸二十余里，夜不可过。莺歌湾东七十里至望楼港，亦名榕村港，潮满，水深八九尺，可泊大船十余。港口西南十里有沙一道，离岸三十里。望楼港东五十里至酸梅角，离岸四十里有东西玳瑁二洲。东洲有石龙，偏西有石牌，内外皆可过船。又东三十五里，即回至保平港云。

（民国二十年铅印本《感恩县志》卷一二《环海水道》）

《感恩县志》卷一二《环海水道》记载了琼州以南地域的港湾、气候与交通情况，与南海经济、地理、交通相关，故将其纳入此编。

校记：

[一]三四，杜惠珍、蔡昌其点校《民国感恩县志》（海南出版社，2004年版）作"数"。

[二]要捡净处下碇，杜惠珍、蔡昌其点校《民国感恩县志》（海南出版社，2004年版）作"要择无礁处下碇"。

[三]四五，杜惠珍、蔡昌其点校《民国感恩县志》（海南出版社，2004年版）作"数"。

清·梁廷楠《粤海关志》一则

梁廷楠（1796—1861），字章冉，号藤花亭主人，清广州顺德（今广东省广州市）人。清代戏曲家，藏书家。清道光十四年（1834）副榜贡生。任广东澄海县训导、广州越华书院监院教官，后升内阁中书，加侍读衔。他留心时务，推许西方国家民主制，提倡借鉴西方政治制度、教育制度、科学知识等。其作品有杂剧《江梅梦》《圆香梦》等4种，合称《小四梦》，传奇有《了缘记》，均未见流传，戏曲理论著作有《藤花亭曲话》。梁廷楠还精通史学，主要著作有考述当时中外关系的《粤海关志》《夷氛闻记》《藤花亭十种》《东坡事类》等。

是日辰刻，南海、番禺两县委河泊所大使赴驿馆护送贡物，同贡使、通事由西门进城，至巡抚西辕门安放。贡使在头门外帐房候立，俟两县禀请巡抚开中门，通事、行商护送贡物。先由中门至大堂檐下陈列，通事复出在头门外，两县委典史请各官穿公服至巡抚衙门，通事引贡使打躬迎接。候巡抚开门升堂，督抚各官正坐，司道各官旁坐，通事带领贡使由东角门报门进至大堂檐下，行一跪三叩礼，赐坐、赐茶。各官即起坐验贡，毕，将贡物仍先从中门送出西辕门。通事引贡使由西角门出，至头门外立候，送各官回，将贡物点交通事、行商、贡使同送回驿馆贮放。

顺治九年十二月，遣使请贡，并换给印敕、勘合。顺治十六年，题准暹罗国探贡船压舱货物抽丈纳税。康熙二年，暹罗国正贡船，行至七洲洋面，遇风飘失，止有护贡船一只来至虎门，仍令遣回。康熙三年七月，平南王尚可喜奏言：暹罗国来馈礼物，却不受。是年，题准进贡，正贡船二只，令员役二十名来京，补贡船一只，令六人来京，准该国贸易一次。其年，暹罗入贡方物凡十三种，有孔雀、六足龟。

（清道光广东刻本《粤海关志》卷二一《会验暹罗国贡物仪注》）

《粤海关志》卷二一《会验暹罗国贡物仪注》介绍了南海沿线藩国护送贡物，向清朝缴纳贡税的情况，与南海政治、经济、文化相关，故将其纳入此编。

张巂、邢定纶《崖州志》两则

张巂（1854—1917），原名镜清，字蓉舫，号芙舫、芙初，崖州黄流人（一说崖州孔汶人），是吉大文的学生，中举人，名列顺天举人榜第九十八名，曾主编《崖州志》。张巂虽出身贫寒，但聪敏好学，少年时便胸怀大志，常与郡中名士交往。张巂曾参加乡试六次，但未考中，由此认定南闱考官是"青盲主考"，于是越过省城，于光绪二十三年（1897）北上参加京城考试，顺利中举。张巂一生远离官场，在崖州鳌山书院掌教3年，门下培养出许多崖州士人。后来又应知州钟元棨之托，会同邢定纶、赵以濂共同纂修《崖州志》。

邢定纶（1859—1909），字仲丹、号佛泉，海南崖州黄流人。17岁时就长于诗文，颇受时人赞誉。光绪十一年（1885）拔贡生，次年选试列二等，分到高州署石城县任训导。他才思敏捷，会写骈体文章，擅于创作诗歌，书法也颇负盛名，其作品时人常常争相传读，读者为之折服。著有《宦游吟草》《后游吟草》。光绪二十二年（1896），被派往抚慰平息黎族同胞起义事件。光绪二十五年（1899），与举人张巂及赵以谦共同纂修《崖州志》。三人废寝忘食，夜以继日，于光绪三十四年（1908）撰写《重修崖州志序》。后因积劳成疾，于次年病逝，终年51岁。

序曰：崖州内黎外海。环海一带仅为居民，故常受剽掠之患。然黎有形可见，扼险可守，海则一望浩瀚。水师所辖洋面，东西相距几一千里。出没无常，处处可入，防不胜防。膺是任者，无事则练习水战，巡哨海面，远为侦探。有事则固守要口，联络渔艇，防其登岸。而又坚壁清野，严缉濒海奸民，杜其勾通接济之路。则于海防之道，思过半矣。志海防。_{新增。}

海防

宋庆历中，招收广南巡海水军，予以旗鼓训练，备战守之役。_{萧《府志》。}

明洪武二十七年，命安陆侯吴杰专训练沿海卫所官军，以备倭寇。设海南卫备倭指挥一员，专辖内外十一所。每所官各一员，督管军船，于所部海面巡视。有警申报剿除，分别功罪。_{同上。}

崖州营备倭艚船一只，万历中加一只，_{萧《府志》。}至四十二年，始革。_{《旧志》。}

万历四十五年，设水寨前司，守崖州、三亚、保平、感恩诸港。兵船十一只。总分一员，哨官二员，官兵三百，捕舵兵二百九十七名。_{《旧志》。}

白沙寨艚船二十二只，桨船十五只，正兵二哨，游兵二哨。游兵驻泊三亚港，一自东上巡陵水、万州，至乐会博敖港，与白沙正兵船会，取乐会县结报。一自西上巡感恩鱼鳞州、昌化英潮港，与白沙正兵船会，取昌化县结报。_{《府志》。}

> 谨按：《旧志》于前司兵船十一只外，又分志艚船十艘，桨船八艘，不志原委，而以《府志》白沙寨船数三十七艘折而计之，正兵、巡兵各当配船十八艘，剩一艘恰为主帅坐船。则《旧志》所云艚船十艘，桨船八艘者，为驻泊三亚港游兵之船无疑。

雍正六年，始设外海拖风哨船三只。第一号分防三亚港，第二号分防大疍港，第三号分防望楼港。八年。添设踞船三只。第六号一只协防三亚港，第四、五号二只按季轮流，配驾出海，游巡本营所属洋面。乾隆三十四年，裁减拖风船一只。议将儋州营自新英港南炮台起，下至昌化县马岭塘交接一带洋面万州营自东澳港起，下至本营赤岭港交界一带洋面，均拨归崖州营游巡。所属各处洋面并无会哨。_{《府志》（参《旧志》）。}

嘉庆五年，奉准以米艇二只拨抵裁哨船二艘。二十年，添设捞缯船五艘。道光二十年，奉文将大米艇一艘，改造捞缯船二艘。后来米艇、捞缯船五艘，陆续遭风击碎。同治十三年，奉拨拖船二艘。光绪三年，第一号拖船被风击毁。十五年，将第二号拖船改为澄清营丙字练船一艘。十六年，拨给丁字练船一只，配兵出洋巡缉。《营册》。

崖州营，雍正八年改为水陆各半。游击改为参将，添设水师千总一员，将陆路把总二员，改换水师。道光十二年，平定崖黎，总督李鸿宾奏崖州原设参将一员，不足以资弹压，请以海口协副将与崖州营参将对换。奉准以海口协水师副将移驻崖州，改为崖州协副将，管水陆两营，定为海外烟瘴边疆要缺，由外题补。海口协标水师都司改为崖州协中军都司，专管陆路防黎。其原设中军守备一员，改为专管本标水师营务，与副将轮替巡洋。所属水师千、把外，额共十员，守步兵二百五十八名。本《营册》作二百九十八名。除守各台汛外，实存巡洋兵一百四十六名。《府志》。光绪二十二年，抽练出洋兵额丙字练船配兵三十六名，丁字练船配兵三十五名，常川驻船，操练巡辑，不准散居海岸。今改为水勇，千、把额现存四员，守步兵现存三十名。

崖州协水师营分管洋面，东自万州东澳港起，西至昌化县四更沙止，共巡洋面一千里。南面直接暹罗、占城夷洋，西接儋州营洋界，东接海口营洋界。《府志》。

崖州协上班以副将出洋，下班以守备出洋，专巡本营洋面。向无会哨章程。道光十七年，护道张坤春议请每年定期以十月《营册》作九月。初十日，与儋州营舟师齐聚昌化县四更沙洋面会哨一次，文武俱结禀报。奏准遵行。《府志》。

儋州所属洋面，自新英炮台以南，向归崖州协巡辑。道光十四年，护道张坤春与总兵陈步云、谢德彰等巡海至儋，筹度形势，以崖州舟师单弱，且隔四更沙，险阻难越，不能兼顾，添设儋州水师营，自四更沙起。拨属儋州营巡缉。《府志》。

保平港距营十三里，为州治海门门户。东距四里有大疍港，水浅不能泊船。港外暂可寄碇。前时海寇常从此处登岸。二港东西相对，最关要隘，皆有炮台防守。今大疍港已塞，炮台亦废。

三亚港东接万州，西达昌化。东南风发，前代时有渤泥番沿海登岸抢掠，最宜防守。《旧志》康熙四十三年，总兵范时捷巡海至此，见港面阔大，船只出入自如，查悉该港旧系钉桩扼守，议仍其旧，以资堵御。增辑。

榆林港在三亚港东，仅隔鹿回头一岭，相距五里，呼吸可通。港势闳阔，高山环抱，风恬浪静，可泊轮船。琼崖两属之港，此为最占形胜。光绪十五年，督宪调琼军右营练兵驻扎防守，今改驻巡防第三营。旧有炮台，已圮。增辑。

合口港在城东北二百里，有藤桥炮台，今废。《广东舆图》。

州东南滨海有珢琅、石头、利桶、今乐盘湾。玳瑁洲等港澳，俱海寇窥伺处，拨兵戍守。《方舆纪要》。

州西滨海一带，自龙栖湾至白沙港百余里，处处可泊船，登岸取水。尤以酸梅角、望楼港、黄流湾、白沙港为最。望楼虽有台防守，亦须兼顾诸处，时加巡缉。增辑。

环海水道

保平港距城西南十三里，潮满，水深丈余，或五六尺，可容大船十余。自该港东驶十五里，至南山岭岭角，水深一丈。沙底有礁，北风可泊，南山岭东十五里，至红塘湾，水深可寄碇。红塘湾至三亚港八十里，港面阔大，水深可泊船数百。港外白礁岭角，水深九尺，泥底，东南风可泊。岭后大湾，东北风亦可泊。港西南大小玳瑁洲，有礁，不可泊。中有双礁，出水。三亚港东二十里至榆林港，港面辽阔，水深山高，能避飓风。内港量水至二丈，间有礁。东边有沙角，皆泥底。榆林港东三十里至玡琅湾，水深二丈五尺内外，有三洲，可泊船数十。东北风湾外亦可泊。玡琅湾东二十里，至铁炉港，水深八尺。港外东南二十里有古崎洲。铁炉港东三十里，至合口港，潮满水深七尺。藤桥港东三十里，至陵水县赤岭港。赤岭港东八十五里，至桐栖港，水深丈余，可泊船数十。港内有礁，外有白石，水深一丈五尺，泥底。内外皆可泊，东北风亦可避。桐栖港东三十里，至黎庵港，口小，水深，内有礁，可泊船数十。黎庵港迤北四十里，至万州双蓬石，周围百丈，上出燕窝，船过无妨。双蓬石北二十里，至分界洲，内外皆可过船。分界洲北七十里，至柑蔗洲，水深一丈，沙底，东北风可泊。柑蔗洲北六里，至大洲湾，内外皆可过船。洲头湾口水深四丈，西南风可泊船五六只，洲尾白沙湾水深二丈，可泊船数只。洲东接大洲洋，有千里石塘，万里长沙，为琼洋最险之处。大洲湾北二十里，至细花山，山外可过船，山内有礁。细花山北十里，至大花山，水深二丈，南风可泊船数只。角内有礁。大花山北十里，至那乐港，港口浅窄，潮满水深八尺。港神，俗忌猪肉，勿以奉之。那乐港北七十里，至乐会县博敖港，港口水深七八尺，巨石林立，非本港小艇为向导不能入。港外虽有礁，水深可过船。西南角一带沙地，可寄碇。博敖港北二十里至琼乐县潭门港，潮满水深七尺，可泊船十余只。潭门港北三十里至临同湾，西北风可泊船数十。湾外有礁，进船须择净处。临同湾北二十里至沙笔港，潮满水深七尺，有礁。沙笔港北十里至长岐港，大船不能进。长岐港北二十里至文昌县冯家湾，水深八九尺，北风可泊船十余。冯家湾北四十里至清澜港，水深港阔，可泊船数十。清澜港北六十里，至铜鼓岭大湾内，南北风可泊船数十。又有小湾，可泊船三四只。对面有七洲，名七洲山。北接碙州，东通夷洋。铜鼓岭北六里，至抱凌港，有礁，大船不能进。抱凌港西十里，至加定角，西南风可泊船五六只。但有礁，要捡净处下碇。加定角西三十里，至抱虎湾，小船潮满可进。湾外有礁，净处可寄碇。抱虎湾西四十里，至乌石仔，西南风可泊船四五只。乌石仔西五十里，至急水门，外有沙阔三十里，沙沥阔十余里，内外可过船。木兰山角有石龙一二里，水干冲浪，山角有礁，离沙一里，船过即入急水门，要小心防绞流。沙门长十里。沙颈东北有抱虎沙，亦长十里。又有七洲沙，长八十里。山北二十里有沙角头。再北八十里有铜鼓沙，长二十里，阔三四里，沙顶水深一丈，沙侧深二丈，沙沥深六丈，船过无碍。铜鼓沙西北二十里，又有罗斗沙一带，有一沥介在二沙中。数沙，有风则打浪。出急水门，即至木兰头，湾内东风可泊船数十。木兰头西五十里，至七星岭，岭西新铺湾水深七尺，东南风可泊船。岭角离岸百丈，有礁，水深，船过无碍。七星岭西三十里，至铺前港，口外上角有礁，下角有沙，离岸百数十丈，水深，皆可过船。港口亦有沙，中有沥，进船水深八尺。港中东有礁，西有沙。入至炮台，可寄碇，不能避风。自港口上角驶六七里，至铺前，沙长三十里，阔三四里，量水至一丈五尺，即出沙口，直驶西北避沙角。东风架甲庚位，半更可到白沙角。自铺前至琼山县白沙港五十里，潮满水深八尺，可泊大船数十。白沙港至牛矢港，外可寄碇。再驶二里，即至海口。此琼治之门户也。水师流水簿略。参《府志》。

　　自海口西向回崖，二里至盐灶港，外可寄碇。盐灶港四里至小英港，水深二丈，南风可泊船数百。小英港四里至红纱角，角外上下有暗礁，离岸百数十丈乃无虞。红纱角五里至北脯湾，埋边沙冈有缯寮，北边又多暗礁，船不可近。缯门下水深，可寄碇。北脯湾五十里至澄迈县东水港，可泊舟数十。港外南湾，南风亦可泊。东水港五十里至花场港，多沙礁，船进必偏西，从沙边入，过沙头，可避飓风。花场港十五里至临高县马袅港，水深八尺，可泊大船十余。但港口上下有礁，须小心进焉。马袅港三十里至石牌港，船过石牌，须离岸二百五十丈，进港必偏西而入，至炮台边，可避飓风。石牌港迤南四十里至临高角，东风架乾巽位，可过石栏。离岸八里有石龙。临高角南三十里至安全港，港外皆礁，东北边可泊船。入内港最要小心，水深五六尺。又南一里，至后水港，港外多礁，港内泥底，潮满水深七尺，可避飓风。后水港南三里至山尾，离岸十里有沙，阔五里，水深四丈。转过沙尾，架甲庚位，约三四十里，有一带石，名将军印，阔六七里，长三十里。印内有沥，泥底，水深四丈，可过大船，可避大风，南风亦无碍。山尾南十一里至兵马角，水深九尺，泥底，东南风可泊船数十。角上有石栏，水深六丈，船过无妨。兵马角南六里至鹅门港，港口有散石，潮落内外皆干，潮满水深七尺，小心可进，大风能避船三四只。鹅门港南五里至南恒港，港内外与鹅门同。南恒港南八十里至儋州洋浦港，水深四丈，泥底，可容大船数十。且近州城，便于樵汲。上有石山，曰尖辰山。洋浦港南三十里至新英港，可避飓风。港外十五里有一带石，名三牙牌。水干出面，量水三丈，下帆可过。驶尽牌尾，向南驶入沙沥，水深无碍。港口有沙一道，出入最忌。牌尾正西约十里远，即沙帽头，一带皆有暗礁，船只往来须要小心。新英港南三十里至田头涌，向北二里有礁一带，长十余里，阔三里，上至东北边五六里，水深二丈，船过无碍。田头涌南二十五里至沙帽头，有沙礁，水干可见。沙帽头南二十五里至海头港，可泊船十余。港外东西有沙，东兼有港正沥，潮满水深七尺。海头港南三十里至昌化县海尾，有礁，水浅，不可进船。海尾南五十里至棋子湾，东南可泊船二三只。自棋子湾驶二里，便有暗礁，名棋子石。石下有沙。过此至昌化港，港外一里亦有沙一道，昌化港南三十里至三洲门，有三口沙一道，港口亦有沙礁，不可进船。港外西北二十里，船过无妨。三洲门南五十里至四更沙，沙口水深二丈。北边见沙打浪，转入沙湾内。东南风可寄碇。此处纱线最险，舟人视为畏途。船舶往来，或绕出大洋避之。四更沙四十里至北黎港，有沙礁，船进要小心。北黎港迤东三十里至鱼鳞洲，南风可泊。内有明礁，离岸二十余里方可进船。鱼鳞洲迤东二十里至感恩沙，内通县城，外有沙线一道。沙口水深一丈，沙头有礁，水深八尺，皆可过船。沙内东南风亦可泊船。感恩沙东三十里至岭头湾，有礁，大船不可泊。岭头湾东三十里至白沙港，口有沙礁，大船勿进。白沙港东二十里至州属莺歌湾，湾头有缯寮，又有石牌，船驶须离岸二十余里，夜不可过。莺歌湾东七十里至望楼港，亦名榕村港，潮满水深八九尺，可泊大船十余。港口西南十里有沙一道，离岸三十里。望楼港东五十里至酸梅角，离岸四十里有东西玳瑁二洲。东洲有石龙，偏西有石牌，内外皆可过船。又东三十五里，即回至保平港云。同上。

（民国三年铅印本《崖州志》卷一二《海防志》）

《崖州志》卷一二《海防志》介绍了朝廷的海防政策、行政设置与环海水道气候、交通情况，与南海政治、军事、地理相关，故将其纳入此编。

林翼中《广东全省地方纪要》五则

林翼中（1887—1984），名家相，字翼宗，后改翼中，以字行，清廉州合浦（今广西北海市）人。民国时期政治家，香港崇正总会理事长。光绪三十一年（1905），加入同盟会，辛亥革命时率众在廉州起义。民国四年（1915），广东高等师范毕业后从事中学教育，曾参加讨袁驱龙（济光）运动。民国十四年（1925）后，历任陈济棠部政训处处长、政务处处长，广东省民政厅厅长，国民政府农林部次长，广东省参议会会议长等。抗战胜利后，参与创办私立珠海大学，曾任广东省参议会首任会长、监察委员等。1949 年，广州解放前夕移居香港，任珠海书院监督、崇正总会副理事长。1984 年，在香港病逝。著有《苏俄现状一瞥》《广东地方纪要》。

位置及地形

东沙岛在香港之南，偏东六十二度。距香港约一百七十五英里。距广州市约二百六十五英里；即系在广州市之南，偏东五十度。岛之东面，沙迹围抱，作半月形。陈寿彭所著之《中国江海险要图说》列东沙岛为广东杂澳之十三。其书原系译自英国海道测量局 1894 年刊行之 *China Sea Directory* 一书。英人自谓费五十年测量之力，始克成书。则其发现东沙岛之时，至远当在距今八九十年间，实当道光二十年左右。该岛周围三十七八里。因岛之一端，有大小暗礁，起伏海中，约六十里。虽历来系中国领土，然华人畏难苟安，是以人迹罕到。但远洋渔帆，时常在此岛港口避风。渔夫曾于岛上建有大王庙一间。庙后栽有椰树三株。足为历经国人经营之证明也。

交涉经过

清光绪三十三年间，日本商人西泽吉次，占据东沙岛，事为清室所闻，拟勘未果。嗣因驻广州英国总领事傅夏礼函达粤省洋务委员温宗尧，谓英政府拟在蒲拉他士岛建立灯塔，请确查该岛是否中国属岛。经温委员函复，确系中国所属。复由政府派员乘坐飞鹰军舰，前往查勘。旋据该舰黄管带复称"蒲拉他士岛即东沙岛，现被日人更名西泽岛，有日人居此寻觅沙鱼龟鱼，并采取礁上鸟粪，用为田料，质佳价昂。该处已设有小铁道、电话并木码头、小火轮、小舢板等件，以便起运货物。至我国渔民前建之天后庙，业被毁去灭迹，间有渔船到此，亦被驱逐"等语。初勘之时，船弁粤员，操英语，粤音，讵该岛日人均诿为不解，只能用闽语与台湾籍日人问答，粗得崖略而已。

两广总督张之洞，以前次调查尚未详尽，加派通晓日语人员，再乘飞鹰军舰往勘。续据勘复，该处确被日商西泽偷占，潜遣工人来岛经营，毁拆庙宇，掘池灭迹，霸取屯粮，驱逐渔船，频年所为，殊属不合。先由张督据理与日领交涉。日领谓"该岛原不属日，彼政府亦无占领之意，惟当认为无主荒岛，倘中国认该岛为辖境，须有地方志书，及该岛应归何官何营管辖确据，以便将此等证据，电彼外部办理。至西泽经营该岛，本系商人合例营业，已费甚巨，日政府亦曾预闻，应有保护之责"等语。

续经交涉，日本方面已承认东沙岛为中国领土，但仍特为西泽祖索厚利。随商定两国各派委员，前往会勘：（一）估值西泽实业，以估收买之价；（二）查该庙宇存在之事，渔户被西泽驱逐之事，倘如属实，须令西泽赔偿。勘定会商后，决定中国收买之价，定为毫银十六万元。而西泽交回渔船庙宇税项等款，定为毫银三万元，其实即用毫银十三万元买回东沙岛。付款接管后，于是本案交涉经过，遂告终结。

物产状况

东沙岛上有枥树一种，皆丈余高。通岛无壤土，乏淡水。前为日人所垂涎者，厥为磷质之海鸟粪及粪化石。此种物质，通岛皆是，利诚可图。或谓此种物质，系由每岁羽类鳞类介类顺时脱化，其遗蜕积沙，被海浪冲刷，涌于岛上，经热度熏蒸，成为此质。此种物质，曾经化验，兹将试验报告，分录如下。

香港屈臣氏药房化验报告：

泾气质·····································七〇·九%

生物质·····································二二·六四%

磷灰质·····································三〇·五八%

碳灰质·····································二五·五九%

生盐质、砂质、碱质等·····················三·三四%

香港皇家化学师布朗氏化验报告：

水气质·····································五·三三%

生物质·····································一二·一七%

（内含锂质）······························〇·四七%

磷质·······································一〇·七二%

灰质·······································七一·三八%

砂质·······································〇·四〇%

共···一〇〇·〇〇%

中山大学农科教授利寅等，于宣统二年间，赴东沙岛勘矿，曾采集矿质，加以硫酸，造成上等肥料。兹将报告原文，抄录如左：

查前所制磷矿三箱，共六百一十余斤。用去硫酸二百一十斤，磷矿三百斤，锂硫盐一百斤。计：硫酸共值一十八元，磷酸值一元二毫，锂硫盐值一十四元。合计制成肥料，每百斤值五元四毫五仙。前折用硫酸银三十八元四毫者，系大箱购回，尚未用完。至锂硫盐一种，系由试验场取用，并未列入。所以用锂硫盐之故，因纯用磷肥，每有实而不秀。若加入锂硫盐，则秀实兼赅。农家者流，当无不以之为上等肥料。

（附）东沙岛磷肥说明书

部	类	号数	品名	出品人
十三	二百六十八		肥料	

东沙岛磷矿

【制造器具】

通用之皿、缸瓮、竹筛。

【制造方法】

先将原料碎之，过密筛。有难碎过筛者，姑粗用之。次则和至极匀。每百斤风干磷矿，加以七十斤之九成硫酸。停置久之，然后取出晒爽备用。

【用法】

就中等田计，则配合上等肥料如下：

麦造：用磷肥廿五斤，和以生鯆五十斤，草灰六十斤。

禾造：用磷肥廿五斤，和以生鯆五十斤，草灰七十斤。

棉花：用磷肥三十斤，草灰八十斤。

豆类：用磷肥三十斤，火灰一百斤。

【附记】

此等肥料,忌大雨前用之。多水时,亦忌用。就禾而论,宜插秧后十日左右,约去尽其水,然后施之。施后一两日,乃复灌水。就棉花而论,则于耕田时,宜用畜肥或街肥打底,然后起畦,落肥于穴,然后落种。

东沙岛海滨,生产一种海草,名曰"海人草",可以制药。随采随生,年可收获。昔时日人每于三月至七月,风平浪静之际,雇用渔舟,再来偷采。利益虽微,而主权所关至重。民国十五年间,有闽南造林公司商人周骏烈,呈请承办海草。预计每年采得海草晒干,约十二万五千斤。每百斤约值大洋十六元。共值大洋二万余元。除采取费运费老本息外,每年约得净利大洋五千元。经商务厅核准专利承办,以十年为期,每年缴纳特许费毫银五百元。旋因发生争执,周骏烈延未具报开办。遂由实业厅将核准原案撤销。嗣有商人陈荷朝迭呈请予承办东沙岛云母壳海产,兼办海草,每年愿缴特许费大洋六百元。复经实业厅核准给照,以十年为期,各在案。

测候工作

东沙岛气候,据曾至该处者云,比广州市约高十度。每晨必落雾。三日之内,必有一次风。风来之际,声如爆竹。惟该岛起风时,在一百公尺以外之渔船,竟有不知风者。故航海家往往呼东沙岛为"风窟"。

清季有于岛上安设无线电台之议,卒未实行。民国十二年,驻北京英国公使,向外交部提议,请准在该岛建设观象台,以为航船预防飓风之备。政府以允许英人建造,有碍主权,乃交海军部筹设。

民国十四年,海军部海岸巡防处在该岛开始经营。直至翌年三月十九日,始将观象台、无线电台、灯塔各一座,全部竣工。

东沙岛实地面积,只得一千零九十亩。观象台即位于岛中最高之实地。台内安置仪器,办公住宿各地方,及储料所、西药房、淡水池、火药子弹库、水厕等项,一应俱全。并有专轮一艘,名瑞霖舰,专备与内地交通。另有汽船一艘,名东沙岛第一号。轻便铁路一条,长二·五英里,作为台中运输之用。天文气象之观测,俱用最新式仪器。

无线电台之点杆,为铁质,高二百二十英尺。有德国制大小电机两副。大部电机,一千四百五十公尺。可与辽宁、星架坡通电。小部电机,六百公尺,可与附近船舰及海防、小吕宋、厦门、香港、广州市等处通电。

灯塔之设,比水平线高八十二尺。发出灯光能照及十二英里至十八英里之远。

测候通报,每日由无线电台发出两次。早报,于下午二时送出;晚报,于七时送出。飓风报告,每时送出。若有紧急变象,则随时报告。现与东京天文台,上海徐家汇天文台,香港天文台,小吕宋天文台,海防天文台联络,每日汇报,交换两次。所有气象报告,皆先由小部电机发出两次,续由大部电机发送于远东皆可收到之各观象台。海上航行,咸觉便利。

开发计划

查西泽当日经营东沙岛,颇具规模,足为筹画开发该岛之参考。现将该商呈报当日经营情形录下:

一千九百零一年,商在日本订造双桅帆船一艘,言明在基隆敝公司交货。是年夏间造成，由日本动帆，因船主不明风涛，误驶至琉球岛之南鸭依鸭口岛。迫由该岛开行，又遇飓风，飘至一无名岛，停泊两日。船主与水手登岸，见无居民，随取岛沙回船，以待不时之需。该船抵基隆时，商见岛沙与寻常不同，即将沙化验，验得含有磷质。旋问该船主，该岛在何处？但船主以船上既无罗经及测量器具，未能说明方向。

一千九百零二年，商乘马都鸦双桅船，往寻该岛。路经华苏、古都唷、巴泻、伯伦等岛。后抵一岛，据船上水手云，此岛即日前所到之岛，岛沙之所由来。

即将沙化验，核与前者相同。并略取岛产及海产各款，以备考验。回至基隆，投之于市，因此项写粪，初次登市，难得善价。化验至二百吨，而肥料公司始云，其质固佳，须试用一年之后，始能定价。

一千九百零三年，商遣化学名家乘马都鸦桅船再往该岛，详细考查一切。将抵该岛，适大雾，卸桅，旋遇飓风，船上受损，迫得回小吕宋修理。修竣，回至基隆，一无所得。

商立意另遣一船前往，但值俄日战争，市面冷淡异常。一千九百零四、五年，二年间，因俄日战争，未能经营该岛。

一千九百零六年，俄日议和，但船价极昂，运费较前加倍，是以仍未能略为经营。

一千九百零七年夏间，商购备建屋材料器具，以便运往该岛。于八月六号，携同工人一百二十名，及各种器具材料，乘西古苏轮船前往。十一号，行抵该岛，但近岸水浅，须用舢板小船及渔船，拨运材料。阅十四日，始将各物搬至岸上，工作异常为难。商即乘原轮回基隆。嘱令各工人暂立帐篷小屋居住。一面动工开路，平地建屋。

九月中，商运粮食回岛，满以为屋宇建成。讵料工人一百二十名，有七十人为毒虫咬伤。其余五十人，须为之调理，以致未能工作。商此次来岛，虽带有建屋材料，但以无人起卸，迫得折回基隆。但正值飓风之后，海浪大作，西古苏轮船误触礁石，极力设法，始得出险。抵基隆后，即将各人受毒虫咬伤者，送入医院。并将各项材料起卸。该轮即驶往大阪船坞修理。此后人皆知该岛有此毒虫，相戒不往该岛工作，以致招工棘手。

迫得另雇福都轮船，往东京之南一百五十英里之喀治五岛招工，幸招得工人三百八十名。旋即到大阪附近之唔苏垃埠，装载日前所订之伐木机器。并往大阪购一小轮船。又往唷治那埠，添置各种材料。由唷治那开行，经过莫治、额施马、那沙等处。迫由那沙开行，适遇飓风，阅二日，失去小轮及材料多件。伐木机器，亦失过半，顺流飘至尼鸦古岛北边二十英里；二日，食粮已尽，人皆枵腹工作。后至尼鸟莫治岛，避风二日，旋回基隆另购粮食，并聘医生化学师以及拨艇等物。于十二月中旬，再抵东沙，详细考查。

查得毒虫聚集营巢于黑湿之处，须将小树草木伐尽，将地挖深数尺，庶使日光热度，能及深处。开拓该岛，实费数万金元。至于起卸材料，既无小轮，须用拨艇盘运上岸。第一只拨艇，驶二日始安抵岛岸。但第二只拨艇，因水流湍急，随流飘至五十英里，立遣福都轮艇前往拖回。但所拖之缆绳忽断，拯救水手，颇费大力。后改用三板渔艇盘运材料，但须二日始能到岸。商即将伐木机器，自制木排，以便起卸材料较易。孰料木排晚间停泊又被冲散。福都轮船运来材料，阅四十五日，始克全数搬运上岸。但此四十五日之内，因无信息往来，基隆公司以为福都轮船，或在途遇险失事。立派矿师高岐、玳瑁商人柯亚治乘西古库轮船来寻，并藉以考验鸟粪、玳瑁等物。

一千九百零八年正月，商遣大门第三、大门第五两轮船，载运粮食，并建屋及建路材料，前往该岛。该两轮顺带鸟粪二三百吨，回抵基隆，以为肥料公司化验。因无小轮，搬运为难，故不能多载。此后商派定福都、大门第三、大门第五、古马奴等四轮，以二轮分帮前往，半个月一次。

是年四月，福都轮船并带新小轮船一只，名大古丸，前往拨运。自后拨运材料，较前便捷，而所派定之四轮来往，始有满载而归。至起建房屋之难，更有出乎意外。所有材料，本已预备足用。因拨用为难，往往落水失去。甚至停工待料，或将大木改用为小木之用。此等耗费，以及在该岛上办理卫生洁净等费，皆属无形，难以目击。至岛上现存之物，可见者，不知费尽几许未见之物始克留有此数。

是月，台湾政府派化学名家十三人到该岛查验。佥称所产磷质，洵为上品。复特立章程，奖励商业：出示劝令农户专购该岛鸟粪为肥料。于是商遣古马木都轮船，往运鸟粪。不幸误触礁石，迫得立回大阪，入坞修理。随改派大门第五轮船往运。又遇飓风，拨艇满载鸟粪泊于傍，为风打坏，随流飘去。轮船驰往救护，又以搁浅，亦须修葺。自后，保险公司以往来东沙，波涛险恶，保费遽增。商欲化险为夷，重资聘请熟悉沙线之船主，前往测勘。标志水内礁石、沙滩等处。但勘测时，查获大龟甚多，一日可得五十个。龟肉可为药品，日本东北方甚为需用。于是在该岛制造。并请化学名师炼取精汁。商并查该处青苔，可以制成鱼胶，日本销场甚广。正拟多雇工人开办。

适值□□此次交涉问题，敝国政府嘱令立即将各项工作停止。玳瑁向由南洋运往日本，制作纽扣。而大阪商人，专购该岛玳瑁。而肉亦作食品。干者每担八金元。该岛亦产珍珠。商本拟聘东京大学博士前往考验。倘非因交涉问题，此时谅已到该岛矣。

该岛各种鹊鸟甚多，商皆加意保护。一则为增鸟粪，二则可作养猪食料。商亦拟添置锅炉，以鱼制造肥料。仍拟雇名家盐化磷质。日本各埠，皆欲为商代理生意，眼见前途发达，在指顾间也。

按以上所云各节，足见经营不易，耗费无形。若以现在岛上所存之物计之，所索之数，似属过昂。但商之经营虚耗，冒险费时，心力俱瘁，自应并计也。

自一千九百零一年起，不知费尽几许心力，始能使世间从无知名之岛，一变而为贵重之地。倘若个人交易，任买主出价若干，商断不肯弃此永远获利之业。但现为政府命令。商属小民，何敢有远。惟商用过□款，及歇业后所需之款，能照补还，商将全盘交出。日前开单，呈敝国外部，外部大臣嘱令核减，以便两国易于议结，商已遵减。即抵粤后，又奉濑川领事再嘱核减，商亦不得不勉从。缘中国为兄弟之邦，睦谊素敦，此事正宜和平早结，庶友谊益笃。商敬乞贵国政府，体恤商艰，庶免亏本。该岛经商费尽经营，颇有成效。讲求卫生，可容工作。该岛磷质，从无人知，现已驰名，商实不忍弃此大业。商所索之数，经已核减至再，实无可减。务乞俯赐如数给还，不胜感激之至。西泽吉次。

现在收回东沙岛，业已二十余年，虽大规模经营计划尚未见发表，但开发地利、充实海防当有相当注意。昔时日人踞岛之际，以采取磷质为主，而以采取海产为辅。观其在岛上一切设置之完备，可知必有赢利可操。迨收回官办，专意经营磷质，以货色无人过问，销路绝无把握，迫而出于收束。何以一入吾手，便至光景全非？此实不无研究价值，非可诿词于吾国运用肥料风气之未开也。试观舶来肥田粉之源源进口，盖可知矣。光复以后，据商民呈请办理磷质者二起，是其并非绝对不可有为，已可概见。

島中海产，如螺壳、玳瑁、海叶等件，极为丰富，清季与日商约办。估计只螺壳一项，每月可采六百七十五担，每担售价十元，每月已可收六千七百五十元。厥后因采获短绌停办，或系办理未善所致。近年争办海草之案起，亦未始无利可图。至于在岛旁开辟盐田，以及招徕渔船，保护远航渔业，亦属将来开发计划所当注意者也。

（民国二十三年刊本《广东全省地方纪要》第一○○编《东沙岛》）

《广东全省地方纪要》第一○○编《东沙岛》记载了东沙岛位置地形、与日本交涉经过、岛上物产、气候与开发利用情况，与南海地域政治、经济、地理相关，故将其纳入此编。

地理编

宋·祝穆《方舆胜览》二则

祝穆（？—1256），字伯和，又字和甫，起初名为丙，后改今名，祖籍婺源（今属江西省），先居新安（今安徽省歙县），后移居至崇安（今属福建省），晚年居建阳县麻沙水南，又尤爱古樟，因此将其居所命名为"南溪樟隐"，自号"樟隐老人"。南宋地理学家，祝穆与朱熹有颇大渊源，其曾祖父祝确是朱熹的外祖父，其父祝康国是朱熹表弟。祝穆年幼丧父，与其弟均受业于朱熹及其门下弟子蔡元定、黄干等人，并跟随朱熹识文断字，后至建阳书院潜心学问，以儒学昌其家。祝穆20岁的冠礼，也是朱熹命弟子黄干为他举行的。在跟随朱熹的过程中，祝穆也曾各处游览访学，常常往来于闽、浙、江、淮、湖、广之间，饱览山川地理，了解风土人情，立志著述。祝穆聪颖勤奋，终于学有所成，南宋理宗嘉熙中编纂出了《方舆胜览》，南宋理宗淳祐中又撰成《古今事文类聚》。此外，祝穆酷爱四六，自幼用功研习，编成了《新编四六宝苑群公妙语》。在诗词和散文上祝穆也小有成果。他的生活情趣和感情状况都寄托在他的诗词之中，《山矾花》《贺新郎》《沁园春·寿宋通判》三篇词作都饱含祝穆对生活的感悟。他的散文以《上梁文》和《南溪樟隐》为代表，通过其作品的内容和价值可见祝穆的思想主要有务实、爱国和尊师重教这三个方面。南宋理宗宝祐中，宰执程元凤、蔡杭荐其贤，录其所作书以进，得授迪功郎，为兴化军涵江书院山长。宝祐四年（1256）十一月卒，谥文修。

泉州

【建置沿革】《禹贡》扬州之域。星纪牛、女，须之分野。古闽粤地，秦为闽中郡。后闽君摇佐诸侯平秦，汉兴，复立摇为粤东海王，又立无诸为闽粤王。汉元封废，建武中属会稽郡。吴改隶建安郡。晋属扬州。陈立闽州，又改丰州。隋为南安县，属建安郡，又改为泉州，名盖始此，然其治乃在今福州。唐圣历分泉州置武荣州，治南安，即今泉州是也。天宝后，为清源郡。乾元复为泉州。唐末为王潮、王审知所有，既而留从效据漳、泉二州。南唐升泉州为清源军，以从效为节度使。又称藩于周。从效卒，李煜授陈洪进清源节度使。国初陈洪进纳土，改为平海军。今领县七，治晋江。

南外宗正、福建市舶置司。

事要

【郡名】温陵、清源、武荣、桐城。

【风俗】风俗淳厚，民淳讼简，其人乐善，名贤生长，素习诗书，多好佛法。煮盐鬻鱼为业，重昏姻丧祭，商贾鳞集，槟榔代茶。

【形胜】其地濒海，远连二广，川逼溟、渤，闽粤领袖，环岛三十六。

【土产】蕃货、荔支、素馨花。

【山川】泉山、紫帽山、九日山、双髻山、九座山、大轮山、城山、文圃山、高士峰、姜相峰、石笋峰、五峰岩、龟岩、无等岩、魁星岩、龙头岭、醉月石、清源洞、海道、晋江、洛阳江、黄龙江、金溪、巽水、东湖。

【堂亭】中和堂、安静堂、爱松堂、魁瑞堂、四卿堂、二公亭、茅亭、西轩、高士轩。

【桥梁】万安桥、太师桥、安平桥。

【寺院】开元寺、粥院、承天寺、延福寺、石佛院。

【祠墓】苏公祠、二朱先生祠、飞阳神庙、姜相墓。

【名宦】吴隐之、席相、姜公辅、留从效。皇朝：蔡襄、游酢、陈康伯、刘子羽、赵鼎、孙逢吉、陈俊卿、汪藻、朱熹、王十朋。

【人物】秦系、韩偓、欧阳詹。皇朝：曾愈、曾公亮、苏绅、苏颂、傅察、梁克家、留正、刘达、石起宗。

【题咏】清源第一州，江通百粤州，连年不见雪，肥脍海乡鱼。水清山秀传温陵，山至崔嵬犹力耕，泉州人稠山谷瘠，每岁造舟通异域，千家沽酒万家盐，苍官影里三州路。

【外邑】县郭四依山，枳篱茅屋共桑麻，饭思白石红桃米。

广州

【建置沿革】《禹贡》扬州之域。在天文牵牛、婺女，则越之分野，兼得楚之交。春秋时百越之地。秦置南海郡。赵佗自立为南海王，汉因封之。武帝既定越地，以为南海、苍梧、郁林、交阯、九真、日南、珠崖、儋耳郡。按南海即秦故郡也，属交阯刺史。献帝末，孙权以步骘为交州刺史，迁州于番禺，即今之州理也。孙休以交州土壤太远，乃徙交州理龙编，分交州置广州，领郡十，理番禺。晋因之。安帝时，卢循陷番禺，执广州刺史吴隐之，自称平南将军，为裕所败。宋、齐皆为广州，理番禺。隋置总管府，改广州以为番州，炀帝改为南海郡。唐置广州总管府，后以广、桂、容、邕、安南五府皆隶广州，以广州为岭南五府节度、五管经略使理所；曰清海军经略使，又曰桂管经略使，曰容管经略使，曰镇南经略使，曰邕管经略使，名"岭南五管"。升五管为岭南节度，改为南海郡，复为广州。自杜佑为岭南节度，当兼五府经略，适执政者遗脱，佑独不兼。唐末分为东、西道，改岭南节度使为东道节度；黄巢攻破广州，以士卒疾疫，乃去，掠湖、湘；赐东道为清海军节度。皇朝平岭南，地归版图，仍旧为清海军节度，领广南东路兵马钤辖，带本路经略安抚使，升为帅府。今统郡十四，领县八，治南海、番禺二县。

广东转运、提举、广南市舶置司。

事要

【郡名】南海、番禺、五羊、羊城。

【风俗】质直尚信，椎髻箕踞，胡贾杂居，俗杂五方。喜则人，怒则兽。下潦上雾，黄茅瘴。可以避地。唐人皆客岭表，贾胡赍货。

【形胜】巨海敌其阳，五岭峙其北。祝融之宅，谓之岭表。负山险阻，地控百粤，境接群蛮，环水而国以百数。以保南藩，以殿南服，选帅重于他镇，独为大府。戎服袴靴迎于郊。南海一都会。尉佗霸迹。

【土产】盐、珠、香、犀、象、玳瑁、荔支。

【山川】番山、禹山、尧山、峡山、宝山、猊山、昆山、仑山、罗浮山、灵洲山、抱旗山、观亭山、石鼓山、大奚山、白水山、佛迹山、乱石山、九曜山、文笔峰、滴水岩、二岩、标幡岭、石门；南海、沓潮、鳄湖、黄木湾、东溪、牛潭、菖蒲涧、药洲、荔支洲、圆沙、圣池、贪泉。

【堂亭】广平堂、十贤堂、八贤堂、浴日亭。

【楼台】海山楼、石屏台。

【寺观】资福寺、广庆寺、五仙观。

【祠墓】南海庙、赵佗墓。

【古迹】越王台、达磨井、甘泉池、刘王花坞、广州古砖。

【名宦】钟离牧、陶侃、吴隐之、滕修、王琨、宋璟、郑权、卢钧、李勉、孔戣、陆鸿渐、窦平。皇朝：向敏中、马亮、余靖、方滋、汪应辰。

【人物】区册。

【题咏】南斗避文星，文章落上台，汉节梅花外，盖海旌幢出，衙时龙户集，货通狮子国，邑里杂鲛人，毛毨家家织，榔叶瘴云集，远人来百越，海对羊城阔，规外布星辰，鸢跕路难登，花鸟名皆别，巨舶通蕃国，海虚争翡翠，翠耀孔家禽，蛮唱与黎歌，石有群星象。岭南封管送图经，征入中台作侍郎，海花蛮草连天有，经冬来往不踏雪，映日帆多宝舶来，铜鼓临轩舞海夷。

【外邑】乳蕉花发讼庭前，候吏多来拾翠洲，賨税尽应输紫贝，退公秖傍苏劳竹，人瞻飓母识阴晴，黑面胡儿耳带环。

（宋刻本《方舆胜览》卷一二《泉州》、卷三四《广州》）

《方舆胜览》卷一二、卷三四分别介绍了泉州、广州的建置沿革、民俗、形胜、土产、山川、桥梁、人物等综合情况。这两个城市均是海上丝绸之路的起点与重要港口，与南海交通地理密切相关，故将其纳入此编。

宋·欧阳修《新五代史》一则

欧阳修（1007—1072），字永叔，号醉翁，晚号六一居士，北宋吉州庐陵（今江西省吉安市）人，北宋著名文学家、史学家。宋仁宗天圣八年（1030）中进士，初任西京留守推官，后入朝任馆阁校勘。宋仁宗庆历三年（1043）召知谏院任谏官，早年支持范仲淹改革，后因为范仲淹辩护被贬夷陵县令，三年后被召回京。后又因参与"庆历新政"而被诬陷贬官滁州太守，著名的《醉翁亭记》就是在此阶段完成的。后官至翰林学士，宋仁宗嘉祐二年（1057）以翰林学士身份主持这一年的科举考试，录取了苏轼、苏辙、曾巩等人，而废"太学体"。嘉祐五年（1060）拜枢密副使、参知政事。曾与宋祁合修《新唐书》，并独撰《新五代史》。去世后谥号文忠，世称欧阳文忠公，有《欧阳文忠公集》一百五十三卷传世。在诗、词、散文方面有很高的成就，是北宋诗文改革运动的领袖，后人将其与韩愈、柳宗元、苏轼合称"千古文章四大家"，与晏殊并称"晏欧"，同时也是"唐宋八大家"之一。

占城，在西南海上。其地方千里，东至海，西至云南，南邻真腊，北抵欢州。其人，俗与大食同。其乘，象、马。其食，稻米、水兕、山羊。鸟兽之奇，犀、孔雀。自前世未尝通中国。显德五年，其国王因德漫遣使者莆诃散来，贡猛火油八十四瓶、蔷薇水十五瓶，其表以贝多叶书之，以香木为函。猛火油以洒物，得水则出火。蔷薇水，云得自西域，以洒衣，虽敝而香不灭。

五代，四夷见中国者，远不过于阗、占城。史之所纪，其西北颇详，而东南尤略，盖其远而罕至，且不为中国利害云。

（南宋庆元本《新五代史》卷七四《占城传》）

《新五代史》卷七四《占城传》介绍了占城地理位置、物产、历史等情况，与南海地缘地理密切相关，故将其纳入此编。

宋·王溥《五代会要》一则

王溥（922—982），字齐物，北宋并州祁人（今山西省晋中市），后汉高祖乾祐二年（949年）登进士第甲科，即状元及第，授官为秘书郎。乾祐三年（950）郭威为邺都（今河北大名）留守，王溥为邺都留守判官。后周太祖广顺元年（951），郭威取代后汉建立后周，为后周太祖。王溥入周授官左谏议大夫、枢密院直学士，广顺二年（952）迁中书舍人，任翰林学士。后加官户部侍郎、端明殿学士、中书侍郎、同中书门下平章事，从此走上了"十年为相"的人生旅途。宋太祖继位后，留归降的王溥为司空，兼门下侍郎、同平章事。宋太祖乾德二年（964）罢相，改任太子太保。开宝二年（969）升太子太师。宋太宗太平兴国初（976）封祁国公。王溥好学，所藏图书极其丰富，手不释卷，著有文集二十卷，《唐会要》100卷，《五代会要》30卷，开创了会要史体，为史学研究做出了巨大贡献。太平兴国七年（982），病逝开封，初谥文献，后改谥文康。

占城国，在中国西南，其地东西七百里，南北三千里，东暨海，西暨云南，南暨真腊国，北暨驩州界。东北至两浙，海行一月程。其衣服制度，大略与大食国同。所乘皆象、马，粒食稻米，肉食水兕、山羊之类。兽之奇者有犀牛，鸟之珍者有孔雀。前世多不与中国通。周显德五年九月，其国王因德漫遣其臣甫阿散等来贡方物，中有洒衣蔷薇水一十五瓶，言出自西域，凡水之沾衣，香而不黻。又贡猛火油八十四琉璃瓶。引对于内殿，赐以冠带衣服等。其表文以贝多叶，检以香木函。其年十一月入朝，使甫阿散、金婆叵罗辞各赐缯帛有差，仍命赏金银器一千两，缯彩一千匹、细甲、名马、银鞍勒等，就赐其国王。

（清《武英殿聚珍版丛书》本《五代会要》卷三〇《占城国》）

《五代会要》卷三〇《占城国》介绍了占城国位置、文化与物产及其向朝廷进贡等情况。该国是南海沿线的重要国家，故将其纳入此编。

宋·章如愚《山堂考索》一则

章如愚（生卒年不详），字俊卿，号山堂，宋婺州金华（今浙江省金华市）人。宋宁宗庆元二年（1196）进士，累官国子博学，出知贵州。开禧初召，上疏陈时政，忤韩侂胄，罢归。结庐山中，著书讲学，时称山堂先生，著有《山堂考索》，又名《山堂先生群书考索》，简称《群书考索》。此书共四集，前集六十六卷，后集六十五卷，续集五十六卷，别集二十五卷，共二百一十二卷，卷帙浩繁，辑录经史百家之言，历代制度之沿革，条列件系，亦尚有体要。宋一代之朝章国典，分门别类，叙述详明，其中多有诸书不载者，实考证家所取资，是南宋类书中颇为出色的一部。

三佛齐国，盖南蛮之别种也，与占城为邻，唐天祐中尝来贡物。国朝太祖建隆元年九月癸卯，王悉利大霞里檀，二年五月乙丑，三年三月壬戌、十一月丙子；国王释利耶，开宝三年四月丁卯、七年三月乙丑、八年十二月戊辰，并遣使来贡方物。太宗兴国八年十一月壬申、雍熙二年二月己亥，并遣使来贡。真宗咸平六年九月庚寅、祥符元年七月丁丑、天禧三年四月庚午，国王霞迟苏物吒蒲迷遣使来贡。仁宗天圣六年八月初五，国王室离叠辇遣使蒲押陀罗歇及加卢等来贡方物。哲宗元祐三年十二月甲申，贡人请以金莲花一十五两、真珠五两、龙脑一十两依例撒殿，从之。四年正月庚辰，进奉副使胡仙为归德郎将，进奉判官他华加罗为保顺郎将。五年十二月乙未，遣使入贡。绍圣二年三月丁巳，遣使入贡。

蒲端国，在海口与占城国接。真宗咸平六年，其王陵，景德元年五月甲申、四年六月丁未，祥符四年二月辛酉，并遣使来贡。又式昆仑奴一，上闵其异俗，离去乡土，命还之。五月丁亥，又遣使来贡方物，以金板镌所上表辞。

占城国，在中国之西南，与交州接境。泛海交州，两日程；陆行，半日程；泛海至广州，半月程。其国前代与中国通。周显德中，其王释利用德漫尝遣使来贡。国朝太祖建隆元年十二月壬辰，国王释利因答蛮，二年正月庚子、三年九月丙子，并遣使来贡方物。开宝元年四月甲辰、五年二月辛未，国王波美税遣臣蒲诃散，六年六月辛卯，并遣使贡物。太宗兴国二年二月丁未、三年五月乙未、四年十二月丁未、七年闰十二月庚寅，遣使乘象来贡方物。八年九月丙子，遣使贡驯象。雍熙二年二月己亥、三年三月庚寅，淳化三年十二月己卯，国王杨陀排遣使李良甫；至道元年正月戊午，又遣使李波珠并来贡方物。真宗咸平二年二月辛亥，其国王杨普俱毗茶逸施离遣使先尧副使蒲萨陁婆等，以犀象、玳瑁、香药来贡。景德元年九月己酉、四年五月癸卯，并遣使来贡。祥符元年十月，以方物迎献道左。二年四月甲寅、四年十一月庚午、八年二月癸丑，并遣使来贡。五月乙酉，遣使婆轮阿罗来贡。天禧三年九月乙丑，国王尸哩排摩牒遣使罗皮帝加等，以方物来贡。

（明正德刻本《山堂考索·后集》卷六四《财赋门》）

《山堂考索·后集》卷六四《财赋门》介绍了三佛齐国、蒲端国、占城国等三个藩属国进贡的情况。诸国是南海地域的重要国家，故将其纳入此编。

明·王宗载《四夷馆考》一则

王宗载（生卒年不详），字时厚，号又池，明安陆京山（今湖北省京山市）人。明世宗嘉靖四十一年（1562）进士，后任浙江海盐知县、广西道监察御史、福建巡按。明神宗万历六年（1578），受命提督四夷馆，任职四个月后任大理寺少卿。未几，以佥都御史巡抚江西，转左佥都御史。明神宗万历十年（1582），受命回京，任职督察院。十一年（1583）年被解职，发配戍边，罢归，年八十二卒。任提督期间，广泛搜集历史档案和民间资料，将其所藏、所译各民族建置、沿革、山川、道里、险易、食货、风俗、语言、文字、叛服始末、战守得失等各方面内容，书写成文，于万历八年（1580）撰为《四夷馆考》。该书分上下两卷。近世有向达抄本，民国十三年（1924）罗振玉将其收入《东方学会丛书初集》。

万历三年九月，暹罗国王招华宋顷遣使握坤哪朵思湾等，奉金叶表贡方物。先是，有东牛国与暹罗邻，因求婚王女，不谐，遂拥众攻暹罗国，陷其城，王普喇照普哑先自尽，掳其长子哪淳照为质，时隆庆三年七月也。其次子昭华宋顷嗣为王，以钦赐印信被兵焚无存，因奏请另给。礼部议称：印文颁赐年久，无凭查给，且表字译学失传，难以辨验复题，行彼国查取印篆字样，并取精通番字人员赴京教习。五年八月，差通字握文源、同夷使握闷辣、握文铁、握文贴赉原奉本期勘合赴京请印，并留教习番字，各赐冠带衣服有差。

（民国十三年《东方学会丛书初集》铅印本《四夷馆考》卷下《暹罗》）

《四夷馆考》卷下《暹罗》介绍了暹罗向朝廷进贡与派使臣入朝学习等情况。该国是南海地域的重要国家，故将其纳入此编。

明·王圻《续文献通考》节录

王圻（1530—1615），字元翰，号洪洲，明代史学家、藏书家、博物学家。自幼勤奋好学，四岁能读书，十四岁举秀才，十六岁为廪生，明世宗嘉靖四十三年（1564）中举人，四十四年（1565）中进士。初授清江知县，调万安知县，升御史。与宰相张居正等相左，黜为福建佥事，继降为邛州判官。张居正去世后，王圻复起。两任江西进贤知县，升开州知州，皆有治绩。备兵武昌，改官督学，主持山东、福建乡试。官至陕西提学使、中顺大夫资治尹，授大宗宪。明神宗万历二十三年（1595），辞职还乡，以著书为事，嗜学至老不倦。富藏图书，与宋懋澄、施大经、俞汝楫并称万历间松汀府四大藏书家。他学识广博，精于水利，著有《三吴水利考》；尤精于史，著述宏丰，著有《洪洲类稿》4卷、《两浙盐志》《海防志》《谥法通考》18卷、《云间海防志》《武经经传句解》10卷、《明农稿》《续定周礼》《全经集注》14卷、《礼记哀言》等，并主纂青浦首部县志（万历刊），撰刻过《稗史汇编》175卷，《续文献通考》254卷，与其子思义合编《三才图会》105卷。又刻印过薛瑄《读书录》11卷、《续集》12卷、《薛文清公事实》1卷，宋魏了翁、元方回《古今考》38卷，宋蔡正孙辑《精选诗林广记》4卷，题梁丘子注《黄庭内外景经注解》3卷、《图说》1卷，经史百家无不贯串淹通。其中，《续文献通考》编成于万历十四年（1586），计三十门，倾王氏四十年之力，兼采《通志》之长，仿元代马端临《文献通考》体例，上起南宋宁宗嘉定年间，至明万历止，所收史料甚多，尤以明代部分最为详细，在史学界颇有影响。

占城

按：占城东北近琼州，顺风舟行一日可抵其国。东距海，西抵云南，南接真腊，北连安南。元世祖至元十五年，遣人至占城，还言其主孛由补腊者吾有内附意，诏降虎符，授光禄大夫，封占城郡王。因遣唆都就其国立省抚治之，王子补的负固弗率。十九年六月，命唆都将兵击占城，不克，引还。至元二十一年，复发兵一万五千人、船二百艘，命脱欢假道安南击占城。国王因乞回唆都军，愿以土产岁修职贡，使大盘亚罗日加翳、大巴南都十一人奉表诣阙，献二象。然乍臣乍叛，终无顺志。

暹罗

按：暹罗在占城极南滨，本暹与罗斛二国地，暹乃赤眉遗种。元至正间，始降于罗斛，合为一国。其国土瘠，不宜耕种。罗斛斗田平衍而多稼，暹人岁仰给之。俗煮海为盐，酿秫为酒。气候不正，人尚侵掠。男女椎髻，白布缠头，被服长衫。每有计议刑法轻重、钱谷出入之事，并决之妇人。妇人志量在男子上。贸易以肐子代钱，人死则灌水银以养其身。所产有罗斛香，味极清远；又有苏木、花锡、犀象、翠羽之属。元成宗元贞元年，进金字表，欲朝廷遣使至其国。大德三年，以故事乞鞍辔、白马及金缕衣，用丞相完泽答剌罕言赐金缕衣，不赐马。

宾童龙国

其国与占城山地连接，有双涧水澄清，佛书所云"舍卫乞食"，即此地也。目连所居遗址尚存。人物风土，草木气候，与占城大同小异。惟丧事能持孝服，设佛以度死者。酋首出入，或象或马，一如占城。地产棋楠香、象牙，货用金银花布之属。

爪哇

按：爪哇即古阇婆国，滨海，又名莆家龙，为东南诸番之冲要。元时称爪哇，东抵古女人国，西抵三佛齐，南抵古大食国，北抵占城。属国有苏吉丹、打板打纲、底勿等国。其在海外，视占城益远。自泉南登舟海行者，先至占城而后至其国。其人丑怪，情性、语言与中国不能相通。宋元嘉中，始通中国，后绝。宋淳化中，其王木罗茶遣使来朝贡。大观中，复贡。

真腊

按：真腊本扶南属国，王姓刹利，名质多斯那者，始并扶南而有之。东际海而接蒲甘，南连加啰希，北抵占城。唐神龙以后，国分为二：其南近海，多陂泽，为水真腊；北多山阜，为陆真腊，后复合为一。属国有参半、真里、登流眉、蒲甘等国，所领聚落六十余，地方七千余里。土产多香，铜亦有之。自唐至宋，累代贡献不绝。宋政和中，始通贡。宣和初，封为真腊国王，与占城等。庆元中，国人大举伐占城，破之，而立真腊人为占城王，故当时占城亦为属国。

三佛齐

按：三佛齐本南蛮别种，居海中旧港，与占城为邻，相去五日程，居真腊、爪哇之间。田土甚肥，饶米谷。所管十五州，属国有单马令、凌牙斯、蓬丰、登牙侬、细兰等国。王号詹卑，其人多姓蒲。唐天祐初，始通中国。宋建隆初，国王悉利胡大霞里檀尝遣使入贡，淳熙乾道间犹不绝。元世祖至元十七年，尝遣使招之，不至。风俗物产详见旧考。

重迦罗

其地与爪哇相接，高山奇秀。内有一石洞，前后三门，可容一二万人。田谷气候与爪哇略同。气候常暑，风俗颇淳。国无酋长，推年高有德者主之。煮海为盐，酿秫为酒。地产羚羊、鹦鹉、木绵、椰子、绵纱，货用银、花绢。又去数程，曰孙陀罗琵琶拖，曰丹重，曰圆峤，曰彭里。不事耕作，专尚寇掠，与吉陀崎诸国相通，商舶少至。

麻逸冻

其地在交栏山之西南洋海中，山峻地平，气候稍热，田禾倍收。国尚节义，妇人丧夫，则削发鬃面，绝食七日，多有并逝者。得苏，亦不再嫁，至焚夫日，多自赴火死。煮海为盐，酿蔗为酒。产木棉、黄蜡、玳瑁、椰花布。货用铜鼎、铁块、五色布绢之属。

满剌加

其国傍海，自三佛齐至此十日程。山孤人少，受制于暹罗，每岁输金四十两以为纳税。皇明永乐七年，太监郑和奉诏赐以双台银印、冠带、袍服，建碑封域为满剌加国，暹罗始不敢扰。十二年，酋长挈妻子入贡方物，受赏归国。

淳泥

本阇婆属国，在西南大海中，去占城三十日程。所统十四州，前代不通中国。宋太平兴国元丰间，国王向打始尝遣使入贡。元丰中，国王锡里麻喏来贡。元无闻焉。俗尚奢侈，亦煮海为盐，酿秫为酒。爱敬中国人，见中国人醉者，则扶之以归。所产有片脑、檀香、象牙、吉贝布、玳瑁、鹤顶，有贝多、加蒙二树，心可为酒，亦产纸，类木皮而薄，莹滑，色微绿。

苏门答剌

即古苏文达那也。与花面国相接，为西洋要会。东南大山，西北距海。自满剌加顺风九昼夜可至。其俗颇淳，其产鹤顶、锡斗、苏水、胡椒、阔布、大茄。

苏禄

地在东南海中，其俗少粒食，食鱼虾螺蛤，短发，缠皂缦，煮海为盐，酿蔗为酒。织竹布为业，气候常暑，其产竹布、玳瑁、珍珠。皇明永乐丁酉，国东王巴都葛叭答剌，西王巴都葛叭苏哩，峒王叭都葛巴剌卜，各率其妻子头目来朝，贡珍珠、玳瑁诸物。赐王冠服、玉金带蟒龙、金银钱钞、锦币器皿，及妃子女姻戚头目，赐物各有差。三王，东王为尊，归至德州卒。命有司营葬，为树碑，封其长子都麻合为苏禄东王。十九年，遣使来贡。

彭亨一曰彭坑

地在东南海岛中，暹罗迤西。俗尚怪，常刻木香为人，杀人血祭祷，祈福禳灾，喜供佛。

其产片脑、沉香、花锡、椰子。皇明洪武十一年，遣使表贡番奴及方物。永乐十二年，遣苏麻固门的里等来朝贡。

柯枝

其国与锡兰山相对。村落傍海，气候常热，田瘠少收。地产胡椒，通商贩。皇明永乐二年，国王可亦里遣其臣完者答儿等来朝贡。十年，诏封其国之山为镇国山，御制碑文，命立其上。

花面

地与苏门答剌接境。花面者，男子皆以墨刺面为花兽状，故名。俗淳厚，强不夺弱。上下自耕而食，富不骄，贫不盗，称善地焉。田足稻禾，他产亦盛美。皇明国初，有使臣以海船驻札苏门答剌，遣人往其山采黄硫，酋长感德，遂入贡。

吕宋

海中小国，产黄金，以故人多富厚且颇质朴，不喜争讼。皇明永乐三年，国王遣臣隔察老来朝贡。

古麻剌

地在东南海中，前代无考。皇明永乐中，国王哇来顷本率其臣入朝，至福州卒，赐谥"康靖"，敕葬闽县，有司岁时致祭。

忽鲁母恩

地在东南海中，或曰在西徼外，国小土瘠。产檀香、速香、胡椒。皇明永乐三年，其王遣臣已即丁等入朝贡。

甘巴里

地在南海中大岛上。皇明永乐甲午，国王兜哇剌查遣臣得名公葛葛等来朝贡。

婆罗

地负山面海，人多念佛，素食，恶杀喜施。产珍珠、玳瑁、玛瑙、车渠。皇明永乐四年，东西王各遣其臣勿黎哥等来朝贡珍珠、玳瑁、玛瑙、车渠等，赐王纻丝、纱罗共六十六匹，织金大红锦手巾一副，王妃纻丝、纱罗共八匹，及其使人等各有差。

阿丹

地濒海，近古俚国。垒石为城，砌罗股石为屋。田肥，收粟麦，民以富饶，其他产亦多。有马步胜兵七千，邻国畏之。皇明永乐九年，诏中使郑和赐命互市。

锡兰山

地在大海中，多山，而翠蓝独高插天。其海边一盘石上有巨人足迹，长三丈许，四季水不干，相传为先世释迦从翠蓝屿来登此山，足蹈其迹云。下有寺，称为释迦佛涅槃真身倒卧在寺。亦有舍利子，在其寝处。俗气候常暑，地丰米谷，产宝石、水晶。皇明永乐己丑，遣中官郑和奉敕赍金银供器及彩妆织金宝幡布施于寺，及建石碑，赏赐国王、头目等。始其国王亚列若奈儿，锁里人，负固不服，谋害舟师。和以兵击破之，俘其王。辛卯，献阙下，寻宥之，遣王归国。壬辰，封耶巴乃那为王，自是西夷畏服。

百花

在海中，依山为国。俗饶富，尚释教。产红猴、龟筒、玳瑁、孔雀、倒挂、胡椒。皇明洪武戊午，国王剌丁剌者望沙亦遣臣八智亚坛等奉金叶表来朝贡。

白葛达

海中一小国，土瘠，俗尚佛。皇明宣德壬子，国王遣其臣和者里一思等入贡。

古里班卒

地在海中，土瘠谷少，物产甚薄。皇明永乐三年，国王遣人马的等来朝贡。又有木骨都束国，濒海，堆石为城，垒石为屋，物产最多。连境有卜剌哇国，有竹步国，其酋长俱入贡。又有剌撒国，自古里国舟行顺风二十昼夜可至。俗淳厚，丧葬有礼，有事祷于鬼神，其酋长亦入贡。

碟里

地在西南海中大洲上，有诸港可通海。产苏木、乌木。人淳，少讼尚佛。皇明永乐三年，国王遣使马黑木等来朝贡。

打回回

海外小国，产苏木、胡椒。皇明永乐三年，遣使麻勿等来朝贡。

淡巴

地在西南海中，君臣颇有威仪。畜产城屋亦备，市有交易，野无寇盗，称乐土云。皇明洪武十年，遣人来朝贡，赐王织金、彩段、纱罗，及其使臣等有差。

亦思把罕甘

地在西南海中最要，物产丰，俗朴厚，尚佛畏刑，喜施恶夺，亦有中国人寓焉。皇明永乐中，遣使四十人来朝贡。

忽鲁谟斯

地在西南海中，亦石城石屋。自古里国东南行二十五日可到。民富饶，产大马、西洋布、狮子、驼鸡、福禄、灵羊、长角马哈兽。上下皆回回教门。喜作佛事，常歌舞，恶杀。皇明永乐三年，国王遣臣马剌足等来朝贡。

阿鲁

一名哑鲁。在西南海中，与九洲山相望。皇明永乐丁亥，国王速鲁唐忽先遣臣满剌哈三附古俚诸国朝贡，朝廷遣中官至其国，赐以纻丝、纱罗共十匹。

九州山

与满剌加邻，其山产沉香、黄熟香。永乐七年，郑和奉表往谕诸番，遣官兵入山采香时，得径八九尺，长六七丈者六株，香味清远，黑花细纹。其山人骇然，皆叹天朝之兵威力若神云。

阿哇

皇明永乐中，国王昌吉剌遣其臣入贡。

麻林 未详所在

皇明永乐十三年，遣人献麒麟等物，诏厚赐之。

马八儿诸国

南海诸番国，惟马八儿与俱蓝足以纲领诸国，而俱蓝又为马八儿后障。自泉州至其国约十万里。其国至阿不合大王城，水路得便风，约十五日可到，比余国最大。元世祖至元间，唆都等奉玺书十通，招谕诸番，占城、马八儿俱奉表称藩，余俱蓝诸国未下。十六年，遣广东招讨司杨廷璧招，俱蓝国主必纳的即书降表，附廷璧以进，言来岁遣使入贡。寻即遣使与廷璧再往。宰相马因的与不阿里，屏人谓廷璧："我一心愿为朝廷奴，使札马里丁入朝，我大必阇赤赴算弹 华言'国主'也。告变，算弹籍我金银田产妻孥，又欲杀我，我诡辞得免。今算弹兄弟五人皆聚加一之地，议与俱蓝交兵。此间诸国皆有降心，若马八儿既下，我使人持书招之，可使尽降。"廷璧还，以闻，即遣廷璧独往。十九年，抵俱蓝，国主及其相马合麻等迎拜玺书，随遣使入贡。俱蓝既下，余诸国曰马八儿，曰须门那，曰僧急里，曰南无力，曰马兰丹，曰那旺，曰丁呵儿，曰来来，曰急兰亦瞳，曰苏木都剌，皆遣使贡方物。二十二年秋八月，遣使往马八儿国求奇货宝。

（明万历三十年松江府刻本《续文献通考》卷二三六《四裔考·西南夷》）

《续文献通考》卷二三六《四裔考·西南夷》介绍了占城、暹罗、爪哇、苏门答剌等 34 个国家基本情况。诸国是南海地域重要国家，故将其纳入此编。

明·马欢《瀛涯胜览》全书

马欢（生卒年不详），字宗道、汝钦，号会稽山樵，明绍兴会稽（今浙江省绍兴市）人，回族，信奉伊斯兰教，通晓阿拉伯语和波斯语。明朝通事（翻译官）、航海家、游记作家，曾随郑和三次下西洋，分别是明成祖永乐十一年（1413）第四次下西洋，永乐十九年（1421）第六下西洋，宣德六年（1431）第七次下西洋，航行万里，历涉诸邦，曾到过占城、爪哇、暹罗、苏门答腊、锡兰等国。马欢将下西洋时亲身经历的二十国国王、政治、风土、地理、人文、经济状况记录在景泰二年（1451）成书的《瀛涯胜览》中，并附上纪行诗。时人称他"才干优裕，三入海洋，遍历番国，金帛宝货略不私己，而独编次《瀛涯胜览》一帙以归"。该书叙事详赅，前有永乐十四年（1416）自序，其后曾加修订。《瀛涯胜览》丰富了中国人民的地理、航海知识，也成为研究 15 世纪亚非地理历史和中西交通的重要资料。同时为了纪念马欢，南沙群岛中有一岛名为马欢岛。

马欢序

余昔观《岛夷志》，载天时、气候之别，地理、人物之异，慨然叹曰：普天下何若是之不同耶！永乐十一年癸巳，太宗文皇帝敕命正使太监郑和，统领宝船往西洋诸番开读赏赐。余以通译番书，亦被使末。随其所至，鲸波浩渺，不知其几千万里。历涉诸邦，其天时、气候、地理、人物，目击而身履之，然后知《岛夷志》所著者不诬，而尤有大可奇怪者焉。于是采撷各国人物之丑美、壤俗之异同，与夫土产之别、疆域之制，编次成帙，名曰《瀛涯胜览》。俾属目者一顾之顷，诸番事实悉得其要，而尤见夫圣化所及，非前代之可比。第愧愚昧，一介微氓，叨陪使节，与斯胜览，诚千载之奇遇也！

是帙也，措意遣词，不能文饰，但直笔书其事而已。览者毋以肤浅诮焉。是为序。

大明永乐十四年岁次丙申黄钟月吉旦，会稽山樵马欢述。

马敬序

昔萧何入关，惟取图籍；玄龄克城，独采人物，使民笔之，良有以也。洪惟我朝太宗文皇帝、宣宗章皇帝，咸命太监郑和率领豪俊，跨越海外，与诸番货，其人物之丰伟，舟楫之雄壮，才艺之巧妙，盖古所未有然也。二帝之心，岂真欲夸多斗靡于远方哉！盖声名施及蛮貊，使普天之下含灵蠢动悉沾德化，莫不知有其君而尊亲焉。然奉命而往者，吾不知几千万人，而尽厥事、称厥旨者，舍吾山阴宗道马公其谁乎？公以才干优裕，首膺斯选，三入海洋，遍历番国，金帛宝货略不私己，而独编次《瀛涯胜览》一帙以归。其载岛夷地之远近，国之沿革，疆界之所接，城郭之所置，与夫衣服之异，食用之殊，刑禁制度，风俗出产，莫不悉备。公之用心，盖欲使后之人，于千载之下，知国家道同天地，化及蛮夷，有若是之盛也！他日史氏大书，表公之心，将与萧、房同垂名于不朽，讵不伟欤！

正统甲子菊月前一日，钱唐马敬书。

占城国

其国即释典所谓"王舍城"也。在广东、海南大海之南。自福建福州府长乐县五虎门开船往西南行，好风十日可到。其国南连真腊，西接交趾界，东、北俱临大海。国之东北百里有一海口，名新州港，岸有一石塔为记，诸处船只到此舣泊登岸。岸有一寨，番名设比奈，以二头目为主。番人五六十家，居内以守港口。去西南百里到王居之城，番名曰占城。其城以石垒，开四门，令人把守。

国王系锁俚人，崇信释教，头戴金钑三山玲珑花冠，如中国副净者所戴之样。身穿五色线细花番布长衣，下围色丝手巾。跣足，出入骑象；或乘小车，以二黄牛前拽而行。头目所戴之冠，用荄葶叶为之，亦如其王所戴之样，但以金彩妆饰，内分品级高低。所穿颜色衣衫，长不过膝，下围各色番布手巾。王居屋宇高大，上盖细长小瓦，四围墙垣用砖灰妆砌甚洁，其门以坚木雕刻兽畜之形为饰。民居房屋用茅草盖覆，檐高不得过三尺，出入躬身低头，高者有罪。服色禁白衣，惟王可穿。民下玄黄紫色并许穿，衣服白者死罪。国人男子髡头，妇人撮髻脑后。身体俱黑，上穿秃袖短衫，下围色丝手巾，俱赤脚。

气候暖热，无霜雪，常如四五月之时。草木常青，山产乌木、伽蓝香、观音竹、降真香。乌木甚润黑，绝胜他国出者。伽蓝香惟此国一大山出产，天下再无出处，其价甚贵，以银对换。观音竹如细藤棍样，长一丈七八尺，如铁之黑，每一寸有二三节，他所不出。

犀牛象牙甚广。其犀牛如水牛之形，大者有七八百斤，满身无毛，黑色，俱生鳞甲，纹癞厚皮，蹄有三跲，头有一角，生于鼻梁之中，长者有一尺四五寸。不食草料，惟食刺树刺叶，并食大干木，抛粪如染坊黄栌楂。其马低小如驴。水牛、黄牛、猪、羊俱有，鹅鸭稀少。鸡矮小，至大者不过二斤，脚高寸半，及二寸止。其雄鸡红冠白耳，细腰高尾，人拿手中亦啼，甚可爱也。果有梅、橘、西瓜、甘蔗、椰子、波罗蜜、芭蕉子之类。其波罗蜜如冬瓜之样，外皮似川荔枝，皮内有鸡子大块黄肉，味如蜜，中有子如鸡腰子样，炒吃，味如栗子。蔬菜则有冬瓜、黄瓜、葫芦、芥菜、葱姜而已，其余果菜并无。人多以渔为业，少耕种，所以稻谷不广。土种米粒细长多红者。大小麦俱无。槟榔、荖叶，人不绝口而食。

男女婚姻，但令男子先至女家，成亲毕，过十日或半月，其男家父母及诸亲友以鼓乐迎取夫妇回家，则置酒作乐。其酒则以饭拌药，封于瓮中候熟。欲饮，则以长节小竹筒长三四尺者插入酒瓮中，环坐，照人数入水，轮次咂饮。吸干再添入水而饮，至无味则止。

其书写无纸笔，用羊皮捶薄，或树皮薰黑，折成经折，以白粉载字为记。

国刑，罪轻者以藤条杖脊，重者截鼻。为盗者断手，犯奸者男女烙面成疤痕。罪甚大者，以硬木削尖立于小船样木上，放水中，令罪人坐于尖木之上，木从口出而死，就留水上以示众。

其日月之定无闰月，但十二月为一年，昼夜分为十更，用鼓打记。四时以花开为春，叶落为秋。

其王年节日，用生人胆汁调水沐浴，其各处头目采取进纳，以为贡献之礼。其国王为王三十年，则退位出家，令弟兄子侄权管国事。王往深山持斋受戒，或吃素。独居一年，对天誓曰："我先为王，在位无道，愿狼虎食我，或病死之。"若一年满，足不死，再登其位，复管国事。国人呼为"昔唆马哈剌札"，此至尊至圣之称也。

其曰尸头蛮者，本是人家一妇女也，但眼无瞳人为异。夜寝则飞头去，食人家小儿粪尖，其儿被妖气侵腹必死。飞头回合其体，则如旧。若知而候头飞去时，移体别处，回不能合则死。于人家若有此妇不报官除杀者，罪及一家。

再有一通海大潭，名鳄鱼潭。如人有争讼难明之事，官不能决者，则令争讼二人骑水牛赴过其潭。理亏者鳄鱼出而食之，理直者虽过十次，亦不被食。最可奇也。

其海边山内有野水牛，甚狠。原是人家耕牛，走入山中，自生自长，年深成群。但见生人穿青者，必赶来抵触而死，甚恶也。

番人甚爱其头，或有触其头者，如中国杀人之恨。

其买卖交易使用七成淡金，或银。中国青磁、盘碗等品，纻丝、绫绢、烧珠等物，甚爱之，则将淡金换易。常将犀角、象牙、伽蓝香等物进贡中国。

爪哇国

爪哇国者，古名阇婆国也。其国有四处，皆无城郭。其他国船来，先至一处名杜板，次至一处名新村，又至一处名苏鲁马益，再至一处名满者伯夷，国王居之。其王之所居，以砖为墙，高三丈余，周围约有二百余步。其内设重门，甚整洁，房屋如楼起造，高每三四丈，即布以板，铺细藤簟，或花草席，人于其上盘膝而坐。屋上用硬木板为瓦，破缝而盖。国人住屋，以茅草盖之，家家俱以砖砌土库，高三四尺，藏贮家私什物，居止坐卧于其上。

国王之绊，髻头或带金叶花冠，身无衣袍，下围丝，嵌手巾一二条，再用锦绮或纻丝缠之于腰，名曰压腰。插一两把短刀，名不刺头。赤脚出入，或骑象，或坐牛车。国人之绊，男子髻头，女子椎髻，上穿衣，下围手巾。男子腰插不刺头一把，三岁小儿至百岁老人皆有此刀，皆是兔毫雪花上等镔铁为之。其柄用金或犀角、象牙，雕刻人形鬼面之状，制极细巧。国人男妇皆惜其头，若人以手触摸其头，或买卖之际钱物不明，或酒醉颠狂，言语争竞，便拔此刀刺之，强者为胜。若戳死人，其人逃避三日而出，则不偿命。若当时捉住，随亦戳死。国无鞭笞之刑，事无大小，即用细藤背缚两手，拥行数步，则将不刺头于罪人腰眼或软肋一二刺即死。其国风土，无日不杀人，甚可畏也。

中国历代铜钱通行使用。

杜板，番名赌斑，地名也。此处约千余家，以二头目为主。其间多有中国广东及漳州人流居此地。鸡、羊、鱼、菜甚贱。

海滩有一小池，甘淡可饮，曰是圣水。传言大元时命将史弼、高兴征伐阇婆，经月不得登岸，船中之水已尽，军士失措。其二将拜天祝曰："奉命伐蛮，天若与之则泉生，不与则泉无。"祷毕，奋力插枪海滩，泉水随枪插处涌出，水味甘淡，众饮而得全生。此天赐之助也，至今存焉。

于杜板投东行半日许，至新村，番名曰革儿昔。原系沙滩之地，盖因中国之人来此创居，遂名新村，至今村主广东人也。约有千余家，各处番人多到此处买卖。其金子、诸般宝石一应番货多有卖者，民甚殷富。自新村投南船行二十余里，到苏鲁马益，番名苏儿把牙。其港口流出淡水，自此大船难进，用小船行二十余里始至其地。亦有村主，掌管番人千余家，其间亦有中国人。其港口有一洲，林木森茂，有长尾猢狲万数聚于上。有一黑色老雄猕猴为主，却有一老番妇随伴在侧。其国中妇人无子嗣者，备酒饭果饼之类，往祷于老猕猴，其老猴喜，则先食其物，余令众猴争食。食尽，随有二猴来前交感为验。此妇回家即便有孕，否则无子也，甚为可怪。

自苏儿把牙小船行七八十里到埠头，名章姑。登岸投西南行一日半到满者伯夷，即王之居处也。其处番人二三百家，头目七八人以辅其王。天气长热如夏，田稻一年二熟，米粒细白，芝麻、绿豆皆有，大小二麦绝无。土产苏木、金刚子、白檀香、肉豆蔻、荜拨、斑猫、镔铁、龟筒、玳瑁。奇禽有白鹦鹉、如母鸡大。红绿莺哥、五色莺哥、鹩哥，皆能效人言语。珍珠鸡、倒挂鸟、五色花斑鸠、孔雀、槟榔雀、珍珠雀、绿斑鸠之类。异兽有白鹿、白猿猴等畜，其猪、羊、牛、马、鸡、鸭皆有，但无驴与鹅耳。果有芭蕉子、椰子、甘蔗、石榴、莲房、莽吉柿、西瓜、郎扱之类。其莽吉柿如石榴样，皮内如橘囊样，有白肉四块，味甜酸，甚可食。郎扱如枇杷样，略大，内有白肉三块，味亦甜酸。甘蔗皮白粗大，每根长二三丈。其余瓜茄蔬菜皆有，独无桃、李、韭菜。

国人坐卧无床凳，吃食无匙筯，男妇以槟榔叶、蒌果蜊灰不绝口，欲吃饭时，先将水嗽出口中槟榔渣，就洗两手干净，围坐，用盘满盛其饭，浇酥油汤汁，以手撮入口中而食。若渴则饮水，遇宾客往来无茶，止以槟榔待之。

国有三等人：一等回回人，皆是西番各国为商流落此地，衣食诸事皆清致；一等唐人，皆是广东、漳、泉等处人窜居是地，食用亦美洁，多有从回回教门受戒持斋者；一等土人，形貌甚丑异，猱头赤脚，崇信鬼教，佛书言"鬼国其中"即此地也。人吃食甚是秽恶，如蛇蚁及诸虫蚓之类，略以火烧微熟便吃。家畜之犬，与人同器而食，夜则共寝，略无忌惮。旧传鬼子魔王青面红身赤发，正于此地与一罔象相合，而生子百余，常啖血为食，人多被食。忽一日雷震石裂，中坐一人，众称异之，遂推为王。即令精兵驱逐罔象等众而不为害，后复生齿而安焉。所以至今人好凶强。

年例有一竹枪会，但以十月为春首。国王令妻坐一塔车于前，自坐一车于后。其塔车高丈余，四面有窗，下有转轴，以马前拽而行。至会所，两边摆列队伍，各执竹枪一根。其竹枪实心无铁刃，但削尖而甚坚利。对手男子各携妻奴在彼，各妻手执三尺短木棍立于其中。听鼓声紧慢为号，二男子执枪进步抵戳，交锋三合，二人之妻各持木棍格之，曰"那剌那剌"则退散。设被戳死，其王令胜者与死者家人金钱一个，死者之妻随胜者男子而去。如此胜负为戏。

其婚姻之礼，则男子先至女家，成亲三日后迎其妇。男家则打铜鼓铜锣，吹椰壳筒，及打竹筒鼓，并放火铳，前后短刀团牌围绕。其妇披发裸体跣足，围系丝嵌手巾，项佩金珠联络之饰，腕带金银宝装之镯。亲朋邻里以槟榔、荖叶、线绒、草花之类，妆饰彩船而伴送之，以为贺喜之礼。至家则鸣锣击鼓，饮酒作乐，数日而散。

凡丧葬之礼，如有父母将死，为儿女者先问于父母：死后或犬食，或火化，或弃水中？其父母随心所愿而嘱之，死后即依遗言所断送之。若欲犬食者，即抬其尸至海边，或野外地上，有犬十数来食，尽尸肉无遗为好；如食不尽，子女悲号哭泣，将遗骸弃水中而去。又有富人及头目尊贵之人将死，则手下亲厚婢妾先与主人誓曰"死则同往"。至死后出殡之日，木搭高棚，下垛柴堆，纵火焚棺。候焰盛之际，其原誓婢妾二三人，则满头带草花，身披五色花手巾，登跳号哭良久，撺下火内，同主尸焚化，以为殉葬之礼。

番人殷富者甚多，买卖交易行使中国历代铜钱。书记亦有字，如锁俚字。同无纸笔，用茭蕈叶以尖刀刻之。亦有文法，国语甚美软。

斤秤之法，每斤二十两，每两十六钱，每钱四姑邦。每姑邦该官秤二分一厘八毫七丝五忽，每钱该官秤八分七厘五毫，每两该官秤一两四钱，每斤该官秤二十八两。升斗之法，截竹为升，为一姑剌，该中国官升一升八合。每番斗一斗为一奈黎，该中国官斗一斗四升四合。

每月至十五十六夜，月圆清明之夜，番妇二十余人或三十余人聚集成队，一妇为首，以臂膊递相联绾不断，于月下徐步而行。为首者口唱番歌一句，众皆齐声和之，到亲戚富贵之家门首，则赠以铜钱等物。名为"步月行乐"而已。

有一等人，以纸画人物鸟兽鹰虫之类，如手卷样，以三尺高二木为画干，止齐一头。其人蟠膝坐于地，以图画立地，每展出一段，朝前番语高声解说此段来历。众人圈坐而听之，或笑或哭，便如说平话一般。

国人最喜中国青花磁器，并麝香、销金纻丝、烧珠之类，则用铜钱买易。国王常差头目以船只装载方物进贡中国。

旧港国

旧港，即古名三佛齐国是也。番名曰浡淋邦，属爪哇国所辖。东接爪哇国，西接满剌加国界，南距大山，北临大海。诸处船来，先至淡港，入彭家门里，系船于岸。岸上多砖塔。用小船入港内，则至其国。国人多是广东、漳、泉州人逃居此地。人甚富饶。地土甚肥，谚云"一季种谷，三季收稻"，正此地也。地方不广，人多操习水战，其处水多地少。头目之家都在岸地造屋而居，其余民庶皆在木筏上盖屋居之，用桩缆拴系在岸，水长则筏浮，不能淹没。或欲于别处居者，则起桩连屋移去，不劳搬徙。其港中朝暮二次暗长潮水。国人风俗，婚姻死丧之礼，以至言语及饮食、衣服等事，亦皆与爪哇相同。

昔洪武年间，广东人陈祖义等全家逃于此处，充为头目，甚是豪横，凡有经过客人船只，辄便劫夺财物。至永乐五年，朝廷差太监郑和等统领西洋大䑸宝船到此处。有施进卿者，亦广东人也，来报陈祖义凶横等情，被太监郑和生擒陈祖义等，回朝伏诛，就赐施进卿冠带，归旧港为大头目，以主其地。本人死，位不传子，是其女施二姐为王，一切赏罪黜陟皆从其制。

土产鹤顶鸟、黄速香、降真香、沉香、金银香、黄蜡之类。金银香，中国与他国皆不出，其香如银匠钑银器黑胶相似，中有一块似白蜡一般在内，好者白多黑少，低者黑多白少。烧其香，气味甚烈，为触人鼻，西番并锁俚人甚爱此香。鹤顶鸟大如鸭，毛黑，颈长，嘴尖。其脑盖骨厚寸余，外红，里如黄蜡之娇，甚可爱，谓之鹤顶，堪作腰刀靶鞘挤机之类。又出一等火鸡，大如仙鹤，圆身簇颈，比鹤颈更长，头上有软红冠，似红帽之状。又有二片生于颈中，嘴尖，浑身毛如羊毛稀长，青色。脚长铁黑，爪甚利害，亦能破人腹，肠出即死。好吃炔炭，遂名火鸡。用棍打碎莫能死。又山产一等神兽，名曰神鹿，如巨猪，高三尺许，前半截黑，后一段白花毛纯短可爱。嘴如猪嘴不平，四蹄亦如猪蹄，却有三跲。止食草木，不食荤腥。其牛、羊、猪、犬、鸡、鸭，并蔬菜、瓜果之类，与爪哇一般皆有。彼处人多好博戏，如把龟、弈棋、斗鸡之类皆赌钱物。市中交易亦使中国铜钱，并用布帛之类。国王亦每以方物进贡朝廷，逮今未绝。

暹罗国

自占城向西南船行七昼夜，顺风至新门台海口入港，才至其国。国周千里，外山崎岖，内地潮湿，土瘠，少堪耕种。气候不正，或寒或热。其王居之屋，颇华丽整洁。民庶房屋起造如楼，上不通板，却用槟榔木劈开如竹片样，密摆，用藤扎缚，甚坚固，上铺藤簟竹席，坐卧食息皆在其上。

王者之绊，用白布缠头，上不穿衣，下围丝嵌手巾，加以锦绮压腰。出入骑象或乘轿，一人执金柄伞，茭薸叶做，甚好。王系锁俚人氏，崇信释教。国人为僧为尼姑者极多，僧尼服色与中国颇同，亦住庵观，持斋受戒。其俗凡事皆是妇人主掌，其国王及下民若有谋议刑罚轻重、买卖一应巨细之事，皆决于妻。其妇人志量果胜于男子，若有妻与我中国人通好者，则置酒饭同饮坐寝，其夫恬不为怪，乃曰："我妻美，为中国人喜爱。"男子撮髻，用白头布缠头，身穿长衫。妇人亦椎髻，穿长衫。男子年二十余岁，则将茎物周回之皮，如韭菜样细刀挑开，嵌入锡珠十数颗皮内，用药封护，待疮口好，才出行走。其状累累如葡萄一般。自有一等人开铺，专与人嵌焊，以为艺业。如国王或大头目或富人，则以金为虚珠，内安砂子一粒，嵌之行走，玎玎有声，乃以为美。不嵌珠之男子为下等人。此最为可怪之事。男女婚姻，先请僧迎男子至女家，就令僧讨取童女喜红，贴于男子之面额，名曰"利市"，然后成亲。过三日后，又请僧及诸亲友拌槟榔彩船等物，迎其夫妇回于男家，置酒作乐待亲友。死丧之礼，凡富贵人死，则用水银灌于腹内而葬之；闲下人死，抬尸于郊外海边，放沙际，随有金色之鸟大如鹅者，三五十数，飞集空中，下将尸肉尽食飞去。余骨家人号泣就弃海中而归，谓之"鸟葬"，亦请僧设斋诵经礼佛而已。

国之西北去二百余里，有一市镇，名上水，可通云南后门。此处有番人五六百家，诸色番货皆有卖者，红马斯肯的石，此处多有卖者。此石在红雅姑肩下，明净如石榴子一般。中国宝船到暹罗，亦用小船去做买卖。

其国产黄速香、罗褐速香、降真香、沉香、花梨木、白豆蔻、大风子、血竭、藤结、苏木、花锡、象牙、翠毛等物。其苏木如薪之广，颜色绝胜他国出者。异兽有白象、狮子、猫、白鼠。其蔬菜之类，如占城一般。酒有米酒、椰子酒，二者俱是烧酒，其价甚贱。牛羊鸡鸭等畜皆有。国语颇似广东乡谈音韵。民俗嚣淫，好习水战。其王常差部领讨伐邻邦。买卖以海贝当钱使用，不拘金银铜钱俱使，惟中国历代铜钱则不使。其王每差头目将苏木、降香等宝进贡中国。

满剌加国

自占城向正南，好风船行八日到龙牙门。入门往西行，二日可到。此处旧不称国，因海有五屿之名，遂名曰"五屿"。无国王，止有头目掌管。此地属暹罗所辖，岁输金四十两，否则差人征伐。永乐七年己丑，上命正使太监郑和等统赍诏敕，赐头目双台银印冠带袍服，建碑封城，遂名满剌加国，是后暹罗莫敢侵扰。其头目蒙恩为王，挈妻子赴京朝谢，贡进方物，朝廷又赐与海船回国守土。

其国东南是大海，西北是老岸连山，皆沙卤之地，气候朝热暮寒，田瘦谷薄，人少耕种。有一大溪，河水下流从王居前过入海。其王于溪上建立木桥，上造桥亭二十余间，诸物买卖俱在其上。

国王、国人皆从回回教门，持斋受戒诵经。其王服用以细白番布缠头，身穿细花青布长衣，其样如袍。脚穿皮鞋，出入乘轿。国人男子方帕包头，女人撮髻脑后。身体微黑，下围白布手巾，上穿色布短衫。风俗淳朴，房屋如楼阁之制，上不铺板，但高四尺许之际，以椰子树劈成片条，稀布于上，用藤缚定，如羊棚样。自有层次，连床就榻，盘膝而坐，饮卧厨灶皆在上也。

人多以渔为业，用独本刳舟泛海取鱼。

土产黄速香、乌本、打麻儿香、花锡之类。打麻儿香本是一等树脂，流出入土，掘出如松香、沥青之样，火烧即着。番人皆以此物点照当灯。番船造完，则用此物熔涂于缝，水莫能入，甚好。彼地之人多采取此物以转卖他国。内有明净好者，却似金珀一样，名损都卢斯，番人做成帽珠而卖，今水珀即此物也。花锡有二处山坞锡场，王命头目主之，差人淘煎，铸成斗样，以为小块输官。每块重官秤一斤八两，或一斤四两，每十块用藤缚为小把，四十块为一大把，通市交易，皆以此锡行使。

其国人言语并书记婚姻之礼，颇与爪哇同。

山野有一等树，名沙孤树，乡人以此物之皮，如中国葛根捣浸，澄滤其粉作丸，如绿豆大，晒干而卖，其名曰"沙孤米"，可以作饭吃。海之洲诸岸边生一等水草，名茭蕈。叶长如刀茅样，似苦笋。壳厚，性软，结子如荔枝样，鸡子大。人取其子酿酒，名茭蕈酒，饮之亦能醉人。乡人取其叶结竹细篾，止阔二尺，长丈余，为席而卖。果有甘蔗、巴蕉子、波罗蜜、野荔枝之类。菜葱、姜、蒜、芥、东瓜、西瓜皆有。牛、羊、鸡、鸭虽有而不多，价亦甚贵，其水牛一头直银一斤以上。驴马皆无。其海边水内常有鼍龙伤人。其龙高三四尺，四足，满身鳞甲，背刺排生，龙头獠牙，遇人即啮。山出黑虎，比中国黄虎略小，其毛黑，亦有暗花纹。其黄虎亦间有之，国中有虎化为人，入市混人而行，自有识者，擒而杀之。如占城尸头蛮，此处亦有。

凡中国宝船到彼，则立排栅，如城垣，设四门，更鼓楼，夜则提铃巡警，内又立重栅，如小城。盖造库藏仓厫，一应钱粮顿在其内，去各国船只回到此处取齐，打整番货，装载船内，等候南风正顺，于五月中旬开洋回还。其国王亦自采办方物，挈妻子带领头目驾船跟随宝船赴阙进贡。

哑鲁国

自满剌加国开船，好风行四昼夜可到。其国有港名淡水港一条，入港到国，南是大山，北是大海，西连苏门答剌国界，东有平地。堪种旱稻，米粒细小，粮食频有。民以耕渔为业。风俗淳朴，国内婚丧等事，皆与爪哇、满剌加国相同。货用稀少，棉布名考泥，并米、谷、牛、羊、鸡、鸭甚广。乳酪多有卖者。

其国王、国人皆是回回人。

山林中出一等飞虎，如猫大，遍身毛灰色。有肉翅，如蝙蝠一般，但前足肉翅生连后足，能飞不远。人或有获得者，不服家食即死。土产黄速香、金银香之类，乃小国也。

苏门答剌国

苏门答剌国，即古须文达那国是也。其处乃西洋之总路，宝船自满剌加国向西南，好风五昼夜，先到滨海一村，名答鲁蛮。系船，往东南十余里可到。其国无城郭，有一大溪皆淡水，流出于海。一日二次潮水长落，其海口浪大，船只常有沉没。其国南去有百里数之远，是大深山；北是大海；东亦是大山，至阿鲁国界；正西边大海。其山连小国二处，先至那孤儿王界，又至黎代王界。其苏门答剌国王，先被那孤儿花面王侵掠，战斗身中药箭而死。有一子幼小，不能与父报仇。其王之妻与众誓曰："有能报夫死之雠，复全其地者，吾愿妻之，共主国事。"言讫，本处有一渔翁，奋志而言："我能报之。"遂领兵众当先杀败花面王，复雪其雠。花面王被杀，其众退伏，不敢侵扰。王妻于是不负前盟，即与渔翁配合，称为"老王"，家室地赋之类，悉听老王裁制。永乐七年，效职进贡方物而沐天恩。永乐十年，复至其国。其先王之子长成，阴与部领合谋弑义父渔翁，夺其位，管其国。渔翁有嫡子名苏干剌，领众挈家逃去，邻山自立一寨，不时率众侵复父雠。永乐十三年，正使太监郑和等统领大艅船到彼，发兵擒获苏干剌，赴阙明正其罪。其王子感荷圣恩，常贡方物于朝廷。

其国四时气候不齐，朝热如夏，暮寒如秋。五月七月间亦有瘴气。山产硫黄，出于岩穴之中。其山不生草木，土石皆焦黄色。田土不广，惟种旱稻，一年二熟。大小二麦皆无。其胡椒，倚山居住人家置园种之，藤蔓而生，若中国广东甜菜样，开花黄白色，结椒成实。生则青，老则红，候其半老之时，摘采晒干货卖。其椒粒虚大者，即此处椒也。每官秤一百斤，彼处卖金钱八十，直银一两。果有芭蕉子、甘蔗、莽吉柿、波罗蜜之类。有一等臭果，番名赌尔乌，如中国水鸡头样，长八九寸，皮生尖刺，熟则五六瓣裂开，若烂牛肉之臭。内有栗子大酥白肉十四五块，甚甜美可食。其中更皆有子，炒而食之，其味如栗。酸橘甚广，四时常有。若洞庭狮柑、绿橘样，其味不酸，可以久留不烂。又一等酸子，番名俺拔，如大消梨样，颇长，绿皮，其气香烈。欲食，签去其皮，批切外肉而食，酸甜甚美，核如鸡子大。其桃李等果俱无。蔬菜有葱、蒜、姜、芥。东瓜至广，长久不坏。西瓜绿皮红子，有长二三尺者。人家广养黄牛，乳酪多有卖者。羊皆黑毛，并无白者。鸡无骟者，番人不识骟鸡。惟有母鸡，雄鸡大者七斤，略煮便软，其味甚美，绝胜别国之鸡。鸭脚低矮，大有五六斤者。桑树亦有，人家养蚕，不会缲丝，只会做棉。

其国风俗淳厚，言语书记婚丧穿拌衣服等事，皆与满剌加国相同。其民之居住，其屋如楼，高不铺板，但用椰子、槟榔二木劈成条片，以藤札缚，再铺藤簟，高八尺，人居其上。高处亦铺阁栅。

此处多有番船往来，所以国中诸般番货多有卖者。其国使金钱、锡钱，金钱番名底那儿，以七成淡金铸造，每个圆径官寸五分，而底有纹，官秤二分三厘，一日每四十八个重金一两四分。锡钱番名加失，凡买卖恒以锡钱使用。国中一应买卖交易，皆以十六两为一斤数论价，以通行四方。

那孤儿国

那孤儿王，又名花面王。其地在苏门答剌西，地之界相连，止是一大山村。但所管人民皆于面上刺三尖青花为号，所以称为花面王。地方不广，人民只有千余家，田少，人多以耕陆为生。米粮稀少，猪、羊、鸡、鸭皆有。言语动静与苏门答剌国相同，土无出产，乃小国也。

黎代国

黎代之地，亦一小邦也。在那孤儿地界之西。此处南是大山，北临大海，西连南淳里国为界。国人三千家，自推一人为王，以主其事，属苏门答剌国所辖。土无所产，言语行用与苏门答剌同。山有野犀牛至多，王亦差人捕获，随同苏门答剌国以进贡于中国。

南淳里国

自苏门答剌往正西，好风行三昼夜可到。其国边海，人民止有千家有余，皆是回回人，甚是朴实。地方东接黎代王界，西、北皆临大海，南去是山，山之南又是大海。国王亦是回回人。王居屋处，用大木高四丈，如楼起造，楼下俱无装饰，纵放牛羊牲畜在下。楼上四边以板折落，甚洁，坐卧食处皆在其上。民居之屋与苏门答剌国同。

其处黄牛、水牛、山羊、鸡、鸭、蔬菜皆少。鱼虾甚贱，米谷少。使用铜钱。山产降真香，此处至好，名莲花降。并有犀牛。

国之西北海内有一大平顶峻山，半日可到，名帽山。其山之西亦皆大海，正是西洋也，名那没嚟洋。西来过洋船只收帆，俱望此山为准。其山边二丈上下浅水内，生海树，彼人捞取为宝物货卖，即珊瑚也。其树大者高二三尺，根头有一大拇指大根，如墨之沉黑，如玉石之温润，稍上桠枝婆娑可爱，根头大处可碾为帽珠器物。

其帽山脚下亦有居民二三十家，各自称为王。若问其姓名，则曰"阿菇喇楂"——"我便是王"——以答。或问其次，则曰"阿菇喇楂"——"我亦是王"。甚可笑也。其国属南淳里国所辖。其南淳里王常跟宝船，将降真香等物贡于中国。

锡兰国裸形国

自帽山南放洋，好风向东北行三日，见翠蓝山在海中。其山三四座，惟一山最高大，番名桉笃蛮山。彼处之人巢居穴处，男女赤体，皆无寸丝，如兽畜之形。土不出米，惟食山芋、波罗蜜、芭蕉子之类，或海中捕鱼虾而食。人传云：若有寸布在身，即生烂疮。昔释迦佛过海，于此处登岸，脱衣入水澡浴，彼人盗藏其衣，被释迦咒讫，以此至今人不能穿衣，俗言"出卵坞"，即此地也。

过此投西，船行七日，见莺歌嘴山，再三两日，到佛堂山，才到锡兰国马头，名别罗里。自此泊船，登岸陆行。此处海边山脚光石上有一足迹，长二尺许，云是释迦从翠蓝山来，从此处登岸，脚踏此石，故迹存焉。中有浅水不干，人皆手蘸其水洗面拭目，曰"佛水清净"。左有佛寺，内有释迦佛混身侧卧，尚存不朽。其寝座用各样宝石妆嵌沉香木为之，甚是华丽，又有佛牙并活舍利子等物在堂。其释迦涅盘，正此处也。

又北去四五十里，才到王居之城。国王系锁俚人氏，崇信释教，尊敬象牛。人将牛粪烧灰，遍搽其体。牛不敢食，止食其乳。如有牛死，即埋之。若私宰牛者，王法罪死，或纳牛头大金以赎其罪。王之居址，大家小户每晨将牛粪用水调稀，遍涂屋下地面，然后拜佛。两手直舒于前，两腿直伸于后，胸腹皆贴地而为拜。

王居之侧有一大山，侵云高耸，山顶有人脚迹一个，入石深二尺，长八尺余。云是人祖阿聃圣人，即盘古之足迹也。此山内出红雅姑、青雅姑、黄雅姑、青米篮石、昔剌泥、窟没蓝等一切宝石皆有。每有大雨冲出土，流下沙中，寻拾则有。常言宝石乃是佛祖眼泪结成。

其海中有雪白浮沙一片，日月照其沙，光彩潋滟，日有珍珠螺蚌聚集沙上。其王置珠池，二三年一次，令人取螺蚌倾入池中，差人看守此池，候其坏烂，则用水淘珠，纳官。亦有偷盗卖于他国者。

其国地广人稠，亚于爪哇。民俗饶富，男子上身赤膊，下围色丝手巾，加以压腰。满身毫毛俱剃净，止留其发，用白布缠头。如有父母死者，其须毛即不剃，此为孝礼。妇人撮髻脑后，下围白布。其新生小儿则剃头，女留胎发不剃，就养至成人。无酥油、牛乳不食饭。人欲食饭，则于暗处潜食，不令人见。平居槟榔、蒟叶不绝于口。

米谷、芝麻、绿豆皆有，惟无大小二麦。椰子至多，油、糖、酒、酱皆以此物借造而食。

人死则以火化埋骨，其丧家聚亲邻之妇，都将两手齐拍胸乳而叫号哭泣为礼。

果有芭蕉子、波罗蜜、甘蔗、瓜茄、蔬菜，牛、羊、鸡、鸭皆有。

王以金为钱，通行使用，每钱一个，重官秤一分六厘。中国麝香、纻丝、色绢、青磁盘碗、铜钱、樟脑，甚喜，则将宝石珍珠换易。王常差人赍宝石等物，随同回洋宝船进贡中国。

小葛兰国

自锡兰国马头名别罗里开船，往西北，好风行六昼夜可到。其国边海，东连大山，西是大海，南北地狭，外亦大海，连海而居。国王、国人皆锁俚人氏，崇信释教，尊敬象牛，婚姻丧葬等事与锡兰国同。

土产苏木、胡椒，不多，其果菜之类皆有，牛羊颇异他产。其羊青毛长脚，高二尺三尺者，黄牛有三四百斤者。酥油多有卖者。人一日二餐，皆用酥油拌饭而食。王以金铸钱，每个重官秤一分，通行使用。虽是小国，其王亦将方物差人贡于中国。

柯枝国

自小葛兰国开船，沿山投西北，好风行一昼夜，到其国港口泊船。本国东是大山，西临大海，南北边海，有路可往邻国。

其国王与民亦锁俚人氏，头缠黄白布，上不穿衣，下围纻丝手巾，再用颜色纻丝一匹缠之于腰，名曰"压腰"。其头目及富人服用与王者颇同。

民居之屋，用椰子木起造，用椰子叶编成片如草苫样盖之，雨不能漏。家家用砖泥砌一土库，止分大小，凡有细软之物，俱放于内，以防火盗。

国有五等人：一等名南昆，与王同类，内有剃头、挂线在颈者，最为贵族；二等回回人；三等人名哲地，系有钱财主；四等人名革令，专与人作牙保；五等人名木瓜。木瓜者，至低贱之人也，至今此辈在海滨居住，房檐高不过三尺，高者有罪，其穿衣上不过脐，下不过膝，其出于途，如遇南昆、哲地人，即伏于地，候过即起而行。木瓜之辈，专以渔樵及抬负挑担为生，官不容穿长衣，其经商买卖与中国汉人一般。

其国王崇信佛教，尊敬象牛，建造佛殿，以铜铸佛像，用青石砌座，佛座边周围砌成水沟，傍穿一井，每日侵晨，则鸣钟击鼓，汲井水，于佛顶浇之再三，众皆罗拜而退。

另有一等人名浊肌，即道人也，亦有妻子。此辈自出母胎，发不经剃，亦不梳篦，以酥油等物将发搓成条缕，或十余条，或七八条，披拽脑后。却将黄牛之粪烧成白灰，遍搽其体，上下皆不穿衣，止用如拇指大黄藤，两转紧缚其腰，又以白布为梢子。手拿大海螺，常吹而行。其妻略以布遮其丑，随夫而行。此等即出家人，倘到人家，则与钱米等物。

其国气候常暖如夏，无霜雪。每至二三月，日夜间则下阵头雨一二次，番人各整盖房屋，备办食用。至五六月，日夜间下滂沱大雨，街市成河，人莫能行，大家小户坐候雨信过。七月才晴，到八月半后晴起。到冬点雨皆无，直至次年二三月间，又下雨。常言"半年下雨半年晴"，正此处也。土无他产，只出胡椒，人多置园圃种椒为业。每年椒熟，本处自有收椒大户收买，置仓盛贮，待各处番商来买。论播荷说价，每一播荷该番秤二十五封剌，每一封剌该番秤十斤，计官秤十六斤，每一播荷该官秤四百斤。卖彼处金钱或一百个，或九十个，直银五两。

名称哲地者，皆是财主，专一收买下宝石、珍珠、香货之类，候中国宝石船或别国番船客人来买，珍珠以分数论价而买。且如珠每颗重三分半者，卖彼处金钱一千八百个，直银一百两。珊瑚枝梗，其哲地论斤重买下，顾倩匠人剪断，车旋成珠，洗磨光净，亦秤分量而买。

王以九成金铸钱行使，名曰"法南"，重官秤一分一厘。又以银为钱，比海螺稍大。每个官秤四厘，名曰"答儿"。每金钱一个，倒换银钱十五个，街市行使零用，则以此钱。

国人婚丧之礼，其五等人皆各从其类而不同。

米、粟、麻、豆、黍、稷皆有，止无大小二麦。象、马、牛、羊、犬、猫、鸡、鸭皆有，只无驴、骡与鹅尔。

国王亦差头目随共回洋宝船将方物进贡中国。

古里国

即西洋大国。从柯枝国港口开船，往西北行，三日方到。其国边海，山之东有五七百里，远通坎巴夷国，西临大海，南连柯枝国界，北边相接狠奴儿地面。西洋大国，正此地也。永乐五年，朝廷命正使太监郑和等赍诏敕赐其国王诰命、银印，给赐升赏各头目品级、冠带，统领大綜船到彼，起建碑庭，立石云："其国去中国十万余里，民物咸若，熙暤同风。刻石于兹，永示万世。"

国王系南昆人，崇信佛教，尊敬象牛。国人内有五等：回回人、南昆人、哲地人、革令人、木瓜人。其国王、国人皆不食牛肉，大头目是回回人，皆不食猪肉。先是，王与回回人誓定：尔不食牛，我不食猪。互相禁忌，至今尚然。王以铜铸佛像，名乃纳儿，起造佛殿，以铜铸瓦而盖佛座。傍掘井，每日侵晨，王至汲水浴佛，拜讫，令人收取黄牛净粪，用水调于铜盆如糊，遍擦殿内地面墙壁。且命头目并富家每早亦涂擦牛粪。又将牛粪烧成白灰，研细，用好布为小袋盛灰，常带在身。每日侵晨洗面毕，取牛粪灰调水，搽涂其额并两股间各三次，为敬佛敬牛之诚。传云：昔有一圣人名某些，立教化，人人知其是真天人，皆钦从。以后圣人同往他所，令其弟名撒没嚟掌管教人，其弟心起矫妄，铸一金犊，曰"此是圣主，凡叩之则有灵验"。教人听命，崇敬其金牛，曰"常粪金，人得金"，心爱而忘天道，皆以牛为真主。后某些圣人回还，见众人被弟撒没嚟惑坏圣道，遂废其牛，而欲罪其弟，其弟骑一大象遁去。后人思之，悬望其还，且如月初，则言月中必至；及至月中，又言月尽必至，至今望之不绝。南昆人敬象牛，由此故也。

王有大头目二人，掌管国事，俱是回回人，国中大半皆奉回回教门。礼拜寺有二三十处，七日一次行礼拜。至日，举家斋浴，诸事不干。巳午时，大小男子到寺礼拜，至未时方散回家，才做买卖，干理家事。人甚诚信，状貌济楚标致。

其二大头目受中国朝廷升赏，若宝船到彼，全凭二人主为买卖，王差头目并哲地、米纳儿即书算手、官牙来会领艃大人，议择某日打价。至日，先将带去锦绮等物，逐一议价已定，随写合同价数，彼此收执。其头目哲地即与内官大人众手相拿。其牙人则言某月某日于众手中拍一掌已定，或贵或贱，再不悔改。然后哲地富户才将宝石、珍珠、珊瑚等物来看。议价非一日能定，快则一月，缓则二三月。若价钱较议已定，如买一主珍珠等物，该价若干，是原经手头目、米纳儿计算，该还纻丝等物若干，照原打手之货交还，毫厘无改。彼之演算法，无算盘，只以两手、两脚并二十指计算，毫厘无差，甚异于常。

王以六成金铸钱行使，名吧南，每个径面官寸三分八厘，面底有纹，重官秤一分。又以银为钱，名搭儿，每个约重三厘，零用此钱。衡法：每番秤一钱，该官秤八分；每番秤一两，计十六钱，该官秤一两二钱八分；番秤二十两为一斤，该官秤一斤九两六钱。其番秤名番剌失，秤之权钉定于衡末，称准则活动于衡中，提起平为定盘星，称物则移准向前，随物轻重而进退之。止可秤十斤，该官秤十六斤。秤香货之类，二百斤番秤为一播荷，该官秤三百二十斤。若秤胡椒，二百五十斤为一播荷，该官秤四百斤。凡秤一应巨细货物，多用天平对较。其量法：官铸铜为升行使，番名党夏黎，每升该官升一升六合。

西洋布，本国名扯黎布，出于邻境坎巴夷等处。每匹阔四尺五寸，长二丈五尺，卖彼处金钱八个或十个。国人亦将蚕丝练染各色，织间道花手巾，阔四五尺，长一丈二三尺，每条卖金钱一百个。

胡椒，山乡住人置园多种，到十月间椒熟，采摘晒干而卖，自有收椒大户来收，上官库收贮。若有买者，官与发卖，见数计算税钱纳官。每胡椒一播荷，卖金钱二百个。其哲地多收买下各色宝石珍珠，并做下珊瑚珠等物，各处番船到彼，国王亦差头目并写字人等眼同而卖，就取税钱纳官。

富家多种椰子树，或一千株或二千三千株，为产业。其椰子有十般使用：嫩者有浆甚甜，好吃，可酿酒；老者椰肉打油，做糖，做饭吃；外包之穰，打索，造船；椰壳为碗，为杯，又好烧灰打箱金银细巧生活；树好造屋；叶堪盖屋。蔬菜有芥菜、生姜、萝卜、胡荽、葱、蒜、葫芦、茄子、菜瓜、东瓜，四时皆有。又有一等小瓜，如指大，长二寸许，如青瓜之味。其葱紫皮，如蒜，头大叶小，秤斤而卖。波罗蜜、芭蕉子，广有卖者。木别子树高十余丈，结子如绿柿样，内包其子三四十个，熟则自落。其蝙蝠如鹰之大，都在此树上倒挂而歇。米，红白皆有。麦，大小俱无，其面皆从别处贩来卖。鸡鸭广有，无鹅。羊脚高灰色，如驴驹之样。水牛不甚大。黄牛有三四百斤者，人不食其肉，止食其乳酪。人无酥油不吃饭。其牛养至老死即埋之。各色海鱼其价极贱。山中鹿兔亦有卖者。人家多养孔雀，其他禽鸟则有乌鸦、苍鹰、鹭鸶、燕子，其余别样大小禽鸟，则并无有。

国人亦会弹唱，以葫芦壳为乐器，红铜丝为弦，唱番歌相和而弹，音韵堪听。

民俗婚丧之礼，锁俚人、回回人各依自家本等，体例不同。其王位不传于子而传于外甥。传甥止论女腹所生为嫡族。其王若无姊妹，传之于弟。若无弟，逊与有德之人。世代相仍如此。

王法无鞭笞之刑，罪轻者截手断足，重则罚金诛戮，甚则抄没灭族。人有犯法者，拘之到官，即伏其罪。若事情或有冤枉不伏者，则于王前或大头目前置一铁锅，盛油四五十斤，煎滚，先以树叶投试，爆弹有声，遂令其人以右手二指煠于油内片时，待焦方起，用布包裹封记，监留在官。二三日后，聚众开封视之，若手烂溃，其事不枉，即加以刑；若手如旧不损，则释之，头目人等以鼓乐礼送此人回家，诸亲邻友馈礼相贺，饮酒作乐以相庆。此事最为奇异。

使回之日，其国王欲进贡，用好赤金五十两，令番匠抽如发细金丝，结绾成片，以各色宝石、大珍珠厢成宝带一条，差头目乃邦进奉中国。

溜山国

自苏门答剌开船，过小帽山投西南，好风行十日可到。其国番名"牒干"，无城郭，倚山聚居，四围皆海，如洲渚一般，地方不广。国之西去程途不等，海中天生石门一座，如城阙样。有八大处，溜各有其名：一曰沙溜，二曰人不知溜，三曰起泉溜，四曰麻里奇溜，五曰加半年溜，六曰加加溜，七曰安都里溜，八曰官瑞溜。此八处皆有所主，而通商船。再有小窄之溜。传云三千有余溜，此谓"弱水三千"，此处是也。其间人皆巢居穴处，不识米谷，只捕鱼虾而食，不解穿衣，以树叶遮其前后。设遇风水不便，舟师失针舵损，船过其溜，落于泻水，渐无力而沈，大概行船皆宜谨防此也。

牒干国王、头目、民庶皆是回回人。风俗纯美，所行悉遵教门规矩。人多以渔为业，种椰子为生。男女体貌微黑，男子白布缠头，下围手巾。妇人上穿短衣，下亦以阔布手巾围之，又用阔大布手巾过头遮盖，止露其面。婚丧之礼悉依回回教门规矩而后行。

土产降真香也，不多；椰子甚广，各处来收买往别国货卖。有等小样椰子壳，彼人旋做酒钟，以花梨木为足，用番漆漆其口足，甚为希罕。其椰子外包之穰，打成粗细绳索，堆积在家，各处番船上人亦来收买，卖与别国，造船等用。其造番船，皆不用钉，止钻其孔，皆以此索联缚，加以木楔，然后以番沥青涂缝，水不能漏。其龙涎香，渔者常于溜处采得，如水浸沥青之色，嗅之无香，火烧惟有腥气，其价高贵，买者以银对易。海䘆，彼人采积如山，罨烂其肉，转卖暹罗、榜葛剌等国，当钱使用。其马鲛鱼切成大块，晒干收贮，各国亦来收贩他处，名曰"海溜鱼"而卖之。织一等丝嵌手巾，甚密实长阔，绝胜他处所织者。又有一等织金方帕，与男子缠头，价有卖银五两之贵者。

天之气候，四时常热如夏。其土地甚瘠，米少，无麦，蔬菜不广，牛、羊、鸡、鸭皆有，余无所出。王以银铸小钱使用。中国宝船一二只亦到彼处，收买龙涎香、椰子等物。乃一小邦也。

祖法儿国

自古里国开船投西北，好风行十昼夜可到。其国边海倚山，无城郭，东南大海，西北重山。国王、国人皆奉回回教门。人体长大，貌丰伟，语言朴实。王者之绊，以白细番布缠头，身穿青花如大指大细丝嵌盖头，或金锦衣袍，足穿番靴，或浅面皮鞋。出入乘轿或骑马，前后摆列象、驼、马队、刀牌手，吹笪篥、锁哮，簇拥而行。民下所服衣冠，缠头长衣，脚穿靴鞋。如遇礼拜日，上半日市绝交易，男女长幼皆沐浴，既毕，即将蔷薇露或沉香并油搽面并四体，俱穿齐整新净衣服。又以小土炉烧沉檀、俺八儿等香，立于炉上，薰其衣体，才往礼拜寺。拜毕方回，经过街市，半晌薰香不绝。婚丧之礼，素遵回回教规而行。

土产乳香，其香乃树脂也。其树似榆，而叶尖长。彼人每砍树取香而卖。中国宝船到彼，开读赏赐毕，其王差头目遍谕国人，皆将乳香、血竭、芦荟、没药、安息香、苏合油、木别子之类，来换易纻丝、磁器等物。此处气候，常如八九月，不冷。米、麦、豆、粟、黍、稷、麻、谷及诸般蔬菜、瓜茄，牛、羊、马、驴、猫、犬、鸡、鸭之类，亦皆不缺。山中亦有驼鸡，土人间亦捕获来卖。其鸡身匾颈长，其状如鹤，脚高三四尺，每脚止有二指。毛如骆驼，食绿豆等物，行似骆驼，因此名驼鸡。其骆驼则有单峰者，有双峰者，人皆骑坐以适街市。将死，则杀之卖其肉。

其王铸金钱名倘伽，每个重官秤二钱，径一寸五分，一面有纹，一面人形之纹。又以红铜铸为小钱，约重三厘，径四分，零用。其国王于钦差使者回日，亦差其头目将乳香驼鸡等物，跟随宝船以进贡于朝廷焉。

阿丹国

自古里国开船，投正西兑位，好风行一月可到。其国边海，离山远。国富民饶，国王、国人皆奉回回教门，说阿剌壁言语。人性强梗，有马步锐兵七八千，所以国势威重，邻邦畏之。永乐十九年，钦命正使太监李等，赍诏敕、衣冠赐其王酋，到苏门答剌国，分艅内官周领驾宝船数只到彼。王闻其至，即率大小头目至海滨迎接诏敕赏赐，至王府行礼甚恭谨感伏。开读毕，国王即谕其国人，但有珍宝许令卖易。在彼买得重二钱许大块猫睛石，各色雅姑等异宝，大颗珍珠，珊瑚树高二尺者数株，又买得珊瑚枝五柜，金珀、蔷薇露、麒麟、狮子、花福鹿、金钱豹、驼鸡、白鸠之类而还。

国王之绊，头戴金冠，身穿黄袍，腰系宝妆金带。至礼拜日赴寺礼拜，则换细白番布缠头，上加金锦之顶，身穿白袍，坐车列队而行。其头目冠服各有等第不同。国人穿绊，男子缠头，穿撒哈喇梭幅、锦绣纻丝等衣，足着靴鞋。妇人之绊，身穿长衣，肩项佩宝石、珍珠、缨络，如观音之绊，耳带金厢宝环四对，臂缠金宝钏镯，足指亦带指环。又用丝嵌手巾盖于顶上，止露其面。

凡国人打造钑细金银首饰等项生活，甚精妙，绝胜天下。又有市肆、混堂，并熟食、丝帛、书籍、诸色什物铺店皆有。王用赤金铸钱行使，名甫噜嚓，每个重官秤一钱，底面有纹。又用红铜铸钱，名甫噜斯，零使。

其地气候温和，常如八九月。日月之定无闰月，惟以十二个月为一年。月无大小，若头夜见新月，明日即月首也。四季不定，自有阴阳人推算，如以某日为春首，后果然花草开荣。某日是初秋，果然木叶凋落。及于日月交食、潮信早晚，并风雨寒暖，无不准验。

人之饮食，米粉麦面诸品皆有，多以乳酪、酥油、糖蜜制造而食。米、粟、豆、谷、大小二麦、芝麻并诸色蔬菜俱有，果子有万年枣、松子、把担、干葡萄、核桃、花红、石榴、桃、杏之类。象、驼、驴、骡、牛、羊、鸡、鸭、猫、犬皆有，止无猪、鹅。棉羊白毛无角，头上有黑毛二团，如中国童子顶搭。其颈下如牛袋一般，其毛短如狗，其尾大如盘。

民居房屋皆以石砌，上以砖盖，或土盖。有石砌三层，高四五丈。亦有用木起架为楼居者，其木皆土产紫檀木为之。

其地土所产草木，又有蔷薇露、詹卜花、无核白葡萄，并花福鹿、青花白驼鸡、大尾无角棉羊。其福鹿如骡子样，白身白面，眉心隐隐起细细青条花，起满身至四蹄，细条如间道，如画青花。白驼鸡亦有青花，如福鹿一般。麒麟前二足高九尺余，后两足约高六尺，头抬，颈长一丈六尺。首昂后低，人莫能骑。头上有两肉角，在耳边，牛尾鹿身，蹄有三跆，匾口，食粟、豆、面饼。其狮子身形似虎，黑黄无斑，头大口阔，尾尖毛多，黑长如缨，声吼如雷，诸兽见之，伏不敢起，乃兽中之王也。

其国王感荷圣恩，特造金厢宝带二条，窟嵌珍珠宝石金冠一顶，并雅姑等各样宝石地角二枚，金叶表文，进贡中国。

榜葛剌国

自苏门答剌国开船，取帽山并翠蓝岛，投西北上，好风行二十日，先到浙地港泊船，用小船入港，五百余里到地名锁纳儿港登岸，向西南行三十五站到其国。有城郭，其王府并一应大小衙门皆在城内。

其国地方广阔，物穰民稠，举国皆是回回人，民俗淳善。富家造船往诸番国经营者颇多，出外佣役者亦多。人之容体皆黑，间有一白者。男子皆剃发，以白布缠之。身服从头套下圆领长衣，下围各色阔手巾，足穿浅面皮鞋。其国王并头目之服，俱奉回回教礼，冠衣甚整丽。国语皆从榜葛里，自成一家言语，说吧儿西语者亦有之。国王以银铸钱，名倘伽，每个重官秤三钱，径官寸一寸二分，底面有纹。一应买卖皆以此钱论价。零用海𧵅，番名"考嚓"，论个数交易。民俗冠丧祭婚姻之礼，皆依回回教门礼制。

四时气候，常热如夏。稻谷一年二熟，米粟细长，多有细红米。粟、麦、芝麻、各色豆黍、姜、芥、葱、蒜、瓜、茄、蔬菜皆有。果有芭蕉子。酒有三四等，椰子酒、米酒、树酒、茭蔁酒各色法制，多有烧酒。市卖无茶，人家以槟榔待人。街市一应铺店、混堂、酒饭甜食等肆都有。驼、马、驴、骡、水牛、黄牛、山羊、棉羊、鹅、鸭、鸡、猪、犬、猫等畜皆有。果则有波罗蜜、酸子、石榴、甘蔗等类，其甜食则有沙糖、白糖、糖霜、糖果、蜜煎、蜜姜之类。土产五六样细布：一样荜布，番名卑泊，阔三尺余，长五丈六七尺，此布匀细如粉笺一般；一样姜黑布，番名满者提，阔四尺许，长五丈余，此布紧密壮实；一样番名沙纳巴付，阔五尺，长三丈，便如生平罗样，即布罗也；一样番名忻白勤搭黎，阔三尺，长六丈，布眼稀匀，即布纱也，皆用此布缠头；一样番名沙榻儿，阔二尺五六寸，长四丈余，如好三梭布一般；有一样番名蓦黑蓦勒，阔四尺，长二丈余，背面皆起绒头，厚四五分，即兜罗绵也。桑柘蚕茧皆有，止会作线缲丝嵌手巾并绢，不晓成绵。漆器、盘碗、镔铁、枪、刀、剪等器皆有卖者。一样白纸，亦是树皮所造，光滑细腻，如鹿皮一般。

国法有笞、杖、徒、流等刑，官品、衙门、印信、行移皆有。军亦有官管给粮饷，管军头目名吧斯剌儿。医卜、阴阳、百工技艺皆有之。其行术，身穿挑黑线白布花衫，下围色丝手巾，以各色硝子珠间以珊瑚珠穿成缨络，佩于肩项，又以青红硝子烧成镯，带于两臂。人家宴饮，此辈亦来动乐，口唱番歌对舞，亦有解数。有一等人名根肖速鲁奈，即乐工也。每日五更时分，到头目或富家门首，一人吹锁嗦，一人击小鼓，一人击大鼓，初起则慢，自有调拍，后渐紧促而息。又至一家，如前吹击而去。至饭时仍到各家，或与酒饭，或与钱物。撮弄把戏，诸色皆有，不甚奇异。止有一样，一人同其妻以铁索拴一大虎，在街牵拽而行。至人家演弄，即解其铁索，令虎坐于地。其人赤体单梢，对虎跳跃，拽拳将虎踢打。其虎性发，作威咆哮，势若扑人。其人与虎对跌数交毕，又以一臂伸入虎口，直至其喉，虎不敢咬。其人仍锁虎颈，则伏于地讨食。其家则与肉啖之，又与其人钱物而去。日月之定，亦以十二个月为一年，无闰月。节气早晚临期推。

王亦差人驾船往各番国买卖，取办方物、珍珠、宝石进贡中国。

忽鲁谟厮国

自古里国开船投西北，好风行二十五日可到。其国边海倚山，各处番船并旱番客商，都到此地赶集买卖，所以国民皆富。

国王、国人皆奉回回教门，尊谨诚信，每月五次礼拜，沐浴斋戒。风俗淳厚，无贫苦之家。若有一家遭祸致贫者，众皆赠以衣食钱本，而救济之。

人之体貌清白丰伟，衣冠济楚标致。婚丧之礼，悉遵回回教规。男子娶妻，先以媒妁，已通礼讫，其男家即置席请加的加的者，掌教门规矩之官也。及主婚人并媒人、亲族之长者。两家各通三代乡贯来历，写立婚书已定，然后择日成亲。否则官府如奸论罪。如有人死者，即用白番布为大殓、小殓之衣，用瓶盛净水，将尸从头至足浇洗二三次，既净，以麝香、片脑填尸口鼻，才服殓衣，贮棺内，当即便埋。其坟以石砌，穴下铺净沙五六寸，抬棺至，则去其棺，止将尸放石穴内，上以石板盖定，加以净土，厚筑坟堆，甚坚整也。

人之饮食，务以酥油拌煮而食。市中烧羊、烧鸡、烧肉、薄饼、哈喇撒一应面食皆有卖者。二三口之家多不举火做饭，止买熟食而吃。

王以银铸钱，名底那儿，径官寸六分，底面有纹，重官秤四分，通行使用。书记皆是回回字。其市肆诸般铺面百物皆有，止无酒馆。国法饮酒者弃市。

文武医卜之人绝胜他处。各色技艺皆有，其撮弄把戏，皆不为奇。惟有一样，羊上高竿，最可笑也。其术用木一根，长一丈许，木竿头上止可许羊四蹄立于木。将木立竖于地，扶定，其人引一小白羝羊，拍手念诵。其羊依拍鼓舞，来近其竿，先以前二足搭定其木，又将后二足一纵立于竿上。又一人将木一根于羊脚前揍之，其羊又将前两足搭上木顶，随将后二脚纵起。人即扶定其木，其羊立于二木之顶，跳动似舞之状。又将木一段趱之，连上五六段，又高丈许。俟其舞罢，然后立于中木，人即推倒其竿，以手接住其羊。又令卧地作死之状，令舒前脚则舒前，令舒后脚则舒后。又有将一大黑猴，高三尺许，演弄诸般本事了，然后令一闲人，将巾帕重重折叠，紧缚其猴两眼，别令一人潜打猴头一下，深深避之，后解其帕，令寻打头之人，猴于千百人中径取原人而出，甚为怪也。

其国气候寒暑，春开花，秋落叶，有霜无雪，雨少露多。有一大山，四面出四样之物。一面如海边，出之盐，红色。人用铁锄如打石一般凿起一块，有三四十斤者，又不潮湿。欲用食，则捶碎为末而用。一面出红土，如银朱之红。一面出白土，如石灰，可以粉墙壁。一面出黄土，如姜黄色之黄。俱着头目守管各处，自有客商来贩卖为用。

土产米麦不多，皆是别处贩来粜卖，其价极贱。果有核桃、把聃果、松子、石榴、葡萄干、桃干、花红、万年枣、西瓜、菜瓜、葱、韭、薤、蒜、萝卜、甜瓜等物。其胡萝卜，红色如藕大者至多。甜瓜甚大，有高二尺者。其核桃，壳薄白色，手捏即破。松子长寸许。葡萄干有三四样：一样如枣干，紫色；一样如莲子大，无核，结霜；一样圆颗如白豆大，略白色。把聃果如核桃样，尖长色白，内有仁，味胜核桃肉。石榴如茶钟大，花红如拳大，甚香美。万年枣亦有三样：一样番名堁沙布，每个如母指大，核小，结霜如沙糖，忒甜，难吃；一样挼烂成二三十个大块，如好柿饼及软枣之味；一等如南枣样，略大，味颇涩，彼人将来喂牲口。

此处各番宝货皆有，更有青、红、黄雅姑石，并红剌、祖把碧、祖母剌、猫睛、金钢钻、大颗珍珠如龙眼大，重一钱二三分，珊瑚树珠，并枝梗、金珀、珀珠、神珠、蜡珀、黑珀，番名撒白值。各色美玉器皿、水晶器皿。十样锦剪绒花单，其绒起一二分，长二丈。阔一丈，各色梭幅、撒哈喇毡、氆罗、氆纱、各番青红丝嵌手巾等类皆有卖者。

驼、马、骡、牛、羊广有。其羊有四样：一等大尾棉羊，每个有七八十斤，其尾阔一尺余，拖着地，重二十余斤；一等狗尾羊，如山羊样，其尾长二尺余；一等斗羊，高二尺七八寸，前半截毛长拖地，后半截皆剪净，其头面颈额似棉羊，角弯转向前，上带小铁牌，行动有声，此羊性快斗，好事之人喂养于家，与人斗赌钱物为戏。又出一等兽，名草上飞，番名昔稚锅失，如大猫大，浑身俨似玳瑁斑，猫样，两耳尖黑，性纯不恶。若狮、豹等项猛兽，见他即俯伏于地，乃兽中之王也。

其国王亦将船只载狮子、麒麟、马匹、珠子、宝石等物并金叶表文，差其头目人等，跟随钦差西洋回还宝船，赴阙进贡。

天方国

此国即默伽国也。自古里国开船，投西南申位，船行三个月方到本国马头，番名秩达。有大头目主守。自秩达往西行一日，到王居之城，名默伽国。奉回回教门，圣人始于此国阐扬教法，至今国人悉遵教规行事，纤毫不敢违犯。其国人物魁伟，体貌紫膛色。男子缠头，穿长衣，足着皮鞋。妇人俱戴盖头，莫能见其面。说阿剌毕言语。国法禁酒。民风和美，无贫难之家。悉遵教规，犯法者少，诚为极乐之界。婚丧之礼皆依教门体例而行。

自此再行大半日之程，到天堂礼拜寺，其堂番名恺阿白。外周垣城，其城有四百六十六门，门之两傍皆用白玉石为柱，其柱共有四百六十七个，前九十九个，后一百一个，左边一百三十二个，右边一百三十五个。其堂以五色石叠砌，四方平顶样。内用沉香大木五条为梁，以黄金为阁。满堂内墙壁皆是蔷薇露、龙涎香和土为之，馨香不绝。上用皂纻丝为罩罩之。蓄二黑狮子守其门。每年至十二月十日，各番回回人，甚至一二年远路的，也到堂内礼拜，皆将所罩纻丝割取一块为记验而去。剜割既尽，其王则又预织一罩，复罩于上，仍复年年不绝。堂之左有司马仪圣人之墓，其坟垄俱是绿撒不泥宝石为之，长一丈二尺，高三尺，阔五尺，其围坟之墙，以绀黄玉叠砌，高五尺余。城内四角造四堆塔，每礼拜即登此塔喝班唱礼。左右两傍有各祖师传法之堂，亦以石头叠造，整饰极华丽。

其处气候，四时常热如夏，并无雨电霜雪。夜露甚重，草木皆冯露水滋养。夜放一空碗，盛至天明，其露水有三分在碗。土产米谷仅少，皆种粟麦、黑黍、瓜菜之类。西瓜、甜瓜每个用二人抬一个者亦有。又有一种缠花树，如中国大桑树，高一二丈，其花一年二放，长生不枯。果有萝卜、万年枣、石榴、花红、大梨子，桃子有重四五斤者。其驼、马、驴、骡、牛、羊、猫、犬、鸡、鹅、鸭、鸽亦广。鸡、鸭有重十斤以上者。土产蔷薇露、俺八儿香、麒麟、狮子、驼鸡、羚羊、草上飞，并各色宝石、珍珠、珊瑚、琥珀等物。其王以金铸钱，名"倘加"行使，每个径七分，重官秤一钱，比中国金有十二成色。

又往西行一日，到一城，名蓦底纳。其马哈嘛圣人陵寝正在城内，至今墓顶豪光日夜侵云而起。墓后有一井，泉水清甜，名阿必糁糁。下番之人取其水藏于船边，海中倘遇飓风，即以此水洒之，风浪顿息。

宣德五年，钦蒙圣朝差正使太监内官郑和等往各番国开读赏赐。分䑸到古里国时，内官太监洪见本国差人往彼，就选差通事等七人，赍带麝香、磁器等物，附本国船只到彼。往回一年，买到各色奇货异宝，麒麟、狮子、驼鸡等物，并画天堂圆真本回京。其默伽国王亦差使臣，将方物跟同原去通事七人献赍于朝廷。

景泰辛未秋月望日会稽山樵马欢述。

后序

余少时观《异域志》，而知天下舆图之广，风俗之殊，人物之妍媸，物类之出产，可惊可喜，可爱可愕，尚疑好事者为之，而窃意其无是理也。今观马君宗道、郭君崇礼所纪经历诸番之事实，始有以见夫《异域志》之所载信不诬矣。崇礼乃杭之仁和人，宗道乃越之会稽人，皆西域天方教，实奇迈之士也。昔太宗皇帝敕令太监郑和统率宝船往西洋诸番开读赏劳，而二君善通译番语，遂膺斯选，三随骈䩭，跋涉万里。自闽之五虎发迹，首入占城，次爪哇、暹罗，又次之旧港、阿鲁、苏门、南渤、锡兰、柯枝，极而远造夫阿丹、天方，凡二十余国。每国寄往非一日，于舆图之广者，纪之以别远近；风俗之殊者，纪之以别得失；与夫人物之妍媸，纪之以别美恶；土地之出产，纪之以别轻重。皆录之于笔，毕而成帙，其用心亦勤矣。二君既事竣归乡里，恒出以示人，使人皆得以知异域之事，亦有以见圣朝威德之所及若是其远也。崇礼尚虑不能使人之尽知，欲锓梓以广其传，因其友陆廷用征序于予，遂录其梗概于后云。

是岁监察御史古朴剧弘书。

（明亦政堂刻、冯承钧校注本《瀛涯胜览》中华书局 1955 年版）

《瀛涯胜览》全书介绍了占城、爪哇、暹罗、苏门答腊、锡兰等 20 国政治、风土、地理、人文、经济等情况。诸国是南海地域及沿线重要国家，故将其纳入此编。

明·陆应阳《广舆记》节录

陆应阳（1542—1627），字伯生，号古塘居士、应阳生、片玉山人、平原村长等，斋名"白雪斋""九英斋"，明松江青浦（今上海市）人。陆应阳生在书香门第，善诗文，精书法，少年时即展露文才豪情，然而时运不济，少为补县学生，因事牵连而被开除了县学生资格。此后就绝意仕进，以诗文为乐，以四海为家。陆氏一生不得志，然心境豁达，喜交游会友，以诗文相唱和，与当时的文人名士黄承玄、李开芳、李叔玄、陆树德、范濂、黄居中等人为至交好友，中年之后游历甚广。陆应阳的著作主要有地方志和诗集，方志有《广舆记》《奉化县志》，诗集编有《太平山房诗选》《唐诗选》，著有《笏溪草堂集》以及《鸣雁》《采薇》《陆萍》《香林》《桃源》《河上》《荆门》《白门》《武夷》《五茸》《笏溪》《问雪》《怀旧》《洛草》《燕游》《越游》等16种诗稿。陆应阳以古诗见长，所著诗集风格大类唐山水诗，师宗大历，学摹孟浩然，而题材又多以客游会别为主。《青浦县志·文苑传》中记载"应阳作诗，喜用鸿雁字，人呼为陆鸿雁"。他的书法流传不多，主要有《"乱山青破石门开"立轴》《"挟客攀危蹬"扇面》《"予筹停九塞"扇面》等。卒年八十有六。

占城

占城国东距海，西抵云南，南接真腊国，北枕安南界，东北至广东。

【沿革】古越裳氏界。秦为象郡林邑，汉属日南郡，唐号占城。至明朝洪武初入贡，诏封占城国王。

【风俗】出入乘象、马，粒食稻米，肉食水兕、山羊。胸缠毡布，脑垂髽髻。畜产多牛，不任耕耰，但杀以祭鬼。地不产茶，亦不知酝酿法，惟饮椰子酒，兼食槟榔。人性凶悍，果于战斗。市无缗钱，止用金银。以十一月十五日为冬至，人皆相贺。

【山川】金山、山石皆赤色，其中产金，夜则飞出，状似萤火。不劳山、国人犯罪，则送入此山，令自死。鸦候山。国主为元兵所败，尝逃于此山。

【土产】金、银、锡、铁、贝多叶、龙脑香，狮、犀、象、民获犀象者，皆输于王。丝绞布、白毡布、花梨木、乌楠木、苏木、丁香、乳香、沉香、檀香、菩萨石、瑀瑁、朝霞大火珠、类水晶，置日中，以艾取火。蔷微水、洒衣，经岁香不歇。猛火油、得水愈炽。奇南香、茴香、吉贝、树名，其花如鹅毳，抽其绪，纺之可作布。孔雀、山鸡。

暹罗

暹罗国占城国极南。

【沿革】本暹与罗斛二国，暹乃汉赤眉遗种。元至正间，暹降于罗斛，合为一国。明洪武初，上金叶表文入贡，诏给印绶，赐《大统历》，且乞量衡为国中式，从之。

【风俗】气候不正，俗尚侵掠。煮海为盐，酿秫为酒。男女椎髻，事决妇人。贝子代钱，人死用水银灌尸。

【土产】罗斛香、味极清远。犀、象、花锡、西洋布、蔷微水、翠羽、苏木。

爪哇

爪哇国西抵三佛齐国，东至古女人国，南邻古大食国，北界占城。

【沿革】古阇婆国。刘宋元嘉中，始通中国，后绝。元时称爪哇。明洪武初朝贡。永乐二年，赐镀金银印。

【风俗】室宇壮丽，饮食丰洁，婚聘无媒，尚气好斗，不设刑禁。民耻为盗。人皆有名无姓。病但祷，无医。

【山川】保老崖、鹦鹉山、八节涧。

【土产】真珠、番名没爹虾啰。犀角、番名低密。象牙、番名家啰。玳瑁、沉香、青盐、晒成。绞布、白鹦鹉、蔷微露、猴。

真腊

真腊国东际海，西邻蒲甘，南连加罗希，北抵占城国。

【沿革】扶南属国，亦名占腊。隋时始通中国，有水真腊、南，近海，多陂泽。陆真腊，北，多山阜。明洪武初入贡。

【风俗】户东向，以东为上。左手为秽，右手为洁。王三日一视朝，臣阶下三稽首呼。上阶则跪，以手抱膊，环遶坐。议政事讫，跪伏而去。婚娶，男女二家各八日，燃灯不息。女十岁即嫁。俗尚华侈，厥土沃饶，田无畛域，视力所及，而耕种之。

【土产】金颜香、香乃树脂，雪白者佳。笃耨香、树如杉桧，香藏于皮。老而脂自流溢者，名白笃耨。沉香、婆田罗树、花、叶、实似枣。歌毕佗树、花似林檎，叶似榆而大，实似李。毗野树、花似木瓜，叶似杏，实似楮。庵罗树、花、叶似枣，实似李。麝香木、气似麝脐。速暂香、伐树去木而取香者为生速，树仆木腐而香存者为熟速，木之半存者为暂香，黄而熟者为黄熟。白豆蔻、树如丝瓜，蔓衍山谷，春花秋实。建同鱼、四足，无鳞，鼻如象，吸水上喷，高五六丈。浮胡鱼。状如鲻，八足，嘴如鹦鹉。

满剌加

满剌加国占城之南，其贡道自广东达京师。

【沿革】前代不通中国，自明朝永乐初朝贡，赐印，诰封国王。九年，国王率其子来朝，后进贡不绝。

【土产】象牙、犀角、玳瑁、珊瑚树、锁袱。鸟毳为之。

三佛齐

三佛齐国占城国南，东距爪哇，西距满剌加，南距大山，西北滨海。

【沿革】南蛮别种，有十五州。唐始通中国，明洪武初朝贡，赐驼纽镀金印。

【风俗】四时多热，少寒冬，无霜雪。人用香油涂身，文字用梵书。官兵服药，刀矢不能伤。习水战陆战，临敌敢死，雄于诸国。其国扼诸番舟车往来之冲，故番舶辐辏。

【土产】猫睛石、蔷薇水、土人多取其花浸水以代露，故多伪者。以琉璃瓶试之，翻摇数四，其泡周上下者为真。万岁枣、木香、状如丝瓜，冬取根晒干。乳香、树类榕，以斧斫之，脂溢于外，凝结而成。其为品十有三。芦荟、草属，状如鲎尾，采之以玉器捣研成膏，名曰"芦荟"。栀子花、色浅紫，香清越，其花稀有，土人采之曝干，藏瑠璃瓶中。没石子、树如樟，开花结实，如中国茅栗。苏合油、以浓而无滓者为上。腽肭脐、兽，形如狐，脚高如犬，走如飞。取其肾以渍油，名曰"腽肭脐"。阿魏、树不甚高，土人纳竹筒于树稍，脂满其中，冬月破筒取脂，即阿魏也。其脂最毒，人不敢近。珊瑚、生海中最深处，初生色白，渐长变黄，以丝绳系五爪铁猫儿，用黑铅为坠，掷海中取之，初得肌理软腻，见风则干硬变红色。若失时不取则蠹败。没药、树高大如松，皮厚一二寸，采时棯树下为坎，用斧伐其皮，脂流于坎，旬余方取之。血竭。树略同没药，采亦如之。自乳香以下诸物，多大食诸番出，而萃于三佛齐。

浡泥国

浡泥国在西洋大海中，朝贡自广东达京师。

【沿革】本阇婆属，所统十四州。宋太平兴国中，始通中国。明洪武初，进金表。永乐初，王率妻子来朝，卒于南京会同馆。诏谥恭顺，赐葬石子冈。命其子还国。

【风俗】以板为城，以铜铸甲。婚聘先送椰酒，王屋覆以贝多叶，民屋覆以草。盛食无器皿，以竹编贝多叶为器，食讫弃之。以腊月七日为岁节。见中国人，极爱敬之。

【土产】片脑、树如杉桧，取者必斋戒而往。加蒙树、心可为酒。五色鹦鹉纸、类木皮而薄，莹滑，色微绿。象牙、吉贝布、玳瑁、巴尾树、鹤顶、贝多叶、椰子、槟榔。

苏门答剌

苏门答剌国东南大山，西北距海，其贡道由广东达京师。

【沿革】前代无考，或曰即须文达那地。明洪武中，奉金叶表，贡方物。永乐初，朝贡给印诰封之。

【风俗】男女椎髻，系红布。其酋长，一日之间必三变色，每岁杀十余人，取自然血浴之，则四时不生疾疹。

【土产】龙涎、大茄、琐树、高丈余，经三四年不悴，子大如瓜。石青。

苏禄

苏禄国在东南大海，近渤泥、琐里。

【沿革】国分东西峒，凡三王：东王为尊，西峒二王次之。明永乐间，王率妻子朝贡，次德州，卒，葬以王礼，谥曰恭定。遣其妃妾还国。

【风俗】气候半热，山涂田瘠。短发，缠皂缦。酿蔗为酒，织竹布为业。

【山川】石崎山。国以此为保障。

【土产】竹布、真珠、色青白而圆，有径寸者。玳瑁。

彭亨

彭亨国暹罗西，在东南海岛中，其贡道由广东达京师。

【沿革】前代无考。明洪武十一年，遣使奉表贡方物。永乐十二年后，入贡。

【风俗】田微沃，谷稍登，饶蔬果，而稀鸟兽。男女椎髻，衣长布衫，系单衣。富家颈带金圈，常人则以五色烧珠为圈。煮海为盐，酿椰浆为酒。人耻为盗。

【山川】石崖山。

【土产】片脑、沉香、花锡、椰子。

锡兰山

锡兰山在南海中，去广州二万四千里，与柯枝国相对。

【沿革】古无可考，或云即古狼牙须国。明永乐间，太监郑和俘其王以归，乃封其族人耶巴乃那为王，国人以其贤，故封之。正统天顺间，遣使朝贡。

【风俗】尚释重牛，煅牛粪灰涂体。饮牛乳，不食其肉，有杀牛者罪死。土宜稻，不宜麦。市用金钱。地广人稠，亚于爪哇。

【山川】佛堂山、国中泊舟处，山麓有卧佛寺，为释迦涅盘真身。翠蓝山。

【土产】珠、有珠帘沙，光浮动射目，间岁一淘取，诸番贾争来市。青红宝石、黄鸦鹘石、每大雨冲沙中，拾取之。水晶。

柯枝

柯枝东连大山，西、南、北皆海。

【沿革】古槃国。明永乐二年，遣使朝贡。

【风俗】气候常热，多雨。民滨海而居，业渔樵。屋檐不得过三尺，上衣不过膝。王尚浮屠，范金为佛。每旦鸣钟鼓，汲泉灌佛顶数回。

【山川】镇国山。奉诏赐名，并赐《御制碑文》，铭曰：嗟彼南山，作镇海邦，吐烟出云，为下国洪龙。时其雨旸，肃其烦燠，作彼丰穰，祛彼氛妖。庇于斯民，靡灾靡沴，室家胥庆，优游卒岁。山之垠兮，海之源兮，勒之铭诗，相为终始。

【土产】珠、象牙、胡椒、苏木。

祖法儿

祖法儿东南皆海，西北重山。自古里国西北海行十昼夜可至。

【沿革】亦名左法儿。前代无考。明永乐中入贡。

【风俗】气候常如秋，土黄赤色，不生草木。人语言朴实，体干修硕，无城郭，尚回回教。

【土产】西马、驼、或单峰，或双峰，皆可乘。鹤顶、驼鸡、长三四尺，脚二指，毛如驼，行亦如之。福鹿、片脑、沉香、乳香。

溜山

溜山在西海中。

【沿革】前代无考。明永乐中，遣使入贡。

【形胜】四面滨海，如洲，有石门如城阙，依山聚居，八村稍大，皆以"溜"名。可通舟楫，余小"溜"无虑三千，舟行遇风入溜即溺，土人曰："此弱水三千也"。

【风俗】巢居穴处，不识菽粟。啖鱼虾，无衣服，采草木叶蔽前后。气候常热如夏。

【土产】龙涎香、海𧵅、椰皮、结绳可贯板成舟，涂沥青，坚如铁。钉鲛鱼。一名溜鱼，织丝帨，甚精致。

百花

百花在海中，其贡道由广东。

【沿革】前代无考。明洪武中，遣使朝贡。

【风俗】尚释教，民饶富，多奇花嘉树，天气恒燠如春。

【土产】红猴、龟、玳瑁、孔雀、倒挂鸟、胡椒。

婆罗

婆罗在东洋尽处，西洋起处，其贡道由福建。

【沿革】一名婆罗，前代无考。明永乐中入贡。

【风俗】人多素食，恶杀喜施。

【土产】真珠、玳瑁、玛瑙、车渠、焦布。

合猫里

合猫里在大海中，地邻吕宋。

【沿革】前代无考。明永乐中，同爪哇国入贡。

【风俗】山多土瘠，山外大海，饶鱼虫，人亦知耕稼。

【土产】苏乌木、胡椒。

忽鲁谟斯

忽鲁谟斯在西南海中。

【沿革】前代无考。明永乐中入贡。

【风俗】人质直，状貌伟硕，喜作佛事，土沃民饶，广麦少谷。

【土产】大马、西洋布、狮子、驼鸡、昂首高可七尺，曾贡，上命金幼孜赋之。长角马哈兽、角长过身。灵羊。尾大者重二十余斤，行则以车载尾。

（清康熙刻本《广舆记》卷二四《外译》）

《广舆记》卷二四《外译》介绍了占城、暹罗、爪哇、真腊等 18 国沿革、形胜、风俗、土产等情况。诸国是南海地域及沿线重要国家，故将其纳入此编。

明·游朴《诸夷考》节录

游朴（1526—1599），字太初，号少涧，又号北溪。明世宗嘉靖五年（1526）生于福宁州霞浦（今福建省宁德市）。游朴天资聪颖，时人称为神童。十四岁，考进州庠生，旋即补廪。其父去世后，家庭经济陷于困境，便在乡塾边教书边自学。明穆宗隆庆元年（1567），中举人，明神宗万历二年（1574），中进士，步入仕途。历官八任，仕终湖广布政司右参知。游朴辞官归乡之后，绝意仕途，与其弟游诏同住，明神宗万历二十七年（1599）卒，享年七十四岁，葬于柘城西郊。游朴一生著作颇丰，主要有《藏山集》《岭南稿》《橘山社草》《石仓诗选》《武经七书解》《浙江恤刑谳书》《游太初乐府》等，大多已经失传，后人收集编印的有《游参知文集》2 卷。

苏禄

苏禄，在东南海中。人鲜粒食，食鱼、虾、螺、蛤。短发，缠皂缦。煮海为盐，酿蔗为酒，织竹布为业。气候常热。永乐十五年，其国东王答剌、西王苏哩、峒王刺卜各率其妻子、头目来朝，贡珍珠、玳瑁诸物，赐王冠服器皿，王妃、子女、姻戚、头目各有差。三王者，东王为尊，西、峒二王副之。归次德州，卒，命有司营葬，为文树碑墓道。留其妃妾及傔从十人守墓，令毕三年还国，遣使封其长子为东王。十九年，遣使来贡。

柯枝

柯枝，一名阿枝，东连大山，西南北皆海，与锡兰山对峙，通古哩界。气候常热，田瘠少收，风俗颇淳。市用金银钱，银钱十五当金钱一。产珠、苏木。国人五种：曰南毗，与王同类，祝发，线悬胫，为贵族；次回回人；次富有财者，曰哲地；次牙侩，曰革全；又次卑贱者，曰木瓜。木瓜滨海而居，业渔樵，男女裸体，结草树叶蔽前后，途遇南毗、哲地，即蹲伏，候过乃起，盖避羞也。王尚浮屠，敬象牛，建寺，范金为佛。每旦鸣钟鼓，汲泉灌佛顶数回已，乃礼之。有曰浊肌者，盖优婆夷也，娶妻，不剃胎发，缕缕垂后，牛粪灰涂体。行，吹大螺，妻随之乞钱。永乐二年朝贡，请封其国大山，诏封为镇国山，赐碑文。

祖法儿

祖法儿，亦名佐法儿，东、南皆海，自古哩顺风十昼夜可至。砌罗般石为屋，有高三层若塔状，厨厕寝食皆在其上。田广少收，山地黄赤，不生草木。捕鱼晒干，大者人食，小者以喂马、牛、驼、羊。男子拳发，体干修硕，语言朴实。女人出则以布兜头、纱蔽面，不令人见。风俗颇淳。王衣青花丝悦，或金锦袍、靴屦，乘轿，前后列象、驼马、鼓吹。气候常如秋。市用金铜钱，钱文人形。产鹤顶、驼鸡、福鹿、片脑、乳香。乳香即树脂。驼鸡如鹤，长三四尺，脚节指毛如驼，行亦如之。永乐、宣德中朝贡。

宾童龙

宾童龙，与占城连接，有双洞澄清。佛书所云"舍卫乞食"，即其地也。目莲居址尚存。风土气候，与占城大同小异。惟亲丧能持孝服，设佛度死者，择僻地葬之。王出入，或马或象，一如占城，从百余人，前后赞唱，曰亚曰仆。产伽南，货用金银、花布之属，民编茅覆屋以居。

重迦罗

重迦罗，与爪哇相接，高山奇秀，内一石洞，前后三门，可容一二万人。田谷与爪哇略同。气候常暑，风俗颇淳。男女撮髻，披单布长衫。无酋长，以年高有行者主之。煮海酿秫，产羚羊、鹦鹉、木绵、椰子、绵纱，货用银、绢。

吉里地闷

吉里地闷，在重加罗之东，连山茂林皆檀香树，无别产。商聚一十二所，田肥谷盛，朝热暮寒。男女断发，穿短衫，夜卧不盖其体。商舶到，皆妇女登船交易。人染疾病，十死七八，盖地常温及淫污之故。

阿鲁一名哑鲁

阿鲁，与九州山相望，自满剌加顺风三昼夜可至。风俗气候与苏门答剌大同小异，土广人稀，田瘠少收，种芭蕉、椰子为食。男女裸体，腰围稍布，捕鱼采香为生。产鹤顶、片米、糖脑，以售商舶。永乐中朝贡，令内臣至其国，赐王文绮。

麻逸冻

麻逸冻，在交栏山之西南海中。山峻地平，夹溪而居，田膏腴，倍收他国。俗尚节义，丧夫则削发劙面，绝食七日，与死夫同寝，多并逝者。七日不死，则亲戚交劝饮食，即得苏，终身不嫁矣。焚夫日，有赴火死者。煮海酿蔗，产木绵、玳瑁、蜡、花布、槟榔。

龙牙加貌

龙牙加貌，离麻逸冻顺风三昼夜程。内平外峰，蚁附而居。气候常热，田禾颇熟。男女椎髻，围布穿短衫。俗尚敦厚，以亲戚尊长为重，一日不见，则携酒肴问安。煮海酿秫，产沉速、鹤顶、蜡、蜜、沙糖。

忽鲁谟斯

忽鲁谟斯，在西南海中，自古哩十昼夜可至。土厚，宜耕种，麦广谷少。无草木，牛、羊、驼、马皆食鱼干，或言深山中亦有草木。近水山五色皆是盐，旋为盘碗碟器，饮食就用，不复加盐。人民富饶，状貌伟硕，风俗质直，喜佛事，常歌舞，恶杀。男拳发，女子编发四垂，黄漆其顶，出则布幔缠头，面用青红纱蔽之，两耳轮周挂络索金钱，以青石磨水妆点眼眶，唇脸花纹以为美饰，顶挂珠石、珊瑚，纽为缨络，臂腕腿足皆金银镯。产真珠、宝石、撒哈剌梭股绒毯、狮子、驼鸡、灵羊、马哈兽。永乐中朝贡。

忽鲁母恩

忽鲁母恩，在东南海中，国小土瘠，物产薄。永乐三年朝贡。

阿丹

阿丹，近古哩。傍海而居，草木不生，田肥种植，粟麦丰盛。罗般石屋，男女拳发，妇人妆饰，出蔽头面，与祖法儿、忽鲁谟斯诸国同。国中富饶，有马步胜兵七八千，邻国畏之。产羚羊，号九尾羊，千里驼、花驴、驼鸡、金钱豹。永乐九年，郑和奉命赐物，因来朝贡。

南泥里

南泥里，隶浡泥，自苏门答剌舟行三昼夜可至。东距黎伐，西北距海，南连大山，山南际海。仅千余家，皆回回人，俗朴实。王居类楼高广，严整幽洁。市用铜钱。少谷食，食鱼虾。西北大海，即西洋，中有帽山，平顶，土人称为那没黎，番舶皆以此山为指南。山下浅水有珊瑚树，大者高二三尺，分枝婆娑可爱。依山居人二三十家，皆称王，问其为谁，辄曰"阿孤楂"，华言"王"也。或曰，南泥里即南巫里。

撒马儿罕

撒马儿罕，汉罽宾也，风景伟丽，土田膏腴，宜五谷。颇类中原，独胜诸国。城依平原，濠深险，北有子城。王居高广，在城北隅。逵巷纵横，肆市稠密，西南番贾多聚于此。市用银钱，禁酒。俗尚回回教，有拜天屋，青石雕镂，极精巧，以羊皮裹经文，文字泥金书。人物秀美，多艺能，尤善作室。国东有养夷、沙鹿海牙、寒蓝、达失干，西有渴石、迭里迷诸城，皆隶焉。洪武二十年、二十二年、二十四年、二十七年，皆遣人朝贡，表文有"照世杯"等语。永乐五年、正统十二年、成化十九年、弘治三年、嘉靖中，皆遣人朝贡。产金、银、玉、铜、铁、珊瑚、琥珀、琉璃、罽、苾思檀、水晶盐、花蘂布、名马、独峰驼、大尾羊、猰狼。

黎伐

黎伐，小国，南连大山，北际海，西距南泥里，东南连那孤儿。居民一二千家，推一人为首领。隶苏门答剌，言语服用与苏门答剌同。山多野犀。

天方

天方，古筠冲地，旧名天堂。风景融和，四时皆如春，田沃稻饶，居民乐业。男子削发，女子辫发，马乳拌饭。风俗好善，无科扰，亦无刑罚，不作盗贼，上下安和。见月初生，君民皆拜天，号呼称扬以为礼。中国使至，则加额顶天。产马、金、琥珀、玉石、珊瑚、犀角、骆驼。

婆罗

婆罗，负山面海，人多奉佛，素食，恶杀喜施。永乐四年，朝贡珠、玳、玛瑙、车渠，赐王及妃文绮。

古里班卒

古里班卒，在海中，土瘠，谷少登，物产甚薄。气候不齐，夏多雨，雨即寒。俗质朴，男女披短发，假锦缠头，红油布系身。永乐三年朝贡。

合猫里

合猫里，地小土瘠，国中多山，山外大海，海饶鱼虫，亦知耕稼。产苏乌、胡椒。永乐三年朝贡。

碟里

碟里国，在东南海中大洲上，洲有诸港通海。人淳少讼，尚佛，物产甚薄。永乐三年朝贡。

打回

打回，海外小国，数为邻国所苦，己乃治兵器，与邻国战，胜，稍得自立。永乐三年朝贡。

日罗夏治

日罗夏治，海中小国。无他奇产，产苏木、胡椒。颇知种艺。无盗贼，崇佛教。永乐三年朝贡。

甘巴里

甘巴里，在南海中。人多织锦，粒食，亦鲜食。永乐十二年朝贡。

古麻剌

古麻剌，在东南海中。永乐时，王哇来顿本率其臣来朝，至福州卒，赐谥康靖，敕葬闽县，有司岁时祭。

（明万历二十年刻本《诸夷考》卷一）

《诸夷考》卷一介绍了苏禄、柯枝、祖法儿、宾童龙等 24 国基本情况，它们是南海地域及沿线重要国家，故将其纳入此编。

明·茅瑞徵《皇明象胥录》一则

茅瑞徵（生卒年不详），字伯符，自号苕上渔父、苕上旦公，又号澹泊居士、清远居士，明胡州归安（今浙江省湖州市）人，明末史学家。初任泗水知县，明神宗万历三十二年（1604）调黄冈县。明熹宗天启元年（1621），擢兵部职方主事，历福建参政、湖广右布政使，任南京光禄寺卿，后改鸿胪寺。后因受排挤，辞官归乡，闭户著书。著有《万历三大征考》《皇明象胥录》《东夷考略》《澹泊斋集》《禹贡汇疏》《虞书笺》《游南岳前记》《游南岳后记》等。

浡泥，本阇婆属国，在西南大海中，统十四州。前代不通中国，宋太平兴国二年，其王向打始因商人蒲卢歇附使，表贡龙脑、象牙、玳瑁壳。元丰五年，其王锡理麻喏复遣使贡，乞从泉州乘海舶归。

（明崇祯刻本《皇明象胥录》卷四）

《皇明象胥录》卷四介绍了浡泥国的基本情况。该国是南海地域重要国家，故将其纳入此编。

明·费信《星槎胜览》全书

费信（1388—1436），字公晓，明苏州昆山（今江苏省昆山市）人，一说是太仓（今江苏省太仓市）人，明初航海家。他自幼家境贫寒，年始十四，代兄从军，为太仓卫戍军。费信信奉伊斯兰教，通晓阿拉伯语，二十二岁任通事（翻译），先后四次随郑和出使西洋，游历了西洋诸国，并将其见闻编撰成《星槎胜览》一书。书中对各国的位置、沿革、重要的都会港口、山川地理形势、社会制度、政教刑法、人民生活状况、社会风俗、宗教信仰、生产状况、商业贸易、气候、物产等进行了详细的描述，同时也对郑和使团访问各国的情况进行了真实的记载，是研究郑和下西洋的重要原始资料，也是中外交通史的重要文献。

占城国

永乐七年己丑，上命正使太监郑和等统领官兵，驾使海船四十八号，往诸番国开读赏赐。是岁秋九月，自太仓刘家港开船，十月到福建长乐太平港泊。十二月，福建五虎门开洋，张十二帆，顺风十昼夜，至占城国。临海有港曰新洲，西抵交趾，北连中国。他番宝船到彼，其酋长头戴三山金花冠，身披锦花手巾，臂腿四腕，俱以金镯，足穿玳瑁履，腰束八宝方带，如妆塑金刚状。乘象，前后拥随番兵五百余，或执锋刃短枪，或舞皮牌，捶善鼓，吹椰笛壳筒。其部领乘马出郊迎接诏赏，下象膝行匍匐，感沐天恩，奉贡方物。

其国所产巨象、犀牛甚多，所以象牙、犀角广贸别国。棋楠香，一山所产，酋长差人看守采取，民下不可得，如有私偷卖者，露犯则断其手。乌木、降香，民下樵而为薪。气候常热如夏，不见霜雪，草木长春，随开随谢。供民以煮海为盐，田禾甚薄。其国之人，惟食槟榔，裹荖叶包蛎壳灰，行住坐卧不绝其口。月日之定，但看月生为初，月晦为满，如此十次盈亏为一岁，昼夜以善鼓十更为法。酋长及民下非至午不起，非至子不睡。见月则饮酒歌舞为美。酋长所居高广，屋宇门墙以砖灰甃砌，及坚硬之木雕琢兽畜之形为华饰，外周砖垣。亦有城郭之备，练兵之具，药镞刀标之属。其部领所居，亦分等第，门高有限。民下编茅覆屋，门不过三尺，过者即罪之。一国之食，鱼不腐烂不食，酿不生蛆不为美。造酒，以米和药丸干持入瓮中，封固如法收藏，日久其糟生蛆为佳酿。他日开封，用长节竹竿三四尺者，插入糟瓮中，或围坐五人十人，量人入水多寡，轮次吸竹引酒入口，吸尽再入水，若无味则止，有味封留再用。

岁时纵人采生人胆鬻官，其酋长或部领得胆入酒中，与家人同饮，谓之曰“通身是胆”。相传尸头蛮者，本是妇人也，但无瞳人为异。其妇与家人同寝，夜深飞头而去，食人粪尖，飞回复合其体，仍活如旧。若知而封固其项，或移体别处，则死矣。如有病者遇食其粪，妖气入腹，病者必死。此妇人亦罕有者，民家有而不报官者，罪及一家。番人爱其头，或有触弄其头者，必有生死之恨。

男女椎髻脑后，花布缠头，上穿短衫，腰围色布手巾。其国无纸笔之具，但将羊皮搥薄熏黑，削细竹为笔，蘸白灰为字，若蚯蚓委曲之状。语言蛮鴂，全凭通事传译。

诗曰：圣运承天统，雍熙亿万春。元戎持使节，颁诏抚夷民。莫谓江山异，同沾雨露新。西连交趾塞，北接广南津。酋长尤崇礼，闻风感圣人。棋楠宜进贡，乌木伐为薪。笔写羊皮纸，言谈鴂舌人。角犀应自纵，牙象尚能驯。蛆酒奇堪酌，尸蛮怪莫陈。遥观光峤外，顿觉壮怀伸。采摭裁诗句，摅诚献紫宸。

宾童龙国

其国隶与占城，山地接连。有双溪涧，水澄清，佛书所云“舍卫乞食”，即其地也。目连所居遗址尚存。人物、风土、草木、气候，与占城大同小异。惟丧礼之事，能持孝服，设佛事而度死者，择僻地而葬之。婚姻偶合，情义不忘，终乖人伦理。尸头蛮者，比占城之害尤甚，民多置庙，牲血祭之求禳。酋长出入，或象或马，一如占城。王扮略同，从者前后有百余人，执盾赞唱，曰亚曰仆。地产棋楠香、象牙，货用金银、花布之属。民下编茅覆屋而居，亦如占城。异其食啖行止状貌，可笑可嗟矣！

诗曰：海峤宾童国，双溪水色清。目连生育处，佛氏乞游城。地窄居民少，山多野兽鸣。气融冰不识，日暖草丛生。丧礼微知孝，婚姻略备情。尸蛮尝粪秽，妖庙祭牺牲。部领鸣鸦导，蛮酋坐象行。棋楠从土产，花布恁商营。搜缉遗风俗，公余仔细评。

灵山

其处峻岭而方石，泉下带。民居星散，结网为业。田土肥，耕种一年二收。气候之节，男女之规，与占城大同小异。

地产黑纹相对藤杖，每条易斗锡一块，若粗大而纹疏者，一锡易杖三条。次得槟榔、荖叶，余无异物所产。其往来贩舶，必于此汲水采薪，以济日用。舶人斋沐三日，崇佛讽经，燃放水灯彩船，以禳人船之灾。

诗曰：灵山方石岭，其下有泉流。寥落民居少，丰登谷米稠。放灯祈佛福，赛愿便商舟。藤杖山中出，鱼虾海内求。梵经曾睹此，今日一遨游。

昆仑山

其山节然瀛海之中，与占城及东、西竺鼎峙相望。山高而方，根盘旷远，海之名曰"昆仑洋"。凡往西洋商贩，必待顺风，七昼夜可过。俗云：上怕七洲，下怕昆仑，针迷舵失，人船莫存。此山产无异物，人无居室，而食山果、鱼虾，穴居树巢矣。

诗曰：鼎峙东西竺，节然瀛海区。惟愁针舵失，但念穴巢居。四季树生果，三餐虾与鱼。遐陬无别产，吟咏亦堪书。

交栏山 自占城、灵山起程，顺风十昼夜可到

其山高而丛林藤竹，舵杆桅樯篷箸，无所不备。胡元之时，命将高兴、史弼领兵万众，驾巨舶往阇婆国，遭风至于交栏山下，其船多损。随登此山，造船百号，复征阇婆得胜，擒其酋长回国，因此知之。至今民居有中国人杂处，盖此时有病卒百余留养不归，而传生育也。气候常暑，米谷稀少，民好射猎为业。男女椎髻，穿短衫，系巫仑布。地产豹、熊、鹿皮、玳瑁。贸易之货用米谷、五色绢、青布、铜器、青碗之属。

诗曰：岌业交栏岛，丛林拥翠围。三春稀黍稷，四景有灾威。当脑盘髽髻，披肩挂短衣。熊皮多美丽，玳瑁甚希奇。使节仍临莅，遗氓亦愿归。遥观瞻山海，得句乐心机。

暹罗国 自占城起程，顺风十昼夜可至

其国山形如城，白石峭峨。地周千里，外山崎岖，内岭深邃。田平而沃，稼多丰熟，气候常热。风俗劲悍，专尚豪强，侵掠邻境，削槟榔木为标，水牛皮为牌，药镞等器，惯习水战。男女椎髻，白布缠头。穿长衫，腰束青花色布手巾。其酋长及民下谋议，百物、出入钱谷、煮海为盐，无大小之事，悉决于妇，其男一听，可与牝鸡之鸣。苟合无序，遇我中国男子爱之，必置酒致待而敬之，欢歌留宿。妇人多为尼姑，道士皆能诵经持斋，服色略似中国之制。亦造庵观之所，以重丧礼之事。人死之时，必用水银灌养其尸，而后择高阜地，设佛事，即葬之。酿蔗为酒，俗以海𧵅代钱，通行于市，每一万个准中统钞二十贯。地产罗斛香，焚极清远，亚于沉香。次有苏木、犀角、象牙、翠毛、黄蜡、大风子油。货用青白磁器、花布、色绢、缎匹、金银、铜钱、烧珠、水银、雨伞之属。

诗曰：海外暹罗国，山形似垒城。三春花草盛，九夏稻禾荣。竟日男安坐，移时妇决行。髻端罗布白，腰下束花青。失序人伦乱，无条礼法轻。富尊酋长贵，豪侠庶民横。香翠通商贩，海𧵅如钞行。蛮戎钦帝德，金表贡神京。

爪哇国 自占城起程，顺风二十昼夜可至其国

古名阇婆，地广人稠，实甲兵器械，乃为东洋诸番之冲要。旧传鬼子母天王于此地，与一

罔象青面红身赤发相合，凡生子百余，常食啖人血肉。佛书所云"鬼国"，其中只此地也。人被啖几尽，忽一日雷震石裂，中坐一人，众称异之，遂为国主，即领兵驱逐罔象，而不为害。后复生齿而安业，至今其国之遗文后书一千三百七十六年，考之肇启汉初，传至我宣德七年。

港口以入去马头曰新村。居民环接，编茭樟叶覆屋，铺店连行为市，买卖聚集。其国富饶，珍珠、金银、鸦鹘、猫睛、青红等石、砗磲、玛瑙、豆蔻、荜菝、栀子花、木香、盐，无所不有，盖在通商之处也。其鹦鹉、鹦哥、孔雀，能驯言语歌曲。其倒挂鸟，身如雀大，披五色羽，日间焚香于其傍，夜则张羽翼而倒挂，张尾翅而放香。

民俗好凶强，但生子一岁，则置刀于背，名曰不剌头，以金银、象牙雕刻为靶。凡男子自幼至老，贫富皆有，插于腰间。若有争论，不通骂詈，即拔刀刺之，强者为胜。设被杀之，藏躲三日而出，即无事也。男子猛头裸身，惟腰围单带手巾。能饮，酗酒，重财轻命。妇人亦然，惟项上金珠联纫带之，两耳塞茭樟叶圈于窍中。其丧事，凡其主翁之死，婢妾之众而对誓曰："死则同往。"临殡之日，妻妾奴婢皆满头带花草，披五色手巾，随尸至海边或野地，将尸于沙地，得众犬食尽为好。如食不尽，则悲泣号歌。柴堆于傍，众妇坐其上，良久之际，纵火烧柴而死，则殉葬之礼也。

苏鲁马益，亦一村地名也，为市聚货商舶米粮港口。有洲聚猢狲数百。传闻于唐时，其家五百余口，男妇凶恶。忽一日有僧至其家，乃言吉凶之事，其僧取水喋之，俱化为猕猴，止留其老妪不化。今存旧宅，本处及商者常设饮食、槟榔、花果、肉类而祭之，不然则祸，甚有验也。此怪诞之事，本不可记，尤可为之戒矣。

杜板一村，亦地名也。海滩有水一泓，甘淡可饮，称曰圣水。元时使将史弼、高兴因征其国，经月不下雨，舟中乏粮，军士失措。史、高二将拜天祝曰："奉命伐蛮，如天与水即生，不与之则死。"祝之，插枪咸苦海滩，其泉水随枪涌出，水味甘甜，众军汲而饮之。乃令曰："天赐助尔。"兵威大振，喊声奋杀，番兵百万余众悉皆败走。遂以登岸，随杀随入，生擒番人，煮而食之，至今称为"中国能食人"也。获因酋长归国，服罪放归，改封为爪哇国王也。钦遵我朝皇上，遣正使太监郑和等，该节赍捧诏敕赏赐国王、正妃，及其部领村主民下，草木咸受天福。其国王臣既沐天恩，遣使络绎不停，擎捧金筒、金叶表文，贡献方物。

诗曰：古是阇婆国，曾遭鬼母殃。震雷惊石裂，深穴见人藏。欢忭皆知异，扶持众立王。人民从教化，罔象被驱亡。妇女夸家富，男儿纵酒强。鹦歌时刷翠，倒挂夜分香。婚娶吹椰壳，人随御竹枪。田畴禾稼盛，商贾货财昌。洲上猕猴聚，溪边祭祀忙。蛮夷遵圣诏，永世沐恩光。

旧港 自爪哇国起程，顺风八昼夜至

古名三佛齐国。自港入去，田土甚肥，倍于他壤。古云："一季种谷，三季生金。"言其米谷盛而为金也，民故富饶。俗嚣好淫。有操略，水战甚惯。其处水多地少，部领者皆在岸边，居屋之用，匝民仆而宿，其余民庶皆置木筏，上盖屋而居。若近溪船，以木桩拴闸，设其水涨，则筏浮起，不能渰没也。或欲别居，起桩去之，连屋移拔，不劳其力。此处之民，爪哇所辖，风俗与爪哇大同小异。地产黄熟香、速香、沉香、黄蜡并鹤顶之类。货用烧炼五色珠、青白磁器、铜鼎、五色布绢、色缎、大小磁器、铜钱之属。永乐三年，我朝太宗文皇帝命正使太监郑和等，统领舟师往诸番国。海寇陈祖义等聚三佛齐国，抄掠番商，亦来犯我舟师，被我正使深机密策，若张网获兽而殄灭之，生擒厥魁，献俘阙下，由此海内振肃。

诗曰：濒海沙泥地，田禾熟倍金。男儿多狠暴，女子甚哇淫。地僻蛮夷逆，天差正使擒。俘囚献阙下，四海悉钦遵。

满剌加国自旧港起程，顺风八昼夜至此。

其处旧不称国，傍海居之，山孤人少。受降于暹罗，每岁输金四十两，以为纳税。田瘠少收。内一山泉流溪下，民以溪中淘沙取锡，煎销成块，曰斗块，每块重官秤一斤四两。及织蕉心簟。惟以斗锡通市，余无产物。气候朝热暮寒。男女椎髻，身肤黑漆，间有白者，唐人种也。俗尚淳厚，以淘锡于溪，网渔于海。房屋如楼阁，即不铺设，但有木条稀布，高低层次，连床就榻，箕居而坐，饮食厨厕俱在其上也。货用青白磁器、五色烧珠、色绢、金银之属。永乐七年，皇上命正使太监郑和等赍捧诏敕，赐以双台银印，冠带袍服，建碑封域，为满剌加国，其暹罗始不敢扰。永乐十三年，酋长感慕圣恩，挈妻携子贡献方物，涉海朝谢，圣上赏劳归国。

诗曰：满剌村寥落，山孤草木幽。青禾田少种，白锡地多收。朝至热如暑，暮来凉似秋。嬴形漆肤体，椎髻布缠头。盐煮海中水，身居答上楼。夷区风景别，赋咏采其由。

九洲山

其山与满剌加国接境。产沉香、黄熟香，水木丛生，枝叶茂翠。永乐七年，正使太监郑和等，差官兵入山采香，得径有八九尺、长有八九丈者六株，香清味远，黑花细纹，其实罕哉！番人张目吐舌，悉皆称赞天兵九飏屃之神蛟走兔虎奔也。

诗曰：九洲山色秀，远见郁苍苍。四面皆环海，满枝都是香。树高承雨露，岁久表祯祥。采伐劳天使，回朝献帝王。

苏门答剌国

古名须文达那，与花面国相接。村落傍海，田瘠少收。胡椒广产，椒藤延附树木而生，其叶如匾豆，其花开黄白，结椒乃累垂如棕榈子而粒少也。只番秤一播苛，抵我官秤三百二十斤，价银钱二十个，重钜陆两。金抵纳银金钱也，每四十八个，重金一两四分。

风俗颇淳。民下网鱼为生，朝驾独木刳舟张帆而出海，暮则回舟。男子头缠白布，腰围折布，妇女椎髻裸体，腰围色布手巾。产鹤顶。其瓜、茄、橘、柚酸甜之果，一种五年常花常结。有一等果，皮若荔枝，如瓜大，未剖之时，甚如烂蒜之臭，剖开取囊，如酥油香美。煮海为盐。货用青白磁器、铜钱、金银、爪哇布、色绢之属。

永乐十一年，伪王苏斡剌寇窃其国，王遣使赴阙陈诉请救，上命正使太监郑和等统率官兵剿捕，生擒伪王。至永乐十三年归献阙下，诸番振服。

诗曰：一览苏门境，山泉划界流。胡椒林抄结，民屋海边幽。地瘠收禾薄，山高产木稠。三春沾雨浩，四季瘴烟浮。男子头缠布，婴孩体木猴。瓜茄常岁有，橘柚不时收。朝热浑如暑，暮寒还似秋。精盐色霜雪，臭果味酥油。若个夷风俗，中华解此否。

花面国

其处与苏门答剌国接境。远迤山地，田足稻禾。气候不常，风俗尚厚。男女大小皆以黑汁刺面，为花兽之状。猱头裸体，单布围腰。孳生牛羊，鸡鸭罗市。不夺其弱，上下自耕自食，富不骄奢，贫不生盗，可为一区之宜也。

诗曰：蛮域观风异，融和草木深。山高分地界，物阜慰民心。腰布羞还掩，颜花墨牛侵。牛羊迷绿野，鸡鸭卖黄金。颇富知仁义，虽贫肯滥淫？那堪采夷俗，援笔写新吟。

龙牙犀角

其地内平而外尖，下民蚁附而居之。气候常热，田禾时熟。俗尚淳厚。男女椎髻，围麻逸布，穿短衫。以亲戚尊长为重，一日不见，则携酒持肴而问安。煮海为盐，酿秫为酒。地产沉速、降真、黄熟香、鹤顶、蜂蜜、砂糖。货用土印布、八都刺布、青白磁器之属。

诗曰：遥望兹山势，龙牙犀角峰。居民如蚁附，椎髻似猴容。汲海盐煎雪，悬崖蜜掇蜂。布稍围体厚，秫米造浆浓。气候常同夏，林花不较冬。问安行礼节，千载见遗风。

龙涎屿

此屿南立海中，浮艳海面，波击云腾。每至春间，群龙所集，于上交戏而遗涎沫，番人乃架独木舟登此屿，采取而归。设遇风波，则人俱下海，一手附舟傍，一手揖水而至岸也。其龙涎初若脂胶，黑黄色，颇有鱼腥之气，久则成就大泥。或大鱼腹中剖出，若斗大圆珠，亦觉鱼腥，间焚之，其发清香可爱。货于苏门之市，价亦非轻，官秤一两，用彼国金钱十二个，一斤该金钱一百九十二个，准中国铜钱四万九十文，尤其贵也。

诗曰：一片平方石，群龙任往还。身腾霄汉上，交戏海波间。吐沫人争取，拿舟路险难。边夷曾见贡，欢笑动天颜。

翠蓝屿

其山大小有七门，中可过船。传闻释迦佛经此山，浴于水，被窃其袈裟，佛誓云："后有穿衣者，必烂皮肉。"由此男女削发无衣，仅有树叶刬结而遮前后。米谷亦无，惟在海网捕鱼虾，及蕉、椰子之为食啖也。然闻此语，未可深信。然其往来，未得泊其山下。宣德七年壬子十月二十三日，风雨，水不顺，偶至此山，泊系三日夜，山中之人驾独木舟来货椰实，舟中男妇果如前言，始知不谬矣。

诗曰：浩荡翠蓝屿，丛林茂不疏。人形其兽类，椰实以瓜粗。腰掩草微有，头髡发竟无。几番挥笔写，堪记不堪图。

锡兰山国

其国地广人稠，货物各聚，亚于爪哇。国有高山，参天之耸，山顶产有青美盘石、黄鸦鹘石、青红宝石，每遇大雨，冲流山下，沙中寻拾得者。其海傍有珠帘沙，常以网取螺蚌，倾入珠池内，作烂淘珠为用而货也。海边有一盘石，上印足迹，长三尺许，常有水不干，称为先世释迦佛从翠蓝屿来登此岸，足蹋其迹，至今为圣迹也。山下有寺，称为释迦佛涅盘真身在寺侧卧尚存，亦有舍利子在其寝处。气候常热。俗朴富饶，米谷足收。地产宝石、珍珠、龙涎、乳香，货用金、银、铜钱、青花白磁、色段、色绢之属。男女缠头，穿长衫，围单布。

永乐七年，皇上命正使太监郑和等赍捧诏敕、金银供器、彩妆、织金宝幡，布施于寺，及建石碑以崇皇图之治，赏赐国王头目。其王亚烈苦奈儿负固不恭，谋害舟师。我正使太监郑和等深机密策，暗设兵器，三令五申，使众衔枚疾走，夜半之际，信炮一声，奋勇杀入，生擒其王。永乐九年，归献阙下。寻蒙恩宥，俾复归国，四夷悉钦。

诗曰：地广锡兰国，营商亚爪哇。高峰生宝石，大雨杂泥沙。净水宜眸子，神光卧释迦。池深珠灿烂，枝茂树交加。出物奇偏贵，遗风富且奢。立碑当圣代，传诵乐无涯。

小唄喃国

山连赤土，地接下里，日中为市，西洋诸国之马头也。本国流通使用金钱名倘伽，每个重八分。小金钱名吧喃，四十个准大金钱一个，以便民也。田瘠而谷少，岁藉榜葛剌米足食。气候常热，风淳俗美，男少女多，有南毗人。地产胡椒，亚于下里，干槟榔、波罗蜜、色布，其木香、乳香、珍珠、珊瑚、酥油、孩儿茶、栀子花，皆自他国也。货用丁香、豆蔻、苏木、色段、麝香、金银铜器、铁线、黑铅之属。

诗曰：西海唄喃国，诸番货殖通。民情应各别，花木总相同。珠子光涵白，珊瑚色润红。何由男与女，混杂自遗风。

柯枝国

其处与锡兰山国对峙。气候常热，田瘠少收，村落傍海。风俗颇淳。男女椎髻，穿短衫，围单布。其有一种曰木瓜，无屋居之，惟穴居树巢，临海捕鱼为业。男女裸体，纫结树叶或草数茎，遮其前后之羞。行路遇人，则蹲缩于道傍，俟过方行也。地产胡椒甚广，富家俱置板仓贮之，以售商贩。行使小金钱，名吧喃。货用色段、白丝、青白花磁器、金银之属。

诗曰：嗟彼柯枝国，山连赤卤场。穴居相类兽，市集更通商。米谷少收实，胡椒积满仓。恩宣中使至，随处识蛮乡。

古里国

当巨海之要，与僧伽密迩，亦西滩诸番之马头也。山广田瘠，麦谷颇足。风俗甚厚，行者让路，道不拾遗。法无刑杖，惟以石灰划地，乃为禁令。其酋长富居深山；傍海为市，聚货通商。男子穿长衫，头缠白布。其妇女穿短衫，围色布，两耳悬带金牌落索数枚，其顶上珍珠、宝石、珊瑚连璎珞，臂腕足胫皆金银镯，手足指皆金厢宝石戒指，髻椎脑后，容白发黑，娇美可观。其有一种裸身之人曰木瓜，与柯枝同。地产胡椒，亚于下里，俱有仓廪贮之，待商之贩。有蔷薇露、波罗蜜、孩儿茶、印花被面、手巾，其有珊瑚、珍珠、乳香、木香、金箔之类，皆由别国之来。其能蓄好马，自西番而来，动经金钱千百为匹。其国若西番马来，本国马来不买，则议为国空之言也。货用金银、色段、青花白磁器、珍珠、麝香、水银、樟脑之属。

诗曰：古里通西域，山青景色奇。路遗人不拾，家富自无欺。酋长施仁恕，人民重礼仪。将书夷俗事，风化得相宜。

忽鲁谟斯国

其国傍海而居，聚民为市。地无草木，牛、羊、马、驼皆食海鱼之干。风俗颇淳。垒石为城，酋长深居，练兵畜马。田瘠麦广，谷米少收，民下富饶。山连五色，皆是盐也。凿之镢为器皿盘碟之类，食物就而不知盐也。垒堆石而为屋，有三四层者，其厨厕卧室待客之所，俱在上也。男子拳发，穿长衫，善弓矢骑射。女子编发四垂，黄缭其项，穿长衫。出则布幔兜头，面用红青纱一方蔽之，两耳轮用挂珞索金钱数枚，以青石磨水，妆点眼眶唇脸花纹为美。项挂宝石、珍珠、珊瑚，纫为璎珞。臂腕腿足俱金银镯，此富家之规也。行使金银钱，产有珍珠、金箔、宝石、龙涎香、撒哈剌、梭眼、绒毯。货用金银、青白花磁器、五色段绢、木香、金银香、檀香、胡椒之属。

诗曰：忽鲁谟斯国，边城傍海居。盐山高峷崒，酋长富盈余。原隰唯收麦，牛羊总食鱼。女缠珠珞索，男坐翠氍毹。玛瑙珊瑚广，龙涎宝石珠。蛮邦成绝域，历览壮怀舒。

剌撒国

倚海而居，土石为城。连山旷地，草木不生，牛、羊、驼、马皆食鱼干。民俗颇淳。气候常热，田瘠少收，唯麦略有。数年无雨，凿井绞车，羊皮袋水。男女拳发，穿长衫，妇人妆点兜头，与忽鲁谟斯国同。垒石筑土，为屋三四层者，其上厨爨，东厕卧室待客，其下奴仆居之。地产龙涎香、乳香、千里骆驼，余无物也。货用金银、色段、色绢、磁器、米谷、胡椒之属。

诗曰：海丘名剌撒，绝雨亦无寒。层石垒高屋，狂涛激远滩。金银营土产，驼马食鱼干。虽有龙涎货，蛮乡不可看。

榜葛剌国

其处曰西印度之地。西通金刚宝座，曰绍纳福儿，乃释迦佛得道之所。永乐十年并永乐十三年二次，上命太监侯显等统领舟师，赍捧诏敕，赏赐国王、王妃、头目，至其国海口，有港曰察地港，立抽分之所。其王知我中国宝船到彼，遣部领赍衣服等物，人马千数迎接。港口起程十六站，至锁纳儿江，有城池街市，聚货通商。又差赍礼象马迎接，再行二十站，至板独哇，是酋长之居处。城郭甚严，街道铺店，连楹接栋，聚货甚有。其王之居，皆砖石甃砌高广，殿宇平顶，白灰为之。入去内门三重，九间长殿，其柱皆黄铜包饰，雕琢花兽。左右长廊，内设明甲马队千余，外列巨汉，明盔明甲，执锋剑弓矢，威仪之甚。丹墀左右，设孔雀翎伞盖百数，又置象队百数于殿前。其于正殿设高座，嵌八宝，箕踞坐其上，剑横于膝。乃令银柱杖二人，皆穿白缠头，来引导前，五步一呼，至中则止。又金柱杖二人，接引如前礼。其王恭礼拜迎诏敕，初叩谢加额。开读赏赐，受毕，铺绒毯于殿地，待我天使，宴我官兵，礼之甚厚。燔炙牛羊，禁不饮酒，恐乱其性，抑不遵礼，惟以蔷薇露和香蜜水饮之也。宴毕，复以金盆、金系腰、金盆、金瓶奉赠天使，其副使皆以银盆、银系腰、银盆、银瓶之类，其下之官，亦以金铃纫苎丝长衣赠之，兵士俱有银盏钱，盖此国有礼富足者矣。其后恭置金筒银叶表文，差使臣赍捧，贡献方物于廷。

其国风俗甚淳，男子白布缠头，穿白布长衫，足穿金线羊皮靴，济济然亦其文字者。众凡交易，虽有万金，但价定打手，永无悔改。妇女穿短衫，围色布线锦，然不施脂粉，其色自然娇白，两耳垂宝钿，项挂璎珞，髻椎脑后，四腕金镯，手足戒指，可为一观。其有一种人曰印度，不食牛肉。凡饮食，男女不同处，夫死妻不再嫁，妻丧夫不再娶。若孤寡无倚，一村之家轮养之，不容别村求食，足见义气所尚也。田沃丰足，一岁二收，不用耘籽，随时自宜，男女勤于耕织。果有波罗蜜，大如斗，甘甜香美；奄摩勒，香酸甚佳。其余瓜果、蔬菜、牛、马、鸡、羊、凫、鸭、海鱼之类甚广。通使海贝，准钱市用。地产细布、撒哈剌、绒毯、兜罗锦、水晶、玛瑙、珊瑚、珍珠、宝石、糖蜜、酥油、翠毛、各色手巾、被面。货用金银、布段、色绢、青白花磁器、铜钱、麝香、银朱、水银、草席、胡椒之属。

诗曰：葛剌宗西域，留传教不衰。兵戎皆有法，文字悉周知。货市排珍宝，辕门簇羽旗。柱梁雕饰彩，阶级引行仪。不饮羞燔炙，平铺毯陆离。分边盘坐处，异广在餐时。言誓冰霜操，娇颜玉雪姿。波罗大如斗，摩勒压连枝。耘耔何曾用，丰穰只自宜。照临天广远，采拾句搜奇。恩照钦华夏，流风实外夷。小臣存悃幅，随表进丹墀。

真腊国

其国州南之门，为都会之所，有城周围七十余里，石河广二十余丈，殿宇三十余所。凡岁时一会，则列玉猿、孔雀、白象、犀牛于前，名曰"百塔洲"。次桑香佛舍，饮馔必以金盘、金碗盛食之。谚云：富贵真腊也。气候常热，田禾丰足。煮海为盐，风俗富饶。男女椎髻，穿短衫而围稍布。法有剭、刺、配，犯盗则断手足，番人杀唐人则偿其命，唐人杀番人则罚其金，无金卖身赎罪。地产黄腊、犀、象、孔雀、沉香、苏木、大风子油、翠毛。货用金银、烧珠、锦段、丝布之属。

诗曰：真腊山冈远，荒城傍海涯。兽禽多彩丽，人物好奢华。列塔为奇异，罗盘逞礼仪。夷风聊可采，吟咏感明时。

东西竺^{其山与龙牙门相望}

山形分对崖峨，若蓬莱、方丈之幽。田瘠不宜稼穑，岁藉邻邦淡洋米谷以为食。气候不齐，煮海为盐，酿椰子为酒。男女断发，系稍布。地产槟榔、木绵、椰心簟。货用花锡、胡椒、铁器也。

诗曰：东西分海境，民物异于常。果啖槟榔实，酒倾椰子浆。贸椒知价值，织簟货经商。动我遐观意，吟哦记短章。

淡洋^{其处与阿鲁山相连，去满剌迦三日之程}

山绕周围，有港通内大溪，深汪洋二千余里，奔流出海之中。一流清淡味甘，舟人过往汲水日用，名曰淡洋。田肥禾盛，米粒小，然炊饭甚香。地产降香。民俗淳厚，气候常热。男女椎髻，腰围稍布。货用金银、铁器、磁碗之属。

诗曰：清流甘且淡，奔出海中央。畎亩饶滋味，舟人过汲浆。贸交金辟赤，米小饭炊香。民俗风淳厚，那知在异方。

龙牙门^{在三佛齐之西北也}

山门相对，若龙牙状，中通过船。山涂田瘠，米谷甚厚。气候常热，四五月间淫雨。男女椎髻，穿短衫，围稍布。掳掠为豪，遇有番船，则驾小船百只，迎敌数日。若得顺风，侥幸而脱，否则被其截，财被所劫。泛海之客，宜当谨防。

诗曰：山峻龙牙状，中通水激湍。居人为掳易，番舶往来难。入夏常多雨，经秋且不寒。从容陪使节，到此得游观。

龙牙善提

周还皆山，石排垒门，无田耕种，但栽薯蓣代粮，常熟，收堆以供岁月。气候多热少寒，俗朴而淳。男女椎髻，披木绵布。煮海为盐，浸苎麻根以酿酒。地产速香、槟榔、椰子。货用烧珠、铁鼎、色布之属。

诗曰：垒石为门限，天生在海洋。稻粱全不种，薯蓣亦多藏。海水煎盐白，麻根酿酒香。虽云风俗朴，气候有炎凉。

吉里地闷

居重迦逻之东。满山茂林，皆檀香树，无别产。马头商聚十二所。有酋长，田肥谷盛。气候朝热暮寒。凡其商船染病，十死八九，盖其地甚瘴气。男女断发，穿短衫。货用金钱、铁器、磁碗之属。

诗曰：吉里东南海，居人卧饱餐。田肥时有谷，朝热暮生寒。涉险商求利，闻香木种檀。短衫常覆体，形丑不堪观。

彭坑国在暹逻之西

石崖周匝崎岖，远如平寨。田沃，米谷盛。气候常温。风俗尚怪，刻香木为神，杀人血祭祷，求福禳灾。男女椎髻，穿长衫，系单布，富家女子金圈四五饰于顶发，常人五色珠圈。煮海为盐，酿椰浆为酒。地产黄熟香、沉香、片脑、花锡、降香。货用金银、色绢、爪哇布、铜铁器、鼓板之属。

诗曰：嗟彼彭坑国，温和总是春。伤生在求福，刻木惯为神。尊敬惟从长，差科不到民。焉知施礼乐，立教序彝伦。

琉球国

其处山形抱合而生，一山曰翠麓，一山曰大崎，一山曰斧头，一山曰重曼，高耸丛林。田沃谷盛，气候常热，男女以花印布大袖衫连裤穿之。其酋长尊礼，不科民下，人皆效法。酿甘蔗为酒，煮海为盐。能习读中国书，好古画、铜器，作诗效唐体。地产沙金、硫黄、黄腊。货用珍珠、玛瑙、磁碗之属。

诗曰：翠霭是琉球，遐观碧海浮。四山高对耸，一水远长流。袖大复连裤，发松撮满头。土民崇诗礼，他处若能俦。

三岛国

其处与琉球大崎山之东鼎峙，有垒石层峦，民倚边而居。田瘠少收，以网鱼于海，织布为业。俗尚朴质。男生拳发，妇女椎髻，单布披之为衣，不解裁缝。凡男子得附舶至中国，然罄其资，身归本处，乡人称为能事，尊之有德，父兄皆赞焉。煮海为盐，酿蔗浆为酒。地产黄腊、木绵布。货用金银、磁器、铁块之属。

诗曰：幽然三岛国，花木茂常春。气质尤宜朴，裳衣不解纫。游归名赞德，贺礼酒频倾。采吟荒峤外，得句自逡巡。

麻逸国_{在交栏山之西}

山势峻，地平宽，夹溪聚居。气候稍热。男女椎髻，穿长衫，围色布手巾。田多膏腴，倍收他国。俗尚节义，妇丧其夫，则削发碎面，绝食七日，与夫尸同寝，多与并逝矣。七日之外不死，则亲戚劝以饮食，或得苏命，乃终身不再嫁矣。或至焚夫尸日，则赴火而死，盖其节义之不改也。煮海为盐，酿蔗为酒。地产木绵、黄腊、玳瑁、槟榔、花布。货用铜鼎、铁块、五色布绢之属。

诗曰：美哉麻逸国，山峻地宽平。尚节心无异，耕田谷倍登。槟榔资咀嚼，玳瑁照晶荧。布染花生彩，糖香酒自清。溪涛含荡漾，海日上高明。蛮土知仁化，骎骎礼义行。

假里马丁国_{其地与交栏山相望海洋中}

其地山列翠屏，溪田虽有，米谷少收。气候常热。俗甚器薄。男女髡发，竹布为衣。种芭蕉，采其实以代粱。煮海为盐，酿蔗为酒。地产玳瑁、羖羊。货用爪哇布、烧珠、印花布之属。

诗曰：假里山环翠，民风丑不知。羖羊行作队，玳瑁最为奇。答应呢喃语，生成器薄姿。田收佳谷少，热候不相宜。

重迦逻

其地与爪哇界相接。高山奇秀，满山皆盐敷树及楠树。内有一石洞，前后三门，可容一二万人。田谷亚于爪哇，气候常暑。俗淳，男女撮髻，穿长衫，围折布手巾。无酋长，以尊年高有德者主之。煮海为盐，酿秫为酒。地产羖羊、鹦鹉、木绵、椰子、绵纱。货用花银、花绢。其处山约去数日水程，曰孙陀罗、曰琵琶拖、曰丹重、曰圆峤、曰彭里，不事耕种，专尚寇掠，与吉陀、亚崎诸国相通，商舶少能至也。

诗曰：迦逻山奇秀，修程接爪哇。洞深通窈窕，髻撮甚欹斜。齿长惟尊德，绵多吐细花。如何不耕种，寇掠作生涯。

淳泥国

龙山磅礴，地宇横广，源田种植，丰登其利。气候：及夏稍寒，冬月极热。俗好奢侈，男女一般椎髻，五彩帛系腰，花布为衫。其国之民崇佛像，好斋沐。凡见唐人至其国，甚有爱敬，路有醉者，则扶归家寝宿，以礼待之若故旧。煮海为盐，酿秫为酒。酋长之用，不敛民物，生理自如。地产降香、黄腊、玳瑁、片脑。货用白银、赤金、色段、牙箱、铁器之属。

诗曰：淳泥沧海外，立国自何年。夏冷冬生热，山盘地自偏。积修崇佛教，扶醉待宾贤。取信通商舶，遗风事可传。

苏禄国

居东海之洋，石奇堡障，山涂田瘠，种植稀薄。民下捕鱼虾生啖，螺蛤煮食。男女断发，头缠皂缦，腰围浮水印花布。俗尚鄙陋。煮海为盐，酿蔗为酒。织竹布，采珍珠，色白绝品，珠有径寸者，已值七八百锭，中者二三百锭。永乐十六年，其酋长感慕圣恩，乃挈妻携子涉海来朝，进献巨珠一颗，重七两伍钱，罕古莫能有也。皇上大悦，加劳厚赐金印冠带归国。地产珍珠、降香、黄腊、玳瑁、竹布。货用金银、八都剌布、青珠、磁器、铁铫之属。

诗曰：苏禄分东海，居民几万家。丸烹围水布，生啖爱鱼虾。径寸珠圆洁，行舟路去赊。献珍朝玉阙，厚赐被光华。

大唄喃国

地与都拦礁相近，厥土黑壤，亦宜谷麦。居民懒事耕作，岁藉乌爹之米供食。商舶风信到迟，则波涛激滩，乃载货不满，盖以不敢停泊也。若风逆，则遇巫里洋险阻之难矣，及防高郎阜沉水石之危。风俗颇淳。男女缠头，穿长衫。地产胡椒、椰子、海鱼、槟榔。货用金钱、青白花磁器、布段之属。

诗曰：大唄喃方险，都栏与结盟。土肥宜稻麦，民懒不耘耕。但有乌爹济，须防罗股惊。此邦风俗异，舟舶恣吟行。

阿丹国

倚海而居，垒石为城，砌罗股石为屋，三四层高，厨房卧屋皆在其上。用粟麦。风俗颇淳，民下富饶。男女拳发，穿长衫。女若出，则用青纱蔽面，布缦兜头，不露形貌，两耳垂金钱数枚，项挂璎珞。地产九尾殺羊、千里骆驼、黑白花驴、驼蹄鸡、金钱豹。货用金银、色段、青白花磁、檀香、胡椒之属。

诗曰：阿丹城庙石盘罗，黑色滋肥粟麦多。风俗颇淳民富贵，岁华常见日融和。境无寸草千山接，羊有垂胸九尾拖。纵目采吟人物异，还归稽首献銮坡。

佐法儿国

临海聚居，石城石屋，垒起高层三五者，若塔其上。田广而少耕，山地皆黄赤，不生草木，牛、羊、驼、马惟食鱼干。男女拳发，穿长衫。女人则以布兜头面，出见人也，不露面貌。风俗颇淳。地产祖刺法、金钱豹、驼鸡、乳香、龙涎香。货用金钱、檀香、米谷、胡椒、色段、绢、磁器之属。

诗曰：佐法儿名国，周围石累城。乳香多土产，谷米少收成。大海鱼无限，荒郊草绝生。采风吟异境，民物互经营。

竹步国

村居寥落，地僻西方，城垣石垒，屋砌高堆。风俗颇有淳。草木不生。男女拳发，出以布兜。山荒地广，而多无霖，绞车深井，捕网海鱼。地产狮子、金钱豹、驼鸡、有六七尺高者。龙涎香、乳香、金箔。货用土珠、色段、色绢、金银、磁器、胡椒、米谷之属。

诗曰：岛夷名竹步，山赤见应愁。地旱无花草，郊荒有马牛。短稍男掩膝，单布女兜头。纵目逢吟眺，萧然一土丘。

木骨都束国

濒海之居，堆石为城，操兵习射，俗尚嚣强。垒石为屋，四五层高，房屋厨厕待客俱于上也。男女拳发四垂，腰围稍布。女发盘，黄漆光头，两耳挂珞蘦索数枚。项带银圈，璎珞垂胸。出则单布兜遮，青纱蔽面，足履皮鞋。山连地广，黄赤土石，不生草木，田瘠少收。数年无雨，穿井绞车，羊皮袋水。驼、马、牛、羊，皆食海鱼之干。地产乳香、金钱豹，海内采龙涎香。

货用金银、色段、檀香、米谷、磁器、色绢之属。

诗曰：木骨名题异，山红土色黄。久晴天不雨，历岁地无粮。宝石连珠索，龙涎及乳香。遥看风物异，得句喜成章。

溜洋国

其中有溜山，有锡兰山，别罗里起程南去，海中天巧，石门有三，远远如城门，中过舶。溜山有八，曰沙溜、官屿溜、壬不知溜、起来溜、麻里溪溜、加平年溜、加加溜、安都里溜，皆人聚居，亦有主焉，而通商舶。其八处地产龙涎香、乳香。货用金银、色段、色绢、磁器、米谷之属。传闻有三万八千余溜山，即"弱水三千"之言也。亦有人聚，巢树穴居。不识米谷，但捕海中鱼虾而食。裸形无衣，惟结树叶遮前后也。若商船因风落溜，人船不得复矣。

诗曰：溜山分且众，弱水即相通。米谷何曾种，巢居亦自同。盘针能指侣，商船虑狂风。结叶遮前后，裸形为始终。虽云瀛海外，难过石门中。历览吟成句，殷勤献九重。

卜剌哇国

傍海为国，居民聚落。地广斥卤，有盐池，但投树枝于池，良久捞起，结成白盐食用。无耕种之田，捕鱼为业。男女拳发，穿短衫，围稍布。妇女两耳带金钱，顶带璎珞。惟有葱蒜，无瓜茄。风俗颇浮。居屋垒石，高起三五层者。地产马哈兽、花福禄、豹、麂、犀牛、没药、乳香、龙涎香、象牙、骆驼。货用金银、段绢、米豆、磁器之属。

诗曰：卜剌邦濒海，无田种稻禾。树枝投入沼，碱水结为鹾。自古瓜茄乏，从来葱蒜多。异香兼异兽，感与一吟哦。

天方国

地多旷漠，即古笃冲之地，名为西域。风景融和，四时之春也。田沃稻饶，居民安业，风俗好善。有酋长，无事科扰于民，刑法之治，自然淳化。不生盗贼，上下和美。古置礼拜寺，见月初生，其酋长及民下悉皆拜天，以为一国之化，余无所施。其寺分为四方，每方九十间，共三百六十间。皆白玉为柱，黄甘玉为地，中有黑石一片，方丈余，曰汉初天降也。其寺层次高上，如塔之状。男子穿白长衫。地产金箔、宝石、珍珠、狮子、骆驼、祖剌法、豹、麂。马八尺之高也，即为天马也。货用金银、段匹、色绢、青白花器、铁鼎、铁铫之属。及日中不市，至日落之后以为夜市，盖其日色热之故也。

诗曰：罕见天方国，遗风礼义长。存心恭后土，加额感穹苍。玉殿临西域，山城接大荒。珍珠光彩洁，异兽贵驯良。日以安民业，晚来聚市商。景融禾稼盛，物阜草木香。尤念苍生志，承恩览远邦。采诗虽句俗，诚意献君王。

（据《学海类编》本及中山大学排印天一阁本《星槎胜览》整理）

《星槎胜览》全书介绍了南海及沿线的占城国、占城国、暹罗国、爪哇国、旧港等31个国家，灵山、昆仑山、交栏山、九洲山等7座山，龙涎屿、翠蓝屿、龙牙犀角、龙牙善提等4座岛屿的基本情况，故将其纳入此编。

明·黄衷《海语》全书

黄衷（1474—1553），字子和，号病叟，又号矩洲，明广州南海（今广东省广州市）人。出身于书香门第，自幼勤奋好学，明孝宗弘治九年（1496）登进士第，授南京户部主事，历任广西督粮、湖南巡抚、兵部右侍郎。工诗词，会用兵，善理财，懂营造，为官刚直，政绩显著。后受人诬告，罢官回乡，创办了矩州书院，潜心著书立说，著有《矩洲集》《世载》《海语》等。黄衷在广州，有大量机会接触来往于外洋的人，与舟师、舵卒、番客交往甚密，彼此熟悉，甚至结为好友。他对海外风物兴趣甚浓，客人一边谈，他一边记。久而久之，积稿甚多，他把稿子归纳整理而成《海语》。此书成为当时国内了解海外风物的珍贵资料，对当时的海运、外贸、外交等事业提供了可靠的依据。书成后数百年来，此书材料屡为人们所用。

序

夫列徼之外，东方曰夷，南方曰蛮。雕题左衽，鸟言而兽行，诸夏利害无与也。然俟德以宾，审势而服，于诸夏之盛衰实始终焉。是故两阶格苗，重译献雉，虞周之德盛可知也。楚称霸而百粤效贡，秦兼并而蛮夷威服，势固有然者欤？自汉而后，内属之境暂开而攻抄之寇踵至，来王之使未返而乖贰之衅已彰，是虽禽兽之常形，而绥驭之道或亦疏矣。

余尝考洪武、永乐之际，海上朝贡之国四十有一，麒麟再至，名珍异贝，充轫帑藏。于兹百七十年，惟东之朝鲜、日本，南之琉球，庭实之质不绝于道，安南、暹罗、满剌加、占城君讣至，君立至，邻国交恶至，惟吊若册，皆有常使。比平其乱，或表臣莅焉。自余兼并分裂，递兴递废，名号非旧，无可考录。余因以慨夫政教不加，荒乱日多，裔夷之遭之不幸也。当时文儒纂述，其称古里之风，道不拾遗；天方之数，可裨历度。所谓"礼失而求诸野"者，非耶？他如《南州异物志》《鸡林类事》《寰宇记》"岛夷""诸番"二志，土风国俗，亦间见耳。

余自屏居简出，山翁海客，时复过从，有谈海国之事者则记之，积渐成帙，颇汇次焉。夫有君臣则有刑政，有男女则有婚媾，有父子兄弟则有聚有处。农工商贾捍灾御辱，各随其方。客谈多二国之事，然类有异于前志者，岂亦沿革习气，与时推移耶？记风俗。

夫天地万物，陆之所产，水必产焉，故物莫繁于海，亦莫巨于海。岛夷内黠外痴而钟于物，则良可贵、奇可玩者多矣，然亦造化之偏气乎？旧志未必详也，记物产。

夫罗经指南，航海而尸其务者，为举舟之司命，毫末悬殊，利害生焉，《海赋》未经道也。柳子厚《招海贾》，似寓情于悯时愤俗，而轻生竞利者观之，亦足戒矣。然余谓海之险，何若方寸间邪？盖海无私于覆溺，而人心或甚焉耳！记畏途。

夫常必有怪，先王制器以知神奸，魑魅魍魉，毋或逢旃。是故蛮夷，阴类也；海，阴方也。鬼物或凭焉。海童、天吴，谅非诞谩。记物怪。

夫言，以谈海立者也，题曰"海语"云。

嘉靖十五年岁柔兆涒滩三月朔旦铁桥病叟黄衷识。

卷上　风俗

暹罗按：暹罗国乃暹与罗斛二国，在占城南

暹罗国在南海中，自东管之南亭门放洋，南至乌潴、独潴、七洲，*三洋名*。星盘坤未针*海天*

无际，舶行莫知方位，惟以星盘针定子午而赴之。至外罗，坤申针四十五程至占城、本古越裳氏之界。旧港，经大佛灵山，其上烽墩则交趾即安南。属也。又未针至崐坥山，又坤未针至玳瑁洲、玳瑁额及于龟山，酉针入暹罗港。水中长洲隐隆如坝，舶出入如中国车坝然，亦国之一控扼也。少进，为一关，守以夷酋。又少进，为二关，即国都也。

其地沮洳无城郭，王居据大屿，稍如中国殿宇之制，覆以锡版。辟东壁为巨扉，是为王门。治内分十二塘坝，酋长主焉，犹华之有衙府也。其要害为龟山，为陆昆主以阿昆猛斋，犹华言总兵，甲兵属焉。有奶街，为华人流寓者之居。土夷乃散处水棚板阁，荫以茭草，无陶瓦也。其国右僧，谓僧作佛，佛乃作王。其贵僧亦称僧王，国有号令，决焉。凡国人谒王，必合掌跪而扣王之足者三，自扣其首者三，谓之顶礼，敬之至也。凡王子始长，习梵字梵礼，若术数之类，皆从贵僧，是故贵僧之权侔于王也。

国无姓氏，华人流寓者始从本姓，一再传亦亡矣。人皆髡首，耻为盗窃，凡犯盗及私市者罪之。其犴狱，则穴地为重楼三级，谓之三牢，轻罪置上级，差重置中级，殊死者乃置下级。轻刑以皮鞭，差重断足十趾，差重断手十指，罪至殊死者腰斩，或以象蹂之。贵僧为请于王，王乃宥之，没为僧奴，谓之奴团。赋役省薄，惟给象为最重，故殊死获免者不为奴团，则以给象终身焉。

国无占候，凡日薄蚀，国人见者则奔告于王，首至者赏。建寅之月，王乃命巫占方，命力者由胜方所向掠人而剔其胆，杂诸药为汤，王濡足，象濡首，以作猛气。凡用胆，华人为上，僧不剔，孕妇不剔，疮痍不剔。是故用胆，视岁甲子为多寡也。建辰之月，是为岁首；建巳之月，始作农事；建午之月，潦始涨；建酉之月，潦退，王乃御龙舟，乃祀土，谷禾乃登，始获。凡稼之长茂，视潦之浅深。秆长丈有三尺，穟八寸有只。稻三盈寸，田亩赡数口少，歉岁也。

凡男女先私媾而后聘婚，既嫁而外私者，犯则出货以赎，然犹蔽罪于男，谓其为乱首也。凡妇多慧巧，刺绣织纴，工于中国，尤善酝酿，故暹酒甲于诸夷。妇饰必以诸香泽其体发，日夕三四沐。戏狎不禁，虽王之妻妾，皆盛饰倚市，与汉儿贸易，不讶亦不敢乱。居父母若夫之丧，则削发如比丘尼，经旬乃蓄鬐如旧。凡死丧，富夷火尸而葬，贫者举尸筏而浮诸海，丧属跽伏于海滨，迎僧而咒，群大鸟啄而食之，顷之而尽，谓之鸟葬。

凡鳄患，夷众则奔赴于王，王诏贵僧咒饭而投诸鳄所，乃以贝多叶书数符佩，以奴团没水牵数鳄出，贵僧稽其蘖迹多者戮之，刳其腹，有得铅珠二升者；迹少，乃黥符其背，咒而纵之。国人凡有仇怨，皆谒僧求咒，其咒土夷遭者，非死即疾；苦施诸华人，则不能害也。

凡饭僧，必具十品食也。屑糯若秔也，牛也，羊也，豕也，翰音也，舒雁也，家凫若鱼也，皆熟而荐之。僧咒而后举，举必尽数器。不足十品，不以供也。

其产多苏方木、槟榔、椰子、波罗蜜、片脑诸香、杂果、象齿、犀角、金宝、玳瑁之属。贸易用肥。故其民饶富，豪酋各据别岛而居，奴团数百口，蓄货多至数十巨万，不盖藏，不虞寇。西洋诸国异产奇货，辐辏其地，匠艺工致，嵌宝指环，时至中国，一枚值数十金。地广而兵强，尝并有占、腊，本扶南属国。而私其贡赋。以不系中国利害，置不问也。洪武四年，暹罗国王参烈昭毗牙道使臣柰思俚、侨刺识悉替等来朝，贡进金叶表，其物有象牙、有犀角、孔雀尾、翠羽、龟筒、六足龟、宝石、珊瑚、金界指、片脑、米脑、脑油、脑柴、檀香、速香、安息香、黄熟香、降真香、罗斛香、乳香、树香、木香、丁香、阿魏、蔷薇水、丁皮琬石、紫梗藤、蝎藤、黄硫黄、没药、乌爹泥、肉豆蔻、胡椒、白豆蔻、荜茇、苏木、乌木、大枫子、芯布、油红布、白缠头布、红撒哈剌布、红地绞节知布、暗花红细棋子花布、织人象花文打布、西洋布、织花红丝打布、剪绒丝杂色红花被面、织杂色红文丝缦。使回，令于广东布政司管待。

满剌加按：满剌加国在占城南，前代不通中国。

　　满剌加在南海中，始为暹罗属国，厥后守土酋长叛其主而自立，开国无可考矣。自东管县南亭门放洋，星盘与暹罗同，道至昆屯洋，直子午，收龙牙门港，二日程至其国。为诸夷辐辏之地，亦海上一小都会也。

　　王居前屋用瓦，乃永乐中太监郑和所造者，余屋皆僭拟殿宇，以锡箔为饰。遇制使若列国互市，王即盛陈仪卫，以自儆备。其民皆土室而居。其尊官称姑郎伽□邪，巨室称南和达。民多饶裕，南和达一家胡椒有至数千斛，象牙、犀角、西洋布、珠贝、香品，若他止蓄无算。

　　俗不尚鬼，男子鸡鸣而起，仰天呦呦而呼哈喇。盖哈喇者，天地父母之通谓也。文字皆梵书，贸易以锡行，大都锡三斤当银一钱耳。牙侩交易，搦指节以示数。千金贸易，不立文字，指天为约，卒毋敢负者。不产五谷米稻，皆暹罗崛㟍、陂堤里所货鬻。俗禁食豕肉，华人流寓，或有食者，辄恶之，谓厌其秽也。其地多酥酪，富夷以和饭而啖。鸡、犬、鹅鹜常仰贩于他国，故一物之价，五倍于华也。

　　民性犷暴而重然诺，钯镴刃类也。不离顷刻。生男二岁，即造小钯镴而佩之，一语不合，便戕刃其胸，死即刃者辄逃匿山谷，逾时乃出，死者之家不复寻仇，姑郎伽□邪亦不复追论矣。交会则交扪其手以为礼，误扪其手则勃然忿争。贫民颇事剽掠，遇独客辄杀而夺其货。舶商假馆，主者必遣女奴以服役，犹日夕馈食饮，少不知戒，即腰缠皆为所掩取矣。

　　婚嫁尤论财，男聘以十四而责女之奁资，尝数倍陪送奴囝，有五六房者。市井骂詈，止于其身，虽甚辱，不大较；若骂子孙而及父祖，骂奴而及家长，辄以死斗。故佣奴以土著为上，谓其能扞主也。妇女以夜为市，禁以二鼓为罢脱，有过禁者，遇巡徼，姑郎伽□邪即执而戮之，王亦不诘也。轻刑鞭挞，罪至死者，断木为高桩而锐其末，入土二尺许，以囚大孔贯锐端，辗转哀噭，顷之洞腹而死。丧事，贫者举尸而焚，富人则以樟脑实棺中而后焚之，诘旦而视骨，为扬灰矣。

　　其地多崇山大谷，陆行可达暹罗。尝并有瓜哇之国，本婆古阇国。然瓜哇之夷素号凶狡，凡受佣其地而戕害其主者十八九，惟善制药筒，中其矢者无不立死。正德间，佛郎机佛郎机，不知何种，素不通中国。正德丁丑，假作贡献，来至近广，恃火锐设栅自固，掳婴儿烹食之。守臣率来军攻杀之，遁去。之舶互市争利而閧，夷王执其哪哒而囚之。佛郎机人归诉于其主，议必报之，乃治大舶八艘，精兵及万，乘风突至。时已逾年，国中少备，大被杀掠。佛郎机夷酋进据其宫，满剌加王退依陂堤里，老幼存者复多散逸。佛郎机将以其地索赂于暹罗而归之，暹罗辞焉。佛郎机整众满载而去，王乃复所。永乐三年，满剌加国王西剌八儿速剌遣使奉金叶表来朝贡，其物有番小厮、犀角、象牙、玳瑁、玛瑙、鹦鹉、黑猿、黑熊、白鹿、锁袱、金母、鹤顶、珍珠、珊瑚、撒哈剌白苾布、姜黄布、撒都细布、西洋布、片脑、栀子花、蔷薇露、沉香、乳香、速香、金银吉、降真香、檀香、丁香、乌木、苏木、大枫子、番锡、番盐。使回，令于广东布政司管待。正统间，复来朝贡。

卷中　物产

狖音宠

　　狖人属，出于暹罗之崛㟍，短小精悍，圆目而黄睛，性绝专恶，不识金帛、木石。如猿猱。古樾蒙密者，率数十巢，盖举族所聚也。语咿嘤不可辨，山居。夷獠每谙其性，常驯扰以备驱使，蒙以敝絮，食以鱲音鸦。鲅，音具，夷言小咸鱼，可治痾病，十颗粒即愈，服之忌醋，犯则绝肠矣。饮以漓酒，即跃然喜，似谓得所主者，举族受役，至死不避，虽历世不更他姓，尝役以采片脑、鹤顶，皆如期而获。其山多犀象，主者利其齿角，授以毒镖，狨挟以归，遇犀或象，辄往刺之，升木而匿，或犀象怒且索，毋得也。移刻毒发而殖，狨乃群聚叫啸，若夸其捷者，相戒聚以守。经月，犀象且腐，所遗如牙如角，齿则负以数狨，角乃一狨肩之，以输其主，遇夺他姓，亦至死弗畀也。舶人编竹为笼，纤深其制，置所必由之径，机而取之，以献于夷王。王大爱玩，酬以苏合油至数千斤，犹衣狨以番锦，饲以嘉实，置之爽垲，狨以非其主，终不附也。然稍近烟火，泪目即死。

铁桥子曰：予观狨有三善焉。格犀若象，以小制大，近勇；不安华构，不甘嘉养，近廉；不遗旧主，近忠。吁！若狨可为臣监矣乎？

象

象嗜稼，凡引类于田，必次亩而食，不乱蹂也。未旬，即数顷尽矣。岛夷以孤豚缚笼中，悬诸深树，孤豚被缚，喔喔不绝声。象闻而怖，又引类而遁，不敢近稼矣。夫体巨而力强者，物莫若象。佛书言菩萨之力，譬如龙象，是匹龙也。孤豚之声，乃怖而遁之，岛夷之术奇矣。抑何所受耶？噫！世之屏目任耳而自致疑惧者，独象也乎哉？象足骨直，无屈曲处，胆随四时周流四腿，鼻端有爪，可拾针。耳后有穴，薄如鼓皮，一刺而毙。认其子之皮则泣。惟牙最贵重，然亦不切于服食器用也。番夷岁贡，驿递疲于供需。明王谨严好尚，此物置之无用之地，惟以有齿焚身，作使戒耳。

海犀

海犀间出海上，类野兕，而额鼻有角，与陆犀同。所游止处，水为分裂，夜则渊面白光荧荧，此其异也。岛夷以是候之，然竟无获者，遂为希世之物矣。旧说温峤燃犀照水，神怪莫道，《晋书》："温峤还武昌，至牛渚矶，水深不可测，世云其下多怪物，峤遂毁犀角而照之。须臾，见水族覆火，奇形异状，或乘马车着赤衣者。峤其夜梦人谓己曰：'与君幽明道别，何意相照也？'意甚恶之，后以齿疾终。"即其角也。钱吴宝库有水犀带一具，国亡流落人间，不知所终云。又野犀有名通天者，角表夜光如炬，亦奇物也。《夷坚续志》："凡犀角，遇山川日月草木，随寓成影。月与鱼等皆是常有，独宋韩魏公犀带，中央一片乃鹿衔花，已是绝奇。宋孝宗居德寿宫，光宗上寿，以万缗略海商，得犀角一片，是南极老人星像，所扶杖稍短，类泣杖，或以为不祥之物，遂却之。今具星像者，绝不可见。鹿衔花则贵家间有之。"又《广州志》："犀角有乌犀、花犀、通天犀、复通犀。花犀者，白地黑花；通天犀，黑地白花；复通犀，则通天白花中复有黑花，此皆希世之宝也。"考之宋仁宗，以通天犀带赐寇莱公，莱公竟待以暝日，不为不重矣。其辟寒犀、骇鸡犀，则传闻亦罕。《开元天宝遗事》："开元二年冬至，交趾国进犀一株，色黄如金。使者请以金盘置于殿中，温温然有暖气袭人。上问其故，使者曰：'此辟寒犀也。'上甚悦，厚赐之。"

海马

海马色赤黄，高者八九尺，逸如飞龙，山食而宅海，盖龙种也。东南岛夷老于泛海者，间一见云。昔人有巨兽骨者，以问沙门赞宁。赞宁，宋初僧，为寺主。太祖至寺行香，问曰："朕见佛拜否？不拜是？"曰："见在佛不拜过去佛。"大合帝意，遂为定礼。赞宁曰："是为海马骨，水火俱不能毁，惟沤以糟腐即烂矣。"试之果然。前代缁流，博雅乃尔。则名为大儒者，其可及哉？外一种海药，亦名海马。《异物志》云："生西海，大小如守宫虫，形似马。"以予所见，乃石形似马者。窃恐初为生物，遇泥沙冲渍，久渐成石，如石蟹本生蟹所成耳。以海马有二名，故著之。

海驴

海驴多出东海，状如驴，舶估有得其皮者，毛长二寸许，睛则氄氄下垂，阴则氂綝整也。或以制卧褥，善人御之，竟夕安寝；不善人枕藉，魂乃数惊矣。岛夷诧其灵，不敢蓄也。

铁桥子曰：獬豸触邪，獬豸，神兽，能触邪。今以为法司服色，取此义。神草指佞，即屈轶草，生尧时。皆出于圣人之世，盖希代之瑞也。海驴产于荒裔洪涛之中，而其遗革犹辨淑慝以效其灵，如其非诞，亦足异矣。吁！孰谓灵具五常，而智反敝革下邪？

海狗

海狗纯黄，形如狗，大乃如猫，尝群游背风沙中，遥见船行则没海，渔以技获之，盖利其肾也。方书或谓骇狗肾，谓以此物置之卧犬之侧，则惊骇而奔。医工以为即腽肭脐云。按《本草》："腽肭出西戎，豕首鱼尾而二足。"《图经》云："黄毛三茎一窍。"别种也。

獴猯

獴猯或作㹶。有白有黑，有黄，有狸状，酷类猫而大，亦高足而结尾，捕鼠捷于猫也。诸国皆产，惟暹罗者良，舶估挟至广州，常猫见而避之，豪家每十金易一云。

海鼠

海鼠大如豕，重亦百斤，目正赤，然犹畏猫，或献于夷，犹畜之别囿，遇獴猯啗其目，死焉。海鲶鱼每涉沙际，佯不动，海鼠以为彼失水且死，啗其尾，鲶转首噬之。从水云。

海鸥

海鸥似鹅而大，不识人，舶过尝集人肩项，人辄捕而烹之。《列子》："海上之人有好鸥鸟者，每旦从鸥游，至者百数。其父曰：'取来吾玩'。明日，之海上，鸥舞而不下。"此似寓言之意也。又《晋书·张华传》："人有得巨鸟，毛长三丈者，问之，华愀然曰：'此海凫毛也，出则世将乱。'"予以鸥凫类近，附之。

海鸡

海鸡毛色如家鸡，惟双足鳖类尔。海滨居民，鸡栖于野，每与异种交接伏雏，多有异状者。

海鹤

海鹤大者修项五尺许，趐足称是，吞常鸟如啖鱼鳝。成化间，有至漳州者，漳人射杀之，复有以顶货者，类淘河而锐味，淘河即鹈鹕，亦名逃河。《诗》云："维鹈在梁，不濡其味。"是也。雄大，雌乃略小，昼啄于海，暮宿岩谷间。岛夷豫以小镖付犰，月夕则伏于鹤常宿所，择其大者而刺之，平旦有获五六头者。岛夷乃剥其顶，售于舶估，比至闽广，价等金玉。予尝见广中善宦，有以鹤顶制饮器数百事，海鹤顶亦可制带，真者极贵重，但伪售者多，甚难辨耳。记云："海上之鹤，千岁为玄。或云鹤有玄黄白苍不等，而白者最良，堪入药。"《穆天子传》云："天子至，巨搜二氏献白鹤之血，以饮天子。"注云："血益人气力，盖不特可充玩好而已。"首饰金宝，饷诸贵珰朝右，以希显柄，然卒止方岳，岂数然邪？抑公道可凭邪！

海鹦哥

海鹦哥黑啄羽，足亦鳖也。若禽类则亦有真鹦鹉，具五色者，闻以充贡。

海燕

海燕大如鸠，春回巢，于古岩危壁茸垒，乃白海菜也。岛夷伺其秋去，以修竿接铲取而鬻之，谓之海燕窝，随舶至广，贵家宴品珍之，其价翔矣。海旁俱沙碛，无淤泥。海菜脂莹软腻，燕以营巢，绸缪日久，味加于本菜，洗濯时，尚有燕毛粘着其上也。

火鸡、山凤

火鸡出满剌加山谷，大如鹳，多紫赤色，能食火，泽州英鸡能食碎石子，西夷驼鸟能食生铁，物性之异如此。吐气亦烟焰也。凡鸡类，多能吐气。记云："锦鸡吐绶。"予于友人家亲见之，五彩成云，烂然可爱，睒睒渐收入口矣。子如鹅胎，壳厚逾重钱，或班或白。岛夷采为饮盏，见者多珍奇之。山凤喙首如鹤，项足率七八尺，趐翩过之，能吞众鸟，敌人而啄其脑，若刀斧然，子大如椰瓯。予尝怪《杂记》"汉时贡续弦膏"云："外国煎凤髓所造。"又云："诸天国食凤卵，如土人食鸡卵。"按：凤，灵鸟也，应期而生，《传》称"翔于千仞，览德辉而下之"，夫见且不得，而其髓与卵，乃充日用，理亦希矣。予意必有物如山凤者之类耳。贾谊赋曰："使麒麟可系而羁兮，何异于犬羊？"予亦曰："使凤凰可烹而糜兮，夫何异于鸡鹜？"近时暹罗哪哒挟一以饷，盘检悦之，倩巧匠裁为酷瓿，市井夸谓仅见也。夫明王之世，不贵异物而杜淫巧，此何为哉？

海鲨

鲨有二种：鱼鲡之鲨，盖闽广江汉之常产；海鲨，虎头鲨体，黑纹鳖足，巨者余二百斤，尝以春晦陟于海山之麓，旬日而化为虎，惟四足难化，经月乃化矣。或曰：虎纹直疏且长者，鲨化也；炳炳成章者，常虎也。《本草》云："沙鱼出南海，形如鳖，无足而有尾。"《山海经》云："可以饰剑。"广中亦有沙鱼，其皮可以磨器及作剑室。如叔所记，当为别种。传云："鱼虎，背有刺，皮如猬头，如虎，生南海，亦有变为虎者。"此疑同类异名，但不云有足。草木子曰："鳞虫皆卵生，独海鲨胎生，故为鱼也。最巨。"

海龟

海龟鹰首鹰吻，大者方径丈余，春夏之交，游卵于沙际，岛夷遇而捕之，辄垂泪嘘气，如人遭困厄然。或谕之曰："汝再垂泪嘘气，当解汝缚。"龟便应声潜然，鸣若哀牛，岛夷昇至海滨释之。龟比入水，引颈三跃，若感谢状而逝。《晋书·毛宝传》："宝在武昌，军人有于市买得一白龟，长四五寸，养之渐大，放诸江中。邾城之败，养龟人被铠持矛，自投于水中，如觉堕一石上，视之，乃先所养白龟，长五六尺，送至东岸，遂得免焉。"《富春志》："孙权时，永康樵人入山得大龟名元绪，将献之吴王，夜泊舟于越石里桑木下，中夜闻木呼曰：'劳乎元绪，何事乃尔？'龟曰：'游不择时，为人拘系。'木曰：'将就烹耶。'龟曰：'虽尽南山之木不能烂我。'木曰：'诸葛元逊博物之士也。尔至，则祸必至我。'王既得龟，烹之，积薪万束莫能烂。诸葛元逊果入曰：'宜用老桑木煮之。'樵人因言越石所闻之语，王伐木煮之，立烂云。"《江湖纪闻》："景定癸亥，荆门军黄叔子处京学，病，函报其子。未至十数里，宿田舍。继有扣门报宿者，与黄各通姓名，谈论古今，叠叠可听，因问黄来故，曰：'尊君得非黄叔子乎？'黄曰：'然。何故相识其人？'曰：'予死，尊君实生之。近闻其病，乃多食生鱼，胸中积冷，误服凉药，今但服姜附汤可愈。今既相遇，予可无行。'言讫不见。黄到京，乃知其父因上膈热，多服凉药，与冷积相并，遂收效姜附焉。叔子平生未尝活人，但同斋曾获一龟，将脱其壳，黄怜而纵之，意此报也。"又《夷坚续志》："杨安抚炎正与其弟梦信，皆以世科官至安抚。家蓄一龟，大二尺余，作龟室于堂奥，每日饷以饭，或饼饵之属。二杨偶有除擢，或有他喜，则跳跃而出；若有凶事，则出而泪下。"夫载籍所记龟者多矣，即此数事，其性之超诞特为敻绝，盖非独海龟为然也。记曰："麟凤龟龙，谓之'四灵'"。又曰："守以灵龟。"是故龟不物矣。

海鳇

鳇有二种：常鳇类鲥鱼而小，河海皆产也；海鳇身首差短，岁二八月，群至数百，腾于沙屿，移时化为鸟，俗呼"火鸠"是也。海滨居民，候其上也，噪而惊之，化者才十五，鳞鬣全不开者，不全化矣。居人羞者市者，濒海皆足。余少时尝见广海人有以糟鳇饷先大夫者，比发瓿，鸟首而鱼身者二，先大夫愀然不怿曰："是欲化而不可得者也，无乃人离造化之情邪？尚忍食哉！"命覆之。即所谓"鹰化为鸠，雀入大水为蛤者"也。大抵造物变化无穷，历不尽载矣。《晋书·张华传》："武库雉雊，旁有蛇蜕。"宋《杨文公谈苑》："都下盛卖鹑，是月绝无蛙声。"凡此类也。惟段成式所记："补阙张周见壁上瓜子化为白鱼。"徐闻司训陈君尝为予言："见一榕叶坠地转动不已，拾之半化为蜻蜓。"此颇为异耳。其余古今所受不可殚述矣。虽然，极其变而观之，沧海尚亦为桑田，六合人物终尽而更始，天地且不能违，而琐琐者又何烦叙论乎？

海鳅

海鳅长者亘百余里，牡蛎聚族其背，旷岁之积，崇十许丈，鳅负以游。鳅背平水，即牡蛎峄屼水面如山矣。舶猝遇之，如当其首，辄震以铳炮。鳅惊，徐徐而没，犹漩涡数里，舶颠顿久之乃定，人始有更生之贺，盖观甚奇而灾甚切也。《琼州旧志》："赵公简公鼎谪吉阳军，即今崖州。雷州守臣走使泛海通问，使者晨望极远处，隐隐如十里红旗出没，疑为番寇，指示舟子。舟子摇手戒勿语，乃披发持刀割舌，血滴水中，食顷方不见。问之曰：'此海鳅也。无数红旗者，背翅耳。此舟几为所坏裂。'乃举酒相庆。"吁！水物之害有如是乎？披发裂舌，盖厌禳之。《志》云："此鱼长或千里。"

鳗鲡

鳗鲡大者身径如磨盘，长丈六七尺，枪嘴锯齿，遇人辄斗，数十为队。常随盛潮陟山而草食，所经之路，渐如沟涧，夜则咸涎发光，舶人以是知为鳗鲡所集也。燃灰厚布所开路，执镖戴诸器群噪而前，鳗鲡循路而遁，遇灰体涩不可窜，移时乃困，舶人恣杀之。皮厚近寸，食之美于肉也。《图经》云："鳗鲡似蝉，是蛟蜃之类。"海鳗最大，予尝见钓获者，形甚可怪。亦堪入药，如《稽神录》所载，活痨疾妇人，功用非小；犹不及歙州五色者为上品耳。

印鱼

印鱼出南海中，似青鱼，而修广过之。头骨中折，如解颅之婴。脑后垂皮，方径三寸许，若道巾之披余然。上有黑文，俨如篆籀，岛夷间有获者，必珍藏之，不知其何谓也。

河豚

河豚出于江河者，皆不盈尺。海中大者如豕，服杂红黄，文彩可玩，常鱼率水而游，此则旋回戏跃。喷沫之声，乌乌如训狐。服鸟也，似鹤。贾谊在长沙作《服狐赋》，或作胡服，或作鹏。舶人闻其声，知其下有河豚也。以小绲系义镖掷而获之，有重数十斤者云。此河豚背有红黄圈文，腹胀者，烹饪失节能杀人，梅圣俞时所谓"入口生镆铘者"也。其江豚如豕形，随水上下，鼻中有声，能喷水，舟人以占风雨，今扬子江多有之。许浑诗所谓"江豚吹浪夜还风"是也。海亦多此种，其形更大，味如水牛而腥。《本草》谓为"江独""海狖"即此也。

蜘蛛

海蜘蛛巨若丈二车轮，文具五色，非大山深谷不伏也。游丝隑中，牢若綑缆，晨辉照耀，光焰烨烨，如虎豹麋鹿。间触其网，蜘蛛益吐丝如缟霞，缠纠卒不可脱。俟其毙腐，乃就食之。舶人欲樵苏者，率百十其徒，束炬而往，遇丝辄燃，红遍山谷，如设庭燎。蛛潜愈邃密，惟恐其及也。或云：取其皮为履，不航而涉，岂其然欤？陶隐居云蜘蛛有数十种。今观《尔雅》所载七八种耳，皆无所谓。海内俱有之，但不及海外为极大耳。世称蜘蛛善巧，《埤雅》曰："知诛，义者也。"然则海蜘蛛其专大巧而窃物权者乎？

猛火油

猛火油，树津也，一名泥油，出佛打泥国。大类樟脑，第能腐人肌肉。燃置水中，光焰愈炽，蛮夷以制火器，其烽甚烈，帆樯楼橹连延不止，虽鱼鳖遇者，无不燋烁也。一云出高丽之东，盛夏日初出时，烘日极热则液出，他物遇之，即为火。此未必然，恐出树津者是也。

酴醾露

酴醾，海国所产为盛，出大西洋国者，花如中州之牡丹。蛮中遇天气凄寒，零露凝结，着他草木，乃冰澌，木稼殊无香韵，惟酴醾花上，琼瑶晶莹，芬芳袭人，若甘露焉。夷女以泽体发，腻香经月不灭。国人贮以铅瓶，行贩他国，暹罗尤特爱重，竞买略不论直。随船至广，价亦腾贵，大抵用资香奁之饰耳。五代时与猛火油俱充贡，谓蔷薇水云。《晋书·贾谧传》："外国贡异香，着人则经月不歇，武帝甚贵之，惟以赐侍中贾充及大司农陈骞。"海外诸香木虽芬烈，然不甚着人，亦不经久，据所云，知即此香也。

片脑

片脑产暹罗诸国，惟佛打泥者为上。其树高者三二丈，叶如槐而小，皮理类沙柳，脑则其皮间凝液也。好生穷谷，岛夷以锯付犰，就谷中尺断而出，剥而采之，有大如指，厚如二青钱者。香味清烈，莹洁可爱，谓之梅花片。鬻至中国，擅翔价焉。复有数种，亦堪入药，乃其次耳。按《本草》有"龙脑"，医家专云"片脑"，皆以为眼科之药，盖即一也。《图经》云："龙脑香出婆律国，今惟南海番舶贾客货之。相传云其木高七八丈，大可六七围，如积年杉木状，旁生枝叶，正圆而背白，结实如豆蔻。"《酉阳杂俎》云："此木有肥瘦者，出龙脑香。其香在木心。波斯断其木，剪取之，肥者出婆律膏，其膏于木端流出，斫木作坎而承之。或云：南海山中亦有此木，唐天宝中，交趾贡龙脑，皆如蝉蚕之形，此老木中根节方有之，极为难得也。今海南龙脑，多用火煏成片，中亦有杂伪。入药，惟贵生者，状若梅花瓣，甚佳也。"详观所记与《图经》大同小异，虽出之处不同，意海外之国俱有之，总则谓之龙脑，其成片如梅花者则谓片脑耳。

石蜜

九海山岩穴，野蜂窠焉，酿实无收采者，草间石罅，在在泛溢，抛露日久，必宿蛇虺之毒。船人遭难入山者，虽草木鱼蟹之属，糁以胡椒，熟而食之，无害也。脱遇石蜜，以为甘而过食，必大霍乱而死，可不慎诸！《桐乡摘集》："海外四月槟榔花盛开，蜂采之，率多醉死，惟此时少衰，余月皆盛。予窃禄朱崖，百况俱恶，惟海味与石蜜得饱啖耳。"石蜜即岩蜜，苏恭以为非者，误也。方书云：远方山郡幽僻处出蜜，所着巉岩石壁，非攀缘所及，惟于山顶蓝矗自悬挂下，遂得采取。蜜去余蜜着石，鸟雀群飞来啄之尽。至春，蜂归如故。海上山岩万岫，四时和暖，百花盛开，故蜂蜜胜于他境。自入楚以来，所啖蜜，味作微酸，蜂多类木虻耳。禹锡以苏恭荆襄人，地无岩险，应未博闻，是矣。

伽南香

香品杂出海上诸山，盖香木枝柯窍露者木立死，而本存者气性皆温，故为大蚁所穴。蚁食石蜜，归而遗于香中，岁久渐渍，木受蜜气，结而坚润，则香成矣。其香本未死，蜜气复老者，谓之生结，上也；木死本存，蜜气凝于枯根，润若饧片，谓之糖结，次也；其称虎班，结金丝结者，岁月既浅，木蜜之气尚未融化，木性多而香味少，斯为下耳。诸香惟此种不堪入药，故《本草》不录。《广州志》云："沉香有黄沉、黑沉，至贵者蜡沉，削之则卷，嚼之则柔。皆树枯，其根所结。伽南木乃沉之生结者。"大抵诸香无异种，但分生死结、久近、粗细耳。如青桂香、马蹄香、栈香、速香之类，各有次第，而伽南为上，沉次之，余再次之。丁谓在海南，作《天香传》，谓四十二状同出一本，尽之矣。夫沉附种子，伽南而亚之，沉既入药，伽南乃参置不录，何耶？窃恐名谓既殊，气味功效，亦当稍别，不然，《本草》其真蔽贤哉？近世士夫以制带锈，率多凑合，颇若天成，纯全者难得耳。

辟珠

辟珠，大者如指顶，次如善提子，次如黍粟，质理坚重如贝。辟铜铁者，铜铁不能损；辟竹木者，竹木不能损。犯似他物，即毁矣。常附胎于椰子、槟榔、果谷之实之内，通谓之"圣铁"。一名蕹宾铁。人有善鼓琴于月夜者，铁自池荷中跃出其前。名为圣铁，无忝也。岛夷能辨之，故以为奇宝也。夫威喜辟兵，威喜，未详。尝记小说云：昔一人藏物于身，兵刃所施，物自应之，纤毫不损，恐或指此。舍利拒火，僧有舍利，云血气精华之所凝结，大化之后，炳然独存。天竺沙门僧康会对孙权曰："舍利威神，岂有光相而已？此乃劫烧之火所不能焚，金刚之杵所不能碎。"而此珠出于草木，乃能制犀利之物，无亦庶类精华之所融结邪！然皆中国未之或见也，所谓钟于物而不钟于人者，兹亦一佐邪？

蓬莪柰

蓬莪柰，华言破肚子，盖果实也。产于暹罗之崛巆，如大枣而青。岛夷日干以附远，渍以沸汁，其皮自脱，圆满如大李，肉润腻如红酥，甘美可啖，亦珍味云。《南方草木状》所载广南果食，精美备矣。海外所传如波罗蜜、石果、海梧、海松子、蓬莪柰，虽称珍奇，要之，皆在枝、圆、橘、柚之下，惟海松子入药。近奉旨求之，极难得，颇为累耳。波罗蜜，按《隋书·四夷传》："百济有异树，名波罗波。"《酉阳杂俎》：

唐段成式著，《异木篇》云："婆罗婆树，其实大如瓮。"又云："出波斯国，呼为阿善蓽树，长五六丈，皮色青，丝叶极光净，冬夏不凋，无花，结实从树茎出，有壳裹之，壳上有刺，瓤至甘甜，可食。核大如枣，一壳裹中有数百枚核，味如栗，炒黄，食甚美。"予至崖州，凡家园皆有之味，甜而颇腥气，不甚可口。仁颇甘，不如栗，名独盛矣。石栗，树与栗同，但生于山石罅中，花开三年方结实，其壳厚而肉少，其味似胡桃仁，熟时或为群鹦鹉至，啄食略尽，故彼人极珍贵之，出安南。海梧子，树似梧桐，色白，叶似青桐，有子如大栗，肥可食，出林邑。海松子，与中国松同，但结实绝大，形如小栗，三角，肥甘香美，出林邑、新罗。

卷下　畏途

崐屯山

山在大佛灵南，凡七屿七港，是谓七门。《唐书》："广州东南海行三百里，至屯门山。"或疑即此山，计之道里不同，恐非也。其旁洲屿皆翼然环列，适诸国者，此其标也。其山多兕犀、野马、巨鼍、异蛇、大木，复多平川，沃壤数百顷，椰树骈生，堕实弥谷；冬瓜延蔓，苍藤径寸，实长三四尺，大逾一围，海上无人之境，产物皆硕大。予客朱崖，令人采何首乌、天南星二药，皆三倍于常品，气味各别。周知有枣如瓜，非诞语也。糜腐若泥淖然。船欲樵苏，非百人不敢即往。老估尝镌崖壁识崄以示防云。

分水

分水在占城之外罗海中，沙屿隐隐如门限，延绵横亘不知其几百里，巨浪拍天，异于常海。由马鞍山抵旧港，东注为诸番之路，西注为朱崖、即今琼州府所属，大约总称朱崖。儋耳、即今儋州。之路，天地设险以域华夷者也。予尝循朱崖、儋耳之境纵观于海，则见洪涛骇浪，势如沸鼎，色类蓝靛，遥望不极。问于居民此外当为何所？笑而不答。尝闻崖州老客云："每取鱼，远出界，夜半略闻鸡声，此为占城国。"而《岛夷志》又闻："占城至崖州七日程，盖海直抵天际，朱崖与诸番皆在海中，如浮氹然。"《地理图》所载是也。惟朱崖联属雷、廉，汉贾捐之建议弃之，历代皆入版图，声名文物，盖十倍交趾者也。由外罗历大佛灵以至崐屯山，自朔至望，潮东旋而西；既望至晦，即西旋而东。此又海中潮汐之变也。惟老于操舟者乃能察而慎之。予幼为弟子员时，督学四明余子华老先生讲《正蒙》及潮汐，以余忠襄《海潮图》为是，盖主月之所临，潮必从之之说。及游朱崖，读王桐乡摘集，又以长短星为验。再检《岭外录》云："江浙之潮，自有定候；钦廉之潮，则朔望大；琼海之潮，半月东流，半月西流。潮之大小随长短星，不系月之盛衰。"始知王之说盖祖此。

万里石塘

万里石塘在乌潴、独潴二洋之东，阴风晦景，不类人世。其产多砗磲，蛤蚌之属。海南人以锯解之，磨礲为砚，极可珍玩。《本草》以为玉石类者，非也。其鸟多鬼车，九首者、四三首者，鬼车，晦冥则飞鸣，能入人室，收人魂魄，一名鬼鸟。此鸟昔有十首，一首为犬所噬，今犹余九首，其一常下血，滴人家则凶。夜闻其飞鸣，则掩狗耳，犹言其畏狗也。亦名九头鸟。《荆楚岁时记》："闻姑获夜鸣，闻则掩狗。"二鸟相似，故有此同。《周礼》庭氏以救日之弓、救月之矢射之，是也。漫散海际，悲号之音，聒聒闻数里，虽愚夫悍卒，靡不惨颜沾襟者。舵师脱小失势，误落石汊，数百躯皆鬼录矣。

万里长沙

万里长沙在万里石塘东南，即西南夷之流沙河也，弱水出其南，风沙猎猎，晴日望之如盛雪。船误冲其际，即胶不可脱，必幸东南风劲，乃免陷溺。

铁板沙

成化二十一年乙巳，宪庙遣给事中林荣、行人黄乾亨备封册之礼以如占城，官治大舶一艘。凡大舶之行，用小艚船一，选熟于洋道者数十人驾而前，谓之头领；大舶之后，系二小船以便樵汲，且以防虞，谓之"快马"，亦谓"脚艇"。是役也，军民之在行者千人，物货太重，而火长又昧于径路，次交趾之占壁啰，误触铁板沙，舶坏，二使溺焉，军民死者十九。予里中有麦福者，同七十余人夺一脚艇，棹至崖侧，巨浪簸荡，众惧，舍舟而登山，回望大舶覆处，近如席前，洪涛澜汗，惟败箧破甑出没于其间，数百人者沤灭无迹，众皆长恸。于是昼行夜伏，捕蛇鼠，拾草木之实而啖之，风雨晦冥，石妖木魅，千奇万怪，来侮来狎，悉难名状。且已忘甲子，惟视月弦望以验时日。曾未浃旬，死者强半，存者二十四人。复已缺食二日，蹒跚冥行，伥入空谷，谷中石窟，宽坦如堂。有草叶如广之水蕉，掘之，根类蹲鸱而大，竞取以食，喉间微觉苦涩，余味如葛。识者曰："此非恶草也，第未经风日水土气，作苦涩味耳。"乃曝之日中，众亦偃息石窟，已皆酣寝。比寤，晓星煌煌矣。迟明，敲火燃草，取所曝日中者煨而食之，味转香滑，晨进一枚，饥渴俱弭。相率肆力而采，顷之，根茇都尽。窟居二日，体力完健，乃人负数枚，复沿水际而行，俄闻溪中人语。至，见岛夷数辈，乘三小船，循溪搜捞段帛诸物。有谙夷语者询之，乃交趾、占城二国之交徼巡船也。二船酋长闻是覆溺之余，为之隐恻，各取十二人，共载以归。二国夷王谓天朝人民，馆谷如礼。于是占城遣人以二使来讣，广中始知大舶沦没。守臣以闻，二使均荷恤荫。二使以死勤事，闻其孙子甲科世盛，朱紫相袭。天之右功，不为疏矣。予荐主绍兴毛鸣岗老先生题其家挽册，有"白骨已沉恩似海，锦衣可奈夜如年"之句。又逾年，二国始具海舟，资送诸人以还。盖同日达广也，逆计阽危之日，至是已二年矣。麦福自言：向在占城旅次，月夕梦还其家，见三道士设水陆醮，闻其妻哭声而寤。福于枕上亦哭，同寝诘之，语之梦，无不酸鼻者。次年抵家，见其妻髽而麻衣，筵几俨然。夫妇相持，悲喜交集。询其妻，云："凶闻至时，为丙午六月晦，初犹未信，既而审然。七月望，始倩道流招魂而葬，月夕之梦，无乃是乎？"吁！人之游魂，夕数千里，不既神乎？

铁桥子曰：甚哉，利之戕贼也！穷荒绝徼，无不竞焉。二使衔命，远适异域，不幸而溺，厥职固在，诸众人者何为者哉？缘刀锥之末，蹈不测之渊，以饱鲸鳄，非溺海也，利溺焉耳。予故纪之，以为犯险侥利者鉴之。予窃禄海外，每见叔此语，辄愧恨不已，携家生还，不为不幸也。大抵海舟深底，入水数尺，纵风浪汹涌，舟极颠沛，可保无恙，惟遇沙浅并石，浪势相撞，则破坏必矣。嘉靖丁酉，琼府诸生下第者，自省由海而归，至碙州而下，失道遇浅，数舟皆折崖州，所溺凡八生焉。次年，予适至崖，为之陨涕，作《哀八生文》，文拙且冗，不复录也。其称"状类蹲鸱"者，不知其为何草也。俾托根于通都名峤，得岐黄为之品第，功岂下于重楼、三秀者哉？兹乃沦没裔夷广莫之野，获济者仅二十四人，才而不效。呜呼，惜也！虽然，幽人空谷，古盖有之。

物怪

海和尚

海和尚，人首鳖身，足差长而无甲。舟行遇者，率虞不利。宏治初，吾广督学大金淮阳韦彦质先生，将视学琼州，陆至徐闻，方登海舟，此物升鹢首而蹲，举舟皆泣，谓有鱼腹之忧，议将禳之。先生方严，人不敢白也。诘旦抵琼，留十许日，试士都毕，泛海而还，若履平地。后迁福建宪副考，终于家。语曰："妖不胜德。"《草木子》："邵子曰：'陆生之物，水中必具。'"计必有海人。尝闻之海贾云：有海人出，形如僧人，颇小，登身而坐，至则戒身人寂然不动，少顷复沉水，否则大风翻舟。以予观之，必水族之异形者也，遇物而升，值之恐非祸福所系，率以为怪，是谓生于罕乎？

海神

风柔浪恬，岛屿晴媚，倏然红旗整整，拥浪而驰，迅若微电。火长即焚香长跪，率众而拜曰："此海神游也。""整整红旗"者，夜叉队也。遇者吉矣。南海最灵验，敕赐庙宇，春秋二祭。国有大事，天子为遣使进香。庙旧有波罗树一，本海中大暨鱼，一岁间岁来朝。民间舟中所事海神不一：广、琼有天妃祠，亦受敕封王祭；昌化有峻灵王祠，苏子瞻谪海南，为作碑记，余不尽录。予携家浮海，还横巨浪，几不能济，舟人呼神而共祷之，顷刻顺风入港矣。

鬼船

海舶相遇，火长必举火以相物色。日影向西，或三或两，帆樯楼舵，首尾间缺，下上欹侧，掠浪冲突，此举火而彼不应者，知鬼船也。巫乃披发，掷米抛纸而厌胜之。"游魂为变"，则覆溺亡者似为鬼矣，所操之舶，果何所化耶？未可知也。

飞头蛮

飞头蛮亦海山中鬼物也，居处嗜好，与人无别，夜则其首飞去，颐实秽物，归则身首属而咽之，惟领下微痕如红线耳。暹罗岛夷有娶妇得此者，其夫恶之，或教以俟其首去，置身于地，以小刀喇喉颈间，顷之，首归不合，宛转而死。夷僧云："是必素违誓约，鬼罚乃尔。"然予偶记小说云：某人家生一子，自然无首。则飞头者岂亦沴气适然所钟邪？予僚友尝言海外奇事：乡间有纳妇者，妇每夜从床前入地去，饱食鱼蟹而返，衣犹沾湿。其夫欲逐之，不果，后生子如常，亦无他异。此与予叔所记，皆令人骇不置信者。乡伯祭酒泰泉黄公志云：亲见香山县深林中有物，如婴孩而裸，自藤萝中携手鱼贯而下，相挽不断，见人辄笑，至地而灭，土人谓之"赤虾"，亦无所怖。及阅《双槐集》所载，亦与此合。又盐商高氏言：伐薪青远县山中，见一小孩奔走，众遂入枯树中，以火燹之，出走死，视之，俨如人形，惟胁下多两翅耳。二县，广州属邑，已希异如此。是知六合之中，无所不有，而海外神怪为多，故曰：视听之表，圣贤有不言者也。

人鱼

人鱼长四尺许，体发牝牡，人也，惟背有短鬣微红耳。间出沙汭，亦能媚人。舶行遇者，必作法禳厌，恶其为祟故也。昔人有使高丽者，偶泊一港，适见妇人仰卧水际，颐发蓬短，手足蠕动，使者识之，谓左右曰："此人鱼也，《山海经》：姑射国在海中，属列姑射。西南有陵鱼，人面手足，鱼身，在海中。慎毋伤之。"令以楫扶置水中，喋波而逝。

蛇异

宏治间，有舶欲贩于占城者，舶中二十人，将即山而薪。是夜，舶主梦神语之曰："明日斫山，须多裹盐也。"寤而异焉，以语诸薪者，或笑或不信，舶主曰："第人负十许斤，何碍？"众从之，乃乘二快马即山。山麓石潭，深不可测，二十人者分朋而攻。日影西下，山声殷殷如雷，众谓天日高晴，何以有此，是必有异，升木而伺。俄有巨蛇，蜿蜒几五步，色正黑，两目如炬，山巅奋迅而下，没于潭。如雷者乃触石崩隙之声也。有蜈蚣，长可七尺，腾跃而逐之，旋潭蹉跎，尾端毒沫时时射潭内，水色变如油。抵暮，潭面火焰高尺许，舶人熟视，乃自蜈蚣甲间出。夜分，循山而去，光奕奕烛山谷。迟明，下山观之，蛇踡跼死潭间。众方惊喜，曰："裹盐之梦，实神贶也。"乃以藤缆联巨铁钩，引蛇出平野，剥其皮，厚如黄牛之革。骨节中蠥白腌其肉，殆满船腹。众乃辍薪，载蛇以回舶。岛夷之船或过而见其皮，问何从得之，为价几何？舶主绐曰："五十金。"岛夷付之不较，复问肉价几何？曰："百金。"又付之不较。易载将发，舶主谓岛夷曰："若何急此为也？"岛夷笑曰："汉儿不识宝耳。是乃龙也，其皮鞔鼓，声闻二十里。龙皮亦可制扇。《开元天宝遗事》："元宝家有一龙皮扇子，制作其质。每暑月，宴客即以此扇子置于坐前，使新水洒之，则飒然风生。巡酒之间，客有寒色，遂命撤去。明皇亦曾差中使去取，爱而不受，帝曰：'此龙皮扇也。'"此皮中七鼓，一鼓即偿今值，易易也。肉以为鲊，货于国中，且不知价又几倍矣。"舶主懊恨，自谓其不善贾也。

铁桥子曰：物遇乃贵，是何足叹哉！语云："腾蛇游雾而殆于即且。"或作蛆蛆，见《淮南子》。气固有相制也夫！予村居时，见小蜈蚣逐尺余小蛇于池塘，蛇惧没水，蜈蚣于水面布毒沫，蛇不禁自浮出，蜈蚣乃啮杀之，并去其两目。乡人云："蜈蚣寄种于蛇目，是以毒也。凡蜈蚣极大则有宝珠，雷每击之。"或云："恶其善伤龙也。"又沈存中《笔谈》云："见一蜘蛛逐蜈蚣，蜈蚣循篱竹裂隙而入，蜘蛛以腹磨隙再三而去。少顷，破竹视之，则蜈蚣断烂不属矣。"盖蜘蛛布溺以杀之也。物之以小制大，理实运之耶！

龙变

冈，濒海洲也。环海皆崇山，其氓多以樵采为业。昔有樵者三十余辈，驾二白艚涉海而斯薪。午将及岸，遥望巨物，青黑如蛇，垂首山脊，其角腻腻也。诸众人惊相告曰："蚺蛇吞鹿矣。蚺蛇长数丈，大亦数围，善吞鹿，惟角难进，乃伏水中，俟其将腐变，登木自绞，则角脱骨尽出矣。《楚词辩证》疑巴蛇食鹿出骨事似迂诞，而蚺蛇已有然者。入则药最良，《本草》以为产于高、雷，而海外尤盛。彼利得鹿，吾属利得蚺耳。"棹歌踊跃而前，维舟山麓，以梃与刃噪而争先，比至山半，阴云四合，雷电大作，雨雹石注，樵者怖散，莫知所之。顷之，天日开霁，崩崖拔木，弥溢山谷，樵人血额裂趾者累累而集。顾见二白艚，阁置树杪，攀木而升，则雨雹满载，惟米盐衣被，略无所损，乃取米若釜为糜而食。越数日，别艚踵至，众乃得归。

铁桥子曰：事固有似利而实害者，樵也乌足以知之？然鬼神戏人，类是多矣。此或龙运天变之期也。濒海居民，每直龙运，则屋宇人畜，顷刻半空，无论舟楫也。《易》曰："龙战于野。"邹阳疏曰："神龙骧首奋翼则浮云出流。"斯际也，天地且易位，人孰得而撄之？深山大泽，神物所居，切不可触犯。《续搜神记》云："昔有三人，共在山中伐木，忽见石窠中有二卵，大如升，取煮之，始汤热，便闻林中如风雨声。须臾，有一蛇，大十围，长四五丈，径来于汤中衔卵去。三人无几皆死。"予尝过昌化大村驿，旁有神庙，前土隆然，或有动其土石者辄死，人皆谓庙神呵护之。予闻，登其上，戒僮仆勿使犯。意古有息壤，或此类也。

石妖

妖出崐屯山，疑亦阴精也。昔漳人有贩舶者，偕伴数十，薪于山中，崖间石壁可鉴。漳人祖负石立，俄有妇从石隙出，姿态姝丽，非蛮岛所有。漳人与语，媚之，迷惑忘返，遂伉俪焉。妇日献草木实，殊形异色，味皆甘脆，遂已饥渴。乃导漳人葺茅以居，绕舍莳美竹，逾时即长林郁郁，无复寒暑。漳人时从妇陟巘求食，每遭猛兽鬼物，妇身为蔽翼，习见毋怪，亦毋恐也。妇又教之验草木荣落以记时岁。漳人安之，是生二子，不自知其流落海屿间也。所阅草木凡五荣落。妇或他出，漳人独居，忽闻伐竹声，往视，乃舶樵也，中有旧侣二辈，即乡思油然，向舶人道所以，请共载以归。旧侣乃匿之舟中，妇挟二雏追至沙溆，侏僻之声，如怨如詈，掷二雏于水，号嗷而去。漳人登舶，竟瘖不能语。《夷坚续志》："广州有商人，与同伴泛海往诸国经纪，偶中流得病，乃别同伴，登岸歇泊，至一洲间，结茅居止。遂相与约云：若回舟，如见竹竿标记衣物，可来相接；若无标记，即已不讳，不必泊船，恐阻风利也。越半年，舟经前地，则竹竿衣物并无矣。众相望欷歔。暨回广州，访其家人，历道其所以，全家痛哭，即命道士建九幽斋醮，祭炼天下孤魂。至夜三更召请之时，忽闻屋上有人连呼曰：'我在此。'急用梯扶下，乃所度之人，未尝死也。即救以汤粥，方省人事。云：'昨浮海得病，止于洲渚上，忽有二妇人挟至山中石崖内，每日亦有饭食，但自不知此身为生死，已近年余。'一日，闻二妇相语曰：'有符使持公文至水府，称广州某人作商，死于海岛，今祭炼天下鬼神，宜留此人，我尔自去赴会。'既密闻之，力扣二妇，口望带去一观，一妇曰：'不可。'一妇曰：'不妨。'遂挟至其建功德所，约曰：'今藏你在屋上，戒勿作声。'二妇遂往坛前享食。适闻道士出门召请我名姓，又是本家作醮主，且晓我家人哭泣之声，是以叫呼。二妇方知，骂云：'始不欲带彼来，今事泄矣。'飞走而去。其人归，虽得再生，但饮食甚少，越两月死，盖为鬼气所侵，不可救药，但得终于正寝而已。"以此见祭炼之有功也。又昔有富商，漂海舟折，抱一板至岸，得熊母挽之而上登石窍，甚深窈。其中以草荐毛羽为巢，颇温暖；果木具设。商安焉。与熊合而生子。后有贾舟经其下，商抱子登舟，有珠数颗，极为珍美。熊见商去，亟缘崖而下，攀附不可，投水死。商携子归，本姓之子不容，遂养于别所。长，分以财帛，俾店于公安，而姓之曰熊。今其遗种，犹大似猴耳。以上二事，与所记相类，故附著于后。然揆之会通，于理则窒，读者辨之。

黄延年跋

《海语》者，语海者也。曰暹罗，曰满剌加者，南海之国，舶贩所通也。余叔铁桥公以致政之暇，间与海客谈，谈而核者书之，否者去之，得若干卷，分四类焉。夫地，以名诸其国也，川谷异制，则民生异俗，惟政惟俗，可以审夷情，故自首之以"风俗"。俗以民异，有民必有物。《记》曰：鹳鹆不逾济，貉不逾汶，橘逾淮而北为枳，况裔夷乎？故次之以"物产"。民物往来，道有所必经，危者使平，易者使倾，故次之以"畏途"。畏者，险也。险远无人之境，怪异生焉，故次之以"物怪"。夫怪生于罕而止于习者也，羵羊之辨，佛齿之识，其可少哉！或者不知，以为漫陈海事，非也。尝稽古大传之纪四渎，将无同欤？说者曰："渎者，通也，所以通中国垢浊，民陵居殖五谷也；江者，贡也，珍物可贡献也；河者，播为九流，出龙图也；淮者均，均其务也；济者齐，齐其度量也。"海国虽非若冀之岛、徐之淮，固亦与岁贡终王之事。古志远矣，顾可无是非邪？今读之，其事核，其文直，间复为之论断，曲而中焉，信可传矣！或曰：公之文章德政满天下，孰先传焉？曰：是则然，当有举其全者，然亦可见公之一言一墨，莫不在人也。斯以谈海，独不知海乎？《礼》曰：三王之祭川也，先河而后海。夫河，非海之全也，而独先焉，则公之文章德政，学之海也。即是亦可观尔，用梓以传，以俟夫善观于海者。嘉靖丁酉仲春吉日，族子延年顿首百拜书。

吴兰修跋

《海语》三卷，刻于明嘉靖间，及陈氏《秘笈》俱未见。余从江郑堂先生借得写本，与张海鹏《学津讨源》本对勘，互有得失，悉厘正之，仍分注各字之下。旧有黄学准注，支离蔓衍，与海无涉，张氏删之，是已，今从之。道光元伍崇曜跋年六月，嘉应吴兰修跋。

伍崇曜跋

右《海语》三卷，明南海黄衷子和撰。按先生事迹，见《粤大记》及各通志、郡县志中，著有奏议十卷、《世载》二卷、文集十卷、诗集十卷，今皆未见，传者独此书耳。朱竹垞《静志居诗话》："榘洲诗无根核，兴到笔酣，亦间与曩篇暗合。"而是书则杂识所闻，词皆己出，一洗宋明人说部诸书互相沿袭之陋。按暹罗即隋唐赤土国，所记暹罗风俗，亦间有与《太平御览》等书略同者，而未尝袭其语也；所记畏途，亦间有与宋洪迈《海外怪洋记》等书同者，而未尝袭其语也。是书前代殆罕称之者，即各类书亦未尝征引，惟我朝陈元龙《格致镜原》间采之。外此，若"蜘蛛"一条，则《汇苑》全录其文。"海鹤"一条，"火鸡山凤"一条，"海鳍"一条，则《鸟兽续考》全录其文。"酴醿露"一条，"蓬莱菜"一条，则郝《通志》全录其文。"海鲨"一条，"海鳇"一条，"石蜜"一条，"伽南香"一条，"辟珠"一条，则《广东新语》全录其文。然皆不注出自何书，殆犹沿前明陋习。而是书之残膏剩馥，亦已沾溉后人矣！明陈继儒《秘笈》刻于汇集杨慎《异鱼图赞》之前，我朝张海鹏《学津讨原》刻于第七集屠本畯《闽中海错疏》之后，各以类从也。而本畯疏"燕窝菜"，据相传之言与王世懋《闽部疏》之说，亦谓不如先生所载为近。盖同时已甚重此书矣。别有附注，乃其族子学准所增，《四库提要》谓原本所载并存之，而张氏刻本删去，今刻本仍之。按《粤大记》：学准，晔子，著有《朱厓》《湖南》《淮南》《留都》《西浔》《家园》诸稿咏史诗，今皆未见。其所附注，倘不如先生所附断词词致高简欤。今刻本为江郑堂上舍携写本至粤中重刻之者，板已不存，复刻之。丙午上元令节，后学伍崇曜谨跋。

（据广陵书社2003年影印粤雅堂校刊本和中华书局1991年《临海异物志》合订本整理）

《海语》全书分风俗、物产、畏途、物怪等四类介绍了南海山川风土情况，故将其纳入此编。

明·顾岕《海槎余录》节录

顾岕（生卒年不详），本名玠，字汇堂，明苏州长洲（今江苏省苏州市）人。明世宗嘉靖元年（1522）任广东儋州同知，二年（1523）抚平黎族土官符蚺蛇从侄符崇仁、符文龙争立仇杀。六年（1527）超擢江西南安府通判，大计降级。于海南山川要害、水利气候、土俗民风及鸟兽虫鱼奇怪之物，耳目所及无不记载，嘉靖十九年（1540）著成《海槎余录》。

南海地燠少寒，叶冬夏常青，雕谢则寓于四时，似中州之有秋冬也。天时亦然。四时晴明，穿单衣，晦则急添单衣几层。谚曰：四时皆是夏，雨便成秋。又曰：急脱、急着，如服药。又如：千里石塘，在崖州海面之七百里外。相传此石比海水特下八九尺，海舶必远避行之，一堕即不能出矣。万里长堤出其南，波流甚急，舟入回溜中，未有能脱者……

又有鬼哭难。

暹罗国，在本底西，纵横数千里，西北与缅甸接壤，国大而民富庶，船由港口入内河，西行至国都约千余里，夹岸林木葱茏，田畴互错，时有楼台，下临水际，猿鸟号鸣，相续不绝。

（明顾氏《四十家小说》本《海槎余录》）

《海槎余录》介绍了南海气候与沿线暹罗国基本情况，故将其纳入此编。

清·王大海《海岛逸志》一则

王大海（生卒年不详），字碧卿，号柳古，清漳州龙溪（今福建省漳州市龙海区）人。幼时读书，因应试落第，弃举子业，以著作自娱。清乾隆四十八年（1783），泛海远游噶喇吧，至爪哇，前后侨居巴达维亚、三宝垄。侨居南洋期间，留心山川风土人情，四处访求，以笔为舌。清乾隆五十七年（1792）归，舌耕度日，归国后撰有《海岛逸志》六卷，另有《洪余诗钞》若干卷。

噶喇吧，海泽国，西南一大区处也。厦岛扬帆，七洲，安南港口，历巴领旁、麻六甲、三笠，入屿城，其澳。计水程二百八十更，更五十里，一万四千里可到。其国面北背南，则火烟山以为屏障，其外南海也。

（清嘉庆十一年漳园刻本《海岛逸志》卷五《南海》）

《海岛逸志》卷五"南海"介绍了南海泽国噶喇吧的地理位置，故将其纳入此编。

清·张岱《石匮书》一则

张岱（1597—1689），又名维城，字宗子，又字石公，号陶庵、陶庵老人等，晚年号六休居士，清绍兴山阴（今浙江省绍兴市）人，祖籍四川绵竹（故自称"蜀人"），明末清初文学奇才，优秀史学家、诗人、词人、曲家、散文家，又是园林家、音乐家、书法家、收藏家。出身仕宦家庭，是山阴的名门望族、书香世家。早年患有痰疾，长住外祖父陶大顺家养病，受外祖母照顾十余年，因聪颖，其舅父陶崇道称之为"今之江淹"。明天启年间和崇祯初年悠游自在，创作了许多诗文。明崇祯八年（1635）参加乡试，因不第而未入仕。明亡后，避兵灾于剡中，于兵灾结束后隐居四明山中，潜心著述，著有《陶庵梦忆》和《石匮书》等。清康熙四年（1665）撰写《自为墓志铭》，向死而生。在史学上，与谈迁、万斯同、查继佐并称"浙东四大史家"。在文学创作上，张岱以小品文见长，以"小品圣手"名世。清康熙二十八年（1689），卒，享年九十三岁。

祖法儿，亦名左法儿。汉之大夏，隋唐之吐火、罗咸即其地也。东、南皆海，西、北重山，自古俚西北海行十昼夜可至。无城郭，俗尚回回教。体干修硕，语言朴实。王白布头，衣青花丝帨或金锦靴屦，乘轿跨马，前后列象驼马，吹荜。气候常如秋，市用金铜钱，钱文人形。永乐中，王亚里遣人来朝贡。宣德中，复至。产西马、驼、鹤顶、驼鸡、福鹿、片脑、沉香、乳香诸奇药，以易中国纻丝、磁器。驼鸡如鹤，长三四尺，脚二指毛如驼，行亦如之。驼，单或双峰，皆可乘。

（上海古籍出版社 2008 年影印南京图书馆藏清稿本《石匮书》卷二二〇《祖法儿》）

《石匮书》卷二二〇《祖法儿》记载了祖法儿国地理、物产与遣使朝贡情况。该国是南海沿线的岛国，故将其纳入此编。

清·李钟珏《新嘉坡风土记》一则

李钟珏（1853—1927），原名安，字平书，30 岁时改名钟珏，号瑟斋，60 岁时改号且顽。幼时攻举子业，清光绪三年（1877）考中秀才，光绪十一年（1885）赴南京应考，获优贡第五名，光绪十二年（1886）应太和殿考试，获正取第十名，引荐以知县用。光绪十三年（1887）出洋到新加坡，以其见闻写成《新加坡风土记》，对新加坡的历史、地理、民族、经济、军事、风土人情都有比较详细的记载。回国后先后任海丰、新宁县官，政绩颇丰。光绪二十八年（1902）赴任武昌，负责文牍工作。从政之余，博览医书，常诊治病患，尤其擅长妇科。民国十六年（1927）卒，终年七十五岁。

自暹罗直南，伸如舌，长如股，中有山，如脊斗入于海，皆巫来由种人居之。西人统名之曰下暹罗。其国有十：曰斜仔，曰大坤，曰宋卡，曰大年，曰吉连丹，曰丁噶奴，曰彭亨，曰柔佛，在山之东；曰吉德，曰沙刺我，在山之西。地至柔佛尽处，谼谺一水。隔二三里而得一岛，西以苏门答腊为蔽，南以爪亚为屏，东以婆罗洲为障。四面环水，如骊龙颔下珠，即英人所谓新嘉坡也。旧名息力，又称呫吥，华人或称新州府。其地南距赤道三百零四里。

（清光绪二十一年长沙使院刻本《新嘉坡风土记》"暹罗"）

《新嘉坡风土记》"暹罗"条记载了暹罗国地形、位置与沿革情况。该国是南海周边的岛国，故将其纳入此编。

清·徐松《宋会要辑稿》节录

徐松（1781—1848），字星伯，清代著名学者、历史地理学家。清嘉庆五年（1800）中举，嘉庆十年（1805）应会试，以二甲第一名中进士，授翰林院编修，入职南书房，借职务之便编辑《宋会要》《河南志》《中兴礼书》《唐两京城防考》等。嘉庆十六年（1811）出任湖南学政，嘉庆十七年（1812）被御史参劾而革职，远成伊犁八年。时任伊犁将军松筠听闻徐松知识广博，延请徐松重修志书《西陲总统事略》，从此徐松兼治西北史地，为张穆、李文田、何秋涛诸家研究西北与朔漠历史地理做了先导。在伊犁的八年期间，主要撰著了《新疆识略》和"徐星伯三种"（《西域水道记》《汉书西域传补注》《新疆赋》）。道光元年（1821）特旨敕还，被起用为内阁中书，转礼部主事，迁郎中、御史，授陕西榆林府知府。道光二十八年（1848）卒，享年六十八岁。

市舶司，掌市易南蕃诸国物货航舶而至者。初于广州置司，以知州为使，通判为判官。及转运使司掌其事，又遣京朝官三班、内侍三人专领之。后又于杭州置司。淳化中，徙置于明州定海县，命监察御史张肃主之。明年，肃上言非便，复于杭州置司。咸平中，又命杭、明州各置司，听蕃客从便。若舶至明州定海县，监官封船答堵送州。凡大食、古逻、阇婆、占城、勃泥、麻逸、三佛齐、宾同胧、沙里亭、丹流眉并通货易，以金、银、缗钱、铅、锡、杂色帛、精粗瓷器市易香药、犀象、珊瑚、琥珀、珠琲、宾铁、鼍皮、瑇瑁、玛瑙、车渠、水晶、蕃布、乌楠、苏木之物。太平兴国初，京师置榷易院，乃诏：诸蕃国香药宝货至广州、交趾、泉州、两浙，非出于官库者，不得私相市易。后又诏：民间药石之具，恐或致阙，自今惟珠贝、瑇瑁、犀牙、宾铁、鼍皮、珊瑚、玛瑙、乳香禁榷外，他药官市之余，听市货与民。其后，二州知州领使，如劝农之制，通判兼监而罢判官之名，每岁止三班、内侍专掌，转运使亦总领其事。大抵海舶至，十先征其一，其价直酌蕃货轻重而差给之。

太祖开宝四年六月，命同知广州潘美、尹崇珂并充市舶使，以驾部员外郎、通判广州谢处玭兼市舶判官。

太宗太平兴国元年五月，诏："敢与蕃客货易，计其直满一百文以上，量科其罪；过十五千以上，黥面配海岛；过此数者押送赴阙；妇人犯者配充针工。"淳化五年二月，又申其禁：四贯以上徒一年，递加至二十贯以上，黥面配本地充役兵。

二年正月，命著作佐郎李鹏举充广南市舶使。

七年闰十二月，诏："闻在京及诸州府人民或少药物食用，令以下项香药止禁榷广南、漳、泉等州舶船上，不得侵越州府界，紊乱条法。如违，依条断遣。其在京并诸处，即依旧官场出卖，及许人兴贩。"凡禁榷物八种：瑇瑁、牙犀、宾铁、鼍皮、珊瑚、玛瑙、乳香。放通行药物三十七种：木香、槟榔、石脂、硫黄、大腹、龙脑、沉香、檀香、丁香、丁香皮、桂、胡椒、阿魏、莳萝、荜澄茄、诃子、破故纸、豆蔻花、白豆蔻、鹏沙、紫矿、胡芦芭、芦会、荜拨、益智子、海桐皮、缩砂、高良姜、草豆蔻、桂心苗、没药、煎香、安息香、黄熟香、乌楠木、降真香、琥珀。后紫矿亦禁榷。

雍熙四年五月，遣内侍八人，赍敕书、金帛，分四纲，各往海南诸蕃国勾招进奉，博买香药、犀牙、真珠、龙脑。每纲赍空名诏书三道，于所至处赐之。

端拱二年五月，诏："自今商旅出海外蕃国贩易者，须于两浙市舶司陈牒，请官给券以行，违者没入其宝货。"

淳化二年四月，诏广州市舶："每岁商人舶船，官尽增常价买之，良苦相杂，官益少利。自今除禁榷货外，他货择良者，止市其半，如时价给之。粗恶者恣其卖，勿禁。"

至道元年三月，诏广州市舶司曰："朝廷绥抚远俗，禁止末游，比来食禄之家，不许与民争利。如官吏罔顾宪章，苟徇货财，潜通交易，阑出徼外，私市掌握之珍；公行道中，靡虞薏苡之谤。永言贪冒，深蠹彝伦。自今宜令诸路转运司指挥部内州县，专切纠察，内外文武官僚敢遣亲信于化外贩鬻者，所在以姓名闻。"

四月，令金部员外郎王涣与内侍杨守斌往两浙相度海舶路。

六月，诏："市舶司监官及知州、通判等，今后不得收买蕃商杂货及违禁物色。如违，当重置之法。"先是，南海官员及经过使臣多请托市舶官，如传语蕃长所买香药，多亏价直。至是，左正言冯拯奏其事，故有是诏。

九月，王涣等使还，帝谕以"言事者称海商多由私路经贩，可令禁之"。涣等言："取私路贩海者不过小商，以鱼干为货。其大商自苏、杭取海路，顺风至淮、楚间，物货既丰，收税复数倍。若设法禁小商，则大商亦不行矣。"从之。

真宗咸平二年九月，两浙转运使副王渭言："奉敕相度杭、明州市舶司，乞只就杭州一处抽解。"诏杭州、明州各置市舶司，明州：原无，据《长编》卷四五补。仍取蕃客稳便。客：原作"官"，据《长编》卷四五改。

大中祥符二年八月九日，诏杭、广、明州市舶司："自今蕃商赍鍮石至者，官为收市，斤给钱五百。"以初立禁科也。时三司定直斤钱二百，诏特增其数。

九年九月十八日，太常少卿李应机言："广州勾当市舶司使臣，自今后望委三司使、副使、判官或本路转运使，奏廉干者充选。"从之。

天禧元年六月，三司言："大食国蕃客麻思利等回，收买到诸物色，乞免缘路商税。今看详麻思利等将博买到真珠等，合经明州市舶司抽解外，赴阙进卖。今却作进奉名目，直来上京，其缘路商税不令放免。"诏特蠲其半。

三年十月，供备库使时其昌言："广州市舶库门，旧令钤辖监阅，望止于都监押内轮司其事。"从之。四年六月，右谏议大夫李应机言："广州通判系审官院差，缘兼市舶公事，望自今中书选差。候得替日，如不亏递年课额，特与改官，优加任使。其市舶使臣亦候得替，依押香药纲使臣例，迁转亲民任使。"诏广州通判于京朝官中选累有人奏举者，具名取旨。其市舶依所请施行。

仁宗天圣三年八月，审刑院、大理寺言："监察御史朱谏上言，福州递年常有舶船三两只到钟门海口，其郡县官员多令人将钱物、金银博买真珠、犀象、香药等，致公人百姓接便博买，却违禁宝货不少。乞申明条贯，下本州。"从之。

四（四）年十月，明州言："市舶司牒，日本国太宰府进奉使周良史状，奉本府都督之命，将土产物色进奉。本州看详，即无本处章表，未敢发遣上京。欲令明州只作本州意度谕周良史，缘无本国表章，难以申奏朝廷。所进奉物色如肯留下，即约度价例回答。如不肯留下，即却给付，晓示令回。"从之。

五年九月，自今遇有舶船到广州博买香药，及得一两纲，旋具闻奏，乞差使臣管押。

六年七月十六日，诏："广州近年蕃舶罕至，令本州与转运司招诱安存之。"

八年六月，诏："广州监市舶司使臣，自今三班院依拣走马承受使臣例，选取三人各曾有举主三人已上者，具脚色、姓名供申枢密院。其差出使臣如在任终满三年，委实廉慎，别无公私过犯，仍令本路转运使、副保奏，当与酬奖。"

景祐五年九月七日，太常少卿、直昭文馆任中师言："臣在广州，奉敕管勾市舶司，使臣三人、通判二人，亦是管勾市舶司，名衔并同。勘会所使印是'市舶使'字。乞自今少卿监以上知广州，并兼市舶使入衔；内两通判亦充市舶判官，或主辖市舶司事；管勾使臣并申状。"诏知州徐起兼市舶使，今后少卿监已上知州兼市舶使，余不行。

神宗熙宁四年五月十二日，诏："应广州市舶司每年抽买到乳香、杂药，依条计纲，申转运司，召差广南东、西路得替官往广州交管，押上京送纳。事故冲替之人勿差。"至元符三年六月十一日，广东转运司奏："欲于'上京送纳'字下添入'如逐路无官愿就，即不限路分官员，并许召差；如无官，仍约定纲数申省，乞差军大将装押'字。"从之。

七年正月一日，诏："诸舶船遇风信不便，飘至逐州界，速申所在官司，城下委知州，余委通判或职官，与本县令佐躬亲点检。除不系禁物税讫给付外，其系禁物即封堵，差人押赴随近市舶司勾收抽买。诸泉、福缘海州有南蕃海南物货船到，并取公据验认，如已经抽买，有税务给到回引，即许通行。若无照证及买得未经抽买物货，即押赴随近市舶司勘验施行。诸客人买到抽解下物货，并于市舶司请公凭引目，许往外州货卖。如不出引目，许人告，依偷税法。"

七月十八日，诏广东路提举司劾广州市易务勾当公事吕逊，以擅入舶司拘拦蕃商物故也。十九日，诏："广州市舶司依旧存留，更不并归市易务。"

九年五月二日，中书门下言："给事中、集贤殿修撰程师孟乞罢杭州、明州市舶司，只就广州市舶一处抽解。欲令师孟赴三司，同共详议利害以闻。"三司言："今与师孟同共详议广、明州市舶利害，先次删立抽解条约。"诏恐逐州有未尽、未便事件，令更取索，重详定施行。

元丰三年八月二十七日，中书言："广州市舶条已修定，乞专委官推行。"诏广东以转运使孙迥，广西以转运使陈偁，两浙以转运副使周直孺，福建以转运判官王子京。迥、直孺兼提举推行，偁、子京兼觉察拘拦。其广南东路安抚使更不带市舶使。

五年十月十七日，广东转运副使兼提举市舶司孙迥言："南蕃纲首持三佛齐詹毕国主及主管国事国主之女唐字书，寄臣熟龙脑二百二十七两、布十三匹。臣昨奉委推行市舶法，臣以海舶法敝，商旅轻于冒禁，每召贾胡示以条约，晓之以来远之意。今幸刑戮不加，而来者相继，前件书、物等，臣不敢受，乞估直入官，委本库买彩帛物等，候冬舶回报谢之，所贵通异域之情，来海外之货。"从之。

十二月二十一日，广西转运副使吴潜言："雷、化发船之地与琼岛相对，今令倒下广州请引，约五千里，不便。欲乞广西沿海一带州县，如土人、客人以船载米谷、牛酒、黄鱼及非市舶司抽解之物，并更不下广州请引。"诏孙迥相度，于市舶法有无妨碍。

六年十一月十七日，密州范锷言："欲于本州置市舶司，于板桥镇置抽解务，笼贾人专利之权，归之公上。其利有六：使商贾入粟塞下以佐边费，于本州请香药、杂物，与免路税，必有奔走应募者，一也；凡抽买犀角、象牙、乳香及诸宝货，每岁上供者，既无道涂劳费之役，又无舟行侵盗倾覆之弊，二也；抽解香药、杂物，每遇大礼，内可以助京师，外可以助京东、河北数路赏给之费，三也；有余则以时变易，不数月坐有倍称之息，四也；商旅乐于负贩，往来不绝，则京东、河北数路郡县税额增倍，五也；海道既通，则诸蕃宝货源源而来，上供必数倍于明、广，六也。有是六利而官无横费难集之功，庶可必行而无疑。况本州及四县常平库钱不下数十万缗，乞借为官本，限五年拨还。"诏都转运使吴居厚悉意斟酌，条析以闻。析：原作"息"，据《长编》卷三四一改。其后居厚言："其取予轻重之权较然可见，于今无不可推行之理。欲稍出钱帛，议其取舍之便，考其赢缩之归，仍上置权易务，差官吏牙保法，请自七年三月推行。"已而居厚又言："锷所请置抽解务，如此则牵制明、广二州已成之法，非浙、广、江、淮数路公私之便。海道至南蕃极远，登、莱东北密迩辽人，虽立透漏法，势自不可拘拦，而板桥又非商贾辐凑之地，恐不可施行。"

哲宗元祐二年十月六日，诏泉州增置市舶。

三年三月十八日，密州板桥置市舶司。

五年十一月二十九日，刑部言："商贾许由海道往来，蕃商兴贩，并具入舶物货名数、所诣去处申所在州，仍召本土物力户三人委保，州为验实，牒送愿发舶州置簿，给公据听行。回日许于合发舶州住舶，公据纳市舶司。即不请公据而擅乘舶自海道入界河及往高丽、新罗、登、莱州界者，徒二年，五百里编管，往北界者加二等，配一千里。并许人告捕，给舶物半价充赏。其余在船人虽非船物主，并杖八十。即不请公据而未行者，徒一年，邻州编管，赏减擅行之半，保人并减犯人三等。"从之。

元符二年五月十二日，户部言："蕃舶为风飘着沿海州界，若损败及舶主不在，官为拯救，录物货，许其亲属召保认还，及立防守盗纵诈冒断罪法。"从之。

徽宗崇宁元年七月十一日，诏："杭州、明州市舶司依旧复置，所有监官、专库、手分等，依逐处旧额。"

三年五月二十八日，诏："应蕃国及土生蕃客愿往他州或东京贩易物货者，仰经提举市舶司陈状，本司勘验诣实，给与公凭，前路照会。经过官司常切觉察，不得夹带禁物及奸细之人。其余应有关防约束事件，令本路市舶司相度，申尚书省。"先是，广南路提举市舶司言："自来海外诸国蕃客将宝货渡海赴广州市舶务抽解，与民间交易，听其往还，许其居止。今来大食诸国蕃客乞往诸州及东京买卖，未有条约。"故有是诏。

四年五月二十日，诏："每年蕃船到岸，应买到物货合行出卖，并将在市实直价例，依市易法通融收息，不得过二分。"从广南提举市舶司请也。

五年三月四日，诏："广州市舶司旧来发舶往来南蕃诸国博易回，元丰三年旧条只得却赴广州抽解，后来续降，沿革不同。今则许于非元发舶州往舶抽买，缘此大生奸弊，亏损课额。可将元丰三年八月旧条与后来续降冲改参详，从长立法，遵守施行。"

大观元年三月十七日，诏广南、福建、两浙市舶依旧复置提举官。

三年七月二十，诏罢两浙路提举市舶官，令提举常平官兼专切提举，通判管勾。

政和二年五月二十四日，诏两浙、福建路依旧复置市舶，从福建路提点刑狱邵涛请也。

三年七月十二日，两浙提举市舶司奏："至道元年六月二十六日敕，应知州、通判、诸色官员并市舶司官、使臣等，今后并不得收买蕃商香药、禁物，如有收买，其知、通、诸色官员并市舶司官并除名，使臣决配，所犯人亦决配。缘止系广南一路指挥。"诏申明行下。

四年五月十八日，诏："诸国蕃客到中国居住已经五世，其财产依海行无合承分人及不经遗嘱者，并依户绝法，仍入市舶司拘管。"

五年七月八日，礼部奏："福建提举市舶司状：'昨自兴复市舶，已于泉州置来远驿，与应用家事什物等并足，定犒设馈送则例，及以置使臣一员监市舶务门，兼充接引，干当来远驿。及本司已出给公据付刘著等收执，前去罗斛、占城国说谕招纳，许令将宝货前来投进外，今照对慕化贡奉诸蕃国人等到来，合用迎接、犒设、津遣、差破当直人从与押伴官等，有合预先措置申明事件。今措度，欲乞诸蕃国贡奉使副、判官、首领所至州军，乞用妓乐迎送，许乘轿或马，至知、通或监司客位，候相见罢，赴客位上马。其余应干约束事件，并乞依蕃蛮入贡条例施行。如更有未尽事件，取自朝旨。'本部寻下鸿胪寺勘会，据本寺状称：'契勘福建路市舶司依崇宁二年二月六日朝旨，招纳到占城、罗斛二国前来进奉。内占城先累赴阙，系是广州解发外，有罗斛国自来不曾入贡，市舶司自合依政和令询问其国远近、大小、强弱，与已入贡何国为比奏。'本部勘会，今来本司并未曾勘会、依条比奏及申明合用迎接等事，今欲下本司勘会，依条比奏施行。"诏从之。

八月十三日，诏提举福建路市舶施述与转一官，以招诱抽买宝货增羡也。

七年七月十八日，提举两浙路市舶张苑奏："欲乞镇江、平江府如有蕃商愿将舶货投卖入官，即令税务监官依市舶法博买。内上供之物依条附纲起发，不堪上供物货关提刑司选官估卖。"从之。

宣和元年八月四日，又奏："政和三年七月二十四日圣旨，于秀州华亭县兴置市舶务，抽解博买，专置监官一员。后来因青龙江浦堙塞，少有蕃商舶船前来，续承朝旨罢去正官，令本县官兼监。今因开修青龙江浦通快，蕃商舶船辐凑住泊，虽是知县兼监，其华亭县系繁难去处，欲乞依旧置监官一员管干，乞从本司奏辟。"从之。

十二月十四日，诏："福建提举市舶蔡栢职事修举，可特转一官；勾当公事赵寊转一官，令再任。"

三年十一月二十六日，诏诸路市舶本钱并依茶盐钱已得指挥。

四年五月九日，诏："应诸蕃国进奉物，依元丰法更不起发，就本处出卖。倘敢违戾，市舶司官以自盗论。"

七年三月十八日，诏降给空名度牒，广南、福建路各五百道，两浙路三百道，付逐路市舶司充折博本钱，仍每月具博买并抽解到数目申尚书省。

高宗建炎元年六月十三日，诏："市舶司多以无用之物枉费国用，取悦权近。自今有以笃耨香、指环、玛瑙、猫儿眼睛之类博买前来，及有亏蕃商者，皆重置其罪。令提刑司按举闻奏。"

十四日，诏："两浙、福建路提举市舶司并归转运司，令逐司将见在钱谷、器皿等拘收，具数申尚书省。"

十月二十三日，承议郎李则言："闽、广市舶旧法，置场抽解，分为粗细二色般运入京。其余粗重难起发之物，本州打套出卖。自大观以来，乃置库收受，务广帑藏，张大数目，其弊非一。旧系细色纲只是真珠、龙脑之类，每一纲五千两。其余如犀牙、紫矿、乳香、檀香之类，尽系粗色纲，每纲一万斤。凡起一纲，差衙前一名管押，支脚乘、赡家钱约计一百余贯。大观已后，犀牙、紫矿之类皆变作细色，则是旧日一纲分为之十二纲，多费官中脚乘、赡家钱三千余贯。乞将前项抽解粗色并令本州依时价打套出卖，尽作见钱桩管。许诸客人就行在中纳见钱，赍执兑便关子，前来本州支请。"诏依旧，余依所乞。

二年五月二十四日，诏依旧复置两浙、福建路提举市舶司。尚书省言并废以来土人不便，亏失数多，故复置之。

六月十日，诏给度牒、师号一十万贯付福建路，十万贯付两浙路，专充市舶本钱。

十八日，两浙路提举市舶吴说札子："契勘本司廨宇旧在杭州，已经烧毁。伏见杭州神霄宫依昨降朝旨废罢，见今空闲，欲乞踏逐一位子，量以本司头子钱修葺，安着一行官吏。"诏依，仍不得过四十间。

七月八日，诏两浙路市舶司："以降指挥，减省冗费。每遇海商住舶，依旧例支送酒食，罢每年燕犒。其上供细色物货并遵旧制团纲起发，罢步担雇人。广南、福建路市舶司准此。"

十月十七日，司农卿黄锷奏："臣闻元祐间，故礼部尚书苏轼奏乞依祖宗编敕，杭、明州并不许发船往高丽，违者徒二年，没入财货充赏，并乞删除元丰八年九月内创立许海舶附带外夷入贡及商贩一条，并蒙朝廷一一施行。臣近具海舶擅载外国入贡条约，禀之都省，蒙札付臣戒谕。臣已取责舶户陈志蔡、周迪状，称今后不得擅载。如违，徒二年、财物没官之罪。欲望特降处分，下诸路转运、市舶司等处依应遵守，不许违戾。"从之。

四年二月二十六日，尚书省言："广南路提举市舶司言，检准敕节文，广南市舶司状，广州市舶库逐日收支宝货钱物浩瀚，全藉监门官检察。欲乞许从本司奏，准无赃私罪文武官充广州市舶库监门，庶几得人检察，杜绝侵盗之弊。"从之。

六月二十二日，诏："诸路市舶司钱物，今后并不许诸司官划刷。如违，以徒二年科罪。"

十月十四日，提举两浙路市舶刘无极言："近准户部符，仰从长相度，将秀州华亭县市舶务移就通惠镇，具经久可行事状，保明申请施行。今相度，欲且存华亭县市舶务，却乞令通惠镇税务监官招邀舶船到岸，即依市舶法就本州抽解，每月于市舶务轮差专秤一名前去主管。候将来见得通惠镇商贾免般剥之劳，往来通快，物货兴盛，即将华亭市舶务移就本镇置立。"诏依。

绍兴元年十一月二十六日，提举广南路市舶张书言言："契勘大食人使蒲亚里所进大象牙二百九株、大犀三十五株，在广州市舶库收管。缘前件象牙系五七十斤以上，依市舶条例，每斤价钱二贯六百文，九十四陌，约用本钱五万余贯文省。欲望详酌，如数目稍多，行在难以变转，即乞指挥起发一半，令本司委官秤估；将一半就便搭息出卖，取钱添同给还蒲亚里本钱。"诏令张书言拣选大象牙一百株并犀二十五株，起发赴行在，准备解笏造带、宣赐臣僚使用。余依。

二年正月二十六日，诏："令户部取会两浙等三路提举市舶司酌中年分起发上京物数，并抽解博买实用过钱数及卖过物色若干等，自权住起发后来所有抽解买卖到息钱，并依此开具申尚书省。内两浙系近便，仍责限回报，先次措置。"

三月三日，诏："两浙提举市舶移就秀州华亭县置司，官属供给令秀州应副。"

四月二十六日，户部言："据提举广南路市舶张书言札子，近年以来，不蒙朝廷给降本钱，而转运司又取拨过本司见钱五万贯文，见今委实阙乏。"诏令礼部给降广南东路空名度牒三百道，紫衣、两字师号各一百道，拨还本司充博买本钱支用。

六月二十一日，广南东路经略安抚、提举市舶司言："广州自祖宗以来兴置市舶，收课入倍于他路。每年发舶月分，支破官钱管设津遣，其蕃汉纲首、作头、梢工等人各令与坐，无不得其欢心，非特营办课利，盖欲招徕外夷，以致柔远之意。旧来或遇发船众多及进贡之国并至，量增添钱数，亦不满二百余贯，费用不多，所说者众。今准建炎二年七月敕，备坐前提举两浙市舶吴说札子，每年宴犒诸州所费不下三千余贯，委是枉费。缘吴说即不曾取会本路设蕃所费数目，例蒙指挥寝罢，窃虑无以招怀远人，有违祖宗故事。欲乞依旧犒设。"从之。

七月六日，福建路安抚转运提举司奏："准绍兴二年四月十一日德音：'勘会本路地狭民贫，官吏猥众。访闻市舶只是泉州一处，旧来系守臣兼领，今既有提举设属置吏，费耗禄廪，其利之所入徒济奸私，而公上所得无几。仰本路帅臣、监司同共相度，可与不可废罢，条具闻奏。'逐司今相度到未置提举官已前，只是本路转运或提刑司官兼领，比置官后所收课额元无漏落。兼每岁自八月以后至六月以前，风信不顺，即无贩蕃及海南回船到岸，其提举司官吏于上项月分并各端闲，委是可以废还逐司。"诏依，仍委本路提刑司兼领。

八月六日，诏："市舶司废罢，其本司银器、钱物并令起赴行在左藏库送纳。旧管人吏以入仕年月日先后，三分中存留一分。官吏请给旧费，令提刑司取见元支窠名每月支数，依元窠名桩收讫，具状申尚书省。"寻诏市舶司属官不罢。

九月二十五日，诏旧市舶司职事令福建提举茶事兼领，前降令提刑司兼领指挥更不施行。

十月四日，诏："福建提举茶事司权移往泉州，就旧提举市舶司置司，将今来兼管市舶司职务系衔。"

三年六月四日，户部言："昨承朝旨，取会两浙市舶司已前酌中年分起发上京物数若干等数，权住起发往来抽解博买及一面卖过物数，所用本柄收到息钱，并依此开具供申，仍分明声说曾如何支使，见在之数于何处桩管，候比照驱考有无亏损侵隐，措置经久可行利害申尚书省。本部行下本司取会开具依应回报去后，今据两浙提举市舶司申，本司契勘临安府、明、温州、秀州华亭及责遣近日场务，昨因兵火，实无以前文字供攒。本司今依应将本路收复以后建炎四年、绍兴元年二年内，取绍兴元年酌中一年一路抽解博买到货物，比附起发变卖收到本息钱数目，开具如后：一、本路诸州府市舶务五处，绍兴元年一全年共抽解一十万九百五十二斤零一十四两尺钱二字八半段等。本部寻行驱考得虽有所收息钱，其间多有一面支使，名色不一，例各不见具致许支条法。比欲再行取会，又恐内有违法擅支数目，迁延月日，不肯依公回报。若不别作擘划，又缘市舶务所管朝廷钱物浩瀚，唯在提举司检察拘辖，似此深恐得以侵用，因而陷失财计。今相度，欲乞委浙西提刑司取索市舶司自建炎四年以后应支使钱物窠名数干照并许支条法指挥，逐一子细驱磨，将不合支破钱数依条追理，拨还入官，添助博买钱本。仍乞令诸通判，自今后遇市舶务抽买客人物货，须管依条躬亲入务，同监官抽买。及自绍兴三年为始，岁终取会逐务开具的实买到物货名色数目、用过本钱、营运利息、应支使钱物夹细账状，保明申浙西提刑司，从本司取索驱考。如稍有隐漏不实之数，并依无额上供法施行。若逐州通判不依法躬亲入务同监官抽买，亦乞令提刑司按劾施行。"诏依。

七月一日，诏："广南东路提举市舶官，今后遵守祖宗旧制，将中国有用之物如乳香、药物及民间常使香货并多数博买，内乳香一色客算尤广，所差官自当体国，招诱博买。仍令户部限三日，将市舶司抽解博买旧法参酌，重别立定殿最赏罚条格，具状申尚书省。"以尚书省言"提举官往往非其人，致蕃商稀少，理合讲究"故也。

八月二十二日，新差提举广南路市舶姚焯言："蒙恩付以南海舶事，唯蕃商物货之职而已，他不与焉。今赴新任，窃恐入境以后或见本路民间有的实利病，乞依守臣五事例，得以条具闻奏，庶几远民咸喻德意。"从之。

九月九日，诏："广南市舶库钱物，除朝廷指定取拨合应付外，其余官司今后并不得取拨支使，虽奉特旨，亦听本司执奏不行。"提举姚焯言"本司钱本多为转运司画旨取拨，致无以应副蕃商"故也。

十一月十二日，户部言："诸路收买市舶司博易物色本钱，欲依旧用坊场钱应副。"从之。

十二月十七日，户部言："勘会三路市舶除依条抽解外，蕃商贩到乳香一色及牛皮、筋、角堪造军器之物，自当尽行博买。其余物货，若不权宜立定所起发窠名，窃虑枉费脚乘。欲令三路市舶司，将今来立定名色计置起发。下项名件，欲令起发赴行在送纳：金、银、真珠、玉乳香、牛皮筋角、象牙、犀、脑子、麝香、沉香、上中次笺香、檀香、乌文木、鹏砂、朱砂、木香、人参、丁香、琉璃、珊瑚、苏合油、白豆蔻、牛黄、腽肭脐、龙涎香、藤黄、血碣、荜澄茄、安息香、缩砂、降真香、肉豆蔻、诃子、舶上茴香、茯苓、菩萨香、鹿茸、黑附子、油脑、苁蓉、琥珀、上等螺犀、中等螺犀、下等螺犀、水银、上等药犀、中等药犀、下等药犀、鹿速香、赤仓脑、米脑、脑泥、木扎脑、夹杂银、石碌、白附子、铜器、银珠、茍子、南蕃苏木、高州苏木、随风子、青木香、干姜、川芎、红花、雄黄、川椒、石钟乳、硫黄、白木、夹杂黄熟香头、上等生香、茴香、乌牛角、白牛角、沙鱼皮、上等鹿皮、鱼胶、海南苏木、熟速香、画黄、龟、鼍皮、鱼鳔、椰心簟、蕃小花狭簟、菱牙簟、蕃显布、海南碁盘布、海南吉贝布、海南青花碁盘被单、下色瓶香、海南白布、海南白布被单、楝香、上色瓶乳香、中色瓶香、次下色瓶香、上色袋香、中色袋香、下色袋香、乳香、塌香、黑塌香、水湿黑塌香、青碁盘布绁、生速香、斫削拣选低下水湿黑塌香、黄蜡、松子、榛子、夹煎黄熟香头、白芫荑、山茱萸、茅术、防风、杏仁、五苓脂、黄蓍、土牛膝、毛绝布、高丽小布、占城速香、生熟香、夹煎香、上黄熟香、中黄熟香、下笺香、石斛。下项名件，欲令本处一面变卖：蔷薇水、御碌香、芦荟、阿魏、荜拨、史君子、豆蔻花、肉桂、桂花、指环脑、丁香、母扶律膏、大风油、加路香、火丹子、紫藤香、笃芹子、豆蔻、黑笃耨、龟童、没药、天南星、青桂头、秦皮、橘皮、鳖甲、莳萝、官桂、榆甘子、益智、高良姜、甲香、天竺黄、草豆蔻、藿香、红豆、草果、大腹子肉、破故纸、苓苓香、蓬莪术、木鳖子、石决明、木兰皮、丁香皮壳、豆蔻、乌药、柳桂、桂皮、檀香皮、姜黄、相思子、苍术、青椿香、幽香、桂心、大片香、姜黄、熟缠末、潮脑、三赖子、龟头、枝实、密木、檀香、缠丁香、枝白胶香、椿香头、鸡骨香、龟同香、白芷、亚湿香、木兰茸、乌黑香、粗熟香、下等丁香、下等冒头香、下等粗香头、下等青桂、片香、麝香、木蕃、槟榔肉连皮、槟榔旧香连皮、大腹、粗熟香头、海桐皮、松搭子、犀蹄土、半夏、常山、蕤仁、远志、暂香、下速香、下黄熟香。"诏依。

五年闰二月八日，诏："市舶务监官并见任官诡名买市舶司及强买客旅舶货，以违制论，仍不以赦降原减。许人告，赏钱一百贯。提举官、知、通不举劾，减犯人罪二等。"

六年十二月十三日，诏蕃舶纲首蔡景芳特与补承信郎。以福建路提举市舶司言景芳招诱贩到物货，自建炎元年至绍兴四年，收净利钱九十八万余贯，乞推恩故也。

二十九日，户部言："两浙市舶司申，看详到泉州相度，乞今后蕃商贩到诸杂香药除抽解外，取愿不以多少博买外，其抽解将细色直钱之物依法十分抽解一分，其余粗色并以十五分抽解一分，若依所乞，即于本路委是利便等事。"送户部勘当。本部言："欲下三路市舶司更切契勘，如委实可行，不致亏损课息，即依所乞施行。仍仰今后博买物货，照应前后节次已降指挥博买施行，毋致枉有占压本钱。除象牙、乳香、真珠、犀系是实宝货之物，合依旧分数抽解外，其诸杂香药物货，欲依已勘当事理施行。"诏依。

七年七月二日，三省言："绍兴七年三月二十一日敕节文：监司、大藩节镇知州差初任通判资序以上人，军事州、军、监第二任知县资序以上人。检准绍兴敕，诸称监司，谓转运、提点刑狱，其提点坑冶铸钱、茶盐、市舶未有该载。"诏提举坑冶铸钱依监司，茶盐、市舶依军州事已降指挥施行。

闰十月三日，上曰："市舶之利最厚，若措置合宜，所得动以百万计，岂不胜取之于民！朕所以留意于此，庶几可以少宽民力尔。"先是，诏令知广州连南夫条具市舶之弊，南夫奏至，其一项：市舶司全藉蕃商来往货易，而大商蒲亚里者既至广州，有右武大夫曾纳利其财，以妹嫁之，亚里因留不归。上令委南夫劝诱亚里归国，往来干运蕃货，故圣谕及之。

八年七月十六日，臣寮言："广南、福建、两浙市舶司抽买到市舶香药、物货，依绍兴六年四月九日朝旨，立定合起发本色，并令本处一面变转价钱。赴行在送纳名件，缘合起发内尚有民间使用稀少等名色，若行起发，窃虑枉费脚乘及亏损官钱。"诏令逐路市舶司，如抽买到和剂局无用并临安府民间使用稀少物货，更不起发本色，一面变转价钱，赴行在库务送纳。内广南、福建路仍起轻赍。

十一年十一月，户部言："重行裁定市舶香药名色，仰依合起发名件，须管依限起发前来。所是本处变卖物货，除将自来条格内该载合充循环本钱外，其余遵依已降指挥计置起发施行，不管违戾。合赴行在送纳、可以出卖物色：细色：呵子、中笺香、没药、破故纸、丁香、木香、茴香、茯苓、玳瑁、鹏砂、莳萝、紫矿、玛瑙、水银、天竺黄、末碌砂、人参、鼍皮、银子、下笺香、芹子、铜器、银珠、熟速香、带梗丁香、桔、泽泻、茯神、金箔、舶上茴香、中熟速香、玉乳香、麝香、夹杂金、夹杂银、沉香、上笺香、次笺香、鹿茸、珊瑚、苏合油、牛黄、血蝎、腽肭脐、龙涎香、荜澄茄、安息香、琥珀、雄黄、钟乳石、蔷薇水、芦荟、阿魏、黑笃耨、鳖甲、笃耨香、皮笃耨香、没石子、雌黄、鸡舌香、香螺奄、葫芦芭、翡翠、金颜香、画黄、白豆蔻、龙脑。有九等：熟脑、梅花脑、米脑、白苍脑、油脑、赤苍脑、脑泥、鹿速脑、木扎脑。粗色：

胡椒、檀香、夹笺香、黄蜡、黄熟香、吉贝布、袜面布、香米、缩砂、干姜、蓬莪术、生香、断白香、藿香、荜拨、益智、木鳖子、降真香、桂皮、木绵、史君子、肉豆蔻、槟榔、青橘皮、小布、大布、白锡、甘草、荆三棱、碎笺香、防风、蒟酱、次黄熟香、乌里香、苓苓香、中黄熟香、冒头香、三赖子、青苎布、下生香、丁香、海桐皮、蕃青班布、下等冒头香、下等乌黑香、苓牙簟、修割香、中生香、白附子、白熟布、白细布、山桂皮、暂香、带枝檀香、铅土、茴香、乌香、牛齿香、半夏、芎袴布、石碌、紫藤香、官桂、桂花、花藤、粗香、红豆、高良姜、藤黄、黄熟香头、钗藤、黄熟香、片螺头、斩刬香、生香片、水藤皮、苍术、红花、片藤、瑠琉、水盘头、赤鱼鳔、香缠、小片水盘头、杏仁、红橘皮、二香、大片香、糖霜、天南星、松子、粗小布、大片水盘香、中水盘香、獐脑、青桂香、斧口香、白苎布、鞋面布、丁香皮、草果、生苎布、土檀香、青花蕃布、苁蓉、螺犀、随风子、细丁、海母、龟同、亚湿香、菩提子、鹿角、蛤蚧、洗银珠、花梨木、瑠璃珠、椰心簟、犀蹄、蕃糖、师子绥、枝实。粗重枉费脚乘：宬木、大苏木、小苏木、硫磺、白藤棒、修截香、青桂头香、蕃苏木、次下苏木、海南苏木、镀铁、白藤、粗铁、水藤坯子、大腹子、姜黄、麝香、木跳子、鸡骨香、大腹、檀香皮、把麻、倭板、倭枋板头、薄板、板掘、短板肩、椰子长薄板合簟、火丹子、蛙蚷、干倭合山、枝子、白檀木、黄丹、麝檀木、苎麻、苏木、稍轺、相思子、倭梨木、榻藤子、滑皮、松香、螺壳、连皮、大腹、吉贝花布、吉贝纱、琼枝菜、砂黄、粗生香、硫黄、泥黄、木柱、短小零板杉枋、厚板松枋、海松板木枋、厚板令赤藤厚枋、海松枋、长小零板板头、松花小螺壳、粗黑小布、杉板狭小枋、令团合杂木柱、枝条苏木、水藤篾、三抄香团、铁脚珠、苏木脚、生羊梗、黄丝火枕煎盘、黑附子、油脑、药犀、青木香、白术、蕃小花狭簟、海南白布单、青蕃碁盘小布、白芜黄、山茱萸、茅术、五苓脂、黄耆、毛施布、生熟香、石斛、大风油、秦皮、草豆蔻、乌药香、白芷、木兰茸、薐仁、远志、海螺皮、生姜、黄芩、龙骨草、枕头土、琥珀、冷瓶、密木、白眼香、脔香、铁熨斗、土锅、豆蔻花、砂鱼皮、拍还脑、香皮、黄漆、滑石、蔓荆子、金毛狗脊、五加皮、榆甘子、菖蒲、土牛膝、甲香、加路香、石花菜、粗丝茧头、大价香、五倍子、细辛、韶脑、旧香、御碌香、大风子、檀香皮、缠香皮、缠末、大食芎仑梅、熏陆香、召亭枝、龟头犀香、豆根、白脑香、生香片、舶上苏木、水盘头幽香、蕃头布、海南碁盘布、海南青花布被单、长木、长倭条、短板肩。"

二十三日，臣寮言："广东、福建路转运司遇舶船起发，差本司属官一员临时点检，仍差不干碍官一员觉察。至海口，俟其放洋，方得回归。如所委官或纵容般载铜钱，并乞显罚，以为慢令之戒。"诏下刑部立法，刑部立到法：诸舶船起发，贩蕃及外蕃进奉人使回蕃船同。所属先报转运司，差不干碍官一员躬亲点检，不得夹带铜钱出中国界。仍差通判一员谓不干预市舶职事者，差独员或差委清彊官覆视。候其船放洋，方得回归。诸舶船起发，贩蕃及外蕃进奉人使回蕃船同。所委点检官覆视官同。容纵夹带铜钱出中国界首者，依知情引领、停藏、负载人法，失觉察者减三等。即覆视官不候其船放洋而辄回者徒一年。从之。

十二年十二月十八日，诏："福建路提举市舶令见任官专一提举，其已差下替人令疾速赴任，专一提举茶事。"福建路提举市舶司昨自绍兴二年废罢，遂令提举茶事司兼领，就泉州置司。时朝廷措置福建腊茶，欲就行在置局给卖，于是通判临安府吕斌言，乞将福建路茶事司依旧复归建州，专一主管买发腊茶。而户部言，今将提举市舶司未废并以前官吏令量减孔目官、手分各一名外，每月约支钱止三百九十贯，米止十七硕。比之茶事司见请钱米，其钱岁减二千四百六十贯，米减一百二十六硕。故有是诏。

十四年九月六日，提举福建路市舶楼璹言："臣昨任广南市舶司，每年于十月内依例支破官钱三百贯文排办筵宴，系本司提举官同守臣犒设诸国蕃商等。今来福建市舶司每年止量支钱委市舶监官备办宴设，委是礼意与广南不同。欲乞依广南市舶司体例，每年于遣发蕃舶之际，宴设诸国蕃商，以示朝廷招徕远人之意。"从之。

十五年十二月十八日，诏江阴军依温州例置市舶务，以见任官一员兼管，从本路提举市舶司请也。

十六年四月十日，提举福建路市舶曹泳言："乞今后本路沿海令、佐、巡尉批书内，添入本地分内无透漏市舶物货一项，所属得本司保明，方得批书。及州县有承勘市舶透漏公事，如或灭裂，许本司奏劾许。"从之。

九月二十五日，宰执进呈广南市舶司缴进三佛齐国王寄市舶官书，且言近年商贩乳香颇有亏损。上曰："市舶之利颇助国用，宜循旧法以招徕远人，阜通货贿。"于是降右朝散大夫、提举福建路常平茶事袁复一一官之，以前任广南市舶亏损蕃商物价，故有是命。

十七年十一月四日，诏三路市舶司："今后蕃商贩到龙脑、沉香、丁香、白豆蔻四色，并依旧抽解一分，余数依旧法施行。"先是，绍兴十四年，一时措置抽解四分，以市舶司言蕃商陈诉抽解太重，故降是旨。

十八年闰八月十七日，诏："明州、秀州华亭市舶务监官除正官外，其添差官内许从市舶司每务移差官一员前去温州、江阴军市舶务，专充监官，主管抽买舶货，收支钱物，仍与理为本任。"从提举市舶司周奕请也。

二十一年闰四月四日，右中奉大夫、直显谟阁、知抚州李庄除提举福建市舶。上曰："提举市舶官委寄非轻，若用非其人，则措置失当，海商不至矣。庄可发来赴阙禀议，然后之任。"

七月八日，广南市舶司言："广州通判二员，主管市舶职事，比之干办公事，职事为简。乞将通判赏减定，依干办公事官一等推赏。"诏下本司，（上）[止]差通判一员主管市舶职事。其赏依本司所乞，与干办公事一等，比监官条法减半推赏施行。

二十七年六月一日，宰执进呈户部措置广南铜钱出界事，上曰："广南市舶司递年有蕃商，息钱如及额，许补官，此祖宗旧制。前两年有陈乞推恩人，朝廷不与，恐缘此蕃商不至。今后可与依旧例推恩，即非创立法制。"

二十九年九月二日，宰执进呈御史台检法官张阐论市舶事，上曰："广南、福建、两浙三路市舶条法恐各不同，宜令逐司先次开具来上，当委官详定。朕尝问阐市舶司岁入几何，阐奏抽解与和买以岁计之，约得二百万缗。如此，即三路所入固已不少，皆在常赋之外，未知户部如何收附及如何支使。卿等宜取见实数以闻。"汤思退奏曰："谨当遵依圣训，行下逐路舶司抄录条法，并令取见收支实数。俟到，条数闻奏。"以御史台检法官张阐言："比者叨领舶司，仅及二载，窃尝求其利害之灼然者，无若法令之未修。何者？福建、广南各置务于一州，两浙市舶务及分建于五所，三路市舶相去各数千里，初无一定之法。或本于一司之申请而他司有不及知，或出于一时之建明而异时有不可用，监官之或专或兼，人吏之或多或寡，待夷夏之商或同而或异，立赏刑之制或重而或轻。以至住舶于非发舶之所，有禁有不禁；买物于非产物之地，有许有不许。若此之类，不可概举。故官吏无所遵守，商贾莫知适从，奸吏舞文，远人被害，其为患深。欲望有司取前后累降指挥及三路节次申请，厘析删修，著为一司条制。"故上谕及之。

孝宗隆兴元年十二月十三日，臣寮言："舶船物货已经抽解，不许再行收税，系是旧法。缘近来州郡密令场务勒商人将抽解余物重税，却致冒法透漏，所失倍多。宜行约束，庶官私无亏，兴贩益广。"户部看详:"在法,应抽解物不出州界货卖更行收税者,以违制论,不以去官、赦降原减。欲下广州、福建、两浙转运司并市舶司,钤束所属州县场务,遵守见行条法指挥施行。"从之。

二年七月二十五日,臣寮言:"熙宁初,创立市舶一司,所以来远人、通物货也。旧法,抽解既有定数,又宽期纳税,使之待价,此招致之方也。迩来州郡官吏趣办抽解之外,又多名色,兼迫其输纳,货滞则减价求售,所得无几,恐商旅自此不行。欲望戒敕州郡,推明神宗皇帝立法之意,使商贾懋迁,以助国用。"从之。继而户部欲行广南、福建、两浙路转运司并市舶司,钤束所属州县场务遵守见行条法施行,毋致违戾。

八月十三日,两浙市舶司申:"条具利害:一、抽解旧法,十五取一,其后十取其一。又其后择其良者,谓如犀象十分抽二分,又博买四分,真珠十分抽一分,又博买六分之类。舶户惧抽买数多,所贩止是粗色杂货。照得象牙、珠、犀系细色,抽买比他货至重,非所以来远人,欲乞十分抽解一分,更不博买。一、三路舶船各有置司去处,旧法召保给公凭起发,回日缴纳,仍各归发舶处抽解。近缘两浙市舶司事争利,申请令随便住舶变卖,遂坏成法,深属不便。乞行下三路照应旧法施行。一、商贾由海道兴贩,诸蕃及海南州县近立限回舶,缘其间或有盗贼、风波、逃亡事故,不能如期,难以立定程限。今欲乞召物力户充保,自给公凭日为始,若在五月内回舶,与优饶抽税。如满一年内,不在饶税之限。满一年已上,许从本司根究,责罚施行。若有透漏,元保物力户并当坐罪。"从之。

乾道二年五月十四日,两浙路市舶司言:"建炎三年四月四日指挥,应贩市舶香药,给引付人户,遇经过收税去处,依此批凿,免两州商税。当来失写'物货'二字,致被税务阻节,乞于'香药'字下添入'物货'二字。"诏依,仍令人户于出给文引内,从实开坐所贩名件、数目,赍执前去。

六月三日,诏:"罢两浙路提举市舶司,所有逐处抽解职事,委知、通、知县、监官同行检视而总其数,令转运司提督。"先是,臣僚言:"两浙路惟临安府、明州、秀州、温州、江阴军五处有市舶。祖宗旧制,有市舶处,知州带兼提举市舶务,通判带主管,知县带监,而逐务又各有监官。市舶置司,乃在华亭,近年遇明州舶船到,提举官者带一司公吏留明州数月,名为抽解,其实搔扰。余州瘠薄处,终任不到,可谓素餐。今福建、广南路皆有市舶司,物货浩瀚,置官提举,诚所当宜。惟是两浙路置官,委是冗蠹,乞赐废罢。"故有是命。

二十七日,两浙转运使姜诜言:"奉旨提督两浙市舶事务,今条具下项:一、今来市舶司废罢,行移文字欲就用转运司印记,元印合行缴纳。一、市舶司每岁天申圣节及大礼,各有进奉银、绢,欲依旧例,将市舶钱收买发纳。一、市舶司元于见任官内差一员兼主管文字,点检帐状,今欲就委转运司属官。提举官廨宇,今欲充市舶务库,安顿官物。旧务却有监官廨宇。一、市舶司元管都吏、前后行、贴司、书表、客司共一十一名,今欲于内存置前行手分、贴司各一名,其余并罢。"从之。

三年四月三日,姜诜言:"明州市舶务每岁夏汛,高丽、日本外国舶船到来,依例提举市舶官于四月初亲去检察,抽解金、珠等起发。上件今来拨隶转运司提督,欲选差本司属官一员前去。"从之。

二十二日,诏:"广南、两浙市舶司所发船回日,内有妄托风水不便、船身破漏、樯柂损坏,即不得拘截抽解。若有别路市舶司所发船前来泉州,亦不得拘截,即委官押发离岸,回元来请公验去处抽解。"从福建路市舶程祐之请也。

十二月二十三日,诏:"令福建市舶司于泉、漳、福州、兴化军应合起赴左藏西库上供银内,不以是何窠名，截拨二十五万贯，专充抽买乳香等本钱。"从工部侍郎、提领左藏南库姜诜请也。

七年十月十三日，诏："今后广南市舶司起发粗色香药、物货，每纲以二万斤正、六百斤耗为一纲，依旧例支破水脚钱一千六百六十二贯三百三十七文省，限五个月到行在交纳。如别无欠损违限，与依押乳香三千斤推赏。其差募官管押等，并依见行条法指挥。"从户部尚书曾怀之请也。

九年七月十二日，诏广南路提举市舶司申乞于琼州置主管官指挥更不施行。先是，提举黄良心言，欲创置广南路提举市舶司主管官一员，专一觉察市舶之弊，并催赶回舶抽解，于琼州置司。臣僚言："昔贞元中，岭南以舶船多往安南，欲差判官往安南收市，陆贽以谓示贪风于天下，其事遂寝。遣官收市犹不可，况设官以渔利乎！"故有是命。

淳熙元年七月十二日，户部侍郎蔡洸言："乞委干办诸军审计司赵汝谊往临安府、明、秀、温州市舶务，将抽解博买、合起上供并积年合变卖物货根括见数，解赴行在所属送纳，趁时出卖。"从之。既而汝谊申，若尽数起发，切恐无本博易，乞为量留。诏存留五分。

十月十日，提举福建路市舶司言："舶司素有鬻纲之弊，部纲官皆求得之，换易、偷盗、折欠、稽迟，无所不有。今乞将细色步担纲运，差本路司户、丞、簿合差出官押；粗色海道纲运，选差诸州使臣谙晓海道之人管押。其得替待阙官不许差。"从之。二年，市舶张坚有请，以见任官可差出者少，乞依旧差待阙官。从之。

二年二月二十七日，户部言："市舶司管押纲运官推赏，今措置，欲令福建、广南路市舶司粗细物货并以五万斤为一全纲，福建限三月程，广南限六月程，到行在无欠损，与比仿押钱帛指挥推赏。如不及全纲，以五〔万〕斤为则作十分（组）[纽]计，亦依押钱帛纲地里格法等第推赏。"从之。

十二月五日，提举福建路市舶苏岘言："近降旨挥，蕃商止许于市舶置司所贸易，不得出境。此令一下，其徒有失所之忧。乞自今诸蕃物货既经征榷之后，有往他者，召保经舶司陈状，疏其名件，给据付之，许令就福建路州军兴贩。"从之。

六年正月二十二日，诏前广州郑人杰特降三官。以人杰任内透漏铜钱、银宝过界，故有是命。

二十三日，诏复置光州中渡市榷场主管官两员，从朝廷于文武官内选差一次。既而宰臣赵雄等言："光州复置中渡榷场官，御前恐有曾经在榷场干事之人，可以差充监官，庶可检察禁物，不令过界。"上曰："御前自来不曾差人在淮上买物，如淮白、北果之属，宫中并无。今榷场官，卿等宜一面选差，须戒其禁绝铜钱等违禁之物过界。于任内无透漏，当与升擢差遣。"

七年八月三日，臣僚言："黎州塞外诸戎多以珠、玉、犀、麝之属互市，任官自欲收买，减尅时直，嘱付牙侩，不许外人增价。黩货启怨，引惹边事，乞行禁约。"诏守倅辄买者，令诸司按劾；州县官令守臣按劾；监司违戾，许行互察。

十一年十二月十四日，中书门下省检会淳熙十年（九年四月）[九月四日]已降指挥："今后与蕃商博易解盐之人徒二年，二十斤加一等。徒罪皆配邻州，流罪皆配五百里。知情引领、停藏人为同罪，许人捕。若知情负载，减犯人罪一等，仍依犯人所配地里编管，许人告。透漏官司及巡察人各杖一百。获犯人并知情引领、停藏人，徒罪赏钱二百贯，流罪三百贯。如告获知情负载人，减半。其提举官并守令失觉察，并取旨重作施行。"诏令逐路提举官并州军守臣各照应已降指挥，常切觉察禁止，毋令违犯，每季检举，多出文榜晓谕。

十三年十一月二十七日，宰执进呈前知雷州苏诜奏："广西军寨向来有回易处，盖以备一寨之用，即无差人在外之例。兵官贪婪者不循三尺，差破兵卒已私，所差兵卒因而强买货物，多致生事。乞令本路军寨旧有回易处，只于本寨置局，不许辄差兵卒出外，因而营私。"上曰："此说可采，可严行禁戢，毋致扰民。"

十五年九月二十四日，宰执进呈四川制置司相度永康军置博易场不便事。上曰："博易场是不可置，非惟引惹生事，不廉之吏便启贪心。"

十一月二十二日，知盱眙军葛揆言："臣僚奏陈发客过淮关防更夜之弊，奉旨令葛揆日下措置闻奏。契勘本军与北界泗州对境，设置榷场，每遇客人上场通货，已自互相结甲，五人每一保，榷场书填甲帖，付保头收管。榷场又开到申数客人单名、物货件段，牒付淮河渡，本渡凭公牒辨验甲帖真伪，同榷场主管官并本军所差官当面逐一点名搜检随身并应干行货，若无夹带禁物，方得过淮。其渡口搜检官下合干人并渡载木樟梢各与来往客人相熟，自是不容夹带外来奸细作过之人。本军前后措置关防非不严备，止缘冬间日暮向短，客人过淮不许经宿商议交易，彼此图利，难便圆就，是致迟延，有至夜晚日分。今措置，令榷场每两日一次发运，每场不得过五百人。遇放客日，须管侵晨装发给由，淮河渡众官搜检通放，至日未没前向载尽数过淮。如有般未了物货，于次日装发。及再行传语泗州。已从本军措置，所有沟堑，才候来年春暖，即便开撩。"从之。

绍熙元年三月八日，臣僚言："福建市舶司每岁所发纲运有粗细色陆路纲，有粗色海道纲，其押纲官并无酬赏。至于海纲，人畏风涛，多不愿行。每差副尉、小使臣，多有侵欺贸易之弊。窃见饶州钱监起发钱纲，纲官押及二万三千贯，地满三千里，例减磨勘二年。钱宝与香货皆所以助国家经常之费，况钱由江行，香由海行。乞今后市舶司纲官押海道粗色纲及十万斤，委无少欠，乞纽计价直，比附钱纲推赏。"从之。

开禧元年八月九日，提辖行在榷货务都茶场赵善谧言："泉、广招买乳香，缘舶司阙乏，不随时支还本钱，或官吏除剋，致有规避博买，诈作飘风，前来明、秀、江阴舶司，巧作他物抽解收税私卖，搀夺国课。乞下广、福市舶司多方招诱，申给度牒变卖，给还价钱。仍下明、秀、江阴三市舶，遇蕃船回舶，乳香到岸，尽数博买，不得容令私卖。"从之。

十月十一日，诏："泉、广市舶司将逐年博买蕃商乳香，自开禧二年为始，权住博买。"

三年正月七日，前知南雄州聂周臣言："泉、广各置舶司以通蕃商，比年蕃船抵岸，既有抽解，合许从便货卖。今所隶官司择其精者，售以低价，诸司官属复相嘱托，名曰和买。获利既薄，怨望愈深，所以比年蕃船颇疏，征税暗损。乞申饬泉、广市舶司，照条抽解和买入官外，其余货物不得毫发拘留，巧作名色，违法抑买。如违，许蕃商越诉，犯者计赃坐罪。仍令比近监司专一觉察。"从之。

嘉定六年四月七日，两浙转运司言："临安府市舶务有客人于泉、广蕃名下转买，已经抽解胡椒、降真香、缩砂、豆蔻、藿香等物，给到泉、广市舶司公引，立定限日，指往临安府市舶务住卖。从例系市舶务收索公引，具申本司，委通判、主管官点检，比照元引色额数目一同，发赴临安府都税务收税放行出卖。如有不同并引外出剩之数，即照条抽解，将收到钱分隶起发上供。今承指挥，舶船到临安府不得抽解收税，差人押回有舶司州军，即未审前项转贩泉、广已经抽解有引物货船只，合与不合抽解收税。"诏令户部，今后不得出给兴贩海南物货公凭，许回临安府抽解。如有日前已经出给公凭客人到来，并勒赴庆元府住舶。应客人日后欲陈乞往海南州军兴贩，止许经庆元府给公凭，申转运司照条施行。自余州军不得出给。其自泉、广转买到香货等物，许经本路市舶司给引，赴临安府市舶务抽解住卖，即不得将元来船只再贩物货往泉、广州军。仍令临安府转运司一体禁戢。从之。

（据上海古籍出版社 2014 年点校本《宋会要辑稿·职官四四》整理）

《宋会要辑稿》"职官四四"介绍了市舶司机构设置及其与南海沿线占城、勃泥、麻逸、三佛齐等藩属国之间的物资往来情况，这些是了解南海诸国基本情况的重要文献，故将其纳入此编。

清·周凯《厦门志》一则

周凯（1779—1837），字仲礼，号芸皋，清杭州富阳（今浙江省杭州市）人，清代官员、散文家、画家。十五岁选入学馆，师从古文名家武进张皋文学习古文。清嘉庆十六年（1811）中进士，授翰林院庶吉士，后任国史馆编修等职。在京期间，与龚自珍等结"宣南诗社"，为二十四友之一。历任湖北襄阳知府、兴泉永道道台、台湾道道台等职。主要作品有《富春杂识》《金门志》《均县记游》《襄阳杂识》《彭海记行诗》《武当记游二十四图》《种桑十二咏并序》《饲蚕十二咏并序》等。道光十七年（1837）卒。

越南，即古交址，旧号安南。康熙五年，封黎维禧为安南国王。乾隆五十四年，黎氏失国，封阮光平为安南国王。嘉庆七年，改封为越南国王。其国北界广西，西界云南，东南滨大海，南即古日南地，亦并于越南。贡期：二年一贡。贡道：由广西凭祥州入镇南关。《会典·朝贡之国》。其国在古日南者曰广南，称西京；在古交址地者，称东京。由厦门过琼之大洲头、七洲洋大洲头而外，浩浩荡荡，周有山形标识，偏东则犯万里长沙、千里石塘。而七洲洋在琼岛万州之东南，凡往南洋必经之所。至广南，水程七十二更；由七洲洋之西绕北而至交址，水程七十二更。《海国闻见录》。《县志》作安南六十六更，交址七十四更。

（清道光十九年玉屏书院刻本《厦门志》卷八"越南"条）

《厦门志》卷八"越南"条介绍了该国沿革、气候、地理位置等情况。越南是南海沿线国家之一，故将其纳入此编。

陈铭枢《海南岛志》一则

陈铭枢（1889—1965），字真如，廉州合浦（今广西省北海市）人。清光绪三十二年（1906）秋考入广东黄埔陆军小学（第二期），同年加入同盟会。清宣统元年（1909）考入南京陆军第四中学。武昌起义爆发后，赴武昌参战，编入中央第二敢死队。民国元年（1912）参加北伐军，同年考入保定陆军军官学校（第二期）。民国二年（1913）底，赴日本法政学校学习，民国五年（1916）毕业回国，历任营长、团长、旅长、卫戍总司令等职。1929 年，任广东省政府主席，当选为国民党第三届中央执行委员。1936 年，与李济深在香港发起成立中华民族解放大同盟，为主要负责人，并创办《大众日报》。中华人民共和国成立后，历任中央人民政府委员、中南行政委员会副主席、交通部部长、第一至三届全国人大常委会委员、第二至四届全国政协常委、中国国民党革命委员会中央常务委员等职。1965 年 5 月 15 日在北京病逝。

1928 年调查西沙群岛报告书撮要

民国十七年五月间，南区善后公署曾派遣技师会同中山大学教授、建设厅技正等乘海瑞舰前往西沙群岛调查。事后据报告该群岛情形甚为详实，西沙群岛实为海南附属地域，因撮举其书大要附载于此。

（一）西沙群岛之位置与地形

西沙群岛，位于赤道北纬十五度四十六分至十七度五分，东经一百一十度十四分至一百十二度四十五分。距海南榆林港东南约一百四十五里。北起北砂岛，南至南极岛，东接林康岛，西接七洲洋。统计大小岛屿礁滩二十余座，星罗海面，约二百余方里，乃一群珊瑚礁结成之低岛。西人统名之曰 Paracel。其迤东一带，西人名之曰 Amphitrite。迤西一带名之曰 Chroissant。各岛多成环状，或椭圆形。其大者约数十方里，其小者则不及十分之一方里。林岛面积，为一五〇〇一〇〇方公尺。石岛较小，其面积为六八七五〇方公尺。登近岛面积，为四三二五〇〇方公尺。掌岛面积也小，为七六二五〇方公尺。各岛高出海面以石岛为最，高约有十五公尺，其他不过数公尺而已。各岛上面，皆为珊瑚及他种动物之遗迹。边际较高，中间低洼，如普通珊瑚礁内盆地。而登近岛中，尚有一小湖焉。此曾经勘查各岛之情形也。

（二）西沙群岛之地质与土壤

西沙群岛，为珊瑚虫窠及他动物遗壳所构成。昔日海面较高，珊瑚在水，结成环形之礁。及海面低落，礁乃露出水面，珊瑚离水死去，遂成今日各岛之形状。而其他各种软体动物，如头足类、腹足类、瓣鳃类等，又如棘皮动物之海胆类、海百合类等，以及甲壳类之壳鱼类之首，均为构成各岛物质之一。岛上除坚硬之珊瑚遗骸及各种甲壳外，只有鸟粪及粪化石堆积其间，表面作灰色，内作棕色，此即所谓磷酸矿也。岛中土壤，俱由珊瑚及介壳类风化而成。故多为细砂质土及砾质矿土，骤视之似石英。其实为珊瑚及介壳之碎屑风化之物。其中含石灰量甚多，并富于盐分。如掌岛东部小湖中之水，及南部椰树下井水，均带盐味。又为林岛之波罗、椰子，其甜味亦少。均为土质含有盐分之证明。林岛为鲣鸟栖息之总汇，土中含鸟粪最多。就大概而论，各岛林木丛生，经历年载，其根茎枝叶，腐朽而成为腐殖物质者，所在皆是。故各岛土壤，除海边荒坦聚积白砂外，林地及草地之间，其土皆褐黑色，松软异常，甚为肥美。

（三）西沙群岛之气候与海流

西沙群岛位置，正当热带之中。气候炎热，寒暑表最低时，在七十度以上，大率为海洋气候。一岁之中，无严寒酷暑。惟午间日光直射，热度较高。终年时见骤雨，多南风。一日之间，午前六时与午后二时，温度相差，常十余度。年中最低温期之一月，平均在华氏七十五度以上。最高温期之夏季，平均在八九十度之间。冬季气压高而风强烈，夏秋气压低而风缓和。此就林岛观测言之，未甚详密，然亦可以知其大概矣。

南海沿岸各处之海流，每因海洋之深浅，气压之变化，风向之差异，不能一律。即其发生之时率亦颇不同，西沙群岛之海流尤无规则，常因风向而变。由十月至四月间，因东北风而生之西南水流，较之由五月至十月间因西南风而生之东北水流为大而有常。水流之急，以十二月及一月为最，其速度为一海里至一海里半。群岛中间之水流，又与东西两侧不同。东侧林岛及石岛附近，常有由西至西北之水流，其速度约一点二海里，亦有由东而来极缓之水流。西侧甘泉岛及金银岛附近，亦常有西或西北之水流。而东北水流，亦间有之。其复杂如此者，盖因位置关系，风向无定，遂生此不规则之现象焉。

（四）西沙群岛之交通与物产

西沙群岛，远在南海中。其林康岛东迤一带，为香港、南洋群岛间航海之要冲。其金银岛迤西一带，为安南、香港间交通之孔道，亦为往来欧亚两洲航线之所经。其地位颇为重要，且可为吾国远洋渔业之根据地。但因岛无居民，礁石棋布，既无港湾以停泊船只，又无高山以屏蔽风浪。近岸处暗礁围绕，近则太浅，远则太深，欲求一适当锚位而不可得。岛面甚低，从远处极难瞭望。风向无定，水流多变，时有飓风。又无浮标、灯塔及气象台、无线电台等之设置，当春期蒙务，或天候恶劣时，航经该岛附近，至为艰险。四望海边无际，但见少数来自三亚榆林之渔船，寂寞徘徊于群岛间而已。计由树岛至海口，约二百四十里。由树岛至林岛，约九里。由林岛至林康岛，约二十四里。由林岛至登近岛，约四十里。由登近岛至金银岛，约十三里。由金银岛至榆林港，约一百四十五里。各岛物产甚多，试分类述之。

（1）动物。

西沙群岛以鸟粪著称。是等鸟粪，概由鲣鸟科之一种白腹鲣鸟所排泄。白腹鲣鸟多生长于热带岛屿，成群栖飞。其卵较鸡蛋略小，有斑褐色。雏鸟羽纯白，成鸟羽灰黑色，腹部白色，嘴绿足红。其肉味劣，不供食用。林岛及小林岛栖息极盛，金银岛中亦多见。此外则有海燕一种，为数甚少。兽类中惟林岛多鼠。爬虫类有蜥蜴一种，林岛、掌岛皆有之。昆虫类如蝶、蛾等亦多，惟毒蛇、恶蝎、蚊虫、蚁蝇等，则绝无之。

（2）植物。

各岛植物种类不多，大概为三亚榆林一带所通有者。乔木有三亚树一种，高三数丈，林岛、掌岛均甚茂盛。灌木则属于大戟科、桑科者皆有之，亦有相思子。杂草中有羊齿类者一种，乔本科者一种，马齿苋科者二种。林岛及掌岛有椰树数株，珊瑚岛有棕树三株，皆高十丈左右，足为岛之标识。其余各岛之植物生长情形，大略相同，惟南极岛尚为沙碛。

（3）矿物。

西沙群岛既由珊瑚礁所构成。故除砂石及海鸟粪外，并无其他矿产。鸟粪与粪化石积成之磷酸矿，其色状有二：细如粉末者作棕色，凝结成块者内作棕色、外作灰色。其分布状况，在林岛则成一层覆于表面，平均厚度为二五珊的米突。每块重约数斤至数十斤，鲜有极大块者，其下为白砂。此种鸟粪层，以林岛为最多，石岛次之。其余登近岛、掌岛、金银岛、珊瑚岛、林门岛、树岛等，虽亦有少量存在，但无开采价值。林岛鸟粪储量，照此次测量结果，鸟粪与粪化石，所占面积为一二九一六〇〇平方米突。因矿质平均厚度为二五珊的米突，故其体积为三二二九〇〇立方米突。在此体积之中，植物之根所占体积，约为十分之一，故磷酸矿体积实为二九〇六一〇立方米突。又以岛上现有之装矿手车容量计之，每车体积为一点〇六五立方米突，装矿重半吨，如此则全岛矿量为二二三五五〇吨。其已为日人偷采之处，约占面积二八〇〇〇〇平方米突。以同一方法计之，约被采矿量四八五〇〇吨。则岛上矿量，除已采者外，尚存有一七五〇五〇吨，此林岛一岛之现在储量也。磷酸矿用途，以作培田料为主，盖其中之磷、氮、钾等质，均为农田所需。若用新法化验，将内含磷质分别配制，其利尤大。日人招工开采时，每名每日采鸟粪一吨，给银二元。及运赴大阪，经溶解配合后，每担值银二十余元，可以知其利益矣。

（4）水产。

各岛之周围浅海中，有海藻、海菜、海草、海棉、海参、海胆、珊瑚、蝶、螺、生蚌蛤、墨鱼、巢蟹、海龟、玳瑁、鱼虾、石斑、贝类等。由海南来渔者，多捉鱼拾蚌，所获甚夥。龟大者径三四尺，重逾百斤。蚌类极美，其闭壳筋长约二三寸。渔人不能就地干制，不便运输，但少取之以供日常食用而已。海南渔船，每船可容渔夫二十余人，年中来往凡二次，春初来者夏初归，秋末来者冬末归。春来多捉龟，秋来多拾蚌。海龟、玳瑁、蚌蛤，各岛均有之。海参则登近岛为独多。

（5）日人经营林岛之过去情况。

民国十年间，台湾专卖局长池田氏等，利用何瑞年，以西沙群岛实业公司名义，瞒准政府，承办西沙群岛垦植、采矿、渔业各项，饬由崖县发给承垦证书，同时并案请领昌江港外浮水洲开办渔垦。其实际上经营者，则为日本人所组织之南兴实业公司，因招各方反对，至十七年春间，始行撤销原案。查日人遗落林岛日记册，则民国八年，既有台湾人及琉球人死于岛中，该公司曾于十四年七月十四日缀花环吊祭之，而明记其事。则日人之经营西沙群岛，盖前后凡九年也。林岛中原有海南渔人所建之孤魂庙一所，高阔约六尺，其年代不可考。此外则为日人经营时之建筑物。计林岛西南隅有管理人办事室住室一所，广六十三尺，深十八尺。办事室后方有食料及杂物储藏室一所，广六十六尺，深二十四尺。办事室左旁有小卖店一所，广二十四尺，深十二尺。小卖店之左有工人宿舍二所，离立成曲尺形，长各九十尺，宽十五尺。宿舍之前有工人食堂一所，长四十八尺，宽十五尺。小卖店之前有炊爨室一所，长三十尺，深十八尺。附近有厨房一所，长二十四尺，深十二尺。旁有水井一座，井面安置汲筒，井旁并有巨大之水管，系与办事室后之蓄水池及前之蒸水机相通者。蓄水池大小四座，为储存雨水之用。小池用薄铁板造成，约四立方尺。大池由混凝土筑成，长阔各十二英尺，高六尺，天雨时各屋瓦面之水尽注池内。蒸水机则装置于海边，机后有锻冶场一所，广二十四尺，深十二尺。各建筑物之上盖及墙，均以锌片为之。亦间有以木板或树枝者。此外在储藏室左侧，有网室一所，大约为栖养鸡豚之用。迤右有仓库一所，长二百二十八尺，宽四十八尺。其中尚存鸟粪约千五百吨。又距数十丈外之林中，有锌片小屋一所，中存机油数罐。意凡危险物品，即于此贮之。岛中除厂舍外，尚有轻便铁路，长约五里，沿东南海岸，分数支以入于林中。干线则经仓库以达码头之铁桥，铁桥之长，凡一千二百五十余尺，宽十尺，高约十七八尺。桥面横木，俱用美国红松，共六百二十九条。估其价值，铁桥约达八万元，铁道约万余元，其他厂舍等约二万余元，合其他器具用品，总数约二十万元。其留存岛中之物品，除电船两只，大驳艇两只，小驳艇两只，既为风浪破损外，存于储藏室及工人宿舍中者，有锄头数十把，竹畚百余担，大目铁筛数十具，搬运车数十台，大藤萝数十个，笠帽数十顶，草鞋百余对，土敏土约百包，碳化钙燃料数罐。其铁匠工具及厨房用器，大略俱尚完好。查日人之经营林岛，可谓苦心惨淡，种种设置，至为周备。若办事室、储藏室、宿舍、食堂、仓库、铁道、货栈、桥梁、木船、电船，以及运送用之台车、藤萝，采掘用之锄畚、钢筛，无不整具。有蓄水池、蒸馏机、井泉以供给饮料，有食物贮藏室、豚舍鸡栖、捞鱼船、蔬菜圃以供食用，有小卖店以给日常用品，有医生以调理疾病。

前后数年，遂能安全作业，捆载而去。吾国领土，在热带者，惟此区区十余里，此种鸟粪化石，须在热带始获产生。故西沙群岛之磷酸矿，谓为吾国领土内仅有之产物实无不可。吾国以农立国，得此天然肥料，为益正属不少。又珊瑚礁石，均可作灰，运销内地，建筑培田，为利至溥。而海产丰富，聚集一隅，亦大有经营价值。乃不知爱惜，坐失利源，致启外人觊觎，是亦可引为耻辱一事也。

（1933 年上海神州国光社铅印本《海南岛志》附录四 "西沙群岛报告书撮要"）

《海南岛志》附录四 "西沙群岛报告书撮要" 介绍了我国西沙群岛的位置地形、地质土壤、气候海流和物产交通等情况。西沙群岛是南海中重要岛屿，故将其纳入此编。

杨文洵《中国地理新志》一则

杨文洵（1880—1935），字效苏，衢州江山（今浙江省衢州市）人。清光绪三十一年（1905），官费留学日本早稻田大学。光绪三十四年（1908），毕业回国，参与编著中学地理教科书。清宣统二年（1910），任江山县官立高等小学堂堂长。民国二年（1913）任省立第八中学校长。民国四年（1915）任金衢严区省视学、教育厅科长。民国五年（1916），当选为省议员。民国十三年（1924），再度出任八中校长。民国十六年（1927），应聘于上海中华书局，从事编著工作。杨文洵一直都对中外地理十分感兴趣，主要著有《新制外国地理教本》《中外地理大全》《普通教育新地理》《中华地理教科书》《地理概论》《自然地理》《中国地理新志》等书。其中，《中国地理新志》是由杨文洵和韩非木等人合编，于 1935 年首发。

南海沿岸

东北起思明县南，西南至东京湾北仑河口止。凡福建南部及广东全部海岸属之。沿岸概富屈曲，多湾港，岛屿罗列。自厦门西南，如镇海澳、将军澳、诏安湾等，都很重要。南澳岛西北为澄海，其西南有汕头商港，又南为海门湾。自此历靖海、神泉等港而西，有碣石湾。湾南为遮浪角，又西有红海湾、平海湾、白耶士湾、大鹏湾。

过英领香港，为珠江湾，岛屿错杂。又西过海陵岛，有博贺港、限门港、广州湾等。广州湾之西，雷州半岛支出，和琼州岛成琼州海峡。过此则入东京湾。琼州岛之东南，有西沙群岛及海南九岛，其东北有东沙群岛。兹将以上所述海岸，举其重要之港湾、地角、海峡、半岛、岛屿，列表如下：

港湾

渤海沿岸

辽东湾：鸠湾　金州湾　会湾　亚当湾　葫芦山湾　双岛湾　复州湾　盖州湾　锦州湾　连山湾　盐大澳　龙口湾

直隶湾：老黄河口　马类河口　新黄河口　莱州湾　龙口湾

黄海沿岸

鸭绿江湾　大东沟　深湾　大孤山湾　貔子窝　大连湾　克尔湾

旅顺口　芝罘湾　威海卫港　荣成湾　桑沟湾　靖海港　五垒岛港

沐山港　劳山港　胶州湾　琅琊台湾　王家台湾　石岛湾　临洪口　潮河口　北洋口

射阳河口　新洋港　〖印〗龙港　东川港　崇明北沙

东海沿岸

杭州湾　甬江湾　象山湾　石浦港　三门湾　台州湾　温州湾　南关湾

沙埕港　福宁湾　三沙湾　福州湾　福清湾　兴化湾　平海湾　湄洲湾

泉州湾　团头湾　厦门湾

南海沿岸

镇海澳　将军澳　虎头澳　铜山内澳　诏安湾　柘林澳　铜山湾　汕头湾

海门湾　神泉港　碣石湾　江海湾　平海湾　白耶士湾　大鹏湾

深港澳　珠江湾　拱北湾　广州湾　暗铺湾　三汊港　北海港　大观港

急水门　防城港　白龙尾　榆林港　博鳌港

地角

渤海沿岸

老铁山高角　连山角　炮台角　盖州角　猎人角　瓦伦角

沙角　岫嵨岛角

黄海沿岸

尾角　标角　低角　斜角　芝罘角　渴得角　三峰角　成山角

马他角　平岩角　南角　游泥山角

东海沿岸

鸡岛角　有殿角　黑角

南海沿岸

甲子角　遮浪角　天堂角

岛屿　　　　　　　　　　　　半岛　　海峡

岛屿：
　南海沿岸　东海沿岸　黄海沿岸　渤海沿岸

渤海沿岸
西中（花椒）岛　交流岛　凤鸣（南关）岛　葫芦山岛　菊花岛　庙岛列岛
北城隍岛　南城隍岛　小钦岛　大钦岛　砣矶岛　砂岛　高山岛
猴矶岛　大黑山岛　沙山岛　庙岛　长山岛　大小竹岛　桑岛

黄海沿岸
大鹿岛　小鹿岛　石城岛　五马岛　海洋岛　外长山列岛　里长山列岛
光禄岛　崆峒岛　刘公岛　养马岛　海驴岛　石岛　田横岛　唐岛　灵山岛
云台山岛　崇明岛

东海沿岸
马鞍岛　舟山群岛（泗礁岛　大衡山岛　长堡岛　普陀山　岱岛　金塘岛）
六横岛　象山湾诸岛　三门湾诸岛　南田岛　北箕山群岛　南箕山群岛
三都岛　五虎岛　海坛岛　南日岛　湄洲　金门岛　厦门岛　鼓浪屿

南海沿岸
铜山岛　南澳岛　柘林岛　妈屿　香港岛　大青针岛　大屿山　南了群岛
老万山　横琴岛　铜古洲　上川山岛　下川山岛　海陵岛　州岛　湛川岛
海南岛围洲　西沙诸岛　东沙诸岛　大蓬莱岛　小蓬莱岛

半岛
辽东半岛　山东半岛　雷州半岛

海峡
直隶海峡　庙岛海峡　台湾海峡　琼州海峡

（1935 年中华书局铅印本《中国地理新志》第二编"海岸和岛屿"）

《中国地理新志》第二编"海岸和岛屿"介绍了南海沿岸的地角、海峡、半岛和岛屿，它们南海地域的重要组成部分，故将其纳入此编。

交通编

唐·义净《南海寄归内法传》一则

义净（635—713），或作净义，唐代译经僧。唐范阳（今河北省涿州市）人，一说齐州（今山东省济南市）人，俗姓张，名文明。幼年出家，天性颖慧，遍访名德，博览群籍。年十五即仰慕法显、玄奘之西游，二十岁受具足戒。于唐高宗咸亨二年（671）经由广州，取道海路，历游三十余国。返国后，参与《华严经》之新译，与戒律、唯识、密教等书籍之汉译工作。自武则天圣历二年（699）迄唐睿宗景云二年（711），历时十二年，译出五十六部佛经，共二三〇卷，其中以律部典籍居多，今所传有部毗奈耶等之诸律大多出自其手，与鸠摩罗什、真谛、玄奘并称四大译经家。著有《南海寄归内法传》四卷、《大唐西域求法高僧传》二卷，并首传印度拼音之法。著作中备载印度南海诸国僧人之生活、风俗、习惯等，系了解当时印度之重要资料。唐玄宗先天二年（713）正月入寂，世寿七十九。

序言

东裔诸国，杂行四部。从那烂陀东行五百驿，皆名东裔。乃至尽穷，有大黑山，计当土蕃南畔，传云是蜀川西南行可一月余，便达斯岭。次此南畔，逼近海涯，有室利察咀罗国，次东南有郎迦戍国，次东有杜和钵底国，次东极至临邑国，并悉极遵三宝，多有持戒之人，乞食杜多，是其国法。西方见有，实异常伦。师子洲并皆上座，而大众斥焉。然南海诸洲有十余国，纯唯根本有部，正量时钦，近日已来，少兼余二。从西数之，有婆鲁师洲；末罗游洲，即今尸利佛逝国是；莫诃信洲；诃陵洲；呾呾洲；盆盆洲；婆里洲；掘伦洲；佛逝补罗洲；阿善洲；末迦漫洲；又有小洲，不能具录也。斯乃咸遵佛法，多是小乘，唯末罗游少有大乘耳。

诸国周围，或可百里，或数百里，或可百驿。大海虽难计里，商舶惯者准知。良为掘伦初至交广，遂使总唤昆仑国焉。唯此昆仑，头卷体黑，自余诸国，与神州不殊。赤脚敢曼，总是其式，广如《南海录》中具述。骥州正南步行可余半月，若乘船才五六潮，即到匕景。南至占波，即是临邑。此国多是正量，少兼有部。西南一月至跋南国，旧云扶南，先是裸国，人多事天，后乃佛法盛流。恶王今并除灭，迥无僧众，外道杂居，斯即赡部南隅，非海洲也。

（宋刻《碛砂藏》群字函中影印本《南海寄归内法传》序）

《南海寄归内法传》序记载了南海诸国之间的船舶往来，故将其纳入此编。

宋·胡宿《文恭集》二则

胡宿（996—1067），字武平，宋常州晋陵（今江苏省常州市）人。宋仁宗天圣二年（1024年）进士，为扬子尉。历馆阁校勘，知湖州，知制诰，知审官院、审刑院等。宋仁宗嘉祐六年

（1061），拜枢密副使。以老，数乞辞位。宋英宗治平三年（1066），罢为观文殿学士、知杭州。次年，以太子少师致仕，未拜而死，赠太子太傅，谥文恭，有《文恭集》。

赐占城国王敕书

卿志虑深纯，诚节款到。邈居溟涨之外，驰系阙庭之间。嗣守忠规，述修世职。遣兹使介，奉乃表章，越沃日之惊波，致旅庭之贡物。倾输斯至，勤叩可嘉。用示眷怀，特蕃锡与，益思祗顺，当体宠优。

赐占城国王俱舍利波微收罗婆麻提杨卜敕书

省所差人，进奉生象二头、象牙二百二株、药犀大小一百九十一株、下色紫矿一百九十一斤、中色煎香五百斤、下色煎香五百斤，事具悉。卿长治国藩，聿修王职，地虽居于遐外，世弥笃于恪忠，匪忘存阙之诚，来效占风之贡。俾爱使指，载越溟津，亟览表章，深嘉诚节。式将乃眷之意，特推加惠之恩，当体宠优，益思钦顺。今回赐卿银三千两、钱一百贯，文至可领也。其差来蒲息陁琶等到阙，各支赐对见朝辞衣物、银器、衣着等，令于殿前都使衙安下。及差鸿胪少卿刘舜臣等馆伴，令御厨翰林仪鸾司往彼祗应酒食铺陈。其所乞白马，已支赐二匹讫。故兹示谕，想宜知悉。秋凉，卿比平安好否，遣书指不多及。

（《丛书集成初编》本《文恭集》卷二六）

《文恭集》卷二六所载《赐占城国王敕书》与《赐占城国王俱舍利波微收罗婆麻提杨卜敕书》介绍了占城国与宋廷间的朝贡和封赐往来，故将其纳入此编。

宋·陈均《九朝编年备要》一则

陈均（1174—1244），字平甫，号纯斋、云岩，宋兴化军莆田（今福建省莆田市）人，陈俊卿从孙。南宋宁宗嘉定末，入太学。南宋理宗即位后，离太学归乡，杜门著述。仿朱熹《通鉴纲目》体例，撰成《皇朝编年举要》、《皇朝编年备要》四十八卷及《中兴举要》十四卷、《中兴备要》十四卷。所著诸书后有缺佚，只存太祖至高宗九朝部分，故被合编为《宋九朝编要备要》，亦称《皇朝编年纲目备要》。

是岁，渤尼国来贡。渤尼，前代未尝与中国通，其章表非纸，类木皮而莹薄，色微绿，长数尺而阔寸余，横轴之，仅盈掌握，以数小囊重复缄之。其字细而横读之，不可识。诏象胥以华言译之，皆尊慕本朝之意。

（清文渊阁四库全书本《九朝编年备要》卷三）

《九朝编年备要》卷三记载了南海渤泥国与中国沟通往来的情况，故将其纳入此编。

宋·陈大震《南海志》一则

陈大震（1228—1307），字希声，南宋广州番禺（今广东省广州市）人。南宋理宗宝祐元年

（1253）进士，历官博罗主簿、长乐知县、广济县令、权知雷州、朝奉大夫。因不满官场腐败，请辞回乡，拒任尚书吏部侍郎。南宋灭亡后，元朝授司农卿、广东儒学提举等职，均辞不就，长期隐居家乡。一生为官公正，刚直清廉，恪守礼法，修身齐家。他处事果断，判案数百，全无冤案，被百姓称为"神判"。晚年致力于家乡文教活动，与吕桂孙纂编广东省第一本地方志《南海志》，著有《薲觉集》。

舶货

"货通狮子国。"昌黎尝有是诗矣。山海为天地宝藏，珍货从出，有中国之所无。风化既通，梯航交集。以此之有，易彼之无，古人贸通之良法也。黄为蕃舶奏集之所，宝货丛聚，实为外府。岛夷诸国，名不可殚，前志所载者四十余。圣朝奄有四海，尽日月出入之地，无不奉珍效贡，稽颡称臣。故海人山兽之奇，龙珠犀贝之异，莫不充储于内府，畜巩于上林，其来者视昔有加焉。而珍货之盛，亦倍于前志之所书者。今录其可名之国，附于舶货之后。

宝物：象牙，犀角，鹤顶，真珠，珊瑚，碧甸子，翠毛，龟筒，玳瑁。

布匹：白番布，花番布，草布，剪绒单，翦毛单。

香货：沉香，速香，黄熟香，打拍香，暗八香，占城粗熟，乌香，奇楠木，降香，檀香，戎香，蔷薇水，乳香，金颜香。

药物：脑子，阿魏，没药，胡椒，丁香，肉豆蔻，白豆蔻，豆蔻花，乌爹泥，茴香，硫黄，血竭，木香，荜拨，木兰皮，番白芷，雄黄，苏合油，荜澄茄。

诸木：苏木，射木，乌木，红紫。

皮货：沙鱼皮，皮席，皮枕头，七鳞皮。

牛蹄角：白牛蹄，白牛角。

杂物：黄蜡，风油子，紫梗，磨末，草珠，花白纸，藤席，藤棒，贝子，孔雀毛，大青，鹦鹉螺壳，巴淡子。

诸蕃国

交趾国管：团山，吉柴。

占城国管：坭越，乌里，旧州，新州，古望，民瞳眽，宾瞳眽。

真腊国管：真里富，登流眉，蒲甘，茸里。

罗斛国。

还国管：求速孤底。

单马令国管小西洋：日啰亭，达剌希，崧古啰，凌牙苏家，沙里，佛啰安，吉兰丹，晏头，丁伽芦，迫嘉，朋亨，口兰丹。

三佛齐国管小西洋：龙牙山，龙牙门，便塾，榄邦，棚加，不理东，监篦，哑鲁，亭停、不剌，无思忻，深没陀啰，南无里，不斯麻，细兰，没里琶都，宾撮。

东洋沸坭国管小东洋：麻里芦，麻叶，美昆，蒲端，苏录，沙胡重，哑陈，麻拿啰奴，文杜陵。

单重布啰国管大东洋：论杜，三哑思，沙啰沟，塔不辛地，沙棚沟，涂离，遍奴忻，勿里心，王琶华，都芦辛，啰悼，西夷涂，质黎，故梅，讫丁银，呼卢漫头，琶设，故提，频，底贤，孟嘉失，乌谭麻，苏华公，文鲁古，盟崖，盘檀。

阇婆国管大东洋：孙条，陀杂，白花湾，淡墨，熙宁，啰心，重伽芦，不直干，陀达，蒲盘，布提，不者啰干，打工，琶离，故鸢，火山，地漫，南毗。

马八儿国：细蓝，伽一，勿里法丹，差里野括，拨的侄，古打林。

大故蓝国、差里也国、政期离国、胡荼辣国、禧里弗丹、宾陀兰纳、追加鲁、盟哥鲁、条培、軩拿、阔里株思、加剌都、拔肥离、涂拂、毗沙弗丹、哑軩、鹏茄啰、记施、麻啰华、弼施啰、麻加里、白达、层拔、赡思、弼琶啰、勿斯离、勿拔、芦眉、瓮蛮、弗蓝、黑加鲁、默茄、荼弼沙、吉慈尼。

（元大德刻本《南海志》卷七）

《南海志》卷七记载了南海诸国所管辖的港口交通路线与货物往来情况，故将其纳入此编。

元·苏天爵《元文类》三则

苏天爵（1293—1352），字伯修，元真定（今河北省石家庄市）人。初参加国子学生公试，名列第一，被任命为从仕郎、大都路蓟州判官。元泰定帝泰定元年（1324），改任翰林国史院典籍官，升任应奉翰林文字。元文帝至顺元年（1330），与修《元武宗实录》。至顺二年（1331），升任修撰，又升任为江南行台监察御史。元惠宗至元二年（1336），从刑部郎改任御史台都事。至元三年（1337），升任礼部侍郎。至元五年（1339），任淮东道肃政廉访使。至元六年（1340），改任吏部尚书、陕西行台治书侍御史。再任吏部尚书，升任为参议中书省事。至正二年（1342），任湖广行省参知政事，迁陕西行台侍御史。参与编修《元武宗实录》《元文宗实录》和《功臣列传》。主编《国朝名臣事略》《国朝文类》《辽金纪年》。脱脱、阿鲁图主编《宋史》《辽史》《金史》，苏天爵编写《三史质疑》对三史进行考订和质疑。至正十二年（1352）镇压淮右等地红巾起义军，卒于军中。为学博而知要，文章长于叙事，诗尤得古法，学者称滋溪先生。

占城

占城初尝奉表来降。至元十九年，以执国使，兴师问罪。二十年正月，破其木城洎大州，其主孛鲁由补剌者吾遁走。其舅宝脱秃花，阳求降附，以款我师，阴为战计，往返再三，辞语支蔓，总兵官唆都竟不之觉。及得曾延之报，始疑信相半，而已堕其术中，几陷偏师。呜呼，鄙夷亦多诈哉。二十一年之征，则以安南道阻，不果。语在安南事中。

至元十五年，左丞唆都以宋平，因遣人至占城，还言其王失里咱牙信合八剌麻哈迭瓦有内附意。奏之，诏降虎符，授荣禄大夫，封占城郡王。十六年十二月，遣兵部侍郎、教化迪总管孟庆元，万户孙胜夫，与唆都使占城，谕其王入朝。十七年二月，占城国王保宝旦拏啰耶邛南誃占把地罗耶，遣使贡方物，奉表降。十九年十月，征占城。初朝廷以占城国主孛鲁由补剌者吾，曩岁遣使来廷，称臣内属，谓其诚服。遂命左丞唆都等，就其地立省，以抚安之。既而其子补的专国，负固弗率。万户何子志、千户皇甫杰使暹国，宣慰使尤永贤、亚阑等使马八儿国，舟经占城海道，皆被执，故征之。上曰："老王无罪，逆令者乃其子与一蛮人耳。苟获此两人，百姓当依曹彬故事，不戮一人。"十一月，占城行省官率兵自广州航海。二十九日，师次占城港。港口北连海，旁有小港五，通其国大州，东、南止山，西旁木城，官军依海岸屯驻。占城兵自三十日为始，治木城四面约二十余里，起楼棚，立回回三梢炮百余座。又木城西十里，建行宫。孛鲁由补剌者吾亲率大兵，屯守应援。行省遣都镇抚李天佑、总把贾甫招之，七往，终不服。十二月十八日，占城贴书，刻期请战。二十年正月，行省传令军中，以十五日夜半发船攻城。至期，分遣琼州安抚使陈仲达、总管刘金、总把栗全，以兵千六百人由水路攻木城北面；总把张斌、百户赵达，以三百人攻东面沙嘴；省官三千人，分三道，攻南面。舟行至天明，泊岸，为风涛所碎者十七八。贼开木城南门，建旗鼓，出万余人，乘象者数十，亦分三队迎敌。矢石交下，自卯至午，贼败北。官军入木城，复与东北二军合击之，杀溺死者数千人。守城供饷馈者数万人，悉溃散。国主弃行宫，烧仓廪，杀永贤、亚阑等，与其臣逃入山。十七日，整兵攻大州。十九日，国主使报答者来求降。二十日，兵至大州东南，遣报答者回，许其降免罪。二十一日，入大州。寻又遣博思兀鲁班者来言，奉王命来降，国主、太子后当自来。行省传檄召之，我师复驻城外。二十三日，遣其舅宝脱秃花等三十余人，奉国主信物、杂布二百匹、大银三锭、小银五十七锭、碎银一瓮，为质归款。又献金叶九节标枪，曰国主欲来，病未能进，先使持其枪来，以见诚意。长子补的，期三日请见。省官却其物，宝脱秃花曰："不受，是薄之也。"行省度不可却，姑令收置，听候上闻。二十九日，宝脱秃花复令其主第四子利世麻八都八德剌第、五子利世印德剌来见。且言先有兵十万，故求战，今皆败散，闻败兵言补的被伤已死，国主颊中箭，今小愈，愧惧未能见也。故先遣二子，来议赴阙进见之事。省官疑其非真子，不之质，听其还，谕国主早降。且以问疾为辞，遣千户林子全、总把李德坚、栗全偕往觇之。三十日，二子在途先归，子全等入山两程。国主遣人来，拒不果见。宝脱秃花谓子全曰："国主迁延不肯出降，今反扬言欲杀我，可归告省官。来则来，不来我当执以往见。"子全等回营。是日，又杀何子志、皇甫杰等百余人。二月八日，宝脱秃花又至，自言："吾祖父伯叔，前皆为国主，至吾兄，今孛鲁由补剌者吾，杀而夺其位。斩我左右二大指，我实衔之。愿禽孚孛鲁由补剌者吾、补的父子及太拔撒机儿以献，请给大元服色。"行省赐衣冠，抚谕以行。十三日，居占城唐人曾延等来言，国主逃于大州西北鸦候山，聚兵三千余，并招集他郡兵，未至百日，将与官军交战。惧唐人泄其事，将尽杀之，延等觉而逃来。十五日，宝脱秃花偕宰相保孙达儿及撒及等五人来降，行省官引曾延等见。宝脱秃花诘之曰："延等奸细人也，请系缧之。国主军皆溃散，安敢复战？"又言今未附州郡，凡十二处，每州遣一人招之。旧州水路，乞行省与陈安抚及宝脱秃花各遣一人，乘舟招谕攻取。陆路，则乞行省官陈安抚与己往禽者国王、补的。及攻其城，行省犹信其言，调兵一千，屯半山塔。遣子全、德坚领军百人，与宝脱秃花同赴大州进讨，约有急则报半山军。子全等比至城西，宝脱秃花背约间行，自北门乘象遁入山。官军获谍者，曰国主实在鸦候山立砦，聚兵约二万余，遣使交趾、真腊、阇婆等国借兵，及征宾多龙旧州等军未至。十六日，遣万户张颙等领兵，赴国主所栖之境。十九日，颙近水城二十里，贼浚濠堑，拒以大木，我军斩刘超距奋击，破其二千余众。转战至木城下，山林阻隘不能进。贼旁出，截归路，军皆殊死战，遂得解还营。行省遂整军聚粮，瓶木城遣总管刘金、千户刘涓、岳荣守御。三月六日，唆都领军回。十五日，江淮省所遣助唆都军、万户忽都忽至占城。唆都旧制行省舒眉莲港，见营舍烧尽，始知官军已回。二十日，忽都忽令百户陈奎，招其国主来降。二十七日，占城主遣王通事者来称纳降，忽都忽等谕令其父子奉表进献。国主遣文劳衎、大巴南等来，称唆都除荡，国贫无进物，来年多备礼物，令嫡子入朝。四月十二日，国主令其孙济目理勒蛰、文劳衎、大巴南等奉表归款。二十一年，命平章阿里海牙，奉镇南王脱欢发兵，假道交趾，伐占城，不果进。

海外诸蕃

海外诸蕃，见于征伐者，惟爪哇之役为大。会三行省兵二万，设左右军都元帅府二，征行上万户府四，发舟千艘，费钞四万锭，赍一年粮。降虎符十、金符四十、银符百、金衣段百端，备赏。往返八阅月，爪哇降而复叛。伐葛郎，得其妻子官属百余人而还，其余逊答、流求、三屿、俱蓝、马八儿、那旺、苏水都剌、苏木达也、里可温、木速、蛮须门、那僧急里、南无力、马阑丹、丁呵儿、来来急阑、亦台、进麻里、予儿阿昔之属，又皆琐琐者。其至也，或遣使招来，或风入贡，不皆以兵下。

爪哇

至元二十九年二月八日，诏福建行省，授亦黑迷失、史弼、高兴为平章政事，征爪哇。军二万，海舟千艘，给一年粮。二十五日，亦黑迷失等陛辞。上曰："卿等至爪哇，明告其国军民：朝廷初与爪哇通使往来交好，后刺诏使孟右丞之面，以此进讨。"九月，军会庆元，弼、亦黑迷失领省事，赴泉州，兴率军辎，自庆元登舟涉海。十一月，福建、江西、湖广三省军会泉州。十二月十四日，自后渚启行。三十年正月十八日，至拘栏山，议方略。二月六日，亦黑迷失、孙参政先领本省幕官，并招谕爪哇等处；宣慰司官曲海牙、杨梓、全忠祖、万户张塔剌赤等五百余人，船十艘往招谕。议定后七日，大军继进，于吉利门相候。十三日，弼、兴进至爪哇之杜并足，与亦黑迷失等议分军下岸，水陆并进。弼与孙参政、帅都元帅那海、万户宁居仁等，水军自杜并足，由戎牙路港口，至八节涧。兴与亦黑迷失、都元帅郑镇国、万户脱欢等，马步军自杜并足陆行。以万户申元为前锋，遣副元帅土虎登哥、万户褚怀远、李忠等乘锁风船，由戎牙路，于麻喏巴歇浮梁前进，赴八节涧期会。二十一日，招谕爪哇宣抚司，言爪哇主土罕必阇耶，举国纳降。土罕必阇耶不能离军，先令杨梓甘州不花、全忠祖引其宰相昔剌难答咤耶等五十余人迎。三月一日，会军八节涧。涧上接杜马班王府，下通莆奔大海，乃爪哇咽喉必争之地。又其谋臣希宁官，沿河泊舟，观望成败，再三招谕不降。行省于涧边设偃月营，留万户王天祥守河津，土虎登哥、李忠等领水军，郑镇国、省都镇抚伦信等领马步军，随省水陆并进。希宁官惧，弃船宵遁。获鬼头大船百余艘，令那海居仁、万户郑珪、高德诚、张受等镇八节涧海口，大军方进。土罕必阇耶使来告，葛郎主追杀至麻喏巴歇，请官军救援。亦黑迷失、张参政先往安慰。土罕必阇耶、郑镇国引军赴章孤接援。兴进至麻喏巴歇，欲称葛郎兵。未知远近，兴回八节涧。亦黑迷失寻报贼兵今夜当至，召兴赴麻喏巴歇。七日，葛郎兵三路攻土罕必阇耶。八日，亦黑迷失、孙参政率万户李明迎贼于西南，不遇。兴与脱欢由东南路与贼战，杀数百人，余奔溃山谷。午时，西南路贼又至，与脱战，至晡，又败之。十五日，分军为三道，伐葛郎。

期十九日会答哈，听炮声接战。土虎登哥等水军泝河而上，亦黑迷失等由西南，兴等自东道进，土罕必阇耶军继其后。十九日，至答哈，葛郎国主以兵十余万交战。自卯至未，连三战，贼败奔溃，拥入河，死者数万人，杀五千余级。国主入内城拒守，官军围之，且招其降。戌时，国主哈只葛当出降，抚谕令还。四月二日，遣土罕必阇耶还其地，具入贡礼，以万户捏只不丁、甘州不花率兵二百护送。十九日，土罕必阇耶背叛逃去，留军拒战。捏只不丁、甘州不花、省掾冯祥皆遇害。二十四日，军还得哈只葛当妻子、官属百余人及地图、户籍、所上金字表。

（四部丛刊景元至正本《元文类》卷四一《政典总序》）

《元文类》卷四一《政典总序》记载了元朝征伐占城、爪哇等南海诸藩的历史，故将其纳入此编。

清·嵇璜《皇朝文献通考》三则

嵇璜（1711—1794），字尚佐，一字黼廷，晚号拙修，清常州无锡（今江苏省无锡市）人。河道总督嵇曾筠之子，少时从父视察河工，熟悉情况。清雍正八年（1730）进士，历官左金都御史、吏部尚书，协办大学士。清乾隆十八年（1753）始参与河工，先后任南河副总河、河东河道总督。屡上疏论治理河运，主张裁弯取直，移远为近，浚浅变深，建议黄河北流复山东故道。每巡视河工，皆身先属吏，不避艰险，多次亲督工程，颇得乾隆帝重用。晚年加太子太保，为上书房总师傅。清乾隆五十九年（1794）卒，谥文恭。

暹罗

暹罗贡道，由广东达京师，其国都在广东省西南海道，约四十五昼夜可至。始自广东香山县登舟，乘北风用午针出七洲洋，十昼夜抵安南海次，中有一山名外罗。八昼夜抵占城海次，十二昼夜抵大昆仑山。又用东北风转舟向未及申三分，五昼夜可抵大真树港，五昼夜可抵暹罗港，入港二百里即淡水洋。又五日抵暹罗城，其国西南有大山绵亘。

港口

港口国在西南海中……本朝雍正七年后，通市不绝，经七洲大洋，到鲁万山。由虎门入口达广东界，计程七千二百里，距厦门水程一百六十更。

柔佛

柔佛在西南海中，背山，而国前临大海，历海洋九千里达广东界。经七洲大洋，到鲁万山，由虎门入口。……雍正七年弛禁后，其国通市不绝，距厦门水程一百八十更。……浙闽人亦间有往者，乃夏秋乃归。必经七洲大洋，至鲁万山，由虎门入口达广东界，计程九千里。

（清光绪二十八年上海鸿宝书局石印本《皇朝文献通考》卷二九七《四裔考》）

《皇朝文献通考》卷二九七《四裔考》记述了暹罗、港口、柔佛等国的地理位置及其与中国的交通路线与贸易情况。诸国均为南海沿线重要国家，故将其纳入此编。

清·嵇璜《皇朝通典》一则

柬埔寨尹代玛附

柬埔寨在西南海中，海岸多泥，名烂泥尾。北枕大山，国中无城池，王即山。……土产有苏木、象牙、白荳蔻、腊黄、麈皮、槟榔子、黄蜡。每冬春间浙闽粤商人往彼互市，近则兼市丝斤，及夏秋乃归。粤人之归也，舟必经七洲大洋到鲁万山，由虎门入，计程七千三百里，距厦门水程一百七十更，安南暹罗附属国也。其旁有尹代玛国，距厦门水程一百四十更，亦属安南暹罗，风俗略与港口东埔寨同。

（清光绪二十八年上海鸿宝书局石印本《皇朝通典》卷九八《边防二》）

《皇朝通典》卷九八《边防二》记载了南海国家、柬埔寨的位置、山川、土产及其与中国的交通路线，故将其纳入此编。

清·汪文台《红毛番英吉利考略》 一则

汪文台（1796—1844），字南士，清徽州黟县（今安徽省黄山市）人，府学廪生，曾为阮元《十三经注疏校勘记》作《识语》，阮元读后服其精博，聘他去扬州。清道光二十一年（1841），汪文台作《红毛番英吉利考略》，由翰林院编修黄彭年在京师刻印发行。与俞正燮交往密切，好搜览异书，晚年藏至数万卷。另著有《论语外传》《七家后汉书》《淮南子校勘记》《脞语》等。

今夷船之出万山者，正南行约五日而至红毛浅。过浅南行五日，少西则到草鞋石，即万里长沙之尾也。尾在安南对海，头在琼州陵水县对海，凡数千里。草鞋石西北为万里长沙，东南为七洲大洋，全是大石，其中不知几千里。又南行少西七日，至地盆山。华人则自万山西南行，经外罗山、新州、陆奈，乃向南行四日，到昆仑山，是安南地方。又南行五日至地盆山，与夷船所行路合，以避草鞋石之险，少回远也。

（清道光二十二年刊本《红毛番英吉利考略》）

《红毛番英吉利考略》记载了外夷驶入南海线路和华人入南海路线，故将其纳入此编。

清·王之春《国朝柔远记》二则

王之春（1842—1906），字芳棠，一字爵棠，号椒生，自称芳唐居士，清衡州清泉（今湖南省衡阳市）人。初为彭玉麟幕僚，光绪间历任浙江、广东按察使，湖北布政使，曾出使日本、俄国。官广西巡抚，主张出让广西矿权，借法款、法兵镇压广西人民起义，激起国内拒法运动，旋被解职。曾与彭玉麟同撰《国朝柔远记》，综述清顺治元年（1644）至同治十三年（1874）中外关系。另有《东游日记》《东洋琐记》《使俄草》《瀛海厄言》。

西南洋诸国来互市

先是，康熙中虽设海关与大西洋互市，尚严南洋诸国商贩之禁，自安南外并禁止内地人民往贩。比因粤、闽、浙各疆臣以弛禁奏请，是年遂大开洋禁。凡南洋之广南港口、柬埔寨，及西南之琜仔、六坤、大呢、吉兰丹、丁葛奴、单咀、彭亨诸国咸来通市。

广南国，北接安南，汉曰南郡，晋唐后曰林邑。

占城，明代占城为安南所夺，以封其臣阮氏为附庸。阮氏本中国人，以地险兵强自为一国，屡与安南构兵。

港口国，东南滨海，国王郑姓，地数百里。

真腊，旧境又称本底国，柬埔寨即旧真腊，自称甘孛智，讹为澉埔只，转为柬埔寨，一作平波底阿。其地北接占城，南际海处为烂泥尾。由粤虎门经七洲洋七千二百里，地近赤道，天气炎热，禾一岁数稔，土产铅、锡、犀、象、翠羽孔雀、毒瑁、苏木、降真、沈速诸香，槟榔、豆蔻、海参、燕窝，故旧名富贵真腊。其先本抚南属国，王姓刹利氏，后并抚南有之，隋代入贡。至唐国分为二：北多山，号陆真腊；南多水，号水真腊，久复合为一国。宋屡入贡，与占城为仇，灭之，而王其地，改号占腊。明初，国犹富盛，职贡不绝。至国初，已弱小，仅存为安南、暹罗，所役属不复，仍真腊故号，自列为王。会竟与港口，皆并于广南，而广南又并安南，称越南焉。

瀛海各国统考

南洋诸岛国：台湾之南为吕宋，再南为西里百岛，西里百之东北为摩鹿加，再东为巴布亚大岛，西里百之北为苏禄，再西为婆罗洲；由厦门趋七洲洋，过昆仑而南，为噶留巴，再西为苏门答腊，大、小亚齐在焉；巴、苏两岛相望，海口之峡曰巽他，即旧港地，为欧罗巴西来要道；苏门答腊之东北，有大岛，为新嘉坡、麻喇甲，稍西别一小岛曰槟榔屿。

（清光绪十七年广雅书局刻本《国朝柔远记》卷一九）

《国朝柔远记》卷四、一九记载了南洋诸岛国的地理位置、历史沿革、风土物产及与中国的商贸互市、交通路线，故将其纳入此编。

清·梁廷楠《粤海关志》一则

梁廷楠（1796—1861），字章冉，号藤花亭主人，清广州顺德（今广东省佛山市）人。清道光十四年（1834）副榜贡生，曾任澄海县教谕，广州越华、粤秀书院监院，学海堂学长、《粤海关志》总纂、广东海防书局总纂。因筹办洋务有功，进内阁中书，加侍读衔。曾以南汉几十年间事迹，编撰《南汉书》十八卷。著《论语古解》《碑版广例》《博考书余》《曲话》，总汇为《藤花亭十种》，另有《东坡事类》《夷氛闻记》《海国四说》《粤海关志》等三十余种著述。

暹罗国

暹罗在占城国西南，顺风十昼夜可至……六年十月，内阁大学士张居正题，据提督少卿萧某呈，请于本馆添设暹罗一馆，考选世业子弟马应坤等十名送馆教习。通事握文源言：其国东连大泥，南临东牛，西接兰场，北界大海，由广东香山县登舟，用北风下，指南针向午行，出大海，名七洲洋，十昼夜可抵安南。海次中有一山，名外罗，八昼夜可抵占城海次，十二昼夜可抵大昆仑山。又用东北风转舟，向未兼申三分，五昼夜可抵大真树港，五昼夜可抵暹罗港，入港二百里，即淡水。又五日抵暹罗城，顺风四十日可至。若遇东风，飘舟西行，即舟坏，犹可登山。遇西风，飘入东海中，有山名万里石塘，起自东海琉球国，直至海南龙牙山，潮至则没，潮退方见。舟飘至此，罕有存者。来贡必用五六月南风，还则用十一二月北风，过此不敢行矣。

（清道光间刻本《粤海关志》卷二一《贡舶一》）

《粤海关志》卷二一《贡舶一》记载了从广东省香山县穿梭于南海诸国之间的海路，故将其纳入此编。

姚文楠《江防海防策》一则

姚文楠（1857—1934），字子让，姚文栋之弟，生于太仓嘉定（今上海市嘉定区）人。清光绪八年（1882），举优贡，朝考一等，奉旨以知县用，后又中举。历任上海城厢内外总工程局议事经董、议事会会长，市政厅议事会会长、总董，江苏省咨议员、财政审查长，国会总议员等职，是上海地区著名的社会活动家、史志学家、教育家和公益慈善事业家。龙门书院名士，精于算学。编纂过《上海县志》《上海县续志》，审订过《川沙县志》。

海洋，自明中叶泰西各国东来，皆由大西洋绕阿非利加洲，入葛留巴、苏门答剌之巽他海峡。嗣后苏尔士河开通，别有小西洋一道，从地中海、红海而来，入麻剌甲海峡。两海峡乃其来中国第一重门户。过琼州、七州洋，有千里石塘、万里长沙，为南北洋界限。其间惟天堂门、五岛门、沙马崎头门三处可通出入，此为第二重门户。关锁层垒，外夷拦入北洋，自非易易。

（清光绪十七年上海著易堂铅印本《小方壶斋舆地丛钞》卷九《江防海防策》）

《小方壶斋舆地丛钞》卷九《江防海防策》记载了西方各国从地中海、红海，经马六甲海峡进入南海的路线，故将其纳入此编。

人文编

汉·扬雄文一则

扬雄（前58—18），字子云，西汉蜀郡成都（今四川省成都市）人。善为辞赋，以文章名世。汉成帝时，初为待诏，岁余，任为郎，给事黄门，与王莽、刘歆并列。王莽称帝，校书天禄阁，官为大夫。著有辞赋《反离骚》《甘泉赋》《长杨赋》《校猎赋》等。后转而研究哲学，仿《论语》作《法言》，仿《易经》作《太玄》。又续《仓颉》篇作《训纂》。在文学、哲学、语言文字学上都有重要成就。

交州①箴

交州荒裔，水与天际。

越裳是南，荒国之外。

爰自开辟，不羁不绊。

周公摄祚，白雉是献。

昭王陵迟，周室是乱。

越裳绝贡，荆楚逆叛。

大汉受命，中国兼该。

南海之宇，圣武是恢。

稍稍受羁，遂臻黄支。

杭海三万，来牵其犀。

盛不可不忧，隆不可不惧。

泉竭中虚，池竭濑[一]干。

牧臣司交，敢告执宪。

（宋绍兴本《艺文类聚》卷六）

扬雄《交州箴》历述交州古今治乱之迹，以垂警戒，是一篇与南海丝绸之路沿线国家政治相关的箴文，故将其纳入此编。

注释：①交州，汉代称交州刺史部，辖南海、郁林、苍梧、合浦、交趾、九真、日南七郡。汉代交州合浦郡徐闻县是南海丝绸之路的起点。

校记：

[一]濑，四部丛刊景宋本《古文苑》卷一四作"濒"。

晋·吴隐之诗一首

吴隐之（?—413），字处默，东晋濮阳鄄城（今山东省菏泽市）人。东晋名士，以儒雅显名。历奉朝请、御史中丞、龙骧将军、广州刺史、度支尚书、光禄大夫等职。为官以清廉著称，赴广州就职时特意经过"贪泉"，饮水赋诗以明志。东晋安帝义熙九年（413）卒。追赠左光禄大夫，加散骑常侍。

酌贪泉诗[①]

古人云此水，一酌怀千金。
试使夷齐饮，终当不易心。

（金陵书局本《晋书》卷九〇）

晋吴隐之《酌贪泉诗》作于赴广州任刺史途中，未至州二十里，地名石门，有水曰贪泉，相传饮此水者，即廉士亦贪。隐之酌而饮之，因赋此诗以明清廉操守。此诗与南海丝绸之路沿线人文风情相关，故纳入此编。

注释：①贪泉，在广东省南海县。

晋·王叔之诗一首

王叔之（生卒年不详），字穆仲，琅邪郡（今山东省临沂市）人。南朝宋文学家。东晋末曾任参军，入宋隐居。今存诗《游罗浮山》及《拟古》二首，载《艺文类聚》。另存《翟雉赋》《遂隐论》《怀旧序》《伤孤鸟诗序》《舟赞》《甘橘赞》等文，散见于《艺文类聚》《初学记》及《太平御览》。

拟古诗

客从北方来，言欲到交趾。
远行无他货，惟[一]有凤[二]皇子。
百金我不欲，千金难为市。

（宋绍兴本《艺文类聚》卷九〇）

王叔之《拟古诗》中所言"交趾"，为汉武帝所设十三刺史部之一，东汉治龙编（今河内东），是中国海上通天竺所经地，亦为中外货物聚集地。此诗与南海丝绸之路交通、贸易相关，故纳入此编。

校记：
[一]惟，清文渊阁《四立库全书》本卷九〇作"唯"。
[二]凤，清文渊阁《四立库全书》本卷九〇作"凰"。

唐·玄逵诗一首

玄逵（生卒年不详），唐润洲江宁（今江苏省南京市）人，俗姓胡。幼时出家，遍览律部，偏务禅寂，戒行严峻，博赡文什，尤精草、隶。唐高宗咸亨二年（671），偕义净一同往印度求法，行至广州（今广东省广州市）染风疾，不久卒。

言离广府，还望桂林，去留怆然，自述赠怀云尔

标心之梵宇，运想入仙洲。
婴瘤乖同好，沉情阻若抽。
叶落乍难聚，情离不可收。
何日乘杯至，详观演法流。

（大正新修大藏经本《大唐西域求法高僧传》卷下）

玄逵此诗描述赴印度求法途径广州时的心境，与南海丝绸之路交通、文化相关，故纳入此编。

唐·杜审言诗一首

杜审言（约646—约708），字必简。唐洛州巩县（今河南省巩义市）人。善五言诗，工书翰，恃才居傲，与李峤、崔融、苏味道为"文章四友"，世号崔、李、苏、杜。唐高宗咸亨元年（670）进士及第。历迁隰城尉、洛阳丞。武则天时，累擢膳部员外郎。唐中宗神龙初，坐与张易之兄弟交往，配流岭外。寻召授国子主簿，加修文馆直学士。卒年六十余。有《杜审言诗集》一卷。

旅寓安南①

交趾殊风候，寒迟暖复催。
仲冬山果熟，正月野花开。
积雨生昏雾，轻霜下震雷。
故乡逾万里，客思倍从来。

（明刻本《文苑英华》卷二九〇）

杜审言《旅寓安南》是唐中宗神龙元年（705），诗人流放到峰州（今越南河西省山西西北），途经安南（今越南河内），因怀念家乡于驿站所写之诗。此诗与南海丝绸之路沿线地理、气候相关，故纳入此编。

注释：①安南为越南古名，唐代设安南都护府，故名。

唐·沈佺期诗一首

沈佺期（约 656—约 714），字云卿，唐相州内黄（今河南省安阳市）人。善属文，尤长七言诗，与宋之问齐名，时称"沈宋"。唐高宗上元二年（675）进士，累迁通事舍人，预修《三教珠英》。唐中宗神龙初，曾坐事放逐岭南。后召授起居郎，加修文馆直学士，常侍宴宫中。历中书舍人、官至太子詹事。唐玄宗开元初卒，有《沈詹事诗集》七卷。

度安海入龙编①

我来交趾郡，南与贯胸连。

四气分寒少，三光置日偏。

尉佗曾驭国，翁仲久游泉。

邑屋遗氓在，鱼盐旧产全[一]。

越人遥捧翟，汉将下看鸢。

北斗崇山挂，南风涨海牵。

别离频破月，容鬓骤催年。

昆弟推由命，妻孥割付缘。

梦来魂尚扰，愁委疾空缠。

虚道崩城泪，明心不应天。

（明刻本《文苑英华》卷二八九）

沈佺期《度安海入龙编》为诗人被贬驩州（即日南郡，今越南北部）时所作之诗。

此诗与南海丝绸之路沿线地理、历史相关，故纳入此编。

注释：① 龙编，古县名。西汉置，治今越南北宁省仙游县境，属交趾郡。相传有蛟龙盘编津之间，故名。地当南海海上交通孔道，海舶辐辏，为唐代交州对外门户。

校记：

[一]全，清康熙扬州诗局刻本《全唐诗》卷九七作"传"。

唐·张说诗二首

张说（667—730），字道济，一字说之，唐东都洛阳（今河南省洛阳市）人。早年参加制科考试，策论为天下第一。张说三次为相，执掌文坛三十年，为开元前期一代文宗，与许国公苏颋齐名，号称"燕许大手笔"。唐玄宗开元十八年（730）病逝，时年六十四岁。追赠太师，谥号文贞。

入海

其一

乘桴入南海，海旷不可临。

茫茫失方面，混混如凝阴。

云山相去没，天地互浮沉。

万里无涯际，云何其广深。

潮波自盈缩，安得会虚心。

其二

海上三神山，逍遥集众仙。

灵心岂不同，变化无常全。

龙伯殊^[一]人类，一钓两鳌悬^[二]。

金台此沦没，玉真时播迁。

问子劳何事，江上经几年^[三]。

隰中生红草，所美非美然。

（四部丛刊景明嘉靖本《张燕公集》卷八）

张说《入海》诗二首为流放钦州（治今广西钦州市东北三十里久隆镇）时所作，诗中描绘了诗人泛舟南海所见场景与心境，与南海丝绸之路交通、地理相关，故纳入此编。

校记：

[一]殊，清康熙扬州诗局刻本《全唐诗》卷八六作"如"。

[二]悬，清康熙扬州诗局刻本《全唐诗》卷八六作"连"。

[三]经几年，清康熙扬州诗局刻本《全唐诗》卷八六作"泣经年"。

唐·张九龄诗一首

张九龄（678—740），字子寿，一名博物。唐韶州曲江（今广东省韶关市）人。七岁知属文，举进士，官秘书省校书郎。唐玄宗开元二十二年（734）迁中书令，力主诛杀安禄山。后受李林甫谗害，罢相。又以荐人之失，贬为荆州大都督府长史。善诗文，对扫除唐初以来承继六朝奢靡诗风有巨大贡献，誉为"岭南第一人"。有《曲江张先生文集》二十卷。

与王六履震^①广州津亭晓望

明发临前渚，寒^[一]来净远空。

水纹天上碧，日气海边红。

景物空^[二]为异，人情赖此同。

乘桴^[三]自有适，非欲破长风。

（明刻本《文苑英华》卷三一五）

张九龄此诗作于广州津亭，越南国时期番禺（今广州）建有越华馆，是赵佗为接待汉使陆贾所建的楼馆，因地近朝汉台，又称"朝亭"。唐代在此地还沿袭建造了建筑，改称津亭。此诗与南海丝绸之路沿线建筑、气候相关，故纳入此编。

注释：①王履震，生平不详，系张九龄同乡。

校记：

[一]寒，清康熙扬州诗局刻本《全唐诗》卷四十八作"潮"。

[二]空，清康熙扬州诗局刻本《全唐诗》卷四十八作"纷"。

[三]桴，清康熙扬州诗局刻本《全唐诗》卷四十八作"槎"。

唐・杜甫诗二首

杜甫（712—770），字子美，自称杜陵布衣，又称少陵野老。杜审言孙。唐洛州巩县（今河南省巩义市）人。工诗歌，与李白齐名，并称“李杜”，后人又称其为“诗圣”，称其诗为“诗史”。唐玄宗天宝初，举进士不第，献《三大礼赋》，得玄宗赏识，授京兆府兵曹参军。安禄山乱起，甫走凤翔上谒肃宗，拜左拾遗。平安史乱后，因上疏言房琯不宜罢相，被贬。唐肃宗上元二年（761），严武引为节度参谋、检校尚书工部员外郎，故世称“杜工部”。在成都浣花里结庐，世称“浣花草堂”。武死，依高适。后又避乱入湘，寓居耒阳，一夕病卒于湘江舟中。有《杜工部集》六十卷。

自平

自平中官吕太一，收珠南海千余日。
近供生犀翡翠稀，复恐征戎干戈密。
蛮溪豪族小动摇，世封刺史非时朝。
蓬莱殿前诸主将，才如伏波不得骄。

（清康熙扬州诗局刻本《全唐诗》卷二二〇）

送重表侄王砅评事使南海

我之曾祖姑，尔之高祖母。
尔祖未显时，归为尚书妇。
隋朝大业末，房杜俱交友。
长者来在门，荒年自糊口。
家贫无供给，客位但箕帚。
俄顷羞颇珍，寂寥人散后。
入怪鬓发空，吁嗟为之久。
自陈剪髻环，鬻市充杯酒。
上云天下乱，宜与英俊厚。
向窃窥数公，经纶亦俱有。
次问最少年，虬髯十八九。
子等成大名，皆因此人手。
下云风云合，龙虎一吟吼。
愿展丈夫雄，得辞儿女丑。
秦王时在坐，真气惊户牖。
及乎贞观初，尚书践台斗。
夫人常肩舆，上殿称万寿。
六宫师柔顺，法则化妃后。
至尊均嫂叔，盛事垂不朽。
凤雏无凡毛，五色非尔曹。
往者胡作逆，乾坤沸嗷嗷。

吾客左冯翊，尔家同遁逃。
争夺至徒步，块独委蓬蒿。
逗留热尔肠，十里却呼号。
自下所骑马，右持腰间刀。
左牵紫游缰，飞走使我高。
苟活到今日，寸心铭佩牢。
乱离又聚散，宿昔恨滔滔。
水花笑白首，春草随青袍。
廷评近要津，节制收英髦。
北驱汉阳传，南泛上泷舠。
家声肯坠地，利器当秋毫。
番禺亲贤领，筹运神功操。
大夫出卢宋，宝贝休脂膏。
洞主降接武，海胡舶千艘。
我欲就丹砂，跋涉觉身劳。
安能陷粪土，有志乘鲸鳌。
或骖鸾腾天，聊作鹤鸣皋。

（清康熙扬州诗局刻本《全唐诗》卷二二三）

　　杜甫二诗内容反映了唐代南海丝绸之路沿线贸易情况，如《自平》诗"近供生犀翡翠稀"、《送重表侄王砅评事使南海》诗"海胡舶千艘"等，故纳入此编。

唐·岑参诗一首

　　岑参（约 715—770），唐荆州江陵（今湖北省荆州市）人。工诗，多写边塞风光，与高适齐名，并称"高岑"。岑文本曾孙。唐玄宗天宝初进士。曾入高仙芝幕，任掌书记；又入封常清幕，任安西北庭节度判官。唐肃宗时杜甫荐为左补阙。唐代宗大历初，出为嘉州刺史，世称"岑嘉州"，后客死于成都。有《岑嘉州集》十卷。

送张子尉南海[一]

不择南州尉，高堂有老亲。
楼台重蜃气，邑里杂鲛人。
海暗三江雨，花明五岭春。
此乡[二]多宝玉，慎莫厌清贫。

（四部丛刊景明正德本《岑嘉州诗集》卷三）

　　岑参《送张子尉南海》是送友人赴南海任县尉之诗，诗中提及南海诸国"重蜃气""杂鲛人"等气候、风俗情况，与南海丝绸之路沿线人文相关，故纳入此编。

校记：

[一] 送张子尉南海，明刻本《文苑英华》卷二七一、清康熙扬州诗局刻本《全唐诗》卷二百作"送杨瑗尉南海"。

[二] 乡，明刻本《文苑英华》卷二七一作"方"。

唐·刘长卿诗二首

刘长卿（约709—约790），字文房，唐瀛洲河间（今河北省沧州市）人。唐玄宗天宝进士。唐肃宗至德中，官监察御史，后为长洲县尉，因事下狱，贬南巴尉。唐代宗大历中，任转运使判官，知淮西、鄂岳转运留后，又被诬再贬睦州司马。唐德宗建中，官终随州刺史，世称"刘随州"，晚入淮南节度使幕。工诗，中唐诗坛享有盛誉。有《刘随州诗集》。

送韦赞善使岭南

欲逐楼[一]船将，方安卉服夷。

炎洲经瘴远，春水上泷迟。

岁贡随重译，年芳遍四时。

番禺静无事，空咏饮泉诗。

（四部丛刊景明正德本《刘随州集》卷三）

送徐大夫赴广州

上将坛场拜，南荒羽檄招。

远人来百越，元老事三朝。

雾绕龙山[二]暗，山连象郡遥。

路分江淼淼，军动马萧萧。

画[三]角知秋气，楼船逐暮潮。

当令输贡赋[四]，不使外夷骄。

（四部丛刊景明正德本《刘随州集》卷五）

刘长卿《送韦赞善使岭南》《送徐大夫赴广州》二诗反映了南海丝绸之路沿线历史、风俗、气候等情况，故纳入此编。

校记：

[一]楼，四部丛刊景明正德本《刘随州集》卷三注："一作报。"

[二]山，明刻本《文苑英华》卷二七〇作"川"。

[三]画，明刻本《文苑英华》卷二七〇作"塞"。

[四]赋，明刻本《文苑英华》卷二七〇作"职"。

唐·韦应物诗四首

韦应物（约737—约791），唐京兆万年（今陕西省西安市）人。韦待价曾孙。初以三卫郎事唐玄宗，后折节读书，唐肃宗时入太学。唐代宗永泰中，为洛阳丞，迁京兆府功曹。唐德宗建中二年（781），累除比部员外郎，出为滁州刺史，寻改江州刺史，追赴阙，迁左司郎中。唐德宗贞元初，复出为苏州刺史，后罢居苏州永定寺，斋心屏除人事。为官清廉，关心民瘼，世称"韦苏州""韦江州""韦左司"。工诗，与顾况、刘长卿等相酬唱。与王维、孟浩然、柳宗元合称"王孟韦柳"。有《韦苏州集》。

送冯著受李广州署为录事

郁郁杨柳枝，萧萧征马悲。
送君灞陵岸，纠郡南海湄。
名在翰墨场，群公正追随。
如何从此去，千里万里期。
大海吞东南，横岭隔地维。
建邦临日域，温燠御四时。
百国共臻凑[一]，珍奇献京师。
富豪虞兴戎，绳墨不易持。
州伯荷大[二]宠，还当翊丹墀。
子为门下生，终始岂见遗。
所愿酌贪泉，心不为磷缁。
上将玩国士，下以报渴饥。
（四部丛刊景明嘉靖本《韦刺史诗集》卷四）

咏水精①

映物随颜色，含空无表里。
持来向明月，的皪愁成水。
（四部丛刊景明嘉靖本《韦刺史诗集》卷八）

咏珊瑚②

绛树无花叶，非石亦非琼。
世人何处得，蓬莱石上生。
（四部丛刊景明嘉靖本《韦刺史诗集》卷八）

咏瑠璃③

有色同寒冰，无物隔纤尘。
象筵看不见，堪将对玉人。
（四部丛刊景明嘉靖本《韦刺史诗集》卷八）

韦应物《送冯著受李广州署为录事》诗反映了唐代南海丝绸之路贸易情况，如"百国共臻凑，珍奇献京师。"尤其《咏水精》《咏珊瑚》《咏瑠璃》三首直接以南海丝绸之路上的物品为吟咏对象，故纳入此编。

注释：① 水精，即水晶，为舶来品。

② 珊瑚，宋代赵汝适《诸蕃志》卷下："珊瑚树出大食毗喏耶国。树生于海之至深处。"毗喏耶，近人考证为威尼斯。中国古代以珊瑚为名贵观赏品，皆从海舶进口。

③ 瑠璃，亦作琉璃，琉璃制品亦多舶来。

校记：

[一]凑，清康熙扬州诗局刻本《全唐诗》卷一八九作"奏"。

[二]大，清康熙扬州诗局刻本《全唐诗》卷一八九作"天"。

唐·杨巨源诗一首

杨巨源（755—？），字景山，后改名巨济，唐蒲州河中（今山西省永济市）人。唐德宗贞元五年（789）进士，初为张弘靖从事，由秘书郎擢太常博士，迁虞部员外郎，出为凤翔少尹。唐穆宗时，复召为国子司业。工诗，旦暮吟咏不辍，年老头摇，人言吟诗所致。唐穆宗长庆四年（824）年七十致仕。唐文宗太和中，为河中少尹，不领职务，岁给禄以终其身。

供奉定法师归安南

故乡南越外，万里白云峰。

经论辞天去，香花入海逢。

鹭涛清梵彻，蜃阁化城重。

心到长安陌，交州后夜钟。

（明刻本《文苑英华》卷二二〇）

杨巨源《供奉定法师归安南》为送别定法师所作，定法师时为红楼院供奉，昔日与其兄广宣法师自安南到长安。此诗与南海丝绸之路沿线宗教传播、文化交流相关，故纳入此编。

唐·权德舆诗一首

权德舆（759—818），字载之，唐秦州天水（今甘肃省天水市）人。权皋子，德舆综贯经术，其文雅正赡缛。四岁即能属诗，十五岁为文数百篇，成《童蒙集》，名声日大。唐德宗雅闻其名，征为太常博士。迁起居舍人，兼知制诰，再迁中书舍人。唐德宗贞元末，拜礼部侍郎，三掌贡举，号为得人。唐宪宗元和初，历兵部、吏部侍郎，后拜礼部尚书、同中书门下平章事。后罢相，改刑部尚书，以检校吏部尚书出镇，唐德宗兴元年，卒，谥文。有《权载之文集》五十卷。

送安南裴都护

忽佩交州印，初辞列宿文。

莫言方任远，且贵主忧分。

迥转朱鸢路，连飞翠羽群。

戈船航涨海，旌旆卷炎云。

绝徼寒帷识，名香夹毂焚。

怀来通北户，长养洽南熏。

暂叹同心阻，行看异绩闻。

归时无所欲，薏苡或烦君。

（四部丛刊景清嘉庆本《权载之文集》卷四）

权德舆《送安南裴都护》为送别安南都护裴泰之诗，诗中提及"安南""交州""北户"等南海丝绸之路沿线诸国，涉及南海政治、地理等内容，故纳入此编。

唐·杨衡诗一首

杨衡（约 760—？），字仲师，唐湖州吴兴（今浙江省潮州市）人，一说岐州凤翔（今陕西省宝鸡市）人。工吟咏。其诗声韵奇拔。唐德宗贞元初，避天宝之乱于江西，与诗人符载、李群、李渤同隐居于庐山，于五老峰下结草堂，称"山中四友"。唐德宗贞元六年（790），进士及第，于桂管观察使齐映处为幕僚，官至右金吾仓参军。有《仲师诗集》。

送王秀才往安南

君为蹈海客，客路谁谙悉。

鲸度乍疑山，鸡鸣先见日。

所嗟回棹晚，倍结离情密。

无贪合浦珠，念守江陵橘。

（明刻本《文苑英华》卷二七六）

杨衡《送王秀才往安南》为送友人赴安南的赠别诗，诗中提及"合浦"郡在今广西县东北，与交趾比境，盛产珠宝。此诗与南海丝绸之路沿线交通、物产相关，故纳入此编。

唐·王建诗一首

王建（约 767—约 830），字仲初，唐许州颖川（今河南省许昌市）人。擅长乐府，与张籍齐名，并称"张王乐府"。唐德宗贞元中历佐淄青、幽州、岭南节度幕。唐宪宗元和初，佐荆南、魏博幕。元和八年（813）前后，任昭应丞，转渭南尉。唐穆宗长庆二年（822）前后，任秘书郎，唐文宗大和二年（828），自太常丞出为陕州司马，世称"王司马"。晚年退居咸阳原上，家贫，享年六十七。有《王建诗集》。

送郑权尚书南海

七郡双旌贵，人皆不忆回。

戍头龙脑铺，关口象牙堆。

敕没薰炉出，蛮辞咒节开。

市喧山贼破，金贱海船来。

白氎家家织，红蕉处处栽。

已将身报国，莫起望乡台。

（明刻本《文苑英华》卷二七五）

王建《送郑权尚书南海》为送郑权赴南海的赠别诗，诗中的"七郡"指南粤之地的苍梧、郁林、合浦、交趾、九真、南海、日南七郡，"金贱海船来……红蕉处处栽"反映南海丝绸之路沿线贸易及物产情况，故纳入此编。

唐·张籍诗二首

张籍（约 768—约 830），字文昌，唐苏州吴郡（今江苏省苏州市）人。以诗闻名，尤长乐府。与当时名士多有交游，韩愈尤贤重之，颇得白居易推崇。与王建齐名，并称"张王乐府"。唐德宗贞元十五年（799）进士。历任太常寺太祝、水部员外郎等职，官终国子司业，故世谓"张水部"。有《张司业诗集》八卷。

蛮　中

铜柱南边毒草春，行人几日到金麟[1]。

玉环穿耳谁家女，自抱琵琶迎海神。

（续古逸丛书本景宋蜀本《张文昌文集》卷二）

昆仑儿[2]

昆仑家住海中州，蛮客将来汉地游。

言语解教秦吉了，波涛初过郁林洲。

金环欲落曾穿耳，螺髻长卷不裹头。

自爱肌肤黑如漆，行时半脱木棉裘。

（续古逸丛书本景宋蜀本《张文昌文集》卷四）

张籍《蛮中》《昆仑儿》二诗反映了南海丝绸之路沿线风俗、贸易等情况，故纳入此编。

注释：

① 金麟：同"金邻"。唐代羁縻州名。仪凤元年（676）置。《新唐书·地理志七下》：金邻州，隶安南都护府，为"从边州人四夷，通译于鸿胪"者，属"广州通海夷道"。

② 昆仑儿，古时称黑皮肤人为昆仑。唐时有所谓"昆仑舶"的海舶，即中印半岛南部及南

洋诸岛国家来的从事海上贸易的船只，近世研究，认为主要是指室利佛迦国（今印度尼西亚苏门答腊）或何陵国（今印度尼西亚爪哇）的海船。诗中的昆仑儿，是指随海舶到来的南洋诸岛居民。

唐·韩愈诗一首

韩愈（768—824），字退之，郡望昌黎，世称"韩昌黎"，唐孟州河阳（今河南省孟州市）人。在文学上大力提倡古文，与柳宗元并称"韩柳"。诗歌上主张"不平则鸣"，同孟郊一起创奇险诗风。唐德宗贞元八年（792）进士。董晋镇宣武，辟为巡官。汴军乱，依张建封，鲠言无所忌。唐德宗贞元十八年（802）调四门博士，迁监察御史，后贬阳山令。唐宪宗元和初，任江陵府法曹参军，国子监博士，历官河南令、职方员外郎、比部郎中、中书舍人、太子右庶人等。后以平淮西之乱之功，授刑部侍郎。元和十四年（819），贬潮州刺史，改袁州。召拜国子祭酒，转兵部侍郎，后以吏部侍郎为京兆尹。卒谥文，世又称"韩文公""韩吏部"。有《昌黎先生集》。

送郑尚书赴南海

番禺军府盛，欲说暂停杯。
盖海旌幢出，连天观阁开。
衙时龙户集，上日马人来。
风静鹓鸥去，官廉蚌蛤回。
货通师子国，乐奏武王[一]台。
事事皆殊异，无嫌屈大才。

（宋蜀本《昌黎先生文集》卷一〇）

韩愈《送郑尚书赴南海》为送郑权赴任岭南节度使之诗，诗中提及南海丝绸之路沿线地理、物产、古迹等情况，故纳入此编。

校记：
[一]武王，明刻本《文苑英华》卷二七六作"越王"。

唐·刘禹锡诗一首

刘禹锡（772—842），字梦得，唐徐州彭城（今江苏省徐州市）人。精于古文，擅长五言诗。唐德宗贞元九年（793）进士及第，又登博学宏词科官监察御史，参与王叔文"永贞革新"，失败后贬朗州司马。迁连州刺史、夔州刺史和和州刺史，后由裴度力荐，官至集贤院学士、太子宾客，世称"刘宾客"。晚年常与白居易唱和往来，白氏誉之为"诗豪"。有《刘梦得文集》。

南海马大夫远示著述，兼酬拙诗，辄著微诚，再有长句。时蔡戎未殂，故见于篇末

汉家旌旆[一]付雄才，百越南溟统外台。

身在绛纱传六艺，腰悬青绶亚三台。

连天浪静长鲸息，映日帆多宝舶来。

闻道楚氛犹未灭，终须旌旆^[一]扫云雷。

（四部丛刊景宋本《刘梦得文集》外集卷五）

　　刘禹锡此诗为赠与马大夫所作，马大夫即马总，时任广州刺史、岭南节度使。诗中赞美马总治绩，其中"映日帆多宝舶来"反映了南海丝绸之路沿线贸易情况，故纳入此编。

校记：

[一] 旌旆，清康熙扬州诗局刻本《全唐诗》卷三六一作"旄节"。

唐·白居易诗一首

白居易（772—846），字乐天，晚号香山居士，又号醉吟先生，唐华州下邽（今陕西省渭南市）人。工诗，倡导新乐府运动。诗文与元稹齐名，世号"元白"。白季庚子。授秘书省校书郎。唐宪宗元和时，历迁翰林学士、左拾遗、东宫赞善大夫。后贬江州司马，移忠州刺史。唐穆宗长庆初，累擢中书舍人，乞外任，为杭州刺史，筑堤捍钱塘湖，溉田千顷。久之，以太子左庶子分司东都，复除苏州刺史。唐文宗立，入为秘书监，迁刑部侍郎。唐文宗大和三年（829），为太子宾客，分司东都，终刑部尚书，遂居洛阳。晚年奉佛，以诗酒自娱。唐武宗会昌二年（842），以刑部尚书致仕。卒谥文。有《白氏长庆集》。

送客春游岭南二十韵

因叙岭南方物以谕之，并拟微之送崔二十二之作。

已讶游何远，仍嗟别太频。

离容君蹙促，赠语我殷勤。

迢递天南面，苍茫海北漘。

诃陵国分界，交趾郡为邻。

葐郁三光晦，温暾四气匀。

阴晴变寒暑，昏晓错星辰。

瘴地难为老，蛮陬不易驯。

土民稀白首，洞主尽黄巾。

战舰犹惊浪，戎车未息尘。

红旗围卉服，紫绶裹文身。

面苦桄榔制^[一]，浆酸橄榄新。

牙樯迎海舶，铜鼓赛江神。

不冻贪泉暖，无霜毒草春。

云烟蟒蛇气，刀剑鳄鱼鳞，

路足羁栖客，官多谪逐臣。

天黄生飓母，雨黑长枫人。

回使先传语，征轩早返轮。

须防杯里蛊，莫爱囊中珍。

北与南殊俗，身将货孰亲。

尝闻君子诚，忧道不忧贫。

（四部丛刊景日本翻宋大字本《白氏长庆集》卷一七）

白居易《送客春游岭南二十韵》是送友人至岭南时所作，全诗一方面忠告友人为官廉洁，另一方面写岭南风物之异。此诗与南海丝绸之路沿线物产、风俗、气候相关，故纳入此编。

校记：

[一]制，清康熙扬州诗局刻本《全唐诗》卷四四〇作"裹"。

唐·熊孺登诗一首

熊孺登（约806—约820），唐洪州钟陵（今江西省南昌市）人。登进士第。唐德宗贞元中，居洪州郭北龙沙，李兼、戴叔伦、权德舆均与之游宴唱和。唐宪宗元和中，累辟使府，为西川从事，历湘阳判官。元和十三年（818），罢归钟陵。其集已佚。

寄安南马中丞

龙韬能致虎符分，万里霜台压瘴云。

蕃客不须愁海路，波神今伏马将军。

（清康熙扬州诗局刻本《全唐诗》四七六）

熊孺登《寄安南马中丞》赞美马总在岭南地区的治绩，其中"蕃客不须愁海路"反映当时海舶繁盛。此诗与南海丝绸之路沿线贸易相关，故纳入此编。

唐·元稹诗二首

元稹（779—831），字微之。唐京兆万年（今陕西省西安市）人。其诗风平易，与白居易齐名，时称"元白"，与白居易和李绅等创作新乐府，诗号"元和体"。宫中呼为"元才子"。在越州与窦巩唱和，号"兰亭绝唱"。唐德宗贞元九年（793），以明两经擢第。贞元十九年（803），登书判拔萃科。唐宪宗元和初，拜左拾遗。后出为河南尉，复迁监察御史。与内官争厅，贬江陵士曹参军。元和末，召拜膳部员外郎。唐穆宗长庆中，荆南监军宦官崔潭峻进其歌词于帝，擢知制诰，进中书舍人、翰林学士承旨，进同中书门下平章事。因裴度弹劾而罢相，出为越州刺史、浙东观察使。唐文宗大和中，官武昌节度使，大和五年七月卒于任上。所作传奇《会真记》为后来《西厢记》所本。著有《元氏长庆集》。

· **188** ·

送岭南崔侍御

我是北人长北望，每嗟南雁更南飞。
君今又作岭南别，南雁北归君未归。
洞主参承惊豸角，岛夷安集慕霜威。
黄家贼用镖刀利，白水郎行旱地稀。
蜃吐朝光楼隐隐，鳌吹细浪雨霏霏。
毒龙蜕骨轰雷鼓，野象埋牙斸石矶。
火布垢尘须火浣，木绵温软当绵衣。
桄榔面磣槟榔涩，海气常昏海日微。
蛟老变为妖妇女，舶来多卖假珠玑。
此中无限相忧事，请为殷勤事事依。

（四部丛刊景明嘉靖本《元氏长庆集》卷一七）

和乐天送客游岭南二十韵　次用本韵

我自离乡久，君那度岭频。
一杯魂惨澹，万里路艰辛。
江馆连沙市，泷船泊水滨。
骑田回北顾，铜柱指南邻。
大壑浮三岛，周天过五均。
波心涌楼阁，规外布星辰。
狒狒穿筒格，猩猩置屐驯。
贡兼蛟女绢，俗重语儿巾。
舶主腰藏宝，黄家砦起尘。
歌钟排象背，炊爨上鱼身。
电白雷山接，旗红贼舰新。
岛夷徐市种，庙觋赵佗神。
鸢跕方知瘴，蛇苏不待春。
曙潮云斩斩，夜海火燐燐。
冠冕中华客，梯航异域臣。
果然皮胜锦，吉了舌如人。
风飐[一]秋茅叶，烟埋晓月轮。
定应玄发变，焉用翠毛珍。
勾漏沙须买，贪泉货莫亲。
能传稚川术，何患隐之贫。

（四部丛刊景明嘉靖本《元氏长庆集》卷一二）

　　元稹此二首诗为与友人赠别、唱和诗，诗中提及南海丝绸之路沿线贸易、物产、地理等情况，故纳入此编。

校记：

[一]飐，清康熙扬州诗局刻本《全唐诗》卷四〇七注："一作飓。"

唐·贾岛诗一首

贾岛（779—843），字阆仙，一作浪仙，自称碣石山人，又名瘦岛。唐幽州范阳（今河北省保定市）人，工诗，诗以五律见长，喜苦吟，人称"诗奴"。与孟郊齐名，并称"郊岛"。唐文宗开成二年（837），为长江县主簿，世称"贾长江"。开成五年（840）以普州司仓参军司。唐武宗会昌三年（843），转普州司户参军，未受命卒。有《长江集》十卷。

送安南惟鉴法师

讲经春殿里，花绕御床飞。
南海几回过[一]，旧山临老归。
潮摇蛮草落，月湿岛松微。
空水既如彼[二]，往来消息稀。
（四部丛刊景明翻宋本《长江集》卷四）

校记：
[一] 过，明刻本《文苑英华》卷二二二作"度"。
[二] "潮摇"至"如彼"三句，明刻本《文苑英华》卷二二二作"触风香损印，沾雨磬生衣。云水路迢遰"。

送黄知新归安南

池亭沉饮遍，非独曲江花。
地远路穿海，春归冬到家。
火山难下雪，瘴土不生茶。
知决移来计，相逢期尚赊。
（四部丛刊景明翻宋本《长江集》卷七）

贾岛此二诗是送安南法师、友人黄知新归安南的赠别诗，其中《送安南惟鉴法师》描述安南法师由海路至长安弘法之事，《送黄知新归安南》描述了安南路途遥远、气候炎热等情况。此二诗与南海丝绸之路沿线宗教传播、交通、地理相关，故纳入此编。

唐·施肩吾诗一首

施肩吾（780—870），字希圣，号东斋，世称"华阳真人"。唐睦州分水（今浙江省杭州市）人，喜好赋诗，为诗奇丽。唐宪宗元和十五年（820）进士。有诗集《西山集》及文集《辩议论》《会真记》等。

岛夷行

腥臊海边多鬼市，岛夷居处无乡里。
黑皮年少学采珠，手把生犀照咸水。
（清康熙扬州诗局刻本《全唐诗》卷四九四）

施肩吾《岛夷行》是现存最早的一首写澎湖岛自然环境及风俗的诗，澎湖位于台湾海峡东南，由澎湖本岛以及周围几十个岛屿组成，古诗称作"岛屿纵横三十六"。此诗与南海丝绸之路沿线贸易风俗、物产相关，故纳入此编。

唐·张祜诗一首

张祜（约 785—约 852），字承吉。唐贝州清河（今河北省沧州市）人，一说邓州南阳（今河南省邓州市）人。家世显赫，人称"张公子"，有"海内名士"之美誉。唐穆宗长庆中，令狐楚表荐之，为内臣所抑，一说为元稹所抑，遂至淮南。性耿介不容物，数受召幕府，辄自劾去。爱丹阳曲阿地，筑室隐居以终。卒于唐宣宗大中年间，年六十余。以宫词著名。有《张承吉文集》。

送徐彦夫南迁

万里客南迁，孤城涨海边。

瘴云秋不断，阴火夜长然。

月上行虚市，风回望舶船。①

知君还自洁，更为酌贪泉。

（宋刻本《张承吉文集》卷一）

张祜《送徐彦夫南迁》是与友人赠别之诗，诗中提及岭南地区气候、地理情况，尤其"月上行虚市，风回望舶船"还反映了南海丝绸之路沿线贸易，故纳入此编。

注释：①"风回望舶船"句指中印半岛真腊、占城等国海舶乘西南风至广州。

唐·李群玉诗二首

李群玉（约 808—约 862），字文山。唐澧州澧阳（今湖南省常德市）人。少好吹笛，善书翰，苦心为诗。性旷逸，不乐仕进，以吟咏自适。诏授弘文馆校书郎，未几乞归，卒。有《李群玉集》。

凉公从叔春祭广利王庙①

龙骧伐鼓下长川，直济云涛古庙前。

海客敛威惊火旆，天吴收浪避楼船。

阴灵迥[一]作南溟主，祀典高齐五岳肩。

从此华夷封域静，潜熏玉烛奉尧年。

（四部丛刊景宋本《李群玉诗集》卷中）

石门戍[②]

到此空思吴隐之，潮痕草蔓上幽碑。

人来皆望珠玑去，谁咏贪泉四句诗。

（四部丛刊景宋本《李群玉后集卷》卷五）

李群玉二诗以"广利王庙""石门"为吟咏对象，均为南海丝绸之路沿线古迹，反映了当地传说与信仰，与南海丝绸之路交通、文化相关，故纳入此编。

注释：① 广利王庙，即南海神庙。韩愈《海南神庙碑》："册尊南海神为广利王。祝号祭式，与次俱升，因其故庙，易而新之，在今广州治之东南海道八十里，扶胥之口，黄木之湾。"唐时广州海上交通发达，希望提升南海神祭祀的规格，以祈求神灵庇护。

② 石门，在今广州市西北。二山如门夹峙，为古代北来入广州的要道。

校记：

[一] 迴，清康熙扬州诗局刻本《全唐诗》卷五六九作"向"。

唐·陈陶诗一首

陈陶（约812—约885），字嵩伯，自号三教布衣，唐饶州鄱阳（今江西省上饶市）人，一说剑州剑浦（今福建省南平市）人。唐宣宗大中年间游学长安，善天文历象，尤工诗。屡举进士不第，遂隐居不仕，恣游江南、岭南等地，后为避战乱隐居洪州西山，后不知所终。有《陈富伯诗集》。

南海石门[①]戍怀古

汉家征百越，落地丧貔貅。

大野朱旗没，长江赤血流。

鬼神寻覆族，宫庙变荒丘。

唯有朝台月，千年照戍楼。

（清康熙扬州诗局刻本《全唐诗》卷七四五）

陈陶《南海石门戍怀古》与南海丝绸之路沿线古迹相关，故纳入此编。

注释：① 石门，在今广州西北三十里小北江与流溪河汇合处，两岸有山对峙，壁石如门而得名。

唐·高骈诗一首

高骈（821—887）字千里，唐幽州（今北京市）人。高崇文孙。世代为禁军将领，屡统兵驻西南。任安南都护，收复交州诸邑。唐僖宗时，历天平、剑南、镇海、淮南节度使。乾符四年（877），进封燕国公。乾符六年（879），擢为诸道兵马都统、江淮盐铁转运使、淮南节度副大使，镇压黄巢起义军。后坐守扬州，割据一方。唐僖宗光启中，淮南军叛乱，为部将毕师铎所杀。《全唐诗》录诗十卷。

南海神祠

沧溟八千里，今古畏波涛。

此日征南将，安然渡万艘。

（清康熙扬州诗局刻本《全唐诗》卷五九八）

　　高骈《南海神祠》作于安南都护任上，谒南海神祠所作，诗文与南海丝绸之路沿线古迹、历史相关，故纳入此编。

唐·裴铏文一则

　　裴铏（生卒年不详），号谷神子。唐懿宗咸通年间为静海军节度使高骈掌书记。唐僖宗乾符五年（878）为成都节度副使。有《传奇》三卷。

天威径新凿海派碑铭①

天地汗漫，人力微茫。

渡危走食，冒险驾航。

脱免者稀，倾沉是常。

我公振策，励山凿石。

功施艰难，霆助震激。

泄海成派，泛舟不窄。

渤海坦夷，得饷我师。

天道开泰，神威秉持。

（清嘉庆内府刻本《全唐文》卷八〇五）

　　注释：① 裴铏此文是为开凿天威径所作碑铭，天威径位于通往交趾咽喉之道，咸通九年（868）四月，高骈令余存古等率将士千余人凿通。此文反映南海丝绸之路交通与历史情况，故纳入此编。

唐·王若岩诗一首

　　王若岩（生卒年不详），唐玄宗时进士。

试越裳①贡白雉

素翟宛昭彰，遥遥自越裳。

冰晴朝映日，玉羽夜含霜。

岁月三年远，山川九译长。

来从碧海路，入见白云乡。

作瑞兴周后，登歌美汉皇。

朝天资孝理，惠化且无疆。

（清康熙扬州诗局刻本《全唐诗》卷七八〇）

王若岩《试越裳贡白雉》描述了唐代南海国家越常向中国朝贡的情形，诗中介绍了进贡的物品、进贡路线等情况，与南海丝绸之路沿线政治交往相关，故纳入此编。

注释：① 越裳，亦作越常，据越南历史学家陈仲金（1883—1953）越南广平省、广治省一带。

唐·李洞诗一首

李洞（？—839），字才江，唐京兆万年（今陕西省西安市）人。慕贾岛为诗，铸其像，事之如神。世人诮其僻涩，而不能贵其奇峭，唯吴融称之。屡举进士不第。唐僖宗广明中，僖宗奔蜀，洞亦游蜀。后还京。唐昭宗大顺二年（891），裴贽知贡举，然终朱及第，人以为屈。复客游蜀，病卒。有《李洞诗》三卷。

送云卿上人游安南

春往海南边，秋闻半路[一]蝉。
鲸吹[二]洗钵水，犀触点灯船。
岛屿分诸国，星河共一天。
长安却回日，松偃旧房前。

（明刻本《文苑英华》卷二二三）

李洞此诗为送别友人游安南之作，与南海丝绸之路沿线宗教传播及地理情况相关，故纳入此编。

校记：
[一]路，清康熙扬州诗局刻本《全唐诗》卷七二一作"夜"。
[二]吹，清康熙扬州诗局刻本《全唐诗》卷七二一作"吞"。

唐·贯休诗一首

贯休（832—912），俗姓姜，字德隐，号禅月大师。五代时僧。唐婺州兰溪（今浙江省兰溪市）人。工草书，时人比之阎立本、怀素，谓之"姜体"。善绘水墨罗汉，笔法坚劲夸张，世称"梵相"。有诗名。尝有诗云："一瓶一钵垂垂老，万水千山得得来。"人呼"得得来和尚"。五代梁乾元二年（912），终于居所。有《禅月集》二十五卷。

送友人之岭外

五岭难为客，君游早晚回。
一囊秋课苦，万里瘴云开。
金柱根应动，风雷舶欲来。
明时好□进，莫滞长卿才。

（清康熙扬州诗局刻本《全唐诗》卷八三〇）

贯休此诗为送别友人归岭南之作，与南海丝绸之路沿线地理、交通相关，故纳入此编。

唐·皮日休诗二首

皮日休（约 834—883），字逸少，后改袭美，自号"鹿门子"，又号"间气布衣""醉吟先生"等，唐复州竟陵（今湖北省天门市）人。其诗多针砭时弊，关心民瘼之作。唐懿宗咸通八年（867）擢进士第。咸通十年（869），为苏州刺史从事，与陆龟蒙交游唱和，人称"皮陆"。后又入京为著作郎，迁太常博士。唐僖宗乾符二年（875），出为毗陵副使，乾符五年（878），黄巢军下江浙，为巢所得，任为翰林学士。巢败，日休下落不明，或云为朝廷所杀，或云为巢所杀，或云至吴越依钱镠，或云流寓宿州。有《皮子文薮》《松陵集》。

吴中言怀寄南海二同年

曲水分飞岁已赊，东南为客各天涯。
退公只傍苏劳竹，移宴多随末利花。
铜鼓夜敲溪上月，布帆晴照海边霞。
三年谩被鲈鱼累，不得横经侍绛纱。

（清康熙扬州诗局刻本《全唐诗》卷六一四）

送李明府之任海南

五羊城在蜃楼边，墨绶垂腰正少年。
山静不应闻屈鸟，草深从使嬲贪泉。
蟹奴晴上临潮槛，燕婢秋随过海船。
一事与君消远宦，乳蕉花发讼庭前。

（清康熙扬州诗局刻本《全唐诗》卷六一四）

皮日休此二诗均赠南海友人，其中《吴中言怀寄南海二同年》中提及的"苏劳竹"为岭南物产，"铜鼓"为南越少数民族使用的乐器；《送李明府之任海南》中"五羊城"指广州，"蟹奴"指岭南地区的寄居蟹。此二诗与南海丝绸之路沿线物产、风俗相关，故纳入此编。

唐·陆龟蒙诗一首

陆龟蒙（？—约 881），字鲁望，唐长洲（今江苏省苏州市）人。举进士不第，往从张抟，历湖、苏二郡从事。后隐居松江甫里，多所论撰，时谓"江湖散人"，或号"天随子""甫里先生"。与皮日休齐名，时称"皮陆"。有《甫里集》。

和吴中言怀寄南海二同年[一]

曾见凌风上赤霄，尽将华藻赴嘉招。
城连虎踞山图丽，路入龙编海舶遥。
江客渔歌冲白苎，野禽人语映红蕉。

庭中必有君迁树，莫向空台望汉朝。

（四部丛刊景黄丕烈校明钞本《甫里集》卷九）

陆龟蒙此诗系于皮日休唱和之诗，诗中提及的"龙编"在今越南河内，属交趾郡，"空台"指南越王赵佗所建朝汉台。此诗与南海丝绸之路沿线交通、古迹相关，故纳入此编。

校记：

[一]和吴中言怀寄南海二同年，清康熙扬州诗局刻本《全唐诗》卷六二五作"奉和袭美吴中言怀寄南海二同年"。

唐·杜荀鹤诗一首

杜荀鹤（846—907），字彦之，自号九华山人。唐池州石埭（今安徽省池州市）人。早有才名，屡试不第。后以诗谒朱温，受荐于礼部，唐昭宗大顺二年（891），中进士，时年四十六。以世乱，旋归山。宣州节度使田頵辟为从事。唐昭宗天复三年（903），頵起兵叛杨行密，遣其奉使于汴。及頵败死，温以其才表授翰林学士、主客员外郎、知制诰。有《唐风集》三卷。

送人游南

凡游南国者，未有不蹉跎。
到海路难尽[一]，挂帆人更多。
潮沙分象迹，花洞响蛮歌。
纵有投文处，于君能几何。

（宋刻本《杜荀鹤文集》卷二）

赠友人罢举赴交趾辟命

罢动名均拟入秦，南行无罪似流人。
纵经商岭非驰驿，须过长沙吊逐臣。
舶载海奴镶硾耳，象驼蛮女彩缠身。
如何待取丹霄桂，别赴嘉招作上宾。

（清康熙扬州诗局刻本《全唐诗》卷六九二）

杜荀鹤此二诗均为送友人南下的赠别诗，其中《送人游南》"到海路难尽，挂帆人更多"描写了时海上交通盛况；《赠友人罢举赴交趾辟命》"舶载海奴"反映了海舶情形。此二诗与南海丝绸之路沿线风俗、交通相关，故纳入此编。

校记：

[一]难尽，明刻本《文苑英华》作"虽尽"。

唐·翁承赞诗一首

翁承赞（859—932），字文尧，号狎鸥翁。唐五代泉州莆田（今福建省莆田市）人，一作福唐（今福建省福清市）人。工诗，有《昼锦》《弘词》等集，辛文房称其诗"高妙"。唐昭宗乾宁三年（896）进士。乾宁四年，复中博学宏词科。历京兆福参军、右拾遗、谏议大夫、右谏议大夫、福建盐铁副使、左散骑常侍、御史大夫等职。留相闽。卒。有《昼锦集》《宏词前后集》。

送人归觐南海

迢迢南越路，送子意难分。
雁背三湘月，家遥五岭云。
舶经秋海见，角向晚城闻。
想得问安后，新诗独不群。

（影明钞本《诗渊》册六）

　　翁承赞此诗为送友人至南海而作，诗中描绘了南越路途遥远，为五岭所隔，需经海路相见的情形。此诗与南海丝绸之路地理、交通相关，故纳入此编。

唐·陈光诗一首

陈光，唐末人，生平不详。《全唐诗》《全唐诗续拾》共存诗七首。

送人游交趾

挂席天涯去，想君万里心。
人间无别业，海外访知音。
浪歇龙涎聚，沙虚象迹深。
往来应隔阔，须自惜光阴。

（影明钞本《诗渊》册六）

　　陈光此诗为送友人至交趾而作，诗中提及的"龙涎"为龙涎香，是南海丝绸贸易的重要货物，此诗亦反映南海丝绸之路沿线文人交游情形，故纳入此编。

唐·郑愚诗一首

郑愚（生卒年不详），唐广州番禺（今广东省广州市）人。唐懿宗咸通中，观察桂管，入为礼部侍郎。黄巢平后，出镇南海，终尚书左仆射。

泛石岐海①

此日携琴剑，飘然事远游。
台山初罢雾，岐海正分流。
渔浦飔来笛，鸿逵翼去舟。

鬓愁蒲柳早，衣怯芰荷秋。

未卜虞翻宅，休登王粲楼。

怆然怀伴侣，徒尔赋离忧。

（清光绪刻本《香山县志》卷四）

郑愚此诗为泛舟石岐海所作，石岐在今广东中山市境，唐时为岛屿，南临大海，为当时海上交通要道。此诗与南海丝绸之路交通、地理相关，故纳入此编。

宋·王禹偁诗文二则

王禹偁（954—1001），字元之，北宋济州巨野（今山东省菏泽市）人。文学韩愈，诗先学白居易，后学杜甫。其政治主张开范仲淹等 "庆历变法"先声；其文学主张和诗文创作实践，开欧阳修等诗文革新先河。宋太宗太平兴国八年（983）进士，历右拾遗、左司谏、知制诰等取。宋真宗时，预修《大宗实录》，遇事敢言，曾上《端拱箴》《御戎十策》《应诏言事疏》等，提出了重农耕、节财用、任贤能、抑豪强、谨边防等许多有关政治改革的建议。终因触犯权贵，三黜以死。有《小畜集》《小畜外集》《五代史阙文》。

送馆中王正言使交趾

乘轺南下兴何长，大半江山是故乡。

蛮府好迎天上使，朝贤不为橐中装。

犀牛出水挨铜柱，飓母扶空卸海樯。

复命丹墀莫经岁，北门西掖待翱翔。

（四部丛刊景宋本配吕无党钞本《小畜集》卷七）

王禹偁此诗为赠别友人使交趾所作，诗中描述了王世则由海路入交趾的艰险。此诗与南海丝绸之路交通、地理相关，故纳入此编。

记孝

占城、大食之民，岁航海而来贾于中国者多矣。有父子同载至福州而丧其父者，其子擗踊殒咽，水浆不入于口者三日，过是始汲泉于江濆，糠粃而食之，庐于墓侧，三年徒跣。既终丧，行有日矣，又遶坟号慕几平绝者数四，然后登舟而去。呜呼！三年之丧，天下之通制，自天子至于庶人一也。是以高宗谅暗，三年不言。又夫子曰："何必高宗，古之王者皆然也。"汉代以来，始有以日易月之礼，至于人臣，亦用金革之说，皆非古也。古者，大臣有丧，三年不呼其门，故闵子腰绖从公，《春秋》谓"君使之，非也。"《素冠》之诗，疾之已甚。近代以来，丧礼尤废，而蛮陬之人独能尽礼，岂教之也哉。所谓中国无礼乐则求之四夷，非虚语也。进士池文质，闽人也，目覩其事，为予说云。

（四部丛刊景宋本配吕无党钞本《小畜集》卷一四）

王禹偁《记孝》一文记载了阿拉伯穆斯林在福州的活动及丧葬情况，当中反映了宋代占城、大食通过福州与中国进行海外贸易的情形。该文与南海丝绸之路贸易、文化相关，故纳入此编。

宋·丁谓诗三首

丁谓（966—1037），字谓之，后改字公言，北宋苏州长洲（今江苏省苏州市）人。喜为诗，通晓图画、博弈、音律。机敏有智谋，狡过人，善揣摩人意。与孙何齐名，时称"孙、丁"。宋太宗淳化三年（992）进士，授大理评事、通判饶州。宋真宗即位后，历任知制诰、三司使等职，累官至宰相，封晋国公。宋仁宗即位后，累贬崖州司户参军。后以秘书监致仕，卒于光州。著有《景德会计录》《知命集》等。

海

积润容零露，无涯任酌蠡。
浮空长浴日，表圣不扬波。
江汉源流众，蕃夷岛屿多。
客槎如可泛，咫尺是星河。
（影明钞本《诗渊》册三）

犀

食野甘榆棘，乘流接海鲸。
骇鸡称国宝，辟水得天名。
巴浦千年迹，黄支万里程。
至循来禁籞，六扰莫心惊。
（影明钞本《诗渊》册一）

望海岭①

望海楼高目力宽，海潮来处是天根。
日边市舶程途远，水外亭台景象昏。
巨鳄出时防患害，大雕当北各飞翻。
将军有意还铜柱，俯看南溟气欲吞。
（明嘉靖刻本《（嘉靖）钦州志》卷一）

丁谓诗三首当作于被贬崖州时，崖州，治宁远县（今海南省三亚市西北崖城镇）。诗文反映了南海丝绸之路沿线交通、地理、贸易等情况，故纳入此编。

注释：① 望海岭，在今广西钦州市北。《舆地纪胜》卷一一九"钦州"：望海岭"在安远县北"去十里。

宋·夏竦文一则

夏竦（985—1051），字子乔，北宋江州德安（今江西省九江市）人。以父战死，授丹阳主簿。举贤良方正科，历官右正言，尚书礼部员外郎、知制诰，枢密副使等。宝元初，元昊来犯，知永兴军，徙鄜州。数请解兵柄，改判河中府。宋仁宗庆历中，召拜枢密使，以谏官反对，改知亳州。病死，赠太师、中书令，谥文庄。积家财巨万，生活奢侈。为郡守有绩，治军尤严。有《文庄集》《古文四声韵》。

进和御制占城国贡师子诗表

臣某言：瑞兽来庭，薰弦发唱。获继帝庸之作，实非臣和之材。载省疏芜，但增惭恧。窃念臣叨尘官序，际会文明。莫勤日益之功，徒奉化成之德。此者伏遇尊位皇帝陛下，言惟妙物，道实通微。懿文德以经天，靡圣风而柔远。复兹荒服，承献灵猊。用昭式于休光，遂敷施于睿藻。协筦弦而振律，润竹素以垂鸿。造物之功，寻楷模之可究；秉阳之象，仰躔次而可观。臣叨奉恩私，俾令赓载。但覃研之精爽，唯罄竭于顽驽。用缀芜音，少酬天奖。上尘旒纩，唯积忧兢。

（清文渊阁四库全书补配清文津阁四库全书本《文庄集》卷九）

夏竦此文赞颂占城国进贡一事，反映了宋代南海诸国与中国的政治关系，故纳入此编。

宋·余靖诗三首

余靖（1000—1064），字安道，北宋韶州曲江（今广东省韶关市）人。宋仁宗天圣二年（1024）进士，为赣县尉。天圣八年又中书判拔萃科。宋仁宗景祐三年（1036），累擢为集贤校理。谏罢范仲淹被贬，出监筠州酒税。宋仁宗庆历三年（1043），迁右正言，襄赞庆历新政，风采倾天下。三次出使契丹，习契丹语，尝作蕃语诗，因受御史王平等弹劾，出知吉州。庆历六年（1046），又坐少年过犯，责将作少监，分司南京。宋仁宗皇祐四年（1052），起知桂州兼经制广南东、西路盗贼。次年，率军助狄青击败侬智高，迁尚书工部侍郎。其后，加集贤院学士，历任知潭、青、广三州，官终工部尚书。卒谥襄，赠刑部尚书。有《武溪集》二十卷。

寄题田待制广州西园

善政偏[一]修举，增完池馆清。
地含春气早，月映暮潮生。
石有群星象，花多外国名。
与民同雉兔，邀客醉蓬瀛。
瀚墨资吟兴，云泉适野情。
镇应持左蟹，快欲鲙长鲸。
积霭藏楼阁，驯鸥识旆旌。
甘棠留美荫，高倚越王城。

（明成化九年刻本《武溪集》卷一）

和董职方见示初到番禺诗

五方殊俗古难并，千载犹存故越城。
客听潮鸡迷早夜，人瞻飓母识阴晴。
波涛汹涌天边阔，犀象斓斒徼外生。
太守不才当远寄，惟忧南亩废农耕。

（明成化九年刻本《武溪集》卷二）

题庾岭三亭诗·通越亭

行尽章江庾水滨，南踰梅馆陟嶙岣。
城中绍祚千年圣[一]，海外占风九译人。
峤岭古来称绝徼，梯山从此识通津。
舆琛辇赆无虚岁，徒说周朝白雉驯。

（明成化九年刻本《武溪集》卷二）

　　余靖《寄题田待制广州西园》描写了知广州后修葺西园的情形，当中提及"花多外国名"，反映异花多舶上所来；《和董职方见示初到番禺诗》描绘了番禺地区风俗、古迹及物产；《通越亭》以庾岭驿道上的通越亭为吟咏对象，描述宋代海外朝贡使经此地北上。此三诗与南海丝绸之路交通、贸易、风俗等相关，故纳入此编。

校记：

[一]偏，清文渊阁四库全书补配清文津阁四库全书本《石仓历代诗选》卷一三二作"多"。

[二]圣，清影宋钞本《舆地纪胜》卷三六作"胜"。

宋·欧阳修诗文三则

　　欧阳修（1007—1072），字永叔，号"醉翁""六一居士"。北宋吉州庐陵（今江西省吉安市）人，欧阳观子。少贫，从母郑氏学。宋仁宗天圣八年（1030）进士。调西京推官，与尹洙、梅尧臣以歌诗唱和。宋仁宗景祐间，为馆阁校勘，作文为范仲淹辩，贬夷陵令。宋仁宗庆历中，召知谏院，改右正言、知制诰，赞助新政。新政失败，上疏反对罢范仲淹政事，出知滁、扬、颍等州。召为翰林学士。宋仁宗嘉祐二年（1057），知贡举，倡古文，排抑"太学体"，文风大变。嘉祐五年（1060），擢枢密副使，次年拜参知政事。宋英宗初，以尊英宗父濮王为皇，起濮议之争。宋神宗立，请出知亳、青、蔡三州。以反对王安石新法，坚请致仕。能诗词文各体，为当时古文运动领袖，后人称唐宋八大家之一。在散文、诗、词等方面都有很高的成就。重视培养奖掖后进，曾巩、王安石、苏轼、苏辙等人都曾受其揄扬和提拔。为文主张明道致用，提倡朴实平易的文风，反对宋初以来的浮靡文风。散文文理畅达，抒情委婉，一唱三叹。诗歌平易朴质，清新自然。词风承袭南唐余绪，深婉清丽，受冯延巳影响较深。部分即景抒怀、咏史之作，疏宕明快，直抒胸臆，对豪放词派有一定影响。亦擅史学，与宋祁等修《新唐书》，自撰《新五代史》。有《欧阳文忠公集》《集古录》《六一词》等。

鹦鹉螺[1]

大哉沧海何茫茫，天地百宝皆中藏。
牙须甲角争光芒，腥风怪雨洒幽荒。
珊瑚玲珑巧缀装，珠宫贝阙烂煌煌。
泥居壳屋细莫详，红螺行沙夜生光。
负材自累遭刳肠，匹夫怀璧古所伤。
浓沙剥蚀隐文章，磨以玉粉缘金黄。
清樽旨酒列华堂，陇鸟回头思故乡。
美人清歌蛾眉扬，一醻凛冽回春阳。
物虽微远用则彰，一螺千金价谁量。
岂若泥下追含浆。

（四部丛刊景元本《欧阳文忠公集·居士集》卷四）

注释：①鹦鹉螺，海螺的一种，产于热带海中，古人常用作酒器，称螺杯，多自海舶来。刘恂《岭表录异》卷下："鹦鹉螺，旋尖处屈而朱，如鹦鹉嘴，故以此名。壳上青绿斑文，大者可受二升。壳内光莹如云母。装为酒杯，奇而可玩。"

赐南平王李天祚郊祀加恩制诏敕书

勑南平王李天祚：朕顺迎至景，祇欵圆丘。乃眷南邦，夙虔内贡。抚封虽远，推惠不遐。宠以纶言，申之赐式。往膺廷涣，庸对神厘。今赐卿马二匹，金镀银作子鞍辔一副，缨纹全衣一袭，紫罗夹公裳一领，熟白小绫宽汗衫一领，熟白小绫勒绵一条、熟白大绫宽夹袴一腰、絚罗夹绣三襜一条、抱肚一条、二十五两金御仙花腰带一条、五十两白成银腰带匣一具、金花银一百两、钞锣二面、衣着细衣着共杂色绢二百疋、绿绢四十三疋、赤黄绢二十三疋、绯绢三十疋、浅色绢三十二疋、碧绢二十二疋、槐黄绢二十六疋、粉絚绢二十四疋，至可领也。故兹云谕，想宜知悉。春寒，卿比平安好？遣书指不多及。

赐南平王李天祚乾道八年历日勑书　乾道七年八月

敕南平王李天祚：尧重南交，历星辰而申命；禹临四海，暨声教以成功。菲凉虽愧于前猷，正朔当颁于远服。其成密度，用洽同文。今赐卿乾道八年历日一卷，可领也。故兹示谕，想宜知悉。秋凉，卿比好否？遣书指不多及。

赐占城嗣国王邹亚娜进奉敕书

敕占城嗣国王邹亚娜：昨据提举福建路布舶张坚缴奏，卿所遣进奉使副扬卜萨达麻翁毕顿等，赍到表章一通，并贡象牙、乳香、沉香等事。维乃海邦，旧尊国制。逮而纂服，继述不忘。仍岁以来，使航洊至。旅陈方贡，祇庆郊禋。载念勤诚，良深眷瞩。已降指挥，将所贡物以十分为率，许留一分，其余依条例抽买给还价钱外，今回赐卿锦三十疋、生绫二十疋、川生押罗二十疋、生樗蒲绫二十疋、川生克丝二十疋、杂色绫一百五十疋、杂色罗一百五十疋、熟白樗蒲绫五十疋、江南绢五百疋、银一千两，至可领也。故兹示谕，想宜知悉。春暖，卿比好否？遣书指不多及。

（四部丛刊景元本《欧阳文忠公集》卷一一一）

　　欧阳修《鹦鹉螺》一诗反映了海外奇物传入中国的情形；《赐南平王李天祚郊祀加恩制敕书》《赐南平王李天祚乾道八年历日敕书》《赐占城嗣国王邹亚娜进奉敕书》记载了宋代海上丝绸之路沿线诸国如越南、占城与中国交往的史实，故纳入此编。

宋·许彦先诗一首

　　许彦先（生卒年不详），一名光，字觉之。北宋韶州始兴（今广东省韶关市）人。宋仁宗天圣二年（1024）进士。宋神宗熙宁间，历官广南东路转运判官、提点刑狱、转运副使。宋神宗元丰二年（1079），降为监吉州酒税。宋哲宗元祐二年（1087），知随州。

药洲

花药氛氲海上洲，水中云影带沙流。
直应路与银潢接，槎客时来犯斗牛。
（清光绪刻本《宋诗纪事补遗》卷七）

　　许彦先此诗以南汉皇家园林药洲为吟咏对象，药洲遗址在今广州市中山四路，与秦汉时期的南越王国处于同一位置。诗中提及药洲附近海航情况，与南海丝绸之路交通、地理相关，故纳入此编。

宋·丘濬诗一首

　　丘濬（生卒年不详），字道源，自号迂遇叟，北宋徽州黟县（今安徽省黄山市）人。宋仁宗天圣五年（1027）进士，历官殿中丞。读《易》悟《损》《益》二卦，能通数，知未来兴废。卒年八十一。著有《洛阳贵尚录》《天乙遁甲赋》《观时感事诗》等。

赠五羊①太守

碧睛蛮婢头蒙布，黑面羌人耳带环。
几处楼台皆枕水，四周城郭半围山。
（清乾隆十一年历氏樊榭山房刊本《宋诗纪事》卷一○）

　　邱濬《赠五羊太守》一诗描绘了宋代广州城内的人文、自然风情，其中提及"蛮婢""胡儿"已为广州所习见，反映此地对外交流频繁。此诗与南海丝绸之路沿线风俗、文化相关，故纳入此编。

　　注释：①　五羊，即五羊城，简称羊城，今广东省广州市的别称。相传西周夷王时，有五仙人乘五色羊，执每茎六穗的谷种至此。仙人隐去，羊化为石。后人遂别称广州城为五羊城或穗城，并于城内建五仙观，塑五仙五羊像以纪。今尚存。又据裴渊《广州记》，战国时此地属楚，南海人高固相楚时，有五羊衔谷至其庭，以为祥瑞，因以为地名。

宋·程师孟诗一首

程师孟（1009—1086），字公辟，号正义。北宋苏州吴县（今江苏省苏州市）人。宋仁宗景祐元年（1034）进士，初任吉水、钱塘县令，都有政声，通判桂州，累迁为提点河尔路刑狱。宋哲宗元祐元年（1056），知湖州洪州。宋英宗治平元年（1064），判三司都磨勘司。江西转运司，知广州。熙宁九年（1076），擢给事中、集贤院修撰。历知越州、青州，以光禄大夫、集贤殿修撰致仕而卒，享年七十八。著有《奏录》一卷、《续会稽掇英录》二十卷、《广平奏议》十五卷、《诗集》二十卷和《长乐集》一卷。

题共乐亭①

谁共吾民乐此亭，使君时复引双旌。
千门日照珍珠市，万户烟生碧玉城。
山海是为中国藏，梯航尤见外夷情。
往来须到栏边住，为眷春风不肯停。
（清康熙钞本《（康熙）新修广州府志》卷九）

程师孟此诗以广州共乐亭为吟咏对象，诗文反映了宋代广州商贸的繁荣。此诗与南海丝绸之路贸易相关，故纳入此编。

注释：①共乐亭，在共乐楼上。共乐楼，即越楼。在广州。方信孺《南海百咏·越楼》："楼上阛阓中，轮囷为一郡之壮观，昔名共乐楼，程师孟有诗。"

宋·张俞诗一首

张俞（1000—1064），一作张愈。字少愚，又字才叔，号白云居士，北宋文学家。北宋益州郫（今四川省成都市）人。屡举不第，因荐除秘书省校书郎，后隐于家。文彦博治蜀，为筑室青城山白云溪。著有《白云集》三十卷，已佚。

广州

越地生春草，春城瞰渺茫。
朔风惊瘴海，雾雨破南荒。
巨舶通蕃国，孤云远帝乡。
（清影宋钞本《舆地纪胜》卷八九）

张俞此诗以广州为吟咏对象，诗文反映了宋代广州商贸的繁荣。此诗与南海丝绸之路贸易相关，故纳入此编。

宋·陶弼诗一首

陶弼（1015—1078），字商翁，北宋永州祁阳（今湖南省永州市）人。宋仁宗庆历中，任阳朔主簿，升县令。历知宾、容、钦、邕等州，颇多善政。宋神宗熙宁九年（1076），郭逵南征交趾，转康州团练使，再知邕州。以所得广源峒建为顺州，进西上閤门使，留知州事。恩威并施，交人畏服。加东上閤门使，未拜，卒。有《陶邕州小集》（卷数不详）。

广州

地穷山亦断，烟水是封圻。
外国衣装盛，中原气象非。

（清影宋钞本《舆地纪胜》卷八九）

　　陶弼此诗以广州共乐亭为吟咏对象，诗文反映了宋代广州充满了异国情调，"外国衣装盛"直接说明广州外国人之多。此诗与南海丝绸之路贸易、文化相关，故纳入此编。

宋·司马光文一则

　　司马光（1019—1086），字君实，司马池子，北宋陕州夏县（今山西省运城市）人。宋仁宗宝元年间进士。历馆阁校勘，知制诰，天章阁待制兼侍讲、知谏院等。宋神宗即位，擢为翰林学士。王安石主持变法，光与之政见不同，遂求外任。宋神宗熙宁四年（1071），判西京御史台，从此退居洛阳十五年，专意编修《资治通鉴》。宋哲宗即位，召为门下侍郎，拜尚书左仆射兼门下侍郎，主持朝政，排斥变法派，尽废新法。病亡，赠太师、温国公，谥文正。有《温国文正公文集》《稽古录》等。

赐南平王李日尊示谕敕书

　　敕南平王李日尊，省所上表称于今年二月内亲领本道兵甲，乘驾舟航，直抵南蕃，与占城国及占腊国蕃兵交战，其占城国、及占腊国蕃兵甲一时败散，臣带领兵甲回旋本道，师旅保全，舟航宁谧事，具悉。卿与占城等国交战，师出逾时，今觌奏章，备言胜捷，益敦忠顺，良用叹嘉，朕子视兆民，臣畜万国，思销偃于中外，共嬉游于迩遐，宜体至怀，以绥后福。故兹示谕，想宜知悉。

（四部丛刊景宋绍兴本《温国文正公文集》卷五六）

　　此文写予越南李朝第三代皇帝李日尊，文中提及宋代南海诸国间战事，故纳入此编。

宋·刘敞诗一首

　　刘敞（1019—1068），字原父，世称"公是先生"。北宋文史学家、经学家。北宋临江新喻（今江西省新余市）人。宋仁宗庆历六年（1046）进士。历三司使、知制诰、知扬州。累迁集贤院学士、判南京御史台。著有《春秋权衡》《春秋传》和《公是集》等。

客有遗予注辇国^①鹦鹉，素服黄冠，语音甚清慧，此国在海西，距中州四十一万里，舟行半道，过西王母，三年乃达番禺也

四十万里外，孤舟天与邻。

应夸王母使，更遇越裳人。

素质宜姑射，黄冠即羽民。

那将笼禽比，萧洒绝埃尘。

（清光绪复刻聚珍本《公是集》卷一九）

刘敞此诗以注辇国及其物产为吟咏对象，注辇国在北宋与中国交往频繁，入中国路线多由海道至广东北上。此诗与南海丝绸之路交通、地理及文化交流相关，故纳入此编。

注释：①注辇国，亦作珠利耶、马八儿、项里、西洋项里。在今印度科罗曼德尔海岸。《宋史·外国传五》："注辇国东距海五里，西至天竺千五百里。"

宋·王安石文一则

王安石（1021—1086），字介甫，小字獾郎，号半山。王益子，北宋抚州临川（今江西省抚州市）人。举进士。历任州县官。宋仁宗嘉祐中，入为三司度支判官，上万言书，要求变法，未被采纳。宋神宗熙宁年间，支持变法。因守旧派反对，罢相，退居江宁，封舒国公、荆国公。宋哲宗立，加司空。善散文、诗词，为唐宋八大家之一。卒，赠太傅。宋哲宗绍圣中，谥文。有《临川集》（一名《王文公文集》），又有《周官新义》《诗义钩沉》《老子注》辑本。

赐占城蕃王杨卜尸利律陁般摩提婆敕书

敕：卿世荷百禄，躬有一邦，虽道阻荒遐，而志存钦顺，具书遣使航海献琛，载念忠勤，岂忘叹，尚因加褒赐式示眷怀。

（四部丛刊景明嘉靖本《临川集》卷四八）

王安石此文反映北宋时期占城与中国的交往，与南海丝绸之路交通、政治相关，故纳入此编。

宋·郭祥正诗二首

郭祥正（1035—1113），字功父，自号谢公山人，又号醉吟先生、漳南浪士。北宋太平州当涂（今安徽省马鞍山市）人。少有诗名，极为梅尧臣所赏叹。宋仁宗皇祐五年（1053）举进士，初任秘阁校理。宋神宗熙宁中，知武冈县，签书保信军节度判官。王安石用事，祥正奏乞天下大计专听安石处画，神宗异之，安石耻为小臣所荐，极口陈其无行。时祥正方从章惇辟，以军功为殿中丞，闻安石语，遂以本官致仕去。宋神宗元丰四年（1081），复出通判汀州，摄守元丰七年坐事勒停。知端州，又弃去，隐于县青山，卒。能诗。有《青山集》三十卷。

广州越王台呈蒋帅待制

番禺城北越王台，登临下瞰何壮哉。
三城连环铁为瓮，睥睨百世无倾摧。
蕃坊翠塔卓椽笔，欲蘸河汉濡烟煤。
沧溟忽见飓风作，雪山崩倒随惊雷。
有时一碧渟万里，洗濯日月光明开。
屯门钲铙杂大鼓，舶船接尾天南回。
斛量珠玑若市米，担束犀象如肩柴。
越王胡为易驯服，陆生辩与秦仪偕。
当时贡物竞何有，汉家宫殿今蒿莱。
邦人每逢二月二，熙熙载酒倾城来。
元戎广宴命宾客，即时海若收风霾。
群心尽喜召和气，百伎尽入呈优俳。
乐声珊珊送妙舞，春色盎盎浮樽罍。
鬼奴金盘献羊肉，蔷薇瓶水倾诸怀。
嗟余老钝已茅塞，坐视珠履惭追陪。
青蝇何知附骥尾，伯乐底事矜驽骀。
番禺虽盛公岂爱，亭亭自是岩廊材。
千年故事写长句，指画造化回枯荄。
昌黎气焰遂低缩，瓦砾未足当琼瑰。
仙姿劝公莫妄想，元鼎久待调盐梅。

（清文渊阁四库全书本《青山集》卷五）

同颖叔修撰登蕃塔①

宝塔疑神运，擎天此柱雄。
势分吴越半，影插斗牛中。
拔地无层限，登霄有路通。
三城依作镇，一海自横空。
礼佛诸蕃异，焚香与汉同。
祝尧齐北极，望舶请南风。
瑞气疑仙露，灵光散玉虹。
铎音争响亮，春色正冲融。
视笔添清逸，凭栏说困蒙。
更当高万丈，吾欲跨冥鸿。

（清文渊阁四库全书本《青山集》卷二三）

郭祥正二诗提及南海丝绸之路沿线交通、古迹及宗教文化等情况，故纳入此编。

注释：①蕃塔，又称蕃塔、怀圣塔、光塔。在今广州光塔路，为唐代侨居广州的阿拉伯商人所建。

宋·苏轼诗三首

苏轼（1037—1101），字子瞻，号东坡居士。北宋眉州眉山（今四川省眉山市）人。工书法，与黄庭坚、米芾和蔡襄并称"宋四家"；工词，开创了豪放派这个新词派，词和辛弃疾并称"苏辛"。其散文和欧阳修合称"苏欧"；诗和黄庭坚并称"苏黄"，和陆游并称"苏陆"；开创湖州派这一画派。与韩愈、黄庭坚及柳宗元并称千古文章四大家。后人称其为"词圣""诗神"。宋仁宗嘉祐二年（1057）进士，复举制科。宋神宗时在凤翔、杭州、密州、徐州、湖州等地任职。宋神宗元丰三年（1080），因"乌台诗案"被贬为黄州团练副使。宋哲宗即位后任翰林学士、侍读学士、礼部尚书等职，并出知杭州、颍州、扬州、定州等地，晚年因新党执政被贬惠州、儋州。宋徽宗时获大赦北还，途中于常州病逝。追谥文忠。与父洵、弟辙合称"三苏"，均入唐宋八大家之列。著有《东坡集》四十卷、《后集》二十卷、《内制》十卷、《外制》三卷及《和陶诗》四卷等。

浴日亭①

在南海庙前。

剑气峥嵘夜插天，瑞光明灭到黄湾。

坐看旸谷浮金晕，遥想钱塘涌雪山。

已觉苍凉苏病骨，更烦沉瀣洗衰颜。

忽惊鸟动行人起，飞上千峰紫翠间。

（明成化本《苏文忠公全集·东坡后集》卷四）

伏波将军庙碑铭②

至险莫测海与风，至幽不仁此鱼龙。

至信可恃汉两公，寄命一叶万仞中。

自此而南洗汝胸，抚循民夷必清通。

自此而北端汝躬，屈信穷达常正忠。

生为人英没愈雄，神虽无言意我同。

（明成化本《苏文忠公全集·东坡后集》卷一五）

歇白塔铺

甘山庐阜郁长望，林隙依稀[一]漏日光。

吴国晚蚕初断叶，占城③早稻欲移秧。

迢迢涧水随人急，冉冉岩花扑马香。

望眼悠从[二]飞鸟远，白云深处是吾乡。

（明成化本《苏文忠公全集·东坡续集》卷三）

苏轼三首诗歌提及南海丝绸之路沿线古迹、物产及交通等情况，故纳入此编。

注释：① 浴日亭，在今广东广州市东南黄埔区庙头村南海庙西侧，《舆地纪胜》卷八九《广州》："浴日亭在扶胥镇南海王庙之右，小丘屹立，亭冠其巅，前瞰大海，茫然无际。"

② 伏波，苏轼《伏波将军庙碑》谓汉有两伏波，一为路博德，一马援，"两伏波庙食岭南均矣。海上有伏波祠，元丰中，诏封忠显王。凡济海必卜焉。"又云："四州之人，以徐闻为咽喉；南北之济者，以伏波为指南。"由此可见徐闻在海上交通之地位

③ 占城，亦名占婆、占婆补罗、摩诃瞻婆国，在今越南中南部。古名林邑、环王，公元 9世纪后期改称占城。唐刘恂《岭表录异》卷上："乾符四年，占城国进驯象三头。当殿引对，亦能拜舞，后放还本国。"

校记：

[一] 依稀，明成化本《苏文忠公全集·东坡续集》卷二注："一作熹微。"

[二] 从，明成化本《苏文忠公全集·东坡续集》卷二注："一作穷。"

宋·苏辙诗文二则

苏辙（1039—1112），字子由，一字同叔，号颍滨遗老。宋眉州眉山（今四川省眉山市）人，苏洵子，苏轼弟，与父、兄合称三苏。善文词，为唐宋八大家之一。宋仁宗嘉祐二年（1057），与兄轼同登进士科，复举制科。初授试秘书省校书郎、商州军事推官。宋神宗时，因反对王安石变法，出为河南留守推官，后历职地方。宋哲宗即位后，入朝历官右司谏、御史中丞、尚书右丞、门下侍郎等职。宋哲宗亲政后，被贬知汝州，连谪数处，后再降朝请大夫，遂以太中大夫致仕，筑室于许州。宋徽宗政和二年（1112），去世，年七十四，追复端明殿学士、宣奉大夫。南宋高宗时累赠太师、魏国公，南宋孝宗时追谥"文定"。有《栾城集》《诗集传》《春秋集传》等。

东楼①

月从海上涌金盆，直入东楼照病身。

久已无心问南北，时能闭目待仪麟。

飓风不作三农喜，舶客初来百物新。

归去有时无定在，漫随俚俗共欣欣。

（清道光刊本《栾城后集》卷二）

占城国进奉判官蒲霞辛可保顺郎将

敕具官某：航海而至，奉琛在廷，心知礼义之荣，身无遐迩之异，特颁恩命，昭示远人。可。

（四部丛刊景明嘉靖蜀藩活字本《栾城集》卷二八）

苏辙《东楼》作于谪雷州时，全诗以广东海康县（今雷州市）东楼为吟咏对象，诗中"舶客初来万物新"描述了时航海贸易情形，反映北宋时海康县是舶客登陆的重要口岸；《占城国进奉判官蒲霞辛可保顺郎将》反映北宋时占城与中国的关系，与南海丝绸之路政治相关，故纳入此编。

注释：①东楼，在广东海康县（今雷州市）城东门上。

宋·黄庭坚诗一首

黄庭坚（1045—1105），字鲁直，号"涪翁""山谷道人"。宋洪州分宁（今江西省修水市）人。宋英宗治平四年（1067）进士。调叶县尉。宋神宗熙宁初，教授北京国子监、知太和县。宋哲宗立，累进秘书丞兼国史编修官。宋哲宗绍圣初，出知宣州、鄂州。后贬涪州别驾，黔州等安置。宋徽宗即位，起知太平州，复谪宜州。宋徽宗崇宁四年（1105），卒，终年六十岁。早年受知于苏轼，与苏轼并称"苏黄"，与张耒、晁补之、秦观并称"苏门四学士"。诗宗杜甫，成为杜甫后"三宗（陈师道、陈与义）"之一，开创了江西诗派。词与秦观齐名。书法精妙，与苏轼、米芾、蔡襄并称为"宋代四大家"，其《松风阁》诗帖遒劲苍茫，为历代行书范本。有《豫章黄先生文集》等。

寄黄几复

我居北海君南海，寄雁传书谢不能。
桃李春风一杯酒，江湖夜雨十年灯。
持家但有四立壁，治病不蕲三折肱。
想得读书头已白，隔溪猿哭瘴溪藤。

（义宁陈氏复刻日本翻宋绍兴本《山谷诗集注》卷二）

黄庭坚《寄黄几复》一诗抒发了对当时在广州四会的友人的思念之情，寄寓了对友人怀才不遇的不平与愤慨。此诗与南海丝绸之路文化交流相关，故纳入此编。

宋·秦观诗十首

秦观（1049—1100），字少游，又字太虚，号淮海居士。宋扬州高邮（今江苏省扬州市）人。善诗赋策论，尤工词，属婉约派。与黄庭坚、晁补之、张耒合称"苏门四学士"。宋神宗元丰八年（1085）进士。为定海主簿。宋哲宗元祐初，以苏轼荐，除太学博士，复迁秘书省正字兼国史院编修官。宋哲宗绍圣元年（1094），因坐元祐党籍，通判杭州。又以增损《实录》罪，责监处州酒税。继迭遭贬谪，编管横州、雷州。宋徽宗即位，召为宣德郎，北归至藤州（广西藤县）卒。有《淮海集》四十卷。

海康①书事十首

其一

白发坐钩党，南迁海濒州。
灌园以餬口，身自杂苍头。
篱落秋暑中，碧花蔓牵牛。
谁知把锄人，旧日东陵侯。

其二

荔子无几何，黄柑遽如许。

迁臣不惜日，恣意移寒暑。
层巢俯云木，信美非吾土。
草芳自有时，鹎鵊何关汝。

其三

卜居近流水，小巢依嶔岑。
终日数椽间，但闻鸟遗音。
炉香入幽梦，海月明孤斟。
鹪鹩一枝足，所恨非故林。

其四

培塿无松柏，驾言出焉游。
读书与意会，却扫可忘忧。
尺蠖以时诎，其信亦非求。
得归良不恶，未归且淹留。

其五

粤女市无常，所至辄成区。
一日三四迁，处处售虾鱼。
青裙脚不袜，臭味稷与狙。
孰云风土恶，白州生绿珠。

其六

海康腊己酉，不论冬孟仲。
杀牛挝祭鼓，城郭为沸动。
虽非尧历颁，自我先人用。
大笑荆楚人，嘉平猎云梦。

其七

粲粲菴摩勒，作汤美无有。
上客赋骊驹，玉奁开素手。
那知苍梧野，弃置同刍狗。
荆山玉抵鹊，此事缫来久。

其八

裔土桑柘希，蚕月不纺绩。
吴绡与鲁缟，取具舸舡客。
一朝南风发，家室相怀迫。
半贾鬻我藏，倍称还君息。

其九

一雨复一旸，苍茫飓风发。

怒号兼昼夜，山海为颠蹶。

云何大块噫，乃尔不可遏。

黎明众窍虚，白日丽空阔。

其十

合浦古珠池，一熟胎如山。

试问池边蜑，云今累年闲。

岂无明月珍，转徙溟渤间。

何关二千石，时至自当还。

（四部丛刊景明嘉靖小字本《淮海集》卷六）

秦观《海康书事》是以海康县为吟咏对象的组诗，海康县是南海丝绸之路沿线的重要港口，诗中反映了时南海贸易的物品、航线等，故纳入此编。

注释：① 海康即海康县，隋开皇十年（590）置，为合州治，治今广东雷州。清影宋钞本《舆地纪胜》卷一一八雷州："海康郡，濒海之乐郊也。"清嘉庆《海康县志》序："粤东以海名县者四，而此独以康名。康者，康也，言近海而迪吉康也。"

宋·唐庚诗二首

唐庚（1071—1121），字子西，宋眉州丹棱（今四川省眉山市）人。宋哲宗绍圣元年（1094）举进士，调利州治狱椽，除知阆中县。宋徽宗朝，入为宗子博士。张商英荐其才，除提举京畿常平。宋徽宗政和元年（1111），商英罢相，庚亦坐贬，安置惠州。遇赦，复官承议郎，提举上清太平官。归蜀，途中病卒。作《名治》《察言》及《内前行》诸篇，与《三国杂事》二卷、《唐子西集》二十四卷，为时人所赞誉。

送客之五羊二首

其一

不到番禺久，繁雄良自如。

江山禹贡外，城郭汉兵余。

圆折明珠浦，旁行异域书。

五羊虽足乐，双鲤未宜疏。

其二

建国今陈迹，游人合赋诗。

废台樛女后，遗井鲍姑时。

客去通星汉，僧来自月支。

凭君黄木口，为致海祠碑。

（四部丛刊三编景旧钞本《唐先生集》卷三）

　　唐庚此二诗为送友人至广州所作赠别诗，诗中"旁行异域书""僧来自月支"均反映当时广州异域人口众多。此诗与南海丝绸之路沿线文化交流相关，故纳入此编。

宋·翟汝文文一则

　　翟汝文（1076—1141），字公巽，宋润州丹阳（今江苏省镇江市）人。举进士。除秘书郎，擢中书舍人，受命同修《哲宗国史》，迁给事中。宋钦宗即位，为翰林学士，出知越州兼浙东安抚使。南宋高宗绍兴元年（1131），拜参知政事、同提举修政局，得罪宰相秦桧，被劾罢去，卒。好古博雅，工画，精于篆、籀，有《忠惠集》，门人私谥忠惠。

占城国王杨卜麻曡明堂加恩制

　　朕采汶上之仪，因省方而享帝；授泰元之策，期敛福以锡民。欢忻既洽于群神，庆施遂周于四海。载颁显命，以建殊邦。具官某：气禀纯和，性资忠一。介南溟而有国，世蒙湛露之多濡；谨北面以称藩，盖识疾风之不作。庭琛屡贡，爵典荐加。建大将之高牙，视三公之极位。王灵滋至，侯度益恭。属展采于宗祈，既成熙事；顾广恩于祭泽，可废彝章？乃增衍于爱田，并倍隆于真实。以侈精禋之觌，以昭顺节之褒。于戏！崇德报功，朕则靡遐遗之间；向风慕义，尔其坚内附之诚。往对庞恩，永绥厚禄。

（清文渊阁四库全书本《忠惠集》卷一）

　　翟汝文此文反映宋代占城与中国交往情况，与南海丝绸之路政治相关，故纳入此编。

宋·李光诗二首

　　李光（1078—1159），字泰发，一说字泰定，号转物老人。宋越州上虞（今浙江省绍兴市）人。宋徽宗崇宁间进士。累迁符宝郎。南宋高宗即位，知宣州。南宋高宗绍兴元年（1131），擢吏部侍郎，后升吏部尚书，旋拜参知政事。后为桧忌恨，绍兴十一年（1141），谪藤州安置。移居琼州，再移昌化军。后复为左朝奉大夫。卒。南宋孝宗即位，追谥庄简。有《庄简集》十八卷。

琼台①

玉台孤耸出尘寰，碧瓦朱甍缥缈间。
爽气遥通天际月，沧波不隔海中山。
潮平贾客连樯至，日晚耕牛带犊还。
安得此身生羽翼，便乘风驭叩天关。

（清文渊阁四库全书本《庄简集》卷五）

阜通阁

元寿使君到官未几，浚川筑堤，以通商贾之利，急先务也。

因为阁，扁其榜曰阜通。辱示佳章，因次其韵。

危阁峥嵘枕碧流，筹心计虑匪人谋。

千帆不隔云中树，万货来从徼外^②舟。

富国要先除国蠹，利民须急去民蟊。

使君不日归华近，要路翱翔遍十州。

（清文渊阁四库全书本《庄简集》卷五）

李光《阜通阁》诗"千帆不隔云中树，万货来从徼外舟"及《琼台》诗"潮平贾客连樯至"均反映时琼州海上贸易发达。此二诗与南海丝绸之路贸易相关，故纳入此编

注释：① 琼台，指海南岛。

② 徼外，境外，琼州为广州往越南的中途点，亦为百货来集之地。

宋·綦崇礼文一则

綦崇礼（1083—1142），字叔厚，宋密州高密（今山东省高密市）人。宋徽宗幸太学，出祭酒与同列二表，大称其工。宋徽宗重和元年（1118）登上舍第。调淄县主簿，历秘书省正字。南宋高宗时，拜中书舍；历漳州、明州，除翰林学士。后以宝文阁直学士知绍兴府。退居台州临海，卒，赠左朝议大夫。著有《北海集》六十卷，《宋史·艺文志》传于世。

除占城国王杨卜麻叠特授依前检校太傅使持节琳州诸军事琳州刺史充怀远军节度使琳州管内观察处置等使兼御史大夫占城国王加食邑食实封散官勋如故制

门下：朕采汶上之仪，因省方而飨帝；授泰元之策，斯敛福以锡民。欢欣既洽于群臣，庆施远周于四海。载颁显命，以逮殊邦。怀远军节度使、琳州管内观察处置等使、琳州刺史、上柱国、占城国王、食邑六千户、食实封二千五百户杨卜麻叠，气禀纯和，性资忠壹。介南溟而有国，世蒙零露之多濡；谨北面以称藩，蚤识烈风之不作。庭琛屡贡，爵典荐加。建大将之高牙，视三公之极位。王灵滋至，侯度益恭。属展采于宗祈，既成厘事；顾广恩于祭泽，可废彝章？乃增衍于爰田，并倍敦于真食。以侈精禋之贶，以昭顺节之褒。于戏！崇德报功，朕则靡遑遗之间；向风慕义，尔其坚内附之诚。往对庞禧，永绥厚禄。可依前检校太傅、使持节琳州诸军事、琳州刺史、充怀远军节度使、琳州管内观察处置等使、兼御史大夫、占城国王，加食邑五百户、食实封二百户。主者施行。

（清文渊阁四库全书补配清文津阁四库全书本《北海集》卷七）

綦崇礼此文反映宋代占城与中国交往情况，与南海丝绸之路政治相关，故纳入此编。

宋·李纲诗二首

李纲（1083—1140），字伯纪，号梁溪。宋建州邵武（今福建省邵武市）人，宋徽宗政和二年（1112）进士。宋徽宗宣和间，为太常少卿。宋钦宗立，历任兵部侍郎、东京留守、亲征行营使，未几以"专主战议"被逐。南宋高宗建炎元年（1127），进尚书左仆射兼门下侍郎。力主联合两河义士，荐宗泽，然高宗意存苟安，为相仅七十五日即罢。后屡陈抗金大计，均未纳。卒，谥忠定。有《梁溪集》一百八十卷。

再赋孔雀鹦鹉二首①

其一

孔雀来从海上村，参差修尾灿金文。
素知肃穆鸾凰侣，不是喧卑鸡鹜群。
玄圃赤霄虽有志，碧梧翠竹正须君。
携持万里归吴越，怅望海山深处云。

其二

学语鹦雏羽渐成，掌中取食绝猜惊。
笼宽得遂朋从志，春晓初闻客到声。
赋就祢衡文不点，杓随李白饮如鲸。
远携休叹殊方去，我亦随缘得此生。

（清道光刻本《梁溪集》卷二四）

李纲此二诗当作于被贬海南、雷州时，全诗以孔雀、鹦鹉为吟咏对象，其中"孔雀来从海上村"说明此物舶来。诗文与南海丝绸之路沿线物产相关，故纳入此编。

注释：①孔雀，唐刘恂《岭表录异》卷中："交趾人多养孔雀，采金翠毛为扇。孔雀翠尾，自累其身。"清武英殿聚珍版丛书本周达观《真腊风土记》："禽有孔雀、翡翠、鹦哥，乃中国所无。"（明新安吴氏刻本）

宋·曾几诗一首

曾几（1085—1166），字吉甫，号"茶山"。祖籍赣州（今江西省赣州市）人，后徙居河南。赐上舍出身。宋徽宗时，任校书郎。宋钦宗靖康初，提举淮东茶盐。南宋高宗即位后，兄曾开斥和议，忤秦桧，同被罢官。桧死，复故职。授秘书少监，以通奉大夫致仕。卒。谥文清。有《茶山集》八卷、《经说》二十卷等。

广南韩公圭琏舶使致龙涎香三种，数珠一串戏赠

千里传闻陆凯，一枝远寄梅花。

虎节无烦驿使，龙涎走送寒家。

（清武英殿聚珍版丛书本《茶山集》卷七）

曾几此诗描述了友人相赠龙涎香一事，时韩圭琏为广南舶使，掌管海上贸易，龙涎香为宋代海舶重要商品。此诗与南海丝绸之路贸易相关，故纳入此编。

宋·陈刚中诗一首

陈刚中（生卒年不详），字彦柔，宋福州闽清（今福建省福州市）人，陈祥道从子。南宋高宗建炎二年（1128）进士。南宋高宗绍兴间，累官太府寺丞。胡铨劾秦桧遭贬新州安置，陈刚中以启为贺，忤桧，谪知安远县，旋卒，贫不能葬。

交趾伪少保国相丁公文以诗饯行因次韵

一雨随车洗瘴烟，大鹏还击水三千。

南来未了维摩病，北渡空思达磨禅。

使节寻常铜柱外，天威咫尺玉阶前。

临岐握手无他祝[一]，留取忠贞照暮年。

（明钞本《陈刚中诗集》）

陈刚中此诗是调离贬谪之地钦州时与友人的赠别诗，友人即将赴交趾任职，诗人亦勉励友人亦要尽忠职守。此诗与南海丝绸之路沿线文化相关，故纳入此编。

校记：

[一]祝，元建阳张氏梅溪书院刻本《皇元风雅》卷一九作"语"。

宋·洪适诗二首

洪适（1117—1184），字景伯，皓长子。宋饶州鄱阳（今江西省上饶市人）人。南宋高宗绍兴十二年（1142），与弟遵同进士，任秘书省校字。绍兴中，中博学宏词科。因父忤秦桧，亦罢官。桧死，起知荆门军。累官尚书右仆射、同中书门下平章事兼枢密使，乞退后提举临安府洞霄宫。适以文学闻，入朝执政，无大建树，以究其学，卒，谥文惠。有《盘洲集》八十卷。

海山楼①

高楼百尺迮严城，披拂雄风襟袂清。

云气笼山朝雨急，海涛侵岸暮潮生。

楼前箫鼓声相和，戢戢归樯排几柂。

滇信官廉蚌蛤回，望中山积皆奇货。

奇货归帆过，击鼓吹箫相应和。

楼前高浪风掀簸，渔唱一声山左。

胡床邀月轻云破，玉麈飞谈惊座。

（四部丛刊景宋刊本《盘洲集》卷七八）

沉香浦②

炎区万国侈奇香，稛载归来有巨航。

谁人不作芳馨观，巾箧宁无一片藏。

饮泉太守回瓜戍，搜索越装舟未去。

薏苡何从起谤言，沉香不惜投深浦。

深浦，停舟处，只恐越装相染污。

奇香一见如泥土，投著水中归去。

今公早晚回朝著，无物迟留鸣橹。

（四部丛刊景宋刊本《盘洲集》卷七八）

　　洪适此二诗以南海丝绸之路沿线名胜海山楼、沉香浦为吟咏对象，其中《海山楼》诗"望中山积皆奇货"及《沉香浦》诗"炎区万国侈奇香，稛载归来有巨航"等句均描写了宋代广州海上贸易情形。此二诗与南海丝绸之路贸易相关，故纳入此编。

　　注释：① 海山楼，《方舆胜览》卷三四"广东路广州"："海山楼，在城南。陈去非诗：'百尺栏干横海立，一生襟抱与山开。岸边天影随潮入，楼上春容带雨来。'"（清文渊阁四库全书本）海山楼为古代广州名胜，亦为广州海上交通贸易的要地。

　　② 沉香浦，《晋书·吴隐之传》："（隐之）后至自番禺，其妻刘氏赍沈香一斤，隐之见之，遂投于湖亭之水。"后人称其地为沉香浦，即今广州西北石门水道之南。

宋·唐仲友文一则

　　唐仲友（1136—1188），字与政，号说斋，宋婺州金华（今浙江省金华市）人。南宋高宗绍兴二十一年（1151）进士，为西安主簿。绍兴三十年（1160）复中博学宏词科。历建康府学教授、秘书省正字。南宋孝宗召除著作佐郎，出知信州、台州。治政理财颇有建树，为学多与朱熹相左。后为朱熹劾罢。归而益肆力于学，著述颇丰。有《六经解》《诸史精义》《帝王经世图谱》《九经发题》《陆宣公奏议解》《天文详辨》《地理详辨》《愚书》《说斋文集》等。

占城国王修贡

　　僻处海隅，久被王灵之宠，远地方物聿，修臣职之恭，辄刌奏封上干典属。窃以越裳重译，闻盛德而归周，盘木献歌，怀至仁而颂汉。惟一人笃近而举远，故百蛮慕义而向风。况小邦虽介遐陬，在昔日盖为列郡，象林画邑尝归舆地之图，铜柱分疆尚着伏波之迹。乐推中土，多有历年方艺。祖开基首，骏奔而来，贺迨累朝继照，亦踵至而贡珍嘉，种助于丰年，奇兽充乎上苑。每荷蓼萧之泽，灼知葵藿之心。颁诏綍以丁宁，锡乘黄而蕃庶。臣欣逢兴运，切抚故封，文照分辉，聊偷安于蚁垤。尧天在望，乃趋贺于龙庭，敢陈任土之仪，少效包茅之入。恭惟皇帝，仁同一视，道合三无，舞干羽于两阶，诞敷帝德，执玉帛者万国。咸造王庭，岂止绥哀。牢而开永昌，方将发西戎，而抚交趾。容光必照，不遗僻陋之区，岐道有夷属，在要荒之服。臣占风服化，就日驰诚，涉万里之瀛波，苇勤输荩，梦九重之钧奏。徒恨戴盆，誓殚绵薄之忠，永答麀洪之施。

（明钞本《翰苑新书》后集上卷二二上《皇帝表·辞表》）

唐仲友此文反映宋代占城与中国交往情况，与南海丝绸之路政治相关，故纳入此编。

宋·陆游诗一首

陆游（1125—1210），字务观，号放翁，宋越州山阴（今浙江省绍兴市）人。以荫补登仕郎，迁大理寺司直兼宗正簿。南宋孝宗即位，擢枢密院编修官，赐进士出身。王炎宣抚川陕，辟为干办公事。范成大帅蜀，为四川制置使司参议官，后迁提举江西常平，发义仓粮赈灾，被劾罢官。起知严州，升礼部郎中兼实录院检讨官。南宋宁宗嘉泰三年（1203），擢宝章阁待制，致仕。工诗、词、散文，亦长于史学。与尤袤、杨万里、范成大并称为"南渡后四大家"。有《剑南诗稿》《渭南文集》《南唐书》《老学庵笔记》等。

占城棕竹拄杖

参云气压葛陂龙，
跨海来扶笠泽翁。
八十尚思行脚在，
与君处处现神通。

（明崇祯汲古阁刻陆放翁全集本《剑南诗稿》卷二八）

陆游《占城棕竹拄杖》作于绍熙四年（1193）冬，诗中吟咏占城舶来之物棕竹拄杖，与南海丝绸之路贸易相关，故纳入此编。

宋·杨万里诗五首

杨万里（1127—1206），字廷秀，号诚斋，杰出的爱国主义诗人。宋吉州吉水（今江西省吉安市）人。南宋高宗绍兴二十四年（1154）进士。南宋孝宗朝，丞相陈俊卿、虞允文荐为国子博士。南宋孝宗淳熙六年（1179）到十一年（1184），出任提举广东常平茶盐公事、广东路提点刑狱。后迁左司郎中。南宋光宗朝，授秘书监，反对大臣、外戚、大将及内侍窃权害政。出为江东转运副使。乞祠，提举官观。南宋宁宗朝，召为宝谟阁直学士。为人刚正，不附韩侂胄，侂胄专权日盛，万里反对举兵北伐未遂，忧愤成疾。卒。赠光禄大夫，谥文节。有《诚斋集》一百三十三卷及《诚斋易传》二十卷等。

南海东庙浴日亭

南海端为四海魁，扶胥绝境信奇哉。

日从若木梢头转，潮到占城国里回。

最爱五更红浪沸，忽吹万里紫霞开。

天公管领诗人眼，银汉星槎借一来。

题南海东庙

罗浮山如万石钟，一股南走如渴龙。

雷奔电万遮不住，直抵海滨无去处。

低头饮海吐绛霞，举头戴着祝融家。

珠宫玉室水精殿，万水一日朝再衙。

青山四围作城郭，海涛半浸青山脚。

客来莫上浴日亭，亭上见海君始惊。

青山缺处如玉玦，潮头飞来打双阙。

晴天无云溅碎雪，天下都无此奇绝。

大海更在小海东，西庙不如东庙雄。

南来若不到东庙，西京未睹建章宫。

海神喜我着绮语，为我改容收雾雨。

乾坤轩豁未能许，小试日光穿漏句。

（四部丛刊景宋写本《诚斋集》卷一八）

南海陶令曾送水沉报以双井茶二首

其一

岭外书来谢故人，梅花不寄寄炉熏。

辨香急试愽山火，两袖急生南海云。

苒惹须眉清入骨，萦盈窗几巧成文。

琼琚作报那能办，双井春风辍一斤。

其二

沉水占城第一良，占城上岸更差强。

黑藏骨节龙筋瘠，班出文章鹚翼张。

滚尽残膏添猛火，熬成熟水趁新汤。

素馨熏染真何益？毕竟输他本分香。

（四部丛刊景宋写本《诚斋集》卷二〇）

过金沙洋望小海

海雾初开明海日，近树远山青历历。

忽然咫尺黑如漆，白昼如何成暝色。

不知一风何许来，雾开还会合还开。

晦明百变一弹指，特地遣人惊复喜。

海神无处逞神通，放出一斑夸客子。

须臾满眼贾胡船，万顷一碧波黏天。

恰似钱塘江上望，只无两点海门山。

我行但作游山看，减却客愁九分半。

（四部丛刊景宋写本《诚斋集》卷一七）

　　杨万里《南海东庙浴日亭》《题南海东庙》均描述了南海海域风貌及航行盛况；《南海陶令曾送水沉报以双井茶二首》因南海陶令以沉香相赠，诗人回赠茶叶而作，诗中对南海丝绸之路贸易中的重要物品沉香作了细致描述；《过金沙洋望小海》作于诗人在广东常平茶盐公事任上，其中"须臾满眼贾胡船，万顷一碧波粘天"反映了当时海上贸易的繁荣。以上诗歌与南海丝绸之路地理、交通、贸易、物产相关，故纳入此编。

宋·曾极诗一首

　　曾极（生卒年不详），字景建，号云巢，宋抚州临川（今江西省抚州市）人，曾滂子。承家学，朱熹得其书及诗，大异之，遂书问往来，期以深望。因题诗金陵行宫龙屏，忤丞相史弥远，谪道州，卒。有《舂陵小雅》《金陵百咏》等。

水精大珠①

水玉摩尼如鹄卵，大千世界倒悬中。

何人提向江头照，照见神州一半空。

（影明钞本《诗渊》册一）

　　曾极此诗以南海丝绸之路贸易的重要物品水晶为吟咏对象，故纳入此编。

　　注释：① 水精大珠，水精球。水晶制品多为舶来品。

宋·戴复古诗一首

　　戴复古（1167—?），字式之，号石屏。宋台州黄岩（今浙江省台州市）人。从小笃志古学。少孤，尝从林景思游，又登陆游之门，以诗鸣。好游历，以布衣终身，是"江湖派"重点作家。晚年归隐乡居，一生不仕。有《石屏诗集》八卷。

广州所见

风波行险道，万里绝人烟。

几个下番客，经年渡海船。

人皆贪舶货，我独惜青钱。

□□□□□，留心禁漏川。

（四部丛刊续编景明弘治刻本《石屏诗集》卷三）

戴复古《广州所见》描写了时广州海上贸易情形，其中"留心禁漏川"意谓人们以青钱换海客舶货导致国中钱毕流失，侧面反映了宋代南海丝绸之路沿线贸易情况，故纳入此编。

宋·方信儒诗十二首

方信儒（1177—1222），字孚若，宋兴化军莆田（今福建省莆田市）人。有隽才，未冠能文。周必大、杨万里颇赞善之。以荫补番禺尉，治盗有异绩。曾三次使金，抗金不屈。历淮东转运判官，知真州。后奉祠归，屏居岩穴，放浪诗酒以终。著有《南海百咏》《南冠萃稿》等。

越楼①

楼在阛阓中，轮囷为一郡之壮观，昔名共乐楼，程师孟有诗。

真珠市拥碧扶阑，十万人家着眼看。

独恨登临最高处，举头犹不见长安。

（清嘉庆宛委别藏本《南海百咏》）

菩提树②

菩提树，在六祖影堂前。宋求那支摩三藏所手植，六祖开东山法门于其下。树虽非故物，亦其种也。广人凡遇元夕，往往取其叶为灯，而此寺独盛。

庭前双寺[一]尚依然，何处犹参无树禅。

一自老卢归去后，年年长结万灯缘。

（清嘉庆宛委别藏本《南海百咏》）

番塔

始于唐时，曰怀圣塔。轮囷直上，凡六百十五丈，绝无等级，其颖标一金鸡，随风南北。每岁五六月，夷人率以五鼓登其绝顶，叫佛号以祈风信。下有礼拜堂。

半天缥缈认飞翚，一柱轮囷几十围。

绝顶五更铃共语，金鸡风转片帆归。

（清嘉庆宛委别藏本《南海百咏》）

越台井③

按《岭表异录》云：井在州北越王台下，深百尺余。砖甃完备。云南越赵佗所凿。广之井泉率卤硷，惟此井冷而且甘。《番禺杂志》亦云：越井半有古甃，曰赵佗井，水味清甘，刘氏呼为玉龙泉，民莫得汲。潘美克平后，方与众共之。今此井在悟性寺前，清甘实为一郡之冠，而后来乃亭其上而榜焉，曰达磨泉。初无所据，只何公异所作《南征录》及《图经》云：达磨初来，指其地曰：是下有黄金，取之不尽。贫民竭力掘之数丈，而遇石穴而泉迸。达磨云：即此是也。何公乾道中入南，盖此泉已在达磨泉之后，好事者又为此说以附会之。今越冈无他井，即此无疑。又尝读《唐子西集》，有《游广州悟性寺》诗，其结句云："泉脉来何处，中含定慧香。"则亦指此为达磨井矣。

> 古甃寒潮百尺清，伪王题品老陀营。
> 渴来不饮盗泉水，特此翻为达磨名。
> （清嘉庆宛委别藏本《南海百咏》）

蕃人冢④

> 在城西十里，累累数千，皆南首西向。
> 鲸波仅免葬吞舟，狐死犹能效首邱。
> 目断苍茫三万里，千金虽在此生休。
> （清嘉庆宛委别藏本《南海百咏》）

琵琶洲⑤

> 在郡东三十里，以形似名。俗传洲在水中，与水升降，盖海舶所集之地也。
> 仿佛琵琶海上洲，年年常与水沉浮。
> 客船昨夜西风起，应有江头商妇愁。
> （清嘉庆宛委别藏本《南海百咏》）

相对冈⑥

> 在州东三十五里，两山雄拒江上，舟接往来之要冲也。
> 海门高并两峰寒，大舸轻帆自往还。
> 安得百灵移一岛，却教尘世看三山。
> （清嘉庆宛委别藏本《南海百咏》）

南海庙

在郡东南，水陆俱八十里，扶胥之口，盖四渎之一也。庙中有波罗蜜树、铜鼓及韩退之所作记。
> 唐开元中祭文等碑。又有西庙，在城西五里。
> 宫阙参差海上开，吐吞波浪起风雷。
> 英灵万古扶宗社，奚丑区区何足摧。
> （清嘉庆宛委别藏本《南海百咏》）

浴日亭

在扶胥庙之前小山上，东坡有诗，《番禺杂志》谓之看海亭。

亭倚蓬莱几许高，下临无地有惊涛。

坡仙想得江山助，八语端为天下豪。

（清嘉庆宛委别藏本《南海百咏》）

波罗蜜果

南海东西庙各有一株，樛枝大叶，实生于干，若瘿瘤然。有大如瓠，庙官每岁于九、十月熟时，取供诸台，其他莫敢有过而问者。以蜜煎之，颇为适口。相传云西域种也，本名曰囊伽结。

累累圆实大于瓜，想见移根博望槎。

《三百》余篇谁识此，世间宁复有张华。

（清嘉庆宛委别藏本《南海百咏》）

走珠石⑦

在湖南。旧传有贾胡自异域负其国之镇珠逃至五羊，国人重载金宝坚赎以归，既至半道海上，珠复走还，径入石下，终不可见。至今此石往往有夜光发，疑为此珠之祥。

底事明珠解去来，当时合浦已堪猜。

贾胡不省何年事，老石江头空绿苔。

（清嘉庆宛委别藏本《南海百咏》）

沉犀潭⑧

昔传昆仑奴献犀至此，犀忽沉入海中，百计购之，终不复出。后有渔者得金锁一尺余以进。

西来异兽路应迷，金锁何年落此溪。

不比李侯心似水，归舟自掷石门西。

（清嘉庆宛委别藏本《南海百咏》）

方信儒的十二首诗歌均以南海丝绸之路沿线名胜、物产为吟咏对象，故纳入此编。

注释：① 越楼，即远华楼。仇巨川《羊城古钞》卷七："远华楼。旧名粤楼，在大市圆阛中，高五丈余，背倚诸峰，面临巨海，气象雄伟，为南州冠。宋绍兴中，漕使王言重建，改区曰'共乐'。元大德中，元帅罗璧撤而新之，易曰'远华'。"

② 菩提树，在广州光孝寺中。《光孝寺志》："梁武帝天监元年，梵僧智药三藏自西竺国持菩提树一株，航海而来，植于坛前。"

③ 越台井，序云即达磨井。在悟性寺，即今光孝寺内。达磨，即达摩。达摩自天竺航海来中国，于广州上岸。其地即今下九路西来初地。

④ 蕃人冢，阿拉伯商人墓地。在广州城西三角市。即今珠玑路一带。

⑤ 琶琶洲，在广州东珠江上。《广东通志》谓"在城东南三十二里江中，高十余丈，上有三阜，形如琵琶。明万历间，于洲上建九级浮图，屹峙海中，名曰海鳌。"

⑥ 相对冈，今广州市东珠江两岸。

⑦ 走珠石，即海珠石。本为广州珠江中的小石岛，今已与北岸相接。旧称此江面为珠海，又曰沉珠浦。海珠石为旧日广州名胜后建有慈度寺，又筑有李忠简公读书处，历代诗人吟咏不绝。

⑧ 沉犀潭，在广东清远。《清远县志》谓犀牛潭，在县东三十里秦时昆仑贡犀牛，带金锁走入潭中。

校记：

[一]寺，清康熙时钞鲍廷博校本作"树"。

宋·楼钥诗一首

楼钥（1137—1213），字大防，号攻媿主人，宋明州鄞县（今浙江省宁波市）人。南宋孝宗隆兴间进士。历宗正寺主簿、知温州等。南宋光宗嗣位，除起居郎兼中书舍人，迁给事中。南宋宁宗即位，升吏部尚书，不附韩侂胄。侂胄诛，除吏部尚书兼翰林侍读。赵崇宪奏雪父汝愚之冤，钥请惩治赵师召罪。擢端明殿学士、同知枢密院事，进参知政事。累疏求去，提举万寿观，卒。赠少师，谥宣献。有《攻媿集》一百二十卷。

送万耕道帅琼管①

黎山千仞摩苍穹，巅巅独在大海中。
自从汉武置两郡，黎人始与南州通。
历历更革不胜计，唐设五管如容邕。
皇朝声教久渐被，事体全有中华风。
生黎中居不可近，熟黎百洞蟠疆封。
或从徐闻向南望，一粟不见波吞空。
灵神至祷如响答，征帆饱挂轻飞鸿。
晓行不计几多里，彼岸往往夕阳春。
流求[一]大食更天表，舶交海上俱朝宗。
势须至此少休息，乘风径集番禺东。②
不然舶政不可为，两地虽远休威同。
古今事变无定论，难信捐之与扬雄。
四州隔分各置守，琼台帅阃尤尊崇。
高牙大纛拥方伯，鼓吹振响惊蛟龙。
汉家威名两伏波，卢丁以来几宗工。
卫公精爽尚如生，妙语况有玉局翁。
使君吏事素高了，明若古镜摩青铜。
叱驭行行不作难，平生惟仗信与忠。
布宣王灵万里外，益使向化来蛮賨。

第惟遐方习疏慢，政化要当率以躬。

雾中能见越王石，自然心服令易从。[二]

顽犷未率宜以渐，勿示骇政先含容。

平平之策用定远，下下之考书阳公。

吏民[三]生长固安土，尚当摩抚如童蒙。

属僚宦游岂得已，士多失职悲途穷。

名分卑尊不可紊，更念何处不相逢。

官事既了与[四]无间，可使知气俱冲融。

乡间惜别情所钟，临歧为倾琥珀浓。

手遮西日念远去，欲留奈何鼓逢逢。

愿君稳度三合溜，早归入侍明光宫。

（宋刻本《攻媿集》卷三）

楼钥《送万耕道帅琼管》为送友人至琼州的赠别诗，其中"流求大食更天表，舶交海上俱朝宗。势须至此少休息，乘风径集番禺东"四句写出了海南岛在中外海上交通史上的地位，自西洋各国来广东的海舶，以海南岛为中途站，稍事休息即直驶广州。此诗与南海丝绸之路交通、贸易相关，故纳入此编。

注释：① 琼管，指琼州，琼州隶属广管内。
② 流求，古国名。即今日本流球群岛。大食，唐以来称阿拉伯帝国为大食。

校记：

[一] 求，清武英殿聚珍版丛书本作"球"。

[二] "第惟遐方习疏慢"至"自然心服令易从"句，清武英殿聚珍版丛书本脱。

[三] 民，清武英殿聚珍版丛书本作"臣"。

[四] 与，清武英殿聚珍版丛书本作"两"。

宋·刘克庄诗十二首

刘克庄（1187—1269），初名灼，字潜夫，号后村居士，江湖派诗重要代表、辛派重要词人。宋兴化军莆田（今福建省莆田市）人，刘夙孙。南宋宁宗嘉定二年（1209），以荫补将仕郎，为真州录事参军、潮州通判。以作《落梅》诗获罪，不仕二十余年。南宋理宗端平初起，历宗正簿、枢密院编修官、江东提刑等。南宋理宗淳祐六年（1246），赐同进士出身，除秘书少监兼中书舍人。以劾权相史嵩之，贬知漳州。南宋理宗景定初，迁工部尚书兼侍讲，以焕章阁学士致仕。著《后村先生大全集》一百九十六卷，词集有《后村别调》。

即事十首

其一

香火万家市，烟花二月时。

居人空巷出，去赛海神祠。

其二

东庙小儿队，南风大贾舟。
不知今广市，何似古扬州。

其三

俗情重蒲饮，故事按舟师。
无倚无山越，闲将作水嬉。

其四

占断百花白，摘来三伏凉。
着身素馨国，荀令未为香。

其五

瓜果跽拳祝，暽罗扑卖声。
粤人重乃夕，灯火到天明。

其六

名荔绝甘冷，与莆争长雄。
不逢蔡公谱，埋没瘴烟中。

其七

吾生分裂后，不到旧京游。
空作樊楼梦，安知在越楼。

其八

突薪初不戒，缏缶始言功。
累甓为墙壁，前人智未工。

其九

复关无雅操，涉洧有遗音。
未可绳三尺，槟榔当委禽。

其十

沐发眠常晏，濡唇饮不多。
谁云五瘴毒，常备四时和。

（四部丛刊景旧钞本《后村集》卷一二）

城 南

濒江多海物，比屋尽闽人。

四野方多垒，三间欲卜邻。

（四部丛刊景旧钞本《后村集》卷一二）

兼　舶

鬻夹飞乌瘴海濆，扇遮不断庾公尘。

而今更遣兼琛节，羞写冰衔寄故人。

（四部丛刊景旧钞本《后村集》卷一二）

　　刘克庄《即事十首》组诗为诗人在广东提举任上作，诗写岭南景物及广州城景象；《城南》描摹了宋代广州城南的商贸特色；《兼舶》作于诗人兼任市舶使时，诗中提及进入广州的海舶货物之多。以上诗歌均与南海丝绸之路沿线名胜、风俗、贸易相关，故纳入此编。

宋·葛长庚诗一首

　　葛长庚（约 1153—1246），又名白玉蟾道士，字白叟，又字如晦，号海琼子，又号海蟾、琼山道人、武夷散人、神霄散吏、云外子、琼馆。宋福州闽清（今福建省福州市）人。家琼州，入道武夷山。七岁能诗赋，十岁应童子科，后屡试不第。遇道上陈翠虚携入罗浮，事陈翠虚九年，尽得其道，时称其入水不濡，逢百兵不害。南宗宁宗嘉定间征召至阙，命人太乙宫，封紫清真人。所著诗文颇多，有《海琼集》《上清集》《玉隆集》《武夷集》凡四十卷。传世墨迹有《草书足轩铭卷》《行书仙庐峰六咏卷》等。

题南海祠

何处人间得五羊，海城鼓角咽昏黄。

无心燕子观秦越，有口檐铃说汉唐。

九十日秧多雨水，一千年史几兴亡。

圣朝昌盛鲸波息，万国迎琛舶卸樯。

（宁藩朱权明正统七年《海琼玉蟾先生文集》《海琼集》卷四）

　　葛长庚《题南海祠》中"圣朝昌盛鲸波息，万国迎琛舶卸樯"描绘了南宋时万国海舶在南海神祠前卸下樯帆的情形，反映时海上贸易盛况。此诗与南海丝绸之路贸易相关，故纳入此编。

宋·洪迈文一则

　　洪迈（1123—1202），字景卢，号容斋，洪皓幼子，宋饶州鄱阳（今江西省上饶市）人。南宋高宗绍兴十五年（1145），中博学宏词科。南宋淳熙十三年（1186），为翰林学士，上《四朝国史》。以端明殿学士致仕。学识渊博，著述颇多，尤精宋代掌故，有《容斋五笔》《夷坚志》《野处类稿》《史记法语》等。卒，赠光禄大夫，谥文敏。

婆律山美女

政和中，南番舶来泉州，客与所善者言："占城及真腊两国交界，有大山名曰婆律，比岁，一夜风雨震电，变怪百端，至天明乃止。石壁中裂，美女二人，姗姗而出，其貌倾城。占城人得之，以献于王。真腊闻之，遣使求一，不遂所请，滋不平，至于兴兵争斗，杀伤甚众，经年末已。"

（清景宋钞本《夷坚支志·己》卷九）

洪迈此文记载了海舶客人讲述的关于占城、真腊地区的逸闻，与南海丝绸之路沿线文化交流相关，故纳入此编。

宋·周密文一则

周密（1232—1298），字公谨，号草窗、苹洲、弁阳老人、四水潜夫等。宋齐州济南（今山东省济南市）人，后徙湖州吴兴（浙江湖州市）。宋理宗时，为临安府幕属，监和剂局、丰储仓，又为义乌令。宋亡不仕，居杭州，广交游。工诗词，善画。有《草窗词》《草窗韵语》《武林旧事》《齐东野语》《癸辛杂识》《云烟过眼录》《浩然斋雅谈》等，又选南宋词人佳作编为《绝妙好词》。

爪哇铜器

徐子方尝得爪哇国一铜器，类箕，径约四寸，从约三寸。其中有梁如斗，梁上坐国主、国后二像，一人侍侧，极其丑恶，如优人之类。其侧有两人首，殊不知为何所用也？

（明刻稗海本《癸辛杂识》续集卷下）

周密此文细致描述了南海丝绸之路沿线国家所产器物的形貌，故纳入此编。

宋·佚名《宋朝大诏令集》二则

赐南平王李日尊示谕敕书（熙宁三年二月八日）

敕南平王李日尊，省所上表称于今年二月内亲领本道兵甲，乘驾舟航，直抵南蕃，与占城国及占腊国蕃兵交战，其占城、占腊国兵甲，一时败散，臣带领兵甲回旋本道，师旅保全，舟航宁谧事，具悉。卿与占城等国交战，师出逾时，今睹章奏，备言胜捷，益敦忠顺，良用叹嘉，朕子视兆民，臣蓄万国，思偃消于中外，共嬉游于遐迩，宜体至怀，以绥后福，故兹示谕，想宜知悉。

诏占城占腊同讨交贼诏

交趾为寇，朝廷已议水陆攻讨，占城、占腊于交贼素有血雠，委许彦先、刘初同募海商三五人作经略司，委曲说谕彼国君长，豫为计置。候王师前进，协力攻讨，平定之日，厚加爵赏。

（清钞本《宋朝大诏令集》卷二三八《政事》九一）

《宋朝大诏令集》卷二三八两文反映了宋代中国与南海丝绸之路沿线诸国如越南、占城等国的政治、军事关系，故纳入此编。

元·佚名谚语一则

舟人往西洋谚①

宾童龙国，与占城接壤……有崑仑山，节然大海中，与占城及东、西竺鼎峙相望。其山方广而高，其海即曰昆仑洋。诸往西洋者，必待顺风，七昼夜始得过，故舟人为之谚曰：

上怕[一]七州，下怕[二]昆仑。

针迷舵失，人船莫[三]存。

（清武英殿本《明史》卷三二四《列传》第二一二）

此则谚语亦见元王大渊《岛夷志略》，内容涉及南海丝绸之路交通、地理，故纳入此编。

校记：

[一]怕，清文渊阁四库全书本《岛夷志略》作"有"。

[二]同上。

[三]莫，清咸丰刻本《古谣谚》卷一五作"无"，清文渊阁四库全书本《岛夷志略》作"孰"。

元·方回文一则

方回（1227—1307），字万里，号虚谷，宋元间徽州歙县（今安徽省黄山市）人。幼孤，从叔父学。宋理宗景定三年（1262）进士。初媚贾似道，似道败，又上十可斩之疏。后官知严州，以城降元，为建德路总管。寻罢归，遂肆意于诗。有《桐江集》《续古今考》，又选唐宋以来律诗为《瀛奎律髓》。

平爪哇露布

臣等言，虞格三苗，终致三危之窜；周重九译，犹严九伐之诛。盖帝王文柔而武刚，如天地春生而秋杀。岛夷卉服，蠢尔何知；狼子野心，刑兹无赦。克靖小丑，肃奏肤公。恭惟皇帝陛下转旋乾坤，混合南北。极天所覆，来享来王；率土之滨，悉臣悉主。自四海一家之后，皆五风十雨之时。车书同而文物兴，锋镝销而生齿富。誓将偃武，岂忍用兵。彼魑魅处于幽阴，谓神明之罔觉；或雷霆从而震击，于造化以何心。繄古之阇婆，即今之爪哇。今之占城，即古之林邑。恃其险远，肆决诪张。言语不通，嗜欲不同，近尾闾之所泄；日月所照，霜露所坠，在职方而有图。昔入贡于汴京，尝见书于宋史。大元出庶物，罔度索之不来；中国有圣人，岂覆盆而莫睹。越犬吠雪，井蛙小天。劫掠番商，胁从邻壤云云。轻儇何异于猴王，其国多㺃猴大者称猴王。么么仅同于鼠子。敢以文身之技，涅我行人；宁无赤族之殃，枭此杂种。乃参众议，爰起偏师。若舟楫，若烝徒，用九有之全力；无城郭，无守御，殄一隅之小夷。往即平之，势无难者。葛伯仇童子之饷，汤以是征；防风后会稽之期，禹能无戮。神圣共贯，古今一途。臣等参预戎行，奉扬庙算。养威浙右，博询水道之详；誓众泉南，小俟风师之便。百贾舞而郊迎，三军喜而棹歌。忠肝义胆，眇视鲸波；乱领妖腰，迄移蚁穴。由橄榄屿而过斗蛣屿，自崑仑洋而放沙磨洋。既逾吉利之门，遂抵熙陵之步。吕嘉弗靖，汉皇兴下濑之师；孟获未擒，诸葛有渡泸之役。自贻伊戚，彼乌敢当。据杜班一方之要冲，绝麻喏九处之援路。苏吉丹支国既剪，保危岸峻山可移。杰官结连之宫僚，束手罔措；匈奴武逻之党与，游魂曷归。钦惟临遣之时，密受丁宁之旨。渠魁有罪，部落何辜。诛君而吊其民，兼用招降之策，见义不谋其利，聿严卤掠之科。倘顺化以服从，即包荒而容忍。执讯获丑，岂止载鬼一车；哀凶鞠顽，姑与开网三面。今则伪爪哇国王某者，莫由困斗，迺用生擒。蕞尔腥臊，何足献诸庙社；延其喘息，谨用归于京师。已惩艾于独夫，徐抚存其余众。皇威远畅，僻壤丕平。以难为易，克成厥勋；自古及今，未闻此事。稻粱粟米，仅有粮之可因；犀角珠玑，曾何货之足取。俾怀德而畏力，亦取乱以侮亡。瘴雾醒苏，飓风帖息。天吴九首，率族类以遁藏；南极一星，洗氛埃而光润。蜃楼之气顿铄，蛟室之渊可枯。天柱泰阶曰三台，居然临照；毛人琉球以万数，莫不震惊。垂白咸云，汗青未有。此盖自我作古，与神为谋。惩一蛮以戒百蛮，若泰山之压卵；由北海而至南海，如鸿毛之遇风。底定炎陬，悉由宸断。臣等滥膺推毂，共董乘桴。陛极九重，每虔诚而望阙；舳舻千里，庸俟命以班师。事危于马援之南征，地远于班超之西域。幸逃司败，获奏凯歌。介鳞易我衣裳，笑昔人之未广；鲸鲵筑为京观，视前代而有光。臣弼等无任庆快激切屏营之至，谨差_{某官}奉露布以闻。_{臣弼等言。}

（清嘉庆宛委别藏本《桐江集》卷五）

方回《平爪哇露布》是一篇奏报平定爪哇战事的军报，此文反映了元代中国与南海诸国政治、军事关系，故纳入此编。

元·郭昂诗五首

郭昂（约 1229—约 1289），字彦高，号野斋。元彰德林州（今河南省安阳市）人，习刀槊，稍通经史，工诗。元世祖至元二年（1265），上书言事，授山东统军司知事。宋亡后，为襄阳总军司，迁沅州安抚司同知，镇压招降溪洞八十余栅，屠杀容山张华反元武装，迫降张虎。至元二十六年（1289），镇压江西多起反元起事。授万户，镇抚州。官终广东宣慰使。

客广州有怀

椰叶飘香集瘴烟，满城寒雨着绵天。
标幡未挂禺山上，石鼓犹鸣莞县边。
蛮草任肥嘶代马，朔风偏喜过番船。
越楼东畔珍珠市，惆怅当时一惘然。

（影明钞本《诗渊》册一）

水站亭供给海船

天书一札下三台，星火驰飞遍九垓。
编户万家成废宅，霸基千古漫荒台。
船随浪起惊鸥去，人趁潮回拾蚬来。
惟有海珠禅榻畔，四时无恙绝纤埃。

（影明钞本《诗渊》册二）

军前九首

其一

万里梯航动一时，民间百色要支持。

今年已过明年看，活得人家更有谁。

其二

过尽千崖与万沙，夕阳渺渺尚无涯。

伏波从此休标柱，子却安南是一家。

（影明钞本《诗渊》册一）

开洋①

万叠惊涛走雪山，百年雷吼北风干。

花生老眼乾坤转，食反刚肠坐卧难。

白首命悬三尺拖，青云谁问两资官。

但教了却公家事，也是为人不素餐。

（影明钞本《诗渊》册三）

郭昂《客广州有怀》《水站亭供给海船》均作于广东宣尉使任上，诗中"过番船""珍珠市"等语反映时海外贸易之盛。《军前九首》《开洋》是作者率兵自海路赴安南所作，诗文与南海丝绸之路交通、历史相关，故纳入此编。

注释：① 此诗为作者自粤乘船赴安南所作。

元·谢宗可诗一首

谢宗可，元江浙金陵（今江苏省南京市）人。元初诗人，有《咏物诗》百篇传世。

龙涎香①

瀛岛蟠龙玉吐涎[一]，轻氛飞绕博山青。

暖浮蛟窟潮声怒，清彻骊宫蛰睡醒。

碧脑盈箱收海气，红薇滴露洗云腥。

雨窗篝火浓熏被，梦驾苍鳞上帝庭。

（清康熙刻本《元诗选》初集卷四二）

谢宗可此诗以南海丝绸之路重要贸易货物龙涎香为吟咏对象，故纳入此编。

注释：①龙涎香，又名龙腹香，其色黑褐如琥珀，有时有五彩斑纹，呈不透明的固态腊状胶块，焚之有持久香气。

校记：

[一]涎，清文渊阁四库全书本作"馨"。

元·袁桷文一则

袁桷（1266—1327），字伯长，号清容居士，元庆元鄞县（今浙江省宁波市）人。举茂才异等，起为丽泽书院山长。元成宗大德初，荐授翰林国史院检阅官。进郊祀十议，礼官推其博，多采用之。升应奉翰林文字、同知制诰，兼国史院编修官。请购求辽、金、宋三史遗书。元英宗至治元年（1321），官翰林侍讲学士。元泰定帝泰定初辞归。桷在词林，朝廷制册、勋臣碑铭，多出其手。卒谥文清。著有《易说》《春秋说》《延佑四明志》《清容居士集》等。

拜住元帅出使事实

至元二十九年，今浙东元帅拜住公，奉世祖旨，以行军招安使从征爪哇。于时高王二将，为蛮兵所围，公深入拔围出之。元贞二年，奉成宗旨，使西域。哈赞王爱其才，以尚衣职行军有战功，赏金符金带。因令其入见于成宗，复赐虎符。皇庆二年，仁宗以金印赐丞相孛罗，且俾往哈儿班答王所议事。至中途，遇也先不花王，疑有间谍。执以问，答曰："今上所遣不过通岁时问礼，曷有他意？"王左右曰："使者往来，皆言有启边生事形迹，汝此行宜得要领，可实言，否则搒掠汝，亦必言。"遂命跪大雪以问，且搜其衣中，无所有。公曰："王所问，实不知，且王从何所得是议？"王曰："阿必失哈至是，尝言之。"且曰："哈儿班答王，上近支也，吾等族属，存与留不可知。后使者至，必有处分。今汝往，彼必生事，速吐情以告我。"曰："王拥兵遮道，使者急求去，多诡辞以脱。阿必失哈曷可信。"左右曰："彼统军九万，宁肯不自爱惜，诈言以求脱，遂缚公两手纳诸股，击之。"乃曰："有玺书具在，使臣往来有后先，拜住万死实不知。"取玺书视之，始曰："彼果无罪。"遂夺其虎符及丞相金印，拘囚王所。延佑元年，王兴兵内寇，复遣使召公至猎所，曰："我已入汝境土矣。"公曰："兄弟之国，无内外，彼地亦王地，王往何所疑？"王曰："亲疏既分，衅隙已兆，势不得不尔。"公徐言："在昔太祖皇帝西征有训，若曰'人不可以信谗，谗入则宗亲乖离，宗亲既离则百姓他适，将贻笑于敌国。'拜住尝闻在成宗时，先王有盟，兴灭国、开关塞，以安百姓，今言犹未泯绝。使者掉舌生异同，令王致疑。拜住等良不称职，敢叩头死罪以请。"王解颜曰："吾欲遣汝诣上通好何如？"公谢不能。时有不内附者，梗于路，遂罢行，复以公往昔拘所，未几王薨。延佑七年，弟怯别王立，王召曰："在昔先王尝遣汝诣上前后不果，汝今宜以素所具奏者以闻。"是年秋入朝，上曰："太祖造邦孔艰，惟和好惇叙，则宗支允宁，汝其以元帅职名，乘驿谕朕意。"王既受上旨，拊膺谢曰："疆宇宁粒自此始，汝来何迟也？"对曰："使副有疾在道，故不得速进。"王曰："来旨极善，使他人来，吾亦不若是深信，大较使臣多擅增减，致启边祸。"公曰："拜住来，途中聆逃人言，且云复将有兵变，拜住实不信，惧王惑其言，而行人之言不得信于上，是为虚行。王宜熟察善计虑，拜住不敢他引古事为比，维昔定宗皇帝征把秃王。有灭国真薛禅使者，谏罢征，尝喻太祖得国之本，明配日月，量侔江海，合天地之大德，故能混一海宇。灭国真薛禅死已久，拜住不才，愿踵其策以献。"后王从公言，奏于上，迄如约，以平。王遂遣使收兵四境，而少尼其行，且曰逻者猝遇，将害汝，遂设宴三日，给符信护行，俾归于朝。至治元年三月，抵上京，入见于上，而王亦遣使，奏："拜住两为行人，不爱其身，隆爵厚职所不吝。然除拜非吾所预，为语朝廷大臣，善奏于上，使得享至乐，建牙纛为诸侯表得矣。是年冬，丞相拜住入奏嘉禧殿，具以功簿言。乃拜中奉大夫浙东道宣慰使都元帅，官既满，类集行事。俾桷为奉使事实云。"前史官袁桷曰："太祖皇帝经画区夏，以磐石宗犬牙于龙兴绝域之地，四履奠安，盛矣。夫疆域既广，诏旨上意，传谕失实，则时致疑争。拜住公间关险阻，百慑不挠，义正功倍，以数百语解百万之师，非精白一心，曷底于是，计勋上多，卒称其职。俾后之为人臣者，益有劝焉。

（四部丛刊景元本《清容居士集》卷三四）

　　袁桷《拜住元帅出使事》记载了元代至元二十九年（1292）发舟千艘远征爪哇等事，与南海丝绸之路政治、军事相关，故纳入此编。

元·贡奎诗一首

　　贡奎（1269—1329），字仲章，号云林。元宁国宣城（今安徽省宣城市）人，自小聪颖，勤奋好学，十岁能属文，博通经史。初为池州齐山书院山长。元成宗大德六年（1302），中书奏授太常奉礼郎，上书言礼制，朝廷多采其议。元成宗大德九年（1305），迁翰林国史院编修官，元武宗至大元年（1308），任翰林文学，后任翰林院待制。元泰定帝泰定三年（1326），任集贤直学士。元文宗天历二年（1329）十月，贡奎故。元惠宗初年（1333），追封为广陵郡侯，谥文靖。有《云林集》六卷。

次王士容经历赋广东二十韵

巨镇雄江表，炎州介岭巅。

通津波险涉，接驿路高缘。

土贡来遐远，舆图按末颠。

犷民疲斗蚁，狡吏攫饥鹯。

蛊念山多瘴，蒙知地出泉。

黄浮乌影淡，红晕蜃光连。

石老苔成藓，崖阴笋作鞭。

翠屏开近嶂，素练杳回川。

禽弄千般巧，花分四序妍。

九重严政治，六辔选时贤。

喜际风云会，同沾雨露天。

胜谈莲幕内，妙句药阶前。

苦味槟榔好，清香荔子悬。

罕逢苑北马，富聚海南船。

古迹荒城碣，晴炊野墅烟。

行经韩子窜，蛮耻越王偏。

贾客财常万，僧尼寺或千。

整絺冬亦尔，乘轿俗依然。

人物生唐相，儒风盛孔编。

快心时小憩，过眼境频迁。

发兴超言外，销愁向酒边。

入朝应报最，何得赋归田。

（明弘治三年范吉刻本《云林集》卷五）

贡奎《次王士容经历赋广东二十韵》中"土贡来遐远，舆图按末颠"描绘了元代南海藩国向朝廷进献土产的情形；"富聚海南船"描绘了从事海上交易活动海舶之多。此诗与南海丝绸之路沿线物产、贸易相关，故纳入此编。

元·陈樵诗一首

陈樵（1278—1365），字君采，号鹿皮子。元东阳（今浙江省金华市）人，长于说经，诗对仗工整精巧，为文新逸超丽，书辞于状物、写情尤精，有新逸超丽之感，喻为"挺立孤松"。幼承家学，继受经于程直方，学成后，不愿与世接触，专意著述。元末衰乱，学成不仕，隐居幽谷。有《鹿皮子集》四卷。

海人谣①

海南蛮奴发垂耳，朝朝采宝丹涯里。
夜光盈尺出飞鱼，柏叶双珠寒蕊蕊。
幽箔连钱生绿花，切玉蛮刀如切水。
九译来朝万里天，北风不动琅玕死。

（清文渊阁四库全书本《鹿皮子集》卷二）

陈樵《海人谣》以中印半岛及东南亚一带海边居人为吟咏对象，诗文与南海丝绸之路沿线诸国风俗相关，故纳入此编。

元·许有壬诗一首

许有壬（1287—1364），字可用，元彰德汤阴（今河南省安阳市）人。善笔札，工词章。元仁宗延祐二年（1315）进士第，为同知辽州事。后任江南行台监察御史，对势官豪民，人畏之如虎狼者，他擒治以法。元泰定帝时，上正始十事。元惠宗至正六年（1346）为中书参知政事。至正十二年（1352），旋拜河南行省左丞，迁集贤大学士。他前后历仕七朝，近五十年。至正十七年（1357），以老病致仕。卒，谥文忠。著有《至正集》《圭塘小稿》。

登越台①

问俗来南海，休期上越台。
际天迷[一]莽苍，拔地出崔嵬。
五管衣冠府，连城锦绣堆。
势吞蒲涧远，气压海珠摧。

岭峤横卷石，沧溟瞰一杯。

人惊尘世隘，鸟[二]尽碧天回。

雾列蕃中国，云摩舶上桅。

黑风鲸浪立，红气蜃楼开。

市货烦重译，蛮琛尽九垓。

缅思椎结[三]子，徒困岛夷财。

下濑才分节，雕甍又劫灰。

秋郊猿犷泣，春草鹧鸪来。

形胜浑如昔，兴亡不暇哀。

我行求古迹，天遣度诗材。

谁慰襟怀恶，多惭绣斧陪。

薄寒收毒疠，微雨净浮埃。

蒟酱宜椰肉，频婆荐麝醅。

簿书聊弃置，风景属徘徊。

长笑鱼龙骇，遄归鼓角催。

壮游心未已，东北是蓬莱。

（清钞本《至正集》卷一四）

许有壬《登越台》以南海丝绸之路沿线古迹越王台为吟咏对象，诗文反映了南海诸国风土人情，其中"雾列蕃中国，云摩舶上桅"更体现南海贸易盛况，故纳入此编。

注释：① 越台，即越王台，在今广东广州市北越秀山上。《方舆纪要》卷一〇一"广州府"："（越秀山）上有越王台故址。尉佗因山筑台，因名。"

校记：

[一]迷，清道光二年刻本《（道光）广东通志》卷二一八作"述"。

[二]鸟，清道光二年刻本《（道光）广东通志》卷二一八作"岛"。

[三]结，清道光二年刻本《（道光）广东通志》卷二一八作"髻"。

元·潘纯诗一首

潘纯（生卒年不详），字子素，元庐州合肥（今安徽省合肥市）人。子素喜为今乐府，与冷斋、疏斋相为左右，歌诗秀丽清郁，后生辈窃咏之，以谓义山、飞卿殆不能过也。风度高远，壮游京师，名公卿争相延致。尝著《辊卦》，以讽当世。元文宗欲捕治之，乃亡走江湖间。后为行台御史纳璘子安安所杀。有《子素集》一卷。

送顾仲父赴广东市舶提举

合浦明珠久不还，使君风采动群蛮。

鲛人把臂来城里，荔子堆红出坐间。

江映蕉花鹦鹉绿，雨昏榕树鹧鸪斑。

昔年骏马经行处，父老那知得重攀。

（清康熙刻本《元诗选》三集卷一一）

潘纯此诗是送友人赴广东任职所作，诗文描绘了南海一带风土人情，其中提及南海"鲛人"，指海舶洋商，亦反映时南海丝绸之路贸易情形，故纳入此编。

元·马臻诗一首

马臻（1254—？），字志道，号虚中。元钱塘（今浙江省杭州市）人。工画花鸟山水。善诗，多豪逸俊迈之气。少慕陶弘景之为人，著道士服，宋亡后学道，隐居西湖之滨。有《霞外诗集》十卷。

题画海南入贡天马图

余吾天马生水中，毛如泼[一]墨耳插筒。
雄姿挺挺浴海气，一刷万里追遗风。
九夷入贡宾来服，画出犹能骇人目。
韩子休教喂地黄，太仆能令饱粱肉。
谁怜东郊瘦马，硁兀如堵墙。
汗血力尽德不扬，尚望明年春草长。

（明刻元人十种诗本《霞外诗集》卷七）

马臻此诗以南海南边国家所贡天马图为吟咏对象，其中"九夷入贡宾来服"直接反映了元代中国在南海一带的政治地位，故纳入此编。

校记：

[一]泼，清文渊阁四库全书本作"澄"。

元·陈谟诗一首

陈谟（1305—1400），字一德，号心吾，也称海桑先生。元吉安太和（今江西省吉安市）人。隐居不求仕，而究心经世之务。教授于乡野，曾主清节书院，一时士子多从之游。明太祖洪武初，征至京师议礼，宋濂等请留为国学师，引疾辞。家居教授，屡应聘为江浙考试官。有《陈聘君海桑先生集》十卷。

海渔公子为宋昌裔作

我爱宋公子，把竿长钓鳌。
闲寻龙伯国，笑指海凫毛。

员峤随波转，珊瑚入网高。

秦人未相识，何用遣卢敖。

（清文渊阁四库全书本《海桑集》卷一）

　　陈谟此诗描述友人宋昌裔常出海遨游，时广东人出海者甚多，多与贸易有关。此诗与南海丝绸之路沿线物产、贸易相关，故纳入此编。

元·王沂诗一首

王沂（1308—1383），字子与，号竹亭，元吉安太和（今江西省吉安市）人。元末明初隐居不仕。有《王征士诗》八卷存世。

博士王沂

光色动南溟，文星逐使星。

鸡林传秀句，铜柱勒新铭。

落日鲸波白，春风瘴海青。

请缨应幕下，拭目待云軿。[一]

（清文渊阁四库全书本《安南志略》卷一八）

　　王沂此诗与南海丝绸之路沿线交通、地理相关，故纳入此编。

校记：

[一]"请缨应幕下，拭目待云軿"，明蓝格钞本《越峤书》卷一八作"郎应幕下拭，夆目待云駢。"

元·王尚志诗一首

王尚志（生卒年不详），元抚州临川（今江西省抚州市）人。元代后期诗人。

暹国①回使歌

　　暹，赤眉遗种，天历初尝遣使入贡，今天子嗣位，继进金字表章、九尾龟一、象、孔雀、鹦鹉各二，朝廷以马十匹，赐其国王，授使者武略将军、顺昌知州。使者，钱唐人。江东罗徽作歌，仆遂和之。

江东先生远叩门，口诵暹罗回使歌。

高秋夜静客不寐，歌辞激列声滂沱。

东南岛夷三百六，大者只数暹与倭。

暹人云是赤眉种，自昔奔窜来海阿。

先皇在位历五载，风清孤屿无扬波。

方今圣代沾德化，继进壤贡朝鸾和。

紫金为泥写凤表，灵龟驯象悬鸣珂。

彤廷怀远何所赐，黄骊白骆兼青骊。

卉裳使者钱唐客，能以朔易通南讹。

遥授将军领州牧，拜舞两颊生微涡。

楼船归指西洋路，向国夜夜瞻星河。

金鸡啁唽火龙出，三山宫阙高嵯峨。

番阳驿吏亲为说，今年回使重经过。

先生作歌既有以，却念黎獠频惊吡。

田横乘传嗟已矣，徐市求仙胡尔詑。

岂如暹国效忠义，勋名万世同不磨。

（元建阳张氏梅溪书院刻本《皇元风雅》卷二二）

王尚志此诗赞颂暹罗国入贡事迹，诗文描绘了暹罗国风土人情、入贡史实等，与南海丝绸之路政治、交通、风俗相关，故纳入此编。

注释：① 暹国，在今泰国宋加洛一带，为泰族速古台王朝所建。清乾隆武英殿刻本《宋史·陈宜中传》：元至元十九年"大军伐占城，宜中走暹，后没于暹"。

元·吕诚诗一首

吕诚（1320—1395），字敬夫，后更名肃。元平江昆山（今江苏省昆山市）人。工诗词，精书法。诗格清丽，与郭翼、河南陆仁相唱和。与袁华并称"吕袁"。名士咸与之交。家有园林，尝蓄一鹤，复有鹤自来为伍，因筑来鹤亭。邑令聘为训导，不就，卒老于乡。有《来鹤亭诗》八卷。

番禺①漫兴

炎方吊古易兴衰[一]，知是昆明几劫灰。

黄木湾围南海庙，白云山拥粤王台。

百年此地衣冠尽，五月南风舶艑来。

游览尚余高兴在，匆匆莫遣二毛催。

（清康熙刻本《元诗选》三集卷一五）

吕诚此诗作于游历广东时，诗中提及"南海庙""粤王台"等南海丝绸之路沿线古迹，"五月南风舶艑来"则反映南海海舶盛况，故纳入此编。

注释：① 番禺即番禺县，秦始皇三十三年（前214）统一南越后置，为南海郡治，治今广东广州市。

校记：

[一]：衰，清文渊阁四库全书本卷一作"哀"。

元·郭钰诗一首

郭钰（1316—？），字彦章，号静思，元吉州吉水（今江西省吉安市）。元末隐居不仕，明初，以茂才征，辞疾不就。生平转侧兵戈，流离道路，目击时事阽危之状，故诗多愁苦之词。于战乱残破郡邑事实，言之确凿，尤足补史传之缺。有《静思集》十卷。

赋得越王台送万载敖司令之官

层台高与越山齐，南斗诸星入地低。
海气秋澄鸿雁到，野烟春合鹧鸪啼。
官船北走输珠翠，幕府南开振鼓鼙。
侧想到官多暇日，登临长听玉骢嘶。

（清康熙刻本《元诗选》初集卷五九）

郭钰为送友人而赋诗于越王台，诗中"官船北走输珠翠"描绘了当时海舶而来的奇货由官船再运往北方。此诗与南海丝绸之路沿线贸易相关，故纳入此编。

元·张昱诗一首

张昱（生卒年不详），字光弼，号一笑居士，又号可闲老人，元明间庐陵（今江西省吉安市）人。长于歌诗。仕元，任江浙行省左、右司员外郎、行枢密院判官。明太祖征至京，悯其老，遣还，卒年八十三。有《庐陵集》一卷。

辇下曲·其一

国初海运自朱张，百万楼船渡大洋。
有训不教忘险阻，御厨先饭进黄粮。

（四部丛刊续编景明钞本《张光弼诗集》卷三）

张昱《辇下曲》诗中"国初海运自朱张，百万楼船渡大洋"二句写元初海运之事，反映粤中海上贸易盛况，与南海丝绸之路沿线交通、贸易相关，故纳入此编。

元·杨学文诗一首

杨学文（生卒年不详），字必节，号竹简。元代诗人，生平不详。

送海南①僧

师住在南边，到乡须隔年。
寺邻天竺国，钟落海蛮船。

尽日断火食，经冬坐夜禅。

铜瓶休取水，恐搅毒龙眠。

（清文渊阁四库全书补配清文津阁四库全书本《天下同文集》卷四六）

杨学文此诗为送友人南海僧归国而作，与南海丝绸之路沿线宗教交流、交通等相关，故纳入此编。

注释：① 海南，指南海周边诸国，如安南、真腊等。

明·张以宁诗一首

张以宁（1301—1370），字志道，学者称翠屏先生。元明间福州古田（今福建省宁德市）人。元泰定中，以《春秋》举进士，由黄岩判官进六合知县，坐事免官，滞留江淮十年。后官至翰林侍读学士。明师克元都，复授侍讲学士。明太祖洪武三年（1370），出使安南，卒于返程途中。有《春王正月考》一卷，《翠屏集》四卷等。

发广州

照海红旗送使舟，鸣箛伐鼓过炎州。

斯游少吐平生气，巨浪长风万里秋。

（钞明成化刻本《翠屏集》卷二）

洪武二年（1369）秋，张以宁奉命出使安南，自广州乘船出发时作此诗，诗文描绘了沿途气象风景，与南海丝绸之路交通、地理相关，故纳入此编。

明·刘嵩诗二首

刘嵩（1321—1381），字子中，元末明初福建晋江（今福建省晋江市）人。诗文清新奇古，下笔不需思索，人谓有谪仙才。在元朝时不谋取仕途，以诗酒自娱，家无宿储，处之泰然。明太祖洪武三年（1370 年），授职方郎中，迁北平按察司副使。坐事输作京师十三年，手敕召为礼部侍郎署礼部尚书。有《槎翁诗集》八卷。

越王台

广州城北越王台，犹想旌旗此地来。

井屋帆樯连莽苍，荆榛烟雨上崔嵬。

东南海水一杯泻，西北云山万马开。

不尽登临当日兴，空遗歌舞后人哀。

（清文渊阁四库全书补配清文津阁四库全书本《槎翁诗集》卷六）

广州杂韵·其五

天边日出雾难收，海上潮来水逆流。

一自征夫下番去，南风日日误登楼。

（清文渊阁四库全书补配清文津阁四库全书本《槎翁诗集》卷八）

刘嵩在明洪武年间曾赴广州，其间作诗多首。《越王台》以南海丝绸之路沿线古迹为吟咏对象；《广州杂韵》其五以征夫视角描述乘船至外国的情形，反映明初广州海上贸易盛况，与南海丝绸之路交通、贸易相关，故纳入此编。

明·林弼诗一首

林弼（1325—1381），初名唐臣，更名弼，字符凯，号梅雪道人，元末福建龙溪（今福建省漳州市）人。元惠帝至正八年（1348）进士。明太祖洪武年间任登州知府，与修《元史》，授吏部主事，官至登州知府。工文词，有《林登州集》。

答莫季龙①

羡子乘槎南海上，远从牛女问天津。
殊方入贡梯航旧，上国归来冠盖新。
雒粤文风兴此日，鸡林诗价重行人。
悬知江路频维楫，处处疏梅破小春。

（清康熙刻本《林登州集》卷六）

洪武初，诗人林弼曾出使安南，拒收馈赠而颇著时名。莫季龙为安南中大夫，洪武三年（1370）受安南王陈氏派遣入朝。诗中"殊方入贡梯航旧"描绘了明代南海诸国朝贡盛况，"雒粤文风兴此日，鸡林诗价重行人"赞美了南海诸国文风之盛。诗文与南海丝绸之路交通、政治、文化交流相关，故纳入此编。

明·朱元璋诗二首

朱元璋（1328—1398），明朝开国皇帝。初名重八、兴宗，字国瑞。元末濠州钟离（今安徽省凤阳县）人。幼年穷苦，十七岁入皇觉寺为僧。元惠宗至正十二年（1352），投郭子兴部红巾军，自亲兵升九夫长，娶子兴养女马氏为妻，号"朱公子"，始改名取字。至正二十四年（1364），称吴王，史称西吴。至正二十八年（1368），即皇帝位，国号明，年号洪武。同年，克大都，灭元。朱元璋在位期间，社会生产逐渐恢复和发展，史称"洪武之治"。有《高皇帝御制文集》二十卷。

闻人岭南郊行

极目山云杂晓烟，女萝遥护岭松边。
陆行尽服岚霞气，冰宿频吞虬蜃涎。
晨仰际峰观拥日，暮看临海泊来船。

信知百越风尘异，黑发人居不待年。

（清文渊阁四库全书本《明太祖文集》卷二〇）

念以宁涉江海①

离马乘舟涉大洋，风号帆挂几寻樯。

巨鳌闻诏冲前浪，渊底雄鲛翊驾航。

舵转水鸣声霹雳，蚌开珠拥海云光。

我臣劲节遏方静，好把丹衷奉上苍。

（明万历刻本《殊域周咨录》卷五）

　　明太祖朱元璋《闻人岭南郊行》《念以宁涉江海》反映明代对岭南海舶之事的关注。皇明《祖训》，安南、真腊、暹罗、占城、苏门答剌、西洋爪哇、彭享、百花、三佛齐、浡泥诸国，俱许朝贡。《大明会典》又载，安南、满剌加诸国来朝贡者，使回，俱令于广东布政司管待。此二诗与南海丝绸之路政治、交通、贸易相关，故纳入此编。

　　注释：① 明严从简《殊域周咨录》卷五"安南"条载，明洪武二年（1369），安南国王陈氏遣使入朝请封爵，明太祖遣翰林学士张以宁、典簿牛谅往封之。王上表谢。太祖大喜，赐以宁诗，共十首，今录其一。

明·汪广洋诗三首

　　汪广洋（？—1379），字朝宗，元末高邮（今江苏省扬州市）人。元末举进士。朱元璋征用为元帅府令史，累升至中书右司郎中。参与常遇春军务，攻下赣州，遂留守赣州，任命为江西参政。明太祖洪武元年（1368），命管理山东行省，招降纳附，百姓安定。后历任中书省参政、左丞。时右丞杨宪嗾使御史弹劾他对母亲不孝，被流放到海南。宪被杀，召他还朝，封为忠勤伯。帝制诰词比他为张子房、诸葛孔明。李善长被罢相，升他为右丞相，不掌实权，充位而已。洪武十二年（1380），受胡惟庸牵连，被杀。有《凤池吟稿》十卷。

岭南杂咏

其三

海滨朝夕易炎凉，湿气蒸人沁薄裳。

昨日崖州有船到，满城争买白槟榔。

其十二

谁跨鲸鲵斩断虹，海波飞立瘴云空。

阇婆真蜡①船收澳，知是来朝起飓风。

其十六

南海庙前花草新，波罗垂实雨频频。

遐荒只爱求奇气，两两来看种树人。

（明万历刻本《凤池吟稿》卷一○）

　　汪广洋《岭南杂咏》组诗中的此三首诗描绘了南海丝绸之路沿线诸国风土人情、交通地理等情况，故纳入此编。

注释：

① 阇婆，古国名，今印度尼西亚爪哇或苏门答腊。真蜡，同真腊，今柬埔寨。

明·高启诗二首

高启（1336—1374），字季迪，号青丘子。元末苏州长洲（今江苏省苏州市）人。元末一度为张士诚幕僚，明太祖洪武二年（1369），应招纂修《元史》，授翰林编修。次年七月，擢户部侍郎，旋即辞官归田。洪武六年（1373），牵累于魏观之案，次年腰斩于金陵。其与杨基、张羽及徐贲称"吴中四杰"。有《高太史大全集》十八卷。

谢友人惠兜罗①被歌

蛮工细擘冰蚕茧，织得长衾谢缝剪。

蒙茸柳絮不愁吹，铺压高床夜香软。

朔风入关凋白榆，塞寒此物时当须。

明灯炽炭夕宴罢，荐枕宜共红氍毹。

海客扬帆游万里，得自昆仑国中市②。

归来遗我见远情，重似鸳鸯合欢绮。

诗人鹤骨欺霜稜，曾直禁署眠青绫。

自从身退得闲卧，只爱拥纸同山僧。

今朝得此何奇绝，展覆不忧儿踏裂。

便思清梦伴梅花，静掩寒窗听风雪。

越罗蜀锦安可常，洞房美女谩熏香。

谁知一幅春云暖，即是温柔堪老乡。

（四部丛刊景明景泰刊本《高太史大全集》卷九）

蔷薇露盥手

《云仙杂记》："柳宗元得韩愈所寄诗，先以蔷薇露盥手，然后发读。"

蛮估海舶回《一统志》："蔷薇水，出占城国，洒衣经岁香不歇。"银罂玉汞开。

盥余香满手，恰似折花来。

（四部丛刊景明景泰刊本《高青丘集》卷一六）

　　高启《谢友人惠兜罗被歌》以兜罗被为吟咏对象，其中"海客"二句，写兜罗被为贾客自海外购得。《蔷薇露盥手》以占城国特产蔷薇水为吟咏对象。二诗与南海丝绸之路沿线贸易、物产相关，故纳入此编。

注释：

① 兜罗，又称兜罗绵，又名兜罗耗、妒罗绵、兜罗锦，由兜罗树上柳絮状棉编织而成。

② 昆仑国，泛指中印半岛及南洋诸岛各国。

明·孙蕡诗一首

孙蕡（1334—1390），字仲衍，号西庵，元末广东顺德（今广东省佛山市）人。长于七言古体，其诗歌清圆流丽，气象雄浑。明太祖洪武三年（1370）进士，明初曾为翰林典籍，参与修《洪武正韵》。出为平原主簿，因事被捕，罢归。洪武十五年（1382），出任苏州府经历，复坐累戍辽东。后因蓝玉案牵连被杀。著有《西庵集》九卷。

广州歌

岭[一]南富庶天下闻，四时风气长如春。

长城百雉白云里，城下一带春江水。

少年行乐随处佳，城南南畔更繁华。

朱帘[二]十里映杨柳，帘栊上下开户牖。

闽姬越女颜如花，蛮歌野曲声咿哑。

崒[三]峨大舶映云日，贾客千家万家室。

春风列屋艳神仙，夜月满江闻管弦。

良辰吉日天气好，翡翠明珠照烟岛。

乱鸣鼍鼓竞龙舟，争睹金钗斗百草。

游冶留连望所归，千门灯火烂相辉。

游人过处锦成阵，公子醉时花满堤。

扶留叶青蚬灰白，盆钉槟榔邀上客。

丹荔枇杷火齐山，素馨茉莉天香国。

别来风物不堪论，寥落秋花对酒樽[四]。

回首旧游歌舞地，西风斜日淡黄昏。

（明弘治活字印本《西庵集》卷三）

孙蕡《广州歌》描绘了广州贾客之多、海舶之盛、奇货之丰，与南海丝绸之路贸易相关，故纳入此编。

校记：

[一]岭，清文渊阁四库全书补配清文津阁《四库全书》本卷四作"十"。

[二]帘，清文渊阁四库全书补配清文津阁《四库全书》本卷四作"楼"。

[三]崒，清文渊阁四库全书补配清文津阁《四库全书》本卷四作"峨"。

[四]樽，清文渊阁四库全书补配清文津阁《四库全书》本《石仓历代诗选》卷二九一作"尊"。

明·朱棣诗一首

朱棣（1360—1424），明朝第三位皇帝。明太祖子。洪武三年（1370），封燕王。十三年（1380），至封地北平。明惠宗建文元年（1399），起兵号"靖难"。建文四年（1402），陷京师，夺皇帝位。次年，定年号永乐，改北平为北京顺天府。十九年，迁都北京，以南京为留都。自永乐三年（1405）起，派宦官郑和下西洋，远航六次，最远曾达非洲东海岸。后世称其盛世为"永乐盛世"，明成祖也被称为"永乐大帝"。

满刺加①镇国山诗

西南巨^[一]海中国通，输天灌地亿载同。
洗日浴月光景融，雨崖露石草木浓。
金花宝钿生青红，有国于此民俗雍。
王好善义思朝宗，愿比内郡依华风。
出入导从张盖重^[二]，仪文袯袭礼虔恭。
大书贞石表尔忠，尔国西山永镇封。
山君海伯翕扈从，皇考陟降在彼穹。
后天监视久弥^[三]隆，尔众子孙^[四]万福崇。

（清乾隆武英殿刻本《明史》卷三二五）

朱棣此诗以满刺加镇国山为吟咏对象，诗文与南海丝绸之路交通、政治相关，故纳入此编。

注释：① 满刺加国即今马来西亚马来亚之马六甲，为 14 至 16 世纪马来亚封建王国。15世纪初拜里迷苏刺统治时期，与中国有友好往来。郑和出使亦屡至其国。

校记：
[一]巨，明崇祯刻本《明山藏》卷一〇七作"钜"。
[二]重，明崇祯刻本《明山藏》卷一〇七作"幢"。
[三]弥，明崇祯刻本《明山藏》卷一〇七作"益"
[四]子孙，明崇祯刻本《明山藏》卷一〇七作"孙子"。

明·陈登诗一首

陈登（1362—1428），字思孝，元末福建长乐（今福建省福州市）人。善文辞，工篆籀，以荐为罗田县丞。明成祖永乐初，以能书居翰林，擢中书舍人。有《石田吟稿》四卷。

应制赋白象

圣主临天位，仁恩被八方^[一]。
明时呈异质，瑞气感瑶光。
贡献辞炎服，梯航入帝乡。

色连螭陛莹，清比玉麟祥。

汉室夸丹凤，周家诧白狼。

方[一]今昭至德，远物自来王。

愿效封人祝，华夷永乐康。

（明崇祯刻本《石仓历代诗选》卷三一二《明诗初集》三二）

陈登此诗以南海国家入贡的白象为吟咏对象。明永乐年间，大力发展海上贸易，东南亚各国"入贡"频繁，占城等国亦多次贡象。据明严从简《殊域周咨录》载，占城、暹罗、真腊、满剌加、三佛齐、浡泥、古里、琐里、苏门答腊、锡兰、苏禄、佛郎机等国贡道皆由广东达于京师，商舶亦至广州。此诗与南海丝绸之路贸易、政治相关，故纳入此编。

校记：

[一]方，清文渊阁四库全书补配清文津阁四库全书本作"荒"。

明·王恭诗一首

王恭（生卒年不详），字安中，自号皆山樵者，元明间福建长乐（一作福清闽县）人。少游江海间，中年葛衣草履，归隐于七岩山，凡二十年。明成祖永乐四年（1406），以荐待诏翰林。年六十余，与修《永乐大典》，授翰林院典籍。为闽中十才子之一，有《白云樵唱集》四卷、《草泽狂歌》五卷等。

海上仙槎赠丘二之儋州长史①

海上仙槎流泛泛，槎枒古木连枝蔓。

凉秋八月风正高，凌轹鲸鲵泛霄汉。

依微珊瑚树，仿佛扶桑株。

宛疑太乙红莲叶，绝胜鲸高赤鲤鱼。

随风飘飘五云上，烟霞为蓬浪为桨。

坐看神女弄珠游，卧听鲛灵剪绡响。

忆昔漂流海岛间，载得仙翁去不还。

又乘汉使河源里，星斗离离衣上寒。

析木津，黄姑渚，白波漫漫澹空宇。

袖得天孙采石归，始知身到银河里。

君为仙吏下炎州，黎母山青瘴海秋。

功成毕竟朝天去，且著灵槎汗漫游。

（清文渊阁《四库全书》本《白云樵唱集》卷一）

王恭此诗为海上游历之作，诗文描绘泛舟南海所见景象，与南海丝绸之路地理、交通相关，故纳入此编。

注释：① 仙槎，喻海船。儋州，今海南省儋州市。

明·王佐诗一首

　　王佐（1428—1512），字汝学，明广东临高（今海南省临高县）人。少年受业于丘浚。明英宗正统十二年（1447）举人，历官高州、邵武同知，任满，改临江府同知致仕。卒年八十五。有《鸡肋集》《经籍目略》《原教篇》等。

波罗蜜①

　　　　　　忆昔博望侯，空遍西域走。
　　　　　　波斯佛林产，武帝曾识否。
　　　　　　寥寥千载下，识者属谁某。
　　　　　　怪哉唐成式，秘检搜二酉。
　　　　　　著此异木篇，其传亦已久。
　　　　　　何时来琼海，名称小变旧。
　　　　　　无乃西海舶，世远不可究。

　　　　　　（明正德刻本《（正德）琼台志》卷八）

　　王佐此诗以南海一带物产波罗蜜为吟咏对象，与南海丝绸之路贸易、物产相关，故纳入此编。

　　注释：① 波罗蜜，也作菠萝蜜，热带水果。盛产于中国、印度、中南半岛、南洋群岛、孟加拉国国和巴西等地。

明·张和诗一首

　　张和（1412—1464），字节之，号篠庵。明苏州昆山（今江苏省昆山市）人。明英宗正统四年（1439）进士，未几，以疾还里，从学者甚众。明代宗景泰间，授南京刑部主事，官至浙江提学副使。读书数行俱下，为文立就。既仕犹苦学，读《汉书》三十遍。有《篠庵集》十卷。

送行人刘谕使满剌加

　　　　　　华发渐盈头，谁怜万里游。
　　　　　　佩辞天阙晓，帆挂海门秋。
　　　　　　积水浮仙屿，寒星伴使舟。
　　　　　　归来宣博望，准拟是封侯。

　　　　（明崇祯刻本《石仓历代诗选》卷三八二《明诗次集》一六）

　　张和此诗为送友人出使满剌加而作，满剌加国即今马来西亚马来亚之马六甲。此诗与南海丝绸之路交通、政治相关，故纳入此编。

明·吴宽诗一首

吴宽（1435—1504），字原博，号匏庵，明苏州长洲（今江苏省苏州市）人。明宪宗成化八年（1472）状元，官至礼部尚书。有《匏翁家藏集》七十七卷。

送林克冲给事使暹罗

凤诏初从阁下裁，仙郎遥向极南开。
林回早弃千金璧，陆贾方施万里才。
沧海云帆知几转，岛夷卉服定偕来。
已判天阙三年别，还待星槎八月回。
（四部丛刊景明正德本《家藏集》卷一〇）

送吴禹畴赴广东兵备副使

辞朝初下大明宫，臬事都归玉敕中。
绣服远巡兵卫绕，戈船闲泊岛夷通。
天常作雨连重岭，海不扬波少飓风。
却羡宦游亲友在，公余应喜一尊同。
（四部丛刊景明正德本《家藏集》卷二〇）

吴宽《送林克冲给事使暹罗》为送友人出使暹罗而作，诗文"陆贾方施万里才"反映时海舶贸易盛况；《送吴禹畴赴广东兵备副使》为送友人赴广州任职所作，"戈船闲泊岛夷通"反映海上贸易秩序井然。此二诗与南海丝绸之路贸易、政治相关，故纳入此编。

明·屠勋诗一首

屠勋（1446—1516），字元勋，号东湖。明嘉兴平湖（今浙江省嘉兴市）人，明宪宗成化五年（1469）进士。历刑部郎中。明孝宗弘治中为大理少卿。累迁副都御史，巡抚顺天。整饬蓟州边备，治绩称著。明武宗立，进刑部尚书，引疾去。卒赠太保，谥康僖。有《太和堂集》六卷。

送林黄门①

八月星槎万里行，载将恩雨过蛮城。
更筹每用占朝暮，土色还应识地名。
陆贾有才堪使粤，班生无处不登瀛。
谁云此去沧溟远，飞梦时常到玉京。
（明万历刻本《殊域周咨录》卷八）

屠勋此诗为送友人出使暹罗所作，此诗与南海丝绸之路政治、交通、贸易相关，故纳入此编。

注释：① 据严从简《殊域财咨录》卷八，明成化十七年（1481），遣行人姚隆往册封暹罗国王。弘治中，给事中林恒复奉使行册封礼。刑部侍郎屠勋送林黄门诗云云。

明·李东阳诗一首

李东阳（1447—1516），字宾之，号西涯。明长沙茶陵（今湖南省株洲市）人。明英宗天顺八年（1464）进士，改翰林院庶吉士，授编修，累迁侍讲学士，充东宫讲官。明孝宗弘治八年（1495），以礼部侍郎兼文渊阁大学士，直内阁，预机务，与谢迁同日登用，对时弊多所匡正。十七年，赴阙里祭孔。还，上疏言沿途所见民生困苦状。受顾命，辅佐武宗。明武宗正德七年（1512），以老病辞官。历仕英宗、宪宗、孝宗和武宗四朝。立朝五十年，柄国十八年，清节不渝。卒赠太师，谥文正。以台阁大臣主持诗坛，是茶陵诗派的领袖。著有《怀麓堂集诗话》一百七十卷、《燕对录》一卷等。

送董行人振奉使交南①

紫泥新诏出彤宫，帝遣南乘使者骢。
四面楼船通海气，九霄旌节下天风。
仙裳万叶占尧历，化日重晖仰舜瞳。
闻道奉扬恩泽遍，远人无地不呼嵩。

清康熙二十年刻本《怀麓堂集》卷一七《诗稿》一七）

送罗大理大常擢广东佥宪②

目极苍梧岭外云，大江南下海西濆。
殊方贡赋诸夷接，十郡山川五岭分。
汉尉官高骢马出，楚乡家近雁书闻。
即看万里澄清地，野虎城豺浪作群。

清康熙二十年刻本《怀麓堂集》卷一四《诗稿》一四）

李东阳二诗分别为送友人出使交趾、赴广州上任而作，其中"四面楼船通海气"描绘海舶之盛；"殊方贡赋诸夷接"反映了明代王国来朝的盛况。此二诗与南海丝绸之路交通、政治相关，故纳入此编。

注释：① 据严从简《殊域周咨录》卷五，明弘治初，安南国王黎思诚颇桀骜，朝廷遣行人董振颁诏其国。李东阳送行诗云云。
② 佥宪，指佥都御史。罗氏时为广东道监察御史，加佥都御史衔。

明·杨一清诗一首

杨一清（1454—1530），字应宁，号石淙。明云南安宁（今云南省安宁市）人。明宪宗成化八年（1472）进士，授中书舍人。任山西按察佥事，以副使督学陕西。明武宗时，历任延绥、宁夏、甘肃三镇军务总制、华盖殿大学士，后得罪致仕。致仕后复起兵部尚书，兼右都御史。未及，还内阁，加太子太师，改华盖殿大学士。曾为首辅。后被张璁等诬陷。落职，病死。赠太保，谥文襄。有《关中奏议》十八卷、《石淙类稿》四十五卷等。

赠林黄门

百年文轨万方同，地尽暹罗古未通。
封建屡崇昭代礼，揄扬兼伏使臣功。
天连岛屿蛮烟静，日射沧溟瘴雨空。
闻道越裳王化在，几多重译颂声中。

（明万历刻本《殊域周咨录》卷八）

杨一清此诗为送友人出使暹罗所作，此诗与南海丝绸之路政治、交通、历史相关，故纳入此编。

明·祝允明诗一首

祝允明（1461—1527），希哲，号枝山、枝指生。明苏州长洲（今江苏省苏州市）人。与唐寅、文徵明、徐祯卿称"吴中四才子"。明孝宗弘治五年（1492）中举。明武宗正德十年（1515），受广东兴宁知县，迁应天府通判，旋辞归。正德十四年（1519），因病辞职归里，玩世自放。有《九朝野记》《前闻记》《苏村小纂》《怀星堂集》等。

海珠寺送黄提刑

风行五峤过三山，又得趋庭未是还。
天下望公知已久，朝廷求治亦非艰。
波澄番舶鲸鲵静，笔倚骚坛草木闲。
瞻恋清光惟此夕，月华休下海珠湾。

（明万历刻本《怀星堂集》卷七）

祝允明为送友人南下在广州海珠寺所作，其中"波澄番舶鲸鲵静"描绘了广州治安良好、海舶来往无碍的场景。此诗与南海丝绸之路交通、贸易相关，故纳入此编。

明·湛若水诗一首

湛若水（1466—1560），字元明，号甘泉，世称甘泉先生，明广东增城（今广东省广州市）人。少师事陈献章（白沙先生），被视作"江门学派"继承人。明孝宗弘治十八年（1505）进士，授编修。历南京国子监祭酒，南京吏、礼，兵三部尚书。卒谥文简。著有《格物通》一百卷、《甘泉集》三十二卷等。

游海珠寺

孤根分穗石，树影带城堤。

泛泛星槎外，荒荒日驭西。

两崖烟火断，一啸海云迷。

便欲依僧寺，终同野鹤栖。

（清乾隆刻本《甘泉集》）

湛若水此诗描绘了广州海珠寺前的海上交通情况，与南海丝绸之路交通、贸易相关。

明·罗颀诗一首

罗颀（生卒年不详），字仪甫。明绍兴山阴（今浙江省绍兴市）人。明宪宗成化年间布衣，于书无所不窥，著作繁富。有《梅山丛书》二百余卷。

送下洋客①

积水连樯杳，烟涛绝域均。

星杓插天汉，日月转波轮。

地坼炎州[一]迥，山横昧谷邻。

岩鸡半夜晓，海树隔年春。

玳瑁沙笼蜃，珊瑚窟聚蠙。

风帆摇鲨妇，霜杵响鲛[二]人。

五色翻鲸浪，三花度鹤津。

乡心看斗近，旅梦怯潮频。

灯远明南极，舟移按北辰。

刀书藩俗古，行说上皇民。

（明崇祯刻本《石仓历代诗选》卷三四〇《明诗初集》六〇）

罗颀此诗为送远洋航行的商人而作，诗文描绘了明代海舶盛况，与南海丝绸之路交通、贸易相关，故纳入此编。

注释：① 下洋客，指远洋航行的商人。

校记：

[一] 州，清文渊阁四库全书补配清文津阁四库全书本卷三百四〇作"洲"。

[二] 鲛，清文渊阁四库全书补配清文津阁四库全书本卷三百四〇作"蚊"。

明·何景明诗一首

何景明（1483—1521），字仲默，号大复山人，明汝宁信阳（今河南省信阳市）人。与李梦阳齐名，时人言天下诗文必称"何李"。又与边贡、徐祯卿并称四杰，及康海、王九思、王廷相称七才子，即所谓"前七子"。明孝宗弘治十五年（1502）进士，授中书舍人。谢病归居，遭免官。后官至陕西提学副使，以病投劾归，抵家而卒。有《大复集》《雍大记》等。

送宗鲁使安南

日月天门迥，星辰海国遥。

龙函随敕命，使节下青霄。

荒眼周王域，南滇汉将标。

壮游真万里，无外见今朝。

（明嘉靖刻本《大复集》卷一九）

何景明此诗为送友人出使安南国所作，与南海丝绸之路政治、交通相关，故纳入此编。

明·伦以训诗一首

伦以训（1497—1540），字彦式。明广州南海（今广东省佛山市）人。伦文叙次子。明武宗正德十二年（1517），会试第一，廷试第二，授编修，晋修撰。曾任南京国子祭酒。有文集四十八卷、诗集三十二卷等。

游灵洲山①

江山一梵宇，尘外几仙家。

日抱鼋鼍窟，水通星汉槎。

虚台横碧落，细路转丹霞。

且莫催留滞，中泉好试茶。

（清同治五年聚文堂翻刻本《粤东诗海》卷一九）

伦以训此诗为游历广州灵洲山所作，灵洲山为水上交通要道，"水通星汉槎"描绘了海航盛况。此诗与南海丝绸之路交通相关，故纳入此编。

注释：① 灵洲山，在今广东南海区北。《新唐书·地理志》"广州南海县"："有灵洲山，在郁水中。"

明·何维柏诗一首

何维柏（1510—1587），字乔仲，号古林。明广州南海（今广东省佛山市）人，寄籍三水南岸堡，自谓"三水人"。明世宗嘉靖十四年（1535）进士，官至礼部尚书。病归。起巡按福建。嘉靖二十四年（1545），除名，家居二十余年。明穆宗隆庆时，官至左副都御史。明神宗万历初，官吏部左、右侍郎。后出为南京礼部尚书。卒，享年七十七，谥端恪。有《天山草堂存稿》《陈子言行录》《太极图解》等。

五仙观①和赵推府

烟霞堆里访仙家，楼观嵬历岁华。

芝草绿荒坛下路，碧桃香老洞中花。

天连猴岭从骑鹤，水接银河好泛槎。

客况晚凉成久坐，钟声几杵散栖鸦。

（清光绪元年重刻本《秝坡先生集》卷三）

何维柏此诗中"水接银河好泛槎"描绘了广州地理位置对于海航的重要性，诗文与南海丝绸之路交通相关，故纳入此编。

注释：① 五仙观，在今广东广州市惠福西路西斋巷内坡山上。清影宋钞本《舆地纪胜》卷八九"广州"："（五仙观）在州治西偏。初有五仙人各持谷穗，一茎六出，乘羊而至，既遗穗与州人，腾空而去，其地为祠。"

明·宁和诗一首

宁和，生卒年、生平均不详，曾任知州。

苏禄王①坟

花谢红香飐曲溪，藤枝深护小堂低。

春风细草埋翁仲，夜雨空梁落燕泥。

万里海天愁思迥，百年苏禄梦魂迷。

多情惟有芳林鸟，不为凄凉依旧啼。

（明万历刻本《殊域周咨录》卷九）

宁和此诗因观苏禄国王坟有感而作，诗文与南海丝绸之路政治、历史相关，故纳入此编。

注释：① 苏禄，古国名，故地即今菲律宾苏禄群岛。以产珠闻名于世。清文渊阁四库全书本《岛夷志略.苏禄》："其地以石崎山为堡障，山畲田瘠，宜种粟、麦……地产中等降真条、黄蜡、玳瑁、珍珠，较之沙里八丹、第三港等处所产，此苏禄之珠，色青白而圆，其价甚昂。中国人首饰用之，其色不退，号为绝品。"

明·田汝成诗一首

田汝成（1503—1557），字叔禾，明钱塘（今浙江省杭州市）人。明世宗嘉靖五年（1526）进士。历员外，迁礼部郎中，出为广东提学金事。博学工古文，尤长于叙事。历官西南，谙晓前朝遗事，撰《炎徼纪闻》。归里，盘桓湖山，穷探浙西名胜，著《西湖游览志》及《西湖游览志余》，并见称于时。又有《辽记》《田叔禾集》。有《田叔禾集》十二卷。

广州竹枝词①（其二）

窄袖青衫白帕巾，波罗庙里赛新春。

圣童巫妪村村会，叠鼓鸣锣拜海神。

（明嘉靖四十二年田艺蘅刻本《田叔禾小集》卷一二）

田汝成此诗写南海神庙赛神事，与南海丝绸之路沿线风俗相关，故纳入此编。

注释：① 波罗庙，即南海神庙。为祈求海上航船平安，拜海神已成为每年例典。

明·孙勋诗一首

孙勋（生卒年不详），号次薇。明广州南海（今广东省佛山市）人。明世宗嘉靖举人，官同知。

登粤秀山①

尉佗山阁枕飞屏，石碣依然似鲁灵。

夕照例随松桧落，晚田遥带稻粱馨。

三城鸡犬填阛阓，万里牙樯接海溟。

淳朴旧怜吾土胜，未堪群盗日纵横。

（清同治五年聚文堂翻刻本《粤东诗海》卷二三）

孙勋《登粤秀山》抒发诗人登山所感，此诗颈联描写广州海舶盛况，尾联叙述了明嘉靖年间海盗横行、倭寇入侵的史实。诗文与南海丝绸之路贸易、历史相关，故纳入此编。

注释：① 粤秀山又称越秀山，在今广东广州市北越秀公园。清稿本《读史方舆纪要》卷一〇一"广州府南海县"："（越秀山在）府治北。一名越王山，耸拔二十余丈。上有越王台故址，尉佗因山筑台，因名。俗呼观音山。"

明·黎民表诗五首

黎民表（1515—1581），字惟敬，号瑶石山人。明广州从化（今广东省广州市）人。黎贯子。黄佐弟子。以诗名，与王道行、石星、朱多煃、赵用贤称"续五子"。与欧大任、梁有誉、李时行、吴旦称"南园后五子"。明世宗嘉靖十三年（1534）举人，选入内阁，为制敕房中书舍人，出为南京兵部车驾员外郎。明神宗万历中，官至河南布政司参议。万历七年（1579）致仕。有《瑶石山人稿》《养生杂录》《谕后语录》等。

仆穷居方丈之室，睹时事有郁抑于中者，欲默则不能，

欲言则不可，因作五歌以遣意，冀轺轩之使有闻焉①

其一

沉珠浦前恶气起，玄甲朱裳附如蚁。
红旗五丈画蚩尤，海艒掠尽行商死。
庙堂肉食运权谋，刀尺纷纷搔狱市。
街衢横尸君不闻，调燮安能辅天子。

其二

去年斥卤犹有苗，今岁膏场若无草。
渔人虽收网罟功，农夫夙夜忧不饱。
皇天旱潦自有时，浑沌终伤凿机巧。
出门语塞不得言，仰视浮云色枯槁。

其三

买香南海千余日，昔日十家空九室。
恶风巨舶不复来，官府悬金费要质。
已闻关门闲斥堠，复见宫中祠太乙。
君王蚤晚罢轮台，江湖私愿从兹毕。

其四

四方郡国皆太平，唯有粤南多战争。
攻城劫藏无虚日，旷野萧萧闻哭声。
我军才出又献捷，椎牛酾酒沾冠缨。
沙场本是征人死，何用防秋苦募兵。

其五

乘车戴笠何后先，粤人重交从古然。
迩来云雨成翻覆，秖有萁豆相熬煎。
屈原反遭申兰妒，尼父空羞盗跖贤。
我生本是忘机者，痛哭应惭贾少年。

（清文渊阁四库全书本补配清文津阁四库全书本《瑶石山人稿》卷三）

　　黎民表这组诗写明嘉靖（1522—1566）初年广东政治经济情况。时奉朝廷之命采办香料之人横行，甚至抢掠海船，杀害商人，使广东海上贸易受到严重打击。此诗与南海丝绸之路贸易、历史相关，故纳入此编。

明·郭棐诗一首

　　郭棐（1529—1605），字笃周，号梦兰。明广州南海（今广东省佛山市）人。幼从湛若水学，与闻心性之旨。明世宗嘉靖四十一年（1562）进士，初授户部主事，后改礼部，曾疏陈十事，皆见采纳。穆宗即位，次日传封七夫人御札将出。裴谏诤，事乃罢。明神宗万历二十三年（1595年），以光禄寺正卿致仕，十年而卒。有《粤大记》《岭海名胜记》《四川通志》等。

波罗树

庭中产奇根，云是波罗蜜。

婆娑摇翠枝，芬馨宛蟠实。

枝枝郁相结，叶叶繁仍密。

种从西域移，树向南海植①。

天香真旖旎，嘉荫凛淅沥。

皓月影与澄，狂风讵能槭。

君子有至性，此中良不易。

（清康熙二十六年三阁书院刻本《广东文选》卷二九）

郭棐此诗以南海丝绸之路沿线物产波罗蜜树为吟咏对象，与南海贸易相关，故纳入此编。

注释：①"种从"二句：波罗蜜树自海外移种，今已遍植于广东南部。

明·蒲龙诗一首

蒲龙（生卒年不详），字南池，明广州南海（今广东省佛山市）人。明嘉靖年间人。

感事①

寸天尺地尽尧封，邸借蒲桃许驻踪。

一自庚邮频贡雉，几曾辛螫悟荓蜂。

徙戎策尚迟江统，筹塞人先学范雍。

天险莫将瓯脱例，西来市舶水中龙。

（清光绪二十三年刊本《南海甘蕉蒲氏家谱》卷一〇）

蒲龙此诗因感葡萄牙侵占澳门而作，诗文与南海丝绸之路历史、贸易相关，故纳入此编。

明·苏应机诗一首

苏应机（生卒年不详），字汝慧，号蛎冈，明广州东莞（今广东省东莞市）人。明世宗嘉靖间布衣，与友人李秉同等会吟于风台诗社。

题波罗庙显相达奚司空像

风萍浪梗总无涯，莫认归帆望眼赊。

万国分封虽异域，一天同戴即为家。

烟消黄木朝朝日，春好罗浮树树花。

况荷衣冠更左衽，旅魂何必重咨嗟。

（民国十年刻本《东莞诗录》卷一〇）

苏应机此诗以广州波罗庙中的达奚司空像为吟咏对象。达奚司空，印度摩揭陀国人。唐贞观二十一年（647）来华，携波罗树植于南海神庙外。后人传说其所乘坐商舶启航远去，达奚日夕翘首东望，化为神灵。因塑其像于庙东廊，举手遮目，作远眺状。诗文与南海丝绸之路文化交流、交通相关，故纳入此编。

明·王弘海诗一首

王弘海（1541—1617），字绍传，号忠铭。明海南安定人。明世宗嘉靖四十年（1561）乡试第一名（解元）。嘉靖四十四年（1565），中进士，选入翰林院任庶吉士，官至南京吏部左太子少保。54 岁称病归隐。卒后赠太子少保。与海瑞、丘浚和钟芳并称为"海南四大文学家"。有《吴越游记》《尚友堂记》和《天池草》等。

白云山

一上名山石磴悬，禅宫高倚翠微巅。

江波泱漭晴还雨，海雾苍茫断复连。

猴岭似乘鸾鹤下，仙槎遥自斗牛旋。

不须方外寻真诀，自是人间别有天。

（清同治五年聚文堂翻刻本《粤东诗海》卷三〇）

王弘海此诗以南粤名山白云山为吟咏对象，其中"仙槎遥自斗牛旋"隐写白云山所见，海舶自天际驶来。诗文与南海丝绸之路地理、贸易相关，故纳入此编。

明·汤显祖诗十首

汤显祖（1550—1616），字义仍，号若士，自署清远道人，晚号茧翁，明抚州临川（今江西省抚州市）人。明神宗万历十一年（1583）进士。历任南京太常博士、詹事府主簿、礼部祠祭司主事等职。49 岁辞官回家，专事于戏曲创作，家居二十年卒。《牡丹亭》《邯郸记》《南柯记》《紫钗记》称"玉茗堂四梦"或"临川四梦"，这一戏曲派别称为"临川派"或"玉茗堂派"。在哲学上，受王学左派的影响，崇尚真性情，反对程朱理学。在戏剧创作上，提倡文采，主张抒写真情实感，不受格律限制。《牡丹亭》是其代表作品，文采斐然，具有很高的文学性和思想性，代表了明代戏曲创作的最高峰。除戏曲创作外，有诗集《红泉逸草》一卷、《问棘邮草》二卷和诗文集《玉茗堂全集》四卷等。

达奚司空立南海王庙门外①

司空暹罗人，面手黑如漆。

华风一来觐，登观稍游逸。

戏向扶胥口，树两波罗密。

欲表身后奇，愿此得成实。

树毕顾归舟，冥然忽相失。

虎门亦不远，决撇去何疾。

身家隔胡汉，孤生长此毕。

犹复盼舟影，左手翳西日。

嗔匈带中裂，呴咙气喷溢。

立死不肯僵，目如望家室。

塑手一何似，光景时时出。

墟人递香火，阴风吹崒嵂。

上有南海王，长此波臣秩。

幽情自相附，游魂知几驿。

至今波罗树，依依雨蒙密。

波声林影外，檐廊暝萧瑟。

（明天启刻本《玉茗堂全集·诗集》卷二

汤显祖此诗以广州波罗庙中的达奚司空像为吟咏对象。诗文与南海丝绸之路文化交流、交通相关，故纳入此编。

注释：达奚司空，印度摩揭陀国人。唐贞观二十一年（647）来华，携波罗树植于南海神庙外。后人传说其所乘坐商舶启航远去，达奚日夕翘首东望，化为神灵。因塑其像于庙东廊，举手遮目，作远眺状。

宿浴日亭因出小浪望海

为郎傍星纪，江湖常久居。

倏忽过南海，扁舟挂扶胥。

隐隐岸门青，杳杳天池虚。

培𪣻澹凌历，气脉流纡徐。

潮回小洲渚，龙鳞勒沟渠。

于中藏小舟，其外悬日车。

云影苍梧来，咸池相卷舒。

孟冬犹星河，淡月沾人裾。

阴汤荡挥霍，精色隐跗蹰。

濯足章丘余，沐发扶桑初。

涛辉临洧盘，若木鲜芙蕖。

西顾连崦嵫，东眺极扶余。

小浪亦莞尔，大波始愁予。

噢舶自吞吐，楼橹成烟墟。

飞金出荧火，明珠落鲸鱼。

吾生非贾胡，万里握灵韬。

晻霭罗浮外，传闻仙所庐。

玉树如冬青，瑶芝若栟榈。

阳乌不日浴，昼夜更扶舆。

丹穴亦不炎，好风常相嘘。

白水月之津，一饮饥渴除。

徐闻汝仙尉，去此将焉如。

（明天启刻本《玉茗堂全集·诗集》卷二）

此诗描绘诗人在广州浴日亭说观海景，诗文与南海丝绸之路地理、交通、贸易等相关，故纳入此编。

南海江

病余扬粤夜，伏槛绕云烟。

阁道晴穿屐，溪潮夜出船。

时时番鬼笑，色色海人眠。

舶上兼灵药，吾生倘自全。

（明天启刻本《玉茗堂全集·诗集》卷六）

《南海江》一诗描绘了广州附近海域的海舶盛况，其中"舶上兼灵药"反映明代西方药品已传入中国。诗文与南海丝绸之路贸易、交通相关，故纳入此编。

广城二首

其一

临江喧万井，立地涌千艘。

气脉雄如此，由来是广州。

其二

书题小雪后，人在广州回。

不道雷阳信，真成寄落梅。

（明天启刻本《玉茗堂全集·诗集》卷一三）

《广城》二首作于明万历十九年（1591）冬初，作者贬官徐闻典史，途经广州。诗写广州海上贸易繁荣的景象，与南海丝绸之路交通、贸易相关，故纳入此编。

看番禺人入真腊

槟榔舶上问郎行，笑指贞蒲十日程。

不用他乡起离思，总无莺燕杜鹃声。

（明天启刻本《玉茗堂全集·诗集》卷一四）

此诗描绘番禺人入真腊国场景，诗文与南海丝绸之路政治、交通相关，故纳入此编。

听香山译者二首

其一

占城十日过交栏，十二帆飞看溜还。

握粟定留三佛国，采香长傍九州山。

其二

花面蛮姬十五强，蔷薇露水拂朝妆。

尽头西海新生月，口出东林倒挂香。

（明天启刻本《玉茗堂全集·诗集》卷一四）

《听香山译》其一描绘了经海路向越南、印度尼西亚苏门答腊等国采购香料事；其二吟咏了南海诸国夷人装扮、风俗。诗文与南海丝绸之路交通、贸易相关，故纳入此编。

香岙逢贾胡

不住田园不树叶，珷珂衣锦下云樯。

明珠海上传星气，白玉河边看月光。

（明天启刻本《玉茗堂全集·诗集》卷一四）

《香岙逢贾胡》通过描写西洋商人特征，反映时海上贸易之盛。诗文与南海丝绸之路贸易相关，故纳入此编。

香山验香所采香口号

不绝如丝戏海龙，大鱼春涨吐芙蓉。

千金一片浑圆事，愿得为云护九重。

（明天启刻本《玉茗堂全集·诗集》卷一六）

此诗描写明代通过海上贸易采购香料的情形，诗文与海南丝绸之路贸易相关，故纳入此编。

明·王士龙诗一首

王士龙（生卒年不详），明广州新安（今广东省深圳市）人。明神宗万历五年（1577）贡生，任训导，后升教授。

赤湾

海上群山控海门，古祠钟鼓自晨昏。

诸彝贡篚南溟阔，万国舆图北极尊。

月照琼珠明岛外，风生麟角起云根。

胜游此地心逾壮，试看青萍醉一樽。

（清嘉庆二十五年刊本《（嘉庆）新安县志》卷二四）

王士龙此诗以南海丝绸之路沿线名胜赤湾为吟咏对象，诗文描绘了海上盛景及海上贸易盛况，与南海地理、贸易相关，故纳入此编。

明·李日华诗一首

李日华（1565—1635），字君实，号竹懒，又号九疑。明浙江嘉兴（今浙江省嘉兴市）人。明神宗万历二十年（1592）进士，除九江推官，授西华知县。明思宗崇祯元年（1628），升太仆少卿。和易安雅，恬于仕进。告归卒。工书画，善鉴赏，世称博物君子，亚于王维俭、董其昌，而微兼二公之长。评画之作，文字绝佳。诗亦纤艳可喜。有《官制备考》《姓氏谱纂》《李丛谈》《书画想象录》等。

赠利玛窦

云海荡朝日，乘流信采霞。

西来九万里，东泛一孤槎。

浮世常如寄，幽栖即是家。

那堪作归梦，春色任天涯。

（清乾隆西阪草堂刻本《（乾隆）澳门记略》下卷）

李日华此诗为赠意大利传教士利玛窦而作，诗文与南海丝绸之路交通、文化交流相关，故纳入此编。

明·韩上桂诗一首

韩上桂（1572—1644），字孟郁、芬男，号月峰，别曙浮天游子。明广州番禺（今广东省广州市）人。性豪放，怡情诗酒，好填南词，辄于酒间放歌，有"万历间岭南第一才子"之称。明神宗万历二十二年（1594）中举，会试辄不利，授国子监丞，转永平通判擢建宁同知，卒于宁远。巡抚方一藻以其才荐。明思宗崇祯末，闻帝死讯，愤恨得疾，卒。有《韩节慜之遗稿》《凌云记》及《青莲记》等。

广州行呈方伯胡公

逾岭以南多高山，形势大类函谷关。

天生列嶂真奇绝，苍梧大庾如连环。

连环翠削芙蓉片，千山万水开乡县。

析木津通牛女躔，牂柯道绕南溟甸。

广州地势沃且平，石羊永奠桑麻成。

春风早到尉佗郭，旭日朝看陆贾城。

陆贾城中十万家，尉佗郭里七香车。

闾阎扑地流清吹，观阁连天带彩霞。

彩霞下湛胥江浒，紫气远薄东南土。

当年左蠡竞繁华，至今越秀盘歌舞。

烟市繁华宛洛同，如花越女何丰茸。

扶留嚼后唇如血，茉莉妆残髻转慵。

　　二月斗春草，惜芳人美好。

　　五月竞龙舟，靓服盼中流。

　　东连浴日观，西上弄珠楼。

　　看花问虞苑，沉钓引金牛。

丹荔黄橙珍果错，蔗浆蜜饵银盘络。

西樵茗煮碧云泉，罗浮春动红螺杓。

江边鼓吹何喧阗，商航贾舶相往旋。

珊瑚玳瑁倾都市，象齿文犀错绮筵。

合浦明珠连乘照，日南火布经宵然。

别有声名照寰宇，人物中州堪比数。

张崔玮节耀星辰，丘梁瑰业雄终古。

悲歌慷慨眇燕齐，委佩从容袭邹鲁。

郁水神洲岂偶然，乡里衣冠不乏贤。

投笔岂无定远志，清缨还拟终军年。

愚生僻处东南隅，因攀八桂滞番禺。

勿言泽国无奇士，原附鹏飞达汉衢。

（清同治五年聚文堂翻刻本《粤东诗海》卷四〇）

韩上桂《广州行呈方伯胡公》一诗极写明代广州之繁华，其中"商航贾舶相往旋"等句反映出时海上贸易之盛。诗文与南海丝绸路贸易、交通相关，故纳入此编。

明·陈国是诗一首

陈国是（生卒年不详），字伯衡，明广州东莞（今广东省东莞市）人。明神宗万历二十八年（1600）举人。授陵水教谕，迁江西建昌府推官。

大观亭眺望

万山回互抱江头，日日江花逐水流。

客舸挂帆风欲趁，鼋鼍吹浪暮多愁。

鲛人杂处谙夷语，龙女携家上蜃楼。

欲向天涯问寒暖，长卿拟典鹔鹴裘。

（民国十年刻本《东莞诗录》卷一八）

陈国是《大观亭眺望》感发海边眺望所见，诗文描绘了南海壮阔之景与广州海舶之盛、异族交往之甚。诗文与南海丝绸之路地理、贸易、风俗相关，故纳入此编。

明·李待问诗一首

李待问（1582—1642），字葵孺，明广州南海（今广东省佛山市）人。明神宗万历三十二年（1604）进士。初授连城令，历官至户部尚书。著有《松柏轩稿》。

越　台

南国周遭入望平，荒台犹有越王名。

赤精已耀终归命，黄屋初乘是抗衡。

日拥瀔溟天岳动，潮迎舶趠海云生。

楼船一度窥秦服，忆道沧桑几变更。

（清同治五年聚文堂翻刻本《粤东诗海》卷四三）

李待问此诗以南海丝绸之路沿线古迹越王台为吟咏对象，涉及南海交通、历史与贸易，故纳入此编。

明·陈玉章诗一首

陈玉章（生卒年不详），明湖南黔阳人，明神宗万历年间人，生平不详。

谒南海神祠登浴日亭次坡翁[一]韵

连朝春涨水平天，黄木人家住小湾。

客为祠神维过棹，亭因观海矗孤山。

历朝钟鼎崇明祀，九译梯航动[二]圣颜。

遥望扶桑初出浴，金波淘洗五云间。

（明天启刻本《谢石渠先生诗集》卷二）

陈玉章此诗记登临广州浴日亭所见所感，诗文与南海丝绸之路交通、古迹、贸易相关，故纳入此编。

校记：

[一]坡翁，清嘉庆九年刻本《波罗外纪》作"东坡"。

[二]动，清嘉庆九年刻本《波罗外纪》作"仰"。

清·林古度诗一首

林古度（1580—1666），字茂之，号那子，晚号乳山道士。明末清初福州福清（今福建省福州市）人。工诗。曾序刻郑思肖《心史》。诗稿悉付王士禛。寓居江宁。旧家有亭榭池馆，明亡，悉化为车库马厩，居陋巷中，贫甚。儿时有一万历钱，佩之终身。清康熙五年（1666），卒，年八十八。士禛为刻《林茂之诗选》二卷。

观大西洋自鸣钟刻漏

物象自虚空，谁参造化功。
传来西国漏，铸出首山铜。
法地机常转，规天巧不穷。
緼悬看绕兽，干起讶旋虫。
时刻音声变，华夷甲子同。
神灵应莫测，人力几能通。
岂待霜初降，还知日始终。

（清康熙四十九年刊本《林茂之诗选》卷下）

林古度此诗以明代舶来品自鸣钟为吟咏对象，诗文与南海丝绸之路贸易相关，故纳入此编。

清·王铎诗一首

王铎（1592—1652），字觉斯，一字觉之，号嵩樵、十樵、石樵、痴庵、东皋长等，明末清初河南孟津（今河南省洛阳市）人。明熹宗天启二年（1622）进士，官至礼部尚书、东阁大学士。入清，又授礼部尚书。博学好古，工诗文，善书，兼画山水梅竹，是书法史上杰出的革新人物，有《从山一若图》《山楼雨雾图》《深山幽居图》等。

过访道未汤先生①亭上登览闻海外诸奇·其二

殊方别自有烟峦，一叶艅艎世外观。
地折流沙繁品物，人穷星历涉波澜。
眉间药色三光纳，匣里龙形万壑寒。
好向橘官延受箓，知君定不吝琼丹。

（南海叶氏云谷家藏王铎行书《赠汤若望诗册》）

王铎此诗描绘汤若望所述海外见闻，诗文与南海丝绸之路交通、贸易相关，故纳入此编。

注释：

① 诗文所述汤先生即汤若望（1591—1666），字道未，德国耶稣会传教士。明天启二年（1622）经海路到中国，后定居北京，协助朝廷修改历法，入清后任钦天监监正。

清·丁耀亢诗一首

丁耀亢（1599—1669），字西生，号野鹤，自号紫阳道人。明清间青州诸城（今山东省诸城市）人。清顺治间由贡生官至惠安知县。能诗，晚游京师，与王铎等人相唱和。有《丁野鹤诗钞》《赤松游》《出劫纪略》等。

同张尚书过天主堂访西儒汤道味太常

鬈鬠窈停垂双耳，渡海东来八万里。
相传印度浮屠外，别有宗门号天氏。
天氏称天人主教，自谓星辰手所造。
因缘亦与儒释同，不识天人原一道。
璇玑法历转铜轮，西洋之镜移我神。
十里照见宫中树，毫发远近归瞳人。
亦有井中暗留巧，激而上注及东邻。
手握寸石能五色，照人炫惑皆失真。
　钟依漏而自击，琴繁弦而自操。
造化虽小称绝巧，童年不识阴阳窍。
老人九十颜如丹，驼腰高鼻古衣冠。
汉书鸟译皆不识，此亦大道非波澜。
安得聃尼言化理，无用小技凿肺肝。

（清康熙刊本《陆舫诗草》卷四）

丁耀亢此诗描绘拜访德国传教士汤若望所见所闻，诗文与南海丝绸之路交通、宗教、贸易相关，故纳入此编。

清·陈名夏诗一首

陈名夏（1601—1654），字百史，一字伯史，号芝山、石云居士。明清间应天府溧阳（今江苏省溧阳市）人。明思宗崇祯间进士，官修撰兼户、兵二科都给事中。清顺治二年（1645）降附清。历官吏部侍郎兼翰林院侍读学士、吏部尚书、弘文院大学士，加少保兼太子太保。党附多尔衮和谭泰。曾屡被弹劾，罢官。后复出。清顺治十一年（1654）被弹劾处死。著有《石云居士集》十五卷、诗集七卷，专著有《自定制义》，另编著《明文六十家选》。

西洋汤道未先生来

一日两命驾，过我松亭前。
执手慰老颜，不若人相怜。
沧海十万里，来任天官篇。
占象见端委，告君忧未然。
忠爱性不移，直谏意益坚。

贾谊遇汉文，治安书可传。

公为太史令，洛下诚并贤。

翻愧畴昔交，势利多扳缘。

愿从学道术，寡营成大年。

（民国退耕堂刻本《晚晴簃诗汇》卷二二）

陈名夏此诗描绘德国传教士汤若望来访事，诗文与南海丝绸之路交通、宗教、贸易相关，故纳入此编。

清·查继佐诗二首

查继佐（1601—1676），初名继佑，字伊璜，一字敬修，号与斋，晚号钓叟，或称钓史，明清之际著名历史学家。明末清初杭州海宁（今浙江省海宁市）人，游粤时或隐名为左尹，别号非人氏，学者称东山先生。明思宗崇祯六年（1633）举人。南明鲁王授以兵部职方主事，后回里讲学。以曾名列参校南浔庄氏所修《明史》，被捕。相传得昔年曾予资助之将军吴六奇奏辨，得免。有《罪惟录》《国寿录》《东山国语》等。

海舶

哲王尝贵粟，后世说鸡林。

天长中原价，人迁异物心。

翼胫荒道里，山海失高深。

浦上明珠去，茫茫何处寻。

（丛书集成续编本《粤游杂咏》）

花田①怀古

梦里光生青蔼中，依稀错认越王宫。

鲛人写泪千津雨，海国航香万里风。

赚得罗浮梅蕊白，赢他越秀木棉红。

月明何处美人意，一抹荒烟万庙空。

（丛书集成续编本《粤游杂咏》）

查继佐《海舶》描绘明清之际广州海舶无所不至的盛况；《花田怀古》记述诗人于广州花田感怀，诗中提及古迹越王宫、海舶物品等。诗文与南海丝绸之路历史、贸易相关，故纳入此编。

注释：① 花田，在广州河南庄头村。

清·黎遂球诗一首

黎遂球（1602—1646），字美周，明清间广州番禺（今广东省广州市）人。明熹宗天启七年

（1627）举人。明思宗崇祯末，诏授兵部职方司主事。崇祯十七年（1644）北都陷，决意致身。次年（1645），征拜参军，监督广东兵赴赣，城破战死。著有《莲须阁诗文全集》二十六卷。

春望篇

天南多淑气，海国四时花。

芳草侵朝雾，香云变晚霞。

鳌光摇雉堞，蚌影互渔家。

况复当春望，遥晴到碧纱。

晴风散叶杨垂线，晴日落花泥掠燕。

翡翠梁间栖复飞，蝴蝶帘前去还恋。

佳人粉气热朝眠，公子炉烟阑夜宴。

珊瑚宝树挂罗衣，鹦鹉金笼传漏箭。

木棉红映晓山开，百万人家旭翠堆。

花田雨过昌华苑，锦石云依朝汉台。

赵尉已尘迹，刘王余艳灰。

楚水啼湘竹，秦关折岭梅。

当时豪雄递骑虎，削壁悬流割疆土。

阁气沉香布雨云，桥光彩烛迎歌舞。

宝髻穿珠仙凤妆，玉腕烹龙岛夷脯。

宫阙遥连五岭高，烟花尚识三城古。

三城隐隐接三山，五岭迢迢云水间。

娇娥匀脸蔷薇露，贾客归心黄木湾。

鲛绡斗帐裸寒玉，龙须片席臬憨鬟。

槟榔甘送合欢舌，茉莉结作仝心环。

仝心复仝里，白晰少年子。

荔枝花并蒂，榕木根连理。

箫吹沸龙涎，画桡移蜑市。

金屏列雀开，彩树千星蕊。

雀屏兰舫酣丝竹，彩夺化工生簇簇。

回营柳院出秋千，仙观花街群鞠蹴。

百兽鱼龙迎锦阵，万户绮罗结霞麓。

油壁通宵秉烛游，青骢绕郭挥鞭逐。

青骢油壁过参差，玉山珠寺遍相嬉。

不饥愿化仙羊石，骛利齐祝海神旗。

任是中原苦争战，从来此地无疮痍。

犀通象贿等闲视，薏苡明珠谁复知。

量珠应军牒，货贿迁农业。

秧针刺垄塍，布谷催锄锸。

波斯碧眼胡，昆仑紫髯侠。

奇珍运甓骄，异宝挂席拾。

陶公八翼折无能，陆子千金良足称。

争雄据险昔所叹，海藏山动容易凭。

铜柱长铭汉贼灭，金鉴还扶唐祚兴。

曲江风度诛胡得，昌黎文章徙鳄曾。

伤时莫洒三忠泪，庙食南园五贤地。

石衔精卫向厓门，血湿杜鹃留颎囥。

　　杀气满浮云，讹言惑边燧。

　　乘桴圣人勇，蹈海节士志。

我所思兮在罗浮，菖蒲朱草蒙丹丘。

安期驾鹤朝金阙，玉女攀花待石楼。

采药长生都且少，好色不死醉无忧。

为问神仙东海树，何似使君南陌头。

　　云霞彩鸾腹，日月烛龙目。

　　卢师与三笑，蓬莱堪几宿。

　　更坐金台莲，还裁水田服。

　　祥乳嗣曹溪，劫火留阿育。

谁将浩劫三生判，且论九十三春半。

南迁唐相授楞严，北去梁僧徒壁观。

问天倘信炼石功，对酒肯作新亭叹。

已见游丝拂地回，复看流水飞英乱。

　　　　春草芳，春望长。

山眉宛映相如璧，牡蛎遥连宋玉墙。

王侯将相各有分，鸦蛮鹅管随飞觞。

　　缀幕悬明月，倾尊典鹔鹴。

二十四翻任狼籍，三万六千犹可偿。

（清康熙黎延祖刻本《莲须阁集》卷四）

　　黎遂球《春望篇》是描述岭南历史、地理、风俗的长篇诗歌，诗文涉及南海丝绸之路历史、贸易、宗教等内容，故纳入此编。

清·程先贞诗一首

　　程先贞（1607—1673），字正夫，别号蒿庵。明末清初济南德州（今山东省德州市）人。自幼聪颖过人，文思敏捷，年轻便以祖（程）绍荫，授官工部营缮司员外郎。中年逢鼎革之变，辞官归隐。明祚亡，杜门简出，以读书著述自娱。入清，官工部员外郎。清顺治三年告终养归。特别是他的《州乘》一书，垂成而卒，终年六十有七。有《海右陈人集》《德州志略》《蒿庵诗草》《燕山游稿》《安德诗文搜》等。

陪宁人先生过苏禄国东王墓，地近白草洼，李景隆十二连城在焉。

万里遗魂滞北方，孤亭犹自焕奎章。

衣冠特觐中朝主，玉帛何殊异胜王。

月满苍松栖鹳鹤，云连白草散牛羊。

无端极目生遥慨，十二城边古战场。

（清光绪二十三年徐氏味静斋刻本《顾亭林先生诗笺注》卷一三）

程先贞此诗记述康熙六年（1667）陪顾炎武游览苏禄国东王之墓一事，诗文与南海丝绸之路历史、军事相关，故纳入此编。

清·张穆诗一首

张穆（1607—1686），字穆之，号铁桥，明清间广州东莞（今广东省广州市）人。明崇祯甲申之变，投身反清事业，后退隐茶山。年八十余卒。有《铁桥山人稿》。

澳门览海[一]

生处在海国，中岁逢丧乱。

豪怀数十年，破浪已汗漫。

故人建高蠹，楼船若鹅鹳。

因之慰奇观，地力尽海岸。

西夷近咸池，重译慕大汉。

宝玉与明珠，结市异光灿。

若梦游仙瀛，金官赤霞烂。

危楼切高云，连甍展屏翰。

水土多神仙，青削屡续断。

澄波或如境，一叶亦足玩。

及尔长风回，气色忽已换。

狂澜渺何穷，万里生浩叹。

（清康熙刊本《铁桥集》）

张穆此诗记澳门观海所闻所感，诗文描绘南海盛景，与南海丝绸之路交通、地理相关，故纳入此编。

校记：

[一]澳门览海，清钞本《铁桥山人遗诗》作"登望洋台"。

清·顾炎武诗一首

顾炎武（1613—1682），原名顾绛，字宁人，明清间苏州昆山（今江苏省昆山市）人。居亭林镇，学者尊为"亭林先生"。明诸生，思想家、史学家、语言学家。一生辗转，后定居陕西华阴，对国家典制、郡邑掌故，天文仪象、河漕、兵农及经史诸家皆有研究，以"学有根柢"著称。有《天下郡国利病书》一百二十卷，《肇域志》一卷，《音论》三卷，《诗本音》十卷，《易音》三卷，《唐正韵》二十卷，《日知录》三十卷，《古音表》二卷，《韵补正》一卷，《金石文字记》《求古录》《杜解补正》《二十一史年表》《历代帝王宅京记》《营平二州地名记》《昌平山水记》《山东考古录》《京东考古录》《谲觚》《菰中随笔》《亭林文集》《诗集》等。

过苏禄国王墓

永乐十五年九月，苏禄国东王来朝。归次德州，病卒。遣官赐祭，命有司营坟，葬以王礼。上亲为文，树碑墓道。留其兼从十人守墓，其后子孙依而居焉。余过之。出祝版一通，乃嘉靖年者，宛然如故，其字体今人亦不能及矣。

> 丰碑遥见炳奎题，尚忆先朝宠日碑。
> 世有国人供洒扫，每勤词客驻轮蹄。
> 九河冰壮龙狐出，十二城荒白鹤栖。
> 下马一为郯子问，中原云鸟正凄迷。

（四部丛刊景清康熙本《亭林诗文集》卷四）

顾炎武此诗作于康熙六年（1667），该年诗人东还过德州，与友人程先贞同览苏禄国王墓，遂作诗记之。诗文与南海丝绸之路历史、政治相关，故纳入此编。

清·陈子升诗一首

陈子升（1614—1692），字乔生，号中州，又号甲东。明末清初广州南海（今广东省佛山市）人，陈子壮之弟。及长善琴工诗，多才多艺，为南园诗社和复社创建人之一，著名学者和书画家。明诸生。南明永历时任兵科右给事中，广东陷落后，流亡山泽间。有《中洲草堂遗集》二十三卷。

咏西洋显微镜

> 大道粲中天，奇淫出穷海。
> 兹镜西洋来，微显义兼在。
> 雕棘具猴体，穿杨贯虱胸，
> 何如造兹镜，微妙生其中。
> 蚊睫焦螟巢，蜗角触蛮战。
> 以兹当少怪，况乃多多见。
> 芥子纳须弥，毛间盈海水。
> 微今显镜中，显却在微里。
> 我目有神镜，我心超离娄，
> 拂镜归玉匣，及观将内求。

（清道光二十年刊本《中洲草堂遗集》卷五）

陈子升此诗以显微镜为吟咏对象，显微镜为明朝时西洋耶稣会传教士自海舶携来中国，诗文与南海丝绸之路贸易相关，故纳入此编。

清·王邦畿诗一首

王邦畿（1618—1668），字说作，一字诚仑。明清间广州番禺（今广东省广州市）人。南明绍宗隆武元年（1645）举人，以荐官御史。明后出家为僧，法名今吼，以诗出名，为"岭南七子"之一。有《耳鸣集》。

海市歌

虹霓驾海海市开，海人骑马海市来。

白玉板阁黄金台，以宝易宝不易财。

丽龙之珠大于斗，透彻光芒悬马首。

若将海宝掷人间，小者亦能亡桀纣。

海市市人非世人，东风皎洁梨花春。

海市人服非世服，龙文象眼鲛绡幅。

海市人事非世事，至宝不妨轻相示。

市翁之老不知年，提篮直立海市前。

篮中鸡子如日紫，要换市姑真龙子。

龙子入海云雨兴，九州之大无炎蒸。

（清初古厚堂刻本《耳鸣集》）

王邦畿此诗所写为海市蜃楼之幻景，亦为广东海上贸易的写照，诗文与南海丝绸之路贸易、交通相关，故纳入此编。

清·尤侗诗三首

尤侗（1618—1704），字同人，一字展成，号悔庵，晚号艮斋、西堂老人。明清间苏州长洲（今江苏省苏州市）人。诗人、戏曲家。明季已有才名，入清，以贡生为永平推官，因打旗丁罢归。清康熙十八年（1679）举博学鸿辞科，授翰林院检讨，与修《明史》，三年后辞归。诗词古文均有声于时。有《西堂杂俎》《艮斋杂记》《鹤栖堂文集》及传奇《钧天乐》、杂剧《读离骚》《吊琵琶》等。

古里① · 其一

五等皈依乃纳儿，葫芦弹唱间铜丝。

西风万里艅人至，上岸先看永乐碑。

（清康熙刻本《西堂诗集》"外国竹枝词"）

佛郎机②

蜈蚣船橹海中驰，入寺还将红杖持。

何事佛前交印去，定婚来乞比丘尼。

自注：蜈蚣船，底尖面平，长十丈，阔三尺，旁架橹四十，置铳二十四，每舟撑驾三百人，虽无风可疾走。俗信佛，每六日礼拜，手持红杖而行婚姻。诣佛前相配；以僧为证，谓之交印。

（清康熙刊本《西堂诗集》"外国竹枝词"）

和兰

和兰③一望红如火，互市香山乌鬼群。

十尺铜盘照海镜，新封炮号大将军。

（清康熙刻本《西堂诗集》"外国竹枝词"）

尤侗诗三首分别以南海丝绸之路沿线国家佛郎机、荷兰、古里为吟咏对象，故纳入此编。

注释：

① 古里，古国名，故地在今印度西南沿海科泽科德一带，为东西方要冲之地。

② 佛郎机，明代对西班牙人与葡萄牙人的称呼。

③ 和兰，即荷兰。清乾隆西阪草堂刻本印光任《澳门纪略》下卷："贺兰，明曰'和兰'，又名'红毛蕃'。""国初顺治十年，称'荷兰'。"

清·今沼诗一首

今沼（1621—1665），字铁机。俗姓曾，原名炜，字自昭。明清间广州番禺（今广东省广州市）人。清顺治十七年（1660）出家。有《铁机集》。

南海神祠

百川亦汇归南海，望秩灵祠自历朝。

石镌凤书苔藓驳，像垂龙衮水云飘。

波鸣海市晴输税，雾卷蛟宫夜贡绡。

日暮商飙动林木，鼓声催起海门潮。

（逸社重刊本《海云禅藻集》卷二六）

今沼此诗以广州南海神庙为吟咏对象，其中颈联描绘了南海神庙前海上贸易的盛况，与南海丝绸之路贸易相关，故纳入此编。

清·吴兴祚诗三首

吴兴祚（1632—1697），字伯成，号留村。清绍兴山阴（今浙江省绍兴市）人，入汉军正红旗籍。由贡生官知县、升知州。以助平耿精忠及取厦门功擢福建按察使，迁巡抚。清康熙二十年至二十八年（1681—1689）任两广总督。进封世职拜他喇布勒哈番兼拖沙喇哈番。在任期间，废除藩下苛政；疏请展界，许滨海居民复业；奏通洋舶，设立十三行。为诗吐属清雅，气度萧散。喜与骚人雅士酌酒分韵，粤中名士多共唱酬。有《留村诗钞》《宋元声律选》《史迁句解》和《广东舆图》等。后以事降副都统，卒于官。

自香山县渡海赴濠镜澳①

欲经濠镜澳，薄暮正扬舲。
风雨声相搏，鱼龙气自腥。
黑云迷远屿，白浪拥孤汀。
隐隐闻钟鼓，蛮妇议事亭。

（清康熙刻本《留村诗钞》）

吴兴祚此诗记述通过海路自香山县往澳门的海上游历见闻，诗文描绘了南海海面盛景，与南海丝绸之路地理相关，故纳入此编。

注释：① 濠镜澳，澳门的古称。明万历十八年（1590），澳门因盛产蚝（即牡蛎），蚝壳内壁光亮如镜，得名濠镜澳。

抵香山，舍舟从陆，经翠微村、前山寨、官闸至濠镜澳，遍观炮台及诸形胜，薄暮留宿

参差在马赴朝霞，山势逶迤路转赊。
徐行缓辔一回首，城郭依稀塔影斜。
马蹄踏碎草头露，岩壑微茫几重雾。
断桥东向晓鸡啼，烟起山根变苍素。
岭外云深抹翠微，翠微村外落花飞。
负贩纷纷多估客，辛苦言从澳里归。
前山寨接官闸口，鬼子来迎群稽首。
自从逆寇逞任澜，芜草凉烟断行走。
天威赫赫靖妖氛，海宇忻然瞻庆云。
年来花柳无春色，春色于今倍十分。
回环岛屿如鳞次，昔日腴田荆棘敝。
从兹万姓乐升平，老幼扶携返村肆。
烟锁双城峙炮台，神威八面一时开。
声惊百里撼山岳，始信鲸鲵不敢来。
蛮乡别是一风景，楼危海岸波披影。
落曰千家打暮钟，令人不觉发深省。
南望萧疏十字门，青山双画两眉痕。
波斯未至珊瑚杳，维舟空载月黄昏。
黄昏月上乌桕树，绳床瓦枕留客住。
明日还看九里香，春风春雨宁相妒。

（清康熙刻本《留村诗钞》）

此诗记述登岸后由陆路经翠微村、前山寨、官闸至澳门的一路见闻，诗文细致描绘了沿途风景名胜，与南海丝绸之路沿线地理、风俗相关，故纳入此编。

电白县①观海

扬帆同纵眚，咫尺辨沧溟。

沙向日边暖，春从岛外青。

鲸鲵今不见，楼橹昔曾经。

海若知王化，年年效百灵。

（清康熙刻本《留村诗钞》）

此诗描绘了诗人于广州重要通商口岸电白县观海的所闻所感，诗文与南海丝绸之路地理、贸易相关，故纳入此编。

注释：① 电白县，隋开皇九年（589）改电白郡置，属高州，治今广东高州市东北四十里长坡镇南旧城村。明代电白县曾为重要通商口岸，清乾隆武英殿刻本《明史·外国传六·佛郎机》："先是，暹罗、占城、爪哇、琉球、浡泥诸国互市，俱在广州，设市舶司领之。正德时，移于高州之电白县。嘉靖十四年，指挥黄庆纳贿，请于上官，移之壕镜。"

清·杜臻诗一首

杜臻（1633—1703），字肇余。明清间嘉兴秀水（今浙江省嘉兴市）人。清顺治进士，历官吏部侍郎、工部尚书、刑部尚书。清康熙二十二年（1683）平定台湾后，受命赴广东、福建视察展界、恢复迁海后所弃土地，历经五十余州县，筹措滨海居民复业事宜。有《经纬堂集》《闽粤巡视纪略》《海防述略》等。

香山澳

香山之南路险巇，层峦叠嶂号熊罴。

濠镜直临大海岸，蟠根一茎如仙芝。

西洋道士识风水，梯航万里居于斯。

火烧水运经营惨，雕墙竣宇开通衢。

堂高百尺尤突兀，丹青神像俨须眉，

金碧荧煌五采合，珠帘绣柱围蛟螭。

风琴自鸣天籁发，歌声呜呜弹朱丝。

白头老人发垂耳，娇童彩袖拂冰肌。

红花满座延上客，青鸟衔桃杯玻璃。

扶杖穿屐迎道左，稽首厥角语温咿。

自言慕义来中夏，天朝雨露真无私。

世世沐浴圣人化，坚守臣节誓不移。

我闻此言甚欣喜，揽辔停骖重慰之。

如今宇内歌清晏，男耕女织相熙熙。

薄海内外无远迩，同仁一视恩膏施。

还归寄语西洋国，百千万祀作藩篱。

（清康熙刻本《经纬堂诗集》卷四）

　　杜臻此诗作于康熙二十三年（1684），时诗人以钦差身份往广东宣布开豁迁海之禁，诗中描述了澳门周围地理环境及参观澳门教堂的情况。诗文与南海丝绸之路地理、贸易相关，故纳入此编。

清·今严诗一首

　　今严（?—1658），字足两，俗姓罗，原名殿式，字君奭。明清间广州顺德（今广东省广州市）人。清顺治六年（1649）出家，有《西窗遗稿》《秋怀》《百合》等。

南海神祠

沉沉古庙控南蕃，宠祀千秋帝主恩。

铜鼓旧传交趾供，石碑犹见大唐存。

云连波势摇珠海，月共潮声暗虎门。

多少楼船与客使，几回经历几销魂。

（清道光十年刻本《海云禅藻集》卷二六）

　　今严此诗以广州南海神庙为吟咏对象，诗中描绘了神庙地理位置、提及神庙历史及神庙前的海舶盛况。诗文与南海丝绸之路地理、历史、贸易相关，故纳入此编。

清·马之骕诗一首

　　马之骕（1626—1695），字旻徕。明清间保定雄县（今河北省保定市）人。清顺治元年（1644年）拔贡生，授滦州训导，元城教谕，广平府教授，寿张县主簿，江都管河主簿。学识广博，著述颇丰。有《徂徕诗集》《毛诗元韵》《算术新笺》《易邑四书裁》等。

西洋火器

历朝戈弩继殳斨，西器遥来大武扬。

允可安民襄一怒，自然无敌靖群方。

田单在昔牛终劣，诸葛生今炮孰强。

闻肃天威本天德，莫令炎烈逸崐冈。

（清顺治古调堂刻本《古调堂初集》卷四）

　　马之骕此诗以西洋舶来的火器为吟咏对象，与南海丝绸之路贸易相关，故纳入此编。

清·岑徵诗一首

岑徵（1627—1699），字金纪，号霍山。明清间广州南海（今广东省佛山市）人。年二十，遭甲申之变，遂绝意科名。壮游四方，入粤西，泛三湘，走金陵，游燕赵。晚而贫困，乃在乡中授徒自给，时虞不敷，然性方介，不受人怜，人亦竿怜之者。所与为友者惟高僧、野人及二三知己（如何绛、陈熊左等人），遂坎壈以终其身。有《选选楼集》。

素馨花

江城郭外晚风晴，处处桑麻间素馨。

西域运贻天使种，墓田分却美人名。

迎风暗觉春衫腻，待月横抽宝髻轻。

南国香销红粉歇，十年肠断卖花声。

（清同治五年聚文堂翻刻本《粤东诗海》卷五五）

岑徵此诗以自西域由海舶传入中国的素馨花为吟咏对象，与南海丝绸之路贸易相关，故纳入此编。

清·刘世重诗二首

刘世重（？—1702）。字仰山。明清间广州香山（今广东省中山市）人。清康熙二十三年（1684）举人，官任行唐知县。有《振绮堂集》《东溪诗选》等。

澳 门

穷岛松崖有浪痕，银楼粉阁自乾坤。

番童夜上三巴寺，洋舶星维十字门。

斜日听钟才早供，妙檀罗拜又黄昏。

思传六籍敷文治，令识天朝礼数尊。

（清初刊本《东溪诗选》卷二《耦泉集》）

三巴寺

地入蛮方尽，天连岭峤高。

坐堂环白鬼，听法间红毛。

殿阁标云霭，山门叠海涛。

西洋传佛国，金相果称豪。

（清初刊本《东溪诗选》卷二《耦泉集》）

刘世重《澳门》一诗描绘了澳门地理形势、海舶情形及此地宗教仪式；《三巴寺》以澳门三巴寺为吟咏对象，描绘了寺庙地理位置及宗教交流情况。此二诗与南海丝绸之路地理、宗教相关，故纳入此编。

清·梁佩兰诗二首

梁佩兰（1630—1705），字芝五，号药亭。清广州南海（今广东省佛山市）人。清康熙中期进士，时年六十余，选庶吉士。未一岁，即乞假归，同榜中俱以前辈事之。以诗著名，善七言古体，结兰湖社，与同邑程可则、广州王邦畿、方殿元及陈恭尹等称"岭南七子"，又与陈恭尹、屈大均称"岭南三大家"。有《六莹堂集》十七卷。

观暹罗使者入贡

能于化外识尊亲，不惮波涛溅着身。

滕水鱼龙忘飓母，指天南北托针神。

中朝礼自通甥舅，外国称原列子臣。

方物只将金叶表，圣王从不贵奇珍。

（清康熙四十四年刻本《六莹堂集》卷八）

送人入安南

万里波涛几日程，海门飞去片帆轻。

鱼龙宫阙浮空上，犀象人家绕树行。

宝货远通银豆市，艾花春满竹棚城。

日南本是南交地，况复彝王识姓名。

（清康熙四十四年刻本《六莹堂集》卷八）

梁佩兰《观暹罗使者入贡》记载康熙四年（1665）暹罗使者入贡事，诗文反映了清代中国与暹罗的外交关系；《送人入安南》描绘了往安南的海航特点及沿途盛景，并提及了越南与中国在历史上的外交关系。此二诗与南海丝绸之路交通、政治相关，故纳入此编。

清·屈大均诗四十二首

屈大均（1630—1696），字初名绍隆，字翁山，又字介于，自号入泉翁。明清间广州番禺（今广东省广州市）人。十八岁时，即参加反清斗争。后入海云寺为僧，法名今种，字一灵。三十二岁时，蓄发还俗，改今名。后游历四方，谋图复明。失败后遭清廷搜捕，最终归居乡里不复出。与陈恭尹、梁佩兰并有诗名，称"岭南三大家"，有《屈翁山诗集》八卷。

镇海楼①

渺弥祝融汪，嘘噏鹑火[一]房。

房中一都会，番禺为纪纲。

二山虽卷石，亦为南岳宗。

层楼何穹然，作冠玉山冈。

五重若棋累，势与云低昂。

屹屹出崇堞，盘基何堂皇。

绝地无根株，茎台四相望。

虚无若蜃[二]气，含吐朝霞中。

日月互穿穴，玲珑贯榑桑。

飞榱袅千尺，悬栋森成行。

随风或远近，岳立仍中央[三]。

神明所凭依，奠我勾蛮疆。

楼南何所见，牂牁浮青苍[四]。

万里作南渎，崩奔从夜郎。

三江汇惊涛[五]，海珠扼其亢。

浮沉一地脯[六]，险若三门当。

潮汐苦相沓，秋咸水益涨。

鱼蟹负阴火，与蚌争胎光。

水怪纷往来，一一交精爽。

番舶逐鳌呿，倏[七]忽非乘风。

帆穿吞舟鱼，自口出中肠[八]。

自谓黑山中，安知非溟洋。

瑰货所委输[九]，辐辏交三城。

小者牛头舶，大者独木樯。

我舰空飞云，莫敢与颉颃。

纷纷白黑艚，视之犹凫鸧。

楼北何所见，白云连北邙。

蜿蜒自衡岳，孕精岣嵝峰。

丹台蠹鹤舒，石室开龙骧。

菖蒲翳溪路，篦筹阴苑墙。

莘莘流花水，郁郁扶荔乡。

地肥宜畜牧，骊駼与羱羊。

鸣镝归紫驼，吹角来黄獐。

水草胜朔漠[十]，甘美无盐霜。

马食多禾苗，湩乳成酒浆。

人头岭已平，沟壑无余香。

白狐既悲啸[十一]，黄狐复跳梁。

人膏作青磷，白昼迷阴阳。

松柏何萧萧，魂魄吹无方。

楼东何所见，扶胥祠谷王。

海口控虎门，诸蛮多梯航。

红毛知荷兰，黑齿惟越裳。

战退鬼楼船，白丹幸无伤。

人鱼既醉饱，洪波为不扬。

断虹一相假，飙然踰零丁[十二]。

阴墟庙貌尊，黄木牺牷芳。

百川争东朝，水帝纷来享。

楼西何所见，灵洲砥荡荡[十三]。

潮来石门辟，郁水喧鱼梁。

贪泉曰溃决，滔天谁堤防。

仕宦寡廉洁，蹄涔为之殃。

一饮丧吾宝，腥臊德以彰。

不祥兹盗泉，沛然南海放。

生民骨髓尽，为患何时终[十四]。

楼上何所见[十五]，南戍垂精芒。

五星东井环，越门蒙余光。

赵佗以偏霸，与汉争雌[十六]雄。

客星出牵牛，士燮亦奋兴。

人流纷依归，苟安免夷创。

月食牛女间，刘晟以陨亡。

荧惑入南斗，建德丧其邦。

南斗越司命，自昔多灾祥。

上天苦悬象，占验谁能明。

所希老人星，常见吾闺庭。

寿光盛秋分，俾我尊母康。

再拜向南极，配月如长庚。

长庚何依依，为予当丙丁。

楼下何所见，南武余离宫。

倔强乃朝汉，朔望兹回翔。

老夫反天性，一州安足强。

椎髻衹自外，窃据诚何功。

苔生呼銮道，草没瘗[十七]剑场。

木棉拂绮疏[十八]，参差连赭桐。

枝枝女珊瑚，叶叶山凤凰[十九]。

粪香越王鸟[二十]，衔穗仙人牂。

牲牲茂林下，蹲倚当丹床。

是为罗浮麓，朱明此潜通。

仙灵所窟宅，我来每徜徉。

不揖安期生，即拍浮丘公。

招手登兹楼，揽执云衣裆。

御风复何待，飘摇[二十一]明将行。

（清康熙刻凌凤翔补修本《翁山诗外》卷一）

此诗以广州镇海楼为吟咏对象，描绘了镇海楼奇伟的气势及楼前的海舶盛况，诗文与南海丝绸之路古迹、贸易相关，故纳入此编。

注释：①镇海楼，在今广东广州市城北越秀山顶，建于明洪武十三年（1380），取"雄镇海疆"之意，因名镇海楼。

校记：

[一]火，清康熙李肇元等刻本《屈翁山诗集》卷一作"大"。

[二]蜃，清康熙李肇元等刻本《屈翁山诗集》卷一作"唇"。

[三]央，清康熙李肇元等刻本《屈翁山诗集》卷一作"光"。

[四]基，清康熙李肇元等刻本《屈翁山诗集》卷一作"旧"。

[五]涛，清康熙李肇元等刻本《屈翁山诗集》卷一作"浒"。

[六]脯，清康熙李肇元等刻本《屈翁山诗集》卷一作"肺"。

[七]倏，清康熙李肇元等刻本《屈翁山诗集》卷一作"傥"。

[八]肠，清康熙李肇元等刻本《屈翁山诗集》卷一作"腹"。

[九]输，清康熙李肇元等刻本《屈翁山诗集》卷一作"轮"。

[十]漠，清康熙李肇元等刻本《屈翁山诗集》卷一作"溟"。

[十一]啸，清康熙李肇元等刻本《屈翁山诗集》卷一作"鼠"。

[十二]丁，清康熙李肇元等刻本《屈翁山诗集》卷一作"下"。

[十三]荡荡，清康熙李肇元等刻本《屈翁山诗集》卷一作"汤汤"。

[十四]终，清康熙李肇元等刻本《屈翁山诗集》卷一作"纪"。

[十五]见，清康熙李肇元等刻本《屈翁山诗集》卷一作"冕"。

[十六]雌，清康熙李肇元等刻本《屈翁山诗集》卷一作"虽"。

[十七]瘥，清康熙李肇元等刻本《屈翁山诗集》卷一作"痊"。

[十八]疏，清康熙李肇元等刻本《屈翁山诗集》卷一作"蔬"。

[十九]凰，清康熙李肇元等刻本《屈翁山诗集》卷一作"皇"。

[二十]鸟，清康熙李肇元等刻本《屈翁山诗集》卷一作"身"。

[二十一]遥，清康熙李肇元等刻本《屈翁山诗集》卷一作"飘"。

廉州①杂诗十四首

其一

象郡元秦塞，龙门是汉关。

天开珠母海，地接桂林山。

交趾兵频入，戈船使未还。

何时铜柱折，吾见灭南蛮。

其二

海上余珠市，城中尽竹房。

居临鲛室近，望入象林长。

野旷秋无色，江清水有霜。

炎州惟此地，风景最荒凉。

其三

城西江水贯，妇女卖鱼桥。

珠母生明月，鲛人出紫绡。

海光千里接，霞气五黄标。
何处大廉洞，人传药草饶。

其四

六池光潋滟，寒动郡城楼。
分野非东粤，炎荒亦早秋。
伏波瞻汉庙，弃地恨交州。
一夕廉山宿，凄凉欲白头。

其五

玳瑁乘生水，蚺蛇吐毒云。
花从江口合，茅向岭头分。
铜鼓交蛮器，金标汉将勋。
青牛城上望，怀古思氤氲。

其六

珠随明月满，半作泪光流。
独立当蟾兔，相思若女牛。
投荒频自苦，入海欲谁求。
忍使闺中子，离颜一片秋。

其七

下马还珠驿，山光见百良。
猜狂贤太守，零落古封疆。
碑没莓苔字，堂虚俎豆香。
汉家今已矣，凭吊泪沾裳。

其八

岂意珠官郡，珠娘艳色多。
褰裙临水汲，跣足踏花过。
钱辩开元字，筝调合浦歌。
酒浆频献客，甘有蔗霜和。

其九

汉代经营地，今余蔓草长。
军无新息将，女作麋冷王。
烟重鸢频堕，霜高桂自芳。
越州城下水，流尽泪汤汤。

其十

白龙池最大，百里尽珠胎。
赤子兵频弄，红夷舶恐来。

边墙殊未筑，海界已先开。

此地成云朔，劳君鼓角哀。

其十一

甘蔗新调粉，班枝未脱绵。

捉人餐玉鲙，留客取金鞭。

鹦鹉虽多慧，桃花已悟禅。

为卿书讽赋，不惜练巾妍。

其十二

殷勤求孔雀，迢递自防城。

五岁金花满，三年小尾成。

文章聊自喜，饮啄不须惊。

莫使珠毛损，樊笼足寄情。

其十三

去苦炎天远，归愁白发多。

珠光秋吐纳，铜表日摩挲。

披发怜交阯，扬威忆伏波。

陆沉殊未已，何处有关河。

其十四

百里无烟火，林峰气郁苍。

月中穿虎口，花里转羊肠。

命有三人讬，身余一剑防。

间关差不负，诗句即金装。

（清康熙刻凌凤翔补修本《翁山诗外》卷七）

上述十四首是以廉州为吟咏对象的组诗，诗文涉及南海丝绸之路地理、交通、物产、贸易等多个方面，故纳入此编。

注释：① 廉州，唐贞观八年（634）改越州置，治合浦县（今广西浦北县南旧州村）。清影宋钞本《舆地记胜·廉州》：“取太廉洞以为名。”

望洋台

浮天非水力，一气日含空。

舶口三巴外，潮门十字中。

鱼飞阴火乱，虹断瘴云通。

洋货东西至，帆乘万里风。

（清康熙刻凌凤翔补修本《翁山诗外》卷八）

此诗以澳门望洋台为吟咏对象，其中提及当地古迹三巴寺及海舶往来必经的航道十字门，反映了澳门在海上贸易的重要位置。诗文与南海丝绸之路地理、贸易相关，故纳入此编。

澳门六首

其一

广州诸舶口，最是澳门雄。
外国频挑衅，西洋久伏戎。
兵愁蛮器巧，食望鬼方空。
肘腋教无事，前山一将功。

其二

南北双环内，诸番尽住楼。
蔷薇蛮妇手，茉莉汉人头。
香火归天主，钱刀在女流。
筑城形势固，全粤有余忧。

其三

路自香山下，莲茎一道长。
水高将出舶，风顺欲开洋。
鱼眼双轮日，鳍身十里墙。
蛮王孤岛里，交易首诸香。

其四

礼拜三巴寺，番官是法王。
花满红鬼子，宝鬘白蛮娘。
鹦鹉含春思，鲸鲵吐夜光。
银钱么凤买，十字备圆方。

其五

山头铜铳大，海畔铁墙高。
一日番商据，千年汉将劳。
人惟真白氎，国是大红毛。
来往风帆便，如山踔海涛。

其六

五月飘洋候，辞沙肉米沉。
窥船千里镜，定路一盘针。
鬼哭三沙惨，鱼飞十里阴。
夜来咸火满，朵朵上衣襟。

（清康熙刻凌凤翔补修本《翁山诗外》卷八）

　　《澳门》六首组诗内容涉及南海丝绸之路地理、交通、贸易等多个方面，故纳入此编。

南海神祠作

其一

扶胥江口水微茫，箫鼓人祠百谷王。

万派洪涛朝涨海，千秋绛节奠扶桑。

参天花倒龙宫影，浴日亭浮蜃气光。

闻道汉皇东渡急，冯夷先为驾鼋梁。

其二

夹江铜鼓响天风，春半家家祀祝融。

神次最尊南海帝，隋时初筑虎门宫。

波罗花落蛮娘拾，狮子洋开估舶通。

汉代楼船零落尽，何时重见伏波功。

（清康熙刻凌凤翔补修本《翁山诗外》卷九）

此二诗记述诗人在广州南海神庙所闻所感，诗文与南海丝绸之路地理、历史、贸易相关，故纳入此编。

长寿院①外眺望作

珠海当门月倍明，雌雄水底应钟声。

风飘梵响千家满，雨散花香两岸清。

洋舶通时多富室，岭门开后少坚城。

霸图消歇无南武，怅望朝台古木平。

（清康熙刻凌凤翔补修本《翁山诗外》卷九）

此诗颈联描绘了清代广州海舶盛况，与南海丝绸之路贸易相关，故纳入此编。

注释：① 长寿院，原名长寿庵，在今广州荔湾区长寿路。大汕为主持时，改名长寿寺。

观海

其一

始知元气大，为水竟包天。

一片洋船落，微茫在暮烟。

其二

有天皆化水，无月不生潮。

万里长堤外，波涛极沃焦。

其三

日出当中夜，红轮十丈余。

海波烧尽赤，掩映是扶胥。

（清康熙刻凌凤翔补修本《翁山诗外》卷一二）

《观海》组诗三首记述诗人于广州观海所闻所感，诗文描绘了南海盛景及海舶盛况，与南海丝绸之路地理、贸易相关，故纳入此编。

玻璃镜①·其一

谁将七宝月，击碎作玻璃。

绝胜菱花镜，来从洋以西。

（清康熙刻凌凤翔补修本《翁山诗外》卷一二）

此诗以西洋舶来物品玻璃镜为吟咏对象，与南海丝绸之路贸易相关，故纳入此编。

注释：① 玻璃镜，清康熙水天阁刻本《广东新语》卷一五："玻璃来自海舶，西洋人以为眼镜。儿生十岁，即戴一眼镜以养目光，至老不复昏朦。又以玻璃为方圆镜，为屏风，昔汉武帝使人人海市琉璃者此也。"

广州竹枝词

其一

边人带得冷南来，今岁梅花春始开。

白头老人不识雪，惊看白满越王台。

其二

日食槟榔口不空，南人口让北人红。

灰多叶少如相等，管取胭脂个个同。

其三

佛桑亦是扶桑花，朵朵烧云如海霞。

日向蛮娘髻边出，人人插得一枝斜。

其四

洋船争得是官商，十字门开向二洋。

五丝八丝广缎好，银钱堆满十三行。

其五

十字钱多是大官，官兵枉向澳门盘。

东西洋货先呈样，白黑番奴拥白丹。

其六

女葛无多况女香，纷纷香尉在炎方。

归舟莫过沉香浦，风雨难留一片黄。

其七

好笋是人家里竹，好藕是人家里莲。

好崽是人家女婿，鸳鸯各自一双眠。

（清康熙刻凌凤翔补修本《翁山诗外》卷十四）

《广州竹枝词》组诗七首记述诗人在广州的所见所闻，诗文涉及南海丝绸之路沿线风俗、贸易、物产等，故纳入此编。

南海庙作

其一

金银宫阙映朝暾，火帝南兼水帝尊。
万里朝宗来百谷，中华形势尽三门。
云开帆席洋船过，月出楼台海市屯。
元气茫茫全化水，不知天外有渔村。

其二

南越人祠尽祝融，章丘平处有行宫。
三江水到扶胥大，万里天归涨海空。
潮汐旧从狮口入，帆樯新与虎门通。
天留一岛苍茫外，可惜田横事不终。

其三

扶桑影逐海云过，蜃物春来变怪多。
日暖羊城来士女，月明龙户有笙歌。
家家水帝祠南海，岁岁天朝使暹罗。
汉将神灵铜鼓在，风吹音响满沧波。

（清康熙刻凌凤翔补修本《翁山诗外》卷一七）

《南海庙作》三首记述诗人在广州南海神祠的所闻所感，诗文涉及南海丝绸之路地理、交通、风俗等方面，故纳入此编。

白鹅潭眺望①

其一

半空波撼越王台，秋水含烟昼不开。
海雨忽将山雨去，新潮频截旧潮来。
风吹岛屿随龙气，月引楼船逐蚌胎。
南出虎门天险失，诸夷咫尺二洋回。

其二

暮天风雨白鹅浮，险绝三江此倒流。
珠海月开龙女市，玉山霞起蜃王楼。
人烟掩映桄榔屿，渔火虚无茉莉洲。

几欲飘洋过日本，白艚东作百蛮游。

其三

五仙楼出五羊城，东尽扶胥一日程。
海道多岐那得问，江门有戍未为兵。
诸番与我分全险，十郡凭谁举大名。
直抵金陵舟楫便，孙卢往事足心惊。

其四

番禺山抱越华楼，势似长城控郁洲。
偏霸未分东井气，雄图频逐大江流。
抄关使者三门海，进贡番人万里舟。
舶口至今蚝镜失，西洋端恐有阴谋。

其五

秋色苍茫入鬓蓬，潮鸡唤起越王宫。
龙嘘一气江天失，蟹食三秋水国空。
月下烹鱼催妇子，云边射雁戒儿童。
芦花宿处无人觉，跳白船轻任海风。

（清康熙刻凌凤翔补修本《翁山诗外》卷一七）

《白鹅潭眺望》五首组诗记述诗人在广州珠江观海所见，诗文描绘了眺望海面的盛景、广州海舶盛况，与南海丝绸之路地理、交通、贸易等方面相关，故纳入此编。

注释：① 白鹅潭，即今广东广州市区西南珠江三叉口白鹅潭，为水路交通要道。清康熙水天阁刻本《广东新语》卷四："珠江上流二里，有白鹅潭。水大而深，每大风雨，有白鹅浮出……相传明黄萧养作乱，船经此潭，白鹅为之先导。"

清·陈恭尹诗二首

陈恭尹（1631—1700），字元孝，号半峰，晚号独漉山人，又自号罗浮布衣。明清间广州顺德（今广东省佛山市）人。其父陈邦彦抗清殉国，以父荫。桂王败，隐迹避祸。出游闽、浙、赣，至金陵、泛洞庭，至汴梁，渡黄河，徘徊太行山下。少即能诗，后与陶璜、梁无技等称"北田五子"。南归后以诗文自娱，称罗浮布衣。其诗或发哀怨之思，或激昂顿挫。诗作与屈大均、梁佩兰合刊为《岭南三家集》。与屈大均、梁佩兰并称"岭南三大家"。有《独漉堂集》三十卷。

题西洋画

其一

西番画法异常伦，如雾如烟总未真。
酷似少翁娱汉武，隔帷相望李夫人。

其二

丝丝交织自成文，不画中间画四邻。

亦是晋唐摹字帖，偏于无墨处传神。

（清道光五年陈量平刻本《独漉堂诗文集》诗集卷六）

陈恭尹此诗是对西洋画的鉴赏，时值西洋画传入初期，诗人对其评价褒贬不一。诗文与南海丝绸之路文化交流相关，故纳入此编。

铙歌

其七

粤海关①开海舶过，渔人生计只渔蒉。

从今不用愁饥馁，鱼课承恩减已多。

其十

碧眼番彝剑在襟，百年贡市海门深。

逢人不作中华拜，脱帽为恭自掩心。

其十五

九真②方域亦南隅，风雨虽同政化殊。

只隔分茅重岭外，连年粟米贵如珠。

（清道光五年陈量平刻本《独漉堂诗文集》诗集卷一〇）

《铙歌》三首歌咏两粤地区幕府威略、境内宁谧，诗文与南海丝绸之路贸易、交通相关，故纳入此编。

注释：① 粤海关，始创于康熙二十三年（1684），设于广州。海舶中珍奇异品，例由粤海关选择进贡。

② 九真，古郡名。西汉初南越赵佗置，西汉元鼎六年（前111）归汉，治胥浦县（今越南清化省东山县杨舍村）

乙亥元日送石公泛海之交趾说法

铜柱西过不易攀，却从海外出人寰。

孤舟独坐如天上，高浪经行似雪山。

国有中边同是岸，道存彼此孰能关。

东风好借扶摇力，手散千花与八蛮。

（清道光五年陈量平刻本《独漉堂诗文集》诗集卷一二）

此诗作于清康熙三十四年（1695）春，石濂大汕应越南顺化政权阮福周之邀，渡海赴越演说佛法，故诗人作诗送行。诗文与南海丝绸之路交通、宗教相关，故纳入此编。

清·彭孙遹诗一首

彭孙遹（1631—1700），字骏孙，号羡门，又号金粟山人。明清间嘉兴海盐（今浙江省嘉兴市）人。工诗词，与王士禛并称"彭王"。其诗辞气平和，近唐刘长卿。清顺治十六年（1659）进士，授中书，罢归。清康熙十八年（1679），年近五十，举博学鸿词，考列第一，授编修。历吏部侍郎兼翰林院掌院学士。为《明史》总裁。有《南往集》三卷、《延露词》三卷等。

西洋琥珀酒船歌

海外良工擅奇思，酒船制作穷珍异。

滑稽足傲鸱夷形，淋漓可使淳于醉。

宛转玲珑二尺长，镂金错采巧莫当。

文珠作窗玳瑁屋，白银为篷珊瑚樯。

酌酒五升帆半起，峡船始发春江里。

引壶注满饱欲张，蓬蓬已可行千里。

长年三老毛发动，须眉飒飒笑相视。

绮疏启处中有人，皎若芙蓉照秋水。

须臾酒竭帆亦收，回看堂上惟虚舟。

机械动止那可测，见者疑同神鬼游。

此器徒闻出西域，估客新从舶中得。

由来奇巧泪人心，不胫还能走中国。

对之三叹谢贾胡，匏尊一酌足自娱。

居奇漫直十家产，适用岂若千金壶。

投珠抵璧当代事，雕锼无益胡为乎。

（清嘉庆刻本《两浙𫐏轩录》卷一）

此诗以西洋舶来品为吟咏对象，酒船是形长如船的一种盛酒器。诗中描绘此器中有帆船，注酒时船即升起，是西洋海舶载来的奇技之物。诗文与南海丝绸之路贸易相关，故纳入此编。

清·徐乾学诗二首

徐乾学（1631—1694），字原一，号健庵。明清间苏州昆山（今江苏省昆山市）人。清康熙九年（1670）进士，授编修。历官内阁学士、左都御史、刑部尚书。清康熙二十九年（1690）罢官归乡。学问渊博，曾充日讲起居注官、经筵讲官。修撰《明史》总裁官，《大清会典》《大清一统志》副总裁官。主持会试。有《读礼通考》一百二十卷及《憺园文集》三十六卷等。

西洋镜箱

其一

移将仙境入玻璃，万叠云山一笥携。

若说灵踪探未得，武陵烟霭正迷离。

其二

横箫本自出璇玑，一隙斜窥贯虱微。

仿佛洞天微有径，翠屏云绽启双扉。

其三

交光上下两青铜，丹碧微茫望若空。

遮莫海楼云际结，珊瑚枝上现蛟宫。

其四

玉轴双旋动绮纹，断红霏翠转氤氲。

分明香草衡湘路，百折帆回九面云。

其五

隙驹中有大罗天，光影交时态倍妍。

鹤正梳翎松奋鬣，美人翘袖忽褊褼。

其六

乾坤万古一冰壶，水影天光总画图。

今夜休疑双镜里，从来春色在虚无。

（清乾隆刻蔗塘外集本《莲坡诗话》卷中）

组诗六首以西洋舶来品为吟咏对象，西洋镜箱是一种幻灯式的镜箱，观者透过目镜可窥见箱内图景。诗文与南海丝绸之路贸易相关，故纳入此编。

清·吴历诗五首

吴历（1632—1718），字渔山，号墨井道人、桃溪居士。明清间苏州常熟（今江苏省常熟市）人。清康熙二十一年（1682）入天主教，前后在嘉定、上海等处传教三十年。后人以之与王时敏、王鉴、王翚、王原祁、恽寿平合称"清六家"或"四王吴恽"。清康熙五十七年（1718），卒。有《墨井诗钞》《三巴集》《桃溪集》及《墨井画跋》等。

澳中杂咏

其十

风舶奔流日夜狂，谁能稳卧梦家乡。

计程前度太西去，今日应过赤道旁。

其十六

虹见来朝狂飓起，吞舟鱼势又纵横。

不知几万风涛去，归向何人说死生。

其十八

小西船到客先闻，就买胡椒闹夕曛。

十日纵横拥沙路，担夫黑白一群群。

其二十六

门前乡语各西东，未解还教笔可通。

我写蝇头君鸟爪，横看直视更难穷。

（清宣统元年刻本《墨井集》卷三《三巴集》）

　　《澳中杂咏》记诗人在澳门的所见所闻，其中四首涉及南海丝绸之路交通、风俗，故纳入此编。

佚题

圣会光埋利薮中，可怜前圣创基功。

三洲①圣人沙勿略墓在粤东三洲岛。旧穴今犹在，望里悲天午夜风。

（清宣统元年（1909）刻本《墨井集》卷三《三巴集》）

　　此诗记述了广东地区西方天主教传教的相关情况，与南海丝绸之路宗教文化交流相关，故纳入此编。

　　注释：① 三洲，今广东台山县上川岛。

清·大汕诗四首

　　大汕（1633—1705），字石濂，亦作石湖、石莲，号厂翁、石头陀。清僧，俗姓徐。曾流寓江南，籍隶浙江嘉兴，故亦被称为"吴人"。工诗善画，制器亦精美。有时托言姓金或龚，清康熙初主广州长寿庵，以收租米所得为资本，经营海外贸易。曾赴安南说法。好为惊世动众之事，如求雨、止雨之类。喜与名士往来，与潘耒、屈大均都先有交往，继又交哄。后被地方官驱逐离粤，在赣州居山寺，皈依者甚众。清康熙四十三四年间，被江西巡抚李基和逮捕，押解回籍。至常山病死，年七十余。有《离云堂集》《离云堂近稿》《海外纪事》等，画有《行脚图》。

虎门望海七律

其一

白马灵旗带晚霞，风涛万顷走龙蛇。

通宵不夜非关月，到处行空可是槎。

天上有星分野外，眼前无地说中华。

楼船事往皆春梦，千古还因汉使嗟。

其二

遥闻飒沓铁衣声，玉破珠残历乱倾。

风卷一山天际落，云征万鼓水中鸣。

陆沉城阙苍烟出，鬼市楼台白昼生。

鲁漫零丁俱在望，七州洋外不知名。

（清康熙刻本《海外纪事》卷一）

《虎门望海》作于清康熙三十四年（1695），僧人大汕接受越南顺化阮氏政权邀请，渡海赴越讲授佛法，行至虎门作诗记南海盛景。诗文与南海丝绸之路交通、地理相关，故纳入此编。

初抵大越国·其一

巨洋寒雨满征帆，到岸初春着夏衫。

墟上蛮歌声呖呖，庸中调笑语喃喃。

番军杂沓沙千里，王使来迎书一函。

自古东南传地缺，落霞仍有万山街。

（清康熙刻本《海外纪事》卷一）

此诗记述大汕初到越南情形，诗中描绘了海航所见及越南风土，诗文与南海丝绸之路交通、地理相关，故纳入此编。

上王诗

昨岁瑶缄到五羊，群称重道出殊方。

轻杯敢负三生约，大海真成一苇航。

香饭抄云还共白，南金布地总成黄。

国王已向人中贵，更向人中礼法王。

（清康熙刻本《海外纪事》卷一）

此诗为大汕初到越南所作，赞颂此次越南国富饶及敬佛。诗文与南海丝绸之路宗教、地理相关，故纳入此编。

清·方中通诗一首

方中通（1634—1698），字位伯，号陪翁。明清间安庆桐城（今安徽省桐城市）人。方以智（1611—1671）长子。明末随父方以智宦京邸，克承家学。集诸家之说，精算术，曾问学于西人，为中国论对数第一人。清康熙二十二年（1683），教读南粤十余年。有《陪词》正续二卷，存词五十首。有《数度衍》二十四卷、《附录》一卷以及《揭方问答》。

与西洋汤道未先生论历法

千年逢午会，百道尽文明。

汉法推平子，唐僧重一行。

有书何异域，好学总同情。

固感先生意，中怀日夕倾。

（清康熙继声堂刻本《陪集·陪诗》卷二）

此诗记述诗人与德国耶稣会传教士汤若望讨论历法事，汤若望于明天启二年（1622）经海路到中国，后定居北京，协助朝廷修改历法，入清后任钦天监监正。诗文与南海丝绸之路文化交流相关，故纳入此编。

清·王士禛诗二首

王士禛（1634—1711），字子真，一字贻上，号阮亭，晚号渔洋山人。明清间济南新城（今山东省淄博市）人。清顺治十五年（1658）进士。授扬州府推官。清康熙间历礼部主事、翰林院侍讲，官至刑部尚书。以与废太子唱和，于康熙四十三年（1704）被借故革职。诗有一代正宗之称，而后人嫌其才力不足。诗集初有《阮亭诗钞》，晚年并历年所刻为《带经堂集》，又自选部分诗为《渔洋山人菁华录》，另有笔记《池北偶谈》二十六卷。

荷兰四马

二青二赤，凤膺鹤胫，日可千里。

龙种来西极，兰筋怒不群。

鼓车应待汝，不用笨浮云。

（四部丛刊景林佶写刻本《渔洋山人精华录》卷六）

此诗以荷兰进贡的四马为吟咏对象，诗文与南海丝绸之路政治外交相关，故纳入此编。

广州竹枝·其六

才到花朝似夏阑，雨纱雾縠间冰纨。

洋船新买红鹦鹉，却苦羊城特地寒。

（四部丛刊景林佶写刻本《渔洋山人精华录》卷九）

此诗描绘诗人于广州所见所闻，其中"洋船新买红鹦鹉"记述当时广州已见海舶而来的红毛鹦鹉。诗文与南海丝绸之路贸易相关，故纳入此编。

清·宋荦诗三首

宋荦（1634—1714），字牧仲，号漫堂西陂绵津山人，晚号西陂老人西陂放鸭翁。清归德商丘（今河南省商丘市）人。工诗，诗文与王士禛齐名，是清代学宋诗派中的重要诗人。精鉴藏，善画。宋权子。清顺治间，以大臣子列侍卫。清康熙间，任江宁巡抚，尽力供应圣祖南巡。后入为吏部尚书。少与侯方域为文友。有《绵津山人诗集》二十二卷，晚年别刻名《西陂类稿》五十卷。

大食①索耳茶杯

爱兹海国陶，仿佛卵色天。

索耳朴愈妙，官哥宁比肩。

奥香泛永夜，诗思来悠然。

（清文渊阁四库全书本《西陂类稿》卷九）

注释：①大食，唐以来对阿拉伯帝国的称呼。

番　菊

小草无名不用栽，栽时先合问根荄。

鲜明似剪金鹦卵，气息全轮紫麝煤。

花自霜前篱下发，种从海外舶中来。

盛朝久已图王会，七月江南外外开。

（清文渊阁四库全书本《西陂类稿》卷九）

咏日本山茶·其一

海舶春风初到时，空帘微雨挹芳姿。

从来邢尹多相妒，吩咐牡丹开小迟。

（清文渊阁四库全书本《西陂类稿》卷一四）

以上三首诗歌均以海上舶来之物为吟咏对象，反映时海外贸易发达。诗文与南海丝绸之路贸易相关，故纳入此编。

清·田雯诗一首

田雯（1635—1704），字纶霞，又字子纶、紫纶，号漪亭，又号山姜子，晚号蒙斋。明清间济南德州（今山东省德州市）人。其诗才力高迈，纵横跌宕，善作锻炼刻苦语，诗师黄山谷，欲以奇丽驾王士禛之上，于王士禛"神韵"外，自树一帜。清康熙三年（1664）进士，授内阁中书，累迁工部郎中，督江南学政，历江宁、贵州巡抚，官至户部侍郎。有《古欢堂集》三十七卷、《黔书》二卷等。

贡狮子应制①

南轴狻猊贡，雕题瘴海来。
金刚夸异质，乌弋岂凡胎。
宛足腾猛洞，斑文映斗魁。
喿阳真挺拔，岭表郁崔嵬。
尾掉风生箐，山鸣昼起雷。
熊罴须早避，兕象莫相猜。
月照盘匏馆，秋高戏马台。
岂甘同玃狢，未肯学弩骀。
北望遵王会，南荒历劫灰。
楼艅浮万斛，飓浪簸千堆。
使者须髳古，蛮衣氄罽裁。
绮钱盘翡翠，椎结冒氍毹。
俯首螭坳下，呼嵩鹤禁隈。
表须重译上，宴许膳夫陪。
甲帐传银瓮，仙茎赐露杯。
乐浪偕馆舍，日浴共裴回。
报谒鸡人唱，辞朝驿骑催。
天连滇渤阔，客泛斗牛回。
紫舌车书集，洪炉雨露该。
驺虞游上苑，牺象镂云罍。
喘问三春犊，祥征八尺騋。
虞人勤护惜，爱此不群材。

（清文渊阁四库全书本《古欢堂集》卷一〇）

此诗为应制之作，清康熙十七年（1678）葡萄牙遣使进京贡狮，狮自非洲莫桑比克捕得，先送往印度果阿，再运抵澳门。由本比·白垒拉率团自广州出发北上，八月抵京。康熙亲自前往观看，并命群臣赋诗。诗文与南海丝绸之路外交、交通相关，故纳入此编。

清·成鹫诗四首

成鹫（1637—1722），字迹删，又名光鹫，一字即山，号东樵山人。本姓方，名颛恺，字麟趾，诸生，明孝廉方国骅之子。明亡清兴后，国骅隐居授徒，世称"学守先生"。明清间广州番禺（今广东省广州市）人。十三岁鹫补诸生。三十五岁时父故后婚嫁毕。明亡后，别母学佛诗于鼎湖，晚年栖大通古寺。与石洞禅师躬耕罗浮，师资契合，相与游戏翰墨，后削发为僧。其戒律精严，道范高卓颖峻，与贵人交游，道话外公私一无所及，遇家人辈有所咨询，瞑目跌坐，寂然若无闻八十余岁圆寂。有《咸涉堂文集》二十五卷。

送高二尹伴贡入京

其二

江上大郎连二郎，江干蕃舶并官航。
远人不用夸奇货，馆伴明珠在锦囊。

其四

雕题黑齿共朝天，浊水污泥种白莲。
擎出一枝承雨露，东林须记再来缘。

其五

九重瑞日射彤云，万里天鸡到处闻。
闲与侏离说声教，好教遣子受三坟。

其六

相随断发及文身，异俗殊音强自亲。
除却声华与文物，不知谁假复谁真。

（清乾隆西阪草堂刻本《澳门记略》上卷）

此诗为送伴贡入京之作，诗文与南海丝绸之路政治、贸易、文化相关，故纳入此编。

清·成克大诗二首

成克大（生卒年不详），字子来，明清间大名（今河北省邯郸市）人。清顺治十七年（1660）举人。清康熙二十四年（1685），创设粤海关，受命为监督。历官镇远知府。有《历游诗》。

海幢寺①送客登眺感怀

万里浮槎至，凭高望越台。
潮平梅雨歇，天阔岛云来。
霸气余残垒，王宫尽劫灰。
无边惆怅意，送客酒盈杯。

（清道光十九年红豆树馆刻本《国朝畿辅诗传》卷一三）

此诗作于诗人在粤海关任上，首联描绘了西方海舶万里而来的盛景，与南海丝绸之路贸易相关，故纳入此编。

注释：① 海幢寺，在今广州河南南华西路，为清初接待外国官员之所。

望洋台①

峻岭有高台，突兀南溟岸。

长风万里来，天际帆影乱。

极目荒徼外，一气疑未判。

蛟室邈难即，蜃楼聚复散。

天吴时出没，骊龙珠光灿。

四海无扬波，重译来浩瀚。

百货走如鹜，有无相易换。

澳贾罔市利，此地立龙断。

攘夺衅窦开，掩袭肆狡悍。

横山起军垒，张威护里闬。

外御异己者，会使诸彝惮。

我来一登临，狙谲信难捍。

嗟彼番鬼谋，贸迁操胜算。

但恐恣骄纵，与世成冰炭。

滥觞不在多，积微固有渐。

勿令登台人，徒作望洋叹。

（清道光十九年红豆树馆刻本《国朝畿辅诗传》卷一三）

此诗为康熙二十四年（1685）成克大与粤海关满监督宜尔格图巡历濠镜澳时作。诗文与南海丝绸之路交通、地理、贸易相关，故纳入此编。

注释：①望洋台，在澳门半岛南端。

清·劳之辨诗一首

劳之辨（1639—1717），字书升，晚号介岩介庵，清嘉兴石门县（今浙江省桐乡市）人。清康熙三年（1664）进士，选庶吉士，授户部主事，迁礼部郎中。出为山东提学道佥事，迁贵州粮驿道参议。康熙二十四年（1685），擢通政使参议，迁兵部督捕理事官。后被逐回原籍，卒于家。

同满汉榷部巡历濠镜澳·其三

纶音来北阙，货贝自西洋。

刀剑非常制，衣冠亦采章。

玻璃浮竹叶，钿盒贮槟榔。

不识沧桑换，相呼只大唐。

（清康熙四十年刻本《静观堂诗集》卷四）

此诗作于劳之辨任广南韶道时，诗中描绘与粤海关监督成克大等巡视澳门所见海舶盛景。诗文与南海丝绸之路贸易相关，故纳入此编。

清·廖燕诗一首

廖燕（1644—1705），原名燕生，字人也，号梦醒，改号柴舟。清韶州曲江（今广东省韶关市）人。工诗，善草书，议论大胆，犀利透快。二十五岁弃制举业，专事著述，贫穷潦倒以终。有《二十七松堂集》十卷。

九日登镇海楼

穗岭初登第一楼，苍茫烟树写深秋。
千年霸业余残照，万里洋航卷逆流。
霜气漫天鸿欲落，菊香浮座酒新刍。
今宵又送重阳别，惆怅西风易白头。

（清乾隆刻本《二十七松堂集》卷九）

此诗描绘诗人登广州镇海楼所见海景，其中颔联反映时广州海舶之盛。诗文与南海丝绸之路贸易、地理相关，故纳入此编。

清·胡会恩诗一首

胡会恩（生卒年不详），字孟纶，号苔山，清湖州德清（今浙江省湖州市）人。清康熙十五年（1676）进士，任刑部侍郎。有《清芬堂存稿》八卷。

珠江杂咏

其一

我爱珠江好，风光入岭偏。
帆飞蝌蚪水，杖倚鹧鸪天。
穗石仙踪古，花田粉泽妍。
扶胥望不极，身在海云边。

其二

我爱珠江好，天南接大洋。
山家巉壁峙，海市鲎帆扬。
酒杂槟榔醉，茶匀茉莉香。
最宜新雨后，炎暑变清凉。

其三

我爱珠江好，骈罗杂卉多。

丛篁迷涩勒，异果熟波罗。

火米生黎贡，蕉纨细马驮。

木兰新艇子，溪女唱蛮歌。

其四

我爱珠江好，清娱事事幽。

名香散东莞，佳砚采端州。

水驿梅花晚，山村荔子秋。

比来解蛮语，倚树听钩辀。

（清嘉庆刻本《两浙輶轩录》卷五）

《珠江杂咏》组诗赞颂珠江风土，诗中反映了广州海舶兴盛、舶物丰富、异族文化融合的情形，与南海丝绸之路贸易、文化交流相关，故纳入此编。

清·查慎行诗一首

查慎行（1650—1727），初名嗣琏，字夏重；后改名慎行，字悔余，号他山，又号初白。清杭州海宁（今浙江省海宁市）人。清康熙三十二年（1693）举人，清康熙四十二年（1703）以举人赐进士出身，授翰林院编修。后归里。清雍正间，受弟嗣庭狱株连，旋得释，归后即卒。受经史于黄宗羲，受诗法于钱澄之。效法宋诗，工力纯熟，为清代诗坛一大家。自朱彝尊去世后，为东南诗坛领袖。有《他山诗钞》《敬业堂集》《苏诗补校》等。

谒南海神庙

姚侯送我游黄湾，澄江一道晴无澜。

黄昏到岸天色变，彻夜震撼号惊湍。

平明谒海神，云气解驳光斑斓。

殿中击铜鼓，声落海外迎潮还。

巡檐绕廊看古碣，手剔碧藓青苔斑。

或欹或仆或屹立，节角剥蚀形模残。

煌煌御书碑，迥出唐宋元明间。

浴日孤亭表其右，七十二级直上穷跻攀。

不知榑桑出地几千丈，顿觉东西南北四望无遮拦[一]。

骊龙吐珠蛟喷涎，阳乌击水鳌移山。

祝融分位当炎躔，万象呈露秋毫端[二]。

紫霞红浪上下两摩荡，中有万点风樯竿。

星流电掣到庙下，一一椎髻垂花鬘。

吾皇膏泽被百蛮，远人毕至迩者安。

自从计臣握算变新法，盐筴[三]织悉多归官。

广川大泽禁渔猎，网漏鱼鳖群生悭。

问神受封今几代，蒿目岂不知时艰。

国家大事必祭告，谓是正直靡欺谩。

幽明肸蚃一气旋，忧乐当与民相关。

曷不草绿章，为民请命恩宜颁。

但使方隅获沾山海利，神亦坐享血食无惭颜。

（四部丛刊景清康熙本《敬业堂诗集》卷四八）

此诗记查慎行在粤东参观南海庙所闻所感，诗中描绘了南海庙位置及形貌、相关史实及庙前海舶盛景。诗文与南海丝绸之路沿线古迹、贸易、地理相关，故纳入此编。

校记：

[一] 东西南北四望无遮拦，清乾隆二十五年教忠堂刻本《清诗别裁集》卷二〇作"万象晃朗穷豪端"。

[二] 万象呈露秋毫端，清乾隆二十五年教忠堂刻本《清诗别裁集》卷二〇脱。

[三] 筴，清乾隆二十五年教忠堂刻本《清诗别裁集》卷二〇作"策"。

清·汪森诗一首

汪森（1653—1726），字晋贤，一字文梓，号碧巢。清嘉兴桐乡（今浙江省桐乡市）人，周筼诗弟子。二十岁入国子监，清康熙十一年（1672）授恩贡，历官广西临桂、永福、阳知县，桂林府通判，调太平知府，迁知河南郑州事。官终户部江西司郎中。清著名藏书家学家，曾与朱彝尊同定《词综》。家有裘杼楼，藏书极富。又于桂林编《粤西通载》一百三十卷。有《小方壶存稿》二十八卷。

香槎歌

香槎千岁搜空岩，一枝沈水同湖嵌。

奇珍磊砢不易致，海南贾船驰风帆。

星槎贯月海波漱，石骨并藕昆刀劖。

斫成酒器注酖酣，筵前好当金杯衔。

层崖叠嶂堆几案，苍翠郁积高巉巉。

周遭向背似飞动，疑有林麓罗松杉。

云埋雪冻虎豹睡，黄精可掘劳长镵。

中含巨壑浸潭洞，倾银注泻声渢渢。

天生巨制供快饮，神工鬼斧真不凡。

长虹吸川鲸掣海，一饮数斗何嫌馋。

荷筒竹根最琐细，爵罍觥觯都应芟。

此杯远至路万里，蛮烟蜑雨留封函。

忆当岭表事跋涉，鸰原老泪凝征衫。

桄榔树底剖椰实，炎洲紫燕鸣呢喃。

镫前回首话畴昔，捧杯玉指谁掺掺。

人生行乐畅胸臆，对酒那计忧讥谗。

奇材识赏有同嗜，顾我岂独殊酸咸。

作歌与尔共倾倒，新诗肯寄双鱼缄。

（民国退耕堂刻本《晚晴簃诗汇》卷四〇）

　　此诗所咏为海舶贩来的一件工艺珍品，即用沉香木雕成的大型酒器。香槎，沉香木干枯的枝丫。诗文与南海丝绸之路贸易相关，故纳入此编。

清·吴暻诗一首

　　吴暻（1662—？），又作吴璟，字符朗，清苏州太仓（今江苏省太仓市）人，吴伟业子。清康熙二十七年（1688）进士，授户部主事，官兵科给事中。旋入直武英殿，充《书画谱》纂修官。工诗，长于律绝，留心历朝掌故，有《左司笔札》《西斋集》。

水匮歌

　　世传西洋水匮，为救火之具。其制以木为匮，铜为笛，中可贮水数斛，笛之下机轴连环。用人力挤之，水便上射，东西高下，随手所向，远至数十步外。迩来闽人亦能为之，余因作歌以纪其异。

历山山下千年铜，化作人间百丈之神龙。

口喷白雨如撒荻，天瓢倒勺蛟人宫。

我求于龙置火所，水妃骑龙人融风。

大龙小龙各来斗，群雌不敢当其雄。

东门旧客叹神力，仰视屋瓦飞相从。

祝融告休玄冥笑，擘山翻海龙之功。

我从父老问其制，海客虬须传近世。

八闽国工窃天巧，转机削轴若符契。

十夫之力远可将，贮泉百斛凭水递。

长疑上帝赐九河，天跳地踔不为厉。

君不见，天汉西头火气昏，郑灾不用裨灶言。

瑾珝玉瓒襄无用，恨不移置司宫门。

又不见，成都市上酒如注，噀来余臭栾巴雨。

神仙之术亦偶尔，水龙今在复何惧？

为语西京刘子骏，龙乎龙乎亦雨具。

（清乾隆三十六年刻本《西斋集》卷一二）

　　此诗以西洋舶来的救火之物水匮为吟咏对象，与南海丝绸之路贸易相关，故纳入此编。

清·梁无技诗一首

梁无技（生卒年不详），字王顾，号南樵，清广州番禺（今广东省广州市）人。贡生，诗赋均工，而乡试屡不中。王士禛、朱彝尊至粤，皆称其才。禀性敦笃，狷介自持。杜门著书，主粤秀书院讲席。年八十而卒，有《南樵集》。

荔枝湾①

要媚波斯女笑颦，君王移殿往江滨。

岂知荒宴能亡国，但爱红云醉美人。

四面鸣蝉芳苑静，一洲香雾翠华新。

如今桥畔龙津路，剩有秋风结白蘋。

（清同治五年聚文堂翻刻本《粤东诗海》卷六五）

此诗记述诗人在广州荔枝湾的所闻所感，其中首联提及南汉后主宠妃波斯女，此女当为五代十国期间随海舶而来。诗文与南海丝绸之路历史、贸易相关，故纳入此编。

注释：① 荔枝湾，在今广州市荔湾区西面。清光绪五年刊本《（光绪）广州府志》："〔荔枝湾〕在城西五里……《古图经》云：广袤三十余里。"

清·法海诗一首

法海（1671—1737），佟佳氏，字渊若，号陶庵。满洲镶黄旗人。佟国纲次子。清康熙三十三年（1694）进士，时年二十三岁，改庶吉士，命在南书房行走。四十四年（1705）迁侍讲学士。官至兵部尚书。性情偏执，坐事夺职。有《悔翁集》。

拟南海神答查悔余先生谒庙诗

先生苍颜鹤发七十强，磊磊落落诗名天下扬。

笠箬鞋芒邛竹杖，水浮陆走万里来炎方。

罗浮神仙窟，羊城富贵场。

掉头两不顾，轻舟独泊䬅旗冈。

径上七十二级浴日亭，愁看旸谷金晕浮扶桑。

直入庙中挝铜鼓，鼓声遥撼零丁洋。

蒿目时艰不可说，惟神若可默赞襄。

高歌如慕复如怨，怨到海神神亦伤。

自从祝融宅南海，风非古昔俗诪张。

田荒莠长蟊虫活，常平十郡封空仓。

一水虎门扼冲要，雕蹄凿齿通来王。

珠玑翡翠珊瑚树，玳瑁灵犀琥珀光。

罔象见利亦忘义，挪揄垄断杂官商。

盐法榷法不可问，山盗洋盗争强梁。

职守一方司民命，安敢坐视苍生殃。
独凭正气触百怪，几夜辛勤草绿章。
岂知山鬼足伎俩，阴晴播弄蔽太阳。
茫茫万里九天远，狂风吹倒百鍊刚。
古来天定能胜人，人定亦能胜彼苍。
吁嗟乎！人定胜天可奈何，尸位不去惭颜多。
诗家若有斡旋手，请君更作回天歌。

（四部丛刊景清康熙本《敬业堂诗集》卷四八《粤游集》下附）

此诗作于清康熙五十七年（1718），查慎行应法海之邀赴粤，二人同游南海神庙时查慎行赋诗一首，法海又以南海神口吻作答。诗文与南海丝绸之路地理、历史相关，故纳入此编。

清·王时宪诗一首

王时宪（1655—1717），字若干，号禊亭，清苏州太仓（今江苏省太仓市）人。清康熙四十八年（1709）进士，由宜兴教谕改翰林院庶吉士，授检讨。工诗，摹魏、晋、唐、宋而未传其真，间有自出新意之作。有《性影集》八卷。

广州竹枝

珠江南口出南洋，洋里常多白底艆。
远在澳门装货到，最繁华是十三行。

（清康熙五十年高玥刻本《性影集》卷八）

此诗吟咏广州十三行进出口情况，与南海丝绸之路贸易相关，故纳入此编。

清·曹寅诗一首

曹寅（1658—1712），字子清，号楝亭，又号荔轩。清满洲正白旗人，曹玺子。工诗词，格清整，亦善词曲，富有藏书，校刊古书甚精。世为康熙近臣。清康熙三十一年（1692）起，督理江宁织造，后兼巡视两淮盐政，累官至通政使。有《楝亭诗钞》八卷、《词钞》一卷等。又汇刻前人文字、音韵书为《楝亭五种》，艺文杂著为《楝亭书十二种》，校勘颇精。

客馈洋茶半开戏题①

浅擘鞓红皱缬开，半含宝气脱珠胎。
艳应蛮女咀香去，奇为商胡贩海来。
吉了诅春浑不省，唐花纷笑总成堆。
漫矜贵种披帷出，还遣当风更筑台。

（清康熙刻本《楝亭诗文钞》卷六）

此诗吟咏友人所赠舶来洋山茶，与南海丝绸之路贸易相关，故纳入此编。

注释：① 洋茶，指洋山茶。花大而艳，明清间自海舶传入中国。

清·蕴端诗四首

蕴端（1671—1704），一作岳端，又作袁端，字兼山，又字正子，号玉池生，别号红兰室主人，又称长白十八郎东风居士，固山贝子，安和郡岳乐子。以诗闻名。清康熙二十三年（1684），封多罗勤郡王。画山水，洒丽纵逸类八大山人。墨兰得元人之秀致。有《玉池生稿》十卷。

西洋四镜诗

其一 千里镜

数片玻璃珍重裁，携来放眼云烟开。

远山逼近近山来，近山远山何嵬嵬。

州言九点亦不止，海岂一泓而已哉。

君不见昔日壶公与市吏，壶中邂逅相嬉戏。

自从神术一相传，而后市吏能缩地。

斯言是真非是伪，今设此镜盖此意。

君若不信从中视。

其二 显微镜

一卷即是山，一勺即是水。

大鹏鷦鹩同羽翰，二禽各具生生理。

小至鷦鹩以不止，更有蟭螟来巢蚊莫知。

人虽有目何能视，何况目力不同科。

离娄师旷二子是，字得空青千万斛。

均兮世人令医其目来观此。

呜呼!圣人之言曰：莫显乎微，岂徒然而已。

其三 火镜^①

鸡扱绝，明星灭，火轮飞海犹热。

羲和射光穿玻璃，不学燧人钻木穴。

一团龙脑炉中燕。

其四 多宝镜^②

有客携镜来，命我持镜视。

一人当我前，更见二三四。

十人当我前，其数不胜记。

济济皆衣冠，竟无丝毫异。

如蚁复如蜂，扬眉而吐气。

去镜更一窥，余不知所逝。

眸子蔽一层，即莫辨真伪。

今始觉其诈，此镜从此弃。

将此弃镜心，可以推而万事。

（清乾隆刻蔗塘外集本《莲坡诗话》卷中）

《西洋四镜诗》所咏千里镜、显微镜、火镜、多宝镜等物，皆明末清初西洋传教士自海舶携入。诗文与南海丝绸之路贸易相关，故纳入此编。

注释：① 火镜，凸透镜的别称，可用以向日取火。

② 多宝镜，又称多目镜。多面折射镜，可有多重镜影。

清·陈王猷诗一首

陈王猷（生卒年不详），字良可，一字砚村，又号息斋，清潮州海阳（今广东省潮州市）人。清康熙二十年（1681）举人，历官肇庆教授，连州学正。有《莲亭偶存诗草》十五卷。

泊广州城下作

北阙天高泽国寒，风潮日日斗波澜。

虎门番舶秋频入，马户宵人枕未安。

力竭东南难总货，饥驱盗贼漫丛奸。

忧时旅客沧江上，箬笠渔蓑一钓竿。

（清道光二十六年凤城世馨堂补刻本《莲亭偶存诗草》卷八）

此诗描绘泊舟广州所见所感，颔联写海禁初开、番舶频来，颈联写海疆疮痍未复。诗文与南海丝绸之路贸易、历史相关，故纳入此编。

清·汪后来诗三首

汪后来（1674—1752），字伯岸，又曰鹿冈子，号鹿冈，别署白道人白岸道人白麓山樵等。祖籍徽州歙县（今安徽省黄山市），落籍广州番禺（今广东省广州市）。工诗文书画。擅画山水，具疏淡之美，山水兼仿黄公望、吴镇，是岭南地区受"新安画派"影响最大的画家。清康熙四十一年（1702），武举人，提督黄登令参军。清雍正初荐鸿博以病辞。晚年闭门读书，放浪山水。有《山中遇访图》《罗浮山水册》等，诗画有《王右丞诗笺》《杜工部诗注》《画史》《鹿冈诗集》《汾江社诗选》等。

答日南国王郑君见寄

估舶扬帆待朔风，年年消息腊前通。

瘴乡荳屋青山下，水国梅花白雪中。

远为扶衰贻海味，真知成癖报诗筒。

锦袍重叠饶人寺，自向东南泣道穷。

（清乾隆刻本《鹿冈诗集》卷三）

此诗是诗人与日南国友人间的赠答诗，反映了两国友人间的交往。诗文与南海丝绸之路文化交流相关，故纳入此编。

火浣布①

楚人一炬失秦宫，不及蛮夷剩女红。

海岛穷搜怜火鼠，梯航入贡斗华虫。

将同试玉残灰冷，何惮章身外垢蒙。

却笑浣沙消息渺，祝融方代建奇功。

（清乾隆刻本《鹿冈诗集》卷三）

此诗以海舶物品火浣布为吟咏对象，与南海丝绸之路贸易相关，故纳入此编。

注释：① 火浣布，亦作"火澣布"，即石棉布。四部丛刊景北宋本《列子·汤问》："火浣之布，浣之必投于火。"晋时由海外传入广东。

澳门即事同蔡景厚·其三

南环一派浪声喧，锁钥惟凭十字门。

借得西洋千里镜，直看帆影到天根。

（清乾隆刻本《鹿冈诗集》卷四）

此诗描绘澳门半岛南端景象，诗中提及的"十字门"是海上交通要塞，"千里镜"是西洋海舶物品。诗文与南海丝绸之路交通、贸易相关，故纳入此编。

清·许廷镖诗二首

许廷镖（1675—1760），字子逊。清苏州长洲（今江苏省苏州市）人，诗学唐宋，尤善近体，工五律、七绝，颇多丽句清辞。清康熙五十九年（1720）举人，官福建武平知县。精弓马，能击剑夺槊，足迹遍四方，交海内名士。晚年与沈德潜、王昶相往来。有《竹素园诗钞》八卷。

广　州

其一

朝请通蕃国，提封扼重关。

岚回庾岭合，水入虎门环。

虞苑今何有，仙人去不还。

独余羁客思，长对白云山。

其二

曩忆谈南海，今成滞粤乡。

楼台长作雨，风月不知霜。

荷气生香浦，苔衣上蛎墙。

双鬟荡舟女，犹是唤珠娘。

（民国退耕堂刻本《晚晴簃诗汇》卷六〇）

《广州》组诗二首记述诗人在广州的所闻所感，与南海丝绸之路地理、交通、贸易相关，故纳入此编。

清·赵侗敩诗一首

赵侗敩（1682—1751），字赓西。清常州武进（今江苏省常州市）人。清康熙四十四年（1705），以诸生召试行在，命入纂修官。清雍正间襄阳知府，浙江分巡宁绍台道按察司副使。有《欠山集》六卷。

羊城竹枝词

番船铜鼓震江干，香贾珠商郁步攒。
争向太平黑鬼问，到来牛舶几婆栏。

自注：谓番船多聚太平门外郁江，步其市中，奔走多西洋黑人，谓之黑鬼。三百斤一婆栏。牛头舶，番船之大者也。

（清乾隆刻本《欠山集》卷二《癸巳旅吟》）

此诗描绘了广州海舶盛况，与南海丝绸之路贸易相关，故纳入此编。

清·黄任诗一首

黄任（1683—1768），字于莘，一字莘田，号十砚老人。清福州永泰（今福建省福州市）人。工诗，以轻清流丽为时人所称，七绝尤负盛名。擅长书法，有口才，有砚癖。清康熙四十一年（1702）举人。官广东四会知县。罢官归，船中所载惟砚石。归里后生活清苦。年八十余而卒。有《秋江集》六卷、《香草斋诗钞》六卷。

珠江夜泊

五羊城下十洲通，楼阁宵涵蜃气空。
百越女牛星拱北，三门筲鼓水归东。
戈船潮暗琵琶月，珠寺沙香茉莉风。
回首可怜偏霸地，渔镫几点浸鲛宫。

（民国退耕堂刻本《晚晴簃诗汇》卷五五）

此诗描绘了珠江夜景，其中首联、颔联道出了广州在海上交通中的重要地理位置。诗文与南海丝绸之路交通、地理相关，故纳入此编。

清·马振垣诗一首

马振垣（生卒年不详），字金城，一字心城，号石墅，清汝州（今河南省临汝市）人。清康熙间诸生，有《卧云堂诗稿》。

红毛酒歌①

秦望山头风夜吼，一夕雪花深没牖。

玉楼银海彻骨寒，石鼎金炉火不守。

主人饮我玻璃杯，云是南海红毛酒。

红毛之酒红于血，色香异味三奇绝。

倾之一盏即醺人，葡萄椰子失芳冽。

红毛之国在何许，或是暹罗真腊伍。

绿醅初酸琉璃瓶，一滴染指贵于琥。

圣人有道四海一，异域倾诚贡上国。

万里飞槎航海来，巨鳌怪蛟夺不得。

我欲饮此乘兴直上落迦巅，指顾岛屿在目前。

蓬莱三山凌风到，下视人世空茫然。

（民国退耕堂刻本《晚晴簃诗汇》卷六三）

此诗以海舶红葡萄酒为吟咏对象，与南海丝绸之路贸易相关，故纳入此编。

注释：①红毛酒，此指由暹罗、真腊等南海诸国舶入的红葡萄酒。

清·李珠光诗二首

李珠光（生卒年不详），字皆玉，清广州香山（今广东省中山市）人。清雍正十三年（1735）拔贡生。

澳门二首

其一

无多莲瓣地，错杂汉蛮居。

版籍南天尽，江山五岭余。

一邦同父母，万国此车书。

舶趋浮青至，微茫极太虚。

其二

孤城天设险，远近势全吞。

宝聚三巴寺，泉通十字门。

持家蛮妇贵，主教法王尊。

圣世多良策，前山锁钥存。

（清乾隆西阪草堂刻本《澳门记略》上卷）

此诗是诗人对澳门的吟咏，诗中描述了澳门历史、地理及风土，尤其"一邦同父母"一联指出澳门从来都是中国的领土；"舶趋浮青至"描绘了澳门海舶盛况。诗文与南海丝绸之路历史、地理、贸易相关，故纳入此编。

清·罗天尺诗四首

罗天尺（1686—1766），字履元，一字履先，号石湖，清广州顺德（今广东省佛山市）人。清乾隆元年（1736）举人。会试落第，即归养母。所居处名石湖，因以自号。世称"后石湖"（宋范成大号石湖居士），"惠门八子"之一。清雍正中，修《大清一统志》，与劳孝舆同纂《粤乘》。有《五山志林》八卷、《瘿晕山房诗删》十二卷。

大龙篇①

大龙始自宋末梁太保，舟长十丈有奇，龙首尾刻画，奋迅如生。上建五丈樯，有台阁二重，樯为五轮阁一重，下平台为一重。各仿杂剧五十余种，童子八十余人，为菩萨、天仙、将军、文人、女妓、介胄、巾帼之属，所执刀槊、麾盖、旗旆、书策、佩悦等。一切格斗、招挑、奔奏、偃仰、喜跃、悲奋，有声有色，有情有理，无不尽态极妍。诸童子不得自由，有运机于锦幔之中，询可异也。三十年一举，辄费金钱百万。士女云集，箫管鼎沸，翠袖朱帘，花船象板，莫可名喻也。康熙乙未，大龙复作，距壬戌之岁已三十有四年，其盛比昔有加云，亦太和雍熙之一征也。予亲见其事，制为长篇，以贻海内好事者。

西流五月海门骄，潦水撼天光摇摇。

蛟鼍徙宅神龙戏，神龙腾赛出狂潮。

小龙寻常不足数，大洲五月大龙舞。

少年生长未得逢，鼓舵直溯珠江浦。

大龙巧妙不可言，偃师之后蒙古前。

幻似龙宫白日海市开，骑犀破浪龙王来。

珊瑚十丈烛水底，蜃楼百尺何奇哉。

动似周天三百六十自旋转，翼躔分野不能乱。

乾坤鼓荡少人知，大造无言物星换。

壮似楼船习战昆明池，日月掩映芙蓉旗。

狼牙利刃纷相向，鲸吹波浪鸣鼓鼙。

高似帝王金殿开天门，万方玉帛朝至尊。

九夷九宾齐向化，前朝后市何阗喧。

我叹大龙真无比，珠江万顷无余地。

百钱争买素馨船，五两纷过海幢寺。

繁华谁道秦淮饶，粤海游人暮复朝。

三千人胜隋宫女，廿四桥输明月箫。

黄龙青雀争相挟，岸上骅骝又蹀躞。

竹肉时时送竹枝，桃笙夜夜邀桃叶。

况复官民共乐游，帝历难逢六十秋。

中丞海陆开新宴，将军箫鼓叠中流。

皇风浩荡无中外，铜鼓蛮笳合相配。

暹罗贡舶高丽船，鬼帽花衫来小队。

大龙大龙，吾将为汝远邀湘沅国殇山鬼云中君，桂旗香草共缤纷。

又将为汝近邀慈元殿上航海三君子，零丁洋外悲歌起。

楚些犹招死白鹇，元朝已付东流水。

崖门沉玉几多人，抱冤鲛室将谁伸。

何如太保忠名露衣带，乡人至今畏其神。

大龙游戏将旬日，波涛翻易青天色。

忠魂想慰已多时，乐事从来不可极。

多恐大龙飞上天，濡毫请赋龙池篇。

（清乾隆刻本《瘿晕山房诗钞》卷二）

此诗以巨型龙船为吟咏对象，与南海丝绸之路贸易、交通相关，故纳入此编。

注释：① 大龙，广东珠江三角洲所制的巨型龙船。清康熙水天阁刻本《广东新语》卷一八："番禺大洲，有宣和龙舟遗制，是曰'大洲龙船'，洲有神曰梁太保公，盖以将作大匠从宋幼帝航海而南者也。"

观贡鸡歌①

雍正己酉秋，暹罗国所贡也，鸡高可三尺许，大可八十斤，冠一片，若液角成之者。喙如凤，无舌头。及颈不毛，着肉鲜红，似新花初放，红尽嫩绿光艳。身无翼、颈以下毛类黑羝，长尺有咫，若丝绺，风吹之见肉，微紫。三爪无距，其行类鹤。余在会城贡馆观焉，不解何物，归，作歌纪之。

昂然太鸡二尺强，俯而饮喙驯以良。

不复怒瘿争碨磊，讵有悍日呈精光。

峨冠黯黗液特角，半规卓确高中央。

微钩短喙失舌本，绝少两翼为身防。

三尺着地距何有，何能鸣斗还飞扬。

遍体垂丝黑羯色，风吹散漫见顽苍。

颈下入肤刷霞锦，间以媚绿饶文章。

毛去有文只附鞿，于理则那费周详。

强名为鸡聊鸡之，山经遗佚须补亡。

古者珍禽不畜国，先王慎德绥遐方。

航海输诚出异域，陪臣职贡来蛮疆。

重译更翻化莫外，分颁昭致制有常。

不贵异物贱用物，凤至麟游天降康。

当今有道陛下圣，定知却此还越裳。

粤城好事走且僵，日往观看如堵墙。

或疑崑鸡母乃是，或谓颈彩媲鸾皇。

又若胎仙步彳亍，化鹤未成归迷乡。

我携筇杖出西郭，馆人反扉深闭藏。

偶逢启钥得一睹，目所未见非荒唐。

海鹘吞人何披猖，虎门东去天茫茫。

（清乾隆西阪草堂刻本《澳门记略》下卷）

此诗记雍正七年（1729）暹罗国贡火鸡之事，与南海丝绸之路政治、贸易相关，故纳入此编。

注释：① 康熙初，定暹罗贡期三年一次，贡道由广东，自此与暹罗交易频繁。据《清史稿·暹罗传》载，雍正七年（1729），暹罗来贡，雍正赐"天南乐园"扁额，贡使并在广东采买京弓、铜线等物。

鸦片诗呈锦川高明府

岛夷有物名鸦片，例禁遥颁人贡艖。

破布叶醒迷客梦，阿芙蓉本断肠花。

何期举国如狂日，尽拌长眠促岁华。

醉卧氍毹思过引，腥烟将欲遍天涯。

（清乾隆二十五年刻三十一年罗天俊增修本《瘿晕山房诗删》卷一三）

诗作于清乾隆初，诗人已意识到了鸦片烟带来的严重社会问题，故作诗记之。诗文与南海丝绸之路贸易相关，故纳入此编。

冬夜珠江舟中观火烧洋货十三行因成长歌

广州城郭天下雄，岛夷鳞次居其中。

香珠银钱堆满市，火布雨锻哆哪绒。

碧眼番官占楼住，红毛鬼子经年寓。

濠畔街连西角楼，洋货如山纷杂处。

我来珠海驾孤舟，看月夜出琵琶洲。

素馨船散花香歇，下弦海月纤如钩。

探幽觅句一竿冷，万丈虹光忽横亘。

赤乌飞集雁翅城，蜃楼遥从电光隐。

高如炎官出巡火伞张，旱魃余威不可当。

雄如乌林赤壁夜鏖战，万道金光射波面。

上疑尧天卿云五色拥三台，离火朱鸟相喧豗。

下疑仲父富国新煮海，千年霸气今犹在。

笑我穷酸一腐儒，百宝灰烬怀区区。

东方三劫曾知否？楚人一炬胡为乎。

旧观刘向陈封事，火灾纪之凡十四。

又观汉史鸢焚巢，黑祥亦列五行志。

只今太和致祥戾气消，反风灭火多大僚。

况云火灾之御惟珠玉，江名珠江宝光烛。

扑之不灭岂无因，回禄尔是趋炎人。

太息江皋理舟楫，破突炊烟冷如雪。

（清乾隆二十五年刻三十一年罗天俊增修本《瘿晕山房诗删》卷四）

此诗记述清乾隆年间广州十三行大火事，广州十三行是清代专做对外贸易的牙行，是清政府指定专营对外贸易的垄断机构，曾亚洲、欧美主要国家都有直接的贸易关系。诗文与南海丝绸之路贸易相关，故纳入此编。

清·程廷祚诗一首

程廷祚（1691—1767），原名默，字启生，号绵庄，又自号青溪居士。清江宁上元（今江苏省南京市）人，先世为徽州歙县（今安徽省黄山市）人。诸生。清乾隆元年（1736），举博学鸿词。十六年（1751），上特诏举经明行修之士，廷祚又以江苏巡抚荐，复罢归。至此绝意科举，惟闭户穷经而已。性端静迂缓，人见之如临高山，气为肃。有《易通》《青溪诗文集》等。

忧西夷篇

迢迢欧罗巴，乃在天西极。

无端飘然来，似观圣人德。

高鼻兼多髭，深目正黄色。

其人号多智，算法殊精特。

外此具淫巧，亦足惊寡识。

往往玩好物，而获累万直。

残忍如火器，讨论穷无隙。

逢迎出绪余，中国已无敌。

沉思非偶然，深藏似守默。

此岂为人用，来意良叵测。

侧闻讬懋迁，绝远到商舶。

包藏实祸心，累累见蚕食。

何年袭吕宋，翦灭为属国。

治以西洋法，夜作昼则息。

生女先上纳，后许人间适。

人死不收敛，焚尸弃山泽。

惨毒世未有，闻者为心蛊。

非族未何为，穷年寄兹域。

人情非大欲，何忍弃亲戚？

谅非慕圣贤，礼乐求矜式。

皇矣临上帝，监观正有赫。

（清同治八年秀芷堂刻本《诗铎》卷一三）

此诗表达诗人对西洋人聚居澳门带来的领土问题的担忧，诗文与南海丝绸之路历史、政治相关，故纳入此编。

清·杭世骏诗二首

杭世骏（1696—1772），字大宗，号董甫，自号秦亭老民智光居士秦亭老民春水老人阿骏。清杭州仁和（今浙江省杭州市）人。清雍正二年（1724）举人，乾隆元年（1736）举博学鸿词科，授编修，官御史。校勘《十三经》《二十四史》，纂修《三礼义疏》，改御史。乾隆八年（1743），罢官。晚年主讲粤秀及扬州安定两书院，好奖掖后进。有《礼例》《石经考异》《桂堂诗话》《道古堂诗文集》等。

五仙门①

雁翅城回百雉尊，骑羊今识五仙门。

门迎江海分头势，岸缩蛟龙刷尾痕。

贡道②开帆双虎合，洋关交市百夷屯。

苍茫指点扶胥口，秋鬓萧萧落日昏。

（清乾隆四十一年刻光绪十四年汪曾唯修本《道古堂全集》诗集卷一八《岭南集》）

此诗描绘了广州五仙门地势及海舶盛况，与南海丝绸之路地理、贸易相关，故纳入此编。

注释：① 五仙门：在今广州一德东路北侧五仙里一带。

② 贡道，明清以来，海舶之贡道，多取广东。

大沙村古迹①·金环田

明永乐间，村人何百川浚宅前塘，掘得海舶舵楼，中有铜鹤二，铜钲一，金环一，鬻环得钱数百缗，买田供祭，名金环田。铜鹤遭乱失去，钲尚存，铜色斑驳，盖数千年物也。

阿谁范鹤飞翩翩，霜毛洗净无俗斑。

长埋地下几年载，吭常双引眠非鳏。

神钲无绳初日挂，碧血冷渍牛蹄殷。

悬椎一尺枣木削，军麾万里愁花蛮。

清音瘦骨两难致，得一已足怡心颜。

岂知前哲用意别，紫磨铸出绾臂环。

春葱坐想十指嫩，碧月希见双眉弯。

迂儒未读王度记，闺襜琐事疑从删。

银环进御金环退，宠尚鱼贯严防闲。

吁嗟小物关阴教，俗艳只共柔荑扳。

何郎卜宅介沙涘，堑须久塞含风湾。

野塘垢滓恣捞摗，石碢活碧分漩澴。

柂楼一角闯然出，夫岂市舶婆兰还。

中涵三物发光怪，远近聚看喧江关。

发声静爱铜质脆，矫翼转惜仙禽屏。

茅斋留以伴幽独，清赏亦足苏沉痾。

金环入手不忍割，轻重那复稽铢锾。

猛思二庙缺鱼菽，涕泗交午流溅溅。

塘西稻田界十字，东西沟水穿淙潺。

以彼易此永禋祀，谷我孙子无后艰。

香奁义不媚姚冶，荒隧力可除榛菅。

被之僮僮洁苹藻，耀首岂在摇花鬟。

至今若敖鬼不馁，厚泽乃自河神颁。

苍鹅出地铜鹤去，感君至孝羞鹈鸾。

沧桑有时递变易，此田终古留人寰。

几时买舟发钲响，反复摩玩休余悭。

（清乾隆四十一年刻光绪十四年汪曾唯修本《道古堂全集》诗集卷二〇《岭南集》）

此诗以南海丝绸之路沿线古迹大沙村为吟咏对象，与南海交通、地理相关，故纳入此编。

注释：① 大沙村在广东南海县，明永乐年间村人浚塘得海舶柁楼，可知明代以前海舶曾直驶至南海。

清·夏之蓉诗一首

夏之蓉（1697—1784），字芙裳，号醴谷。清扬州高邮（今江苏省高邮市）人。清雍正十一年（1733）进士，入翰林。乾隆初举鸿博，授翰林院检讨。历任福建乡试正考官，广东、湖南学政。以古文之学校士，录其尤为《汲古篇》。后归主钟山丽正书院。有《半舫斋偶辑》《读史提要录》《半舫斋诗文集》等。

澳　门

岩岩连叶岭，远抱香山境。

升高俯断空，海水发深靘。

浪白市已墟，相招就蠔镜。

野屋袅孤烟，岛屿相掩映。

鬼奴形模奇，跂踵而交胫。

藉此法王寺，阴森设椎柄。

朱囊吸微风，金鼓杂璆磬。

宝鬘与华祷，擅巧伏机阱。

夷情固难料，苛法亦徒病，

寄言防御使，播德作威令。

（清乾隆夏味堂等刻本《半舫斋编年诗》卷九）

此诗描绘了澳门地理、风土，反映了当中诸夷聚集澳门的情形。诗文与南海丝绸之路地理、历史相关，故纳入此编。

清·王轸诗一首

王轸（生卒年不详），清乾隆年间诗人，生平不详。

澳门竹枝词

心病恹恹体倦扶，明朝又是独名姑。

修斋欲祷龙松庙，夫趋哥斯得返无。

（清乾隆西阪草堂刻本《澳门记略》下卷）

此诗以一位独居澳门的葡萄牙商人妻子的视角，描摹了她祷告期盼夫君归来的迫切心情。诗文与南海丝绸之路文化交流相关，故纳入此编。

清·何松诗一首

何松（生卒年不详），字古巢。清广州顺德（今广东省佛山市）人。乾隆年间诗人，有《环溪诗钞》。

澳 门

路断前山锁暮烟，莲茎关外大洋边。

插天楼矗三巴寺，入贡人来万里船。

绕渚太平酉长集，沿崖多事炮台边。

日南杳处安居好，犹胜寰中陆地仙。

（清同治五年聚文堂翻刻本《粤东诗海》卷八一）

此诗描绘了澳门地势、古迹及海舶盛况，与南海丝绸之路地理、贸易相关，故纳入此编。

清·樊骏诗一首

樊骏，字惠我。清南昌新建（今江西省南昌市）人。清乾隆七年（1742）进士。

过暹罗国贡使敕博瓦绨墓

占波勤贡使，海外到中原。

故国迷归道，他乡寄旅魂。

一抔无树表，九字有诗存。

风雨湖亭夜，青燐黯墓门。

（清嘉庆九年刻本《江西诗征》卷七四）

此诗记述过暹罗国使臣墓所闻所感，诗中赞颂了暹罗使臣的尽职，时暹罗入贡，贡道经广州。诗文与南海丝绸之路政治、交通相关。

清·陶元藻诗一首

陶元藻（1716—1801），字龙溪，号篁村，晚号凫亭，清绍兴会稽（今浙江省绍兴市）人。清乾隆时诸生。尝客两淮盐运使卢见曾处，九试棘闱，屡荐不得上诗文均负盛誉，游京师题诗旅壁，袁枚见而称赏，诗文有盛名。归里后，于西湖筑泊鸥庄，以撰述自娱。著有《全浙诗话》《凫亭诗话》《越彦遗编考》《泊鸥庄文集》等。

西洋镜屏

菱花不产金铜圹，挂壁寒生到衣桁。
冰雪聪明老画师，虚中烘染离奇样。
非绡非縠隔毫芒，为影为形乍难状。
秋痕一线指不容，万里斜看势奔放。
峨舸大艑天末来，箭激危樯破高浪。
小姑扶柁大姑桡，红颊长眉两相向。
瑇犀插髻耳耀珠，倒影双花动春涨。
门千户万城郭开，雾阁云窗映仙仗。
天风磨飐芙蓉旐，黄犬神牵过烟嶂。
前村夜市簇华镫，错落明星海门上。
蓬头番鬼立自趋，蚁逐蜂屯绝依傍。
阳乌汩水阴兔升，老鱼垂头瘦蛟仰。
偃师狡狯怒君王，地狱图成骇变相。
飞鸿爪印雪泥空，汗汗沺沺人清漾。
芥子须弥恍惚逢，大光明界蛟龙藏。

（清刻本《泊鸥山房集》卷二三）

此诗以海舶携来的玻璃画为吟咏对象，赞颂了此画技法高超。诗文与南海丝绸之路贸易、文化交流相关，故纳入此编。

清·窦光鼐诗一首

窦光鼐（1720—1795），字元调，号东皋。清青州诸城（今山东省诸城市）人。清乾隆七年（1742）进士。授编修。官至左都御史、上书房总师傅。历督学政，所得士位至公卿者众。立朝五十年，屡起屡仆。乾隆六十年（1795）主持会试。有《省吾斋诗文集》二十卷。

登越秀山

镇海楼头过雨痕，越王台上俯朝暾。
地连五岭分鹏背，水带三江下虎门。

歌舞岁时人代换，东南市舶岛夷繁。
颇闻利病关丝禁，尚待咨询达帝阍。
（清嘉庆刻本《湖海诗传》卷九）

诗记述登广州越秀山所闻所感，诗中描绘了此处地势及昔日海舶盛况。诗文与南海丝绸之路地理、贸易相关，故纳入此编。

清·张九钺诗一首

张九钺（1721—1803），字度西，号紫岘。清湘潭（今湖南省湘潭市）人。清乾隆二十七年（1762）举人，历宰南丰、峡江、南昌。曾遍游嵩、洛、偃、巩间。所至赈灾、治吏，兴修水利，有治声。后落职归里，主昭潭书院。早负才名，诗学李白。有《陶园诗文集》三十四卷、《晋南随笔》一卷等。

番行篇

广州舶市十三行，雁翅排城蜂缀房。
珠海珠江前浩淼，锦帆锦缆日翱翔。
蜃衔珊树移瑶岛，鲛织冰绡画白洋。
别起危楼濠镜仿，别营奥室贾胡藏。
危楼奥市多殊式，瑰卉奇葩非一色。
靺鞨丹穿箔对圆，琉璃绿嵌窗斜勒。
莎罗彩纛天中袅，碧玉阑干云外直。
迎来舶主不知名，译得舌人是何国。
何国蚪髯雕䀣儿，金衣借问欲骄谁。
平价能谙吴越语，留宾也识汉唐仪。
银钱铸肖番王而，坡镜装分花女姿，
绕槛纨牛和露犬，委阶琐袱与驼尼。
驼尼琐袱焉足数，笃耨奇南随意取。
莲花钟测日东西，百宝表悬针子午。
乱掷玢巾苏合膏，倒倾黄紫蒲萄乳。
水乐教成小凤凰，风琴弹出红鹦鹉。
别有姎徒连臂趯，吉贝缠身胯缚窄。
怀中短剑大西洋，袖里机枪法兰锡。
黑水龙奴荷铳嬉，红毛鬼子蟠刀拭。
红毛鬼子黄浦到，纳料开舱争走告。

蜈蚣锐艇桨横飞，婆兰巨捆山笼罩。

相呼相唤各不闻，或喜或嗔讵能料。

舶商色喜洋商快，合乐张筵瓶椀赛。

何船火齐木难多，何地驼鸡佛鹿怪。

散入民廛旅贾招，居中驵侩公行大。

公行阳奉私饱橐，内外操赢智相若。

湖丝粤缎彩离披，瓯茗饶瓷光错落。

顷刻檀黎走九州，待时深玩筹奇作。

此时公子拥花游，此际妖姬倚舫讴。

愿学鸳鸯绣羽帨，愿为娇鸟挂金钩。

那得秦玙都压鬓，生憎火浣不缠头。

永清台上鼓打急，山动波翻雷雨立。

镇海将军洗炮归，征蛮都尉收旗入。

辕门犒劳立斯须，澳口回船查引给。

回船只顺北风去，洒泪休辞渊室寓。

但述天朝榷税轻，但夸中国农桑富。

沉香官是吴刺史，却赂吏同孔节度。

鲸鲵无窟飓无氛，圣德柔怀万万春。

明年好换新房样，更有遐方来问津。

（清咸丰元年张氏赐锦楼刻本《紫岘山人全集》诗集卷一一）

此诗细致描绘了清乾隆年间对外贸易机构十三行的情况，与南海丝绸之路贸易相关，故纳入此编。

清·蒋士铨诗一首

蒋士铨（1725—1785），字心馀，一字苕生，号清容，又号藏园。清广信府铅山（今江西省上饶市）人。清乾隆二十二年（1757）进士，改庶吉士，官翰林院编修。归后主讲蕺山、崇文、安定三书院。工诗古文，诗与袁枚、赵翼称"江右三大家"。精通戏曲，一生创作杂剧、传奇戏曲十六种。其中九种合称《藏园九种曲》。初入京师，另有《忠雅堂文集》三十卷。

泰西画①

雪壁忽露檐层层，画楼朱阁气象矜。

屋角连欐瓦起棱，素楹古础方花絙。

文栏压砌碧沼承，田田荷叶凉波胜。

婀娜翠盖红妆凭，房栊曲折户牖增。

钩帘贴地风不兴，隔窗唤人人不应。

有阶雁齿我欲登，踏壁一笑看文绫。

乃知泰西画法粗能精，量以铟尺累黍争。

纷红骇绿意匠能，以笔着纸纸不平。

日影过处微阴生，远窗近幔交从横。

红蕖欲香树有声，小李楼阁莫与衡。

若对明镜看飞甍，一望浅深分暗明。

就中掩映皆天成，我闻海南古里名。

僧伽柯枝诸番迎，浮屠梵唱能以诚。

其间所产宝藏盈，大布蕃马香椒并。

瘠田种麦妇子耕，风俗淳厚无陵倾。

石灰画地刑罚轻，宫室峻丽如蓬瀛。

蛮夷以此相夸惊，那知中国宝万氓。

设险以德为长城，结茅击壤丰粱秔。

太平有道歌铮宏，对此令我心怦怦。

置身华屋不觉荣，入画岂若旁观清。

（清嘉庆刻本《忠雅堂文集》卷二）

　　此诗以海舶而来的画作为吟咏对象，细致描绘了画作内容及技法。诗文与南海丝绸之路贸易、文化交流相关，故纳入此编。

　　注释：① 西画，谓自古里国传入。古里国又称古里佛国，在今印度西南岸之科泽科德，清文渊阁四库全书本《岛夷志略》："古里佛，当巨海之要冲，去僧加剌密迩，亦西洋诸马头也。"为古代中西交通要冲。

清·庄肇奎诗二首

庄肇奎（1728—1798），榜姓杜，字星堂，号胥园。清嘉兴秀水（今浙江省嘉兴市）人。庄仲方父。清乾隆十八年（1753）举人。官至广东按察使，布政使。乾隆四十六年（1781），被遣戍伊犁。乾隆五十四年（1789）赦还，选授浙江瑞安教谕，官贵阳知县，升云南永北直隶厅同知，擢广东布政史。有《胥园诗钞》十卷、《诗馀》一卷、《塞外纪实》《黔滇杂记》《伊犁纪事二十首》等。

岭南杂咏

其二

罗浮传说是仙峰，试问谁与肯曳筇。

挈客柔丝牢似索，[1] 杀人野草利于锋。[2]

十三行引番夷集，[3] 百万鳞为蜑户供。[4]

鲛室泪枯珠已尽，莫教晓雁扰乖龙。

自注1：土妓惑客，不归者甚众。
自注2：断肠草如柳叶而大，食之即死。
自注3：津商十三行于珠江之崖以迎夷贾。
自注4：渔舟甚多，悉系蜑户。

其四

初冬流汗浃衣单，弱线添长尚未寒。[1]

小试童将廉吏怨，[2]大商姬博鬼夷欢。[3]

百千健妇肩尤重，[4]十二妖娃产不难。[5]

那怕雨多惟恐旱，岁禾三熟嫩输官。[6]

自注1：春每寒于冬。

自注2：童以财求售，廉者却之则哗然。贪者受之，寒士亦不怨。

自注3：商人利鬼子之货，以美姬诱之。

自注4：妇女肩挑甚巨，较男既多且健。

自注5：十二岁出嫁，即产子。

自注6：雨多则稻禾三稔，抗粮者众。

（清嘉庆刻本《胥园诗钞》卷九）

此二诗描绘了清代岭南地区的民俗风土，反映了当时海外贸易发达、外夷杂居的情形。诗文与南海丝绸之路风俗、贸易相关，故纳入此编。

清·赵翼诗二首

赵翼（1727—1814），字耘松，一字云崧，号瓯北。清常州阳湖（今江苏省常州市）人。清中期诗人、史学家。工诗亦精史学，诗与袁枚、蒋士铨齐名，并称"江右三大家"。清乾隆十五年（1750）举乡试。乾隆十九年（1754），用为内阁中书，入直军机处。乾隆二十六年（1761）进士，殿试第三，授编修，曾为广西镇安知府，调任广州，升任贵州分巡贵西兵备道，因受广州谳狱旧案事牵累被降级。不久辞官归居，以著述自娱，曾多次主讲扬州安定书院。有《廿二史札记》《陔余丛考》《瓯北诗钞》《皇朝武功纪盛》等。

南 珍

维粤宅南位离火，阳明所耀开菁英。

凡百瑰玮负奇质，咸不胫走来羊城。

天宝既征孕毓厚，人巧亦见工力精。

不惟其产惟其聚，奇彩耀市目欲瞠。

南烹食货且勿述，试数服玩仆屡更。

氎纹吉贝贡人筐，茧丝胡蝶缫满籯。

盘金绣毯龙凤舞，蹴花文锦荇藻萦。

不知鲛人在何处，方空织出凉绡轻。

禽羽为毳兽毛罽，艳杀血染红猩猩。

雕镂肖形推象齿，圆为牟尼方觚棱。

蕉叶剪裁掩纨扇，椰瓢装相抵兕觥。

奁具斑浮瑇瑁屧，屏风眼活孔雀翎。

蝉翼灯清冒雾縠，龙须席软轻桃笙。

檀椤斫器讶笏滑，玻璃悬镜涵水明。
复有绝技出海外，能连天巴规玑衡。
机括测景针自指，橐签按刻钟辄鸣。
其他珍异难殚述，砟磲玛瑙犹嫌伧。
蜜蜡净无雀脑白，琥珀莹有虬松赪。
蒸栗肤腴黄蜡石，落茄花映紫水晶。
就中更贵珊瑚树，铁网绞得逾球璜。
丹干磊砢枝郁律，光贱绛烛高朱樱。
琼州沉香亦佳品，黎母东洞最擅名。
伽俑生结鸭头绿，搯之指爪微痕生。
是皆贵重不易得，市牙尚有价可评。
赏鉴家且置勿道，别购骨董追姬嬴。
土花斑考古彝鬲，水银皱辨旧玉珩。
晋唐名画丹碧绢，柴汝秘瓷翡翠罂。
其晚出者宝益异，金刚钻及狸猫睛。
组母绿射彩华透，松儿纹裂铁线横。
青金石取乌斯藏，碧霞玺采猛密坑。
更有珍珠似明月，月华入蚌胚胎成。
合浦六池产有几，贩自番舶来重瀛。
重或数铢大径寸，形体圆满光晶荧。
兰楱雅宜玫瑰饰，玉盘肯逐琵琶倾。
一握便可百千索，贾胡居奇恣取盈。
计直不数金三品，夸富何论贝百朋。
地大物斋信繁盛，匹夫怀璧徒硁硁。
噫嘻乎，连城照乘古所艳，要只一得难兼营
岂若此邦备众美，始信奥区用物宏。
从来物聚于有力，惟购者众始毕呈。
为问粤中各官吏，其家岂必皆郑程。
朝廷制禄有定额，何以官橐多奇赢。
伊余一双书生眼，乍睹不觉适适惊。
肠饥未踏羊蹄菜，指动忍染鼋鼎羹。
竭民脂膏饱嗜好，不有人祸将天刑。
吴隐酌泉表素节，包老投砚垂徽声。
云烟过眼付一笑，萧然气味含孤清。

（清嘉庆十七年湛贻堂刻本《瓯北集》卷一六）

此诗写广州市上所见的奇珍异宝，中有不少是舶来之品，与南海丝绸之路贸易相关，故纳入此编。

番　舶

峨峨百丈船，横潮若山嶂。
一载千婆兰，其巨不可量。
前绘鹢首狞，旁点鱼目眄。
器大资材多，制造费万匠。
山芳水桫椤，取其耐咸浪。
兼妨磁石触，镔铁非所仗。
锢以石脑油，钉之桄榔杖。
其舱分数层，一一横板挡。
辟窦列铳炮，庋阁实货藏。
水柜百斛泉，米囷千石饷。
入则缒而下，出则縆以上。
闭成墨穴昏，开有线天亮。
后楼为明窗，主者居颇畅。
玻璃嵌绮疏，辟支裁锦帐。
架土有菜畦，列盆作花当。
琐屑无不备，益见亵且广。
当其泛海来，澎湃乘溟涨。
柁师视罗经，芒芴辨厥向。
张帆三桅竿，卷舒出意创。
颓若垂天云，足使红日障。
瞬息千百里，凌虚快奔放。
操舟不以力，役使罡风壮。
混茫一气中，孤行空所傍。
星斗互出没，日月相摩荡。
雨每阴火腾，晦或赤光炀。
时遇难陀龙，掉尾涛激宕。
亦有摩竭鱼，欲吞辄引吭。
奇险出顷刻，奋死起相抗。
百门佛郎机，轰迸毒雾瘴。
激射馨弩矢，抛掷到垡盎。
号咷呼天妃，哀惨吁神将。
力惫幸得脱，魂魄数日丧。
嗟尔海外人，岂爱鱼腹葬。
不惜九死行，为冀三倍偿。
重利而轻生，举世固同恙。
伊余过虎门，适遇碇五两。
梯登试一观，心目得超旷。
贾胡碧眼睛，雠曷迥殊状。

窄衣紫裹身，文罽不挟纩。

腰带金错刀，手捯玉色酿。

免冠挟入腋，鞠躬作谦让。

云以敬贵客，其俗礼所尚。

呛喁语舌人，此舶纵高闶。

若在重洋中，只如豆子样。

其理固有然，斯言信非妄。

因思九州大，稗海环漭漾。

天实间隔之，谁能使内向？

惟中国有圣，休气远乃望。

睹兹重译通，足征景运旺。

陋彼汉张骞，区区考蒟酱。

儒臣忝守土，行边细咨访。

时清梯航集，洵属和会盎。

亦贵抚驭宜，俾奉条约谅。

逐末犯风涛，其气颇飞飏。

奸民暗[一]勾通，市侩谀供养。

怀柔固在绥，瑕衅亦须防。

作诗谂久[二]远，不同小海唱。

（清嘉庆十七年湛贻堂刻本《瓯北集》卷一七）

此诗作于赵翼任广州知府时，其间曾赴虎门考察，诗文描写登上海舶所闻所感，与南海丝绸之路地理、贸易相关，故纳入此编。

校记：

[一] 奸尼暗，原本缺，据嘉庆寿考堂本补。

[二] 谂久，原本缺，据嘉庆寿考堂本补。

清·陈官诗六首

陈官（生卒年不详），字子洪，清广州香山（今广东省中山市）人。清乾隆年间诸生。有《石缘诗钞》。

贡象行

圣明御世世风古，麟来游兮凤来舞。

俺答长生白狻猊，两淮时见渡河虎。

忽闻海国交趾王，身骑白象来五羊。

搏取奇兽献天子，大书"入贡安南航"。

金钩璎络鬼奴控，翻海排山毛鬣光。

鼻卷蛮烟蔽天日，耳扇和风开八荒。

象兮闻汝披坚与执锐，汝云足以壮将帅。

闻汝抱齿焚其身，汝云足以儆贪吏。

闻汝百折不回头，汝云足以励臣志。

闻汝努目不事仇，汝云足以觞邪媚。

象本庞然一物耳，只任虚生不虚死。

骏骨宁许投明时，燕台那用千金市。

越裳雉，肃慎矢，必有圣人当日起。

试问黎家与莫家，海不扬尘三年矣。

（中山诗社重刊本《香山诗略》卷五）

诗赞颂安南国入贡之物，据"安南入贡象"可知入贡线路自水路抵广州，再北上入京。诗文与南海丝绸之路政治、交通相关，故纳入此编。

望濠镜澳

请缨无地只乘槎，日暮傍桡斥卤沙。

濠镜艨艟朝百粤，海门风雨涌三巴。

货通胡妇珠为市，白满莲茎屋作花。

盛世不须重建策，越裳歌颂遍中华。

（中山诗社重刊本《香山诗略》卷六）

此诗记述诗人在澳门观海所见所感，诗中描绘了澳门海舶盛况、风土人情，与南海丝绸之路贸易、风俗相关，故纳入此编。

澳门竹枝词

其一

澳门东接大洋边，十字门开天外天。

澳头一直莲茎路，侬是中间一朵莲。

其二

澳门礼数异中华，不拜天尊与释迦。

濠涌镜光楼六角，山飞磴道寺三巴。

其三

生男莫喜女莫悲，女子持家二八时。

昨暮刚传洋舶到，今朝门户满唐儿。

其四

戒指拈来杂异香，同心结就两鸳鸯。

嫁郎未必他年悔，生子还当付法王。

（清嘉庆二十四年刊本《石缘诗钞》）

　　《澳门竹枝词》组诗四首以澳门为吟咏对象，诗中描绘了澳门地势、风俗信仰等，涉及南海丝绸之路地理、交通、贸易、风俗等多个方面，故纳入此编。

清·李文藻诗五首

　　李文藻（1730—1778），字素伯，一字苣畹，号南涧。清青州益都（今山东省青州市人）。天资聪慧，少年乡试时以第二名中式。清乾隆二十六年（1761）进士，曾任广东恩平、新安、潮阳县知县，官桂林府同知。未及一年而殁，享年49岁。性好聚书，每入肆见异书，辄典衣举债购致，又从朋友借钞。聚书至数万卷，皆手自雠校。有《思平集》《潮阳集》《桂林集》等。

莲花峰观海①

一上莲花顶，长风扫碧岚。

波涛翻日夜，天地极东南。

似叶洋艘至，为楼蜃气酣。

驺生我同里，瀛海竟须谈。

（清乾隆刻本《岭南诗集》卷一）

　　此诗记述诗人在广州莲花峰观海所闻所感，颈联描绘了海舶自狮子洋进入广州的盛景。诗文与南海丝绸之路贸易、地理相关，故纳入此编。

　　注释：① 莲花峰，在番禺东北，俯临狮子洋，峰顶有莲花塔。

陪侍德大中丞祭南海庙

其一

南亩农功毕，东郊祀事修。

孟冬涓吉日，四渎视诸侯。

秘怪惊朱幰，灵风引绛驺。

乾坤最轩豁，盥沐宿蓬邱。

其二

閟殿香烟绿，长廊蜡炬红。

祠宫陈玉册，节使到珠宫。

百粤戈船靖，重洋象译通。

非徒神次贵，笾豆报丰功。

其三

兴俯无失节，酒香牲亦肥。

　　林飙苔铙吹，山翠袭朝衣。

　　既灌如神在，终歌饮福归。

　　颂声徧龙户，飓母久收威。

其四

　　名躅烦幽讨，中丞最好文。

　　翠碑唐刺史，铜鼓汉将军。

　　亭见中宵日，山连外国云。

　　题诗继和仲，奇胜与平分。

（清乾隆刻本《岭南诗集》卷一）

　　此组诗记述诗人陪同广东巡抚德保谒南海庙祭祀所感，诗中描绘了南海庙相关史实及庙前海舶情形。诗文与南海丝绸之路地理、贸易、历史相关，故纳入此编。

清·叶道泰诗一首

　　叶道泰（生卒年不详），字詹岩。清钱塘（今浙江省杭州市）人。清乾隆二十四年（1759）举人。选试粤西令，落职，流寓广东。

广州杂咏

　　十三行外水西头，粉壁犀帘鬼子楼。

　　风荡彩旗飘五色，辨他日本与琉球。

（清嘉庆十五年岭海楼刻嘉庆十六年重校本《香石诗话》卷二）

　　此诗描绘了清乾隆年间对外贸易机构十三行的情况，与南海丝绸之路贸易相关，故纳入此编。

清·沈峻诗二首

　　沈峻（生卒年不详），字存圃，号丹崖，清直隶天津人。清乾隆三十九年副贡，官吴川知县。有《欣遇斋诗集》十六卷。

初到粤中作

　　仙人何处更骑羊，陆贾城边晓日黄。

　　控驭直通瓯骆界，繁华都占十三行。

　　歌船未必娱词客，遗老犹能说尚王。

　　最爱江头卖花路，珠兰末利满筠筐。

（清嘉庆刊本《欣遇斋诗集》卷五）

　　此诗记述诗人初到广州的所见所闻，诗中描绘了广州地势及对外贸易的兴盛。诗文与南海丝绸之路地理、贸易相关，故纳入此编。

吴川竹枝词·其六

几曾夜试海南香，蒟叶槟榔与客尝。
斗大一洲通赀舶，不须重话旧龙翔。

（清嘉庆刊本《欣遇斋诗集》卷五）

　　此诗描绘了广州吴川海外贸易兴盛、舶来商品丰富的情形，诗文与南海丝绸之路贸易相关，故纳入此编。

清·李调元诗十首

李调元（1734—1803），字羹堂，又字赞庵、鹤洲，号雨村、墨庄，别署童山蠢翁。清绵州罗江（今四川省德阳市）人，清乾隆二十八年（1763）进士。历任吏部考功司主事兼文选司、翰林院编修、文选司员外郎、广东学政、直隶通永兵备道。乾隆四十七年（1782）因事落职，流放新疆伊犁。旋经搭救，途中召回。乾隆五十年（1785）发回原籍，削职为民。遂不复出，以著述自娱。卒于清嘉庆七年（1803）。有《童山诗文集》《雨村诗话》《蠢翁词》，又辑有《函海》《蜀雅》《粤风》等。

南海竹枝词

其一

南越炎方带湿潮，沁心日日食甘蕉。
阶前龙眼谁遗核，过雨旋看长小苗。

其二

自是繁华地不同，鱼鳞万户海城中。
人家尽畜珊瑚鸟，高挂栏干碧玉笼。

其三

人鱼遇舶浪如雷，风雨无端雾不开。
往往近城人共语，昨宵海怪上潮来。

其四

白秔香气满磁罂，斸断灵芝手作羹。
闻道家家逢社日，更将南烛煮青精。

其五

广州夫娘高髻妆，[1]不戴素馨必瑞香。
见客纤纤红指甲，一方洋帕献槟榔。

自注1：粤称有夫之妇曰夫娘。

其六

樱桃黄颊鲥尤美，刮镂鸣时雪片轻。

每到九江潮落后，南人顿顿食鱼生。

其七

谁家心抱喜筵开，[1]迎得花公结彩来。

不识蛋歌定谁胜，隔帘催唤打糖梅。

自注1：粤人谓新妇曰心抱。

其八

水干水大水中居，处处头公两妇夫。

见说一生舟裏活，尿哥背上背壶芦。[1]

自注1：尿哥，孩童也。

其九

奇珍大半出西洋，番舶归时亦置装。

新出武彝茶百饼，花边钱满十三行。

其十

杷收帆举白龙洋，拾得真珠不满筐。

八月蓼花红满岸，定知今岁得明珰。

（清乾隆刻函海道光五年增修本《童山集》卷一六）

此组诗描绘了南海地区地理、风俗、贸易等情况，故纳入此编。

清·彭辂诗一首

彭辂（1740—1806），字敬舆，号东郊。清肇庆高要（今广东省肇庆市）人。清乾隆间贡生。官英德教谕。有《诗义堂集》二卷。

海珠题壁

联翩海舶千重集，浩荡江天一点孤。

何恃贾胡多碧眼，偏教此地有遗珠。

（清道光三十年刻本《诗义堂集》卷二）

此诗为广州海珠寺的题壁诗，诗中描绘了广州海舶盛况，与南海丝绸之路地理、贸易相关，故纳入此编。

清·莫瞻箓诗四首

莫瞻箓（生卒年不详），字青友，号韵亭。清陕州卢氏（今河南省三门峡市）人。清乾隆三十七年（1772）进士，改庶吉士，授编修。官至兵部侍郎，兼顺天府尹。有《砚雨山房诗集》四卷。

粤东诗与陈简亭同赋

其一

水浮天远望无涯，四季如春暖更加。
荔子香生三伏雨，木棉红起半天霞。
宝行海鬼知均税，画艇珠娘号载花。
比户槟榔堆满槛，便于享客当烹茶。

其二

合浦还珠待孟尝，伏波横海旧开疆。
吸筒春晓餐蕉露，曲簿秋晴晒蔗霜。
浪靖蜑楼都敛息，时清蜑户亦驯良。
六篷船倚槟榔树，处处飞红看佛桑。

（民国退耕堂刻本《晚晴簃诗汇》卷九五）

续前题与宋奕岩同赋

其一

唐宋人惊瘴疠天，天荒破又几多年。
岭南总是同文地，海外兼通载宝船。
猎尽鸩媒消毒种，潮逢龙媚采香涎。
韩苏遗迹应还在，摹向端溪砚上镌。

其二

地接扶桑日早烘，采珠人胜掘雷公。
洋行领袖闽商占，苗洞山川象郡通。
孔雀尾开金扇绿，巨虾壳制宝灯红。
海航往往风旋去，吹坠山头一叶同。

（民国退耕堂刻本《晚晴簃诗汇》卷九五）

此组诗描绘了广州地势、气候、风俗及贸易情况，与南海丝绸之路地理、贸易、风俗相关，故纳入此编。

清·叶廷勋诗一首

叶廷勋（生卒年不详），字光常，号花溪，清广州南海（今广东省佛山市）人。清乾隆年间诗人，有《梅花书屋近体诗钞》四卷。

广州西关竹枝词·其九

阿姨家近绣衣坊，嫁得闽商惯趁洋。

闻道昨宵巴塞转，满船都载海南香。

（清嘉庆十六年刻本《梅花书屋近体诗》）

此诗描绘了广州海外贸易兴盛、舶来商品丰富的情形。诗文与南海丝绸之路贸易相关，故纳入此编。

清·李坛诗一首

李坛（生卒年不详），字道登，号杏墅，清广东嘉应（今广东省梅州市）人。清乾隆三十九年（1774）举人，历官开建、徐闻教谕。文思敏捷，为诗文操笔立就。兼通天文、乐律、医经及绘画篆刻。有《退学轩诗稿》二卷。

澳门歌

潭洲东下环巨洋，群山[一]奔赴叠郁苍。

惟天设险界绝域，澳门岌嶪横中央。

龙蟠虎踞势交会，天海一气通精光。

日月之行若出里，鲸鲵上引星辰翔。

东南际天国万数，背趾相望此握吭。

红毛鬼子蜂屯集，峨舸大舰交风樯。

殊方异物四面至，珠箔翠羽明月珰。

古称裔夷不乱华，羁縻敢使窥边防。

圣人覆帱并天地，薄海以外咸享王。

大开理蕃受朝贡，往来都会相梯航。

一隅之土俾窟宅，负海不异家扶桑。

尔来太平越百载，海气[二]净扫无粃糠。

虎头鹿耳弛锁钥，此门屹立天苍凉。

弓张蚁旋拱浮岛，界划中外跨渺茫。

何时骑鳌绝顶上，周鉴四壑穷八荒。

（清同治五年聚文堂翻刻本《粤东诗海》卷八六）

此诗描绘了澳门地势、风土及海舶情形，诗文与南海丝绸之路地理、贸易相关，故纳入此编。

校记：

[一]山，清嘉庆十八年（1813）玉壶山房刻本《岭南群雅》作"仙"。

[二]气，清嘉庆十八年（1813）玉壶山房刻本《岭南群雅》作"氛"。

清·赵良澍诗一首

赵良澍（1743—1817），字肃徵，号肖岩，清宁国泾县（今安徽省宣城市）人。清乾隆六十年（1795）进士。官内阁中书。清嘉庆三年（1798）为广东乡试正考官。有《肖岩诗钞》十卷。

游洋市观木偶人作书画（节录）

圣化广招徕，梯航通万国。

粤民杂岛夷，珠海走番舶。

渐开交市场，货物日充积。

象犀备器用，钟表按漏刻。

中有木偶人，神采何奕奕。

形骸俨生成，衣冠备华饰。

（清嘉庆五年泾城双桂斋刻本《肖岩诗钞》卷一一）

此诗作于诗人做广东乡试正考官时，诗中描绘了广州海舶盛况、海外商品丰富及大量异族聚居的情形。诗文与南海丝绸之路地理、贸易相关，故纳入此编。

清·冯敏昌诗二首

冯敏昌（1747—1806），字伯求，又字伯子，号鱼山。清广东廉州（今广西钦州市）人。清乾隆四十三年（1778），入京会试中进士，钦点翰林院庶吉士。三十四岁入翰林散馆，授编修，历户部、刑部主事。有《小罗浮草堂文集》《小罗浮草堂诗集》《崇雅斋稿》等。

镇海楼示季子作

东南霸气久如烟，漫侈斯楼四百年。

珠海地穷城压水，虎门船到炮訇天。

万家生计鱼盐共，十郡人才岭峤偏。

莫信长缨空有愿，他时还得并筹边。

（清道光钦州佩弦斋藏版《小罗浮草堂诗集》卷一三）

此诗记述了诗人在广州镇海楼的所闻所感，其中颔联记载了洋舶至虎门鸣炮之事。诗文与南海丝绸之路地理、历史相关，故纳入此编。

登浴日亭作

百尺危亭拾级登，海天纵目气飞腾。

未从北极瞻双阙，先见南溟起大鹏。

万里梯航争入贡，三山若木看将升。

拟携彩笔干霄汉，翻羡眉山一老能。

（清道光钦州佩弦斋藏版《小罗浮草堂诗集》卷一三）

此诗描绘了广州浴日亭前的海景及海舶盛况，与南海丝绸之路地理、交通、贸易相关，故纳入此编。

清·胡其砥诗一首

胡其砥（生卒年不详），字子山。清广州顺德（今广东省佛山市）人。乾嘉年间诸生。有《古草诗钞》六卷。

晚泊海光寺分赋①

斜日聆疏钟，紫燕依山乳。

松关闭薜萝，荒烟暗沙户。

海波喷沫鱼龙涎，腥风直上浮屠边。

星流电掣压洪浪，中有百丈风樯竿。

荷钱柳花春欲暮，随流驾舸黄湾渡。

昨离城郭今云堆，心迹从来似鸥鹭。

木棉争发火云红，临江烂漫照孤篷。

载阳载阴竟暝夕，阴闻铜鼓声逢逢。

海神庙口扬灵风，冯夷驱龙迎祝融。

高笙铙鼓杂嘲哳，飞旍晻霭神归宫。

百灵秘怪肃南伯，蛟鼋掀舞沧瀛东。

须臾野月出高岭，水天无际浮青铜。

遍照茅庵春月朗，鹤鸣子和众山响。

夜深吟对翠微烟，诘旦危亭看日晃。

（清同治五年聚文堂翻刻本《粤东诗海》卷九四）

此诗记述夜泊广州海光寺的所闻所感，其中"星流电掣压洪浪，中有百丈风樯竿"描绘了海舶乘潮而来直达海光寺下的情景。诗文与南海丝绸之路地理、贸易相关，故纳入此编。

注释：① 海光寺：仇巨川《羊城古钞》卷三："海光寺，在波罗庙左侧，古木参天，波涛与钟梵相应。游人往来不绝。"

清·张臣诗一首

张臣（生卒年不详），字衍秀，号纯轩。清广州顺德（今广东省佛山市）人。清乾隆四十五年（1780）副贡，官琼山教谕。有《纯轩诗存》。

竹枝词·其一

呼郎早趁大冈墟，妾理蚕缲已满车。
记问洋船曾到否，近来丝价竟何如。
（温肃《龙山诗录》卷上）

此诗以广州顺德县（今顺德区）一对养蚕夫妇的视角描述了当地以缲丝谋生的情形，顺德县丝业发达，所缲生丝常供出口。诗文与南海丝绸之路贸易相关，故纳入此编。

清·彭昭麟诗四首

彭昭麟（1749—?），号井南居士。清眉州丹棱（今四川省眉山市）人。清嘉庆初官南江教谕，出为广东阳春、香山等县知县。有《从征诗草》四卷。

澳门纪事

澳门旧号濠镜，自关闸下一线莲茎突起，莲峰有庙曰新庙，迤逦五六里乃结。澳门中广八九里，前明嘉靖初，广东巡抚林富始请通蕃市，随为佛郎机所据，中间杂入倭奴。天启中利玛窦西来，居澳门者二十年，其徒来者日众。至本朝尽易西洋人，而华人亦杂焉，自此佛郎机遂绝迹矣。英吉利者，红毛一种。其地无土田，人不耕稼，惟恃贸易及劫掠为生。而贸易以粤东为大，尤重中国茶，彼国人数日无茶即成双瞽。向日货船到粤，由黄埔丈量后，即归省会洋行定其价值，售毕转易别货归国。司其事者曰大班，随船来去。至乾隆三十年间，因洋商货价未清，始有在澳压冬者，赁居澳夷屋，不惜重费。初不过一二人，殆后接踵而至。遂有二班、三班以及十班之号。盖彼在澳，既免风涛之艰险，又识物价之高低，洋商不能上下其手，并有携家而至不肯归国者。习见澳夷出洋之船，岁仅轮船税二万，其余货物，听彼国自行抽分，获利无算，遂起觊觎，欲为垄断，计久未得。会佛郎西与英吉利构兵，遣人告西洋王母，与英吉利通，英吉利闻知，先遣兵船数十，诱胁西洋王随英吉利迁美加利洲，大班拉弗侦知其事，致书伊国孟加剌之总管遣兵头度路利来澳，以防护佛郎西为名，于嘉庆十三年八月初二日拥入澳门。澳夷弱不能拒，其理事官委黎多乃禀余。及余驰往，已无及矣。余揣知彼为贸易而来，必不敢妄动，其国所恃者惟炮大船坚，至陆路一无所用，诛之甚易，但恐不服其心，或转致他患，惟有封仓，俟彼粮尽并撤买办禁服役之沙文为上策，因禀请大府，俱蒙允准。八月十九日前潮州太守陈公镇，及抚标游击祁世和至。九月中，香山协许公廷桂亦带兵驻前山寨为声援。余及都阆余公时高进驻北山岭，以为犄角。度路利惧，随具禀恳太守陈公转大府，词未恭顺，余因札西洋理事官转谕度路利，令其速退，否则用火烧船，并捆缚其人，治以违抗。又严禁华人与之贸易。度路利益惧，遂将伊国带来之黑鬼暗换夷兵，下船与大班拉弗乘夜半至黄埔，旋赴省恳请开舱。大府不允其请，奏奉谕旨，用兵驱逐。经广州府太守福公明及中协张公往黄埔开读，而东炮台及黄埔一带俱驻重兵，更饬提标参府宝兴抚标游击祁世和右翼镇都司老格带兵至焉。度路利之人黄埔也，因恐余火其船，随晋省胁制洋商，俾转为禀恳可以逞其私计，及见旨意严切，进退无路。余侦知之，乃益严拘买办及服役沙文澳门内。余又命绘巡船壮勇日夜巡辑二班叭厘等恇惧无措，乃求西洋国使眉额带转恳余，余限以七日下船回国，并谕眉额带乘夜驾小舟，与余之练总叶恒树驶至黄埔，见度路利晓以利害。度路利俯首服罪，随与眉额带至澳门，夷兵即日下船，挂帆回国。七日之限未逾焉。英吉利夷兵之入澳也，以八月初二日，其去也，以十一月初七日，盖已三阅月矣。而撤兵善后，又复月余。余之在澳不为不久，至带兵及委员诸公，其官阶皆在余上，使各存意见，不听余言，事难告藏。幸蒙大府垂慈一切，命毋制余肘，而诸公亦降心相从，兵虽备而不用，澳门华夷男妇安诸如故，此岂余之所能为力哉。其在澳出力最久者为黄圃司巡检张永津，而运筹帷幄，则余友袁君思亭也。因记其颠末于左。

其一

一线莲茎路，天然结澳门。
三方楼阁峙，四面海涛喧。
贡市前明始，台隍旧迹存。[1]
卓哉形胜地，千古壮篱藩。[2]

自注1：澳门之有蕃市，自都指挥黄庆始。蕃人之入澳自海道副使汪柏始。事皆在明嘉靖中，其地先为佛郎机所据，殆后倭奴以为逋薮。自利玛窦入中华，西洋人遂得居澳，安居乐业，二百余年，无异编户矣。
自注2：澳门炮台有六夷人守之，皆面海，最为形胜扼要。

其二

喜人而怒兽，夷性本同科。
嗜利膻趋蚁，争强鼓击鼍。
狡焉思启土，倏尔欲称戈。
毕竟垂头去，何曾损太和。

其三

郎西虽鸷悍，教亦奉耶苏。[1]
本欲依唇齿，宁期致龃龉。[2]
夷贪其得间，地沃必争趋。
岂识中朝大，前禽不用驱。[3]

自注1：法郎西即佛郎机，其人鸷悍，为诸夷所畏。然与西洋人同奉耶苏教，固无怨也。
自注2：法郎西始意欲西洋拒绝英吉利，殆英吉利闻知，先至西洋挟女王至美加利州，因借口来占澳门。
自注3：彼入澳门，不必动兵，只封舱封澳，而该夷已遁去矣。

其四

调和难众口，兵事敢称能。

谨慎师诸葛，危疑仿信陵。

青铜朝自鉴，白发夜来增。

资助伊谁力，西南庆得朋。

（清嘉庆十三年刻本《从征诗草·岭南草》）

以上四首系吟咏澳门的组诗，诗文描绘了澳门地势、风土、贸易等情形，表达了诗人对领土问题的担忧。诗文与南海丝绸之路地理、政治、贸易等多方面相关，故纳入此编。

清·潘有原诗一首

潘有原（生卒年不详），字志臣，一字沦泉，清广州番禺（今广东省广州市）人。官候选布政司理问，加运同衔。有《常荫堂遗诗》

海船行

乘长风，驾巨浪，一叶中流任奔放。

东西南北水接天，小小神针知定向。

千里之程两日行，埠头港口难分明。

船前忽望远山影，舵工笑面遥相迎。

有时飓飓吹不息，毛发髟髟忽横直。

银山重叠打头来，用尽千夫无着力。

有时骤雨天为昏，估客不愁饮水浑。

抨将襆被向空浣，盘盎余沥犹堪珍。

有时中夜吐晴日，煮海奇观光四溢。

恍如身到绛霄间，不管波然蛟蜃窟。

有时皎月升自东，青铜镜出炉炭红。

须臾空明一片白，金蛇万道沧波中。

最奇溟渤透夜光，以水激水争辉煌。

古云阴火理可信，恍见珊瑚深处藏。

香工昼夜燃灯灿，性命托神敢轻玩。

不愁水族可吞舟，却恐木龙悄登岸。

一年一度去有期，千水千山来有时。

竞夸回换好货物，从此贸迁多厚赀。

险中觅利休轻视，海国茫茫一身寄。

飘泊谁怜泛滥行，去住何曾安乐地。

何如安分稳载米，济人以食人皆喜。

君不见近来海运达帝都，直挂云帆去如驶。

（清光绪二十年刻本《番禺潘氏诗略》册三）

此诗描绘广州海舶盛景，诗人本为十三行商人潘氏家族的成员，熟知海上贸易，诗文描写当为其亲历。此诗与南海丝绸之路地理、交通、贸易相关，故纳入此编。

清·潘有度诗四首

潘有度（1755—1820），字宪臣，一字容谷。清广州番禺（今广东省广州市）人。官候选员外郎，议叙加盐运使司衔。有《义松堂遗稿》。

西洋杂咏

其一

忠信论文第一关，万缗千镒尽奢悭。[1]

聊知然诺如山重，太古纯风羡百蛮。

自注 1：华夷互市，以拉手为定，无爽约，即盈千累万皆然。既拉手，名为奢忌悭。

其十五

红灯白烛漫珠江，[1]万颗摩尼护海幢。[2]

日暮层楼走千步，呢喃私语影双双。[3]

自注 1：燃白蜡为烛。

自注 2：海幢寺与夷馆隔江相对。

自注 3：夷人每日黄昏后往来行动，以运血气。俗称行千步，行必有偶，偶则私语。

其十六

十字门中十字开，[1]花王庙里证西来。[2]

祈风日日钟声急，[3]千里梯航瞬息回。

自注 1：澳门海口有十字门，西洋教大庙内虔供十字，咸称天主。

自注 2：澳门有花王庙。

自注 3：夷欲日日撞钟求风，以盼船行。

其十七

百尺樯帆夜欻关，重洋历尽懋迁艰。

孩童不识风波险，[1]笑指天南老万山。[2]

自注 1：孩童长成四五岁，即随父泛洋。

自注 2：老万山在虎门外洋西，夷船到老万山，便无风波之险。

（清光绪二十年刻本《番禺潘氏诗略》）

此组诗描绘了澳门海口地区的地势、风景、海舶等情形，与南海丝绸之路地理、交通、贸易相关，故纳入此编。

清·林茂封诗一首

林茂封（生卒年不详），字松次，号苑亭，清广州东莞（今广东省东莞市）人。清乾隆四十八年（1783）岁贡生。有《拙存斋诗集》。

赛海神词·其一

三月江城赛海神，轻风迟日飏香尘。

金铙彩仗逦迤出，绘尽承平锦绣春。

（民国十年刻本《东莞诗录》卷四二）

此诗描绘了东莞赛海神的习俗，因此地临海，居人多有出海谋生者，故有此习俗。诗文与南海丝绸之路风俗相关，故纳入此编。

清·西密扬阿诗一首

西密扬阿（生卒年不详），觉罗氏，字文晖。清满洲正红旗人。官杭州副将兼统领钱塘水师。工指头画，山水苍浑有气势，杂卉尤佳，作品富有奇情逸趣。

妈祖阁

莲峰浮远岛，庙貌仰云亭。

万顷凌霄际，千艘仗赫灵。

海流天地外，神护汐潮青。

万国朝宗日，馨香格杳冥。

（澳门妈祖阁石刻）

此诗题刻于澳门妈娘角山石壁上。原有乾隆五十二年（1787）广州知府张道源题诗，本诗为和韵之作，作于乾隆六十年（1795）乙卯，题为后世学者所加。诗文与南海丝绸之路地理、风俗相关，故纳入此编。

清·袁嘉言诗一首

袁嘉言（生卒年不详），江西赣县人。附贡生，清乾隆六十年（1795）新安知县。

赤湾谒天后庙

庙貌光同日月昭，伶仃横锁海门潮。

云随仙佩归金阙，雾卷灵旗下碧霄。

岛外鲸鲵沉浊浪，空中鸾鹤舞回飙。

即今万国柔怀日，重译都来奠酒椒。

（清嘉庆二十五年刻本《新安县志》卷二四）

此诗记述在赤湾天后庙前的所见所感，诗中描绘了天后庙前的海舶盛景，与南海丝绸之路地理、贸易相关，故纳入此编。

清·梅璇枢诗一首

梅璇枢（生卒年不详），字襄中。清广州顺德（今广东省佛山市）人。清乾嘉年间诸生。有《艾纳香斋诗稿》。

龙山^①竹枝词·其十一

北风遥计海船还，玉蝶花开妒玉颜。

庭上不栽红豆树，家邻大小凤凰山。

（温肃《龙山诗录》卷下）

此诗描绘了广州龙山圩的海舶盛况，诗文与南海丝绸之路贸易相关，故纳入此编。

注释：① 龙山：圩名。在广东顺德西端西江水道上，商贸甚盛，男子出洋者亦多。

清·李如筠诗一首

李如筠（生卒年不详），字介夫，号虚谷。清南安大庾（今江西省赣州市）人。清乾隆五十二年（1787）进士，改庶吉士，授编修。有《蛾术斋诗选》。

广州竹枝词

刘王花坞百花芳，黄木湾头艇子忙。

荔子糖霜都食尽，海船前日到槟榔。

（《梧门诗话》稿本）

此诗描绘了广州海外贸易兴盛、舶来商品丰富的情形，与南海丝绸之路贸易相关，故纳入此编。

清·张问安诗六首

张问安（1757—1815），字亥白，一字季门。清潼川遂宁（今四川省遂宁市）人。文端公张鹏翮元孙，张顾鉴长子，大诗人张问陶之兄。清乾隆五十三年（1788）举人。诗才超逸，随涪陵周东屏侍郎视学岭南，遍览名山胜水，格律益进。与弟问陶有二难之目，主讲华阳、温江书院，诱掖后进，多所成就。卒于家。有《小嫏嬛诗集》。

夏日在广州戏作洋舶杂诗六首，舟行无事，偶忆及之，录于此，备一时故实，亦《竹枝》《浪淘沙》之意也

其一

渔门东去渺风烟，黄埔秋深又隔年。

倒挂梅花齐上市，[1] 羊城八月到洋船。[2]

自注1：俱洋雀。

自注2：洋船每岁七八月到广，泊黄埔，至时归德门外竞卖洋雀，五色毕简。

其二

羽毛组织妙能该，锦罽襦裼只废才。

大小宁须争尺寸，番钱论版买呢来。[1]

自注1：羽毛大呢小呢以版计，不以匹也。

其三

玻璃挂壁响丁冬，未抵拈毫写法容。

书满乌丝听啼鸟，案头闲煞八音钟。[1]

自注1：自鸣钟有挂钟座钟。座钟有八音。洋行有一钟，座上铜人能画千手观音像，又能自画乌丝栏作楷字，上有二铜雀，飞鸣如生。

其四

机轮历落动天倪，彩佩缤纷绣带齐。

比似红毛好官样，半圭花影佛兰西。[1]

自注1：洋表有红毛、佛兰西二种。红毛多度金壳，佛兰西多银壳。银壳以大扁为贵。一云佛郎西，或云即荷兰，非也。

其五

淡巴菰好解愁能，幽怨传来吕宋曾。

一种湘筠和泪色，土花斑驳上洋藤。[1]

自注1：烟草始于吕宋国，近洋中有藤，花纹斑驳，以制烟箫，极精。

其六

名茶细细选头纲，好趁红花满载装。

饱啖大餐齐脱帽，烟波回道十三行。[1]

自注1：鬼子以脱帽为敬。宴客曰大餐。归国必满载茶叶红花以去。十三行其聚货处，几十三所也。

（清光绪七年刻本《亥白诗草》卷一）

此诗描绘了广州海外贸易兴盛、舶来商品丰富的情形，与南海丝绸之路贸易相关，故纳入此编。

清·张宝诗一首

张宝（1762—?），字仙槎，清江宁（今江苏省南京市）人。善画，游历几遍天下。每经名山大川，必摹绘而志之。凡为图百幅。

登澳门西望洋山望海

澳门横列数平峦，济胜登临足大观。

翠岫烟消三岛现，夷船云集八蛮欢。

群山怀抱边隅壮，众水朝宗海势宽。

赖有经权周令尹，一身抚剿万民安。

自注：海寇扰乱洋面，屡至内地，掠村民。嘉庆十五年，周载溪明府一身出海招降剿擒。至今海面肃清，民安集商贾如云。

（清嘉庆刻本《仙槎游草》）

此诗描绘了澳门附近海域盛景及海舶盛况，与南海丝绸之路地理、贸易相关，故纳入此编。

清·阮元诗四首

阮元（1764—1849），字伯元。阮玉堂之孙。清乾隆晚期进士。历官浙江、广东巡抚，湖广、两广、云贵总督；体仁阁大学士兼管刑、工部。重视文教，博学多著，曾督山东、浙江学政，屡次主持会试。道光二十九年（1849）卒。谥文达。有《擎经室集》《经籍纂诂》《皇清经解》《两浙金石志》《积古斋钟鼎款识》《两浙輶轩录》等。

登沙角码头，阅水师毕，即乘水师提督之兵船过零丁洋，看大崳山，望老万山，回澳门，阅香山兵，因题船额曰"瀛舟"

茫茫沙角外，巡海一登台。

潮向虎门落，舟从龙穴开。

瀛帆乘夜月，火炮动晴雷。

回楫澳门外，西夷迎节来。[1]

自注1：夷人奏夷乐迎瀛舟。

（四部丛刊景清道光本《擎经室集》诗集卷一一）

此诗作于清嘉庆二十二年（1818），时阮元刚接任两广总督即乘水师提督的兵船巡视珠江口海面，遍观内外形势及澳门夷市。诗文与南海丝绸之路地理、贸易相关故纳入此编。

羊城灯市

海鳌云凤巧珑玲，归德门前列彩屏。

市火蛮宾余物力，丰年羊穗复仙灵。[1]

月能彻夜春先满，人似探花马未停。

见说嬴洲双客到，书窗更有万灯青。²

自注1：前年火灾，洋市甚损，今年复盛，年谷亦丰。
自注2：时状元林召棠、探花罗文俊皆归里。

（四部丛刊景清道光本《掌经室集》续集卷六）

此诗吟咏广州洋市盛景，并提及道光二年（1822）十三行大火事。诗文与南海丝绸之路贸易相关，故纳入此编。

西洋米船初到纪事诗

西洋夷船来，毡毳可衣服。¹

其余多奇巧，价贵甚珠玉。

持货示贫民，其货非所欲。

田少粤民多，价贵在稻谷。

西洋米颇贱，²曷不运连舳。

夷曰船税多，不赢利反缩。

免税乞帝恩，³米舶来颇速。

以我茶树枝，易彼岛中粟。

彼价本常平，我岁或少熟。

米贵彼更来，政岂在督促。

苟能常使通，民足岁亦足。⁴

自注1：即泥羽也。
自注2：仅有内地平价之半。
自注3：余奏免米船人口之税，仍征其出口船货之税，准行。
自注4：以后凡米贵，洋米即大集，水旱皆不饥。

（四部丛刊景清道光本《掌经室集》续集卷六）

此诗记述西洋米舶入境及其影响，与南海丝绸之路贸易相关，故纳入此编。

同人分咏远物得红毛时辰表

西洋制奇器，其学名曰重。

重者渐轻之，如水漏壶洞。

时辰表最精，亦以重为用。

其中有铁带，反卷力为控。

控之以何物，轮齿数兼综。

其末为游丝，力弱缓相送。

带卷力求舒，控者递使纵。

如弓渐为弛，如磨互为砻。

一日得再周，投钥有小空。

其外为刻盘，双针右转共。

联以螺旋钉，入水浸无缝。

任尔反与侧，针指确然中。

趋事虑后时，持此以无恐。

可记里驰驱，可刻烛吟诵。

悬之腰带间，铜史日相从。

置之枕函旁，铮铮入清梦。

嗟此器实奇，精巧惊愚蠢。

我曰此辊弹，于书见于宋。

（清嘉庆二十五年刻本《瀛舟笔谈》）

此诗以西洋钟表为吟咏对象，与南海丝绸之路贸易相关，故纳入此编。

清·王文诰诗八首

王文诰（1764—?），字纯生，号见大。清杭州仁和（今浙江省杭州市）人。曾独游皋亭诸山探梅，爱二松奇古，因号二松居士。善画，绘寻丈大幅尤兀傲有奇气。客粤三十年。工诗。尤深于史学，所撰《苏诗编注集成》，集以前注家之大成，并可订正《宋史》之误。有《韵山堂诗集》七卷、《二松庵游草》一卷等。

长牧庵制府带同荷兰国 贡使诣海幢寺接诏恭纪

其一

皇威遐迩被攸同，尺咫钦瞻岭峤东。

沧海不扬波上紫，卿云常现日边红。

其二

航海梯山十万程，梅花南国报先春。

年年望气黄云现，重译来朝贺圣人。

其三

荷兰贡舶虎门收，蠔镜声嚣水上楼。

琛献先传金叶表，翎开还整翠云裘。

其四

龙象花宫涌海幢，桫椤贝树荫清江。

慈容遥仰天威在，一日光荣遍海邦。

其五

万斛琉璃挂彩门，氍毹匝地映红幡。
今朝节府承明诏，乐奏钧天语带温。

其六

珊顶花翎线纬飘，蟒衣鹤补压群僚。
晓钟初动开仙仗，宛在金门候早朝。

其七

几年骥足涉飞沙，驰驿来京旨特嘉。
从此葵心依北阙，河山历历辨中华。

其八

玉箫金管隔花听，花下开筵列绮屏。
大小臣工齐虎拜，炉烟浮动九龙亭。

（清光绪十四年浙江书局刻本《韵山堂诗集》卷一）

此组诗记述了清代中后期在广州海幢寺的对外开放与中外宗教文化交流活动，诗文与南海丝绸路地理、贸易、政治相关，故纳入此编。

清·乐钧诗一首

乐钧（1766—约1814），原名宫谱，字元淑，号莲裳，别署梦花楼主。清抚州临川（今江西省抚州市）人。工诗，早年喜骈体文。清嘉庆六年（1801）举人。与吴崇梁同为翁方纲弟子。因家贫，奉母侨居江淮间，为两淮盐政曾燠召致幕中。有《青芝山馆诗集》二十二卷、《耳食录》十二卷等。

岭南乐府·十三行

粤东十三家洋行，家家金珠论斗量。
楼阑粉白旗竿长，楼窗悬镜望重洋。
荷兰吕宋英吉利，其人深目而高鼻。
织皮卉服竞珍异，海上每岁占风至。
天子神圣海内足，不贵远物远人服。
万国梯航奉职贡，八荒舞蹈称臣仆。
此非外藩非内附，互市常来澳门住。
鱼目换将南海珠，木蠡苗蝗复谁悟。
昔时勾致由贪民，大舶满载波斯银。
岂知番人更狡诈，洋货日贵洋行贫。

圈鹿阑牛岂足载，海市蜃楼多变态。

南山白物见无时，荡尽私囊欠官债。

（清嘉庆二十二年刻后印本《青芝山馆诗集》卷九）

此诗以广州十三行为吟咏对象，十三行是清代专做对外贸易的牙行，是清政府指定专营对外贸易的垄断机构，曾亚洲、欧美主要国家都有直接的贸易关系。诗文与南海丝绸之路贸易相关，故纳入此编。

清·许宗彦诗一首

许宗彦（1768—1818），字积卿，一字回卿，又字周生。清湖州德清（今浙江省湖州市）人。清嘉庆四年（1799）进士，授兵部主事，就任两月即告归，居杭州治学问。为学广泛，长于考证，对于礼学、地理学、文字学皆有研究，尤精通天文学，学西方方法，自制浑金球。有《鉴止水斋集》二十卷。

鼻烟·其一

论蜡携来市舶，海云养就蛮烟。

闻道略如采茗，分别雨前火前。

自注：鼻烟乃树叶所为，以先采者为上，贸易以蜡计，一蜡约斤许。

（清嘉庆二十四年德清许氏家刻本《鉴止水斋集》卷二）

此诗以海舶商品鼻烟为吟咏对象，与南海丝绸之路贸易相关，故纳入此编。

清·钟启韶诗十二首

钟启韶（1769—1824），字琴德，一字凤石，清广州新会（今广东省江门市）人。清乾隆五十七年（1792）举人。所居在羊城西园，传为梁佩兰六莹堂旧址。与刘彬华、张如芝、颜时普、高士剑等每多唱和。性洒脱不羁，工诗，喜吹笛，自号笛航生。尝放船珠海，吹笛作《水龙吟》。馆于十三行商潘氏南墅及伍氏万松园颇久，两家子弟多从受业。有《读书楼诗钞》《笛航游草》，复辑有《古诗雪》。卒后其徒伍崇曜选刻遗诗，名《听钟楼诗钞》。

澳门①杂咏十二首

丙子嘉平，薄游铁城，遂帆镜水，时则山明海静，陬澨梯航，方耆慄之偕徕，信怀柔之远届。旬时登涉，纵心浩然，犹咏载欣，风谣斯作，有同獭祭，聊助鲸呿。昔俞牙刺船，谢客蜡屐，木玄虚赋海，郭景纯咏游仙，并有奇情，足传来者。仆南图且憩，北羽未翔，哂甚娲隅，深渐往哲。匪渡江之洗马，百感茫茫；思破浪于洮阳，长风浩浩。凌沧洲而抒笑傲，折若木以寄相羊。岁方晏而华予，水非秋而向若。愧《图经》之未借，佳处频开；嬉吟棹以方酣，同舟得侣。俞素园、黎楷屏、伍平湖、谢退谷暨予五人。章成十二，异陶彭泽之寄慨风尘；韵写五言，效左秘书之希踪闾阎云尔。

其一

抱琴游镜海，吹笛泛莲洋。汗漫神仙气，[1]空明水月光。

登台发长啸，倚醉问扶桑。北乡冰天雁，先春半欲翔。[2]

自注1：楷屏善谈道。

自注2：澳门一岛，状如莲花。香山尽处有路名关闸沙，直出抵澳，若莲茎焉。其两傍为内外洋，水分二色，内红外黑，亦曰红黑海。中有关曰飞沙，时于珠江饯送公车，即放舟南下。

其二

大岛飞沙出，危旗乱石丛。

楼台千叠粉，潮汐四山钟。

礼拜符来复，门兵警伏戎。

幸逢绥靖后，海角久销峰。[1]

自注1：山溢辄筑戍楼，建旗以表之，所居高下，依山跨岭，瓦壁纯白。日夜礼神，暨守望俱以钟为号。夷人行路，闻钟声则免冠。每七日则男女诣庙持咒，曰礼拜。夷馆及卡口红褐皂帽才各持火器，日夜挺立防守，曰兵鬼。时海寇悉平。

其三

海觉天妃庙，[1]三成石作梯。

青洲回望合，绿浪卷来低。

碑省前朝识，涂应七圣迷。

山僧浑忘却，支语到鸡西。

自注1：天妃庙，土人称妈祖阁，亦曰娘妈阁。石磴三折至顶，峭壁刻"海觉"两大字，字丈余。青洲山在海口，海水深绿色。明天启间，闽贾寓此立庙。问寺僧不知，读碑知之。

其四

风涛竟三日，浩浩势粘天。

襆被登山馆，煎茶得冽泉。

刀叉芒不顿，面乳食差便。

待醒芦卑酒，巴菰卷叶烟。[1]

自注1：海水极咸，而山泉特清冽。食以刀叉代箸，以酥酪和面，煨啖之，不设谷食，终宴彻席，特置芦卑酒，酒味颇溏，云以解酲。卷烟叶，燃火吸之，曰巴菰。

其五

兵鬼黔于墨，臊浆冻欲冰。

蛮姬叠折，番衲发髵鬐。

万牗层楼辟，千门拾级登。

思凭谢公笔，[1]图画贮行塍。[2]

自注1：退谷善画。退谷，指谢观生，与其兄兰生俱以绘事称，号"二谢"，为戴熙、汤贻汾诸名流所赏。

自注2：蛮女裙数重，急约以取细腰。所居必楼，楼必辟户临街，入门辄登石级数十。

其六

十字门当槛，[1]零丁港近墙。

都归千里镜，直过九洲洋。

关闸沙为界，波罗蜜是乡。

皇心正柔远，荒徼此来王。

自注1：十字门诸山，复立海面，接零丁洋。又有九洲洋，登白鸽巢园石顶亭，以大千里镜瞩之，当面了了，不知其远涉日馀也。波罗蜜树高数寻。

其七

插汉三巴寺，[1]耶苏律自齐。

占星亦有术，重女却奚为？

践土封无外，通商政不私。

羁縻原勿绝，他族尔毋滋。

自注1：三巴寺奉耶苏天主，夷人礼拜最盛。观星石屋在白鸽巢园。夷人重女，辄以家赀过半给之。丁男贱若奴隶，娶则家政一禀于妻。

其八

筑球坡对座，走马路横窗。

表午眠参食，呼宵逻代梆。

巨鹎三尺奋，绝力卅年尨。

要眇花鬖舞，风琴手自撞。[1]

自注1：夷长测日表，及午则不治事，睡起晚食至夜深乃已。兵鬼守望俱口号，四山呼应，不用击柝。白鸽巢园有大鸡，昂首则高与人等，足如铁。有獒如豹，客至则以铁槛禁之。乐柜，触其机则八音齐鸣，亦曰风琴。

其九

地势尽南湾，[1]茫茫巨浸间。

不风潮刮岸，当午瘴沉山。

大舶微如点，颓沙曲似环。

却疑星宿海，潜气出诸蛮。

自注1：澳之尽处曰南湾，亦曰南环。沙岸昼夜波激，势若飞电。入夜黑晦，海面金星万点，隐现出没。

其十

塞北寒光霁，天东曙色椴。

碉楼飞一角，官路控三叉。

椰菜经霜甲，桃枝破腊花。

前山信冲要，膻酪判桑麻。[1]

自注1：立砦前山为军民府，以御澳奸。

其十一

截岚牛擒石，连冈万木森。

北风随径曲，南裔此山深。

鼓墢何年庙，梅坑太古岑。

云埋丫角髻，有客荷樵吟。

自注：入澳山顶最高处有云径寺，行客至此曰过涧。梅花坑、石鼓墢，土人伪为石宝塔，此香山达澳之路也。丫角髻，山名，又曰风门，樵者往来如织。

其十二

一塔层峦出，归帆指石岐。[1]

郢中惊和寡，[2]海上忽情移。

逆旅迎年酒，淹旬纪事诗。

得知溟涨外，何处测津涯。

自注1：石岐，在香山县海口。

自注2：邻舟度曲，以丝竹和之。

（道光十年刊本《听钟楼诗钞》卷三）

　　此诗作于诗人游澳门时，诗中描述澳门风土人情，对葡萄牙殖民者租占中国领土澳门深表忧虑。诗文与南海丝绸之路政治、地理、交通相关，故纳入此编。

　　注释：① 澳门，明代称壕镜澳，嘉靖三十二年（1553），葡萄牙殖民者强行上岸租占，清光绪十三年（1887）进行强占。

清·吴应逵诗一首

　　吴应逵（生卒年不详），字鸿来，一字雁山。清肇庆府鹤山（今广东省鹤山市）人。清乾隆六十年（1795）举人。有《雁山诗文集》。

蕃塔

凌空一柱何巍峨，轮困直上无陂陀。

兀立积铁风雨磨，腹有级磴如旋螺。[1]

金鸡绝顶鸣驾鹅，迎风大叫海生波。

怀圣古寺城西阿，唐初岁月同飞梭。

堂上丰碑正不颇，字非篆籀非蚪蝌。

云是教主名纷犿，观者起敬不敢诃。

坡山渡口番舶过，簇簇踵至无嗟跎。[2]

合掌礼拜声喽罗，但呼呶嘿兼呶驼。[3]

语不可辨理则那，一人扶杖双鬈幡。

上座宣教如悬河，时或涕泗双滂沱。[4]

其俗质朴轻绮啰，食不置箸以手搓。

鲑炙麦黍同一锅，洒以薇露冰脑和。

右手废弃左手摩，⁵尚鬼好洁原同科。

无礼之礼且莫苛，此塔亦足供吟哦。

五羊古迹存无多，好事且复三摩挐。

自注 1：广州、南海诸志俱云：塔高十六丈五尺，四周有穴，塔内曲折而上，可至绝顶。

自注 2：五仙观，旧为坡山渡头。

自注 3：俱彼教称谓。

自注 4：回人七日一礼拜。皆西面，因教主位面东也。旁有高座如亭，凡五级而上，礼毕，一人升座，扶杖宣讲，讲毕，置杖而后下。有所谓寻祖宗者，说及祖宗艰苦，则讲者与听者皆泣

自注 5：回教会食时其礼如此。皆置右手于裤下不用，以左手撮取，饱后则漱之。

（清道光二十三年南海伍氏刻本《楚庭耆旧遗诗》卷六）

此诗描绘了广州光塔形貌、地势及宗教交流情况，与南海丝绸之路地理、宗教相关，故纳入此编。

清·徐樾诗一首

徐樾（1853—约 1928），字季同。清广州番禺（今广东省广州市）人。有《遗园诗集》。

虎门

一气天风荡碧涛，群山尽伏虎山高。

中原职贡梯航盛，南海关门锁钥牢。

万里车书通鬼国，九州日月拱神皋。

乘槎我欲浮霄汉，且向苍溟钓巨鳌。

（民国退耕堂刻本《晚晴簃诗汇》卷一七九）

此诗描绘了虎门地势及海舶盛况，指出此处是中国神圣的土地。诗文与南海丝绸之路地理、政治、贸易相关，故纳入此编。

清·胡廷钧诗一首

胡廷钧（生卒年不详），字子浚。清广州顺德（今广东省佛山市）人。清嘉庆九年（1804）副贡生。有《苍崖诗稿》。

浴日亭

朝谒南海神，夕次章丘阳。

暝色众峰敛，洪波浸星芒。

高亭待浴日，夜半天鸡忙。

微月没山际，赤气生穹苍。

须臾海山雾，半面腾辉煌。

鲸目射波碧，百道飞金光。

浑茫接元气，流晖判玄黄。

但知岛有国，触处连扶桑。

壮矣两虎头，形势束汪洋。

一竿照五两，散影交飞扬。

扶胥古泽国，祝融尊堂堂。

寅宾非所司，渎祀兼相当。

我来鉴空阔，目尽瀛壖长。

愿借双鹏翰，南溟冲天翔。

（清同治五年聚文堂翻刻本《粤东诗海》卷九五）

此诗描述了广州浴日亭附近地貌及相关史实，与南海丝绸之路地理、历史相关，故纳入此编。

清·李黼平诗五首

李黼平（1770—1833），字绣子，又字贞甫。广东嘉应（今广东省梅州市）人，清嘉庆十年（1805）进士，官翰林院庶吉士。清嘉庆十三年（1808）入都，散馆，改用知昭文知县。治汉学，工考证。回粤入学海堂阅课艺，主讲宝安书院，教育士类，文行兼劭，人咸爱重之。卒年六十三岁。有《易刊误》《毛诗绅义》《著花庵集》《吴门集》等。

大渔山歌①

一骑吴山山顶立，画图开处军声急。

何知乃有虞参军，坐扼长江不能入。

中华名胜未易攀，到今吴越说完颜。

捧心效颦态更丑，鬼戎又欲居渔山。

渔山秀插溟海洋，镜里常摇青黛光。

寒涛万顷接蓬岛，飞云一气连昆冈。

祝融祠前蹲二虎，正赖渔山塞门户。

浮查特许外藩来，筑室奚容他族处。

如何左右求龙断，狂词屡上征蛮府。

府公玉帐临河魁，不惮堂堂先谕汝。

朝廷垂衣干舞阶，天方大食俱威怀。

将尽尧封瞰乌弋，肯从禹奠捐朱崖。

汝如跳踉求必得，楼船十万渔山侧。

黄龙一跃沧波飞，请看书生亲破贼。

（清道光二十三年南海伍氏刻本《楚庭耆旧遗诗》卷一六）

此诗以伶仃洋外大岛大渔山为吟咏对象，诗中描绘了风貌及相关历史，与南海上丝绸之路地理、历史相关，故纳入此编。

注释：① 大渔山，即大屿山。伶仃洋外的大岛，在香港岛的西边。

防海四首

其一

宛宛龙编户，眈眈虎守门。

地开轩后远，神镇祝融尊。

五管声相应，重洋气可吞。

西平韬略在，谈笑制游魂。

其二

日月无私照，怀柔遍九垓。

但令通集货，不许眩奇瑰。

出地三帆转，[1] 粘天一叶来。

艰难茶舜得，慎勿负恩培。

自注 1：西人来粤，海中忽见南北极俱在平地。盖所到之处，已在地球之昼夜平线间，更转而南，过大浪山，则见南极出地三十五度，可知其他正与中国上下相对也。

其三

蠔镜前朝假，当时计本疏。

天街曾越限，海岛自争居。

梁犳鼋身驾，楼台蜃气嘘。

先人军志有，舠艋布扶胥。

其四

蕞尔英夷国，纵横网利多。

蜗居常战斗，蚕食莫谁何。

麾扇中军出，衔刀壮士歌。

惟应驱逐尽，万里看铜磨。

（清道光二十三年南海伍氏刻本《楚庭耆旧遗诗》卷一六）

组诗四首描绘了澳门、广州附近海防情况，与南海丝绸之路军事、地理相关，故纳入此编。

清·姚元之诗一首

姚元之（1773—1852），字伯昂，号荐青荐青居士、竹叶亭生晚号五不翁。清安庆桐城（今安徽省桐城市）人。清嘉庆十年（1805）进士，授翰林院编修，升侍讲，道光间官至左都御史，后以事降内阁学士。后以年老休致。曾从学于姚鼐，书画并工，熟于掌故。所画人物、花卉、果品不落时趋，生平所见粉本甚多，故落笔别有机杼，可与恽寿平等人争胜。亦画山水，寥寥数笔精妙入神。善画白描人物，尝临摹赵孟𫖯《罗汉十六尊》。工书法，尤精隶书，师法《曹全碑》，行草书得法于赵孟𫖯。有《竹叶亭杂记》卷八、《小红鹅馆集》一卷等。

虎门行

东方日出天为红，明霞万叠排秋空。
水光倒射摇五色，黄人矗立摩青铜。
攒峰列嶂隐青翠，芙蓉乱插沧波中。
天鸡大叫洞穷发，豁达不觉空双瞳。
我闻昔者此水东，马衔当蹀挈海童。
朝游大鹏夕鸡笼，明珰大髻坐艨艟，
船头伐鼓声逢逢，鲛人蜑人怒发冲。
瞠目不敢偏师攻，赫赫重臣总元戎。
慨然追慕郭令公，轻舟一叶无短篷。
独立虎门呼其雄，告言圣恩宽且洪，
刀斧不肯膏闇蔂，群焉蹈舞声呼嵩。
争先叩头输厥衷，水师不用占天弓。
倏忽万里无飞蓬，尔来日照黄金宫。
鬼物慴伏天吴穷，河泊使者休赤驄。
黑齿国人歌来同，方壶员峤遥相通。
飞樯上下如游鸿，元虚作赋状莫终。

二李将军画难工，少文虚愿何足论，我来不待乘长风。

（民国退耕堂刻本《晚晴簃诗汇》卷一一七）

此诗记述诗人在虎门的所见所感，虎门亦名虎头门，在今广东东莞市西南海中。有大虎、小虎二山，对列如门，是珠江主要出海口之一。诗中描绘了虎门一带地势风貌及相关史实，与南海丝绸之路地理、历史相关，故纳入此编。

清·林伯桐诗一首

林伯桐（1775—1845），字桐君，号月亭。清广州番禺（今广东省广州市）人。清嘉庆六年（1801）举人，不复应试。阮元督粤，延为学海堂学长。嘉庆二十四年（1819），以选授德庆州学正。卒于官，年七十。爱好考据学，以汉儒为宗。诸经皆通，尤精于《毛诗》。有《毛诗通考》三十卷等。

黄木湾观海

云气破鸿蒙，咸池漾漾红。

广州唯就下，若木已生东。

岛屿纤毫见，帆樯八极通。

谁言九州大，只在一沤中。

（清道光十八年广东启秀山房刻本《学海堂二集》卷一八）

此诗描绘广州黄埔区地势风貌及海舶情形，与南海丝绸之路地理、贸易相关，故纳入此编。

清·何健诗一首

何健（生卒年不详），字建人，一字慕刘。清广州香山（今广东省中山市）人。清嘉庆十二年（1807）举人。有《思贻堂文稿》一卷。

前山八景·海岛回澜

吾邑治之一百二十里，有岛曰濠镜，莲浮巨海，澳宅诸番，化居懋迁，舸舶辐辏，而前山则其上游也。圣祖仁皇帝御宇之五十六年，建前山寨土城，高宗纯皇帝莅祚之十有四年，复于山城内置海防同知署。柔能备至，远迩胥安，鞠谋叙钦，吏廉民乐。生斯土者，和平无事。登山临水，索幽搜奇，瑞石嘉林，灵异时出，以游以嬉，以歌以咏，惟有历年，于是山川胜概与圣朝德化，并垂千古。昔柳子厚献《平淮夷雅表》，谓思报国恩，独唯文章。文章，德业之余也，而心饫大化，厥声成文，时政土风，于是乎在。故《诗》三百篇，叙《雅》《颂》必首以《国风》，风之始，化之基也。我皇上统承先绪，时切噢咻，士女欢呼，景物嘉美。以故山陬海澨，即景言情，彬彬乎有《二南》之遗。爰不揣谫陋，掇辑《前山八景诗》，以备国史采择焉。

岛夷来王也。

城临海岛，岛拥山城。

潮来潮去，安澜不惊。

澜回海岛，岛夷所望。

梯山航海，近天子之光。

贡舶云集，澳门为津。

龙涎牛脑，瑰瑁金银。

无以为宝，土物是珍。

有司曰嘻，尔布尔忠，

远物不宝，惟圣德是隆。

吁嗟乎，澜生水土，惟奉扬兮仁风。

（中山诗社重刊本《香山诗略》卷八）

此诗描绘了东南部沿海岛屿的地势风貌及海舶盛况，与南海丝绸之路交通、地理、贸易相关，故纳入此编。

清·简嵩培诗一首

简嵩培（生卒年不详），原名厥修，字永庵。清广州顺德（今广东省佛山市）人。清嘉庆十五年（1810）举人。有《得到梅花馆诗钞》一卷。

登浴日亭再步苏韵

春波遥绿界长天，待旦维舟湾复湾。

千舶白浮狮子海，[1] 一轮红现虎头山。

兴来摹绘无凡手，老去登临有壮颜。

终古危亭碑碣在，常留剑气插云间。

自注1：夷舶尚白。

（清道光十八年刻本《浴日亭次韵诗》）

此诗描绘广州浴日亭前海舶盛况，与南海丝绸之路地理、贸易相关，故纳入此编。

清·李遐龄诗一首

李遐龄（1768—1823），字芳健，又字香海，号菊水。清广州香山（今广东省中山市）人。善属文，尤有诗名，清乾嘉间，他的诗在粤中诗坛影响甚大。冯敏昌称许其诗"以苍健胜"。黎简亦赞赏之。他与谢兰生、黄培芳、张维屏、谭敬昭诸名家时有唱和，为一时诗坛之盛。终年五十八。有《勺园诗钞》二卷、《玳杂诗》二卷等。

观黄总戎所藏西洋画

将军十幅西洋画，镜里依稀记昔游。

橘子围边多白屋，莲花茎外是青洲。

华鬘细草开春宴，落日微风放晚舟。

树影水光都曲肖，廿年如梦爪痕留。

（清光绪三十四年刻本《勺园诗钞》卷二）

此诗对海舶而来的玻璃画做了细致描摹，诗文与南海丝绸之路贸易相关，故纳入此编。

清·廖赤麟诗一首

廖赤麟（1775—1833），字石坪。清广州顺德（今广东省佛山市）人。诗为温汝适所赏，称其诗"情文相生，绝去雕饰。吐属名嵩，妙极自然"。清嘉庆诸生。以授徒终其身。有《湛华堂佚稿》四卷。

澳门竹枝词·其八

郎趁哥斯①万里间，计程应近此时还。

望人庙外占风信，肠断遥天一发山。

（清道光三十年刻本《湛华堂佚稿》卷一）

此诗以思妇视角描摹了商人出海贸易，家中妇人祈祷海神保佑丈夫平安归来的情景。诗文与南海丝绸之路贸易相关，故纳入此编。

注释：① 哥斯，葡萄牙文海岸之意，指印度西海岸果阿一带。

清·黄桐孙诗一首

黄桐孙（1778—1833），字稚木，一字阆石，号支山。清浙江鄞城（今浙江省宁波市）人。能诗，善文章，兼能书法，楷书丽雅清逸，行书流奔有序，清嘉庆二十四年（1819）举人，官广东盐大使。有《古于亭诗集》六卷、《旌忠庙祀录》、《古于亭文集》二卷、《岭外杂言》一卷等。

易蕃货

蕃人以奇巧诱人之物贸银以去，中土其日匮乎。是当以货相权，禁私贩而戢奸商，庶有矛哉。[1]

快输中土金，以易蕃人货。漏卮靡涯如斗大。击洋钟，昏旦过。品洋烟，烟云唾。令人瞢腾死则那。阜财先与恤泉刀，绝鸩当如拯寒饿。汉家握均输，物物相权计勿左。古来两洋贸易多，押蕃舶使藉增课。

自注1：《宋史·食货志》："淳熙二年，户部言，三路舶司，岁入固不少，然金银铜铁，海舶飞运，所失良多。而铜钱之泄尤甚。法禁虽严，奸巧愈密。"云云是宋时市舶之弊已如此矣。矫之者遂议闭关，坐使利权在下，又未达于羁縻之术，海贾之情也。

（《古于亭诗文集》附《岭南杂言》）

此诗描绘了海上贸易的情形，与南海丝绸之路贸易相关，故纳入此编。

清·张际亮诗一首

张际亮（1799—1843），字享甫，号松寥山人华胥大夫。清邵武建宁（今福建省三明市）人。清道光十八年（1835）举人。少负气节，有狂名，乡试时易名享辅始得中举。历游天下山川，穷探奇胜。诗歌沈雄悲壮。与魏源、龚自珍、汤鹏并称为"道光四子"。卒年四十五。有《金台残泪记》、《思伯子堂诗集》三十二卷、《松寥山人诗初集》十卷、《娄光堂稿》一卷等。

浴日亭

青山到沧海，高下皆烟痕。

极天积水雾，浩浩暗虎门。

东南地势尽，平见扶桑根。

夜来鱼龙背，三匝金乌翻。

道人自高卧，红光满江村。

客游但叹息，西顾斜景奔。

惊波荡返照，奇气若可吞。

怅然万古士，扰攘同朝昏。

谁能九州外，更讨百谷源。

飘风满楼橹，远近夷船繁。

苍桐与黑铁，[1] 骄夺天吴魂。

侧闻濠镜澳，盘踞如塞垣。

毒土换黄金，千万去中原。[2]

岁税复几何，容此丑类尊。[3]

狡狠鬼国恣，[4] 陷溺生民冤。

海若何不灵，恶浪失簸掀。

鲸鲵有齿牙，不啮群鬼跟。

岭蛮昔反背，请看铜鼓存。[5]

如何任煽诱，不思固篱藩。

蚩蚩岸居氓，慎汝长子孙。

嗟余好长剑，利截蛟鼍鼋。

留之无所用，欲掷洪涛浑。

驰晖去不返，身世空忧烦。

摩挲韩苏碑，难起逝者论。

自注1：夷船皆以铜包其底，两旁列铁炮数门，皆重千余斤。

自注2：夷人以鸦片土易中国银，岁至二千余万。

自注3：海关岁征税不过百六十万，近日夷人尤桀黠，督海关者转多方庇护之，谓非如是，则恐夷人不来。不知中国何需于彼，而必欲其来耶？

自注4：内地称夷人曰鬼子。

自注5：海神庙有铜鼓，言系汉马伏波征蛮所遗。

（清刻本《思伯子堂诗集》卷二〇）

此诗描绘广州浴日亭前地势风貌、海舶盛况及相关史实，与南海丝绸之路地理、贸易、历史相关，故纳入此编。

清·徐良琛诗一首

徐良琛（生卒年不详），字梦秋，号西乡。清广州南海（今广东省佛山市）人。清嘉庆年间诸生。有《搴芙蓉馆集》一卷。

黄木湾观海拟孟襄阳望洞庭湖

终古浩无涯，苍茫人望时。

芥浮师子国^①，人立祝融祠。

倒醮天旋磨，平摇地振维。

来朝看浴日，高望骋雄词。

（清道光十八年广东启秀山房刻本《学海堂二集》卷一八）

此诗描摹了广州黄埔区风貌及古迹，与南海丝绸之路地理、历史相关，故纳入此编。

注释：①师子国，即今斯里兰卡。明津逮秘书本东晋法显《佛国记》："泛海西南行，得冬初信风，昼夜十四日到师子国。彼国人云：相去可七百由延，其国，在大洲上，东西五十由延，南北三十由延，左右小洲乃有百数。其间相去或十里二十里，或二百里，皆统属大洲。"清乾隆武英殿刻本《梁书·诸夷传》："师子国，天竺旁国也。……晋义熙初，始遣献玉像，经十载乃至。"

清·汪仲洋诗一首

汪仲洋（1777—?），字少海。清四川成都（今四川省成都市）人。清嘉庆六年（1801）举人，官浙江知县。有《心知堂诗稿》十八卷。

杂感·其三

澳门住针舶，弊政启明祖。

相沿五百年，华夷迭宾主。

气骄颇难折，势弱犹易抚。

诸蕃羡金穴，往往争篡取。

贺兰佛郎机，楼船屡捍拒。

伦敦最凶狡，志岂在商贾。

吾闻海外国，大小纷难数。

偶泊嗼夷船，奇货快先睹。

岂料藏奸险，相欢极媚妩。

虚实审言笑，奇正勒钲鼓。

并吞分属藩，破灭夺疆宇。

沿海数万里，气势渐联聚。

今乃狃故智，愚弄到中土。

闽粤犹藩篱，江浙近门户。

筑馆结巢穴，何以防窦窳。

（清同治八年秀芝堂刻本《诗铎》卷一三）

此诗描摹了澳门附近地势风貌及与当时中国与外夷的关系，表达了诗人对领土问题的担忧。诗文与南海丝绸之路政治、历史相关，故纳入此编。

清·黄培芳诗一首

黄培芳（1779—1859），字子实，又字香石。清广州香山（今广东省中山市）人。清嘉庆九年（1804）副贡生，官内阁中书，少时力学，以诗名，诗格高浑，与张维屏、谭敬昭并称为"粤中三子"。在罗浮山顶筑粤岳祠以观日出，因自号"粤岳山人"。卒年八十二。有《浮山小志》《缥缃杂录》《岭海楼诗文钞》等。

琼岛①

大海南临还控东，天开奇甸谁能同？
风摇翡翠飐椰叶，霞冒珊瑚交刺桐。
五指成峰太古上，四州环岛蓬莱中。
行经港门看日出，瞥见万里扶桑红。

（清嘉庆刻本《岭海楼诗文钞》卷二）

此诗作于道光十二年（1832）诗人任海南陵水教谕间。诗人九岁时曾随父至海南岛，得天风海涛之观，此次重游故地，更饱览琼岛之美。诗文与南海丝绸之路地理、交通相关，故纳入此编。

注释：① 琼岛，海南的别称。

清·林则徐诗一首

林则徐（1785—1850），字少穆，一字元抚，晚号竢村老人。清福建侯官（今福建福州）人，嘉庆十六年（1811）进士。授编修。道光间历江苏按察使、东河总督、江苏巡抚、湖广总督。所至必详究地方情况，对河工利弊、海塘水利，都知其根底。于鸦片盛行，尤痛心疾首，谓"以土易银"，无异于"谋罪害命"。嘉庆十八年（1838），在湖广厉行禁烟，并上折议禁烟事，成为禁烟派代表人物。次年，以钦差大臣赴广东，限期命外商缴烟，在虎门公开销毁二百三十七万余斤。同时收集翻译外国资料，了解西方情况，编为《四洲志》；又加强防务。授两广总督。旋以英舰队北上胁和，革职，谪戍伊犁。在新疆兴办水利屯垦，富有成效。二十五年冬内调，历署陕甘总督、陕西巡抚、云贵总督。二十九年，因病辞官还乡。文宗即位后，起为钦差大臣，赴广西镇压太平军，行至广东潮州病卒。谥文忠。有《林文忠公政书》《荷戈纪程》《信及录》《云左山房诗文钞》等。

和嶰筠前辈廷桢虎门即事原韵

五岭峰回东复东，烟深海国百蛮通。
灵旗一洗招摇焰，画舰双恬艎艒风。
弭节总凭心似水，联樯都负气如虹。
牙璋不动深航肃，始信神谟协化工。

（清光绪十二年刻本《云左山房诗钞》卷五）

清道光十九年（1839）林则徐奉命赴虎门、澳门等处准备收缴鸦片，此诗即作于此间。诗文与南海丝绸之路政治、贸易相关，故纳入此编。

清·苏廷魁诗一首

苏廷魁（1800—1878），字德辅，号赓堂。清肇庆高要（今广东省肇庆市）人。清道光十五年（1835）进士，授编修，迁御史，后迁工科给事中。清咸丰七年（1857），英法联军侵占广州，次年春受命为团练大臣，先后在顺德、花县设立团练总局，组织民团反抗侵略。同治初，授河南开归陈许道（今河南东部）道员，擢河南布政使，官至东河总督。

西洋人汗得能汉语，略解鲁论文义，介通事杨某谒余问字，歌以纪之

宣尼木铎代天语，一警愚聋万万古。
圣人御世八荒集，同文远被西洋贾。
窄衫高帽款门至，碧眼停观若心醉。
谁教奇字访扬雄，岂购新诗识居易。
通辞不减叶河王，就书《鲁论》三两章。
自言孝弟是吾宝，更慕有朋来远方。
日本朝鲜重文籍，于今益知素王力。
鲸鲵穴伏溟渤青，翘首神州日华赤。
在昔康熙正三统，象牙龙脑却珍贡。
节度争称汧国李，都督时来广平宋。
岛夷怀德二百年，楼馆鳞比城西偏。
中朝不改旅獒册，绝域应焚亚孟编。

（清同治三年都门刻后印本《守柔斋诗钞》初集卷二）

此诗称赞西洋人汗得的汉学成就，与南海丝绸之路文化交流相关，故纳入此编。

清·曾望颜诗一首

曾望颜（1790—1870），字瞻孔，号卓如冠山。清广州香山（今广东省中山市）人。清道光二年（1822）壬午科进士。选庶吉士，授翰林院编修，补江南道监察御史，署河南道事，掌山西道事转刑科给事中，兼署户科给事中，迁任光禄寺少卿、太常寺少卿，晋顺天府府尹，擢福建布政使，护理福建巡抚，代办闽浙总督，调署四川总督。清同治四年（1865），授内阁侍读学士，以年迈致仕，清同治九年（1870）卒。

洋舶早发

经旬烟雨锁江隈，尽力狂风扫不开。
卷地波声惊海立，接天帆影压山来。
乘槎有客凌空去，鞭石何人拂斗回。
笑煞秦皇徒向往，何曾一日到蓬莱。

（中山诗社重刊本《香山诗略》卷九）

此诗描绘广州海舶盛况，与南海丝绸之路交通、贸易相关，故纳入此编。

清·樊封诗二首

樊封（1789—1876），字昆吾。清广州驻防汉军正白旗人。工诗，尤熟广州掌故。太学生，官通判。曾续方信孺《南海百咏》作《南海百咏续编》，并加详注。与徐荣交善。另有《捉麈集》等。

王都堂词

在西关荷溪之西，广民建，祀前广东巡抚王来任者。遗爱碑奉毁，祠亦废圮。居人称其地曰都堂园云。[1]

> 万口欢呼积痼裁，十州深庆贾琮来。
>
> 老臣遗疏无他语，特请天恩海禁开。

自注1：公，正黄旗汉军。由部郎保荐，康熙四年擢广东巡抚，到任之日，即疏陈东省六大害，一曰差徭折色，二曰民船征税，三曰官员采买，四曰藩府私抽，五曰州县匿盗，六曰营役擅杀。疏凡万言，皆洞切民瘼者。奉旨允行。一时强藩豪吏为之敛手。未几，台逆边，海禁乡行。粤东失业者尤众，公腾章力争，谓粤地海多于山，民以海为命，概禁其出入，是迫之为盗，非计之得也。前后五疏，咸格于部议。粤人称为王青天。七年，以星误罢职。广民潘世祥等百余人，诣阙请留，既至而公卒，痛哭于鼓楼大街公宅前而还。公有遗疏，惟请弛海禁，以苏民命云。会廷臣亦以为言，诏如所请。沿海万户，无不立庙尸祝之者，今东、顺、香、新四邑遗祠尚多。

（清光绪十九年学海堂刻本《南海百咏续编》卷三）

海龙王庙

在靖海门外河干。顺治十八年，水师游击易知建。粤省向无龙神专庙，有之，自易君始。廊有其所撰碑纪，述征实堪备访采，然缺裂殊甚，字多剜灭，谨录原文一通如左。[1]

> 皇武覃敷海峤东，鱼龙争拜大王风。
>
> 太平计日橐弓矢，且凿丹厓勒战功。

自注1：碑文曰："岭南十郡频海，司海之神庙食处处不绝，独无所谓海龙王庙也。"海龙王庙之建，其自知始。初，知于役雷、廉，历险获夷，祝神辄应，两虎门面海，鬐盖材工，靡不致好……海龙王像以居，此后无论岁时伏腊，刲羊豚，铙歌乐，用以侑神，凡渡海官贾，尸祝祈灵，以求屦坦者，惟神佑之。顺治辛丑琼镇右营游击易知撰。

（清光绪十九年学海堂刻本《南海百咏续编》卷三）

此二诗以南海丝绸之路沿线古迹为吟咏对象，故纳入此编。

清·陈昙诗一首

陈昙（1784—1851），字仲卿。清广州番禺（今广东省广州市）人。清诸生，官澄海训导。少时能诗，受伊秉绶所赏。屡试不第，晚年以贡生候补训导，署揭阳县教谕。潘飞声《在山泉诗话》把陈昙和黎简、宋湘并誉为"自辟门户"的诗人。有《海骚》六卷、《感遇堂诗集》八卷等。

十字门

海舶连云此地屯，耶苏天主教犹存。

今朝浪拍三巴寺，昨夜云生十字门。

（清咸丰二年刻本《感遇堂诗集》卷五）

　　此诗以澳门十字门为吟咏对象，十字门是海舶往来必经的航道，反映了澳门在海上贸易的重要位置。诗文与南海丝绸之路地理、交通、贸易相关，故纳入此编。

清·程恩泽诗三首

　　程恩泽（1785—1837），字云芬，号春海。清徽州歙县（今安徽省黄山市）人。侍讲学士程昌期之子。清嘉庆十六年（1811）进士，历官至国子监祭酒，内阁学士，工部、户部侍郎。道光中，先后主持四川、广东乡试，督贵州、湖南学政；供职上书房，教惠亲王读书；充《春秋左传》纂修官。博学多才，于六艺九流、天文、地理皆有研究，名位仅亚阮元。道光十七年（1837）卒。所欲著书多未成，有《国策地名考》二十卷、《诗文集》十卷等传世。

粤东杂感

其一

岭海中间起奥都，水深山峭土丰腴。

万花界断空明镜，百宝镕成造化鑪。

常隐诸星悬户牖，飞行十日抵津沽。

从来饶有衣冠气，配得繁雄楚蜀吴。

其五

外藩吉利最雄猜，坐卧高楼互市开。

有尽兼金倾海去，无端奇货挟山来。

五都水旱多通卷，群贾雍容内乏财。

只合年年茶药馥，换伊一一米船回。

（清粤雅堂丛书本《程侍郎遗集》卷四）

其六

天生灵草阿芙蓉，要与饕飧竞大功。

豪士万金销夜月，乞儿九死醉春风。

香飞海舶关津裕，力走天涯货贝通。

抵得蚩腾兵燹劫，半收猿鹤半沙虫。

（清粤雅堂丛书本《程侍郎遗集》卷四）

　　《粤东杂感》记诗人在广州的所见所感，其中三首描绘了广州沿海地势风貌、及海舶盛况，与南海丝绸之路地理、交通、贸易相关，故纳入此编。

清·郑颢若诗一首

郑颢若（生卒年不详），字萱坪。清广州番禺（今广东省广州市）人。清嘉庆十八年（1813），拔贡生。有《榕屋诗钞》一卷。

登五层楼望海

我有游癖殊凡庸，塔必造顶山登峰。

危楼五层振衣上，不避尘网蛛丝封。

红阑高倚霄汉中，双眸乍豁开心胸。

起涛飞沫泃奇谲，万里无际波溶溶。

波罗扶胥纳巨细，赤花黄木皆朝宗。

白波若山合复杂，海气蒸作云烟浓。

片时候忽具晴雨，一日气候兼春冬。

阳乌乍进霞光乱，飞精四射金初镕。

须臾半天过白撞，渴虹吸水垂痴龙。

云气弥漫露爪鬣，俯仰或似黄山松。

鲨风吹浪乍飞立，黑水倒泻玻璃钟。

阴阳呼吸倏变化，得睹此景真奇逢。

吾闻瀛海八千里，长山巨浸相交冲。

焦门厓门据险隘，大虎小虎蹲横纵。

鲸波曼衍蛟涎毒，奔雷激电难追踪。

一朝安澜岛屿净，天开图画舒晴容。

风樯云舵杂沓至，梯航万国来蛮賨。

斯楼阅世四百载，静镇形势消星烽。

驾鳌控鹤仍西东，雉堞百二围金墉。

白云蒲涧供一览，脚底朵朵青芙蓉。

琶江浮屠半明灭，塞云漠漠烟重重。

（清嘉庆十八年玉壶山房刻本《岭南群雅》）

此诗记诗人登广州镇海楼所见所感，诗中描绘了镇海楼附近地势风貌及海舶盛况，与南海丝绸之路地理、贸易相关，故纳入此编。

清·刘熊诗一首

刘熊（生卒年不详），字湘华。清广州番禺（今广东省广州市）人。清嘉庆二十一年（1816）举人。

浴日亭次东坡韵

蒙蒙烟雨薄寒天，暝色苍茫入远湾。

狮子国通洋外舶，虎头门踞海中山。

愿凭铜鼓开聋窍，笑对红棉映醉颜。

万古南交原有宅，此亭依旧瞰波间。

（清道光十八年刊本《浴日亭次韵诗》）

此诗描绘了广州浴日亭附近地势风貌及海舶盛况，与南海丝绸之路地理、贸易相关，故纳入此编。

清·黄德峻诗一首

黄德峻（生卒年不详），字景崧，一字琴山。清肇庆高要（今广东省肇庆市）人。清道光二年（1822）进士，官泉州知府，署福建储粮道。有《樵香阁诗钞》一卷。

澳　门

传闻形胜似莲花，孤屿南浮水一涯。

潮落海门分十字，钟鸣山寺礼三巴。

鲸鲵浪静通番舶，蛎蛤塘宽占蜑家。

好是葡萄新酒美，高台风月不须赊。

（清道光三十年南海伍氏刻本《楚庭耆旧遗诗续集》卷一六）

此诗描绘了澳门地势风貌、航路要塞、历史古迹及海舶盛景，与南海上丝绸之路地理、交通、贸易相关，故纳入此编。

清·袁翼诗一首

袁翼（1789—1863），字谷廉。清宝山（今上海市）人。清道光二年（1822）举人，官江西玉山知县。有《邃怀堂全集》三十八卷。

鬼子街

柜舆竹扇鬼侍郎，碧琉璃眼踆须黄。

黑者为奴白者主，十三海国皆通商。

鬼婆握算工书记，鬼儿尽解汉文字。

奇技异物安足珍，坐令中域银山弃。

剜肉剔髓不用刀，请君夜吸相思膏。

（清光绪十四年袁镇嵩刻本《邃怀堂全集》卷四）

此诗描绘了清代中后期广州海外贸易及洋市情形，反映了对外贸易的兴盛及异族的大量聚居，亦表达诗人对鸦片流入的担忧。诗文与南海丝绸之路贸易、文化交流相关，故纳入此编。

清·陈初田诗一首

陈初田（生卒年不详），字子农。清婺州金华（今浙江省金华市）人。

咏鼻烟·其四

每噆口腹累斯人，味外还教得味新。

一吸一呼神顿爽，非烟非雾气如春。

买来番舶千金值，贵此仙丹九转珍。

屡见天家恩泽渥，荷包偕赐股肱臣。

（清光绪香山何氏刻本《退庵诗话》卷十）

此诗以西洋舶来商品鼻烟为吟咏对象，与南海丝绸之路贸易相关，故纳入此编。

清·徐荣诗一首

徐荣（1792—1855），原名鉴，字铁孙，号药垣，又号梅花老农。室名怀古田舍。清汉军正黄旗人。工诗文，精隶书，喜画梅，人称"梅花太守"。清道光十六年（1836）进士，知浙江遂昌县。清咸丰间官至杭嘉湖道。与太平军战于渔亭，阵亡。有《怀古田舍诗钞》三十三卷等。

夏日遍游广州城外诸山林园馆用少陵游何将军山林韵·十三行

旧闻师子国，楼观碧差池。

白玉装城郭，黄金织罽罽。

铺张原异俗，摹拟到痴儿。

省识皇华馆，乘槎远兴随。

（清道光刻本《怀古田舍诗钞》卷一）

此诗讽刺了十三行富商摹拟西洋生活方式的作风，与南海丝绸之路贸易、文化交流相关，故纳入此编。

清·仪克中诗一首

仪克中（1796—1837），字协一，号墨农，别号姑射山樵罗浮山樵。清广州番禺（今广东省广州市）人。清道光十二年（1832）举人，为巡抚祁贡记室。有《剑光楼诗钞》《剑光楼词》等。

昔游诗效姜白石·其八

姜白石记湖湘之游，皆蚤岁所历，予生长岭南，名胜必览，其可喜可愕者亦良足述也，冬夜无寐，得诗如干首。

春雨三巴庙，海潮十字门。

我践莲花梗，决眦青无痕。

梯航百余国，尽感怀柔恩。

受廛从泰西，恭顺不必论。

但虑耶苏教，颇为蔓草根。

桀骜独有狡，在皿虫犹存。

屡同兽脱阱，兀效羝触藩。

吁嗟濠镜澳，大浪时吐吞。

谁致五里雾，漫漫蔽乾坤。

雾中隐楼阁，扰扰黑昆仑。

金银暗夜气，霾噎无朝暾。

我行匦引去，恋者迷精魂。

愿挽南溟水，一淬天镜昏。

（清道光十八年广东启秀山房刻本《学海堂二集》卷一九）

此诗描绘澳门地势风貌、古迹、航道及海舶盛景，与南海丝绸路地理、交通、贸易相关，故纳入此编。

清·孟鸿光诗一首

孟鸿光（生卒年不详），字蒲生，号蝶庄。清广州番禺（今广东省广州市）人。清道光十四年（1834）举人。有《绿剑真人诗钞》一卷。

浴日亭二叠苏韵

又是云阴解驳天，日光穿漏人层湾。

拜风白鼍晨吹浪，衔烛青龙夜照山。

万国帆樯烟浩渺，千秋题咏石屏颜。

唐碑汉鼓都无恙，几度沧桑旦暮间。

（清道光十八年刊本《浴日亭次韵诗》）

此诗描绘了广州浴日亭附近地势风貌及海舶盛况，与南海丝绸之路地理、贸易相关，故纳入此编。

清·杨时济诗一首

杨时济（生卒年不详），字星槎，清广东嘉应（今广东省梅州市）人。清嘉道年间诗人，学海堂生员。

蕃人冢

在城西十里，累累数千，皆南首西向。

窄襟秃袖头鬅鬙，碧眼高鼻如饥鹰。

重译扬帆作大贾，巨舶光怪罗琼瑛。

客死天涯归不得，狮洋万里波轩腾。

三角市旁一杯土，[1] 累坟莽莽生长荆。

子规尽日啼血碧，繁星中夜飞磷青。

刀叉为谁作寒食，[2] 卢卑不设空清明。[3]

新鬼故鬼作蛮语，云阴黯黯天冥冥。

贾夷重利远离别，性命却比鸿毛轻。

可怜娒婿闺中妇，求佛尚拜陀罗僧。

自注1：城西十里有三角市。
自注2：蕃人食以刀叉代箸。
自注3：凡蕃人宴毕，则设卢卑酒，云以解醒。

（清道光五年刻本《学海堂初集》卷一一）

　　此诗描绘了清代中后期广州地区外夷商人频繁往来，并输入了大量异国文化的情形。诗文与南海丝绸之路贸易、文化交流相关，故纳入此编。

清·陈春晓诗一首

陈春晓（生卒年不详），字杏田，一字觉庵，号望湖，清钱塘（今浙江省杭州市）人。清嘉道间廪贡。有《晓晴书屋诗钞》《觉庵续咏》《风鹤吟》等。

夷船来

南风熏，夷船来，皇恩浩荡海门开。

海不扬波捧红日，中国圣人知首出。

许尔夷船输货实，奇技淫巧悉罢黜。

天朝柔远始通商，不贵异物诏诰详。

岂知尔土产最恶，阿芙蓉乃腐肠药。

制成鸦片俑谁作？吸食家家一灯灼。

勤者偷惰强者弱，尔国厉禁再三约，流毒中华以为壑。

宰官素称贤，衙斋晏尚眠。

健儿好身手，弓刀忽却走。

妆阁漫漫长夜长，禅房寂寂香复香。

下至厮隶工伎役，不能一日无烟吸。

人海迷茫齐溺沉，包藏谁识夷心黑？

天朝藏富本在民，贯钱朽腐山铸银。

以彼泥沙易我宝，捆载而去来尤频。

数十年来亿万计，欲壑无穷贩成例。

高牙大纛职海疆，文臣不言武臣弊。

鸿胪谔谔心朴忠，万言入告陈九重。

奸夷化外只图利，严刑乃可除浇风。

吸食者斩罪无赦，庶几不堕彼术中。

（清同治八年秀芝堂刻本《诗铎》卷一三）

此诗表达了诗人对海外贸易带来的银钱外流、鸦片输入等社会问题的担忧，与南海丝绸之路贸易、政治相关，故纳入此编。

清·李宗瀛诗二首

李宗瀛（生卒年不详），字小韦。清抚州临川（今江西省抚州市）人，清道光年间诗人。有《小韦庐诗存》一卷。

送邹石生之广州

其四

海气都成市，岚光半上楼。

星辰分碧屿，风雨合罗浮。

估舶交三岛，人烟渺十洲。

灵槎如可泛，长啸动潜虬。

其五

辟瘴无冬夏，通潮入堰潴。

荒田惟种蛤，小市竞租鱼。

番赇珊瑚贱，蛮寳翡翠疏。

最怜珠浦夜，月晕斗方诸。

（民国退耕堂刻本《晚晴簃诗汇》卷一四〇）

此诗为送友人至广州而作，诗中描绘了岭南沿海地区地势风貌、风土人情，与南海丝绸之地理、风俗相关，故纳入此编。

清·金锡龄诗一首

金锡龄（1811—1896），字伯年，号芑堂。清广州番禺（今广东省广州市）人。清道光十五年（1835）举人。有《刍书室集》十六卷。

浴日亭次东坡韵

巨壑苍凉欲曙天，云霞流彩散前湾。

金轮乍涌三更日，宝气遥腾百粤山。

影聚帆樯通累译，祥开海国放欢颜。

祝融德耀鲸波静，极目南溟浩渺间。

（清道光十八年刊本《浴日亭次韵诗》）

此诗描绘了广州浴日亭附近地势风貌及海舶盛况，与南海丝绸之路地理、贸易相关，故纳入此编。

人 物 编

《稼村类稿·香山居士传》一则

王义山（1214—1287），字元高，号稼村，南宋隆兴府富州（今江西省丰城市）人。宋初文学大家王禹偁的后裔。南宋理宗景定三年（1262）进士。知新喻县，迁永州司户。入元，提举江西学事。著有《稼村类稿》三十卷。

居士姓占，其先占城国人也。所至，其名香。尝随海船至五羊，与贾人交最密。其族党甚繁，居于泉者，如五羊之盛。居高者，因姓高。居雷化者，皆其支派也。号琼者，尤有声价。若沉、若檀、若木者以医名。人有疾，招致之，善治气辄效。与姓蒿、姓丁者皆其类。居零陵者，非同谱也。

居士尝游蓬莱，人仙之，号蓬莱翁。有老儒先生手执《周易》一卷与共读，好事者于明窗净几间，列古鼎其上。与陈玄、毛颖、楮先生辈相友。时召玉川子与茗，好佛老，有清净道德无为之名，喜读老泉《木假山记》，象其巉岩诡特。尝介陈后山见曾南丰，为之加礼，延之上座。然居士无坚守特操，为人足恭，致书朋侪，必三沐、三熏、九顿首然后遗。有设宾筵者，居士与俎豆杂陈于前。宾醉，主人命红袖奉以进。居士于几席间曲尽其礼，备诸丑态。遇贵介诞日，袖诗词与俱称觞，作遏云声助人之欢。里有丧，亦往吊，吉凶无废礼。性亦好圆，向妇人胁肩谄笑，其徒累累，如贯珠环绕心胸间。又有软媚者，喜趋炎，常在人掌握中，虽汗浃不耻。呜呼！无耻之耻，无耻矣！曾谓居士为之乎？唐长庆间，有以此自号，又字乐天，姓白，居易以诗名者，非此之云。

太史公曰：居士与后山游，师事南丰。惜无坚守特操，又其甚为富商臣贾所卖，卒至焚其身。惜哉！

（清文渊阁四库全书补配清文津阁四库全书本《稼村类稿》卷一三）

《香山居士传》记占城居士事迹，其中提及此人曾自海路舶至广州且与商人交好等内容，与南海丝绸之路人物、交通、贸易相关，故纳入此编。

《元史·史弼列传》一则

史弼字君佐，一名塔剌浑，蠡州博野人。曾祖彬，有胆勇，太师、国王木华黎兵南下，居民被虏，蠡守闭城自守，彬谓诸子曰："一吾所恃者，郡守也。今弃民自保，吾与其束手以死，曷若死中求生！"乃率乡人数百家，诣木华黎请降，木华黎书帛为符，遣还。既而州破，独彬与同降者得免。弼长通国语，膂力绝人，能挽强弓。里门凿石为狮，重四百斤，弼举之，置数步外。潼关守将王彦弼奇其材，妻以女，又荐其材勇于左丞相耶律铸。弼从铸往北京，近侍火里台见弼所挽弓，以名闻世祖。召之，试以远垛，连发中的，令给事左右，赐马五匹。

　　由统末，授金符、管军总管，命从刘整伐宋。攻襄樊，尝出挑战，射杀二人，因横刀呼曰："我史奉御也！"宋兵却退。至元十年，诸将分十二道围樊城，弼攻东北隅，凡十四昼夜，破之，杀其将牛都统。襄阳降，上其功，赐银及锦衣、金鞍，升怀远大将军、副万户。遂从丞相伯颜南征，攻沙洋堡，飞矢中臂，城拔，凝血盈袖。事闻，赐金虎符。军至阳罗堡，伯颜誓众曰："先登南岸者为上功。"弼率健卒直前，宋兵逆战，奋呼击走之，伯颜登南岸，论弼功第一，进定远大将军。鄂州平，进军而东，至大孤山，风大作，伯颜命弼祷于大孤山神，风立止。

　　兵驻瓜洲，阿塔海言："扬子桥乃扬州出入之道，宜立堡，选骁将守之。"伯颜授弼三千人，立木堡，据其地。弼遽以数十骑抵扬州城。或止之曰："宋将姜才倔强，未可易出。"弼曰："吾栅扬子桥，据其所必争之地，才乘未固，必来攻我，则我之利也。"才果以万众乘夜来攻，人挟束薪填堑，弼戒军中无哗，俟其至，下檑木，发炮石击之，杀千余人。才乃退，弼出兵击之，会相威、阿术兵继至，大战，才败走，擒其将张都统。十三年六月，才复以兵夜至，弼三战三胜。天明，才见弼兵少，进迫围弼，弼复奋击之，骑士二人挟火枪刺弼，弼挥刀御之，左右皆仆，手刃数十百人。及出围，追者尚数百骑，弼殿后，敌不敢近。会援兵至，大破之，才奔泰州。及守将朱焕以扬州降，使麦术受其降于南门外，而弼从数骑，由保城入扬州，出南门，与之会，以示不疑。制授昭勇大将军、扬州路总管府达鲁花赤，兼万户。冬，迁黄州等路宣慰使。

　　十五年，入朝，升中奉大夫、江淮行中书省参知政事，行黄州等路宣慰使。盗起淮西司空山，弼平之。十七年，南康都昌盗起，弼往讨，诛其亲党数十人，胁从者宥之。江州宣课司税及民米，米商避去，民皆闭门罢市，弼立罢之。十九年，改浙西宣慰使。二十一年，黄华反建宁，春复霖雨，米价踊贵，弼即发米十万石，平价粜之，而后闻于省。省臣欲增其价，弼曰："吾不可失信，宁辍吾俸以足之。"省不能夺，益出十万石，民得不饥。改淮东宣慰使。弼凡三官扬州，人喜，刻石颂之，号《三至碑》。迁金书沿江行枢密院事，镇建康。二十六年，平台州盗杨镇龙，拜尚书左丞，行淮东宣慰使。冬，入朝，时世祖欲征爪哇，谓弼曰："诸臣为吾腹心者少，欲以爪哇事付汝。"对曰："陛下命臣，臣何敢自爱！"二十七年，遥授尚书省左丞，行浙东宣慰使，平处州盗。

　　二十九年，拜荣禄大夫、福建等处行中书省平章政事，往征爪哇，以亦黑迷失、高兴副之，付金符百五十、币帛各二百，以待有功。十二月，弼以五千人合诸军，发泉州。风急涛涌，舟掀簸，士卒皆数日不能食。过七洲洋、万里石塘，历交趾、占城界，明年正月，至东董西董山、牛崎屿，入混沌大洋橄榄屿，假里马答、勾阑等山，驻兵伐木，造小舟以入。时爪哇与邻国葛郎构怨，爪哇主哈只葛达那加刺已为葛郎主哈只葛当所杀，其婿土罕必阇耶攻哈只葛当，不胜，退保麻喏八歇。闻弼等至，遣使以其国山川、户口及葛郎国地图迎降，求救。弼与诸将进击葛郎兵，大破之，哈只葛当走归国。高兴言："爪哇虽降，倘中变，与葛郎合，则孤军悬绝，事不可测。"弼遂分兵三道，与兴及亦黑迷失各将一道，攻葛郎。至答哈城，葛郎兵十余万迎敌，自旦至午，葛郎兵败，入城自守，遂围之。哈只葛当出降，并取其妻子官属以归。土罕必阇耶乞归易降表，及所藏珍宝入朝，弼与亦黑迷失许之，遣万户担只不丁、甘州不花以兵二百人护之还国。土罕必阇耶于道杀二人以叛，乘军还，夹路攘夺。弼自断后，且战且行，行三百里，得登舟。行六十八日夜，达泉州，士卒死者三千余人。有司数其俘获金宝香布等，直五十余万，又以没理国所上金字表及金银犀象等物进，事具高兴及爪哇国传。于是朝廷以其亡失多，杖十七，没家赀三之一。

　　元贞元年，起同知枢密院事，月儿鲁奏："弼等以五千人，渡海二十五万里，入近代未尝至之国，俘其王及谕降傍近小国，宜加矜怜。"遂诏以所籍还之，拜荣禄大夫、江西等处行中书省右丞。三年，升平章政事，加银青荣禄大夫，封鄂国公。卒于家，年八十六。

（清乾隆武英殿刻本《元史》卷一六二）

《元史·史弼列传》记述了史弼生平事迹，史弼于至元二十九年（1292）任福建等处行中书省平章政事，并率兵征爪哇，是与南海丝绸之路军事相关的重要历史人物，故纳入此编。

《明史·郑和传》一则

郑和，云南人，世所谓三保太监者也。初事燕王于藩邸，从起兵有功，累擢太监。

成祖疑惠帝亡海外，欲踪迹之，且欲耀兵异域，示中国富强。永乐三年六月命和及其侪王景弘等通使西洋。将士卒二万七千八百余人，多赍金币。造大舶，修四十四丈、广十八丈者六十二。自苏州刘家河泛海至福建，复自福建五虎门扬帆，首达占城，以次徧历诸番国，宣天子诏，因给赐其君长，不服则以武慑之。五年九月，和等还，诸国使者随和朝见。和献所俘旧港酋长。帝大悦，爵赏有差。旧港者，故三佛齐国也，其酋陈祖义，剽掠商旅。和使使招谕，祖义诈降，而潜谋邀劫。和大败其众，擒祖义，献俘，戮于都市。

六年九月再往锡兰山。国王亚烈苦奈儿诱和至国中，索金币，发兵劫和舟。和觇贼大众既出，国内虚，率所统二千余人，出不意攻破其城，生擒亚烈苦奈儿及其妻子官属。劫和舟者闻之，还自救，官军复大破之。九年六月献俘于朝。帝赦不诛，释归国。是时，交阯已破灭，郡县其地，诸邦益震詟，来者日多。

十年十一月复命和等往使，至苏门答剌。其前伪王子[一]苏干剌者，方谋弑主自立，怒和赐不及己，率兵邀击官军。和力战，追擒之喃渤利，并俘其妻子，以十三年七月还朝。帝大喜，赍诸将士有差。

十四年冬，满剌加、古里等十九国咸遣使朝贡，辞还。复命和等偕往，赐其君长。十七年七月还。十九年春复往，明年八月还。二十二年正月，旧港酋长施济孙请袭宣慰使职，和赍敕印往赐之。比还，而成祖已晏驾。洪熙元年二月，仁宗命和以下番诸军守备南京。

南京设守备，自和始也[二]。宣德五年六月，帝以践阼岁久，而诸番国远者犹未朝贡，于是和、景弘复奉命历忽鲁谟斯等十七国[三]而还。

和经事三朝，先后七奉使，所历占城、爪哇、真腊、旧港、暹罗、古里、满剌加、渤泥、苏门答剌、阿鲁、柯枝、大葛兰、小葛兰、西洋琐里、琐里、加异勒、阿拨把丹、南巫里、甘把里[四]、锡兰山、喃渤利、彭亨、急兰丹、忽鲁谟斯、比剌、溜山、孙剌、木骨都束、麻林、剌撒、祖法儿、沙里湾泥、竹步、榜葛剌、天方、黎伐、那孤儿，凡三十余国。所取无名宝物，不可胜计，而中国耗废亦不赀。自宣德以还，远方时有至者，要不如永乐时，而和亦老且死。自和后，凡将命海表者，莫不盛称和以夸外番，故俗传三保太监下西洋，为明初盛事云。

当成祖时，锐意通四夷，奉使多用中贵。西洋则和、景弘，西域则李达，迤北则海童，而西番则率使侯显。

侯显者，司礼少监。帝闻乌思藏僧尚师哈立麻有道术，善幻化，欲致一见，因通迤西诸番。

乃命显赍书币往迓，选壮士健马护行。元年四月奉使[五]，陆行数万里，至四年十二月始与其僧偕来，诏驸马都尉沐昕迎之。帝延见奉天殿，宠赉优渥，仪仗鞍马什器多以金银为之，道路烜赫。五年二月建普度大斋于灵谷寺，为高帝、高后荐福。或言卿云、天花、甘露、甘雨、青鸟、青狮、白象、白鹤及舍利祥光，连日毕见，又闻梵呗天乐自空而下。帝益大喜，廷臣表贺，学士胡广等咸献圣孝瑞应歌诗。乃封哈立麻万行具足十方最胜圆觉妙智慧善普应佑国演教如来大宝法王西天大善自在佛，领天下释教，给印诰制如诸王，其徒三人亦封灌顶大国师，再宴奉天殿。显以奉使劳，擢太监。

十一年春复奉命，赐西番尼八剌、地涌塔二国。尼八剌王沙的新葛遣使随显入朝，表贡方物。诏封国王，赐诰印。十三年七月，帝欲通榜葛剌诸国，复命显率舟师以行，其国即东印度之地，去中国绝远。其王赛佛丁遣使贡麒麟及诸方物。帝大悦，锡予有加。榜葛剌之西，有国曰沼纳朴儿者，地居五印度中，古佛国也，侵榜葛剌。赛佛丁告于朝。十八年九月命显往宣谕，赐金币，遂罢兵。宣德二年二月复使显赐诸番，徧历乌斯藏、必力工瓦、灵藏、思达藏诸国而还。途遇寇劫，督将士力战，多所斩获。还朝，录功升赏者四百六十余人。

显有才辨，强力敢任，五使绝域，劳绩与郑和亚。

（清乾隆武英殿刻本《明史》卷三〇四）

　　《明史·郑和传》详细记载了郑和生平，郑和曾奉命七次下西洋，途经三十余国，最远曾达非洲东岸和红海海口。他促进了中国和亚非各国经济、文化交流，是南海丝绸之路中的重要历史人物，故纳入此编。

　　校记：

　　[一]前伪王子，《明史·苏门答剌传》作"老王弟"，《太宗实录》卷九七"成祖永乐十三年七月壬寅"条都作"前伪王弟"。

　　[二]南京设守备自和始也，《明史·仁宗纪》载永乐二十二年九月戊子"始设南京守备，以襄城伯李隆为之"，与此异。

　　[三]十七国，《明史·苏门答剌传》作"二十余国"，《宣宗实录》卷六七"宣德五年六月戊寅"条作"二十国"。

　　[四]甘把里，《明史·甘巴里传》及《宣宗实录》卷六七"宣德五年六月戊寅"条作"甘巴里"。

　　[五]元年四月奉使，《明史·成祖纪》、《太宗实录》卷一六"永乐元年二月乙丑"条载侯显奉使之命于元年二月。

下编　现代著述类

图 书 编

一、哲学、宗教

1. 马强，著. **流动的精神社区：人类学视野下的广州穆斯林哲玛提研究**[M].北京：中国社会科学出版社，2006. 第49页　一、海上丝绸之路与穆斯林商人来华.

2. 马平，主编. **简明中国伊斯兰教史**[M]. 银川：宁夏人民出版社，2006. 第21页　一、海上丝绸之路的开辟。

3. 粘良图，著. **晋江草庵研究**[M]. 厦门：厦门大学出版社，2008. 第119页　第十三章　联合国教科文组织海上丝绸之路考察团的重大发现.

4. 范翔宇，主编. **海门佛踪：北海佛教海路南传通道纪事**[M]. 南宁：广西民族出版社，2008. 该书以丰富翔实、精炼准确的史料文献为依据，对佛教海路南传通道的开辟、形成、确立和发展的进程，以及北海在其中的中转站地位和作用进行客观阐述等。

5. 何芳川，著. **古今东西之间**[M]. 桂林：广西师范大学出版社，2008. 第24页　第二讲　直挂云帆济沧海　丝绸之路与古代中外文明的交汇（下）.

6. 罗春荣，著. **妈祖传说研究：一个海洋大国的神话**[M]. 天津：天津古籍出版社，2009. 第108页　海上丝绸之路标志着中国进入远洋航海辉煌时代.

7. 宁波市文物保护管理所，编. **海峡两岸妈祖文化学术研讨会论文集**[M]. 北京：中国文史出版社，2010. 第228页　妈祖文化对宁波"海上丝绸之路"的影响（徐炯明）.

8. 徐以骅，邹磊，主编. **宗教与中国对外战略**[M]. 上海：上海人民出版社，2014. 第137页　南传佛教与中国对东南亚战略及公共外交（郑筱筠），第147页　明代妈祖信仰的南海版图——明清两朝外交文献的对照解读（王琛发）.

9. 郑佩瑗，著. **沧海航灯：岭南宗教信仰文化传播之路**[M]. 广州广东经济出版社，2015. 海上丝绸之路是岭南与世界沟通的桥梁，是海外文化进入中国的重要通道，也是宗教信仰文化的重要传播之路。宗教是人类社会古老而普遍的社会文化现象，是构成岭南文化的重要组成部分。历史上，佛教、伊斯兰教、天主教、基督新教先后渡海而来，登陆岭南后传入岭北，并在广东这片沃土传播、发展。来自古印度的佛教在岭南登陆后传入内陆。唐代，六祖惠能在广东建南宗禅，创《坛经》，使佛教在中国化的进程中产生了质的飞跃，从而使佛教文化成为中国传统文化的重要组成部分，对中国思想文化和世界思想文化的发展做出了突出的贡献。深厚的海上丝绸之路文化积淀，使岭南宗教和民间信仰文化多元兼容、中西荟萃、传承创新、丰富多彩，向世人展现着无穷的魅力。

10. 徐文明，著. **广东佛教与海上丝绸之路**[M]. 广州：羊城晚报出版社，2015. 该书是作者响应习总书记提出的 21 世纪"海上丝绸之路"的战略构想，所撰写的一部关于广东佛教与海上丝绸之路的学术专著。全书共分东汉三国时期交州佛教发展与海上传播路线、两晋南北朝时期岭南佛教、禅宗经海路初传岭南、唐五代时期岭南佛教与海上丝绸之路、唐五代时期岭南禅宗发展及海上传播、宋元明清时期岭南禅宗及海外传播等六章。

11. 明生，主编. **祥和之声："中国佛教与海上丝绸之路"研讨会论文集**[M]. 北京：宗教文化出版社，2016. 该书收录《海上丝绸之路和中国佛教》《南海佛教与顶层设计》《介绍几位海外学者对海上丝绸之路的佛教研究》《论古印度佛像的海上传播之路》等文章。

12. 耀智，著. **莲开一路：海上丝绸之路佛教文化之行**[M]. 北京：宗教文化出版社，2017. 该书收录了《"一带一路"上的宗教历史积淀与现实处境》《中国佛教界首次大规模重走海上丝路在穗起航》《耀智法师参访新加坡晚晴园追忆普亮长老》《斯里兰卡佛教事务部卡鲁先生参访广州大佛寺》等文章。

13. 吴智刚，著. **21 世纪海上丝绸之路与妈祖文化**[M]. 广州：广东旅游出版社，2017. 该书讲述了妈祖文化的起源、传播与发展，从妈祖文化的兴起，到宋元明清各个朝代，再到民国时期、中华人民共和国成立后，详细地介绍了妈祖文化在各个时代的发展历程。并结合海上丝绸之路，讲述了妈祖文化在海上丝绸之路国家的传播与发展，在解读跨地方、跨国界对话下，对妈祖文化的信仰与认同感。而在当代社会，随着二十一世纪海上丝绸之路"一带一路"的战略的部署与开拓，妈祖文化将迎来新的传承与发展，将成为中国独特的文化遗产，是中国打造世界妈祖文化的品牌力量。

14. 学愚，主编. **佛教文化与海上丝绸之路**[M]. 上海：中西书局，2018. 该书是一本全英文论文集。所收论文立足于对佛教经典的再研读，并借助历史资料以及最新的考古发现和研究成果，探讨佛教文化传播与海上丝绸之路的关联与相互影响。不仅关涉佛教文化如何经由海上丝绸之路传播到中国之情况，也探讨了佛教文化在海上丝绸之路的周边国家的传播情况，包括对当地文化之影响。更有对大、小乘佛教的各自发展、佛教哲学意义的详细分析，具有较高的学术价值和社会价值。

15. 楼宇烈，主编. **南海佛教与海上丝绸之路学术研讨会文集**[M]. 西安：陕西人民出版社，2018. 书稿收集了北京大学宗教研究所主办的"南海佛教与海上丝绸之路学术研讨会"会议上各专家提交的 26 篇优秀论文，立意深刻、旁征博引，从多个角度多元化深度探讨了南海佛教的使命担当，及其与海上丝绸之路的渊源和内在联系，展示专家学者的研究成果，彰显了南海佛教在当下构建"一带一路"倡议中不可替代的积极作用和重要贡献。书稿主编楼宇烈先生为我国著名哲学家、传统文化大家、东方文化研究专家。

16. 李斗石，主编. **黄檗流芳**[M]. 北京：社会科学文献出版社，2018. 黄檗文化源于福建省福清，弘扬光大于日本。以隐元禅师为代表的诸黄檗东渡僧不仅创建了黄檗禅宗，也传播了黄檗文化，隐元被日本誉为"国师"。2017 年，首届"黄檗禅文化与海上丝绸之路高级论坛"盛大召开。这是首次以"黄檗文化"为主题的学术盛会，来自中外近 30 位专家、学者莅会，取得了很大成果。该书是此次论坛论文的集结。

17. 李琼英，著. **21 世纪海上丝绸之路与宗教文化之旅**[M]. 广州：广东旅游出版社，2019. 该书从海上丝路与佛教文化之旅、伊斯兰教文化之旅、基督教文化之旅、道教文化之旅、印度教文化之旅等多方面结合宗教文化与旅游文化来展开，叙述海上丝路与宗教文化之间的产生与发展，历史与文化。

18. 成祖渔，主编. **海上丝绸之路与中外佛教文化交流**[M]. 北京：中国社会科学出版社，2019. 佛教是人类历史上最早向外传播的世界宗教，早在公元前三世纪阿育王就向世界各地派遣了佛教传教士。在众多的佛教传播途径中，海上丝绸之路显得尤为重要。据不完全统计，公元 3—8 世纪 500 年间，无数中外僧人往来于海上丝绸之路，其中 238 名僧人留下了他们的记载。2016 年 12 月 3—5 日，由上海市玉佛寺与华东师范大学哲学系共同举办了佛教文化与 21 世纪海上丝绸之路国际学术研讨会，来自中国、韩国、马来西亚、美国、斯里兰卡、越南、缅甸等国家和地区共 38 位法师、学者、专家参加了会议，就中外佛教文化交流的历史、现状及未来进行了深入的交流。

二、社会科学总论

1. 蔡耀平，张明，吴远鹏，主编. **学术泉州**[M]. 北京：中央文献出版社，2003. 该书为论文集，收录了关于"泉州学"部分成果，集中反映了 20 世纪 80 年代以来"泉州学"研究的一个侧面。

2. 吴专良，林发钦，何志辉，主编. **澳门人文社会科学研究文选：历史卷（含法制史）**[M]. 北京：社会科学文献出版社，2010. 第 556 页 明代澳门与海上丝绸之路（万明）.

3. 宁波市社会科学界联合会，编. **宁波市社会科学第四届学术年会文集 2013 年度 历史与人物 宁波新活力：改革、创新、服务**[M]. 杭州：浙江大学出版社，2013. 第 68 页 基于"海上丝绸之路"的宁波海洋文化传播考述（程艳林）；第 222 页 宋代宁波海洋经济发展（乐国军）.

4. 罗晃潮，著；东莞市政协，编. **东莞学人文丛：罗晃潮集**[M]. 广州：花城出版社，2012. 第 303 页 两宋以前的华侨与南海丝绸之路.

5. 韦生理，主编. **晚晴文存：广西文史研究馆馆员文选**[M]. 南宁：广西人民出版社，2002. 第 303 页 南海"海上丝绸之路"始发港徐闻、合浦的形成条件（黄家蕃）.

6. 蔡长溪，著. **泉南笔耕录**[M]. 中港文化出版公司，1993. 第 141 页 泉州"海上丝绸之路"的兴起.

7. 季羡林，著；《季羡林全集》编辑出版委员会编. **季羡林全集：第 6 卷**[M]. 北京：外语教学与研究出版社，2009. 第 293 页《海上丝绸之路与中外文化交流》序.

8. 季羡林，著. **季羡林文集：第 14 卷：序跋杂文及其他 2**[M]. 南昌：江西教育出版社，1998. 第 114 页 《海上丝绸之路与中外文化交流》序.

9. 徐世澄，著. **一往无前墨西哥人**[M]. 北京：时事出版社，1998. 第 286 页 海上丝绸之路与"中国之船".

10. 李训贵，主编. **城市色彩讲坛：第 2 辑**[M]. 广州：中山大学出版社，2011. 第 40 页 广州"海上丝绸之路"文化遗址（黄淼章）.

11. 潮汕历史文化研究中心，汕头大学潮汕文化研究中心，编. **潮学研究：第 2 辑**[M]. 汕头：汕头大学出版社，1994. 第 9 页 努力加强潮汕海外交通史的研究（陈高华）；第 13 页 潮汕地区古代海上对外贸易（杜经国，黄挺）；第 34 页 从考古文物资料探索潮汕地区的古代海上"丝绸之路"（邱立诚，杨式挺）.

12. 潮汕历史文化研究中心，汕头大学潮汕文化研究中心，编. **潮学研究：第 3 辑**[M]. 汕头：汕头大学出版社，1995.第 292 页 中国海上丝绸之路研究的策略（陈达生）；第 298 页 "海上丝绸之路与潮汕文化"国际学术研讨会综述（丁毓玲，吴奎信）.

13. 王东，等，主编. **古今中外争鸣集粹**[M]. 北京：中国社会科学出版社，1995. 第 1248 页 关于"丝绸之路"线路的争论.

14. [日]加藤彻，著. **加藤看中国：贝与羊的中国人**[M]. 青岛：青岛出版社，2014. 第 124 页 从丝绸之路到大海.

15. 邹宁宇，编著. **人类迁徙史**[M]. 南京：河海大学出版社，2009. 第 59 页 第十二节 海洋通路.

16. 叶傅升，著. **人才战争**[M]. 北京：中国文联出版社，2001.第 27 页 二、郑和下西洋与地理大发现.

17. 吴樵子，主编. **中国通史卷：第 2 版：1**[M]. 北京：京华出版社，2006.第 657 页 郑和下西洋.

18. 李志敏，主编. **中华典故（精华版）：1**[M]. 北京：京华出版社，2007.第 590 页 郑和下西洋；第 593 页 郑和计平锡兰.

19. 中国社会科学院科研局，编. **中国社会科学院学术论著提要：1991 年**[M]. 北京：社会科学文献出版社，1993. 第 195 页 郑和下西洋与明初海上丝绸之路——兼论郑和远航目的及终止原因（万明）.

三、政治、法律

1. 中国历史博物馆中外关系资料组，编.**《中国通史陈列》中外友好关系史参考资料**[M]. 内部料，1979. 该书围绕陈列品，以同文物相互印证，为照片和图表提供依据或说明，集中反映了一个时期里中外友好关系的概况。

2. 李兰琴，编. **中外友好史话**[M].长沙：湖南人民出版社，1986.第 11 页 海上丝绸之路（陈炎）.

3. 陈佳荣，著. **中外交通史**[M]. 香港：学津书店，1987. 该书所叙乃古代中国同世界各国交通往来之情况与过程。就时间而言，上自周代，下迄清代前期（1840 年鸦片战争以前），上下垂二千余载。以地域而论，则凡今日中国以外之国家、地区，其与中国历代之关系，概在论述之列。换言之，该书系以中国为本体，叙述历朝对外关系的通史。与传统的中西交通史或中国南洋交通史不同,该书所述既不限于西域，也不限于南海诸国，而还包括了中国同日本、朝鲜及其他一些国家的关系。

4. 朱华布，刘新如，主编. **辉煌的成就：新中国四十年**[M]. 天津：天津社会科学院出版社，1989. 第 120 页 海上"丝绸之路"（张鸣）.

5. 朱杰勤，黄邦和，主编. **中外关系史辞典**[M]. 武汉：湖北人民出版社，1992. 第 425 页 海上丝绸之路.

6. 董乃斌，著. **流金岁月　唐代卷**[M]. 上海：三联书店，1992.第 68 页 海上丝绸之路.

7. 黄枝连，著. **天朝礼治体系研究（上）：亚洲的华夏秩序：中国与亚洲国家关系形态论**

[M]. 北京：中国人民大学出版社，1992. 第 99 页 2.明成祖"陆上丝绸之路"和"海上丝绸之路"的两大外事活动的取向.

8. 韩振华，著. **中国与东南亚关系史研究**[M]. 南宁：广西人民出版社，1992. 第 53 页 魏晋南北朝时期海上丝绸之路的航线研究.

9. 张维华，主编. **中国古代对外关系史**[M]. 北京：高等教育出版社，1993. 第 113 页 第四节 隋唐五代与海南诸国的关系；第 113 页 一、安南；第 115 页 二、其他中南半岛国家；第 117 页 三、海岛诸国；第 119 页 第一节 丝绸之路；第 119 页 一、交通路线与主要城市；第 131 页 三、海道贸易；第 134 页 四、侨民；第 231 页 二、与南海诸国的通使和战争；第 247 页 二、宋元与西方国家的海路贸易；第 280 页 第二节 郑和下西洋；第 280 页 一、郑和下西洋的背景和目的；第 284 页 二、郑和下西洋的经过；第 291 页 三、郑和下西洋的成就和影响；第 296 页 第三节 明代与安南和东亚诸国的关系；第 296 页 一、与安南的关系.

10. 中国中外关系史学会，编. **中外关系史论丛：第 4 辑**[M]. 天津：天津古籍出版社，1994. 第 151 页 试论南方丝绸之路与海上丝绸之路的关系（纪宗安）；第 157 页 郑和下西洋与海上丝绸之路的繁荣（卢苇）；第 167 页 16—18 世纪澳门港在海上丝绸之路中的特殊地位和影响（陈炎）.

11. 黄时鉴，主编. **解说插图中西关系史年表**[M]. 杭州：浙江人民出版社，1994. 第 39 页 南海海道.

12. 卢苇，著. **中外关系史**[M]. 兰州：兰州大学出版社，1996. 第 21 页 二、海上丝绸之路的出现和形成；第 22 页 1.东西方通向印度航线的开辟和海上丝绸之路的出现；第 27 页 2.东西方的直接通航和海上丝绸之路的形成；第 58 页 第三章 魏晋南北朝时期的中外关系 （一）魏晋南北朝中外陆海交通的发展；第 61 页 二、海上丝绸之路的日益兴起.

13. 章士平，著. **中国海权**[M]. 北京：人民日报出版社，1998. 第 87 页 第二章 中华民族是世界上最早走向海洋的民族，辉煌与耻辱在海洋上并存，但"海权"对于中国人始终是一个十分陌生的字眼；第 88 页 旧石器晚期至新石器时期中华民族迈出了走向海洋的第一步；第 90 页 夏、商、西周时期中国开始了有目的、有计划、有组织的较大规模航海活动，东周时的齐国已是"海王之国"；第 91 页 春秋战国时期中国的航海事业基本形成；第 92 页 秦汉时期开通"海上丝绸之路"，中国航海进入蓬勃发展时期；第 94 页 三国、两晋、南北朝时期中国航海事业处于徘徊状态，但远洋海船越过印度半岛抵达波斯湾；第 95 页 隋、唐、五代时期中国航海事业进入繁荣期，并出现大规模的与外族的海上军事冲突；第 97 页 宋、元时期中国的航海事业进入全盛期，远洋船队达到"虽天际穷发不毛之地，无不可通之理焉"的高超境界；第 99 页 明初时期中国航海事业进入顶峰，郑和"七下西洋"；第 101 页 明中叶至清末鸦片战争时期中国的海洋事业衰败至极，海上外侮接踵而来，第 105 页 历史上中国面对海洋的四大问题；第 187 页 三、"新海上丝绸之路"·经贸·通道；第 191 页 "海上丝绸之路"千万条，条条是坦途；第 194 页 "海上丝绸之路"有"咽喉"，处处"咽喉"皆重要.

14. 西林，编. **中国与美洲**[M]. 北京：中国少年儿童出版社，1998.第 12 页 二、太平洋上的"丝绸之路".

15. 秦池江，主编. **走向二十一世纪的中国：中国改革与发展文鉴：中国金融卷：第 4 册**[M]. 北京：警官教育出版社，1999. 第 4506 页 对海上丝绸之路货币研讨中几个论点的认识（罗丰年）.

16. 卢苇，著. **中外关系史研究**[M]. 兰州：兰州大学出版社，2000. 第 45 页 海上丝绸之路的出现和形成；第 325 页 郑和下西洋和海上丝绸之路的繁荣.

17. 唐家璇，主编. **中国外交辞典**[M]. 北京：世界知识出版社，2000. 第 88 页 海上丝绸之路.

18. 陶广峰，主编. **文明的脚步：丝绸之路繁荣与法律文化研究**[M]. 兰州：兰州大学出版社，2000. 第 170 页　6 海上丝绸之路与明末清初的海外贸易及广州制度；第 209 页 8 海上丝绸之路与西方法律文化的输入.

19. 钱平桃，陈显泗，主编. **东南亚历史舞台上的华人与华侨**[M]. 太原：山西教育出版社，2001. 第 48 页 第二章 踏上丝绸之路闯南海的中国人，一、海上丝绸之路的开通.

20. 揣振宇，华祖根，主编. **中国民族研究年鉴：2001**[M]. 北京：民族出版社，2002. 第 482 页 西南、西北、海上丝绸之路比较研究学术讨论会.

21. 中国中外关系史学会，编. **中西初识二编**[M]. 郑州：大象出版社，2002. 第 114 页 16—17 世纪中叶澳门对海上丝绸之路的历史贡献（万明）；第 136 页 清代前期澳门在对外贸易中的地位与作用（李金明）；第 152 页 早期葡萄牙人在福建的通商与冲突（廖大珂）.

22. 张明俊，著. **泉州八年纪事**[M]. 北京：中央文献出版社，2002. 第 412 页 重振泉州"海上丝绸之路"起点的雄风.

23. 张铠，著. **中国与西班牙关系史**[M]. 郑州：大象出版社，2003. 西班牙国际合作署资助出版。该书收录了诸多关于西班牙历史的关键性资料和相关插图，是对从公元 1 世纪至 20 世纪中西两国长达两千年史料丰富、令人难忘的交往史的回顾与总结。

24. 何本方，等，主编. **中国古代生活辞典**[M]. 沈阳：沈阳出版社，2003. 第 184 页 广州通海夷道.

25. 龚伯洪，编著. **广府华侨华人史**[M]. 广州：广东高等教育出版社，2003. 第 8 页 第一章 海上丝绸之路对广府移民的影响.

26. 彭澎，主编. **和平崛起论：中国重塑大国之路**[M]. 广州：广东人民出版社，2005. 第 113 页 （四）三条丝绸之路；第 119 页 二　丝绸之路的演变：促进世界和平与发展.

27. 潘琦，著. **笔耕录：第 4 卷**[M]. 南宁：广西人民出版社，2006. 第 1224 页 合浦——海上丝绸之路始发港刍议.

28. 寒冬，著. **海南华侨华人史**[M]. 海口：海南出版社，2008. 第 19 页 二、隋唐时期海上丝绸之路的形成和华人移民海外风气的出现.

29. 李海荣，主编. **图说广西**[M]. 南宁：广西人民出版社，2008. 第 9 页 7. 古代海上丝绸之路：合浦港.

30. 福建日报报业集团编 **海西听潮　福建改革开放三十年：下**[M]. 福州：海峡文艺出版社，2008. 第 104 页 "海上丝绸之路"开通　福建产品走向世界.

31. 《广东改革开放纪事》编纂委员会，编. **广东改革开放纪事：1978—2008：上**[M]. 广州：南方日报出版社，2008. 第 1144 页 海上丝绸之路研究.

32. 卢瑞华，周义，梁桂全，等，主编. **潮起南粤大地 广东改革开放 30 周年纪实报告**[M]. 北京：人民出版社，2009. 第 382 页（五）海上丝绸之路.

33. 福建省地方志编纂委员会，编著. **先行的脚步：福建改革开放 30 年纪事：泉州篇**[M]. 福州：海潮摄影艺术出版社，2009. 第 58 页 联合国教科文组织"海上丝绸之路"考察队泉州综合考察活动.

34. 王玮，主编. **中国历代外交问题**[M]. 济南：泰山出版社，2009.第 127 页 三 陆通还是海通：丝绸之路的辉煌和困境；第 132 页（二）丝绸之路千年历史概观：两条丝路、两种命运.

35. 程爱勤，著. **古代中印交往与东南亚文化**[M]. 开封：河南教育出版社，2009. 研究古代中印文化对东南亚的影响、古代中印文化交流、东南亚地区在古代中印文化交流中的地位，是中外关系史和东南亚古代史研究中的重要课题。该书第一部分通过对早期东南亚在中印文化交流中的地位和作用的研究，探讨了东南亚文化的独特性。第二部分探讨了 7 世纪前"佛教入华与东南亚"的相关问题。第三部分论述了 7 世纪前中国与东南亚的主要交通线.

36. 马慧玥，著. **丝绸之路与中国传统法律文化的传播**[M]. 上海：上海人民出版社，2011. 第 84 页 第三章 海上丝绸之路；84 页 第一节 海上丝绸之路的基本概况；第 85 页 第二节 海上丝绸之路的路线和历史沿革；第 87 页 第三节 海上丝绸之路的历史贡献；第 88 页 一、海上丝绸之路的域内影响；第 88 页 二、海上丝绸之路的域外影响；第 91 页 第四章 中国传统法律文化在东南亚的传播；第 91 页 第一节 郑和下西洋；第 99 页 第二节 华人下南洋；第 100 页 一、古代华侨移民与中国传统法律的影响；第 103 页 二、近代华侨与中国传统法律文化的传播.

37. 万明，著. **明代中外关系史论稿**[M]. 北京：中国社会科学出版社，2011. 第 514 页 试论明代海陆丝绸之路的变迁——从葡萄牙耶稣会修士鄂本笃自陆路来华谈起；第 787 页 海上丝绸之路与中西文化交流.

38. 38. 国家文物局，编. **文物保护法律文件选编**[M]. 北京：文物出版社，2012.第 210 页 福建省"海上丝绸之路：泉州史迹"文化遗产保护管理办法.

39. 王伟，著. **看懂世界格局的第一本书之蓝色战略**[M]. 北京：世界图书出版公司，2013. 第 57 页 第三章 南海，世界上最复杂的海；第 139 页 东西兼顾与海陆并举——新丝绸之路与积蓄远洋力量.

40. 张铠，著. **中国与西班牙关系史**[M]. 北京：五洲传播出版社，2013. 西班牙国际合作署资助出版。该书收录了诸多关于西班牙历史的关键性资料和相关插图，该书是对公元 1 世纪至 20 世纪中西两国长达两千年内容丰富、令人难忘的交往史的回顾与总结.

41. 顾涧清，李婉芬，主编. **高端访谈改革沉思录**[M]. 广州：广州出版社，2014.第 1 页 张燕生：建 21 世纪海上丝绸之路广州要做领头羊.

42. 耿引曾，著. **中国亚非关系史**[M]. 北京：社会科学文献出版社，2014.第 146 页 第七讲 阿拉伯人控制印度洋时代的南海贸易与中非交通；第 146 页 一 南海、印度洋交通航道的开辟，第 153 页 二 南海、印度洋交通贸易的发展.

43. 汪戎，主编. **印度洋地区发展报告（2015） 21 世纪海上丝绸之路**[M]. 北京：社会科学文献出版社，2015.该书分为总报告、战略报告、专题报告等部分，主要内容包括：

"21 世纪海上丝绸之路"的建设能力、挑战与应对之策;"强势政府"心态下的印度对华政策——兼论印度与"一带一路"倡议;斯里兰卡政局变化与重建"21 世纪海上丝绸之路"倡议等。

44. 喻常森，主编.**白皮书系列：大洋洲发展报告（2014—2015）　21 世纪海上丝绸之路南线建设：中国与大洋洲关系**[M]. 北京：社会科学文献出版社，2015.该书重点分析了"涉我"大洋洲国家和地区问题，如中国与大洋洲地区的贸易、投资、援助关系、澳大利亚等国的外交政策"选择"，大洋洲国家与"一带一路"倡议等，颇具现实意义。

45. 石源华，主编.**中国周边外交学刊 2015 年：第 1 辑**[M]. 北京：社会科学文献出版社，2015.第 95 页 "一带一路"研究；第 95 页 中国建设"21 世纪海上丝绸之路"的机遇、挑战及对策思考（李皖南）；第 108 页 中国外交：从历史资源中汲取正能量——对丝绸之路与郑和远航的比较（徐波）；第 130 页 "一带一路"倡议研究现状综述（石建国）.

46. 葛红亮，主编.**东南亚：21 世纪"海上丝绸之路"的枢纽**[M]. 北京：世界图书出版公司，2016.该书以中国政府提出的 21 世纪海上丝绸之路战略倡议为背景，聚焦东南亚地区在这一战略构想落实过程中的枢纽地位，旨在翔实梳理和论述东南亚地区相关国家在参与这一战略构想过程中具有的优势及因各种主客观因素不得不面临的一系列挑战。在形式上，该书包括总论、国别与专题三部分，对读者全面理解东南亚国家在共建 21 世纪海上丝绸之路进程中的枢纽地位大有裨益。

47. 张相君，著.**国际法新命题：基于 21 世纪海上丝绸之路建设的背景**[M]. 北京：社会科学文献出版社，2016.该书以丰富翔实的历史资料，论证了当前国际法处于亟待进一步发展的转折点，以及在这一转折点上，作为新兴大国的中国要成为真正的强国，如何在既有物质准备的基础上做好理论准备，而这种理论准备需要一种新的能够得到大多国家认同的价值观念。

48. 丁国民，陶菁，著.**人民币区域化法律问题研究：基于海上丝绸之路建设的背景**[M]. 北京：社会科学文献出版社，2016.海上丝绸之路建设在推进中国与沿线国家经贸往来的同时，也面临着不断增加的跨境货币流通问题，而人民币正式加入 SDR 货币篮子，则为此带来了新的机遇与风险。该书结合这一背景，分析比较海上丝绸之路沿线国家货币政策与制度实践的经验，在此基础上深入探讨 SDR 框架下人民币区域化存在的法律问题，并集中从法律制定、法律实施两大方面论述相关法律制度之完善。

49. 孟庆顺，著.**新海丝路上的土耳其与中国**[M]. 北京：世界知识出版社，2017. 该书简要回顾了中国与土耳其的历史交往。概述了 21 世纪中国与土耳其的政治、经济和社会发展背景，重点梳理了中国与土耳其的教育、旅游和文化合作现状，并着重从广东的区位特点出发剖析广东与土耳其在海上丝绸之路建设框架下的新前景，包括广东华侨的特殊作用，并对未来做出展望。

50. 范若兰，著.**新海丝路上的马来西亚与中国**[M]. 北京：世界知识出版社，2017. 该书稿简要回顾了中国与马来西亚的历史交往。概述了 21 世纪中国与马来西亚的政治、经济和社会发展背景，重点梳理了中国与马亚西的教育、旅游和文化合作现状，并着重从广东的区位特点出发剖析广东与马来西亚在海上丝绸之路建设框架下的新前景，包括广东华侨的特殊作用，并对未来做出展望。该书稿为中国与马来西亚的务实合作提供了有价值和参考，且符合目前的出版需求。

51. 黎相宜，著.**新海丝路上的新加坡与中国**[M]. 北京：世界知识出版社，2017.该书记述了新加坡自古以来就是海上丝绸之路的重要中转站，如今更成为中国推动共建"丝绸之路经济带"和"21世纪海上丝绸之路"的关键力量。古代海上丝绸之路连接了中国与新加坡源远流长的情谊，尤其是广东与新加坡，作为古代海上丝绸之路的两个重要节点，无论在历史传统、族群人口、习俗文化上均有着深厚的历史渊源，可谓"地缘相近、人缘相亲"。近年来，中新两国高层来往密切、经贸合作加强、民间交流频繁。粤新两地更是在经济、贸易与民间交流方面繁荣发展。如今在"一带一路"新的历史背景下，相信中新双方能逐步地实现政策沟通、设施联通、贸易畅通、资金融通、民心相通，从而最终形成政治互信、经济融合、文化包容的利益共同体、命运共同体和责任共同体。

52. 贾益民，许培源，周兴泰，等，著.**21世纪海上丝绸之路研究：2017年：第一辑**[M]. 北京：社会科学文献出版社，2017. 该书主要内容包括：关于古代"海上丝绸之路"的几个问题、海上丝绸之路与华侨、华侨华人相关概念的界定与辨析、"一带一路"倡议与华侨华人的逻辑连接等。

53. 贾益民，主编.**21世纪海上丝绸之路研究：2017年：第二辑**[M]. 北京：社会科学文献出版社，2017.《21世纪海上丝绸之路研究》瞄准"一带一路"特别是"21世纪海上丝绸之路"建设的实际进展及重大理论与现实问题，开展富有学理性和前沿性的理论与实证研究，为国内外"一带一路"研究界提供一个良好的专业性学术交流和争鸣的平台。该书为第二辑，重点关注的是21世纪海上丝绸之路的安全与风险问题，设有海上安全、海上风险与南海安全问题三个栏目。

54. 闽都文化研究会，编.**海外福州人与海上丝绸之路**[M]. 福州：海峡文艺出版社，2017.该书稿收入海内外专家学者的论文31篇，涉及中马人文交流、海外福州人的迁徙和再移民、海外福州人的创业精神、海外福州人的民族大义和家乡情怀等，旨在进一步挖掘和弘扬海外福州人敢于拼搏、爱国爱乡的精神，探访黄乃裳等华侨先驱开发南洋的艰苦历程，深入挖掘福州与海上丝绸之路的关系，加强与海外福州人的联系沟通，宣传福州，扩大闽都文化影响。

55. 潘一宁，著.**新海丝路上的印度尼西亚与中国**[M]. 北京：世界知识出版社，2017.该书稿简要回顾了中国与印度尼西亚的历史交往。概述了21世纪中国与马来西亚的政治、经济和社会发展背景，重点梳理了中国与印度尼西亚的教育、旅游和文化合作现状，并着重从广东的区位特点出发剖析广东与印度尼西亚在海上丝绸之路建设框架下的新前景，包括广东华侨的特殊作用，并对未来做出展望。该书稿为中国与印度尼西亚的务实合作提供了有价值和参考。

56. 宋秀琚，著.**21世纪海上丝绸之路与中国—印尼战略合作研究**[M]. 北京：华中师范大学出版社，2017.2016年4月，"21世纪海上丝绸之路与中国—印尼战略合作"国际研讨会召开，该书选取了20余篇编辑成册，主要围绕"21世纪海上丝绸之路"的机遇与挑战、"21世纪海上丝绸之路"视野下中国东盟合作、"21世纪海上丝绸之路"与中国印尼战略合作等。

57. 许培源，贾益民，著.**21世纪海上丝绸之路研究：2018年：第一辑**[M]. 北京：社会科学文献出版社，2018. 该书共分为合作机制；海运网络；港口建设三部分，主要内容包括：海上丝绸之路倡议背景下的港口合作机制研究、东盟海上互联互通及其与中国的合作——以 21 世纪海上丝绸之路为背景、中国与"一带一路"沿线国家港口联盟机制研究等。

58. 陈钰祥，著. **海氛扬波：清代环东亚海域上的海盗**[M]. 厦门：厦门大学出版社，2018. 该书以清代活动于环东亚海域的海盗作为研究对象，从海盗供单、文人笔记、报章档案等文献试着趋近海盗原本的社会组织、经济来源、生活特性及信仰等面貌，阐述清代海上武装势力，粤洋海盗联盟，华南海盗与政府剿盗政策得失，海疆水上世界与缉捕海盗，官盗合一的广艇海盗等。

59. 贾益民，主编. **21 世纪海上丝绸之路研究报告：2018—2019**[M]. 北京：社会科学文献出版社，2019. 该书围绕一带一路，特别是 21 世纪海上丝绸之路建设的年度进展及重大现实问题，追踪沿线国家和地区在"政策沟通、设施联通、贸易畅通、资金融通、民心相通"等方面的平台搭建、机制建设、措施出台、项目进展等情况，介绍了这些国家和地区参与 21 世纪海上丝绸之路建设的基本情况，与中国合作共建中的机遇和困难，以及国家、地区和行业层面发展战略和规划的对接、重大项目进展等。

四、军　事

1. 秦天，霍小勇，主编. **中华海权史论**[M]. 北京：国防大学出版社，2000. 第 37 页　四、海上丝绸之路的开辟.

2. 陈明福，著. **蹈海：中国海军走向"蓝水"纪实**[M]. 北京：学苑出版社，2006. 第 8 页　海上丝绸之路的发展.

3. 张世平著. **中国海权**[M]. 北京：人民日报出版社，2009. 该书以职业军人激情、敏感和冷静的战略思考，从以往海洋带给我们的辉煌过去和近代劫难开始，分析地缘政治、民族生存和资源困境等多方面因素对于我们这个东方大国的海疆、海洋、海权有着怎样至关重要的意义。

4. 盖广生，编. **大海国**[M]. 北京：海洋出版社，2011. 第 8 页　第二层帷幕：引领对外贸易近 2000 年的"海上丝绸之路".

5. 秦天，霍小勇，编著. **悠悠深蓝：中华海权史**[M]. 北京：新华出版社，2013. 第 25 页　四、海上丝绸之路的开辟.

五、经　济

1.《航运史话》编写组，编. **航运史话[M].** 上海：上海科学技术出版社，1978. 第 144 页　海上"丝绸之路".

2. 李康华，编著. **中国对外贸易史简论[M].** 北京：对外贸易出版社，1981.第 28 页　（五）海上丝绸之路.

3. 杭州商学院学报编辑室，编. **浙江商业史研究文选　第 1 辑**[M]. 杭州商学院学报编辑室.

1982. 该书选编了有关专家、学者撰写的 13 篇关于古代浙江海外贸易方面的论文。

4. 蔡人群，主编. **富饶的珠江三角洲**[M]. 广州：广东人民出版社，1986. 第 28 页　海上丝绸之路的起点.

5. 梅国璋，等，编著. **外贸名城：广州**[M]. 北京：海洋出版社，1986. 第 16 页　"海上丝绸之路".

6. 郭庠林，张立英，著. **华夏经济春秋**[M]. 合肥：安徽人民出版社，1986. 第 184 页　海上的丝绸之路.

7. 章巽，著. **章巽文集**[M]. 北京：海洋出版社，1986. 第 66 页　真谛传中之梁安郡——今泉州港作为一个国际海港的最早记载；第 73 页 元"海运"航路考；第 86 页《大元海运记》之"漕运水程"及"记标指浅"；第 95 页 论《海道经》；第 107 页 明初我国通使日本的主要针路——《使倭针经图说》考释；第 118 页《古航海图考释》序；第 131 页《我国古代的海上交通》再版后记；第 133 页 佛教经籍中之航海史料举例.

8. 彭德清，主编. **中国航海史：古代航海史**[M]. 北京：人民交通出版社，1988. 第 45 页 第三节　西汉海上丝绸之路的开辟；第 48 页　二 汉武帝巡海及海上丝绸之路的形成；第 59 页　二 东汉海上丝绸之路的发展.

9. 叶显恩，主编. **广东航运史：古代部分**[M]. 北京：人民交通出版社，1989. 第 44 页　一、海上丝绸之路的形成与广州市舶使的设置.

10. 陈柏坚，主编. **广州外贸两千年**[M]. 广州：广州文化出版社，1989. 第 18 页 沉睡了两千多年的广州海上丝绸之路（陈干强）.

11. 吴家诗，主编；马建和，等，编写. **黄埔港史：古近代部分**[M]. 北京：人民交通出版社，1989.第 22 页 三 繁忙的海上丝绸之路.

12. 岳麟，编. **中国古代的水利和交通**[M]. 太原：山西教育出版社，1990. 第 62 页 海上"丝绸之路".

13. 陈德维，主编. **对外经济贸易实用大辞典**[M]. 北京：中国财政经济出版社，1990. 第 705 页　"丝绸之路".

14. 黄家蕃，等，著. **南珠春秋**[M]. 南宁：广西人民出版社，1991.第 20 页"海上丝绸之路"的起点.

15. 葛金芳，著. **宋辽夏金经济研析**[M]. 武汉：武汉出版社，1991. 第 301 页 11.2 海上交通的开拓和国际市场的扩大；第 301 页 1. 经济重心南移导致海外贸易兴盛；第 302 页 2. 以广、泉为中心的沿海港口分布；第 303 页 3. 宋代海上交通的范围和路线；第 305 页 4. 民间舶商贸易和官方市舶贸易；第 309 页 5. 进出口商品的比较分析："香料之路""海上丝绸之路"和"陶瓷之路".

16. 陈高华，等，著. **海上丝绸之路**[M]. 北京：海洋出版社，1991. 该书介绍了海上丝绸之路的产生、发展、鼎盛和衰落，叙述了古代中国和海外诸国在经济、政治、文化等方面的联系.

17. 李杰，著. **大海扬帆**[M]. 北京：海洋出版社，1991. 第 13 页 第二章 海上丝绸之路的繁盛；第 19 页　二、繁盛的汉代海上丝绸之路；第 170 页 第八章 筑起新的"海上丝绸之路".

18. 张静芬，著. **中国古代的造船与航海**[M]. 天津：天津教育出版社，1991. 第 34 页　八海上丝绸之路.

19. 桑恒康，著. **中国的交通运输问题**[M]. 北京：北京航空航天大学出版社，1991. 第 21 页　三　国际间的丝绸之路.

20. 陈鸿彝，著. **中华交通史话**[M].北京：中华书局，1992. 第 113 页　（一）海上香丝之路的奠基.

21. 董长芝，等，著. **中华开放强国策：中国历代对外经贸政策研究**[M]. 大连：大连海运学院出版社，1992.第 21 页　六、海上丝香之路——唐朝"广州通海夷道"的交通贸易.

22. 《福建经济年鉴》编辑委员会，编. **福建经济年鉴：1992**[M]. 北京：中国统计出版社，1992. 第 95 页　泉州海上丝绸之路考察活动.

23. 姜培玉，编著. **中国海港经贸风云**[M]. 北京：海洋出版社，1992. 第 20 页　四、海上"丝绸之路"；第 20 页（一）海上"丝绸之路"东方航线；第 26 页　海上"丝绸之路"东方航线的诞生；第 29 页（二）海上"丝绸之路"西方航线.

24. 陈侨森，主编；漳州市对外经贸史志办，编. **漳州对外经济贸易简史**[M]. 厦门：鹭江出版社，1992. 第 8 页　第二章　月港与海上丝绸之路.

25. 《中国商业百科全书》编辑委员会，编. **中国商业百科全书**[M]. 北京：中国大百科全书出版社，1993.第 146 页　海上丝绸之路；第 507 页　丝绸之路.

26. 陈绍闻，主编. **经济大辞典**[M]. 上海：上海辞书出版社，1993. 第 223 页　丝绸之路；第 223 页　海上丝绸之路.

27. 叶珊如，等，编著. **商城广州**[M]. 广州：广州出版社，1993. 第 27 页　五、海上丝绸之路——造大船，远航通商.

28. 邱克，著. **中国交通史论**[M]. 北京：人民交通出版社，1994. 第 61 页　海上丝绸之路与各国船舶.

29. 徐德志，等，编著；岭南文库编辑委员会，广东中华民族文化促进会，编. **广东对外经济贸易史**[M]. 广州：广东人民出版社，1994. 第 3 页　第一篇　杨帆海上丝绸之路；第 9 页　三、海上丝绸之路——广东对外贸易的通途；第 16 页　第二章　称雄海上丝绸之路.

30. 杜松年，著. **新跨越：汕头经济特区改革开放新探索**[M]. 广州：广东科技出版社，1995. 第 262 页　二十六　海上丝绸之路与潮汕的关系.

31. 朱伯康，施正康，编. **中国经济通史：上册**[M]. 北京：中国社会科学出版社，1995. 第 334 页　3. 南朝商业的特点和海上贸易的发展.

32. 广东省旅游局，广东省旅游协会，广东省旅游学会，编. **广东人谈旅游文化：广东省旅游文化研讨会论文选集**[M]. 广州：广东旅游出版社，1996. 第 265 页　突出历史特色开发"南越国文化——海上丝绸之路"旅游景区（赵立人）.

33. 《浙江金融年鉴》编辑委员会，编. **浙江金融年鉴：1996**[M]. 杭州：浙江人民出版社，1997. 第 210 页　全国第六次东南亚历史货币暨海上丝绸之路货币研讨会在浙江召开.

34. 樊亢等，主编. **经济大辞典：外国经济史卷**[M]. 上海：上海辞书出版社，1996. 第 791 页　海上丝绸之路.

35. 夏明文，陶伯华，主编；海南省洋浦北部湾研究所，编. **'97 环北部湾经济开发报告**[M]. 海口：南海出版公司，1997. 第 87 页　重建"海上丝绸之路"（周中坚）.

36. 彭德清，主编. **中华海魂**[M]. 北京：人民交通出版社，1997. 第 56 页 三、海上丝绸之路.

37. 张静芬，著. **中国古代的造船与航海**[M]. 北京：商务印书馆，1997. 第 57 页 八 海上丝绸之路.

38. 文暖根，主编. **世界经济文化大通道**[M].西安：陕西人民出版社，1998. 第 36 页 第三章 海上丝绸之路与中外文化交流；第 37 页 一 海上丝绸之路开拓的三个时期；第 37 页 1 秦汉到唐前期；第 38 页 2 唐、宋、元时期；第 39 页 3 明、清时期；第 39 页 二 海上丝绸之路的主要航线和主要港口；第 44 页 三 海上丝绸之路的开拓者；第 49 页 四 海上丝绸之路开通的历史意义.

39. 张红薇，等，编著. **驶向 21 世纪：交通运输的发展过程与发展趋势**[M]. 武汉：湖北教育出版社，1999. 第 61 页 第三节 汉武帝巡海及海上丝绸之路的开辟.

40. 陈及霖，著. **福建旅游地理**[M]. 福州：海潮摄影艺术出版社，1999. 第 116 页 搞好"海上丝绸之路"旅游景点的修复；第 242 页（3）"海上丝绸之路"仿古考察旅游景点.

41. 宁可，主编. **中国经济发展史**[M]. 北京：中国经济出版社，1999. 第 425 页 第二节 海上交通，第 360 页 第四节 对朝鲜、日本和南海诸国的贸易.

42. 赵德馨，主编；葛金芳，著. **中国经济通史：第 5 辑：宋辽夏金**[M]. 长沙：湖南人民出版社，2002. 第 537 页 第十四章 海上丝绸之路和国际市场的开拓；第 537 页 第一节 日趋兴盛的两宋海外贸易；第 537 页 一 经济重心的南移和海外贸易的兴盛；第 538 页 二 以广州、泉州为中心的沿海港口分布；第 540 页 三 两宋海上交通的范围及路线；第 543 页 四 民间舶商贸易和官方市舶贸易；第 547 页 五 进出口商品的比较分析："香料之路""海上丝绸之路"和"陶瓷之路".

43. 张海英，著. **明清江南商品流通与市场体系**[M]. 上海：华东师范大学出版社，2002. 第 296 页 五、南洋贸易与太平洋丝绸之路.

44. 张明林，主编. **中华王朝：第 5 册：西汉王朝**[M]. 北京：中国致公出版社，2002. 第 243 页 丝绸之路；第 385 页 从古代中外货币交流探讨广州海上丝绸之路（王贵忱、王大文）.

45. 房仲甫，李二和，著. **海上七千年**[M]. 北京：新华出版社，2003. 第 9 页 远洋"丝绸之路"的开辟.

46. 中国航海学会，泉州市人民政府，编. **泉州港与海上丝绸之路：第 2 辑**[M]. 北京：中国社会科学出版社，2003. 该书收录的 43 篇论文，再现了泉州从小城到世界大港的发展轨迹，就其在海上丝绸之路的历史地位及作用、港口建设、造船航海、通商贸易、文化交流等进行阐述。

47. 朱伯康，施正康，著. **中国经济史：上册**[M]. 上海：复旦大学出版社，2005. 第 334 页 3. 南朝商业的特点和海上贸易的发展.

48. 孙彤，主编. **中国铁路彩色站台票鉴赏图集**[M]. 北京：北京出版社，2005.第 30 页 海上丝绸之路.

49. 邱晓娟，编著. **私奔天下**[M]. 北京：科学技术文献出版社，2005. 第 8 页 第 1 辑 丝绸之路手记：海水也无法冷却的道路.

50. 曾志，刘琼雄，谭春鸿，著. **大船西来：哥德堡号重走海上丝路**[M]. 广州：广东教育出版社，2006. 该书对"哥德堡"号重走"海上丝绸之路"的源由、过程进行了细致的记录，对"哥德堡"进行精细的描写，对船上主要人物进行了生动的反映，并对"海上丝绸之路"进行了全方位的综述。

51. 丁溪，主编. **中国对外贸易**[M]. 北京：中国商务出版社，2006. 第 16 页 第一节 汉代的经济发展概况和丝绸之路；第 19 页 第二节 汉代海上丝绸之路的初步形成.

52. 尹铉哲，著. **渤海国交通运输史研究**[M]. 北京：华龄出版社，2006. 第 293 页 第六章 渤海国的"丝绸之路"；第 294 页 第一节 渤海国在"丝绸之路"上的中介作用；第 301 页 第二节 通过渤海国"丝绸之路"进行的贸易.

53. 李金明，著. **海外交通与文化交流**[M]. 昆明：云南美术出版社，2006. 第 183 页 第八章 海上丝绸之路与全球贸易；第 183 页 一、联系福建与拉美贸易的海上丝绸之路.

54. 周天生，主编. **广东纺织大典**[M]. 北京：中国纺织出版社，2006. 第 387 页 第九章 中国纺织品国际贸易的起源——丝绸之路.

55. 云中天，编著. **中国历史上的大航海**[M]. 北京：中国三峡出版社，2007. 第 213 页 开拓了海上丝绸之路.

56. 庞规荃，编著. **中国旅游地理**[M]. 北京：旅游教育出版社，2007. 第 61 页 第三节 陆上和海上"丝绸之路"；第 64 页 三、海上"丝绸之路".

57. 黄少辉，等，著. **阳江市旅游发展总体规划**[M]. 西安：陕西旅游出版社，2007. 共 136 页 （一）阳江中国海上丝绸之路历史文化.

58. 温翠芳，著. **唐代外来香药研究**[M]. 重庆：重庆出版社，2007. 第 1 页 序论 问题的提出——丝绸之路上的贸易额是如何平衡的？

59. 王孝通，著. **中国商业史**[M]. 北京：团结出版社，2007. 第 6 页 唐时海上丝绸之路地图；第 60 页 活跃在丝绸之路上的商队.

60. 房仲甫，姚澜，著. **哥伦布之前的中国航海**[M]. 北京：海洋出版社，2008. 第 53 页 西汉：千年丝绸之路的开辟；第 86 页 唐代的海上丝绸之路.

61. 墨川，著. **南宋大航海时代：中国第一部大宋航海史诗**[M]. 北京：经济管理出版社，2008. 第 29 页 第二章 源远流长：海上丝绸之路的发展；第 32 页 "海上丝绸之路的由来"；第 33 页 二、战国：海上丝绸之路的萌芽；第 39 页 东西两条丝绸之路；第 89 页 从"海上丝绸之路"到"海上陶瓷之路"；第 107 页 第五章 东方明珠：海上丝绸之路的起点.

62. 北京大陆桥文化传媒，编著. **香料之路**[M]. 北京：中国青年出版社，2008. 第 26 页 错失掌控香料之路的机遇；第 32 页 繁华如梦：探秘海上丝绸之路；第 41 页 广州在海上丝绸之路的地位.

63. 谭元亨，主编. **客商**[M]. 北京：人民出版社，2008. 第 181 页 海上丝绸之路与商业文化.

64. 胡幸福，主编. **趣闻广东**[M]. 北京：旅游教育出版社，2009. 第 5 页 南海神庙与海上丝绸之路；第 152 页 南海神——海上丝绸之路的护卫神.

65. 伍鹏编，著. **宁波旅游文化**[M]. 北京：海洋出版社，2010. 第 38 页 二、海上丝绸之路文化遗址.

66. [美]伯恩斯坦，著. **茶叶·石油·WTO：贸易改变世界**[M]. 李晖，译. 海口：海南出版社，2010. 第 1 页 丝绸之路的启示；第 3 页 古丝绸之路.

67. 黄启臣，主编.**黄启臣文集 3：明清社会经济及文化**[M]. 香港：中国评论学术出版社，2010. 第 584 页 一部反映广东海上丝绸之路的新著——评顾涧清等:《广东海上丝绸之路研究》.

68. 李幹，著. **元代民族经济史**[M]. 北京：民族出版社，2010. 第 981 页 第三节 海上丝绸之路；第 981 页 一 交通航线；第 983 页 二 港口.

69. 李庆新，著. **濒海之地：南海贸易与中外关系史研究**[M]. 北京：中华书局，2010. 第 354 页 海上丝绸之路的几个问题；第 356 页 一 东西方濒海各国是海上丝绸之路的发祥地；第 359 页 海上丝绸之路是古代世界经济交往的重要渠道；第 361 页 三 海上丝绸之路是不同民族宗教、文化交流的桥梁.

70. 全汉昇，著. **中国近代经济史论丛**[M].北京：中华书局，2011. 第 72 页 略论新航路发现后的中国海外贸易，第 85 页 略论新航路发现后的海上丝绸之路.

71. 郑华伟，著. **历史上的十次货币战争**[M]. 上海：上海财经大学出版社，2011. 第 6 页 海上丝绸之路：为中国带来多少白银？

72. 刘克祥，编著. **蚕桑丝绸史话**[M]. 北京：社会科学文献出版社，2011. 第 61 页 丝织品外输和"丝绸之路".

73. 秦国强，著. **中国交通史话**[M]. 上海：复旦大学出版社，2012. 第 306 页 丝绸之路；第 310 页 海上丝绸之路；第 425 页 隋唐时期的丝绸之路.

74. 马娇编. **海上交通和海上贸易**[M]. 长春：吉林出版集团有限责任公司，2012. 中国的领海包括渤海全部、黄海、东海、南海的一部分，台湾岛周边海域及国际法承认的周边海底区域的一部分，总面积约 300 万平方千米。海洋国土，又被称为蓝色国土，是每一个沿海国家的内水、领海和管辖海域的统称。中华民族是世界上最早开发利用海洋资源的民族之一。远古时期，就有"乘桴浮于海上"的记载，春秋时齐人得东海"渔盐之利"，后来又有以中国为起点的海上丝绸之路。明朝前期，伟大的航海家郑和曾率领庞大的船队七下西洋，遍访亚洲、非洲 30 多个国家，最远到达非洲东海岸和红海海岸，比欧洲的哥伦布还早 87 年。当时中国的造船技术和航海技术无疑位于世界前列。历史上，中国是名副其实的海洋大国。

75. "海上丝绸之路"研究中心，编. **跨越海洋**[M]. 宁波：宁波出版社，2012. 二千多年前开始逐渐形成的"海上丝绸之路"，跨越浩瀚大海，把中国与世界连接起来，促进了中外文化的交流，增进了中外人民的友谊，丰富了中国文化的内涵，推动了世界文明的进程。蓬莱、扬州、宁波、福州、泉州、漳州、广州、北海这八个中国"海丝城市"的博物馆，本着融合共享、联动协作的精神，首次联合举办"海上丝绸之路"文化遗产精品展，借以全面反映中国"海上丝绸之路"在世界文明史上的影响与贡献，展示这八个"海丝城市"在"海上丝绸之路"兴起、发展中的地位与作用。

76. 孙勇志，刘晓晨，于华，著. **海洋小百科全书：海洋航运**[M].广州：中山大学出版社，2012. 第 159 页 我国古代的"海上丝绸之路"在哪里？

77. 陈鸿彝，著. **中华交通史话**[M].北京：中华书局，2013. 第 177 页 五 国际通道与丝绸之路；第 294 页 九 名副其实的丝绸之路.

78. 胡静，主编.**2013 中国旅游业发展报告**[M].北京：中国旅游出版社，2013. 第 26 页（七）

邮轮旅游拟开辟海上丝绸之路.

79. 叶持跃，黄伟，著. **中国交通文化概说**[M]. 北京：机械工业出版社，2011. 第 153 页　第二节　陆上丝绸之路；第 165 页　第三节　海上丝绸之路.

80. 田勇，著. **大国崛起：中国海洋之路**[M]. 石家庄：河北科学技术出版社，2013. 第 70 页　第三章　中国古代的海洋之路；第 72 页　远去的辉煌——海上丝绸之路；第 102 页　第四章　中国近代海洋之路；第 138 页　第五章　中国现代海洋之路；第 138 页　第一节　中国现代航海之路；第 151 页　筑起新的"海上丝绸之路".

81. 潘义勇，著. **中国南海经贸文化志**[M]. 广州：广东经济出版社，2013. 该书共分为 8 章，讲述了从秦代开始到新中国时期，围绕中国南海而发展的商贸文化，分析了在不同朝代、不同时期、不同政策、不同外交环境下，商贸文化波澜壮阔、跌宕起伏、经久不衰的发展历程，值得后人借鉴和研究学习。

82. 黄启臣，著. **黄启臣文集 4：历史学、社会学及政治学**[M]. 香港：中国评论学术出版社. 2013. 第 16 页 从江河到海洋——广东古代经济发展的路向；第 42 页 从珠江到南海——广东古代文化发展的路向；第 64 页 广信是西汉海上丝绸之路与内地互动的枢纽；第 69 页 海上丝绸之路与北部湾海域 .

83. 孙玉琴，编著. **中国对外贸易史**[M]. 北京：清华大学出版社，2013. 第 1 页　第一章　丝绸之路的形成与畅通；第 2 页　第一节　远古时代的东西方交通及早期的丝绸外传；第 2 页　一、丝绸之路的基本含义与丝绸之路学.

84. 《财经大辞典》第 2 版编委会，编. **财经大辞典**[M]. 北京：中国财政经济出版社，2013. 第 529 页　海上丝绸之路；第 531 页　丝绸之路.

85. 苏文菁，徐晓望，著. **闽商发展史：总论卷** [M]. 厦门：厦门大学出版社，2013. 闽商是中国海洋文化的践行者。该书通过对闽商文化与海洋文化的挖掘、整理，探寻从远古至近代的闽商发展史。从闽越遗风习俗入手，顺流而下，全方位展示了闽商自远古至现代的萌芽、形成、发展、辗转、复苏、再扩展的过程，多角度呈现了闽商在发展过程中的集团化、行业化、网络化特色。该书是十五卷本的"闽商发展史"的第一阶段成果，分为古代、近代两部分，以上下两卷面世。

86. 李燕，著. **古代中国的港口：经济、文化与空间嬗变**[M]. 广州：广东经济出版社，2014. 第 19 页　汉代海上丝绸之路.

87. 徐潜，主编. **中国古代水路交通**[M]. 长春：吉林文史出版社，2014. 第 76 页　三、海上丝绸之路.

88. 郭建红，编著. **从夏特古道到京沪高铁**[M]. 上海：上海科学普及出版社，2014. 第 2 页　夏特古道，被遗忘的丝绸之路；第 12 页　徽杭古道，饱经风霜的经商之路；第 32 页　丝绸之路，横贯中外的商路.

89. 广东省人民政府发展研究中心，编；汪一洋，主编. **广东发展蓝皮书 2014**[M]. 广州：广东经济出版社，2014. 第 400 页 开足马力下南洋 构建开放新优势——广东要积极参与"21 世纪海上丝绸之路"建设（李惠武）；第 417 页 在推进 21 世纪海上丝绸之路建设中，湛江应在泛北部湾国家合作中有新的作为（周义）.

90. 中国国际经济交流中心，编. **中国智库经济观察 2014 年上半年**[M]. 北京：社会科学文献出版社，2014. 第 109 页 打造 21 世纪"海上丝绸之路"的战略支点&王军 李锋.

91. 黄枝连，姚锡棠主编. **亚太经济增长与中国沿海发展战略**[M]. 上海：上海社会科学院出版社，该书收集论文 30 篇，是香港"亚太二十一学会"与广东、广西、上海、北京等 7 省市社会科学研究机构协作的一个研究项目，参加的还有中山大学、北京大学、香港中文大学等 6 间院校的研究者。

92. 广西壮族自治区人民政府新闻办公室，编. **海上新丝路：东盟万里行**[M]. 南宁：广西人民出版社，2014. 该书以海上丝绸之路贸易和文化交往的历史脉络为线索，记录广西在与东盟国家共建 21 世纪海上丝绸之路过程中，深切交往、相互信任、睦邻友好、守望相助、共同发展的故事。

93. 冷东，金峰，肖楚熊，著. **十三行与岭南社会变迁**[M]. 广州：广州出版社，2014. 第24 页 二、十三行与丝绸之路.

94. 中共广西壮族自治区委员会宣传部，广西壮族自治区人民政府新闻办公室，编. **海上新丝路·东盟万里行：纪实影像**[M]. 桂林：广西师范大学出版社，2014. "海上新丝路·东盟万里行"是由自治区党委宣传部、自治区政府新闻办等单位策划组织的大型主题外宣活动，组织中央驻桂、自治区等媒体记者深入走访老挝、越南、泰国、柬埔寨等东盟 10 国 30 多座城市，对所到国家通过全方位、多角度、宽领域的全程行进式新闻采访报道和电视专题片拍摄。该书即以画册的形式，收录此次活动拍摄的精彩图片，并进行精心编排，力图全面展现广西与东盟携手共建 21 世纪"海上丝绸之路"的合作成果、生动实践与发展前景。

95. 张诗雨，张勇，编著. **海上新丝路：21 世纪海上丝绸之路发展思路与构想**[M]. 北京：中国发展出版社，2014. 该书全面深入回顾中国古代不同时期海上丝绸之路兴衰历程的基础上，深入分析了中国海洋交通运输产业的发展现状，并立足全球海运未来走势，探讨了建设"21 世纪海上丝绸之路"的战略构想，提出了振兴海洋事业的政策建议。

96. 林南中，著. **漳州外来货币概述**[M]. 福州：福建人民出版社，2014. 第 67 页（4）吕宋番镭：菲律宾遭受殖民统治的见证；第 73 页（5）马来亚硬币叙述南洋往事；第 83 页（6）文莱星币，诉说王国痛史；第 86 页（7）印尼"和银"见证漳人下南洋的历史；第 93 页（8）深受中国影响的越南古钱；第 96 页（9）柬埔寨货币钩沉；第 98 页（10）印度支那货币上的殖民印记；第 103 页（11）特色泰国币，别样国家史；第 109 页（12）缅甸孔雀币，"胞波"情谊长；第 111 页（13）印度货币中浓缩的历史；第 116 页（14）香港早期硬币史话.

97. 王金波，著. **"一带一路"建设与东盟地区的自由贸易区安排**[M]. 北京：社会科学文献出版社，2015. 该书共五章，主要内容包括："一带一路"的历史传承与时代内涵；"一带一路"打造中国—东盟"钻石十年"；"一带一路"和 RCEP 框架下中国与东盟合作的机制化；"一带一路"与东盟经济共同体的深度链接等。

98. 王元林，著. **海陆古道：海陆丝绸之路对接通道**[M]. 广州：广东经济出版社，2015. 该书共分为：海陆丝路的形成与联通内外；唐宋元时期陆上丝路与"广州通海夷道"；大帆船贸易路线与陆上古道焕发新颜；陆海丝路广东巡珍五部分，主要内容包括：古老文明与丝路联系；汉代海陆丝路的形成等。

99. 陈支平，肖惠中，主编. **海上丝绸之路与泉港海国文明**[M]. 厦门：厦门大学出版社，2015. 该书主要内容包括："海国文明"的学术价值、时代意义和社会作用；海国文明与海洋福建及闽台关系；关于泉港加快海港文化建设的战略思考、浅谈泉港区发展闽南海国文明之战略管理等。

100. 王义桅，著. **"一带一路"机遇与挑战**[M]. 北京：人民出版社，2015. 第 12 页 （一）古代丝绸之路的形成与发展；第 15 页 （二）"一带一路"对古代丝绸之路的超越；第 21 页 （三）"一带一路"对古丝绸之路的创新型传承与发展.

101. 王玉主，著. **"一带一路"与亚洲一体化模式的重构**[M]. 北京：社会科学文献出版社，2015. 该书分为五章，主要内容包括："一带一路"：中国版的亚洲再平衡；亚洲经济一体化：呼唤新型合作模式；互联互通与区域一体化；在"一带一路"建设中构建亚洲新型一体化模式；结语.

102. 冯并，著. **"一带一路"全球发展的中国逻辑**[M]. 北京：中国民主法制出版社，2015. 第 228 页 世界经济在海上丝绸之路交汇，第 256 页 海上丝路与"南环经济带".

103. 葛剑雄，等，著. **改变世界经济地理的"一带一路"**[M]. 上海：上海交通大学出版社，2015. 第 113 页 航运开道、法律护航　当代海上丝绸之路建设的法治思考(赵微)；第 127 页 东风吹正劲，风正一帆悬　当代海上丝绸之路建设的若干历史思考(王杰).

104. 黄灿，主编. **"一带一路"视野下中国东盟研究论丛**[M]. 北京：清华大学出版社，2015. 全书由 50 篇研究论文组成，分为上、中、下三篇，上篇主要内容是"一带一路"视野下中国—东盟经济贸易旅游投资合作研究；中篇主要内容是"一带一路"视野下中国—东盟教育交流合作研究；下篇主要内容是研究"一带一路"视野下中国—东盟语言文化、社会风俗及历史情况.

105. 谭元亨，著. **广州十三行：明清 300 年艰难曲折的外贸之路**[M]. 广州：广东经济出版社，2015. 该书主要内容包括：第一个转折最早的一年两季的"广交会"；第二个转折康熙"开海"：十三行凤凰涅槃；第三个转折老人政治："南洋禁航令"；第四个转折雍正"开洋"十三行千帆竞出等。

106. 陈韩晖，吴哲，黄颖川，著. **广交会：海上丝绸之路的新生与发展**[M]. 广州：广东经济出版社，2015. 该书通过广交会这个"窗口"，以时间为轴，在"中国第一展"广交会的改革变迁史中，展示中国对外开放不断优化的历史进程，也演绎着海上丝绸之路的新生和发展。

107. 邹磊著. **中国"一带一路"战略的政治经济学**[M]. 上海：上海人民出版社，2015. 该书旨在从历史和比较的视野中系统分析中国"一带一路"倡议的历史条件、现实考量、理想图景，以及中国推动"一带一路"建设中的具体举措、风险挑战与应对策略。

108. 国家发改委，外交部，商务部，印发. **推动共建丝绸之路经济带和 21 世纪海上丝绸之路的愿景与行动**[M]. 北京：人民出版社，2015. 中国政府特制定并发布《推动共建丝绸之路经济带和 21 世纪海上丝绸之路的愿景与行动》，是为推进"一带一路"重大倡议，让古丝绸之路焕发新的生机活力，以新的形式使中国同亚欧非国家互利合作迈向新的历史高度，让中国与世界更加紧密地联系在一起。

109. 周运中，著. **中国南洋古代交通史**[M]. 厦门：厦门大学出版社，2015. 该书分为八章，主要内容包括：上古东方航海的起步；秦汉南洋航路的开辟；六朝南洋航路的勃兴；隋唐南洋航路的南移；宋代的中国南洋交通；元代中国南洋航路的鼎盛；南海航路与地理格局转变等。

110. 赵江林，主编.**21 世纪海上丝绸之路 目标构想、实施基础与对策研究**[M]. 北京：社会科学文献出版社，2015. 该书主要从中国与沿线国家经济关系出发，具体探讨了 21 世纪海上丝绸之路战略的目标定位、推行的经济基础及其相关的对策研究等问题，包括 21 世纪海上丝绸之路推行的宏观经济基础、微观经济基础、贸易基础等方面。

111. 广东海洋大学东盟研究院，著.**2015 中国—东盟研究蓝皮书：21 世纪海上丝绸之路上的中国与东盟**[M]. 北京：中国经济出版社，2016. 该书主要围绕"政策沟通、道路联通、贸易畅通、货币流通、民心相通"开展研究，具体内容包括以下六个方面的专题：21 世纪海上丝绸之路上的中国与东盟设施联通合作机制与路径研究；中国—东盟贸易畅通问题研究；中国与东盟国家相互投资的特点、问题与前景研究；海上丝绸之路背景下的中国—东盟旅游合作基础、现状与展望；我国实施"二十一世纪海上丝绸之路"战略的政策沟通研究；中国与东盟国家文化交流的历史溯源、现状及展望。该书对于当前加强中国与东盟国家推动和落实建设更为紧密的中国-东盟命运共同体、21 世纪海上丝绸之路、中国—东盟"27 合作框架"等，对于不断提升中国—东盟关系水平，深化中国—东盟全方位合作，具有十分重要的理论和现实意义。

112. 徐希燕，著.**经济与管理系列："海上丝绸之路"战略研究**[M]. 北京：中国社会科学出版社，2016. 该书内容包括：21 世纪"海上丝绸之路"建设的战略地位与意义；"一带一路"发展轨迹和空间范围；"一带一路"发展格局与对接合作等。

113. 乔培华，袁炎清，主编.**21 世纪海上丝绸之路与广东航运文化**[M]. 广州：中山大学出版社，2016. 该书从广东航运文化及与之相关的视角展开研究，分析广东参与 21 世纪海上丝绸之路建设的条件和定位。其内容包括：推进广州国际航运中心建设的思考；广州航运的历史演进及启示；广东现代运输船发展概论等。

114. 王元林，主编.**佛山，海上丝绸之路丝绸陶瓷冶铁大港**[M]. 广州：广东旅游出版社，2016. 该书以广东省珠江文化研究会对佛山丝绸、陶瓷、冶铁大港的调研报告及专家学者对佛山丝绸、陶瓷、冶铁大港的研究论文为主要内容，学者通过对"桑基渔塘"、佛山陶瓷、佛山冶铁工艺的研究，提出了佛山如何在建设 21 世纪海上丝绸之路上发挥传统丝绸、陶瓷、冶铁等的作用，对接一带一路国家战略，具有较高的研究价值。

115. 苏文菁，主编.**闽商发展史：海外卷**[M]. 厦门：厦门大学出版社，2016. 该书共分为历史上的海外闽商；东北亚的闽商；中南半岛的闽商；马来群岛的闽商；其他地区的闽商五间，其内容包括：明中叶之前海外闽商发展状况；明中叶以后海外闽商的发展变化；日本的闽商等。

116. 苏文菁，主编.**闽商发展史：香港卷**[M]. 厦门：厦门大学出版社，2016. 该书系统整理了自宋代以来香港闽商的最初开拓、香港开埠与闽商、开埠以后香港闽商的成长、民国时期香港闽商的发展、新中国成立后香港闽商的壮大以及新时期香港闽商的拓展及香港闽商对内地社会经济发展的贡献等历史进程，揭示了闽商在香港经济繁荣史上的贡献。

117.　苏文菁，主编. **闽商发展史：漳州卷**[M]. 厦门：厦门大学出版社，2016. 该书阐述漳州自唐初建置以来漳州商人和商业海外贸易的发展历程。明政府部分开放海禁，置洋市于月港，漳州月港登上前全球化时代国际海外贸易的历史舞台，首次展露了民间华商与外商海上争利的身姿，也首创了我国民间海外贸易管理的体例。1949 年后，漳州商人顽强前行，在改革开放的大潮中劈波斩浪，创造了新的辉煌。

118.　苏文菁，主编. **闽商发展史：福州卷**[M]. 厦门：厦门大学出版社，2016. 该书论述福州地区闽商的发展历程，从闽越遗风习俗入手，全方位展示了闽商自远古至现代的萌芽、形成、发展、辗转、复苏、再扩展的过程，多角度呈现了闽商在发展过程中的集团化、行业化、网络化特色，对于弘扬"善观时变、顺势有为，敢冒风险、爱拼会赢，合群团结、豪爽仗义，恋祖爱乡、回馈桑梓"的新时期闽商精神。

119.　苏文菁，主编. **闽商发展史：台湾卷**[M]. 厦门：厦门大学出版社，2016. 该书分上、下两篇。上篇内容为"历史上闽商在台湾"，聚焦点在于福建商人，共分五章，分别论述早期闽商与台湾开发；荷兰人、西班牙人东来和郑氏海商集团的崛起；清代中后期在台湾的闽商；晚清台湾商人：豪商的崛起；商人与社会。

120.　苏文菁，主编. **闽商发展史：泉州卷**[M]. 厦门：厦门大学出版社，2016. 该书共分九章，其中古代部分有五章。第一章论述唐五代时期处于城市起步阶段的泉州商人。五代统治者推行发展海外贸易的政策，许多泉州人到海外经商，足迹遍及大江南北，拥有不凡实力。

121.　广东省人民政府参事室，广东省人民政府文史研究馆，编；王培楠，主编. **"一带一路"广东要览**[M]. 广东经济出版社，2016. 该书共分七部分，内容包括：绪论、历史纵览、亮点举隅、地市撷英、广东 2015 年重要经济数据、广东省"一带一路"大事记、专题报告：持续深化扩大战果。

122.　黄清海，著. **海洋移民、贸易与金融网络：以侨批业为中心**[M]. 北京：社会科学文献出版社，2016. 该书共分为四章，主要内容包括：全球化与中国海洋移民、侨批业与海洋贸易、侨批局与其跨国经营网络、全球视野下侨汇与海外华人金融网络。

123.　杨宏云，著. **环苏门答腊岛的海洋贸易与华商网络**[M]. 北京：社会科学文献出版社，2016. 该书立足于苏门答腊岛及其周边海港的时代变迁、兴衰起落及商品要素的变化，梳理了中国商人在此地域的海洋拓展与海洋创业，展现了他们在此地的互动联合、网络建构与文化融合，凸显了中国官方、民间在该地域悠久而丰富的海洋经略事业。

124.　骆昭东，著. **朝贡贸易与仗剑经商：全球经济视角下的明清外贸政策**[M]. 北京：社会科学文献出版社，2016. 该书从全球经济发展的视角研究明清对外贸易政策的成败，以经济史研究照亮现实发展道路，摆脱了历史学研究明清对外贸易政策"开关-闭关"模式的窠臼，也突破了国际贸易理论研究中比较优势理论的束缚，提出仗剑经商才是西方国家占据国际贸易优势地位并最终摆脱生态陷阱，进而成为世界强国的秘密武器；不保护本国商人才是明清逐渐丧失全球市场主导力量，并最终走向衰败的主要原因，对当前我国制定对外贸易政策、实施"一带一路"倡议具有重大借鉴意义。

125.　麻昌港，著. **中国—东盟双边关系和贸易一体化研究**[M]. 北京：经济管理出版社，

2016. 该书基于政治经济学理论视角，对中国—东盟的双边关系和贸易一体化之间的关系进行研究，分析中国—东盟双边关系的紧密程度对区域贸易一体化的作用机制及其相互之间的定量关系。

126. 任志宏，广州国际金融研究院，广州金融业协会，编. **资本合作与南亚机会：海上丝绸之路金融合作发展报告（2016）**[M]. 北京：中国金融出版社，2016. 该书是对海上丝绸之路金融合作发展进行长期跟踪研究的年度系列课题的第一部成果，2015 年研究的侧重点是海上丝绸之路建设过程中的南亚金融发展合作问题。内容包括："21 世纪海上丝绸之路"金融合作与发展战略研究；"一带一路"沿线国家金融投资价值研究等。

127. 胡舒扬，刘淼，著. **沉船、瓷器与海上丝绸之路**[M]. 北京：社会科学文献出版社，2016. 该书广泛搜集国内外沉船资料，对照各类陆地遗址出土的陶瓷器遗存，图文并茂地梳理和分析了中国古代陶瓷经海上丝绸之路向外运销的历程及阶段特征，揭示了中国古代海洋文明变迁的历史及不同阶段中国在世界海洋文明体系中的地位和作用。在大量展示窑址资料的基础上勾画出中国古代外销瓷业生产变迁的脉络，并以个案的形式讨论了以陶瓷贸易为媒介的中外文化交流，生动反映了海上丝绸之路的悠久历史和丰富内涵。

128. 朱定局，著. **21 世纪海上丝绸之路与智慧旅游**[M]. 广州：广东旅游出版社，2016. 该书将迄今为止最为先进的新一代信息技术应用于海上丝绸之路智慧旅游，包括物联网、大数据、数据挖掘、移动互联网、云计算、社交网络及 O2O 技术，并基于这些最为先进的新一代信息技术，面向海上丝绸之路旅游进行方法创新和应用创新，从而提升海上丝绸之路旅游的智慧，实现海上丝绸之路智慧旅游。

129. 林吉双，何传添，编著. **广东与海丝沿线国家服务经济合作发展研究**[M]. 北京：人民出版社，2017. 共同建设 21 世纪"海上丝绸之路"是推动我国新一轮对外开放、促进沿线国家共同发展的重大战略。改革开放 30 多年来，广东对外开放合作不断扩大，广东与海上丝绸之路沿线国家和地区的经济交流合作发展到了一个新阶段。

130. 张明，王永中，等，著. **海上丝绸之路调研报告**[M]. 北京：中国社会科学出版社，2017. 本报告研究架构分为三个层次，分别为：针对"起点"的国内相关问题研究，主要就福建等沿海地区如何更好地推进"一带一路"倡议提出政策建议；针对"支点"托境外问题研究，探讨中国与东盟如何在 21 世纪海上丝绸之路展开合作的路径与策略；结合福建和东盟有关国家的调研分析，对与"一带一路"对中国经济与世界经济的影响、沿线国投资及其所面临的国家风险防范等其他相关问题，进行更为广泛而深入的研判。

131. [日]松浦章. **清代华南帆船航运与经济交流**[M]. 杨蕾，等，译. 厦门：厦门大学出版社，2017. 该书着重探讨清代华南帆船在东亚海域内所扮演的角色。全书上下两编各有侧重点，上编侧重于文化层面的解读，分析历史文本，勾勒船神信仰、海上救助等历史面貌。下编侧重于经济层面的探讨，讨论了清代华南帆船往行福建、长崎、台湾、上海等地的经济活动，结论清代华南帆船航运与经济交流的意义。

132. 蔡勇志，著. **福建推进 21 世纪海上丝绸之路核心区建设的实践与探索**[M]. 福州：福建人民出版社，2017. 该书首先从"一带一路"倡议提出的时代背景入手，总结了当前我国在这方面取得的丰硕成果，并以广西钦州为例介绍了该市在打造面向东盟"桥头堡"方面的一些优选经验。接着，立足福建"多区叠加"的政策环境，运用了大量材料，多向度系统总结了福建省及泉州、漳州两市在"海丝"建设方面的发展成效与典型经验，探析存在的主要问题，并针对性提出发展思路等。

133. 许利平，等，著. **"21 世纪海上丝绸之路"与"全球海洋支点"对接研究：中国福建省、印度尼西亚调研报告**[M]. 北京：中国社会科学出版社，2017. 许利平等编的《21 世纪海上丝绸之路与全球海洋支点对接研究——中国福建省印度尼西亚调研报告》调研组分别赴印尼和福建省进行实地调研，通过焦点访谈等形式对学术机构和企业等进行深度考察，获得了大量一手资料。该书以实地调研为基础，通过文献资料收集与分析，提出了中国与印尼两大战略构想对接蓝图，即整合现有机制，成立高层"海丝"对接工作组；多措并举，发展海洋经济伙伴关系；综合施策，以基础建设为依托，打造基建发展伙伴关系；挖掘潜力，打造能源合作伙伴关系。

134. 广东省交通运输厅，主编. **蔚蓝船说：广东商船船型变迁**[M]. 广州：广东旅游出版社，2017. 该书主要以图片的形式，再现了自远古开始，一直到现代广东商船船型的变迁和发展，广东商船历经时代的变迁，在海上丝绸之路发展兴盛的漫长历史长河中的基础作用。

135. 贾益民，许培源，华侨大学海上丝绸之路研究院，编. **21 世纪海上丝绸之路研究报告：2017**[M]. 北京：社会科学文献出版社，2017. 该书围绕"一带一路"，特别是21 世纪海上丝绸之路建设的年度进展及重大现实问题，追踪沿线国家和地区在"政策沟通、设施联通、贸易畅通、资金融通、民心相通"等方面的平台搭建、机制建设、措施出台、项目进展等情况，介绍了这些国家和地区参与 21 世纪海上丝绸之路建设的基本情况，与中国合作共建中的机遇和困难，以及国家、地区和行业层面发展战略和规划的对接、重大项目进展等。

136. 白晓霞，蔺志强，著. **百川汇南粤—海上丝绸之路对岭南文化的影响：海外贸易篇**[M]. 广州：中山大学出版社，2017. 该书从海外贸易的视角对海上丝绸之路的历史演进过程进行描述，按时间顺序，分为秦汉、六朝时期的航线与贸易的初步发源与发展，隋唐时期对外文化交流的进一步发展，宋元时期的贸易以及岭南与西方之间的互动，明清时期外贸的发展与十三行的盛衰，移民活动与海外华商、广府商人群体的形成等七个章节。

137. 全毅，王春丽，等，著. **福建融入 21 世纪海上丝绸之路的路径与策略**[M]. 北京：经济管理出版社，2017. 该书以新的视角探讨福建21 世纪海上丝绸之路核心区建设。海上丝绸之路见证了福建经济文化的荣辱兴衰。历史经验表明，海上丝绸之路对福建是一条财富之路、发展之路，向海而兴，背海而衰，"自海禁严而福建贫"，福建的发展离不开海洋。

138. 郭杰忠，著. **海上丝绸之路：陶瓷之路：景德镇陶瓷与"一带一路"战略国际学术研讨会会议论文集**[M]. 北京：中国社会科学出版社，2017.该书是会议论文集，收录了与会学者研究成果，观点既有宏观分析又有个案研究，既有历史的回顾又有未来的展望。对中国陶瓷如何在历史上演绎文化交流的故事有理论的总结，也对景德镇陶瓷文化如何在未来续写传奇有所期待。

139. 祝哲，等，著. **新战略、新愿景、新主张：建设 21 世纪海上丝绸之路战略研究**[M].
海洋出版社，2017. 该书是一部系统介绍 21 世纪海上丝绸之的研究著作。书稿分为
15 章，比较系统地介绍了海上丝绸之路的理论研究、历史演进，21 世纪海上丝绸之
路的战略形成、战略定位及愿景、走向及关键节点，21 世纪海上丝绸之路面临的机
遇和挑战等问题；同时还介绍了加强互联互通的基础设施建设、区域产业链和价值
链合作、区域金融合作、海洋公共服务合作、区域人文交流、区域贸易与投资合作、
通道安全合作机制以及区域国际关系的形成等；另外，还讲述了黄渤海地区、长三
角地区、海峡西岸地区、珠三角地区融入 21 世纪海上丝绸之路建设的思考等内容。

140. 宋一兵，郭华，等，编. **21 世纪海上丝绸之路中国与东盟区域旅游合作研究**[M]. 广
州：广东旅游出版社，2017. 从海上丝绸之路与东盟区域旅游的政治、经济、地理
等方面、海上丝绸之路上的"靠前旅游共同体"以及与东盟区域旅游的合作、竞争、
发展战略等方向进行研究，讲述海上丝绸之路与东盟区域旅游的形成和发展，靠前
外观点，东盟国家的地理、政治、旅游等方面研究，形成一套系统的视域中国与东
盟区域旅游合作的学术著作，具有很好高的参考价值。

141. 张虹鸥，黄耿志，等，编著. **新世纪海上丝绸之路：东南亚发展与区域合作**[M]. 北
京：商务印书馆，2018. 该书借助地理学的分析工具和方法，在充分利用和分析可
获取数据的基础上，结合已有的东南亚研究文献，并利用中国—东盟中心、中国—
东盟自由贸易区、中国—东盟博览会等权威网站的信息对有关议题进行深入剖析和
解读。该书力图体现地理学的综合性，在对各个议题的分析思路上，既注重整体性、
区域性，又注重差异性、国家性，力图在揭示整个区域发展轮廓的基础上，分析区
域内部各个国家的特性及其之间存在的差异性。

142. 赵祥，张德明，著. **海上丝绸之路背景下南沙渔业集群化发展研究**[M]. 北京：人民
出版社，2018. 南沙群岛是我国的热带渔场，发展南沙渔业有利于解决近海渔民的
就业和生计问题，具有重要的经济和社会价值。同时，南沙也是具有争议的渔场之
一，而渔业作为维护国家海洋权益的一个重要手段更是具有不可替代的作用。《海上
丝绸之路背景下南沙渔业集群化发展研究》在"海上丝绸之路"的大背景下，运用
产业集群理论分析了南沙渔业发展现状和存在的问题，对南沙渔业集群化发展的路
径和策略进行了深入的分析，指出应着力营造一种有利于南沙渔业集群化发展的环
境，推动南沙渔业规模化、基地化和组织化发展，通过大力实施海陆联动、产业链
带动、创新驱动和护渔保障四大战略，努力把南沙渔业集群培育成为企业网络和公
共机构网络均较发达的产业集群，实现南沙渔业的可持续发展，有效发挥南沙渔业
"屯海戍边"的功能，并通过多边渔业合作推进"海上丝绸之路"建设。

143. 姚勤华，胡晓鹏，著. **"21 世纪海上丝绸之路"与区域合作新机制**[M]. 上海：上海
社会科学院出版社，2018. 该书详细介绍了 21 世纪海上丝绸之路与全球化的关系。
21 世纪海上丝绸之路的辐射范围广阔，它不仅对南亚、东南亚、西亚等区域的经济
具有协同发展的作用，并且可与欧洲的区域经济合作对接。这已领域的互联互通形
成的影响无疑会为现阶段停滞不前的全球化注入新的动力。

144. 林勇，著. **海上丝绸之路上的闽商**[M]. 广州：世界图书出版公司，2018. 该书主要
围绕东南亚闽商展开，通过文献法研究了从古代到现代丝绸之路上闽商的地位、作

用及其贡献。该书分为 8 章，包括古代海上丝绸之路上的闽商，海丝沿线国家闽商的发展历程，海丝沿线国家闽商企业的特点及实力——以东南亚国家为例，海丝沿线国家闽商之菲律宾闽商、马来西亚闽商、印度尼西亚闽商、泰国闽商，以及发挥闽商优势建设海丝核心区的对策建议等内容。在回顾古代丝绸之路上东南亚闽商的基础上，该书较为全面细致地梳理了东南亚闽商发展历程，并以颇具代表性的部分著名的闽商为实例，对东南亚闽商的出现、发展及其经济成就进行了阐述。该书着重强调了闽商对东南亚各国的经济贡献，就发挥闽商优势促进海上丝绸之路核心区建设存在的问题进行了分析，并提出了今后的对策建议。

145. 王先庆，著. **21 世纪海上丝绸之路与广东自由贸易区**[M]. 广州：中山大学出版社，2018. 该书试图以"一带一路"和粤港澳大湾区建设为大背景，以"古海上丝绸之路时期广东海外贸易为何能长盛不衰"这一问题为逻辑出发点，以广东工业化进程不同阶段贸易方式与贸易体系"从加工贸易到一般贸易再到自由贸易"不断变革演进、转型升级和创新发展为逻辑主线，以"如何构建高水平的自由贸易体系"为核心，从贸易流通、经济体系、对外开放以及体制机制等视角，探讨广东自由贸易试验区的成立、运作以及政策等问题。

146. 孟昭锋，编著. **珠海港与海上丝绸之路**[M]. 广州：广东经济出版社，2018. 该书属于"海上丝绸之路研究书系港口篇"丛书，紧密围绕丛书的指导思想，为广东海洋大省、海洋强省建设提供强有力的海洋文化软实力支持，为实施"一带一路"建设提供决策参考，具有重要的经济、政治意义。该书共有六章，分别介绍了珠海港的形成条件、发展历程，描写了珠海港吞吐量的变化特点，并对珠海港的腹地进行变迁研究，论述了珠海港的现状和出路，展望了珠海港在"一带一路"倡议下的发展机遇和前景。

147. 许桂林，编著. **阳江港与海上丝绸之路**[M]. 广州：广东经济出版社，2018. 该书在阳江港形成发展的自然和人文基础上，阐述了阳江港的历史变迁，提供了阳江港群从古到今的一系列历史剖面，继及港群的腹地、货流结构、旅游资源的禀赋及其开发利用、港口居民的主体疍民的历史沧桑、文化生活和分布，阳江港在南海海防的历史作用和影响.

148. 熊雪如，王元林，编著. **深圳港与海上丝绸之路**[M]. 广州：广东经济出版社，2018. 该书共分为 11 个章节，分别对古代深圳港与海上丝绸之路的概况、特点与作用，以及现代深圳港的发展阶段、布局规划、体制改革、作用特点，在建设 21 世纪海上丝绸之路中的优势与作用、挑战与问题等进行了深入细致的分析，对深圳港的发展脉络进行总结整理的同时，充分阐述了深圳港在"一带一路"国家发展战略中的重要地位和各种优势，为我国海上丝绸之路的发展提供历史依据和理论支持。

149. 汤苑芳，著. **汕尾港与海上丝绸之路**[M]. 广州：广东经济出版社，2018. 该书共分为八章，通过图文对照的形式力图反映汕尾港口的特色、历史地位和影响，总结其形成的发展规律，同时提供在其发展历史过程中具有代表性的历史剖面。并尝试从海上丝路视野来透视汕尾港的兴衰隆替和经验启示，且与今天的"一带一路"建设相联系，为在奋进中的汕尾港提供历史方面的思考角度，为汕尾的"一带一路"建设提供决策参考。

150. 李坚诚，广东省人民政府参军室，广东省人民政府文史研究馆，著.**潮州港与海上丝绸之路**[M].广州：广东经济出版社，2018.该书以呈现潮州港的全貌和揭示它的内涵为主要目的，由五章内容构成：潮州港口发展的基础条件，潮州港口的兴起与发展，潮州港口的发展特点，潮州港文化景观和"一带一路"上的潮汕港口群。该书既有对历史的回顾，也有对当今潮州港现状的分析，还有对未来的展望，内容丰富、可读性强。通过阅读全书，会对潮州港和潮汕历史文化的认知更加深刻。

151. 郭凡，蔡国萱，主编.**21世纪海上丝绸之路与广州发展**[M].广州：中山大学出版社，2018.广州是古代海上丝绸之路发祥地，是海上丝绸之路经济带的中心城市。在国家大力推进"一带一路"建设的背景下，广州作为国家中心城市，正面临着一个可以大有作为的重要战略机遇，依据国家战略、地缘区位、资源禀赋，广州完全有能力、有条件、有信心担当21世纪海上丝绸之路建设的"排头兵"，推动社会经济发展再上新台阶。广州参与21世纪海上丝绸之路建设，有助于打造现代国际商贸中心，提升城市发展层次，扩大国际影响力；有利于增强国家中心城市聚集辐射作用，推动区域经济协调发展；有利于推进环南海地区的经济一体化进程，推动环南海经济合作圈作为一个整体参与全球经济合作。

152. 杨建国，著.**21世纪海上丝绸之路背景下浙江省港口参与国际港口联盟建设问题研究**[M].北京：海洋出版社，2018.以"21世纪海上丝绸之路"为研究背景，以浙江省港口为研究对象，从海上丝绸之路发展史、浙江省与"21世纪海上丝绸之路"沿线国家进出口贸易、浙江省港口参与国际港口联盟建设三个方面展开研究，为浙江省乃至全国港口城市如何参与"一带一路"建设、深入推进国际产业合作、深化国际文化交流等问题提供思路与对策，为相关单位如何响应国家"一带一路"建设提供理论依据。

153. 尤安山，等，著.**"21世纪海上丝绸之路"建设与中国：东盟经贸新合作**[M].上海：上海社会科学院出版社，2018.该书从21世纪海上丝绸之路建设与亚洲区域经济合作新格局、与东盟国家发展方向的衔接、与中国—东盟基础设施的互联互通、与中国—东盟投资及合作、与中国—东盟贸易合作、与中国—东盟人文科技合作等多个方面研究和探讨了21世纪海上丝绸之路建设与中国—东盟经贸合作相互促进的关系。

154. 秦学，编著.**21世纪海上丝绸之路与广东旅游发展**[M].广州：中山大学出版社，2018.海上丝绸之路是一条中西方贸易往来之路、文化交流之路，也是一条旅游体验之路，商贸、文化和旅游三者高度融为一体。建设21世纪海上丝绸之路，旅游和文化实乃重中之重。该书深入历史、立足当代、着眼未来，梳理海上丝绸之路的旅游及文化交流历史，全面分析21世纪海上丝绸之路旅游发展的必要性和可行性，系统研究广东旅游发展及对外合作的领域、模式和机制，为建设旅游强省、实现中国梦和中华民族伟大复兴贡献微薄智慧。

155. 宋秀琚，编著.**"21世纪海上丝绸之路"与中国-印尼能源合作**[M].武汉：华中师范大学出版社，2019.该书详细介绍了中-印尼在能源领域合作的现状，并从印尼的社会环境、法律法规、风俗习惯、文化背景、能源种类和储备等多个角度深入探讨了两国开展能源合作的前景，以及中国"21世纪海上丝绸之路"与印尼"全球海洋支点"战略对接的可能性。随着中国的能源需求的不断增长，开辟更加安全、多元化的能源供给渠道已经成为亟须解决的问题。在此背景下，该书无疑具有十分重要的现实意义。

156. 本书编委部，编. **"21 世纪海上丝绸之路"岛屿经济论坛：2017**[M]. 海口：海南出版社，2019. 博鳌亚洲论坛 2018 年年会期间举办的第三届"21 世纪海上丝绸之路"岛屿经济分论坛上，海南省外事侨务办公室发布《全球岛屿发展年度报告（2017）》，为岛屿国家和地区政府提供权威的决策参考，有效增进岛屿间政策沟通协调，得到了与会代表的一致好评。2018 年海南省外事办公室联合加拿大爱德华王子岛大学岛屿研究中心，继续推出《全球岛屿发展年度报告（2018）》。《报告》通过统计关键的指标数据，分析回顾了过去一年全球岛屿国家和地区的经济发展情况，增设专章探讨岛屿地缘、海洋经济、自由贸易、离岸金融、营商环境、海上丝路建设等重要议题。一方面，吸引人们关注岛屿问题、岛屿发展；另一方面，吸引全球关注海南自贸区（港）建设，将研究成果转化为海南新一轮改革开放发展的强劲动力。

157. 广东省人民政府参事室，广东省人民政府文史研究馆，编. **湛江港与海上丝绸之路**[M]. 广州：广东经济出版社，2019. 该书分十六章，近 30 万字，涉及湛江海洋文化、海上通商和各个社会生活领域，涵盖了政治、军事、经济、文化、自然科学诸多方面。

158. 刘强，陈瑞娟，编著. **汕头港与海上丝绸之路**[M]. 广州：广东经济出版社，2019. 该书共分 5 章，以汕头港的发展脉络为主线，分别对汕头港形成、变迁、扩展的历程以及新时期的新面貌做了阐述，并分析了汕头港在各个发展阶段与海上丝绸之路的联系。此外，还探讨了汕头港目前存在的不足及面临的新机遇，为"一带一路"国家发展战略关于汕头港的研究提供了历史依据和理论支持。

159. 广东省人民政府参事室，广东省人民政府文史馆，编. **南澳港与海上丝绸之路**[M]. 广州：广东经济出版社，2019. 该书是海上丝绸之路研究书系（港口篇）中的一本，以南澳港为主要写作视角。其中包含了南海港本身的历史、交通线、腹地、城镇群落、区域经济发展等，多与海上丝绸之路兴起相联系，并从中窥见海上丝绸之路对广东社会经济文化作用甚大。

160. 广东省人民政府参事室，广东省人民政府文史研究馆，编. **广州港与海上丝绸之路**[M]. 广州：广东经济出版社，2019. 该书总结了广州港的发生、发展变化的历史过程，以及特点、规律，并提供了其演变的一系列历史剖面。广州港虽历经多次变迁，但仍没有衰败，一直发挥其功能，对广州城市商业贸易的繁荣发挥了关键的作用。该书另外设置一部分，专述与"一带一路"建设的关系，提出相应的建议，不仅有助于港口建设，而且对它们所在区域的社会经济发展也大有裨益。

161. 广东省人民政府参事室，广东省人民政府文史研究馆，编. **茂名港与海上丝绸之路**[M]. 广州：广东经济出版社，2019. 该书是海上丝绸之路研究书系（港口篇）中的一本，以茂名港为主要写作视角。其中包含了茂名港本身的历史、交通线、腹地、城镇群落、区域经济发展等，多与海上丝绸之路兴起相联系，并从中窥见海上丝绸之路对广东社会经济文化作用甚大。

162. 连城县老年健康长寿研究会，编. **连城与海上丝绸之路**[M]. 福州：福建科学技术出版社，2019. 该书是一部小论文集，所收入的论文均为研究连城与海上丝绸之路历史与现状的几位学者所写，内容主要聚焦连城四堡雕版印刷在海上丝绸之路上的传播，从"清前期清政府海外贸易政策的调整和影像以清代闽西四堡邹姓族商为视点""四堡印本的传播与贡献""闽西客家与海上丝绸之路以四堡雾阁邹氏为例""花河及其在四堡雕版印刷业传播中的作用""山海兼顾：明清时代福建商帮的多元贸易取向并论连城商人"等若干方面论述连城在海上丝绸之路上的历史地位和作用。全书符合历史事实，宣传了连城的文化底蕴和独特魅力，有助于增强连城人的文化自信，也为世人了解连城打开了一扇窗口。

163. 羊泽林，编. **平潭与海上丝绸之路：平潭水下文化遗产**[M]. 福州：海峡书局，2019. 该书通过系统介绍海坛海峡历代沉船遗址以及出水瓷器，凸显平潭在古代海上丝绸之路的重要地位。同时，在复兴海上丝绸之路这一国家战略任务上，平潭也必将成为沟通东西方经济文化交流的重要桥梁。该书大部分材料是水下考古调查与发掘的第一手资料，适合文物考古、历史学、海丝研究等方面的科研工作者及大专院校相关专业的师生阅读参考。

164. 综合开发研究院，著. **21世纪海上丝绸之路**[M]. 北京：中国经济出版社，2019. 该书由中国（深圳）综合开发研究院结合实践项目，立足太平洋岛国的特殊国情，针对太平洋岛国生态环境脆弱、产业基础薄弱、自身国力羸弱等一系列核心问题，提出了优先推进战略支点国家建设、突出关键领域示范带动作用、助力培育"造血功能"等综合发展策略，倡导建立互惠共赢的可持续发展合作模式，为推动中国与太平洋岛国建立新型合作关系，开创全方位合作新局面提供决策参考。

165. 王小军，编著. **"一带一路"系列丛书：21世纪海上丝绸之路港口需求与开发模式创新研究**[M].大连：大连海事大学出版社，2019.该书在分析21世纪海上丝绸之路港航物流系统特征的基础上，研究部分沿线国家航运业与港口建设的潜力，提出适应海上丝绸之路建设的港航物流系统供应链创新模式、港口运作、开发模式与政策措施。全书共分八章，主要介绍了港航物流系统构建的整体思路，沿线国家港口建设情况，港口物流合作机制与港行联盟策略，供应链模式创新的重要性，对沿线港口进行整体布局，各区域港口的分布与开发潜力，国际港口项目建设模式创新性建议等。

六、文化、科学、教育、体育

1. 常任侠，著. **海上丝路与文化交流**[M]. 北京：海洋出版社，1985.该书采用类似史话的轻松笔调，从秦始皇时代徐福入海求仙的传说开始，娓娓动人地讲述海上丝路的故事。书中涉猎的话题极其广泛，内容涵盖中国与印度、东南亚特别是日本的物产、文学、美术交流诸多方面，例如原产地是中国的玫瑰花传到古代斯里兰卡被称为"亲戚的生命"，而许多名贵的花果、宝石、香料、珍禽、异兽，往往是从西域或南海传来。该书着重提到中国与日本的文化交流，中国的服装、饮食（茶最为典型）曾传入日本，中国文字、文学、美术对日本的影响尤其深刻。对于我们回顾丝路文化交流的历史，促进当代丝路文化的交流，该书都是一本很好适时而饶有意味的读物。

2. 胡骏，著. **中国博物馆览胜**[M]. 北京：中国展望出版社，1986. 第150页 古代"海上丝绸之路"的见证——泉州海外交通史博物馆.

3. 姜振寰，等，主编. **技术学辞典**[M]. 沈阳：辽宁科学技术出版社，1990.第 38 页　海上丝绸之路.

4. 沈福伟，著. **中外文化的交流**[M]. 上海：上海教育出版社，1990. 第 8 页　三、丝绸之路的开放；第 318 页　四九、通向美洲的丝绸之路.

5. 王宏志，臧嵘，国家教委基础教育司，编. **世界之瑰宝　民族之骄傲**[M]. 北京：人民教育出版社，1991. 第 9 页　中华先民对世界文明的最初贡献——稻、粟和丝绸的发明（臧嵘）；第 539 页　"虽山海殊隔，而音信时通"——海上丝绸之路（余桂元）.

6. 广东省人民政府外事办公室，广东省社会科学院，编. **广州与海上丝绸之路**[M]. 广东省社会科学院.1991.该书将广州地区的专家学者对"海上丝绸之路"研究的最新成果结集成书。

7. 蔡绍荣，主编；凌英俊，等，编著. **南粤古迹探源**[M]. 广州：新世纪出版社，1996. 第 23 页　南海神庙——海上丝绸之路的起点.

8. 广东省博物馆，编. **广东省博物馆集刊：1996**[M]. 广州：广东人民出版社，1997. 第 246 页　略谈"南海丝绸之路"的作用和影响（王晓）.

9. 广东省博物馆，编. **广东省博物馆集刊：1999**[M]. 广州：广东人民出版社，1999. 第 238 页　西汉南海远航之始发点　陈佳荣，第 244 页　丝绸之路：中国走向世界之路　李克勤.

10. 汪受宽，主编；赵梅春，米迎梅，编著. **交流与融合：中外交流与社会进步**[M]. 北京：中共中央党校出版社，1999.第 115 页　清风明月伴船行——海上丝绸之路.

11. 广东省博物馆，编. **广东省博物馆开馆四十周年纪念文集：1959—1999**[M]. 广州：广东人民出版社，2000. 第 145 页　广州与海上丝绸之路（邓炳权）；第 155 页　从古代中外货币交流看广州海上丝绸之路（王贵忱、王大文）.

12. 戴茸，王晓山，著. **加拿大文化**[M].北京：文化艺术出版社，2001.第 328 页　第十一章　"海上丝绸之路"的传说.

13. 沈幼琴，著. **斯大：北欧璀璨的明珠**[M].上海：上海文艺出版社，2002.第40 页　探索丝绸之路之谜.

14. 江华，编著. **中国文化学**[M]. 东营：石油大学出版社，2002.第 204 页　二、海上"丝绸之路".

15. 孔佳，编著. **环球新视野：华夏文化惊四海**[M]. 北京：档案出版社，2003. 第 60 页　"丝绸之路"通美洲.

16. 刘雪峰，编著. **敲开天文地理之门**[M]. 北京：中国青年出版社，2003. 第 88 页　探寻文明星球之路；第 201 页　第六章　探索者之路；第 224 页　郑和七次下西洋，开辟海上"丝绸之路"；第 240 页　史密斯的寻煤之路.

17. 赵春晨，等，主编. **中西文化交流与岭南社会变迁**[M]. 北京：中国社会科学出版社，2004. 第 16 页　海上丝绸之路与中西文化交流的关系（刘汉东）.

18. 福建省炎黄文化研究会，中国人民政治协商会议泉州市委员会，编. **闽南文化研究**[M]. 福州：海峡文艺出版社，2004. 第 46 页　吴幼雄　试析泉州"海上丝绸之路"多元一体文化内涵；第 236 页　何振良　略论泉州"海上丝绸之路"文化遗产及其保护与开发；

第 1299 页 陈水德 "海上丝绸之路"与中外文化互动倾向；第 1310 页 施舟人"海上丝绸之路"与南音；第 1332 页 栗建安 闽南古代陶瓷与"海上丝绸之路".

19. 陈培爱，主编. **新闻春秋：第三届世界华文传媒与华夏文明传播国际学术研讨会论文集**[M]. 厦门：厦门大学出版社，2004. 第 3 页 略论"海上丝绸之路"的中外文化传播与交流（哈艳秋、蓝红宇）.

20. 王重农，编. **现代节庆活动辞典**[M]. 武汉：湖北教育出版社，2004. 第 346 页 浙江宁波"海上丝绸之路"文化周；第 349 页 中国"海上丝绸之路"商帮节；第 399 页 中国泉州"海上丝绸之路"文化节.

21. 乐黛云，李比雄，编. **跨文化对话：14**[M]. 上海：上海文化出版社，2004. 第 172 页 海上丝绸之路与南音（施舟人）.

22. 李俊康，主编. **西江文化研究**[M]. 南宁：广西人民出版社，2004. 第 504 页 从西江到海上丝绸之路始发港（李俊康）.

23. 哈艳秋，著. **中国新闻传播史研究**[M]. 北京：中国广播电视出版社，2005. 第 339 页 文化传播史研究略论古"丝绸之路"的华夏文明传播；第 350 页 略论"海上丝绸之路"的中外文化传播与交流.

24. 邓冰，主编. **书中自有黄金屋：广西公共图书馆服务探索**[M]. 南宁：广西人民出版社，2006. 第 52 页 古代海上丝绸之路始发港研究

25. 张之铸，主编. **中国当代文博论著精编**[M]. 北京：文物出版社，2006. 第 566 页 洛阳：丝绸故乡与丝路起点（韦娜）；第 643 页 海上丝绸之路与 14 世纪中韩航海交流——以蓬莱高丽古船为中心（袁晓春）.

26. 马骏琪，著. **碰撞·交融：中外文化交流的历史轨迹与特点**[M]. 贵阳：贵州人民出版社，2006.第 17 页（二）海上丝绸之路的出现与形式；第 39 页（二）海上丝绸之路的日趋兴起；第 63 页（二）唐代海上丝绸之路的勃兴与发展.

27. 郭维森，柳士镇，著. **图说中国文化基础**[M]. 北京：新世界出版社，2007.第 289 页 海上丝绸之路.

28. 邢春如，刘心莲，李穆南，著. **中外关系：上**[M]. 沈阳：辽海出版社，2007. 第 190 页 海上丝绸之路.

29. 广西博物馆，编. **广西博物馆文集：第 4 辑**[M]. 南宁：广西人民出版社，2007. 第 165 页 汉代海上丝绸之路对"泛北部湾经济合作区"建设的历史镜鉴（周敏）

30. 程存洁，主编. **广州博物馆建馆八十周年文集：镇海楼论稿之二**[M]. 北京：文物出版社，2009. 第 212 页 可持续发展的历史文化遗产保护——以广州海上丝绸之路文化遗产的保护和利用为中心（黄海妍）.

31. 广东省博物馆，编. **广东省博物馆开馆五十周年纪念文集：1959-2009**[M].广州：岭南美术出版社，2009. 第 105 页 海上丝绸之路与相关文物古迹的认定（邓炳权）.

32. 李有兵，主编. **耕耘南广：园丁的激情**[M]. 北京：中国传媒大学出版社，2009. 第 109 页 在处女地上播种——从丝绸之路到南广学院（铃木肇）.

33. 蒋斌，田丰，主编. **思想解放与科学发展：2008 广东社会科学学术年会论文集**[M]. 广州：广东人民出版社，2009. 第 397 页 广州亚运会与海上丝绸之路文化产业的开发策略研究（刘根勤）.

34. 余益中，刘士林，廖明君，主编.**广西北部湾经济区文化发展研究**[M]. 南宁：广西人民出版社，2009. 第 127 页　三、以海上丝绸之路为代表的广西北部湾经济区物质文化遗产资源.

35. 钱玉林，黄丽丽，主编.**中华传统文化辞典**[M]. 上海：上海大学出版社，2009.第 675 页　海上丝绸之路.

36. 晁中辰，主编.**中外文化的冲突与融合**[M]. 济南：山东大学出版社，2010.第 24 页　第三节　海上丝绸之路的开辟和中外海上交往；第 24 页　一、驶向黄支国的海上丝绸之路；第 119 页　第六节　陶瓷之路的开辟和陶瓷文化的外传；第 119 页　一、陶瓷之路的开辟.

37. 冯天瑜，著.**中华文化辞典**[M]. 武汉：武汉大学出版社，2010.第 362 页　海上丝绸之路.

38. 何芳川，万明，著.**古代中西文化交流史话**[M]. 北京：中国国际广播出版社，2010. 第 45 页　三　海上丝绸之路勃兴与繁荣.

39. 丁长清，主编.**参与世博会**[M]. 北京：清华大学出版社，2010. 第 38 页　8 海上丝绸之路.

40. 丘刚，主编；海南省博物馆，编.**海南省博物馆研究文集**[M]. 北京：科学出版社，2011. 第 126 页　海南与"海上丝绸之路"（何翔）.

41. [美]克利福德，詹格兰德，怀特，著.**中国博物馆手册**[M]. 黄静雅，等，译. 南京：译林出版社，2011.第 332 页　178 广东海上丝绸之路博物馆.

42. 李湛，王晓菡，著.**海洋小百科全书：海洋权益**[M]. 广州：中山大学出版社，2012. 第 266 页　什么是"海上丝绸之路".

43. 吴三保，著.**地理探索与编辑研究**[M]. 北京：科学出版社，2013. 第 18 页　北海（合浦）中国海上丝绸之路始发港刍议.

44. 张京成，主编.**中国创意产业发展报告 2014**[M]. 北京：中国经济出版社，2014. 第 315 页　第十四章　深圳：贸易扬帆，文化远航，助力"海上丝绸之路".

45. 肖惠中，陈小平，编.**海上丝绸之路与泉港海港文化探析**[M]. 福州：海峡文艺出版社，2015. 该书通过探寻泉港海港文化历史沿革、发展轨迹及海上丝绸之路的联系，提出对接泉州海丝先行区建设，打造海港文化品牌的对策思路。主要内容包括：海族：南腔北调头北人；海港：中国少有世界不多；海航：海上丝绸之路的重要节点等十六章。

46. 李爽，林德荣，著.**21 世纪海上丝绸之路与东南亚国家文化旅游**[M]. 广州：广东旅游出版社，2017. 从满载多元文化，助力文化旅游；东南亚国家概况与文化旅游发展基础；东南亚各国文化旅游消费体验研究；东南亚国家文化旅游体验过程研究；东南亚国家文化旅游体验模型建构等方面来阐述海上丝绸之路对沿线国家文化交流和旅游发展的意义。对我国构建开放型经济新体制，加快同周边国家和区域基础设施互联互通建设，推进丝绸之路经济带、海上丝绸之路建设，形成多方面开放新格局，实现海陆经济统筹发展的总方向有重要意义。

47. 白晓霞，主编，蔺志强，编著.**百川汇南粤-海上丝绸之路对岭南文化的影响：综合篇**[M]. 广州中山大学出版社，2017. 该书主要从中华文化多元视野下的岭南文化，岭南文化软实力的近代构建，南海丝绸之路的发展历程，岭南文化对海上丝绸之路的孕育，南海丝路与中外物质文化交流，岭南文化与新时期的发展建设等方面综合论述了海上丝绸之路对岭南文化的深远影响。

48. 吴桂就，编著. **丝路邮记：方寸世界中的海上丝绸之路**[M]. 南宁：广西教育出版社，2017. 该书是以海上丝绸之路为主题的普及性、知识性大众读物，试图以点带面，以邮说史，从港口群的某一港口出发，沿着相关航路线性展开，全面介绍海上丝绸之路的起源、发展、社会影响及历史贡献。在欣赏各国邮票的同时，也给读者提供一些有用的史料信息。

49. 福建省政协文史和学习委员会，福建省集邮协会，编. **邮票上的海上丝绸之路**[M]. 福州：福建人民出版社，2018. 海上丝绸之路是古代东西方通过海路交通，以商贸为依托，承载文化、艺术交流的和平之路。"21世纪海上丝绸之路"倡议具有深厚的历史渊源和人文基础。该书以丰富多彩的邮票视觉语言，再现海上丝路的千年风貌；以视角独特的方寸图景，见证东西方商贸和文化交流的盛况；以饱含历史情怀的形象阐释，揭示海上丝路深刻的人文内涵。

50. 伍庆，著. **21世纪海上丝绸之路与广州离岸文化中心**[M]. 广州：中山大学出版社，2018. 在全球化的推动下，国际文化贸易不断增长，利用国际文化资源开发国际文化市场的离岸文化生产也逐渐兴起。在"一带一路"重大倡议的背景下，中外文化交流合作面临着新使命、新机遇、新格局、新挑战。建设中国特色离岸文化中心，有利于主动发掘和利用世界各国的优秀文化资源，推动沿线各国开展多元文化合作，共同生产出优秀的文化产品推向国际市场。这对于加快中国文化走向世界，促进世界文化的融合与创新，助推"一带一路"建设都有着至关重要的意义。广州作为重要的国家中心城市、古代海上丝绸之路的重要始发港之一，积极参与"一带一路"尤其是21世纪海上丝绸之路的建设既是重要职责，也带来重大机遇。

七、语言、文字

1. 周思源，主编. **中外文化交流史**[M]. 北京：北京语言文化大学出版社，2000.
2. 徐振忠，著. **黎耕集**[M]. 香港：拓文出版社，2004. 第157页评"海上丝绸之路"的英语译文（北京，1992年）。
3. 李庆新，著. **"南海Ⅰ号"与海上丝绸之路：英汉对照**[M]. 北京：五洲传播出版社，2010.

八、文　学

1. 林玉树，著. **闪烁的星光**[M]. 北京：中国新闻出版社，1987. 第263页振兴海上丝绸之路势在必行.
2. 泉州市规划建设局，泉州市政协文史资料委员会，泉州刺桐吟社，编；林昌如，主编. **刺桐吟草：第3辑**[M]. 1991. 第83页参加南安县政协在丰州举行海上丝绸之路起点讨论会并登九日山感赋.
3. 解力夫，著. **壮哉，中华：名山·大川·英雄颂**[M]. 北京：世界知识出版社，1996. 第

306 页 海上丝绸之路的起点——泉州.

4. 曾阅，编. **晋江古今诗词选**[M]. 福州：海峡文艺出版社，1998. 第 325 页 "海上丝绸之路"考察团莅临陈埭纪盛.

5. 刘海，著. **新闻足迹：刘海新闻作品集**[M]. 北京：中国广播电视出版社，1998. 第 164 页 从海上"丝绸之路"与陆上"丝绸之路"看中国对外开放.

6. 郭培明，著. **访在世纪边上**[M]. 呼和浩特：远方出版社，1999. 第 12 页 泉州的历史文化也是世界的——访联合国教科文组织"丝绸之路综合研究".

7. 戴泉明，著. **我看泉州：戴泉明获奖电视作品选**[M]. 北京：中国工人出版社，2000. 第 43 页 泉州——开创新世纪的"海上丝绸之路".

8. 洪三泰，等，著. **开海：湛江与海上丝绸之路 2000 年**[M]. 广州：广东旅游出版社，2001. 广东省"海上丝绸之路"研究和开发项目组进行的系列工程之一；该书主要内容包括：汉武帝"开海"；名城古韵；海盗；走私迷雾；半岛的自然意象；浩气如雷；拒绝流放等。

9. 陈永正，编注. **中国古代海上丝绸之路诗选**[M]. 广州：广东旅游出版社，2001. 该书选录中国古代有关"海上丝绸之路"的诗歌 419 首，包括"箴""铭""词"各一首。

10. 洪三泰，等，著. **千年国门：广州 3000 年不衰的古港**[M]. 广州：广东旅游出版社，2001. 第 81 页　第三章 丝路沧桑；第 94 页 三、南海神庙看香火；第 101 页 五、唐风：通海夷道；第 109 页 六、宋船之韵.

11. 黄之豪，著. **五洲履迹**[M]. 福州：福建教育出版社，2001. 第 97 页 重游海上的"丝绸之路".

12. 傅绍良，著. **辛炼文痕**[M]. 北京：中国文联出版社，2002. 第 534 页 海上丝绸之路的友谊情.

13. 舟山市政协文史和学习委，舟山晚报，编. **文史天地：上**[M]. 北京：文津出版社，2003. 第 658 页 海上丝绸之路——普陀山高丽道头探轶（王连胜）；第 1060 页 舟山是海上丝绸之路的重要一站（汤志恒）.

14. 何泽华，著. **何泽华诗词选集**[M]. 香港：中国文化出版社，2003. 第 50 页 鹧鸪天·丝绸之路始发港徐闻三墩港岛.

15. 林河，著. **林河自选集：上**[M]. 长沙：湖南文艺出版社，2004. 第 63 页 "海上丝绸之路"始于四千年前的古黔中.

16. 卓文，蔡维龙，编绘. **美德故事**[M]. 北京：海潮出版社，2006. 第 124 页 郑和下西洋开拓"丝绸之路".

17. 彭海保，著. **传统中国的和谐盛宴**[M]. 南昌：江西出版集团；南昌：江西教育出版社，2007. 第 302 页 海上丝绸之路.

18. 汪大波，著. **中外漫游：汪大波旅行记**[M]. 重庆：重庆大学出版社，2007. 第 432 页 1. 扩大开放的新课题——赴越考察纪行之一；第 433 页 2. 新奇的"丝绸之路"——赴越考察纪行之二；第 435 页 3. 河内市场一瞥——赴越考察纪行之三；第 436 页 4. 开放互补促互利——赴越考察纪行之四；第 438 页 5. "希望像中国人民一样幸福"——赴越考察纪行之五；第 439 页 6. 访越拾趣；第 440 页 7. 老街走马游；第 442 页 8. 泰国旅行札记；第 446 页 9. 海上花园之国——新加坡.

19. 陈志泽，著. **读泉州**[M].哈尔滨：北方文艺出版社，2007. 第 77 页 泉州湾古船陈列馆 "海上丝绸之路" 的泉州海船；第 81 页 "蚵壳厝"畅想"海上丝绸之路"的奇妙文物；第 84 页 走进灵山"海上丝绸之路"的见证；第 87 页 伫立九日山"海上丝绸之路"祈风的山；第 89 页 真武庙小记"海上丝绸之路"的祭海处；第 91 页 到蟳埔村去"海上丝绸之路"的一个村落.

20. 该书编辑委员会，编. **庆祝何炳棣先生九十华诞论文集**[M]. 西安：三秦出版社，2008. 第 640 页 南中国史前树皮布文化研究新进展（邓聪）；第 668 页 南中国海诸岛上的碑碣（陈仲玉）；第 679 页 广州地区南海海上丝绸之路考古发现的遗迹遗物（麦英豪）.

21. 谢琼杰，著. **碧岭踏歌**[M]. 西安：太白文艺出版社，2008. 第 95 页 站在海上丝绸之路的起点.

22. 李岩，陈以琴，著. **南海 1 号沉浮记**[M]. 北京：文物出版社，2009. 南海Ⅰ号沉船的整体出水，吸引了世界的目光。位于广东阳江的广东海上丝绸之路博物馆将陆续向世人展示它的神秘魅力。那么，南海Ⅰ号沉船是如何被发现、被命名的？经历了怎样的曲折过程又重回人们的视线？整体打捞方案又是如何确定的？在它的新家"水晶宫"，它又将面临些什么？该书以作者亲身经历为主，向读者讲述了 1987—2007 年南海Ⅰ号的许多鲜为人知的故事。

23. 耿升，刘凤鸣，张守禄，主编. **登州与海上丝绸之路：登州与海上丝绸之路国际学术研讨会论文集**[M]. 北京：人民出版社，2009. 本论文集共分为三部分：开头部分是主办单位领导与嘉宾在开、闭幕式上的讲话，主要阐述了研讨会的主旨、意义及会议取得的成果及其影响；中间部分是与会代表的学术论文，根据内容分为"登州与海上丝绸之路"、"山东半岛与海上丝绸之路"、"泛海上丝绸之路"和"中韩中日关系"四个单元，这些论文展示了登州与山东半岛悠久丰厚的历史文化底蕴，彰显出登州在中韩、中日漫长交往中的重要地位，反映了海上丝绸之路及中韩、中日关系史等方面研究的最新成果与动态；结尾部分是烟台日报记者撰写的会议综合评述，此评述被新华网、中国网、凤凰卫视网、中国经济网、中国国学网等许多全国性的知名网站转载，使本次国际学术研讨会在社会引起较大反响。

24. 刘静言，著. **丝路幽兰：墨西哥的中国公主**[M]. 北京：世界知识出版社，2011. 第 67 页 海上丝绸之路.

25. 刘先平，著. **美丽的西沙群岛**[M]. 济南：明天出版社，2012. 第 163 页 海上丝绸之路考古.

26. 王忠智，主编. **林昌如诗文集**[M]. 本书编委会，2003. 第 12 页 在"中国与海上丝绸之路"国际学术讨论会上偶成.

27. 27. 陈子铭，著. **大海商**[M]. 福州：海峡文艺出版社，2012. 15 世纪至 19 世纪末"闽南商人"以大海为舞台，以世界为市场，勇于开拓的历史。《大海商》用散文手法，发现历史，辩证地看沧海桑田变幻，激情澎湃地抒写了东南沿海的商人，填补了中国一段真实的海洋文化，情真意切地再现了一段可歌可泣的历史。

28. 张西平，主编. **比较文学的新视野**[M]. 上海：华东师范大学出版社，2012. 第 152 页 海上丝绸之路与南亚（佟加蒙）.

29. 打眼，著. **典当 9**[M]. 北京：中国戏剧出版社，2013. 第 350 页 第四十一章 海上丝绸之路.

30. 洪三泰，著；广东省人民政府文史研究馆，编. **诗文梦影**[M]. 广州：广东人民出版社，2014. 第 457 页 古代海上丝路的丰碑——评《湛江海上丝绸之路史》，第 544 页 海上丝绸之路的灵魂.

31. [美]贝尔格林，著. **马可·波罗**[M]. 周侠，译. 海口：海南出版社，2014. 该书是"金色俄罗斯"中的一本。是什克洛夫斯基创作的一部历史小说，作家依据马可·波罗本人的游记以及大量的真实史料，通过讲述马可·波罗及父亲和叔父在其东方之旅中的遭遇和经历，不仅描写了马可·波罗坎坷的一生，同时也再现了丝绸之路沿线各国，尤其是中国等东方国家的经济和政治的发展状况，反映了各国的社会生活和风物人情，在一定程度上还原了丝绸之路的历史风貌。

32. 福建省民间文艺家协会，《故事林》杂志社，编. **海上丝绸之路的民间故事**[M]. 福州：海峡文艺出版社，2016. 该书收入与海上丝绸之路相关的 60 篇故事以及 53 篇民谣、13 篇民歌。如《郑和下西洋的故事》讲述了郑和被称为"三宝公"的来历、印尼三宝井的传说、郑和在菲律宾建塔镇风等故事；也有从侧面反映海丝历史文化的，如《陈嘉庚择婿》《"万金油大王"胡文虎》《黄乃裳的故事》《石湖塔的传说》《姑嫂塔》《相思楼》《林阿凤与"顺"字号华裔》《相思树的传说》《浒苔仙》等。

33. 《穿越海上丝绸之路》节目组，著. **穿越海上丝绸之路**[M]. 北京：中国财政经济出版社，2017.《穿越海上丝绸之路》全书由 8 篇构成，包括：《寻路》《家承》《原乡》《连枝》《薪传》《问道》《脉缕》《轮回》，采用同步纪录事件的手法，通过发生在海上丝路沿线国家的 32 个鲜活的普通人的故事来讲述海上丝绸之路的前世今生，与习近平主席提出"一带一路"的战略构想形成默契和共鸣。

34. 朱丽霞，著. **海上丝绸之路与 16 至 17 世纪中国文坛：以胡宗宪浙江幕府为中心**[M]. 北京：中国社会科学出版社，2017. 该书内容包括：幕府与文人游幕；游幕与文学生态；胡宗宪幕府与嘉美文坛；徐渭游幕与诗文创作。

九、艺　术

1. 张秀平，主编；朱琦，等，绘. **影响世界的 100 种文化：绘画本**[M]. 南宁：广西人民出版社，1997. 第 24 页　9 东西文化交流的海上纽带——陶瓷之路.

2. 潘晓东，绘. **潘晓东油画作品集**[M]. 西安：陕西人民美术出版社，2000. 第 9 页 海上丝绸之路.

3. 郭淑芬，常法锟，沈宁，编. **常任侠文集 4**[M]. 合肥：安徽教育出版社，2002. 第 279 页 海上丝路与文化交流.

4. 刘福君，选编. **樱花二胡经典小品：民乐小合奏**[M]. 上海：上海音乐出版社，2008. 第 1 页 海上丝绸之路.

5. 叶春生，罗学光，主编. 东江麒麟舞新姿[M]. 北京：大众文艺出版社，2009. 第 217 页 三　发展广东民间文化，延续"海上丝绸之路".

6. 谢鼎铭，著. **海上丝绸之路画集**[M]. 广州：花城出版社，2014. 著名画家谢鼎铭先生师出岭南画派，以中国山水画见长，近十数载，谢先生潜心于以中国山水画技法创作海上丝绸之路组画，该书即为其历多年所创作的以海上丝绸之路组画为主体的新作合集。其画作，吸纳中国山水画传统艺术之精华，而其笔墨语言背后对国画传统中精华的领悟，更是作者创作成就最珍贵的价值所在。

7. 广东省美术家协会，编. **魅力海洋：广东美术家海上丝绸之路创作展作品集**[M]. 广州：岭南美术出版社，2016. 该书收录了许钦松、李劲堃、方土、王永、王大鹏、卢小根、孙戈、宋陆京、张彦、张东、张弘等的作品.

8. 康海玲，著. **海上丝绸之路上的戏曲传播**[M]. 北京：文化艺术出版社，2017. 从方言剧种的角度，对戏曲在东南亚的诸多问题进行较为全面系统、深入具体的探讨，重点在于探讨戏曲在东南亚的社会文化功能、被放逐的生存危机和革新举措等。该书较多地以新加坡、马来西亚、泰国、菲律宾、印度尼西亚等国家的戏曲活动为例，结合现有的研究资料研究完成。

9. 潘天波，著. **漆向大海：古代海上丝绸之路漆艺文化研究**[M]. 福州：福建文化出版社，2017. 本书以海上丝绸之路上被输出的漆艺为研究对象，旨在考察古代中国漆器海外输出的缘起、契机与途径，阐明古代漆器文化海外输出史境、传播历程与相互影响，并由此确证海上丝路漆器文化交流的特征、内涵及偏向，进而揭示古代海上丝路漆器文化的溢出效应、耦合机制与环流现象。

10. 杜亚雄，著. **海上丝绸之路的音乐文化**[M]. 苏州：苏州大学出版社，2017. 该书全面、系统地介绍了我国东南沿海各地及海上丝绸之路沿途亚、非各国的音乐文化，是作者多年研究丝路文化的最新成果。介绍了山东鼓吹、昆曲、古琴、江南丝竹、福建南音、广东音乐、海南调声、印尼佳美兰、印度拉格、阿拉伯木卡姆、非洲鼓乐等世界著名的音乐品种，内容丰富，文字流畅，可读性强。该书对了解海上丝路各地、各国的音乐，研究古代音乐文化、考察中外音乐交流史等很有助益。

11. 白晓霞，主编；刘洁，编著. **百川汇南粤　海上丝绸之路对岭南文化的影响：文学艺术篇**[M]. 中山大学出版社，2017. 该书内容共分六个章节叙述：第一章概述了岭南文学、岭南音乐、岭南绘画、岭南戏曲；第二章为以十三行为素材的文学创作；第三章为岭南文学中的海外文化因子；第四章为广东音乐中的外来元素；第五章为多元化发展的岭南画派；第六章为粤剧的创新与发展。

12. 屹林文化传媒丝路斗士创作团队，著. **丝路斗士：海上丝绸之路文化探险队 3：海南岛·南宁篇**[M]. 北京：海洋出版社，2018. 该书讲述了：热情的海洋少女小丽和爸爸孔平海在进行海上探险的过程中遭遇暴风，漂流至中国东海上的孤岛。在这里父女俩结识了神秘的海洋少年姜大洋。大洋的爸爸姜太平曾在一次海难中失踪。失落的大洋得知孔平海曾经是爸爸的同事后，决定跟父女俩一起踏上海上丝绸之路的探险旅程。

13. 屹林文化传媒丝路斗士创作团队，著. **丝路斗士：海上丝绸之路文化探险队 2：福州·广州篇**[M]. 北京：海洋出版社，2018.

14. 柯琳，著. **海上丝绸之路乐舞戏剧通史**[M]. 北京：中央编译出版社，2018. 该书以东亚诸国地理、历史、文化与音乐、舞蹈、戏剧艺术为对象，在世界国别、族别传统文化研究的大背景下，对其亚洲中国与东北亚、东南亚、南亚诸国的传统乐舞戏剧形式的发生、发展、演变、异化等现象作一为全面、系统的实地文化学术梳理。并花费大量笔墨通过历史文献、出土文物、口碑笔录等图文记载，摸清海上丝绸之路诸国乐舞戏剧文化的丰富多彩、绚丽多姿的历史交流与现实合作的事实。该书通过大量史、志、论资料的发掘、整理以及对中国周边口岸与中外接壤地区的实地考察，来寻觅亚洲十数个国家与地区的戏剧。

15. 屹林文化传媒丝路斗士创作团队，著. **丝路斗士：海上丝绸之路文化探险队 1：泉州篇**[M]. 北京：海洋出版社，2018.

16. 熊仲卿，著. **香料贸易与印度尼西亚班达群岛的陶器演化**[M]. 广州：中山大学出版社，2019. 该书旨在探讨班达群岛陶瓷的长时段动态演变情况，试图探讨该处的陶瓷演变是如何以及为何与文化历史进程，诸如移民、文化交流、贸易、经济发展、社会政治的矛盾冲突等问题发生联系的。在已有的历史研究与考古研究基础上，作者认为以上因素都参与了班达群岛手工业生产与消费的过程。

十、历史、地理

1. 马世之，著. **郑韩故城**[M]. 广州：中州书画社，1981. 第 629 页 33. 广州海上丝绸之路的兴起与发展.

2. 北京大学东方语言文学系，编. **东方研究论文集**[M]. 北京：北京大学出版社，1983. 第 18 页 南海"丝绸之路"初探（陈炎）.

3. 中国人民政治协商会议湛江市委员会文史资料研究委员会，编. **湛江文史资料：第 2 辑**[M]. 湛江：中国人民政治协商会议湛江市委员会文史资料研究委员会，1984. 第 141 页 汉代"海上丝绸之路"始发港——徐闻港考察（阮应祺）.

4. 张岫峰，赵保佑，刘潞生，编. **中国史论文摘要汇编：1984 年**[M]. 郑州：河南省社会科学情报研究所，1985. 第 108 页 "海上丝绸之路"应称为"瓷器之路".

5. 朱江，编著. **海上丝绸之路的著名港口——扬州**[M]. 北京：海洋出版社，1986. 《海上丝绸之路的著名港口——扬州》是海上丝绸之路丛书之一，作者是江苏省考古学会副理事长朱江先生。书中深入浅出地描绘了扬州港的自然条件及历史沿革，长江水道的变迁，古代扬州港与海外各国在政治、经济、文化、艺术等方面的交流情况，扬州的名胜古迹等，对扬州港的历史地位进行了精辟的分析和恰切的评价，是一本优秀的历史通俗读物。

6. 刘华训，等编，著. **中国地理之最**[M]. 北京：中国旅游出版社，1987. 第 210 页 海上"丝绸之路".

7. 王育民，著. **中国历史地理概论（上）**[M]. 北京：人民教育出版社，1987. 第 446 页 一、汉晋时期"海上丝绸之路"的形成；第 446 页 "海上丝绸之路"的开辟.

8. [日]寺田隆信，著. **郑和：联结中国与伊斯兰世界的航海家**[M]. 北京：海洋出版社，1988. 郑和是中国历史上最伟大的航海家，是中国与亚非各国友好往来的先驱者、推进者，他的海上活动以其规模之大而闪烁着异彩。该书记述他于 15 世纪初先后七次往返于中国到西亚、东非海岸的故事，还原事迹全貌，给予其正确的历史评价。

9. 罗荣渠著，. **中国人发现美洲之谜：中国与美洲历史联系论集**[M]. 重庆：重庆出版社，1988. 第 88 页 马尼拉商帆贸易开辟了太平洋上的"丝绸之路"，第 98 页 "丝绸之船"到美洲；第 124 页 从"丝绸贸易"到"苦力贸易".

10. 中南民族学院图书馆，编. **中国少数民族研究著述综目：1976-1986 第 3 分册**[M]. 1988. 第 751 页 7.432 郑和下西洋研究；第 755 页 7.433 丝绸之路研究.

11. 吴郁文，张茂光，编. **南国新貌**[M]. 北京：地质出版社，1989. 第 89 页 "海上丝绸之路" 与对外交通.

12. 人民画报社，编. **陆上与海上丝绸之路**[M]. 北京：中国画报出版公司，1989. 第 166 页 海上丝绸之路的开拓，第 184 页 丝绸之路从陆路转向海洋；第 206 页 中国的古代港口；第 228 页 海上丝绸之路的极盛时期.

13. 刘永路，唐进，主编. **万里海疆话古今**[M]. 沈阳：辽宁人民出版社，1989. 第 321 页 "海上丝绸之路" 的要站.

14. 徐俊鸣，著. **岭南历史地理论集**[M]. 广州：中山大学学报编辑部，1990. 第 305 页 西沙、南沙等群岛的历史地理纪要.

15. 林士民，著. **海上丝绸之路的著名海港——明州**[M]. 北京：海洋出版社，1990. 该书详细介绍了我国东南沿海著名港口城市明州（今宁波市）的形成、发展、繁盛与沿变过程，生动地叙述了四明先民的生产、生活、信仰、造船、航海等情况以及明州在海上丝绸之路中的贡献。

16. 广州历史文化名城研究会秘书处，广州古都学会秘书处，编. **名城广州常识**[M]. 广州：中山大学出版社，1990. 第 41 页 我国古代海上 "丝绸之路" 的起点；第 42 页 海上 "丝绸之路" 的拓展；第 45 页 宋代 "海上丝绸之路" 的延伸.

17. 中国人民政协会议福建省南安县委员会文史资料委员会，编. **南安文史资料 第 12 辑**[M]. 1990. 第 7 页 海上丝绸之路的发祥地——丰州六朝古港（柯世绵）；第 50 页 南安在古泉州对外贸易中的作用（黄天柱）；第 57 页 南安的水陆交通对开辟 "海上丝绸之路" 的贡献（黄宝玲）；第 60 页 宋元泉州海上贸易胜概与南安（陈四轩，王丽水）；第 96 页 九日山祈风石刻与 "海上丝绸之路" 祈风制度（王志云）；第 107 页 略谈海上丝绸之路 "祈风" 仪典（陈宗沛）；第 172 页 丝绸之路梁安港（诗一首）（傅子和）；第 173 页 大洋港口——梁安港（诗一首）（王禹川，傅民生）.

18. 周海宇著；泉州海外交通史研究会编. **泉州风物传说**[M]. 1990. 第 2 页 欢迎联合国海上丝绸之路考察团（二首）.

19. 任道斌，等，编. **简明中国古代文化史词典**[M]. 北京：书目文献出版社，1990. 第 112 页 海上丝绸之路.

20. 谢让志，马佩苓，编. **人文地理学参考地图集**[M]. 天津：天津大学出版社，1991. 第 85 页 古代海上丝绸之路示意图.

21. 王戎笙，主编. **马克思主义历史观与中华文明**[M]. 重庆：重庆出版社，1991. 第 394 页 第十一章 海上丝绸之路；第 396 页 第一节 海上丝绸之路的形成；第 404 页 海上丝绸之路的繁荣；第 411 页 第三节 海上丝绸之路的鼎盛；第 422 页 第四节 海上丝绸之路的衰落.

22. 陈瑞德，等，著. **海上丝绸之路的友好使者：西洋篇**[M]. 北京：海洋出版社，1991. 该书介绍了为开辟海上丝绸之路和发展中外文化交流作出贡献的 8 位中外历史人物。

23. 卢勋，李根蟠，著. 民族语物质文化史考略[M]. 北京：民族出版社，1991. 第 424 页 2. 海上丝绸之路.

24. 广东省文物管理委员会，等，编. **南海丝绸之路文物图集**[M]. 广州：广东科技出版社，1991. 该书辑录了先秦至清代南海海上丝绸之路的有关人物照片近 200 幅，记录了海上丝绸之路的历史。

25. 孙毅夫，编著. **从威尼斯到大阪：一次发现中国古代文明的航行 联合国教科文组织的海上丝绸之路考察 摄影集**[M]. 北京：中国画报出版社，1992. 该书反映了联合国教科文组织的国际性海上丝绸之路考察情况。

26. 沈葵，著. **中国历史精粹**[M]. 合肥：安徽少年儿童出版社，1992. 第 198 页 海上的"丝绸之路".

27. 唐赞功，等，撰. **中华文明史 第 3 卷：秦汉**[M]. 石家庄：河北教育出版社，1992. 第 748 页 三、海上丝绸之路.

28. 李侃，主编；中国史学会《中国历史学年鉴》编辑部，编. **中国历史学年鉴 1992**[M]. 北京：三联书店，1993. 第 313 页 2 月 中国与海上丝绸之路国际学术讨论会在泉州举行.

29. 汕头大学潮汕文化研究中心，汕头市潮汕历史文化研究中心，编. **潮汕文化论丛 初集**[M]. 广州：广东高等教育出版社，1992. 第 137 页 潮汕历史文物与海上丝绸之路（赵海）.

30. 姜春云，孟祥才，主编. **中华魂丛书·开放卷**[M]. 济南：山东人民出版社，1992. 第 73 页 中国船队扬帆远航——元代"海上丝绸之路"的开辟.

31. 甄人，主编. **广州之最**[M]. 广州：广东人民出版社，1993. 第 302 页 "海上丝绸之路"的始发港.

32. 国家教委基础教育司，编. **世界之瑰宝·民族之骄傲**[M]. 北京：人民教育出版社，1993. 第 382 页 "虽山海殊隔，而音信时通"——海上丝绸之路（余桂元）.

33. 孙光圻，著. **海洋交通与文明**[M]. 北京：海洋出版社，1993. 第 253 页 中国航海技术的发展与海上丝绸之路的演进.

34. 武冈子，主编. **大中华文化知识宝库**[M]. 武汉：湖北人民出版社，1993. 第 372 页 古代海上丝绸之路.

35. 广州市国家历史文化名城发展中心，等，编. **论广州与海上丝绸之路**[M]. 广州：中山大学出版社，1993. 该书论述了广州是我国海上"丝绸之路"的起点和发源地，并介绍了各个朝代海上"丝绸之路"的发展情况。

36. 中国地理学会历史地理专业委员会《历史地理》编辑委员会，编. **历史地理 第 11 辑**[M]. 上海：上海人民出版社，1993. 第 41 页 "海上丝绸之路"历史地理初探（曾昭璇，曾宪珊）.

37. 潘其旭，覃乃昌，主编. **壮族百科辞典**[M]. 南宁：广西人民出版社，1993. 第 52 页 海上丝绸之路.

38. 许在全，编. **刺桐探骊录**[M]. 北京：红旗出版社，1993. 第 80 页 泉州港与海上丝绸之路；第 97 页 泉州吏治与海上丝绸之路；第 102 页 泉州市舶司与海上丝绸之路；第 107 页 泉州海商与海上丝绸之路；第 112 页 泉州民族与海上丝绸之路；第 122 页 泉州宗教与海上丝绸之路；第 128 页 泉州陶瓷与海上丝绸之路：第 131 页 泉州名胜与海上丝绸之路.

39. [法]德勒热，著. **丝绸之路：东方和西方的交流传奇**[M]. 吴岳添，译. 上海：上海书店出版社，1998. 该书按照使节的时代、朝圣者的时代、商人的时代、传教士的时代、航海家的时代的顺序介绍了古老的丝绸之路在东西方交流上所发挥的作用。

40. 曾昭璇，著. **岭南史地与民俗**[M]. 广州：广东人民出版社，1994. 第 47 页 广州——古代"海上丝绸之路"的起点；第 74 页 徐闻——汉代"海上丝绸之路"的起航点.

41. 沈仪琳，著. **大韩民国——中国的近邻**[M]. 北京：东方出版社，1994. 第 284 页 海上丝绸之路，从泉州出发.

42. 苏冰，编. **海上丝绸之路·西洋篇**[M]. 延吉：东北朝鲜民族教育出版社，1994. 该书主要记录"海上丝绸之路"流传着的许多动人故事。

43. 联合国教科文组织海上丝绸之路综合考察泉州国际学术讨论会组织委员会，编. **中国与海上丝绸之路：联合国教科文组织海上丝绸之路综合考察泉州国际学术讨论会 1991. 2. 17-20 论文集（续集）**[M]. 福州：福建人民出版社，1994. 该书收有论文 15 篇，有《泉州海外交通史研究概述》《元朝与高丽的海上交通》《东南亚发掘的中国外销瓷器》等。

44. 刘纯华，林永平，著. **大海托起的太阳**[M]. 北京：华文出版社，1994. 第 106 页 二 汉武帝开辟海上丝绸之路.

45. 中国考古学会，编. **中国考古学年鉴 1992**[M]. 北京：文物出版社，1994. 第 357 页 安家瑶参加丝绸之路海洋路线考察曼谷国际学术研讨会；第 357 页 我国学者参加海上丝绸之路考察.

46. 南山，主编. **中国邻邦**[M]. 西安：陕西人民出版社，1994. 该书介绍了日本、朝鲜、越南等中国邻邦各国的地理情况、人民生活、经济发展、社会风情等。

47. 陈哲，主编. **韶音 1994 年 总第 61 期**[M]. 1994. 第 21 页 参观海上丝绸之路：福建（蔡春草）.

48. 陈学超，主编. **国际汉学论坛：卷 2**[M]. 西安：西北大学出版社，1995. 第 670 页 海上丝绸之路与伊斯兰文化国际学术讨论会在福建省泉州市召开.

49. 林言椒，主编. **中国历史学年鉴：1995**[M]. 北京：三联书店，1995. 第 337 页 海上丝绸之路与伊斯兰文化国际学术研讨会在泉州举行.

50. 黄盛璋，主编. **亚洲文明：第 3 集**[M]. 合肥：安徽教育出版社，1995. 第 202 页 明代后期海上丝路丝绸贸易主要国际市场与主要国际商船贩运数量考（金文）。

51. 广东省南澳县政协文史委员会，编. **南澳文史第 3 辑："海上丝绸之路与潮汕文化"学术研讨会选辑**[M]. 1995. 该书选录了"海上丝绸之路与潮汕文化"国际学术研讨会（1994）部分论文。

52. 李建生，陈代光，主编. **南海"海上丝绸之路"始发港——雷州城**[M]. 北京：海洋出版社，1995. 该书为"雷州古城历史与发展学术研讨会"（1992）论文集，充分发掘雷州历史文化遗产，继承和弘扬雷州历史文化的优秀传统、开拓"海上丝绸之路"研究，促进雷州经济、文化和科学技术的繁荣，为雷州历史文化名城增添光彩。

53. 刘迎胜，著. **丝路文化·海上卷**[M]. 杭州：浙江人民出版社，1995. 该书汇集汉文与希腊、拉丁文，以及波斯文、阿拉伯文史资料，是研究海上丝绸之路的主要文献。

54. 沈起炜，著. **中国小通史：隋唐**[M]. 北京：中国青年出版社，1995. 第 164 页 畅通无阻的"丝绸之路"，第 173 页 与东南亚的友好往来.

55. 陈成南，主编. **漳州名胜与古建筑**[M]. 天津：天津科学技术出版社，1995. 第 99 页 十二、百越遗址与漳州历史文化之谜.

56. 许启望，等，编著. 黄土地的蓝色梦[M]. 石家庄：河北少年儿童出版社，1995. 第 115 页 碧海扬帆，丝绸连理——海上丝绸之路.

57. 刘统，著. **悠悠丝路**[M]. 广州：广东教育出版社，1995. 第 101 页 第 5 章 从陆地到海洋；第 6 章 西方觉醒，东方却沉睡了.

58. 李恩军，主编. **中国历史地理学**[M]. 北京：人民交通出版社，1995. 第 231 页 第五节 海上丝绸之路.

59. 广东历史地图集编辑委员会，编. **广东历史地图集**[M]. 广州：广东省地图出版社，1995. 第 57 页 广东古代海上丝绸之路.

60. 张践，著. **中国宋辽金夏宗教史**[M]. 北京：人民出版社，1995. 第 155 页 海上丝绸之路与内地伊斯兰教的流传.

61. 广州市城庆工作委员会办公室，编. **辉煌的广州**[M]. 广州：中山大学出版社，1996. 第 39 页 第四章"丝绸之路"通四海 开放口岸贯古今；第 39 页 一、广州海上"丝绸之路"的条件.

62. 肖忠生，陈锦谷，主编. **云帆高张创伟业：纪念郑和下西洋 590 周年文章选集**[M]. 1996. 该书为郑和下西洋五百九十年国际学术研讨会（1995）论文，收录了 30 余篇研究成果。

63. 方志钦，蒋祖缘，主编. **广东通史·古代（上）**[M]. 广州：广东高等教育出版社，1996. 第 269 页 第五节 海上丝绸之路的开拓和商品集散地番禺；第 274 页 二、海上丝绸之路东端进出口徐闻和合浦.

64. 徐振保，著. **中外文化交流记趣**[M]. 上海：复旦大学出版社，1996. 第 68 页 南海"丝绸之路"；第 72 页 太平洋"丝绸之路".

65. 李希光，著. **找回中国昨日辉煌**[M]. 北京：国际文化出版公司. 1996. 第 16 页 第二章 找回海上辉煌.

66. 杨万秀，钟卓安，主编. **广州简史**[M]. 广州：广东人民出版社，1996. 第 42 页 二、海上丝绸之路的初步形成及番禺都会；第 191 页 三、海上丝绸之路向全球扩展的喜与忧.

67. 陈炎，著. **海上丝绸之路与中外文化交流**[M]. 北京：北京大学出版社，1996. 该书是作者多年从事海上丝绸之路与中外文化交流研究的论文集。在近 30 篇论文中，作者通过大量的文献考据、考古论证、实地调查、对比分析，把连接中外的海上丝绸之路的发生、发展及由此对世界文明的贡献论述得淋漓尽致，充分反映了作者在这一研究领域的成就。

68. 陈炎，著. **泰国研究学会、新加坡南洋学会联合庆祝陈炎教授 80 寿辰纪念——海上丝绸之路与中外文化交流**[M]. 北京：北京大学出版社，1996. 该书是作者从事海上丝绸之路与中外文化交流研究的论文集。在近 30 余篇的论文中，作者通过大量的文献考据、考古论证、实地调查、对比分析，把连接中外的海上丝绸之路的发生、发展及由此对世界文明的贡献进行了充分的论述。

69. 林远辉，编. **朱杰勤教授纪念论文集**[M]. 广州：广东高等教育出版社，1996. 第 21 页 阿拉伯世界在陆海"丝绸之路"中的特殊地位（陈炎）.

70. 庄景辉，编校. **陈埭丁氏回族宗谱**[M]. 香港：绿叶教育出版社，1996. 第 559 页 附录 1991 年 2 月，联合国教科文组织"海上丝绸之路"综合考察团考察陈埭丁氏回族社区，联合国教科文组织"海上丝绸之路"项目协调员杜杜·迪安博士在欢迎会上发表热情洋溢的讲话.

71. 辛业江，主编. **中国南海诸岛**[M]. 海口：海南国际新闻出版中心，1996. 第 342 页 第九章 海上丝绸之路 自古联结中西——南海、南海诸岛人文历史（下）（徐恒彬，鞠继武）

72. 倪健民，宋宜昌，主编. **国家地理：从地理版图到文化版图的历史考察（上）**[M]. 北京：中国国际广播出版社，1997. 第 403 页 宋朝统治者开拓了海上丝绸之路.

73. 陈代光，著. **中国历史地理**[M]. 广州：广东高等教育出版社，1997. 第 317 页 二、海上"丝绸之路".

74. 谢光，著. **泰国与东南亚古代史地丛考**[M]. 北京：中国华侨出版社，1997. 该书收入了十篇关于泰国及与其有关的东南亚地区古国史地考证的文章，是作者应《泰国研究会》之约，在 1986-1988 年初期间连续写成，分别发表于《新中原报》《中华日报》等华文报的学术副刊。

75. 杨万秀，著. **中外历史的探索借鉴**[M]. 广州：广州出版社，1997. 第 272 页 广州港在海上"丝绸之路"的地位和作用.

76. 林金水，主编. **福建对外文化交流史**[M]. 福州：福建教育出版社，1997. 第 30 页 第三节 宋元时期福建海上丝绸之路的兴盛；第 138 页 第四节 福建—菲律宾—美洲海上丝绸之路.

77. 陈达生，王连茂，主编. **海上丝绸之路研究 1：海上丝绸之路与伊斯兰文化**[M]. 福州：福建教育出版社，1997. 为纪念联合国教科文组织海上丝绸之路考察泉州三周年，1994 年 2 月在中国泉州举办了"海上丝绸之路与伊斯兰文化"国际学术研讨会和中国（福建）伊斯兰文物古迹游活动。该书收录了活动中的一些重要讲话和中外学者提供的部分论文。

78. 李杰，著. **海上丝路**[M]. 北京：北京科学技术出版社，1997. 第 16 页 第二章 海上丝绸之路的繁盛；第 24 页 二、繁盛的汉代海上丝绸之路.

79. 李克西，主编. **浙东文化资料汇编 1997 年 第 1 期**[M]. 1997. 第 3 页 中华民族海洋文化的曙光——河姆渡文化对探索海上丝绸之路起源的意义（陈炎）.

80. 关立勋，著. **中国文化杂说：中外交流卷**[M]. 北京：北京燕山出版社，1997. 第 312 页 海上丝绸之路的兴起；第 317 页 海上丝绸之路的兴盛；第 329 页 海上丝绸之路的空前繁荣与鼎盛；第 479 页 太平洋上的"丝绸之路".

81. 李罗力，等，编著. **中华历史通鉴第 2 部**[M]. 北京：国际文化出版公司，1997. 第 2130 页 三、海上丝绸之路；第 2146 页 第三章 魏晋南北朝时期西域文明的新浪潮和东海丝绸之路；第 2159 页 第六节 东海丝绸之路的形成；第 2251 页 二、通向美洲的太平丝绸之路.

82. 广东省澄海市人民政府侨务办公室，广东省澄海市政协文史资料委员会，编. **澄海文**

史资料　第 **17** 辑[M]. 998. 第 171 页 南方海上丝绸之路的重要港口（蔡英豪）.

83. 陈乃良，著. **封中史话：岭南文化古都之盛衰**[M]. 广州：广东省地图出版社，1998. 第 64 页　九、"海上丝绸之路"始发港的历史悬谜.

84. 中华文化通志编委会，编；**中华文化通志：中国与拉丁美洲大洋洲文化交流志**[M]. 上海：上海人民出版社，1998. 第 123 页 第二章 马尼拉帆船贸易——太平洋丝绸之路；第 123 页 第一节 马尼拉帆船贸易的开端及其兴衰；第 123 页 一、中国—菲律宾—墨西哥转口贸易关系的形成.

85. 武斌，著. **中华文化海外传播史**[M]. 西安：陕西人民出版社，1998. 第 233 页　二、海上丝绸之路的开拓；第 259 页　一、丝绸之路：连接东方与西方的金丝带；第 261 页　2. 丝绸之路：连接东方与西方的金丝带.

86. 程裕祯，著. **中国文化要略**[M]. 北京：外语教学与研究出版社，1998. 第 390 页　二、海陆"丝绸之路".

87. 陈文如，焦燕生，著. **浮在油海上的国家：海湾阿拉伯六国**[M]. 北京：科学普及出版社，1998. 第 10 页 海上"丝绸之路"——阿拉伯海；第 136 页 走联合自强之路；第 147 页 丝绸之路重放光彩.

88. 陈瑞统，著. **泉州游踪**[M]. 上海：上海文化出版社，1998. 第 79 页 世界，叩响泉州的门环——联合国"海上丝绸之路"考察团在泉州综合考察活动纪盛.

89. 中华文化通志编委会，编；王介南，撰. **中华文化通志：中国与东南亚文化交流志**[M]. 上海：上海人民出版社，1998. 该书共分 10 章，勾勒出了中国与东南亚文化交流的历史和现状，首次阐明东南亚文化的形成及其演变、中国与东南亚文化交流的大势和主要特点，填补了我国与东南亚文化交流研究领域的一项空白。

90. 杜经国，吴奎信，主编. **海上丝绸之路与潮汕文化**[M]. 汕头：汕头大学出版社，1998. 由汕头潮汕历史文化研究中心、汕头大学潮汕文化研究中心和中国海外交通史研究会联合召开的"海上丝绸之路与潮汕文化"国际学术研讨会于 1994 年 8 月 18 日至 22 日在广东汕头举行。该书为本次会议论文集。

91. 庄为玑，郑山玉，主编. **泉州谱牒华侨史料与研究**[M]. 北京：中国华侨出版社，1998. 第 1125 页 华侨与海上丝绸之路——部分侨乡族谱中的海外移民资料分析（郑山玉）.

92. 周宁，编著. **2000 年中国看西方**[M]. 北京：团结出版社，1999. 第 10 页 3 丝绸之路，从陆地到海上.

93. 王连茂，陈丽华，著. **中华海洋文化的缩影：泉州海外交通史博物馆**[M]. 北京：中国大百科全书出版社，1999. 第 1 页 "海上丝绸之路"的著名港口；第 3 页 陆上与海上"丝绸之路"；第 76 页 "海上丝绸之路"上的中国海船.

94. 袁鲁林，著. **波斯湾争夺目击记**[M]. 南京：江苏人民出版社，1999. 第 200 页 "海上丝绸之路"起点在泉州.

95. 王建辉，著. **王建辉自选集**[M]. 武汉：华中理工大学出版社，1999. 第 110 页 "海上丝绸之路"应称为"瓷器之路".

96. 丁兴旺，等，编著. **丝绸之路探奇**[M]. 长春：东北师范大学出版社，1998. 第 62 页 第四章 海上交通的起落；第 62 页 第一节 航海条件的逐渐发展；第 62 页 一、造船技术；第 63 页 二、导航技术；第 64 页 三、动力技术；第 65 页 第二节 中西航线的开辟与经营；第 65 页 一、汉代的中国—印度—罗马航线；第 67 页 二、唐代的中国—印度—阿拉伯航线；第 70 页 三、元明时代的非洲航线；第 72 页 第三节 宋元时期政府态度对发展海上交通的影响；第 72 页 一、海上贸易与社会经济的关系；第 73 页 二、宋元市舶贸易的演变；第 76 页 三、海上贸易与对外关系；第 77 页 第四节 明前期海贸政策与海上交通的逆转；第 77 页 一、明初海禁政策及其影响；第 79 页 二、郑和下西洋的经过及罢海船的原因.

97. 钱宗范，著. **可爱的广西：历史之魂**[M]. 南宁：广西人民出版社，1999. 第 19 页 七、海上丝绸之路的起点之一——汉唐间的合浦.

98. 吴传钧，主编. **海上丝绸之路研究 1：海上丝绸之路与伊斯兰文化**[M]. 北京：科学出版社，1999. 该书从考古文物、历史文献、地理学等多角度，论证了合浦是"海上丝绸之路"的始发港，并进一步说明了环北部湾地区不论是在历史上还是在今天，都是重要的经济文化圈。

99. 陈达生，主编. **海上丝绸之路研究 2：中国与东南亚**[M]. 福州：福建教育出版社，1999. 该书为"中国与东南亚"国际学术研讨会（1997）论文集，收录了活动中的一些重要讲话和中外学者提供的部分论文。

100. 庄为玑，等，编著. **海上丝绸之路的著名港口——泉州**[M]. 北京：海洋出版社，1999. 该书由海外交通史著名学者庄为玑教授率其高足庄景辉、王连茂同志共同撰写。全书通过翔实、生动的大量史实，阐述了古代泉州港的形成、发展、兴盛与衰落；描绘了当年泉州帆樯林立、梯航万国、商旅云集、街市繁华、宝货山积的昌盛情景；叙述了中外的文化交流和友好往来源远流长，从历史角度说明对外开放，开展各国之间经济、文化交流，对中国经济、文化的繁荣都是十分有益的。该书既是一部研究海上丝绸之路的优秀著作，又是一部普及历史知识，进行爱国主义教育的好教材，还是一部游览风景秀丽的历史名城泉州的引导读物。

101. 陈桥驿，主编. **中国都城辞典**[M]. 南昌：江西教育出版社，1999. 第 322 页 西南丝绸之路 海上丝绸之路.

102. 邓开颂，等，著. **澳门沧桑**[M]. 珠海：珠海出版社，1999. 第 33 页 四、海上丝绸之路——澳门海外贸易的兴起.

103. 王冠倬，编著. **中国古船图谱**[M]. 北京：三联书店，2000. 第 76 页 海上丝绸之路的开辟；第 158 页 海上丝绸之路.

104. 安京，著. **海疆开发史话**[M]. 北京：中国大百科全书出版社，2000. 第 40 页 海上丝绸之路与市舶管理.

105. 张磊，张苹，著. **广州史话**[M]. 北京：社会科学文献出版社，2000. 第 9 页 海上"丝绸之路"的起点.

106. 陈乃良，著. **封中史话：岭南古文化摇篮探索**[M]. 广州：广东省地图出版社，2000. 第 64 页 九、"海上丝绸之路"始发港的历史悬谜.

107. 巫新华，李肖，著. **寻秘大海道：考古探察手记**[M]. 北京：中国社会科学出版社，2000. 第 1 页 序言 丝绸之路与大海道；第 1 页 漫话丝绸之路.

108. 中国人民政治协商会议湛江市委员会学习文史委员会，编. **湛江文史：第 19 辑**[M]. 2000. 第 143 页 海上丝路，第 143 页 海上丝绸之路沿线的湛江主港口（阮应港），第

153 页 从海上丝路到海上瓷路（陈立新），第 159 页 丝路探秘五十年（邓开朝 吴凯）.

109. 阎纯德，主编. **汉学研究第 4 集**[M]. 北京：中华书局，2000. 第 321 页 从法国安菲特利特号船远航中国看 17—18 世纪的海上丝绸之路（耿昇）.

110. 曾应枫，著. **俗话广州**[M]. 广州：广州出版社，2000. 第 29 页 海上丝绸之路.

111. 赵春晨，等，编著. **岭南物质文明史**[M]. 广州：广州出版社，2000. 第 120 页 四、海上丝绸之路：香料和玻璃与丝绸和茶叶.

112. 朱玲玲，著. **文物与地理**[M]. 北京：东方出版社，2000. 第 162 页 陆上与海上丝绸之路.

113. 冯沛祖，著. **广州风物**[M]. 广州：广东省地图出版社，2000. 第 40 页 海上丝绸之路与秦汉造船工场遗址.

114. 广州市历史文化名城保护委员会，编著. **广州名城辞典**[M]. 广州：广东旅游出版社，2000. 第 68 页 五、海上丝绸之路与对外开放　古代越人的造船和航海技术；第 69 页 我国古代海上丝绸之路的发祥地；第 70 页 汉晋时期海上丝绸之路的拓展；第 73 页 宋代海上丝绸之路的延伸；第 81 页 海上丝绸之路引进的农作物品种；第 82 页 黄埔港与古代海上丝绸之路；第 82 页 广州海上丝绸之路考察热；第 83 页 与海上丝绸之路有关的文化遗产；第 155 页 广州海上丝绸之路游.

115. 刘君里，主编. **广州百景**[M]. 广州：中山大学出版社，2001. 第 11 页 5. 海上丝绸之路的发祥地——南海神庙.

116. 中国人民政治协商会议湛江市委员会学习文史委员会，编. **湛江文史：第 20 辑**[M]. 2001. 第 76 页 海上丝路，第 86 页 南海陶瓷之路的博易物品——宋元时期雷州瓷器概述（阮应棋）；第 105 页 徐闻港开设的原因（刘上宁）；第 108 页 汉徐闻县治与"海上丝绸之路"始发港究竟在哪里（蔡山桂）；第 118 页 旧县港（彭澍）.

117. 蔡英豪主编. **海上丝路寻踪**[M]. 北京：华文出版社，2001. 第 3 页 南方海上丝绸之路考证的重要突破；第 78 页 海上丝绸之路暨潮汕文化国际学术研讨会在汕大召开.

118. 董乃斌，著. **流金岁月**[M]. 北京：中华书局，2001. 第 71 页 海上丝绸之路.

119. 徐肖南，等，编译. **东方的发现：外国学者谈海上丝路与中国**[M]. 广州：广东旅游出版社，2001. 该书内容包括："赛里斯"：寻找神秘的东方之国；利欲之念：海上贸易与商业精神；中国的南方：繁华的东方海口城市等。

120. 黄伟宗、胡开祥，主编. **海上丝绸之路研究专辑**[M]. 广州：广东旅游出版社，2001. 该书汇集了关于"海上丝绸之路"有关研究成果。

121. 黄鹤，秦柯，编. **交融与辉映：中国学者论海上丝绸之路**[M]. 广州：广东旅游出版社，2001. 该书是我国学者专家们对海上丝绸之路的研究成果，包括：海上丝绸之路的兴起与发展，海上丝绸之路与各大港市等。

122. 谭元亨，著. **广府海韵：珠江文化与海上丝绸之路**[M]. 广州：广东旅游出版社，2001. 该书对广府文化提出了一系列全新的创见，如海洋文明、海上丝绸之路对广府文化形成与发展的影响，广府文化定型、演变的历史分期等内容。

123. 政协雷州市委员会，编. **雷州文史：第 5 辑**[M]. 2001. 第 174 页 也论汉徐闻县治及"海上丝绸之路"始发港（蔡山桂）.

124. 中国人民政治协商会议福建省泉州市委员会文史资料委员会，编. **泉州文史资料 第**

20 辑[M]. 2001. 第 71 页 联合国"海上丝绸之路"泉州考察缘起（陈鹏）.

125. 李长傅著. **南洋史地与华侨华人研究：李长傅先生论文选集**[M]. 广州：暨南大学出版社，2001. 第 280 页 简论南海丝绸之路（陈代光）.

126. 徐恒彬，著. **华南考古论集**[M]. 北京：科学出版社，2001. 第 227 页 南海"丝绸之路"的考古新发现；第 231 页 南海"丝绸之路"概述；第 248 页 海上丝绸之路自古联结中西.

127. 刘月莲，编. **梁披云先生九五华诞纪念文集**[M]. 澳门文化研究会. 2001. 第 53 页《澳门港与海上丝绸之路》序一（季羡林），第 55 页《澳门港与海上丝绸之路》序二（姚楠），第 57 页《澳门港与海上丝绸之路》自序（陈炎），第 61 页《澳门港与海上丝绸之路》编后记（黄晓峰）.

128. 朱利民，主编. **四明英才：《宁波通讯》人物志选编**[M]. 北京：中共党史出版社，2001. 第 211 页 "海上丝绸之路"研究专家、博士生导师陈炎（杨云海）.

129. 黄顺通，主编；中共厦门市委党史研究室编. **彭德清纪念文集**[M]. 北京：中央文献出版社，2001. 第 328 页 关于"海上丝绸之路"考察活动筹备情况的调查报告.

130. 华梅，著. **服饰与中国文化**[M]. 北京：人民出版社，2001. 第 730 页 第二节 中国对东南亚的影响及海上丝绸之路；第 738 页 二、海上丝绸之路.

131. 福建上杭客家联谊会，编. **上杭客家：第 3 期**[M]. 2001. 第 11 页 浅谈汀江与海上丝绸之路（钟巨蕃，周显贵）.

132. 谢崇安，著. **雨林中的国度：追踪东南亚古代文明**[M]. 重庆：重庆出版社，2001. 该书分追溯人类可能的发源地、文明的曙光、文化之树、灿烂的青铜文明、东西方文化的交汇、南方丝绸之路、隐没在密林中的神殿王宫——吴哥、东方的奇迹——婆罗浮屠八部分，讲述了东南亚地区古代文明史。

133. 陈高华，徐吉军，主编. **中国风俗通史·隋唐五代卷**[M]. 上海：上海文艺出版社，2001. 第 257 页 二、海上丝绸之路的发展.

134. 福建省姓氏源流研究会黄氏委员会，编. **黄守恭与海上丝绸之路学术研究文集**[M]. 福建省姓氏源流研究会黄氏委员会. 2002. 黄守恭是唐代垂拱年间献桑园建泉州开元寺的长者。千年古桑现在仍郁郁葱葱，是泉州"海上丝绸之路"的活化石。黄守恭不仅植桑，而且从事丝绸的纺织，说明唐代泉州的纺织业已经相当发达。其五子的名字分别为黄经、黄纪、黄纲、黄纶、黄纬，与纺织有着密切关系。五人分别住在福建的南安、惠安、安溪、同安、绍安等地，如今后裔遍及海内外，达 600 余万人。黄守恭留下的史迹（开元寺、檀樾祠、古桑、古墓）是"海上丝绸之路"的一道亮丽风景线.

135. 蓝勇，编著. **中国历史地理学**[M]. 北京：高等教育出版社，2002. 第 288 页 四、南方海上丝绸之路与南方陆上丝绸之路的发展；第 288 页 南方海上丝绸之路.

136. 玲子，谭金柱，编著. **著名的古迹：上**[M]. 广州：广州出版社，2002. 第 66 页 （43）海上丝绸之路的起点——南海神庙.

137. 李锦，王建民，编著. **沧海观潮**[M]. 长沙：湖南人民出版社，2002. 第 84 页 海上丝绸之路出泉州.

138. 胡远鹏，著. **风遗西土：美洲文明播火者之谜**[M]. 南京：江苏古籍出版社，2002. 第

138 页 中国之船、海上丝绸之路与鹰洋.

139. 张磊，主编. **冼夫人文化与当代中国：冼夫人文化研讨会论文集**[M]. 广州：广东人民出版社，2002. 第 127 页 论冯冼氏与当时的南海丝绸之路（周忠泰）.

140. 罗宗真，著. **探索历史的真相：江苏地区考古、历史研究文集**[M]. 南京：江苏古籍出版社，2002. 第 354 页 六朝时期岭南地区海上丝绸之路的开辟.

141. 中国人民政治协商会议徐闻县委员会，编. **徐闻文史：第 15 辑**[M]. 2002. 第 177 页 六、丝路寻踪；第 177 页 穿越时光再启航——广东省政府参事室、文史馆、珠江文化研究会考察调研徐闻"汉代海上丝绸之路始发港"纪实（吴凯）；第 185 页 附：出席海上丝绸之路与中国南方港学术研讨会徐闻座谈会的领导专家学者名单；第 188 页 我与汉置徐闻县治考古——发现汉置徐闻县治址和徐闻港址的回忆（钟绍益）.

142. 林士民，沈建国，著. **万里丝路：宁波与海上丝绸之路**[M]. 宁波：宁波出版社，2002. 该书包括古越文化的交往、海上丝路开通期、海上丝路发展期、海上丝路鼎盛期、海上丝路禁滞期、海上丝路萎缩期、新海上丝路腾飞七章。

143. 中国航海学会，泉州市人民政府，编. **泉州港与海上丝绸之路**[M]. 北京：中国社会科学出版社，2002. 该书涵盖着中世纪的中西文化和中西交通的方方面面，评价了宋元时期泉州港的历史地位和作用及其深远的影响，并揭示了中世纪人类文明交流的轨迹。

144. 李喜所，主编. **五千年中外文化交流史**[M]. 北京：世界知识出版社，2002. 第 68 页 驶往黄支国的海上丝绸之路.

145. 周伟民，唐玲玲，著. **中国和马来西亚文化交流史**[M]. 海口：海南出版社，2002. 该书勾画出中国和马来西亚两千多年的文化交流史的清晰的比较完整的轮廓，并指出其特点是一个"在时间和空间里不时流动着的以朝贡贸易关系为基础的网络系统"。

146. 卢美松，著. **闽中稽古**[M]. 厦门：厦门大学出版社，2002. 第 98 页 海上丝绸之路溯源.

147. 严建强，著. **18 世纪中国文化在西欧的传播及其反应**[M]. 杭州：中国美术学院出版社，2002. 该书阐述了新航路开辟后中国文化在欧洲的传播及在西欧社会引起的反应，同时比较了 18 世纪西欧主要国家法国、英国和德国对中国文化不尽相同的态度与利用方式，并对造成差异的历史与社会原因进行了探索。

148. 中国与海上丝绸之路研究中心，福建省海上丝绸之路研究会，法国远东学院福州中心，编. **澳门与海上丝绸之路**[M]. 福州：福建教育出版社，2002. 该书主要记录了澳门在海上丝绸之路中紧密关系和十分重要的地位。

149. 刘聚钗，杨继志，李玉昆，等编. **丰泽文史资料　第 5 辑："海丝"拾遗**[M]. 2002. 该书选载 20 余篇丰泽区与"海丝"文化有关的文章，从不同角度介绍了丰泽区与"海丝"有关的文物经典与史迹，见证丰厚的"海丝"文化积淀。

150. 中国人民政治协商会议广西壮族自治区钦州市委员会文史资料和学习委员会，编. **钦州文史　第 9 辑："愿风吹我到钦州"史料选编**[M]. 2002. 第 352 页 浦北两座古城遗址与海上"丝绸之路"（黄家玲）；第 356 页 中国海上"丝绸之路"始发港探源（吴龙章）.

151. 潘琦，主编. **广西环北部湾文化研究**[M]. 南宁：广西人民出版社，2002. 第 510 页 "古代海上丝绸之路"的探索开通和发展（刘明贤）.

152. 樊树志，著. **晚明史 1573-1644 年上**[M]. 上海：复旦大学出版社，2003. 第 47 页 "马尼拉大帆船"与太平洋丝绸之路.

153. 方国荣，主编. **中华文明五千年卷 2：汉至晋**[M]. 广州：暨南大学出版社，2003. 第132 页 汉代海上丝绸之路.

154. 刘重日，著. **濒阳集**[M]. 合肥：黄山书社，2003. 第 420 页 明代海上丝绸之路与澳门.

155. 何芳川，著. **中外文明的交汇**[M]. 香港：香港城市大学出版社，2003. 第 19 页 2. "直挂云帆济沧海"——海上丝绸之路与古代中外文明的交汇.

156. 黄启臣，主编. **广东海上丝绸之路史**[M]. 广州：广东经济出版社，2003. 该书针对广东这个海上之路的发源地，以丰富的中外历史文献资料，阐述了它自西汉以来近经二千多年的形成、发展的历史进程.

157. 黄家，著. **北海文史第 17 辑：沧痕桑影录 三**[M]. 北京：中国人民政治协商会议北海市委员会文史资料委员会，2003. 该书内容有《口岸地缘》《建制沿革》《史事勾沉》《旅游资源》《文化宗教》《民风民俗》等，其中以《方言俗语》中的"俗语考"最具可读性。

158. 汪之力，著. **中华山河心影录**[M]. 北京：中国建筑工业出版社，2003. 第 485 页 20. 海上丝绸之路与泉州.

159. 宁波市文化局，编著. **中国·宁波：海上丝绸之路文化遗存图录**[M]. 2002. 宁波作为海上丝绸之路的始发港之一，历史上和朝鲜半岛、日本、东南亚诸国关系密切，在市内也遍布有关古籍。全书是在宁波大规模城市改造前，将鼓楼、高丽使馆、四明驿、明州公库、佛画坊等海丝遗迹通过图文形式加以记录，具有很高的文化价值，另有一些图片是从日本、韩国等地实地摄影而来，较为稀见。总之，它是宁波海丝文化的入门手册。

160. 李鸿宾编. **史事探微：陈连开教授从教五十周年纪念文集**[M]. 北京：中国财政经济出版社，2003. 第 92 页 南海丝绸之路第一港——徐闻港（申友良）.

161. 王定国主编. **中国历史**[M]. 昆明：云南大学出版社，2003. 第 118 页 第一节 举世闻名的丝绸之路；第 126 页 四、海上丝绸之路.

162. 赵春晨著. **岭南近代史事与文化**[M]. 北京：中国社会科学出版社，2003. 第 393 页 关于"海上丝绸之路"概念及其历史下限的思考.

163. 中国人民政治协商会议湛江市委员会学习和文史资料委员会，编 **湛江文史：第 22 辑**[M]. 2003. 第 202 页 琼湖、古港、南北风——徐闻县海上丝绸之路文化遗存探秘（吴凯）.

164. 黄振强，编著. **湛江特色旅游：光彩与魅力**[M]. 香港：银河出版社，2003. 第 50 页 中国汉代"海上丝绸之路"始发港遗址游；第 58 页 汉代"海上丝绸之路"航线和徐闻港景象.

165. 李麟，主编. **游遍中国·粤港澳卷**[M]. 西宁：青海人民出版社，2003. 第 388 页 海上"丝绸之路"始发港——徐闻古港.

166. 黄伟宗，著. **珠江文化论**[M]. 汕头：汕头大学出版社，2003. 第 106 页 珠江文化与

"海上丝绸之路"——答香港《中国评论》记者韦民先生问；第 114 页 对"海上丝绸之路"逐步认识和深化研究的过程——在广东湛江《"海上丝绸之路"与中国南方港》学术研讨会上的报告；第 124 页 潮汕也是古代"海上丝绸之路"重要港口——答新华社记者陈楚女士问；第 128 页 "海上丝绸之路"与中国海洋文化——香港《中国评论》"思想者论坛"；第 190 页 应当重视"海上丝绸之路"的开发；第 210 页 贺州古道是海上与陆上"丝绸之路"的一条对接线；第 232 页 建议给南雄梅关珠玑巷定位为陆上与海上两条"丝绸之路"交接点进行研究开发.

167. 安京,编著. **中华文明史话·海疆开发史话**[M]. 北京：中国大百科全书出版社，2003. 第 40 页 七、海上丝绸之路与市舶管理.

168. 吴小玲,陆露,著. **南国珠城——北海**[M]. 西安：三秦出版社，2003. 第 79 页 海上丝绸之路的起点在哪里；第 81 页 海上"丝绸之路"示意图.

169. 中国国家博物馆,编. **文物中国史 6：隋唐时代**[M]. 太原：山西教育出版社，2003. 第 152 页 第六节 海上丝绸之路.

170. 哈尔滨地图出版社,编. **中国海滨**[M]. 哈尔滨：哈尔滨地图出版社，2003. 第 126 页 海上丝绸之路的起点.

171. 张炜,方坤,主编. **中国海疆通史**[M]. 郑州：中州古籍出版社，2003. 第 71 页 第二节 汉武帝巡海与汉代的海上丝绸之路.

172. 周怡书,周强,编. **中国当代节庆**[M]. 北京：新世界出版社，2004. 第 128 页 中国泉州海上丝绸之路文化节.

173. 广东省文物考古研究所,广州市文物考古研究所,深圳博物馆,编. **华南考古 1**[M]. 北京：文物出版社，2004. 第 138 页 广州出土海上丝绸之路遗物源流初探（全洪）.

174. 福建省政协文史资料委员会,编. **八闽文物摄影作品选集**[M]. 福州：海潮摄影艺术出版社，2004. 第 22 页 海上丝绸之路史迹（组照）（吴寿民）.

175. 许添源,主编. **清源山摩崖选粹**[M]. 北京：中华书局，2004. 第 234 页 海上丝绸之路国际考察队碑刻.

176. 浙江文物年鉴编委会,编. **浙江文物年鉴 2003**[M]. 2004. 第 99 页 宁海业余文保员吴连宝重走"海上丝绸路"；第 194 页 宁波"海上丝绸之路"遗存申报世界文化遗产工程启动；第 197 页 "海上丝绸之路"文化周暨"千年海外寻珍"成果图片展开幕；第 203 页 第三届宁波"海上丝绸之路"文化周闭幕.

177. 秦人,编著. **人文北京**[M]. 北京：中国书籍出版社，2004. 第 77 页 海上丝绸之路——三保太监下西洋.

178. 沙文钟,著；广州市海珠区黄埔村,广东省中国村史编委会,主编. **黄埔村史**[M]. 北京：中国文史出版社，2004. 该书介绍了在中西方贸易、海上交通和文化交流史上占据重要位置，有中国"海上丝绸之路起点"之誉的广州海珠区黄埔村及黄埔古港的由来及其昔日辉煌的历史，重点介绍了黄埔村丰富的文物古迹和历代所涌现的杰出人物，及其今天的发展和美好的前景.

179. 董贻安,主编. **浙东文化论丛：第 2 辑**[M]. 上海：上海古籍出版社，2004. 第 154 页；中华民族海洋文化的曙光——河姆渡文化对探索海上丝绸之路起源的意义（陈炎）；第 213 页 从《漂海录》到"千年海外寻珍"：明州与高丽"海上丝绸之路"的当代诠释（董贻安）；第 244 页 "海上丝绸之路"与宁波风俗文化（施祖青）.

180. 翁一，著. **行走从帕米尔开始：追寻马可·波罗的足迹**[M]. 北京：中国青年出版社，2004. 第 398 页 海上丝绸之路的起点.

181. 《古镇书》编辑部，编著. **广西古镇书**[M]. 石家庄：花山文艺出版社，2004. 第 184 页 廉州——海上丝绸之路的起点.

182. 郭顺利，尚杰，陈远璋，编著. **中国古建筑文化之旅：广东、广西、海南**[M]. 北京：知识产权出版社，2004. 第 16 页 海上丝绸之路发祥地——南海神庙.

183. 王介南，著. **中外文化交流史**[M]. 上海：书海出版社，2004. 第 73 页 六、汉代海上丝绸之路的开辟与对外文化交流；第 204 页 一、繁盛的海上丝绸之路与对外文化交流.

184. 程美东，主编. **纵横南北：五代宋辽**[M]. 北京：中国社会出版社，2004. 第 167 页 海上"丝绸之路".

185. 廖渊泉，著. **史囷耕获续集**[M]. 2004. 第 133 页 吴文良先生遗著《泉州宗教石刻》对"海上丝绸之路"研究的重大学术贡献.

186. 谭元亨，主编. **封开——广信：岭南文化古都论**[M]. 广州：广东高等教育出版社，2004. 第 169 页 第七章 广信：陆上丝绸之路与海上丝绸之路的连接；第 170 页 一、陆海"丝绸之路"的连接点.

187. 白雪，主编. **中国历史掌故发现**[M]. 沈阳：沈阳出版社，2004. 第 146 页 10. 是否存在海上"丝绸之路".

188. 叶显恩，著. **徽州与粤海论稿**[M]. 合肥：安徽大学出版社，2004. 第 253 页 海上丝绸丝路与广州.

189. 刘忠起，主编；广州市黄浦区文学艺术界联合会编. **黄埔故事**[M]. 广州：广州出版社，2004. 第 165 页 丝绸之路始发港.

190. 袁钟仁，编. **海上丝绸之路**[M]. 广州：广东人民出版社，2004. 该书介绍海上丝绸之路和中外贸易发展的历史。

191. 马良，著. **西方人眼中的东方丝绸艺术**[M]. 上海：上海教育出版社，2004. 第 149 页 丝绸之路的延伸——海上丝绸之路.

192. 中国人民政治协商会议北海市委员会文史资料委员会，编. **北海文史第 18 辑：合浦与海上丝绸之路**[M]. 2004. 该书精选 30 余篇与古代"海上丝绸之路"息息相关的文章，内容丰富，考证缜密，见识独具，历史养分突现，服务现实有宜。

193. 徐寒，主编. **中国历史百科全书 图文互动版 第 10 卷 民族与对外关系**[M]. 长春：吉林大学出版社，2004. 第 576 页 海上丝绸之路.

194. 施鹤群，主编. **郑和航海之谜**[M]. 哈尔滨：哈尔滨工程大学出版社，2005. 第 144 页 开拓了海上丝绸之路.

195. 韩胜宝，著. **郑和之路**[M]. 上海：上海科学技术文献出版社，2005. 第 97 页 "海上丝绸之路"超过"陆上丝绸之路"；第 119 页 郑和开辟了"海上丝绸之路"战略航线；第 190 页 郑和与古代"丝绸之路"起点西安有缘.

196. 雷宗友著. **郑和下西洋**[M]. 上海：少年儿童出版社，2005. 第 9 页 海上丝绸之路.

197. 李慕南，张林，李丽丽，等，编. **中国文化史丛书·历史卷·中外关系**[M]. 开封：

河南大学出版社，2005. 第 252 页　海上丝绸之路.

198. 许勤彪，主编. **宁波历史文化二十六讲**[M]. 宁波：宁波出版社，2005. 第 73 页 7. 宁波 "海上丝绸之路" 史迹与申报《世界文化遗产》（董贻安）.

199. 郑通扬，编著. **人文广东：在行走中品读岭南文化**[M]. 广州：广东旅游出版社，2005. 第 288 页　一、海上丝绸之路.

200. 泉州港务局，泉州港口协会，编. **泉州港与海上丝绸之路（三）——纪念郑和下西洋六百周年论文集**[M]. 北京：中国社会科学出版社，2005. 本辑选录的论文，分别从航海、造船、天文、地理、海图、宗教、贸易和史迹等方面，重点就明代泉州海上丝绸之路的拓展进行了分析探索，对郑和下西洋的历史贡献及其积极的现实意义给予肯定。

201. 怀集县志办公室《新怀集》编辑部，编. **海陆丝路汇怀集**[M]. 2005. 该书从怀集县况地情的整理归纳、发掘宣传、推介阅览和保存利用出发，将走访、考察、搜集、摄影所得的东西形诸文字、图片符号编辑成册，共分为五篇架构，分为图照、考察、报道、文辑、调查五篇，面广项多，内容丰富。

202. 史小华，主编. **浙东文化集刊　2005 年卷：第 1 辑**[M]. 上海：上海古籍出版社，2005. 第 79 页　海上丝绸之路研究；第 93 页　越窑青瓷与宁波海上丝绸之路（施祖青）；第 107 页　从《漂海录》到 "千年海外寻珍"：宁波与韩国 "海上丝绸之路" 的当代诠释（董贻安）.

203. 吴海鹰，主编. **郑和与回族伊斯兰文化**[M]. 银川：宁夏人民出版社，2005. 该书收入 33 篇文章，包括《郑和下西洋时期伊斯兰文化的传播对海上丝绸之路的贡献》《郑和下西洋对伊斯兰世界文化的影响和贡献》《郑和与印度尼西亚穆斯林》《郑和对中国伊斯兰文化的贡献》等。

204. 施鹤群，主编. **郑和船队到美洲之谜**[M]. 哈尔滨：哈尔滨工程大学出版社，2005. 第 21 页　海上丝绸之路的开辟。

205. 《中国古镇游》编辑部，著. **中国古镇游·广西、云南、贵州 32 座经典古镇**[M]. 西安：陕西师范大学出版社，2005. 第 147 页　廉州海上丝绸之路的起点.

206. 何跃青，主编. **你最该知道的中国之名城名镇名村**[M]. 北京：地震出版社，2006. 第 61 页　古代 "海上丝绸之路" 的起点——福建泉州.

207. 蓝日基，主编. **广西之最**[M]. 南宁：广西人民出版社，2006. 第 190 页　最早记载的中国 "海上丝绸之路" 始发港之一——合浦港.

208. 走遍中国编写组，编. **浙江**[M]. 北京：中国旅游出版社，2006. 第 26 页　"海上丝绸之路" 始发港之争.

209. 邓碧泉，主编. 南疆文化走廊[M]. 广州：广东人民出版社，2006. 第 186 页　汉代 "海上丝绸之路" 始发港——二桥村.

210. 郑明，主编. **云南省纪念郑和下西洋六百周年活动文集**[M]. 昆明：云南科学技术出版社，2006. 第 64 页　郑和下西洋与海上丝绸之路（邓伯民）.

211. 北海市地方志编纂委员会，编. **北海史稿汇纂**[M]. 北京：方志出版社，2006. 第 368 页　第三辑　文选古代海上丝绸之路始发港类　《汉书》中关于古代海上丝绸之路的文字记载；第 368 页　合浦港是古代海上丝绸之路的始发港（张九皋）；第 373 页　古代海上丝绸之路探源（刘明贤）；第 380 页 合浦、徐闻形成古代海上丝绸之路始发港的条件（黄家蕃）；第 384 页 论合浦是中国古代海上丝绸之路始发港（邓家倍）；第 390 页 北海古窑址与"海上丝瓷之路"（王戈）；第 408 页 古代海上丝绸之路与合浦汉墓文化（周家干、陈祖伟）；第 413 页 古代海上丝绸之路从西汉时期就开始形成；第 421 页 宁波、泉州、广州发掘、宣传、展示古代海上丝绸之路史迹现状及北海应做的工作；第 430 页 古代海上丝绸之路始发港的研究与开发（包驰林、罗活兴、唐岗）；第 462 页 古代海上丝绸之路与南珠文化（周家干）．

212. 王钊宇，总纂．**岭南文化百科全书**[M]．北京：中国大百科全书出版社，2006．第 114 页 海上丝绸之路．

213. 魏光普，周俊全，周富浩总，主编．**点击中国——历史上的今天**[M]．南宁：广西人民出版社，2006．第 1113 页 海上"丝绸之路"——郑和七下西洋（1405 年）．

214. 泉州市人民政府地方志编纂委员会，编．**泉州史事纪实**[M]．福州：海风出版社，2007．第 208 页 "海上丝绸之路"研究与吴文良（马丁尼）．

215. 车华玲，刘统，著．**悠悠丝路**[M]．长春：长春出版社，2007．第 114 页 六、从陆地到海洋，第 114 页 （一）海上丝路的开辟；第 120 页 （二）震荡中的苏醒；第 126 页（三）马可·波罗的游历；第 133 页 七、西方觉醒，东方却沉睡了；第 133 页 （一）从郑和下西洋到海禁；第 140 页 （二）地理大发现——目标中国．

216. 《中国国家地理精华》编委会，编．**中国国家地理精华**[M]．长春：吉林出版集团有限责任公司，2007．第 136 页 海上丝绸之路．

217. 王社教，主编．**中国古都的故事**[M]．济南：山东画报出版社，2007．第 175 页 "海上丝绸之路"的起点．

218. 唐玲玲，周伟民，著．**海南史要览**[M]．海口：海南出版社，2008．第 203 页 三、海上丝绸之路发展中的海南．

219. 吴传钧，著．**发展中的中国现代人文地理学：吴传钧院士学术报告选辑**[M]．北京：商务印书馆，2008．第 315 页 海上丝绸之路的回顾与前瞻，2004（广西合浦）．

220. 臧嵘，夏之民，主编．**古迹神游（下）**[M]．广州：新世纪出版社，2008．第 7 页 海上丝绸之路的要站．

221. 萨支山，等，编．**走遍中国·福建**[M]．北京：中国旅游出版社，2008．第 28 页 泉州：海上丝绸之路的起点．

222. 陈立新，著．**湛江海上丝绸之路史**[M]．南方人民出版社，2009．全书分为十一章，近30 万字之巨，包括秦汉至中华人民共和国成立后的 2000 多年历史。横切面则包括了海洋文化海上通商和各个社会生活领域，涵盖了政治、军事、经济、文化、自然科学诸多方面。是一部史识丰富、信息量大、记述生动、可读性强力作。

223. 黄树森主编．**广州九章：岭南经·中国梦·世界观**[M]．广州：花城出版社，2009．第22 页 义净对勃兴海上"丝绸之路"的卓越贡献（钟永宁）．

224. 殷国明，汤奇云，编著．**影响中国的 100 个广东第一**[M]．广州：广东教育出版社，2009．第 4 页 广州——"海上丝绸之路"第一站．

225. 明孝陵博物馆，编著．**世界遗产论坛（三）：全球化背景下的中国世界遗产事业**[M]．北京：科学出版社，2009．第 107 页 线路遗产与"海上丝绸之路"个案研究——以海上丝绸之路（中国宁波段）为例（陈艳）．

226. 黄树森，主编. **广西九章：海洋语境中的文化整合与观念建构**[M]. 南宁：广西人民出版社，2009. 第 360 页《中国古代海上丝绸之路诗选》前言（节选）（陈永正）．

227. 王永平主编. **广州**[M]. 广州：广东经济出版社，2010. 第 33 页 4. 海上丝绸之路及南海神庙.

228. 胡廷武，夏代忠，周文林，等，编著. **郑和史诗**[M]. 昆明：云南人民出版社；昆明：云南美术出版社；昆明：晨光出版社，2005. 该书介绍了郑和七下西洋的始末以及他的历史遗存，弘扬了这位伟大航海家的爱国主义精神，展现了他在科学航海、睦邻友好方面做出的伟大历史贡献。

229. 中国国家博物馆，广西壮族自治区博物馆，编. **瓯骆遗粹：广西百越文化文物精品集**[M]. 北京：中国社会科学出版社，2006. 第 268 页 广西汉代玻璃与越人海上丝绸之路的探索（黄启善）．

230. 王建国，编著. **古文明之谜**[M]. 北京：京华出版社，2006. 第 202 页 "海上丝绸之路"之谜.

231. 浙江文物年鉴编委会，编著. **浙江文物年鉴 2005**[M]. 2006. 第 119 页 宁波"海上丝绸之路"学术研讨会召开，第 214 页 第五届"海上丝绸之路"文化周开幕.

232. 浙江省博物馆，编. **东方博物：第 18 辑**[M]. 杭州：浙江大学出版社，2006. 第 112 页 宁波"海上丝绸之路"学术研讨会综述（鲍志成、林士民）．

233. 耿建军，主编. 中国考古谜案[M]. 济南：山东画报出版社，2006. 第 305 页 丝绸之路还是陶瓷之路——中外海上交通之谜.

234. 广西壮族自治区文物工作队，合浦县博物馆，编著. **合浦风门岭汉墓：2003-2005 年发掘报告**[M]. 北京：科学出版社，2006. 第 133 页 三、有关汉代海上丝绸之路的物证．

235. 杨宏烈，编著. **广州泛十三行商埠文化遗址开发研究**[M]. 广州：华南理工大学出版社，2006. 第 1 页 第一节 海上丝绸之路的起始点.

236. 黄怀兴，著. **三亚史迹叙考**[M]. 海口：南方出版社，2006. 第 21 页 三亚的"海上丝绸之路"文化.

237. 孟建耀，主编. **浙东文化集刊 2006 年卷：第 1 辑**[M]. 上海：上海古籍出版社，2006. 第 56 页 海上丝绸之路研究.

238. 孟建耀，主编. **浙东文化集刊 2006 年卷：第 2 辑**[M]. 上海：上海古籍出版社，2006. 第 26 页 略论海上丝绸之路（陈炎）．

239. 陈炎，著. **陈炎文集：中**[M]. 北京：中华书局，2006. 第 507 页 五、海上丝绸之路研究；第 508 页 略论海上丝绸之路；第 591 页 中华民族海洋文化的曙光——论河姆渡文化对探索"海上丝绸之路"起源的意义；第 609 页 "丝绸之路"由陆地转向海洋；第 613 页 丝绸之路的兴衰及其从陆路转向海路的原因；第 627 页 海上丝绸之路的历史和贡献；第 648 页 海上丝绸之路与客家人对中国和世界的贡献；第 669 页 论海上丝绸之路与中外文化交流；第 677 页 海上丝绸之路与中、菲、美之间的文化联系；第 700 页 海上丝绸之路与丝绸贸易；第 702 页 海上丝绸之路的历史及其贡献——兼论中国丝绸的外传和影响；第 714 页 海上丝绸之路与日月同辉——参加联合国教科文组织"海上丝绸之路"综合考察的体会；第 724 页 走向世界 造福人类——参加"海上丝绸之路"考察感言；第 729 页 海上丝绸之路（10）——促进世界开放、交流和进步；第 737 页 海上丝绸之路对世界文明的贡献；第 746 页 海上丝绸之路；第 750 页 六、南海丝绸之路研究；第 751 页 南海丝绸之路与中外文化交流（包括地图）；第 798 页 中国丝绸传入东南亚及其影响；第 808 页 唐代以前中国和东南亚的海上交通——兼论中国丝绸从海路传入东南亚及其影响；第 906 页 阿拉伯世界在陆海"丝绸之路"中的特殊地位——兼论中国同阿拉伯之间的文化交流及其对世界文明的贡献；第 962 页 郑和下西洋促使海上丝绸之路进入鼎盛时期；第 1062 页 澳门在近代海上丝绸之路中的特殊地位和影响.

240. 张传玺，王邦维，著. **中华文明史：第 2 卷**[M]. 北京：北京大学出版社，2006. 第 42 页 汉武帝经略两越，开通海上丝绸之路；第 125 页 南海丝绸之路的畅通.

241. 余石，著. **历史文化名城雷州**[M]. 广州：广东人民出版社，2006. 第 13 页 二、海上丝绸之路始发港.

242. 李国斌，主编. **国家地理图鉴·中国卷**[M]. 北京：华龄出版社，2006. 第 142 页 海上丝绸之路.

243. 黄启臣，著. **海上丝路与广东古港**[M]. 中国评论学术出版社，2006. 第 9 页 第一编 海上丝绸之路与古港；第 9 页 "丝绸之路"考释；第 24 页 海上丝绸之路与广东古港；第 53 页 徐闻是西汉南海丝绸之路的出海港；第 115 页 第二编 海上丝绸之路与珠江；第 126 页 广信是西汉海上丝绸之路与内地互动的枢纽；第 133 页 第三编 海上丝绸之路与广东外贸；第 151 页 明代广东海上丝绸之路的高度发展；第 303 页 第四编 海上丝绸之路与广东商人.

244. 李穆文，编著. **面向世界的文明古国**[M]. 西安：西北大学出版社，2006. 第 48 页 海上丝绸之路.

245. 吴远鹏，著. **泉州与世界：文化交流与人物掠影**[M]. 香港：香港社会科学出版社有限公司，2006. 第 74 页 海上丝绸之路与泉州民间信仰在印尼群岛的衍播初探.

246. 吴传钧，主编. **海上丝绸之路研究：中国北海合浦海上丝绸之路始发港理论研讨会论文集**[M]. 北京：科学出版社，2006. 该书收入论文和讲话共 48 篇，从地理、历史、考古、文献，以及经济、政治、军事、文化等方面，论述了我国古代海上丝绸之路的缘起和主要港口。

247. 李英魁，主编. **宁波与海上丝绸之路**[M]. 北京：科学出版社，2006. 该书为宁波与"海上丝绸之路"国际学术研讨会论文选集。共收集论文 47 篇，从港口与贸易、多元文化等多种角度揭示了"海上丝绸之路"宁波历史的发展轨迹和兴衰过程.

248. 苏三，著. **罗马有多远：探寻海上丝绸之路**[M]. 南昌：百花洲文艺出版社，2006. 该书内容包括：《在海南与河南狂奔的夏天》《湘闽粤旅行简要日记》《读利玛窦中国札记》《关注丝绸之路》《说说长征》等。

249. 王元林，著. **国家祭祀与海上丝路遗迹 广州南海神庙研究**[M]. 北京：中华书局. 2006. 该书概括了南海神庙发展的几个不同阶段，各章节分别从国家、地方、港口、海洋交通等方面展现了南海神和神庙的作用。

250. 李庆新，著. **海上丝绸之路**[M]. 北京：五洲传播出版社，2006. 该书主要内容包括：

东西方海洋航路的对接；从珠江口到波斯湾："广州通海夷道"；东方大航海时代：宋元帝国对海洋贸易的经营；早期全球化时代东西方海洋贸易与文化交流四章。

251. 李默，主编. **话说中华文明　第 4 卷：元朝-明朝**[M]. 广州：广东旅游出版社，2006. 第 1610 页 丝绸之路通往美洲.

252. 林涛，主编. **图读雷州文化**[M]. 海口：南方出版社，2006. 第 110 页 雷州——海上丝绸之路始发港.

253. 陈秀萍，著. **中国文化画卷**[M]. 北京：海洋出版社，2006. 第 147 页 二、辉煌衰落——封建社会海洋文化发展轨迹；第 147 页 1. 海洋文化的主要标志物——船的轨迹；第 150 页 2. 海上丝绸之路；第 151 页 3. 近代海洋文化衰落轨迹；第 151 页 三、竞争复苏——现当代中国海洋文化发展轨迹；第 154 页 四、海洋文化的瑕点——海盗.

254. 第二届中国与东南亚民族论坛编委会，编. **第二届中国与东南亚民族论坛论文集**[M]. 北京：民族出版社，2007. 该书包括四部分：会议讲话与致辞；中国和东盟自由贸易区经济发展与社会进步；中国与东南亚跨国民族和边疆民族；中国与东南亚各民族文化遗产的开发利用和保护、性别文化生态环境等.

255. 黄金贵，主编. **中国古代文化会要：上**[M]. 杭州：西泠印社出版社，2007. 第 640 页 第二节　陆上丝绸之路，第 644 页 第三节　海上丝绸之路.

256. 李树喜主编. **东方帝国**[M]. 北京：中央编译出版社，2007. 第 155 页 第六章　海上中国，被人严重忽视的东方文明；第 157 页 第一节　海上丝绸之路；第 164 页 第二节　郑和七下西洋；第 170 页 第三节　抑制下的蓬勃；第 174 页 第四节　海外华人华侨.

257. 李冀平，朱学群，王连茂，主编. **泉州文化与海上丝绸之路**[M]. 北京：社会科学文献出版社，2007. 该书收录《泉州与海上丝绸之路》《古代泉州与大食商人》《试析泉州民间信仰的人文特征》等共 23 篇文章.

258. 广东省钱币学会，编. **广东人论钱币**[M]. 广州：广东科技出版社，2007. 第 171 页 从古代中外货币交流探讨广州海上丝绸之路（王贵忱，王大文）.

259. 赖富强，刘庆，编著. **趣闻广西**[M]. 北京：旅游教育出版社，2007. 第 329 页 西汉时期"海上丝绸之路"的始发地——合浦；第 339 页 海陆丝绸之路的对接线——潇贺古道.

260. 王杰，著. **城市之旅**[M]. 李燕萍，译. 北京：五洲传播出版社，2007. 第 63 页 泉州：海上丝绸之路的起点.

261. 纪宗安，汤开建，主编. **暨南史学：第 5 辑**[M]. 广州：暨南大学出版社，2007. 第 417 页 再论宋南海神东、西庙与广州海上丝绸之路（王元林）；第 431 页 清朝广州至越南通道试探（张金莲）.

262. 崔钟雷，主编. **中国国家地理**[M]. 长春：吉林人民出版社，2008. 第 289 页 海上丝绸之路.

263. 吴伟，主编. **中国辞典**[M]. 北京：五洲传播出版社，2008. 第 20 页 丝绸之路 海上丝绸之路.

264. 邱立城，著. **粤地考古求索**[M]. 北京：科学出版社，2008. 第 86 页 从文物考古资料探索潮汕地区的古代海上"丝绸之路"；第 138 页 粤西"陶瓷之路"考识；第 434

页 徐闻汉代遗存与海上丝绸之路关系的解读.

265. 郝思德，著. **南海文物**[M]. 海口：南方出版社；海口：海南出版社，2008. 第 157 页 第七章 南海文物——海上丝绸之路的历史见证；第 157 页 一、汉代海上丝绸之路的开辟；第 158 页 二、三国南朝时期海上丝绸之路的发展；第 160 页 三、唐宋时期海上丝绸之路的繁荣； 第 165 页 四、元朝时期的海上丝绸之路；第 168 页 五、明代海上丝绸之路的鼎盛；第 171 页 六、清代海上丝绸之路趋向衰落.

266. 王结华，编著. **宁波文物考古研究文集**[M]. 北京：科学出版社，2008. 第 183 页 浙江宁波和义路出土古船复原研究（龚昌奇、丁友甫、褚晓波、席龙飞）.

267. 蓝日勇，编著. **海上丝绸之路遗珍：越南出水陶瓷**[M]. 北京：科学出版社，2008. 海上丝绸之路兴盛于唐宋，鼎盛于明清时期。从通往东南亚、西亚、东非、欧洲的海上丝绸必经之路越南海域打捞沉船出水陶瓷器中，我们可以看到这种盛况。

268. 王亚民，王莉英，主编. **中国古陶瓷研究**[M]. 北京：紫禁城出版社，2008. 第 1 页 海上丝绸之路上的中国古代外销瓷——中国水下考古的工作与发现（赵嘉斌）；第 137 页 越窑青瓷与明州海上丝绸之路（施祖青）第 198 页 泉州窑与海上丝绸之路古外销瓷及相关问题的探讨 （陈建中、曾萍莎）；第 248 页 安溪窑与海上丝绸之路古陶瓷初探（吴艺娟）；第 317 页 广东海上丝绸之路与陶瓷外销（黄静）.

269. 丘刚，著. **海南古遗址**[M]. 海口：海南出版社，2008. 第 196 页 第六章 与海上丝绸之路有关的遗址；第 197 页 一、海南岛发现的海上丝绸之路相关遗址.

270. 何芳川，著. **中外文化交流史：上**[M]. 北京：国际文化出版公司，2008. 第 44 页 二、海上丝绸之路的开辟；第 62 页 二、海上丝绸之路的发展与繁荣；第 617 页 四、中国与非洲直接联系的纽带——海上丝绸之路初通.

271. 牛志平，等，著. **海南文化史**[M]. 海口：海南出版社；海口：南方出版社，2008. 第 227 页 六、古代海南与南海海洋文化，第 233 页 七、古代海南与"海上丝绸之路"，第 242 页 第八章 民国时期——海南文化之变迁 .

272. 中共广州市委宣传部，广州市文化局，编. **海上丝绸之路·广州文化遗产·文献辑要卷**[M]. 北京：文物出版社，2008. 本卷依照历史文献所揭示的广州南海海上丝绸之路发展轨迹，大致分为先秦两汉时期、三国两晋南北朝时期、隋唐宋元时期和明清时期四个阶段，每一阶段有根据实际内容，分章、节、目排列。

273. 中共广州市委宣传部，广州市文化局，编. **海上丝绸之路·广州文化遗产·考古发现卷**[M]. 北京：文物出版社，2008. 该书内容主要是综合广州地区考古发现南海海上丝绸之路的遗迹和遗物，归纳为秦代造船遗址、南越国都城王陵与海外文化、两汉墓葬与海外文化、三国以后的遗迹遗物等。

274. 中共广州市委宣传部，广州市文化局，编. **海上丝绸之路·广州文化遗产·地上史迹卷**[M]. 北京：文物出版社，2008. 本卷分为三部分，第一部分是"珠江航道上的港口史迹"；第二部分是"佛教海路东传与伊斯兰教来华史迹"；第三部分是"古代贸易港和通商口岸的旧址与遗迹"。

275. 戴之昂，著. **海上丝绸之路历险记**[M]. 上海：复旦大学出版社，2008. 公元 399 年，年过花甲的法显从长安出发，经由陆路前往天竺（今印度）取经。几年后，搭乘帆船经由水路返国，于公元 5 世纪初，抵达牢山（今山东崂山）南岸。回国后，法显在其著名的《佛国记》中记述了这一段充满惊险的海上旅程.

276. 陈达生，曲鸿亮，王连茂，主编. **海上丝绸之路研究 4：陈达生伊斯兰教与阿拉伯碑铭研究论文集**[M]. 福州：福建教育出版社，2007. 本论文集主要收集了陈达生于 20世纪 70 年代至 90 年代发表的论文，主要涉及对我国东南沿海福建地区阿拉伯文的碑铭和伊斯兰教的研究，其中尤以泉州的研究课题最为深入和透彻。

277. 顾涧清，等，著. **广东海上丝绸之路研究**[M]. 广州：广东人民出版社，2008. 该书分十一章，包括广东海上丝路的造船遗址和广船研究、广东海上丝路口岸和南海航线的研究、广东海上丝路黄埔古港和外港的研究、广东海上丝路外国商船和外贸的研究、广东海上丝路行商体制及其遗址研究、广东海上丝路外商及其相关活动的研究、广东海上丝路宗教文化遗址的研究等内容。

278. 史璠，主编. **丝绸之路史——一座城市永远的记忆**[M]. 南宁：广西人民出版社，2008. 该书系统记述合浦作为海上丝绸之路始发港形成、发展的历史进程以及与之有关的政治、经济、文化和社会现象。

279. 北京郑和下西洋研究会，中国海洋画研究院，编. **张嘉垹海洋画选**[M]. 北京：海洋出版社，2008.

280. 政协珠海市委员会《珠海文化遗产图集》编辑委员会，编. **珠海文化遗产图集**[M]. 珠海：珠海出版社，2008. 第 31 页 "海上丝绸之路"与汉唐时期珠海的文化遗存（赵善德）.

281. 本社. **文物隋唐史：彩色图文本**[M]. 北京：中华书局. 2009. 第 153 页 第六节　海上丝绸之路.

282. 海口市旅游局，海南省文化遗产研究会，编. **福地海口**[M]. 海口：海南出版社，2009. 第 30 页 海上丝绸之路——神应港盛况.

283. 陈苏镇，编. **恢宏与古朴：秦汉魏晋南北朝的物质文明**[M]. 北京：北京大学出版社，2009. 第 72 页 四、海上丝绸之路的畅通.

284. 林忠干，著. **闽北五千年**[M]. 福州：海峡文艺出版社，2009. 第 187 页 六、走向海上丝绸之路.

285. 胡太春，编著. **中外文化交流**[M]. 长沙：湖南科学技术出版社，2009. 第 6 页 海上"丝绸之路"；第 9 页 "丝绸之路"概念延伸；第 43 页 海上"丝绸之路"和东方大港；第 43 页 宋朝海上"海上之路"空前繁荣.

286. 广州市文化局，编. **海上丝绸之路：广州文化遗产**[M]. 北京：文物出版社，2009. 广州（古称番禺）是南海海上丝绸之路的发祥地，广州海上丝绸之路的文化遗产，与我国沿海各地海上丝绸之路始发港的文化遗产，同是世界文化遗产的重要组成。留存至今的海上丝绸之路广州文化史迹、遗物和文献资料弥足珍贵，也是广州申报海上丝绸之路世界文化遗产的重要依据.

287. 卜穗文，主编. **广州农讲所纪念馆论丛：第 4 辑**[M]. 广州：广东人民出版社，2009. 第 444 页 解放思想做好海上丝绸之路考古发掘（吴石坚）.

288. 邓昌达主编. **北海第一村**[M]. 南宁：广西人民出版社，2009. 第 72 页 途径南沥海域的"古代海上丝绸之路"（刘明贤）.

289. 林言椒，何承伟，主编. **中外文明同时空 3：隋唐 VS 拜占庭阿拉伯**[M]. 上海：上海锦绣文章出版社，2009. 第 140 页 经济长镜头：碧海云帆：海上丝绸之路.

290. 郑师渠，主编. **中国文化通史·两宋卷**[M]. 北京：北京师范大学版社，2009. 第 96 页 第三节 海上"丝绸之路"与宋文化的辐射.

291. 林有能，等，主编. **香山文化与海洋文明：第六次海洋文化研讨会文集**[M]. 广州：广东人民出版社，2009. 第 297 页 汉代海上丝绸之路研究的几个问题（周永卫）.

292. 文裁缝，著. **绝版宝藏**[M]. 北京：九州出版社，2009. 第 231 页 "海上丝绸之路"的当代调查.

293. 张童心，吕建昌，曹峻，著. **考古发现与华夏文明**[M]. 上海：上海大学出版社，2009. 第 307 页 第一节 海上丝绸之路.

294. 《魅力荔湾》编委会，著. **魅力荔湾**[M]. 北京：中国旅游出版社，2009. 第 13 页 海上丝绸之路的商贸中心.

295. 林雄，主编. **经典广东**[M]. 广州：广东教育出版社，2009. 第 17 页 二、海上丝绸之路的出发地.

296. 李光斌，著. **伊本·白图泰中国纪行考**[M]. 北京：海洋出版社，2009. 第 163 页 四、海上丝绸之路与中、阿，中、非文化交流的光辉结晶.

297. 姜庆和，孙守方，主编. **震撼世界的考古惊现**[M]. 北京：京华出版社，2009. 第 24 页 中国海上丝绸之路的五大发现.

298. 刘日刚，陆冰梅，主编. **探秘广西**[M]. 桂林：广西师范大学出版社，2009. 第 58 页 探访"丝绸之路"始发港.

299. 崔钟雷，主编. **中国国家地理百科**[M]. 哈尔滨：哈尔滨出版社，2009. 第 237 页 海上丝绸之路.

300. 陈延国，主编. **奔腾的南流江**[M]. 北京：红旗出版社，2009. 第 11 页 南流江："海上丝绸之路"的不老记忆（石维有）.

301. 广州市地方志编纂委员会，编. **广州市志 1991—2000：第 7 册**[M]. 广州：广州出版社，2010. 第 711 页 七、广州古代海上丝绸之路研究.

302. 胡幸福，编著. **不一样的广州：广州旅游文化名片**[M]. 广州：广州出版社，2010. 第 133 页 海上丝绸之路的护卫神.

303. 崔钟雷，主编. **中国国家地理图鉴**[M]. 长春：吉林美术出版社，2010. 第 175 页 海上丝绸之路.

304. 中华文化通志编委会，编. **中华文化通志（第十典）：中外文化交流·中国与拉丁美洲大洋洲文化交流志**[M]. 上海：上海人民出版社，2010. 第 123 页 第二章 马尼拉帆船贸易——太平洋丝绸之路.

305. 中华文化通志编委会，编. **中华文化通志（第七典）：科学技术·纺织与矿冶志**[M]. 上海：上海人民出版社，2010. 第 168 页 三、海上丝绸之路.

306. 中华文化通志编委会，编. **中华文化通志（第七典）：科学技术·水利与交通志**[M]. 上海：上海人民出版社，2010. 第 248 页 四、海上丝绸之路——远洋航海活动.

307. 陈健翔，语人，著. **脚印中不得不说的事**[M]. 南昌：二十一世纪出版社，2010. 第 21 页 二 海上也有丝绸路.

308. 沈允熬，著. **西半球文明古国——墨西哥：2010-2011 版. 墨西哥旅游指南**[M]. 上海：

上海锦绣文章出版社，2010. 第 152 页 "海上丝绸之路" 的另一端——"太平洋明珠" 阿卡普尔科.

309. 郭伟健，著. **历史与地理之谜**[M]. 北京：中央编译出版社，2010. 第 304 页 海上丝绸之路之谜.

310. 陈炎，著. **我的人生之旅：陈炎回忆录**[M]. 北京：科学出版社，2010. 第 81 页（三）在厦大中国中外关系史学会成立大会上又在国内最早提出 "海上丝绸之路"；第 85 页（四）进一步研究 "海上丝绸之路" 参加各种学术会议；第 89 页（五）参加研究 "海上丝绸之路" 的两大学会——太平洋历史学会和海交史研究会，学术活动更加频繁；第 99 页 八、研究 "海上丝绸之路" 从国内走向国外；第 115 页（五）研究 "海上丝绸之路" 走向世界，进入研究新高潮，参加联合国教科文组织的马尼拉国际会议；第 121 页 九、扩大 "海上丝绸之路" 的研究领域；第 121 页（一）研究 "海上丝绸之路" 与郑和下西洋等其他研究相结合；第 130 页（二）研究 "海上丝绸之路" 与国内外学术交流和考察相结合考察中缅边境，首次访问缅甸；第 139 页（四）研究 "海上丝绸之路" 与撰写《中华民族史》相结合；第 145 页（五）"海上丝绸之路" 研究成果，名人英、美《世界名人传记》等词典和参加其他活动；第 192 页 十、2002 年去美国探亲和参加家乡的 "海上丝绸之路" 学术活动；第 201 页（二）参加家乡的 "海上丝绸之路" 学术活动.

311. 中国考古学会，编. **中国考古学年鉴：2009**[M]. 北京：文物出版社，2010. 第 467 页 "福建和海上丝绸之路" 展在日本巡展开幕.

312. 王建国，著. **古文明之谜**[M]. 北京：中央编译出版社，2010. 第 202 页 "海上丝绸之路" 之谜.

313. 蓝勇，编著. **中国历史地理（第二版）**[M]. 北京：高等教育出版社，2010. 第 304 页 四、南方海上丝绸之路与南方陆上丝绸之路的发展；第 304 页 南方海上丝绸之路.

314. 黄凯存，王蕾，编著. **古文明未解之谜**[M]. 北京：北京燕山出版社，2010. 第 146 页 "海上丝绸之路" 之谜.

315. 谭敦宁，著. **中国长沙窑**[M]. 长沙：湖南人民出版社，2010. 第 27 页 水上丝绸之路.

316. 李默，主编. **中华文明百科全书（全彩珍藏版）2 卷：西汉—东晋**[M]. 广州：广东旅游出版社，2010. 第 367 页 海上丝绸之路开创

317. 李默，主编. **中华文明百科全书（全彩珍藏版）5 卷：元朝—明朝**[M]. 广州：广东旅游出版社，2010. 第 1561 页 华人入南洋开始，第 1610 页 丝绸之路通往美洲.

318. 陈舜臣，著. **龙凤之国**[M]. 西安：陕西人民出版社，2010. 第 200 页 丝绸之路和海上之路.

319. 王瑞成，孔伟，著. **宁波城市史**[M]. 宁波：宁波出版社，2010. 该书详述了宁波市所辖范围为基准，以港和城为中心的城市历史。

320. 梁二平，著. **谁在世界的中央：古代中国的天下观**[M]. 广州：花城出版社，2010. 第 219 页 海上探索，丝绸仅是个美丽的开头.

321. 鸿兵，著. **第三只眼看中国：一该书读懂中国史**[M]. 北京：新世界出版社，2010. 第 75 页 丝绸漂洋过海——海上丝绸之路；第 76 页 中西文化的通讯器——丝绸之路的

历史意义.

322. 广东省珠江文化研究会组，编；黄伟宗，司徒尚纪主编. **中国珠江文化史**[M]. 广州：广东教育出版社，2010. 第 533 页 四、汉代"海上丝绸之路"的兴起；第 605 页 三、连接海陆丝绸之路的通道；第 857 页 二、海陆丝绸之路的中外文化交流.

323. 龚勋，主编. **中华上下五千年：第 5 卷**[M]. 北京：中国书店出版社，2011. 第 2246 页 丝绸之路通往美洲.

324. 余伟民，王钦峰，熊家良，主编. **雷州半岛的雷文化**[M]. 北京：中国文史出版社，2011. 第 402 页 海上丝绸之路航线上雷州半岛主港概述（阮应祺）；第 409 页 雷州文化的历史及特征与"海上丝绸之路"（刘佐泉）；第 419 页 历史时期雷州半岛主要港口兴衰原因探析（赖琼）；第 427 页 两汉时期徐闻港的重要地位和崛起原因——从岭南的早期开发与历史地理角度探讨（吴松弟）；第 445 页 外来移民与雷州半岛的土地开发（郭天祥）.

325. 程裕祯，著. **中国文化要略**[M]. 北京：外语教学与研究出版社，2011. 第 418 页 二、海陆"丝绸之路".

326. 金峰，冷东，著. **广府商都**[M]. 广州：暨南大学出版社，2011. 该书主要内容包括：五羊献瑞——唐五代以前的岭南都会；海上丝路——宋元时的番舶集聚；西人东来——明代的五都之市等。

327. 广州市海珠区人民政府，广州市政府侨务办公室，编. **走进黄埔村**[M]. 广州：广东教育出版社，2011. 该书包括说不尽的黄埔村、古港遗址与古村落、历史风云说宗祠、人才辈出祠堂街等。

328. 龚勋，主编. **中华上下五千年：第 3 卷**[M]. 北京：中国书店出版社，2011. 第 969 页 海上丝绸之路开创.

329. 杜瑜，著. **海上丝路史话**[M]. 北京：社会科学文献出版社，2011. 该书对各个时期海上丝路发展的原因，海上丝路上的活动内容，以及对中外政治、经济、文化的影响等做了全面、具体的描述。

330. 王忠强，编著. **海上丝绸之路**[M]. 长春：吉林出版集团有限责任公司，2011. 该书对广府文化提出了一系列全新的创见，如海洋文明、海上丝绸之路对广府文化形成与发展的影响、广府文化定型、演变的历史分期等内容。

331. 龚缨晏，主编. **中国"海上丝绸之路"研究百年回顾**[M]. 杭州：浙江大学出版社，2011. 该书全面回顾 20 世纪中国学者对海上丝绸之路的研究历程，总结学术成果，为今后的研究打下基础。这是国内第一部全面回顾海上丝绸之路研究历程的著作。

332. 龚缨晏，编. **20 世纪中国"海上丝绸之路"研究集萃**[M]. 杭州：浙江大学出版社，2011. 该书精选 20 世纪中国学者关于海上丝绸之路的优秀论文，使读者能够了解这个学科的发展历程，并且为研究者提供方便。

333. 浙江文物年鉴编委会，编. **浙江文物年鉴 2010**[M]. 杭州：浙江古籍出版社，2011. 第 278 页 宁波海上丝绸之路航标展暨宁波历史文化遗产大课堂举行.

334. 福建博物院，晋江博物馆，影印. **磁灶窑址**[M]. 北京：科学出版社，2011. 第 394 页 一、水下考古与沉船发现的磁灶窑陶瓷器；第 395 页 二、"海上丝绸之路"航线上遗址的发现；第 396 页 三、海外发现的磁灶窑陶瓷器；第 397 页 第四节 余论；

第 400 页 附录一 菲律宾发现的宋元磁灶窑陶瓷器（[菲律宾]庄良有）；第 406 页 附录二 博多出土的以磁灶窑产品为中心的中国陶器（[日]森本朝子）；第 409 页 附录三 日本博多遗址及周围地区出土的磁灶窑系陶瓷器（[日]田中克子）；第 425 页 附录四 泉州海外交通史博物馆馆藏磁灶窑陶瓷器（傅恩凤）.

335. 熊昭明，编. **广西出土汉代玻璃器的考古学与科技研究**[M]. 北京：文物出版社，2011. 第 164 页 第八章 汉代海上丝绸之路上的中外交流；第 164 页 第一节 玻璃器是汉代海上丝绸之路的重要物证；第 166 页 第二节 其他与海上丝绸之路有关的文物.

336. 韩湖初，著. **合浦汉代文物谈**[M]. 桂林：广西师范大学出版社，2011. （15） 金饼和金佩饰及玛瑙、琥珀——汉代海上"丝绸之路"的见证之一；（16）陶俑和磨锄铜俑——海上"丝绸之路"的见证之二；（17）熏炉——海上"丝绸之路"的见证之三；（18）玻璃器——海上"丝绸之路"的见证之四.

337. 林瀚，编著. **海外珍藏中华瑰宝——外销瓷**[M]. 北京：北京工艺美术出版社，2011. 第 1 页 一、通往西洋的"陶瓷之路".

338. 寒冬，编著. **南海知识丛书：南海史话**[M]. 桂林：广西师范大学出版社，2011. 该书主要介绍历史上南海周边生活、居住的不同民族，通过海上丝绸之路这条水上交通要道的联系，使得各族人民之间很早就有了经济、文化上的密切交流和来往，留下了许多动人的历史故事和重要的历史事件，重点突出中外之间源远流长的友好交往历史和海外华人华侨为当地经济社会发展做出的积极贡献。

339. 崔钟雷，主编. **中国地理胜境**[M]. 长春：吉林美术出版社，2011. 第 200 页 海上丝绸之路.

340. 盛文林，主编. 人类在地理学上的发现[M]. 北京：北京工业大学出版社，2011. 第 28 页 海上"丝绸之路".

341. 元坤，编著. **蓝色国土向 960 万说不**[M]. 北京：中国广播电视出版社，2011. 第 117 页 远去的辉煌——海上丝绸之路.

342. 安京，编. **海疆开发史话**[M]. 北京：社会科学文献出版社，2012. 该书讲述了秦皇汉武开疆拓土的史实、著名海上丝绸之路的形成、郑和七下西洋的壮举，重点介绍了沿海各港口及台湾、南海诸岛的开发史，对中国海域的丰富物产和近代海军的建设也做了介绍。

343. 广州市越秀区档案馆，编. **水润花城：千年水城史话 广府文化精华**[M]. 广州：广东人民出版社，2012. 第 19 页 广州"海上丝绸之路"略谈；第 35 页 隋代南海神庙古码头："海上丝绸之路"必经之地.

344. 黎国器，著. **万泉河传**[M]. 广州：中山大学出版社，2012. 该书记录了万泉河的概况，它不是通常意义上的历史、地理、文化类书，而是以江河为载体，综合万泉河乃至海南的历史、地理、自然、环境、生态、文化、民族、民俗、教育、重要人物等多方面的内容。作者查阅大量资料，将其糅成一个有机整体，展示了万泉河及海南的江河文化与海洋文化的博大精深，体现了万泉河流域历史久远、文化厚重、思想深邃和江河的魅力，展示了万泉河全貌。

345. 葛金芳，著. **南宋全史 6：社会经济与对外贸易**[M]. 上海：上海古籍出版社，2012. 第 396 页 第二节 东南沿海地区外贸港口的密集分布；第 396 页 一、东南沿海二十来个港口城市从北到南连成一线；第 397 页 二、广州港的繁盛及泉州港的崛起；第 400 页 三、两浙沿海的外贸港口；第 403 页 四、福建路福州港、漳州港和海南琼州港；第 426 页 第十一章 南宋海外贸易的发展和国际市场的开拓(下)；第 426 页 第一节 南宋海外贸易方式与海商构成；第 452 页 二、南洋地区：南宋与东南亚各国的商贸往来；第 464 页 五、南宋海外交通的范围及路线；第 465 页 第三节 进出口商品的比较分析："香料之路"、"海上丝绸之路"和"陶瓷之路"。

346. 赵君尧，著. **闽都文化简论**[M]. 福州：福建美术出版社，2012. 第 89 页 第七章 论福州海上丝绸之路.

347. 葛雅纯，著. **海洋考古**[M]. 长春：吉林出版集团有限责任公司. 2012. 中华民族是世界上最早开发利用海洋资源的民族之一。远古时期，就有"乘桴浮于海上"的记载，春秋时齐人得东海"渔盐之利"，后来又有以中国为起点的海上丝绸之路。《海洋考古》从海洋考古活动、海洋考古的起源、中国海洋考古的发展等方面展现海洋考古的发展历程。

348. 胡杨，编. **国家宝藏全档案**[M]. 北京：中国工人出版社，2012. 第 237 页 华光礁一号：西沙群岛的沉船宝藏发掘"华光礁一号"；第 240 页 迷雾重重的"华光礁一号"；第 243 页 不孤单的"华光礁一号"沉船；第 247 页 海上丝绸之路：一张"海底藏宝图"探究海上丝绸之路；第 249 页 细绘"海底藏宝图".

349. 中国古陶瓷学会，编. **外销瓷器与颜色釉瓷器研究**[M]. 北京：紫禁城出版社，2012. 该书为古陶瓷学会 2012 年年会的论文集，总共收录了 40 余篇论文，涉及外销瓷器与颜色釉瓷器研究两大课题，该书提供了大量的实物证据和文献材料，资料翔实，观点明确，立论充分，文字流畅，图文并茂，是研究中国古陶瓷，获取大量新材料的一本不可多得的好书。

350. 蔡於良，著. **海的梦话 千年一遇：仙游居收藏海上丝绸之路南海沉船遗珍**[M]. 海口：海南出版社，2012. 该书记录了作者收藏海上丝绸之路南海沉船遗物的全程经历，记述了十几年来与潭门渔民来往，收藏 2000 年前流散民间的南海沉船遗物——水出瓷器的酸甜苦辣。作者以实用简明的图文形式，为读者提供了一个令人愉悦的阅读空间，让四海宾朋走进中国文化的殿堂，品味中国文化之美。

351. 张一平，等，著. **南海区域历史文化探微**[M]. 广州：暨南大学出版社，2012. 第 1 页 第一章 南海区域海上丝绸之路；第 2 页 第一节 南海丝绸之路的形成与发展；第 16 页 第二节 南海诸岛渔民与海上丝绸之路；第 21 页 第三节 南海海上丝绸之路变迁及其对海南的影响；第 30 页 第四节 海南岛与南海海上丝绸之路；第 41 页 第五节 南海海上丝绸之路的地位和影响；第 158 页 第二节 海上丝绸之路与海南华侨的分布；第 173 页 第一节 从海南岛出土文物看南海海上丝绸之路；第 192 页 第三节 古代钾硅酸盐玻璃与丝绸之路的关系.

352. 徐杰，编. **海上丝绸之路**[M]. 长春：吉林出版集团有限责任公司，2012. 中国的领海包括渤海全部、黄海、东海、南海的一部分，台湾岛周边海域及国际法承认的周边海底区域的一部分，总面积约 300 万平方千米。海洋国土，又被称为蓝色国土，是每一个沿海国家的内水、领海和管辖海域的统称。中华民族是世界上最早开发利用海洋资源的民族之一。远古时期，就有"乘桴浮于海上"的记载，春秋时齐人得东海"渔盐之利"，后来又有以中国为起点的海上丝绸之路。明朝前期，伟大的航海家郑和曾率领庞大的船队七下西洋，遍访亚洲、非洲 30 多个国家，最远到达过非洲东海岸和红海海岸，比欧洲的哥伦布还早 87 年。当时中国的造船技术和航海技术无疑位于世界前列。历史上，中国是名副其实的海洋大国。

353. 林立群，主编. **跨越海洋："海上丝绸之路与世界文明进程"国际学术论坛文选（2011·中国·宁波）**[M]. 杭州：浙江大学出版社，2012. 该书在全球视野下，主要围绕"海丝"文化对世界文明进程的推动作用展开，分析海洋文化中强烈地崇尚力量的品格、崇尚自由的天性以及两千余年海上丝绸之路给世界文明带来的巨大而深刻的影响，也从根本上改变着浙江乃至中国的历史进程，赋予了浙江开放、包容、开拓、进取的地域文化特征。深入发掘和弘扬光大这份宝贵的历史文化遗产，有利于提升人们对"海丝"文化的认知，并在大力实施海洋发展战略的当下有着特别重要的意义，也必将成为推动海洋经济发展的有力支撑和保障。

354. 白云翔，孙新民，中国社会科学院考古研究所，等，编. **汉代城市和聚落考古与汉文化**[M]. 北京：科学出版社，2012. 第 328 页 广西出土的钠钙玻璃与汉代海上丝绸之路（熊昭明，李青会）.

355. 张国刚，著. **中西交流史话**[M]. 北京：社会科学文献出版社，2012. 该书追寻着先人足迹，通过周穆王西巡、唐僧西游、成吉思汗西征、郑和下西洋等记载与文化遗存，讲述了古老中华文明与西方文明的交流、碰撞及相互滋养的历史进程.

356. 福建博物院，编. **丝路帆远：海上丝绸之路文物精萃**[M]. 福州：福建教育出版社，2013. 该书是以"海上丝绸之路文物精品七省联展"为基础而出版的一本专题性图录。全书主要包括两个部分，其一是有关海上丝绸之路的专题性研究论文 7 篇，试图从不同方面阐述不同地区古代海上丝绸之路的发展和繁盛情况；其二是精品文物图版及文字介绍，从远古到明清，共分为四个单元，这些精美的文物，诠释了各个时期海上丝绸之路的繁荣情况，体现了海外贸易的交流和发展。全书内容丰富，既有专题性论文、也有各类精美的文物，图文并茂，是一本反映古代海上丝绸之路繁荣面貌的精美图录。

357. 冯天瑜，著. **中国文化生成史：上**[M]. 武汉：武汉大学出版社，2013. 第 268 页 第三节 经略海上；第 268 页 一、东亚形势：负陆面海、陆呈板块；第 271 页 二、中西海洋观比较；第 276 页 三、海上丝路·海上瓷路；第 281 页 四、郑和七下西洋；第 282 页 五、郑和之后何以无"第二郑和"；第 286 页 六、明清"海禁"及近人海洋意识觉醒；第 289 页 七、通向大洋：从被动开放到主动开放.

358. 钮海燕，著. **中国文化史新论**[M]. 北京：中国水利水电出版社，2013. 第 166 页 第二节 丝绸之路：承载中西文化交流的重要通道；第 184 页 第五节 碧海扬帆：海上丝绸之路与瓷器之路.

359. 司徒尚纪，著. **中国南海海洋文化史**[M]. 广州：广东经济出版社，2013. 第 64 页 第二节 西汉海上丝绸之路开辟；第 271 页 第一节 鸦片战争后海上丝绸之路的终结.

360. 严耀中，著. **晋唐文史论稿**[M]. 上海：上海人民出版社，2013. 第 217 页 海上丝绸之路和婆罗门教之来华.

361. 杨军，编. **碰撞融合：中国与西方的交流**[M]. 北京：世界知识出版社，2013. 第 89

页 海上丝绸之路的兴盛.

362. 张国刚，吴莉苇，著．**中西文化关系史 第2版**[M]. 北京：高等教育出版社，2013. 该书讲述历史上中国与西方的文化交流。全书分为上、下两编，上编主要讲述明代中叶以前中国与西方的关系，下编则是以大航海以后，即晚明和盛清时期中国与西方的关系史为讲述重点。

363. 郑绩，周静，俞强，著．**浙江历史人文读本·启智开物**[M]. 杭州：浙江古籍出版社，2013. 第245页 宁波与海上丝绸之路.

364. [德]恩勒特，著．**走进泉州**[M]. 朱宇方，译．上海：上海文化出版社，2013. 该书作者遍查欧洲和美国的相关文献资料，将有关泉州的历史记载进行了归类整理，以西方的视角介绍了泉州作为"海上丝绸之路"起点的历史及变迁。其中不少文献是第一次为我们所知。作为一名"中国通""泉州通"，作者旨在通过展示这些文献，将泉州的历史变迁放在"丝绸之路"和中外交通史的大背景下进行比较，站在世界的角度，讲述在不同历史时期中国与西方的关系，并对泉州在"海上丝绸之路"中的作用和地位，作了充分的肯定。

365. 曾宪勇，著．**宋代沉船"南海Ⅰ号"**[M]. 广州：广东人民出版社，2013. 该书较为系统地介绍了"南海Ⅰ号"的发现过程、有关"南海Ⅰ号"疑团的种种揣测争议、出水文物的研究、"南海Ⅰ号"的打捞馆藏等。作者认为，宣传、研究"南海Ⅰ号"，对于振奋民族精神，捍卫蓝色国土，有着十分重要的现实意义。

366. 陈周起，著．**祭海古坛：广州南海神诞**[M]. 广州：广东教育出版社，2013. 南海神庙又称波罗庙，是中国古代人民祭海的场所，坐落在广州黄埔区庙头村，是我国古代东南西北四大海神庙中唯一留存下来的建筑遗物，也是我国古代对外贸易（广州是海上"丝绸之路"的始发地）的一处重要史迹。它创建于隋开皇十四年（594年），距今已有1400年的历史。该书从各个方面介绍了南海神庙的前世今生和诸多传说故事，是介绍南海神庙的优秀读本。

367. 陈逸民，陈莺，著．**海捞瓷收藏与鉴赏**[M]. 上海：上海大学出版社，2013. 海捞瓷是一个在20世纪末刚刚被人熟悉的词汇。碗礁一号的出水，南海一号的打捞，韩国海岸的元代沉船等等，一些从未见过的古代瓷器，由此进入人们的眼帘。对于海捞瓷这门陶瓷领域的新课题来说，仅仅鉴别它的真伪并不能真正领悟其艺术价值和学术价值。海捞瓷中携带着中国陶瓷史之谜，显示出中外商贸史和海上丝绸之路的盛况。该书介绍了著名的中国沉船海捞瓷的分类：商品瓷、传统瓷、订样瓷、仿制瓷、礼品（赏赐）瓷、克拉克瓷等，以及海捞的中国瓷器、日本瓷器、欧式瓷器。图文并茂地分析了海捞瓷的鉴定特征，对于广大收藏爱好者具有一定的参考指导价值。

368. 山西博物院，海南省博物馆，编．**华光礁Ⅰ号沉船遗珍**[M]. 太原：山西人民出版社，2014. 该书以图文并茂的形式介绍了西沙华光礁1号沉船出土的文物以及出土的过程，反映了唐宋以来中国人开拓海上丝绸之路南海海域部分的商道情况，以及反映了当时中国和海外的频繁交往以及当时经济、社会发展的情况。具有较高的艺术欣赏价值和收藏价值。

369. 陈春声，主编．**海陆交通与世界文明**[M]. 北京：商务印书馆．2013. 该书为中山大学为庆祝蔡鸿生教授80寿辰编辑的文集，内容分中古中国与南海文明、摩尼教与古代中国、中古中国与西域文明、中俄关系史、广州与西洋文明几个专题。

370. [美]鲁茨坦，著. **遥远的地平线：寻找马可波罗**[M]. 杨潇，译. 合肥：安徽人民出版社，2013. 一个勇敢的冒险家，花了十年时间，行程 13000 公里，从威尼斯到以色列、土耳其、伊朗、阿富汗、巴基斯坦，最后穿越中国北京。这是令人振奋的发现之旅、奇幻之旅。他，就是美国知名作家哈里·鲁茨坦，使用各种旅行交通方式，诸如骆驼、农用拖拉机，马和山羊皮筏，他是重走马可波罗足迹的第一人。

371. 李放，卜凡鹏，主编. **中国——腾跃的东方巨龙**[M]. 北京：民主与建设出版社，2013. 第 33 页 探寻"海上丝绸之路"的足迹.

372. 邹锡恒，编著. **宝地清远**[M]. 广州：华南理工大学出版社，2013. 第 18 页 北江——南北文化交融的水上丝绸之路.

373. 杨建新，著. **杨建新文集：五**[M]. 北京：民族出版社，2013. 第 191 页 第八章 海上丝绸之路；第 191 页 第一节 海上丝绸之路的出现和形成；第 196 页 第二节 海上丝绸之路发展的早期阶段；第 200 页 第三节 海上丝绸之路发展的新阶段；第 215 页 第四节 海上丝绸之路的极盛时期；第 261 页 第一节 走上探险之路.

374. 中国中外关系史学会，河北师范大学历史文化学院，编. **中国中外关系史学会第九届会员代表大会暨"历史上中外文化的和谐与共生"学术研讨会论文集**[M]. 2013. 该书收录了中国中外关系史学会第九届会员代表大会暨"历史上中外文化的和谐与共生"学术研讨会有关专家学者的论文，重点讨论外来宗教与中华文明的融合互动、出土文物文献所见中外文化与艺术交流、"西学东渐"与"东学西渐"、中国与东亚文化圈、全球化视阈下的中国与世界等。

375. 《广西历史文化简明读本》编写组，编. **广西历史文化简明读本**[M]. 南宁：广西人民出版社，2013. 第 16 页 六、起航广西的"海上丝绸之路"。

376. 李堪珍，主编. **南海丝路第一港：徐闻**[M]. 北京：海洋出版社，2013. 该书集中展示了海上丝路（徐闻）研究的最新学术成果，是一本文献资料与学术论文合集。文献资料取自经典史籍和权威著述，论文除个别篇章外都是知名学者之作，全面考证了徐闻在海上丝绸之路的历史地位。

377. 李默，主编. **我的第一本中国通史：秦汉史**[M]. 广州：广东旅游出版社，2014. 第 97 页 海上丝绸之路开创.

378. 司徒尚纪，著. **雷州文化概论**[M]. 广州：广东人民出版社，2014. 第 55 页 四、海上丝绸之路的作用；第 82 页 二、海上丝绸之路的开辟；第 100 页 三、海上丝绸之路文化的持续发展.

379. 韦明铧，著. **风从四方来：扬州对外交往史**[M]. 南京：东南大学出版社，2014. 扬州是中外交往史上的重要城市。该书从大量鲜见的历史文献中，钩稽和梳理出自古代至近代扬州城在中外之间进行通商、交流、碰撞、融合的珍贵史实，再现了作为中外关系重镇——扬州的历史地位。全书分为八章。分别叙述扬州走向世界的先驱、世界来到扬州的使者、中外文化在扬州的交融、西方建筑风格在扬州的影响、外国学者对于扬州历史文化的著作等

380. 胡幸福，著. **广州初遇见：从 5 张名片开始走读广州**[M]. 广州：广东旅游出版社，2014. 第 94 页 商旅名片：享誉中外的会展和商旅.

381. 纪云飞，主编. **中国海上丝绸之路研究年鉴：2013**[M]. 杭州：浙江大学出版社，2014. 该书共分为六章，主要内容包括：海上丝绸之路研究与海洋强国建设；海上丝绸之路东海航线研究；海上丝绸之路南海航线研究；海上丝绸之路与中西政经交往等。

382. 肖东发，主编. **古道依稀：古代商贸通道与交通**[M]. 北京：现代出版社，2014. 第80 页 文明桥梁——海上丝绸之路；第80 页 商代箕子开辟海上丝路；第89 页 三国孙权拓展海上丝路；第96 页 唐宋海上丝路继续发展；第106 页 元代海上丝路逐步完善；第114 页 明代海上丝路达到极盛；第124 页 清代海上丝路逐渐没落.

383. 陈瑞统，著. **海上丝绸之路的起点—泉州**[M]. 福州：海峡文艺出版社，2014. 该书从古港春秋、"海丝"风采和"文都"扬帆三个部分介绍了海上丝绸之路的起点——泉州。泉州，这颗古代"海上丝绸之路"的明珠，它曾以神奇的魅力走进世界舞台。这座在中世纪名扬中外的"东方第一港"，它的辉煌历史令人神往，而它的未来，更加牵动世界关注的目光。

384. 国家文物局，编. **海上丝绸之路**[M]. 北京：文物出版社，2014. 海上丝绸之路，又名陶瓷之路，是陆上丝绸之路的延伸，大量专为西方订烧的精美瓷器从这里通过海上航路销往欧洲，元代青花瓷也是因为符合"尊白尚蓝"的伊斯兰教风格而行销海外。海上丝绸之路至宋元时期步入鼎盛。宋代金银、铜钱通过海商携带大量输往海外，成为当地通行的兑换方式，远至印度、阿拉伯等地区都曾发现中国古钱的身影。

385. 董志文，编著. **话说中国海上丝绸之路**[M]. 广州：广东经济出版社，2014. 该书共分为八章，主要内容包括：海上丝绸之路的形成；海上丝绸之路的繁盛；海上丝绸之路的由盛转衰；海上丝绸之路的衰落和停滞；民国时期的海上丝绸之路；新中国成立以后的远洋贸易和改革开放后海上丝绸之路的复兴。

386. 纪云飞，主编. **中国"海上丝绸之路"研究年鉴：2013**[M]. 杭州：浙江大学出版社，2014. 该书主要内容包括：海上丝绸之路研究与海洋强国建设；海上丝绸之路东海航线研究；海上丝绸之路南海航线研究；海上丝绸之路与中西政经交往等。

387. 冬冰，主编. **铜镜照射的盛世之光：海上丝绸之路扬州段遗迹及隋唐扬州研究**[M]. 南京：东南大学出版社，2014. 该书立足于扬州自然地理历史、长江水道变迁等自然条件和历史沿革，结合作者自身丰厚的历史学、考古学、地理学等学科知识，对东晋以降扬州的海外交通史进行梳理和考证。

388. 朱江，著. **远逝的风帆：海上丝绸之路与扬州**[M]. 南京：东南大学出版社，2014. 该书立足于文化遗产的角度，辅以考古学、历史学、文献学、建筑学等视角，对海上丝绸之路扬州遗迹进行解读，是近二十年来首次深层剖析海上丝绸之路与扬州现存遗迹的密切关联，与同类书相比，具有一定的开创性。

389. 周义，主编. **海上丝绸之路的研究开发**[M]. 广州：广东经济出版社，2014. 该书共分八篇，内容包括："海上敦煌"在阳江、汉徐闻港地望历史地理新探、丝路悠悠海蓝蓝、广东应当属于海洋大省、寻找广东的灵魂等。

390. 何静彦，陈晔，主编. **历史名城 海丝门户：福州海上丝绸之路论文集**[M]. 福州：海峡文艺出版社，2014. 该书收录了福州海上丝绸之路研究的最新成果，是专家学者用大视野的眼光去研究海上丝绸之路所产生出来的丰硕成果。该书就"历史名城有福之州——福州海上丝绸之路"的历史遗存、海丝人物、外销瓷、窑口、丝绸、茶叶、文化交流等主题做了深入地研究，撷取其中的精华汇编而成。

391. 山东博物馆，编. **启航：“海上丝绸之路”特展**[M]. 北京：中国文史出版社，2014. 本次展览荟萃沿海各省重要海丝遗存，不但折射出中国历代的流光风韵，再现波澜壮阔、横跨万里的航海图景，也在今天全球化视野下，进一步探索了古代东西方贸易和文化交流的深刻意义，有助于唤醒古老的海洋记忆，推动中华民族复兴的伟大进程。

392. 黄伟宗，著. **海上丝绸之路与海洋文化纵横论**[M]. 广州：广东经济出版社，2014. 该书共分 6 编，内容包括：21 世纪海上丝绸之路与海洋文化大省建设、广东海上丝绸之路古港的考察、实证及文化建设开发、“海上敦煌”的文化定位与开发等。

393. 海上丝绸之路研究中心，主编. **中国海上丝绸之路研究年鉴：2014**[M]. 杭州：浙江大学出版社，2015. 该书主要围绕学术界对“海丝”文化的研究展开。深入发掘和弘扬光大这份宝贵的历史文化遗产，有利于提升人们对“海丝”文化的认知，并在大力实施海洋发展战略的当下有着特别重要的意义，也必将成为推动海洋经济发展的有力支撑和保障。

394. 孙治国，主编. **国家战略**[M]. 北京：海洋出版社，2014. 该书收录了“中国 2012 郑和论坛”与会论文 31 篇以及特邀嘉宾“讲话”12 篇，其中论文部分主要探讨了郑和七下西洋的历史意义和郑和下西洋中有关问题的研究。内容丰富，可读性强可供研究郑和的人员参考。

395. 王海运，张德广，著. **新丝路：陆海传奇**[M]. 北京：外文出版社，2014. 主要讲两条丝绸之路的历史，新丝路的战略构想将如何把中国同欧亚、东南亚及其他沿线国家更紧密地联系起来，推动中国同沿途国家的合作攀上新高度，实现沿途地区的和谐与繁荣.

396. 周鑫，王潞，编著. **南海港群：广东海上丝绸之路古港**[M]. 广州：广东经济出版社，2015. 该书围绕海上丝绸之路的辉煌历史，图文并茂地向读者呈现了两千年来广东古港演变的历史。该书重点描述各主要港口的兴衰起落，着重给读者呈现传统时代广东沿海航海技术的变迁，航线航道、港湾口岸的分布，进出口商品的产地与种类，海上贸易、港口管理体制的转变，以及港口贸易与地方社会经济的发展关系等面相。该书在吸纳学术界丰富的研究成果基础上，又凝聚了两位作者各自对历史上的广东港口与海上丝绸之路的认识与理解，具有一定的开拓性和启发性，是一本简练而扎实的研究著作。

397. 谢海生，编著. **潮汕的春天还会到来吗**[M]. 广州：南方日报出版社，2015. 该书从历史和现实的角度，全面阐述了潮汕文化和潮汕地区经济发展之间的密切关系，新形势下潮汕地区发展面临的困境及重振潮汕的战略思考。全书分为上下两篇共九章，第一篇“潮汕春天十年纪”，在作者早年网文基础上加以内容补充和深化；第二篇"潮汕 21 世纪航海新时代"，在国家 21 世纪海上丝绸之路战略的时代背景下，解读潮汕历史，发出对潮汕迎接新时代的呼唤。字里行间充满着作者对国家和家乡的热爱之情，对家乡振兴和发展的殷切期望以及深层思考。

398. 刘正刚，乔素玲，著. **徐闻古港：海上丝绸之路第一港**[M]. 广州：广东经济出版社，2015. 该书主要内容包括：汉代徐闻港的海上贸易；徐闻港贸易的社会影响；北部湾的珍珠采集与养殖；唐宋以来徐闻及雷州半岛的移民开发；徐闻是海上丝绸之路文化交流的枢纽等。

399. 黄茂兴，编著. **历史与现实的呼应：21世纪海上丝绸之路的复兴**[M]. 北京：经济科学出版社，2015. 该书分为六章，介绍了"21世纪海上丝绸之路"的历史演化、主要内容与战略目标、理论基础与现实必然、路径设想、政策保障、发展愿景等。

400. 孙光圻，刘义杰，主编. **海上丝绸之路**[M]. 大连：大连海事大学出版社，2015. 该书主要内容包括：海路绵延港埠兴隆、风帆远扬千年辉映、千舟竞秀再铸辉煌、长风破浪共济沧海。

401. 周菁葆，陈水雄，著. **海上丝绸之路研究——海南黎族与台湾少数民族文化比较**[M]. 海口：南海出版公司，2015. 该书涉及海上丝绸之路文化的研究。作者在原有的关于海上丝绸之路方面的研究成果基础上，对海上丝绸之路的古代文献进行了一些梳理，从历史、考古、语言、宗教、民俗、文学、艺术等角度进行了比较研究。从而鲜明地指出了海南黎族与台湾高山族文化有许多相似之处，也证明了这种相似正是海上丝绸之路文化交流的结果。

402. 吴其生，著. **明清时期漳州窑**[M]. 福州：福建人民出版社，2015. 漳州陶瓷文化源远流长。明清时期漳州月港兴起，海外贸易繁荣，漳州窑的瓷器成为"海上丝绸之路"重要的输出产品。该书综述了明清时期漳州窑的历史概况、窑业技术，产品外销状况和形态特点，并比较了漳州窑和景德镇窑的异同，对漳州窑的历史地位做了言之成据的认定。

403. 海上丝绸之路研究中心，编. **中国海上丝绸之路研究年鉴：2014**[M]. 杭州：浙江大学出版社，2015. 该书主要围绕学术界对"海丝"文化的研究展开。深入发掘和弘扬光大这份宝贵的历史文化遗产，有利于提升人们对"海丝"文化的认知，并在大力实施海洋发展战略的当下有着特别重要的意义，也必将成为推动海洋经济发展的有力支撑和保障。

404. 王胜三，陈德正，主编. **一带一路列国志**[M]. 北京：人民出版社，2015. 该书以地名学研究为切入点，分析一带一路相关65个国家名称的命名来由和演变。在此基础上，用简练的文字扼要展示相关国家的总体概况，服务中央战略大局。该书以大洲为分区，以全局的视角，系统整理国家的概况。在文字内容上，包括国家的历史、地理、政治、文化、地理、经济和旅游等内容。配以总体分布、各大洲分布等不同主题的地图和国家的国旗等相关图片信息，做到图文并茂。该书定位为普及、推广一路一带中央政策的科普书籍，促进读者对一路一带政策的认知和理解。

405. 王灵桂，主编. **中国社会科学院"一带一路"研究系列：海丝列国志**[M]. 北京：社会科学文献出版社，2015. 该书对21世纪海上丝绸之路沿线国家分国别进行国情、投资等方面进行全面系统深入地介绍，是了解和实施"一带一路"倡议难得的参考书。书中涉及亚洲、非洲、欧洲、大洋洲的38个国家，内容包括国家基本信息、政治状况、经济形势、投资状况、双边关系、总体风险评估六大部分。

406. 丁援，宋奕，主编. **中国文化线路遗产**[M]. 上海：东方出版中心，2015. 第54页 海上丝绸之路：中西文化交流与融合的见证之路.

407. 耿昇，著. **法国汉学史论**[M]. 北京：学苑出版社，2015. 该书是"列国汉学史书系"

之一，法国汉学源远流长，曾经在国外辉煌两个多世纪。本文集中所收入的文章，共分四部分。第三部分是笔者有关法国汉学界对中西文化交流史的研究概况；第四部分是笔者有关法国汉学界对西北、西南与海上三条丝绸之路的研究状况。

408. 邢广程，主编. **中国边疆学：第 3 辑**[M]. 北京：社会科学文献出版社，2015. 《中国边疆学》是由中国社会科学院中国边疆研究所主办的学术集刊。该书为第三辑，选载文章 21 篇，分为"一带一路"研究专稿、边政研究、边疆开发研究、边疆政权与民族研究、文献研究、动态与资料六个部分，代表了目前我国边疆史研究的前沿和方向。

409. 闫广林，主编. **海南历史文化：第 5 卷**[M]. 北京：社会科学文献出版社，2015. "本卷特稿"中曹锡仁教授与周伟民教授的两篇论文，分别从不同的角度，探讨了"一带一路"倡议下海南所面临的机遇与选择，以及在"中国梦"前提下，如何实现独具特色的"海南梦"的问题。

410. 赵明龙，著. **南海丝绸之路与东南亚民族经济文化交流研究[M].** 南宁：广西人民出版社 ，2016. 该书共分为十二章，其主要内容包括：南海丝绸之路兴起的历史背景；南海丝绸之路始发港的变迁；南海丝绸之路与东南亚国家物质文化交流；南海丝绸之路与东南亚国家精神文化交流等。

411. 梁二平，著. **海上丝绸之路 2000 年**[M]. 上海：上海交通大学出版社，2016. 该书为读者全面展现了中国古代"海上丝绸之路"的两千年历史，深度解读中国"海上丝绸之路"的变迁发展，分析丝路贸易、对外交往的成败得失。该书有助于读者从历史角度解读"21 世纪海上丝绸之路"，全面理解中国新时期下的"一带一路"。

412. 袁钟仁，著. **广州海上丝绸之路**[M]. 广州：广东人民出版社，2016. 该书从秦汉时期始，以时间顺序讲述广州海上丝绸之路的发展历程，是一本关于广州海上丝绸之路的简史。全书五万字，主要内容包括：总论、广州是海上丝绸之路发祥地、秦汉时期广州的海上丝绸之路等。

413. 广东省人民政府参事室（文史研究馆），编；江海燕，主编. **海丝映粤：广东与 21 世纪海上丝绸之路建设图志**[M]. 广州：广东经济出版社，2016. 该图志立足国家关于"建设海洋强国"以及"一带一路"倡议构想和重大部署，通过图文结合的形式，全景式呈现广东"海上丝绸之路"的发展轨迹以及演进路径，挖掘、归纳和弘扬"海丝"精神，突出广东在 21 世纪海上丝绸之路建设中"排头兵"的作用，反映广东作为海上丝绸之路重要发祥地和经久不变中心地的重要地位。

414. 陈朝萌，著. **海上丝绸之路的深圳机遇与作为**[M]. 北京：中国科学技术出版社，2016. 该书为"基于现代海上丝绸之路的广东省港口群定位研究"课题的中期研究成果，课题围绕"全面研究国家建设'21 世纪海上丝绸之路'的战略内涵，分析其对深圳经济、社会、文化、城市规划建设以及对外开放等方面产生的影响，结合深圳实际，提出深圳的机遇与作为。

415. 郝雨凡，林广志，叶农，整理. **海上丝绸之路史料丛刊 中外关系卷：美国驻澳门领事馆领事报告 1849-1869 转写本**[M]. 广州：广东人民出版社，2016. 该书收录 1849 年 6 月 18 日至 1869 年 12 月 6 日期间，美国驻澳门领事致美国国务院的函件及其附件，如领事馆收费情况报告、美国船只进出澳门港季度报告、特别事件报告，包括一些信件所附录的当地报纸的剪报等，详细记录当时美国在澳门、中国内地、东南亚的许多重大活动及事件，是研究澳门史、中美关系史、美国东亚扩张史、现代东南亚国际政治关系的必要基础史料。 这些档案此前还未被学术界广泛使用，因其采用缩微胶卷形式，此前的影印版本，对于许多学者来说，使用仍然存在诸多困难，许多地方文字难以辨认。有鉴于此，整理者重新收集、扫描收藏在北京、香港的高清源文件，经过校勘比较，以英文转写方式，对该档案重新进行整理，方便读者阅读使用。

416. 石坚平，编著. **江门海上丝绸之路文献资料汇编**[M]. 广州：广东人民出版社，2016. 该书分为舆图荟萃和历史文献两部分，反映了江门海上丝绸之路文化遗产的内涵和价值，内容包括永乐《广州府志辑稿》中的《广州府新会县之图》等。

417. 朱丽霞，著. **海上丝绸之路与十七世纪太仓文坛**[M]. 上海：上海三联书店，2016. 该书分为海上丝绸之路与太仓文人游幕、太仓毛师柱中西部游幕与诗文创作、太仓许旭游幕与闽总督开放海禁三章，主要包括郑和之后：文化新航路；海上丝绸之路与太仓文坛等。

418. 司徒尚纪，著. **21 世纪海上丝绸之路 广东再出发**[M]. 广州：广东旅游出版社，2016. 该书探讨海上丝绸之路与广东关系，从海上丝绸之路之重镇广东出发，梳理广东在海上丝绸之路的存在和价值，探讨广东在建设 21 世纪海上丝绸之路与区域旅游合作的重要作用，并提出广东旅游"走出去"的思路与方法。

419. 王胜三，陈德正，主编. **一带一路名城志：21 世纪海上丝绸之路西线国家卷**[M]. 北京：人民出版社，2016. 该书以丝绸之路经济带和 21 世纪海上丝绸之路为主线，将78 个国家 300 个左右著名城市划分为五个分区。每个区域包括 60 个左右的城市，共计 20 万字左右。在介绍每个具体城市时，首先以地名学研究为切入点，说明城市的名称来由和演变过程。

420. 王胜三，陈德正，主编. **一带一路名城志：21 世纪海上丝绸之路南线国家卷**[M]. 人民出版社，2016.

421. 许利平，杨晓强，著. **海上丝绸之路与中国—东盟关系**[M]. 北京：社会科学文献出版社，2016. 该书主要内容包括：21 世纪海上丝绸之路与东盟战略支点国家建设；"一带一路"与中国新时期的周边战略；对建设 21 世纪海上丝绸之路的思考；古代海上丝绸之路及其 21 世纪海上丝绸之路建设的启示等。

422. 伍鹏，编著. **浙江海上丝绸之路文化**[M]. 北京：经济科学出版社，2016. 该书作者通过多年的积累和实地调研，收集和掌握了大量有关海上丝绸之路文化的资料，对浙江省的宁波、舟山、台州、杭州、温州等城市在海上丝绸之路中的历史地位和影响进行了系统梳理，对浙江海上丝绸之路文化遗存进行了详细介绍，对中国大运河、妈祖文化与海上丝绸之路的关系进行了阐述，最后一章还对"一带一路"倡议提出的历史和时代背景，以及浙江参与"21 世纪海上丝绸之路"建设的基础和优势、国际国内环境和思路等进行了分析。

423. 杨征，著. **从花山溪走向海上丝绸之路**[M]. 福州：福建人民出版社，2016. 该书图文并茂，对平和窑的考古调查、发现、发掘、研究及海上贸易情况作了全面的概述，对窑址的分布、产品特征、烧制工艺和年代作了初步的探讨，并对海外各国发现的平和窑瓷器作了说明，较全面地反映了平和窑的面貌，对于中国古代陶瓷以及海上丝绸之路的研究具有重要的参考价值。

424. 广东省文物局，编. **广东文化遗产海上丝绸之路史迹**[M]. 广州：中山大学出版社，2016. 该书共收录广东全省 254 处海上丝绸之路相关的史迹，这些史迹涵盖海港设施、文化交流、外销品生产基地、海神信仰建筑、航线遗存五大类，五大类之下又细分为十三小类。这些史迹基本可以代表广东省海上丝绸之路各类史迹的精华。

425. 李庆新，著. **海上丝绸之路**[M]. 安徽：黄山书社，2016. 该书主要内容包括：东西方海洋航路的对接；从珠江口到波斯湾："广州通海夷道"；东方大航海时代：宋元帝国对海洋贸易的经营；早期全球化时代东西方海洋贸易与文化交流四章。

426. 漳州市政协文教卫体委员会，编. **漳州"海上丝绸之路"论文选**[M]. 福州：福建人民出版社，2016. 为推动"海丝"申遗工作，2009 年、2011 年，漳州市政协先后组织召开了首届"漳州海商论坛"、"第二届海商论坛暨'海上丝绸之路'申遗座谈会"，共收录两次会议论文 53 篇。漳州市政协文教卫体委员会从中选出了 27 篇，作为"中国海丝文化·漳州篇"丛书之一出版。

427. 吴士存，主编. **21 世纪海上丝绸之路与中国：东盟合作**[M]. 南京：南京大学出版社，2016. 该书强调海上丝绸之路是古代中国与外国海道交通来往的通道，见证了中国与世界文化、经济等方面来往的历史。今天的海上丝绸之路则是中国改革开放，经济发展的重要举措。从战略对接、项目实施、保障措施层面提出了推进 21 世纪"海上丝绸之路"建设的对策建议。

428. 林华东，主编；陈彬强，通拉嘎，等，副主编. **第一届海丝文化国际青年学者论坛论文集：海上丝绸之路新探索**[M]. 北京：中国社会科学出版社，2016. 围绕海上丝绸之路的历史、现实与未来、福建与海上丝绸之路的历史渊源关系、福建地方文化在建设 21 世纪海上丝绸之路中的意义和作用、海上丝绸之路背景下闽台经贸合作的路径选择、闽台文化交流对 21 世纪海上丝绸之路建设的影响和贡献、中国与海上丝绸之路沿线国家交流与合作等领域展开广泛、深入的研讨，充分展示了海丝文化研究的进展情况和成果，并以青年学者独特的眼光和视角，对我国"建设 21 世纪海上丝绸之路"国家战略提出有益的策略与建议。

429. 栗建安，主编. **福建陶瓷与海上丝绸之路**[M]. 长春：东北师范大学出版社，2016. 该书是中国古陶瓷学会年会论文的结集，汇聚了叶文程、刘淼、彭维斌等 26 位中国古陶瓷学会福建会员的关于福建陶瓷与海上丝绸之路的研究与论述文章 25 篇，全面具体，并且深刻地展现了福建陶瓷的发展历程、福建各地陶瓷的特色，以及对海上丝绸之路所带来的贡献。

430. 鲁东大学胶东文化研究院，编. **胶东文化与海上丝绸之路论文集**[M]. 济南：山东人民出版社，2016. 重点探讨了胶东经济文化的发展脉络、不同历史阶段的创新精神与文化形象、当下语境中的改革策略；追索了"（东方）海上丝绸之路"的历史渊源、各时代具体形态、多元文化动力和现实国际状态；梳理了胶东文化的国际传播途径及其与"海上丝绸之路"的文化联动、历史记忆、人文谱系；思考了"一路一带"战略格局中胶东经济文化的特殊发展机遇、应对策略等内容。

431. 贾兴和，著. **斯里兰卡与古代中国的文化交流：以出土中国陶瓷器为中心的研究**[M].

广州：中山大学出版社，2016. 该书包括五章，分别从斯—中关系史、文献记载、海上交通、考古资料（陶瓷、钱币、碑铭等）、斯里兰卡在中国海上交通的地位几方面来论证、考证斯里兰卡与古代中国的文化交流。

432. [马]黄裕端，著. **19 世纪槟城华商五大姓的崛起与没落**[M]. 陈耀宗，译. 北京：社会科学文献出版社，2016. 该书跳出殖民视角，仔细检视了五大姓所建立的复杂且流动的跨国商业网络。主要内容包括：区域语境中的槟城与五大姓、五大姓的家族网络、鸦片饷码竞争、"白金"争夺战等。

433. 广东省人民政府参事室，广东省人民政府文史研究馆，编. **广东海上丝绸之路史料汇编 4：清代卷**[M]. 广州：广东经济出版社，2017. 该书从政治关系、商贸往来、海防体系、港口航线、航海技术等方面对清代相关文献进行了整理。为论证广东作为海上丝绸之路的最早发祥地，以及广东在海上丝绸之路中独特的作用和地位提供了多角度、较为全面的论据。

434. 广东省人民政府参事室，广东省人民政府文史研究馆，编. **广东海上丝绸之路史料汇编 2：宋元卷**[M]. 广州：广东经济出版社，2017. 宋元时期，从广州以及其他港口起航的"海上丝绸之路"，与周边国家间的商品贸易开始萌芽，标志着"海上丝绸之路"进入初启阶段。

435. 陈建军，编. **合浦：汉代海上丝绸之路始发港**[M]. 南宁：广西人民出版社，2017. 该书是多位专家学者关于合浦是中国汉代海上"丝路"始发港的研究成果文集。专家学者从考古学、文献学、现代经济地理学等学科出发，结合汉代合浦的地理、经济、交通、物证等优势条件进行实证分析，力图把合浦关于"海上丝绸之路"的史实、史料、价值等搞清楚、弄明白，进而提出当前合浦在服务国家"一带一路"发展战略方面的政策建议。

436. 徐晓望，著. **中国福建海上丝绸之路发展史**[M]. 北京：九州出版社，2017. 福建所在的东南滨海区域为中国海上丝绸之路的历史起点，它孕育了中国特色的海洋文化。唐宋以来，海上丝绸之路从福建与中国东南的口岸出发，一直延续到南海、印度洋。明清时代，福建与中国东南是环球贸易体系的热点区域。海上丝绸之路上的丝绸、瓷器、蔗糖、香料、武夷茶等商品贸易，以及占城稻、棉花、番薯、玉米等物种的传入提高了福建与中国东南经济的海洋性，从而成为中国经济上升的变量。

437. 李杰，著. **对话海上丝绸路**[M]. 北京：北京航空航天大学出版社，2017. 该书是以"海上丝绸之路"为主线，以专家视角解读"一带一路"战略，并介绍与之相关的法律、历史、地理、军事知识，把普及科学知识与时政热点结合，让读者在了解国家大战略的同时，掌握相应的科学知识和人文知识。

438. 廖国一，黄启善，等，著. **广西北部湾地区出土汉代文物与海上丝绸之路研究**[M]. 北京：科学出版社，2017. 该书通过文物考古研究，并结合文献资料的记载，肯定了从北部湾出发的汉代海上丝绸之路的客观存在。广西北部湾地区汉代经济的新发展，正是通过海上丝绸之路把来自中原地区的"黄金杂缯"等发明创造传播到了东南亚、南亚等地，并且把海外生产的"明珠、璧流离、奇石异物"等物品交换回来。同时，也向海外学习先进的生产方式和科学技术。广西北部湾地区由于有着良好的区位优势，合浦县成为汉代海上丝绸之路的始发港。从北部湾出发的汉代海上丝绸之路，是一条经贸与文化之路、和平与合作之路，对世界历史进程和人类文明产生了重要的影响，同时对当今构建"一带一路"也具有重要的意义。

439. 王明星，陈守明，等，绘著. **寻味羊城：海上丝绸之路今昔**[M]. 广州：广东旅游出版社，2017. 该书以广州海上丝绸之路古迹新貌的景观为核心内容，分"海丝遗迹"、"东西汇流"、"羊城之心"三个部分，寻味海上丝绸之路今昔美景。原创的手绘图分解景观，读者可以拿着这该书在景区内"寻路"，仔仔细细地体味景区的一花一草，彻彻底底地熟悉自己喜欢的每一个角落。

440. 白晓霞，主编；陈晓艺，编著. **百川汇南粤—海上丝绸之路对岭南文化的影响：民俗篇**[M]. 广州：中山大学出版社，2017. 该书主要从外来文化对广东民俗中的礼仪、日常用语、消费观念等的影响方面阐述海上丝绸之路对岭南文化的冲击和融合。

441. 黄志强，柏宇亮，编著. **江门市海上丝绸之路文物图录**[M]. 昆明：云南美术出版社，2017. 江门地区在古代是海上丝绸之路的重要贸易中转站之一，留下了大量的历史文物，本选题以图片和部分文字说明的形式，全面介绍了这些文物的名称、外貌、现状和历史沿革，现在江门地区海上丝绸之路文物已申遗成功。该选题以图录形式表现，具有的形象性和专业性，无论是对专业研究者还是普通读者深入了解其内涵，均有重要的作用。

442. 吴智刚，编. **21 世纪海上丝绸之路与沿线国家区域旅游合作丛书　海上丝绸之路重镇之潮州**[M]. 广州：广东旅游出版社，2017. 该书意在探寻潮州在海上丝绸之路历史背景下的发展印记，梳理当代潮州与海丝沿线各国家千丝万缕的合作关系。在此基础上，深入挖掘潮州与海上丝绸之路沿线国家和地区经贸合作、文化交流的空间与前景，为潮州在"一带一路"宏观战略下准确定位与可持续发展提供参考思路。

443. 张世民，主编. **杨良瑶与海上丝绸之路：《唐故杨府君神道之碑》解读**[M]. 西安：西安地图出版社，2017. 该书收录了张世民、北京大学教授荣新江、西北大学教授周伟洲、德国汉学家萧婷等关于《唐故杨府君神道之碑》的考证文章、杨良瑶神道碑拓片字帖及赏读文字等，对于深入探讨中国唐代外交仪节，正确认识陆上和海上丝绸之路，进一步促进中国与海上丝绸之路沿线国家的关系，都具有重要意义。

444. 广东省人民政府参事室，广东省人民政府（文史研究馆），编. **广东海上丝绸之路史料汇编 1：秦汉至五代卷**[M]. 广州：广东经济出版社，2017. 该书为"海上丝绸之路研究书系史料篇"之一，主要内容包括：政治关系、商贸往来与文化交流、港口航线等。

445. 南京市博物馆，宁波博物馆，上海中国航海博物馆，编. **CHINA 与世界：海上丝绸之路沉船和贸易瓷器**[M]. 北京：文物出版社，2017. 该书旨在通过的 300 多件（套）海上丝绸之路沿线沉船和贸易瓷器及与海丝贸易相关的馆藏文物，向世人展示海上丝绸之路的历史过往与灿烂文化成就。

446. 韩维龙，易西兵，主编. **海上丝绸之路广州史迹**[M]. 广州：广州出版社，2017. 该书分七章，南越国宫署遗址、南越文王墓、光孝寺、南海神庙、怀圣寺光塔、清真先贤古墓、琶洲塔。内容包括：概况；主要遗存；南越国宫署遗址与海上丝绸之路的关联价值；出土文物；南越文王墓与海上丝绸之路的关联价值等。

447. 陶红亮，著. **海洋传奇：海上丝绸之路**[M]. 北京：海洋出版社，2017. 该书内容全面，涵盖了政治、经济、交通、造船、港口、宗教文化交流等诸多方面的内容。包括海上丝绸之路的兴衰、海上丝绸之路第一港——徐闻、海上丝绸之路的起点之一——广州等。

448. 曹云华，李皖南，编著. **广州与"21世纪海上丝绸之路"建设**[M]. 北京：中国经济出版社，2017. 该书从历史和现状两个角度分析了广州参与"21世纪海上丝绸之路"的状况。全书分为总论和分论两篇，共七章，详细论述了广州与"21世纪海上丝绸之路"沿线国家和地区如东盟、南亚、西亚、东北非等进行合作的历史、现状与前景。

449. 中国海外交通史研究会，福建省泉州海外交通史博物馆，编. **海上丝绸之路综论**[M]. 北京：海洋出版社，2017. 该书选取海交史领域的顶尖学者的19篇文章，不仅展现了前辈渊源的学识涵养和学术经世的爱国热忱，还反映了后学对新研究方法与新理论的求知精。

450. 广东省人民政府参事室，广东省人民政府（文史研究馆），编. **广东海上丝绸之路史料汇编3：明代卷**[M]. 广州：广东经济出版社，2017. 从政治关系、商贸往来、海防体系、港口航线、航海技术等方面对清代相关文献进行了整理。为论证广东作为海上丝绸之路的最早发祥地，以及广东在海上丝绸之路中独特的作用和地位提供了多角度、较为全面的论据。

451. 王建富，主编. **海上丝绸之路浙江段地名考释**[M]. 杭州：浙江古籍出版社，2017. 该书共分为海上丝绸之路浙江段重大地名解读；古代海上丝绸之路浙江段地名考释；21世纪海上丝绸之路浙江段地名选录三篇，其主要内容包括：宁波—海上丝绸之路的千年枢纽港；舟山群岛，海上丝绸之路的古津要塞等。

452. 冯海波，编著. **海上丝路之梦想起航**[M]. 广州：广东科技出版社，2017. 为促进"海上丝绸之路"这一文化遗产的研究和传承，弘扬丝路精神，展现"一带一路"的新构想，贡献科技出版人的一份力量，故精心打造了"海上丝绸之路青少年科普丛书"，丛书主编为王元林教授。《海上丝路之梦想起航》由《广东省科技导报》记者冯海波老师所著，图文并茂地讲述了"一带一路"的战略构想、探索实践及平台。

453. 海上丝绸之路研究中心，编. **中国海上丝绸之路研究年鉴：2015**[M]. 杭州：浙江大学出版社，2017. 该书主要围绕学术界对"海丝"文化的研究展开。深入发掘和弘扬光大这份宝贵的历史文化遗产，有利于提升人们对"海丝"文化的认知，并在大力实施海洋发展战略的当下有着特别重要的意义，也必将成为推动海洋经济发展的有力支撑和保障。

454. 纪云飞，主编. **中国海上丝绸之路研究年鉴：2017**[M]. 杭州：浙江大学出版社，2018. 该书主要围绕学术界对"海丝"文化的研究展开。深入发掘和弘扬光大这份宝贵的历史文化遗产，有利于提升人们对"海丝"文化的认知，并在大力实施海洋发展战略的当下有着特别重要的意义，也必将成为推动海洋经济发展的有力支撑和保障。

455. 龚缨晏，主编. **中国海上丝绸之路研究年鉴：2016**[M]. 杭州：浙江大学出版社，2018. 对2016年中国学术界关于"海上丝绸之路"的研究进行全面系统的总结，重点是总结关于古代海上丝绸之路的研究情况，但由于古代海上丝绸之路与"21世纪海上丝绸之路"及"丝绸之路经济带"已经成为密不可分的整体，所以，该书同时也涉及

"21世纪海上丝绸之路"和"丝绸之路经济带"。

456. 丁毓玲，林瀚著．**涨海声中**[M]．福州：福建教育出版社，2018．该书是"图说福建与海上丝绸之路"丛书之一，主要以图片形式展现福建与波斯、阿拉伯世界交往发展的历史。波斯、阿拉伯世界包含今天西亚与北非的大部分地区，早在唐代，福建就与这一地区开始了交往，从福州、泉州、厦门、邵武等地所保留下来的阿拉伯及波斯历史遗存，包括不同历史时期的清真寺、碑铭、石刻造像等，可以窥见福建与波斯、阿拉伯世界的交通贸易、人员往来与文化交融的概貌，也是福建作为海上丝绸之路重要区域的历史见证。

457. 谢必震，主编；吴巍巍，副主编．**牵星过洋：福建与东南亚**[M]．福州：福建教育出版社，2018．该书是2016年度国家出版基金项目"图说福建与海上丝绸之路"丛书（共6册）之一。福建与东南亚地区关系密切，渊源颇深。东南亚地区是海外华人华侨最为集中的地区，也是福建籍华人华侨在海外的主要聚居地。早期下南洋的福建先民们筚路蓝缕、披荆斩棘，是东南亚地区建设的重要力量，为东南亚地区的开发及发展做出了巨大贡献。全书分四章，534幅图片，叙述了历史上福建与东南亚地区的海上往来，包括政治、经济、文化、人员往来、宗教信仰等方面。

458. 吴巍巍，著．**舟行天下：福建与欧美**[M]．福州：福建教育出版社，2018．"福建与海上丝绸之路"丛书共6册，主要以图文并茂的学术成果反映福建与海上丝绸之路的关系，展示福建在海上丝绸之路形成与发展中的地位和作用，让世界了解福建。该书是丛书之一，主要以图片形式展现福建与欧美国家交往发展的历史。该书精选图片三百多幅，充分展现了福建与欧美国家在政治、经济、文化、生活习俗、人员往来等方面的交流发展，是迄今为止第一部以图文并茂的形式展现福建与欧美国家间关系的学术性图书，可读性较强。

459. 谢必震，主编；吴巍巍，副主编；陈硕炫，著．**闽在海中：福建与海上丝绸之路**[M]．福州：福建教育出版社，2018．该书是2016年度国家出版基金项目"图说福建与海上丝绸之路"丛书（共6册）之一。本册是丛书总论，宏观概述福建与海上丝绸之路的关系，包括福建造船航海的优势、福建与世界各国各地区的交往等。全书共三章，图片254幅。

460. 中共海南省委党史研究室，著．**海南与海上丝绸之路**[M]．北京：清华大学出版社，2018．该书从海南地理区位，海南岛古代港口、城镇，海南古代对外贸易和交流，《更路薄》与海南海洋文化的关系，海上丝绸之路与经略南海等方面，研究海南在21世纪海上丝绸之路中的作用。

461. 宫楚涵，俞冰，主编．**海上丝绸之路文献汇编**[M]．北京：学苑出版社，2018．该书共收录有关文献百余种，包括编年史、交通史、国别史、专门史等多种类型，以本土著述为多，以国别分类，按时间顺序，该书将古代中国与海上丝绸之路有关的原始文献以及部分近代早期的研究文献辑为丛编影印出版。

462. 中共广东省委宣传部，编．**广东与21世纪海上丝绸之路**[M]．广州：广东人民出版社，2018．该书是中共广东省委宣传部"海上丝绸之路"课题的系列研究报告集。该书对广东与海上丝绸之路沿线国家的合作与交流、如何发挥广东在建设海上丝绸之路中的作用及广东如何借助海上丝绸之路提升自身实力等方面进行了论述。全书共分九大部分：1. 总论；2. 知识产权合作；3. 基础设施建设合作；4. 产业合作；5. 文化交流合作；6. 高等教育合作；7. 发挥自贸区的作用；8. 发挥粤籍华人华侨作用；9. 提升广东对外软实力。

463. 纪云飞，主编. **中国"海上丝绸之路"研究年鉴**[M]. 杭州：浙江大学出版社，2018. 该书主要围绕学术界对"海丝"文化的研究展开。深入发掘和弘扬光大这份宝贵的历史文化遗产，有利于提升人们对"海丝"文化的认知，并在大力实施海洋发展战略的当下有着特别重要的意义，也必将成为推动海洋经济发展的有力支撑和保障。

464. 张开城，巩建华，著. **广东海上丝绸之路文化与建设**[M]. 北京：海洋出版社，2018. 该书是作者通过多年的积累和实地调研，收集和掌握了大量有关海上丝绸之路文化的资料，对广东海上丝绸之路文化遗存进行了详细介绍，对广东海上丝绸之路古港的开发利用，广东海上丝绸之路文化旅游线路开发等的关系进行了阐述。下篇还对广东参与"21 世纪海上丝绸之路"建设的基础和优势、靠前靠前环境和思路等进行了分析，旨在帮助读者了解广东海上丝绸之路文化，提高海洋文化遗产保护的意识，提高人文素养，并深刻认识广东参与"21 世纪海上丝绸之路"建设的基础和优势、靠前靠前环境等。

465. [日]松浦章，著. **海上丝绸之路与亚洲海域交流：15 世纪末—20 世纪初**[M]. 孔颖，译. 郑州：大象出版社，2018. 中国的对外海上交流自古频繁，这一学术领域直到近年才日渐受到关注，对"海上丝绸之路"对中国文化形成的重要作用的相关研究直到 20 世纪后半叶才起步，完全无法与传统的中国史研究相提并论。该书聚焦近代东亚海域的交流，以丰富翔实的史料来阐述海上丝绸之路与近代东亚海域的交流，从海上丝绸之路与前近代东亚海域的人流和物流、与前近代东亚、东南亚海域的人流和物流、与近代东亚海域的船舶、与近代中日间的轮船航线等方面来再现海上丝绸之路曾经的图景。

466. 鄂尔多斯青铜器博物馆，编. **漫漫丝路 泽遗百代：草原、海上丝绸之路文物精粹**[M]. 北京：科学出版社，2018. 丝绸之路作为中西文明交流的重要通道，在整个中国乃至世界历史发展进程中扮演着重要的角色。作为草原丝绸之路重要节点的鄂尔多斯在丝绸之路发展历程中留下了浓墨重彩的一笔。鄂尔多斯青铜器博物馆联合泉州博物馆、内蒙古明博草原文化博物馆、耀州窑博物馆和包头博物馆共同筹办了"漫漫丝路泽遗百代—草原·海上丝绸之路文物精粹展"，该书即为此次展览的图录。全书由三大部分组成。第一部分包括寄语、各馆致辞、展览概述和内容提要；第二部分由鄂尔多斯青铜器博物馆、内蒙古明博草原文化博物馆、包头博物馆三个部分讲述草原丝绸之路的辉煌；第三部分分泉州博物馆和耀州窑博物馆两个部分讲述海上丝绸之路的风采。全书逻辑清晰、体例完整、图片精美、表述精炼，较好地展示了"丝绸之路"的神韵。

467. 张开城，卢灿丽，著. **广东海上丝绸之路城市历史文化**[M]. 北京：海洋出版社，2018. 广东是古代海上丝绸之路重地，海上丝绸之路历史文化积淀深厚。从文献记载看，广东是史载海上丝绸之路最早的始发地。这些海上丝绸之路古港城市集聚了丰富多彩的海上丝绸之路历史文化，值得梳理和研究。张开城、卢灿丽著的《广东海上丝绸之路城市历史文化》一书分六章述介广州、江门、阳江、湛江、潮州、汕头等广东六大海上丝绸之路古港城市的相关历史文化，较全面地研究和介绍了广东各海上丝绸之路古港口城市的历史遗迹，包括这些城市的海上丝绸之路古港口、古外销瓷窑址等海上丝绸之路贸易商品生产地有关遗址、海上丝绸之路文化交流遗迹、海上丝绸之路移民文化、海关等古代海洋贸易管理机构遗迹、与海上丝绸之路有关的古驿道和古桥梁、与海上丝绸之路有关的古代城池卫所等海防设施。

468. 张明华，著. **海上丝绸之路：宁波的历史与未来**[M]. 杭州：浙江大学出版社，2018. 该书深刻阐释并对比分析了"海上丝绸之路"和"21 世纪海上丝绸之路"的内涵，提出了"21 世纪海上丝绸之路"的战略意义。通过系统地梳理宁波在"海上丝绸之路"历史地位的演进，提出其特点，并总结出"海上丝绸之路"形成和发展的条件。同时，通过对宁波新时期在"21 世纪海上丝绸之路"建设中的 SWOT 分析，确定宁波在"21 世纪海上丝绸之路"建设中的发展定位，并提出宁波实现"21 世纪海上丝绸之路"目标定位的发展路径。

469. 王蕾，著. **21 世纪海上丝绸之路文化构建研究**[M]. 北京：社会科学文献出版社，2018. 21 世纪海上丝绸之路是中国统筹国际国内大局的重大发展倡议，文化构建是推动 21 世纪海上丝绸之路倡议的核心组成部分，展现了中华文化的和谐、包容，以及与沿线各国合作、互利共赢的思想。加强不同文明之间的对话，求同存异，共同发展是 21 世纪国际社会共同期盼的目标。该书运用了多种调查研究方法，从海上丝绸之路文化传统自身的传承与新变切入主题，着重梳理五年来 21 世纪海上丝绸之路倡议的文化构建及其成效。

470. 李新烽，郑一钧，著. **郑和远航非洲与 21 世纪海上丝绸之路**[M]. 北京：中国社会科学出版社，2018. 郑和四次远航非洲，是将明初与各国"共享太平之福"的外交方针，覆盖到际天极地国度的标志。本报告深入阐述了实现人类历史上这一空前壮举，离不开当时中国先进的舟船技术与航海保障，以及对三条横渡印度洋直达非洲新航线的开辟：郑和访非，将木骨都束、卜剌哇、竹步、麻林、慢八撒等地纳入海上丝绸之路贸易体系，较之历代更显示出海上丝绸之路的国际意义；通过对帕泰岛"中国村"的探访，那些因海难而留居非洲的郑和部属后裔至今仍保留着中国文化传统，并成功融入非洲社会，是"移民"非洲的首批华人。将华人移民非洲史提前二三百年，有力回击了所谓的"新殖民主义论"和"中国威胁论"，并对非洲"向东看"和中非贸易发展提供了理论和实践支持。本报告对促进中非共建 21 世纪海上丝绸之路，推动中非命运共同体的构建，具有极其重要的历史与现实意义。

471. 周宁，鲁西奇，主编. **海上丝绸之路精要外文文献汇刊 第 2 辑：英文文献**[M]. 厦门：厦门大学出版社，2018. 海上丝绸之路精要外文文献汇刊（第二辑）收录影印关于海上丝绸之路的英文史料 11 种，共计 15 册，内容主要为航海家日记，并邀请相关领域的专家通读后，于每种书前撰写书志一篇，介绍该书的作者、内容、史料价值、相关研究等。

472. 熊昭明，韦莉果，著. **广西古代海上丝绸之路** [M]. 南宁：广西科学技术出版社，2018. 该书从考古学实证出发，结合文献，以汉代和唐宋两个阶段为切入点，探讨当时的对外贸易和文化交流，力图复原广西古代海上丝绸之路的肇起、发展、繁荣和衰落的全过程。该书可为广西贯彻落实习近平总书记提出的"一带一路"倡议、广西参与丝绸之路经济带和 21 世纪海上丝绸之路建设、落实中央赋予广西 21 世纪海上丝绸之路与丝绸之路经济带有机衔接的重要门户定位等，提供重要的历史依据。

473. 李庆新，著. **"南海Ⅰ号"与海上丝绸之路**[M]. 北京：北京语言大学出版社，2018. "南海Ⅰ号"是迄今为止发现的宋代海上沉船中年代最早、船体最大、保存最完整的远洋贸易商船，也是古代海上丝绸之路的重要见证。《"南海Ⅰ号"与海上丝绸之路》在依据有关史实资料和考古事实的基础上编写而成，书中内容完全来源于考古发掘的事实资料，配有考古现场以及出水文物的珍贵影像资料，给读者展示真实的水下考古现场。此外全书还讲述了中国宋代沉船"南海Ⅰ号"的打捞、发掘和建设海上丝绸之路博物馆的故事，向读者展示除陆上丝绸之路之外的海上丝绸之路。

474. 肖宪，著. **海上丝绸之路的千年兴衰**[M]. 北京：中国书籍出版社 ，2019. 该书将从古代中国的海上探索开始，向读者叙述海上丝绸之路的形成、发展、繁盛到近代衰落的历史，以及新中国建立后海上丝绸之路的复兴和再次繁荣；介绍我国"21 世纪海上丝绸之路"倡议提出后，有关沿线国家的态度、反应和参与，以及未来发展的美好前景。海上丝路的历史也是一部中国航海史，一部对外贸易经济史和文化交流史。海上丝路盛衰的背后，国家开放意识的变化和海洋权益意识的崛起。作者以中国为主视角，系联比对同期世界历史的发展情况，分析中国的国家实力在世界历史中的起伏涨落，在对比中引人思考。

475. 中国社会科学院考古研究所，广西壮族自治区文化和旅游厅，等，编著. **汉代海上丝绸之路考古与汉文化**[M]. 北京：科学出版社，2019. 该书围绕汉代海上丝绸之路考古与汉文化主题，收录论文 30 余篇，分别从考古学、历史学的角度介绍了广西北海合浦出土的汉墓以及墓中出土的外来玻璃器皿等相关研究，以及其所反映的海上丝绸之路状况；同时收录了其他关于汉代考古和历史研究的相关著述。

476. 朱乐群，周然，李晓君，主编. **21 世纪海上丝绸之路水运发展研究**[M]. 成都：四川科学技术出版社，2019. 该书通过翔实的数据资料分析了"21 世纪海上丝绸之路"沿线的港口和航运发展情况，梳理了近年来和"21 世纪海上丝绸之路"倡议有关的水运国际合作与交流成果，阐述了"21 世纪海上丝绸之路"水运发展所面临的机遇和风险，并对未来"21 世纪海上丝绸之路"水运发展进行了展望，旨在通过对 21 世纪海上丝绸之路水运系统全面系统的分析，促进"21 世纪海上丝绸之路"倡议的建设与发展。

477. 王芊，著. **海上丝绸之路与华人国族认同**[M]. 北京：中国建材工业出版社，2019. 本著作依照时间线索与地域分布梳理东南亚地区妈祖造像形式的历史变迁。客观、详细、准确记录东南亚地区主要庙宇、会馆的妈祖造像。透过对妈祖造像的图像学分析，可以真实、客观的还原东南亚华人的信仰世界。该书通过田野实地调研与文本分析为主要研究方法，具有一定的学术视野与权威性。本著作以图像学的研究方法入手，分析梳理东南亚妈祖造像的流传、特征与共性，进而反映出东南亚华人对于中华民族文化的认同与归属感。本著作研究方法得当，研究论据充分，研究思路清晰，研究目标明确，在学理上具有一定的专业性。

478. **泉州学与 21 世纪海上丝绸之路研究**[M]. 昆明：云南人民出版社，2019. 泉州是中国古代海上丝绸之路重要港口城市，2015 年，经中央批准，文化部与福建省人民政府联合主办的"海上丝绸之路国际艺术节"永久落户泉州，彰显了泉州在 21 世纪海上丝绸之路建设大局中的价值和作用。该选题是海上丝绸之路建设与地方学研究相结合的一次阶段性总结，是"21 世纪海上丝绸之路"与地方学建设和发展、地方学比较研究等主题内容研探的学术性专著。稿件所呈现的内容，很好地融入了海上丝绸之路的研讨，主旨深、内容实、观点新，内容包括：泉州学研究与海上丝绸之路、地方性研究与古城复兴、泉州学视野下的泉州文化等。

479. 华德荣，主编. **一路扬帆一路歌：扬州大运河与海上丝绸之路专题论文集**[M]. 南京：东南大学出版社，2019. 为服务世界名城建设、诠释扬州的城市精神，提炼扬州大运河与海上丝绸之路文化遗产突出普遍价值，提升扬州在国内外海丝城市中的文化影响力，扬州市文物局、联合国教科文组织亚太遗产研究与培训中心、北京大学文博学院、扬州大学、华侨大学等多家科研院所，在扬州举办了研讨会，邀请国内外知名专家就扬州在海上丝绸之路文化遗产的历史科技价值等课题进行讨论和交流。本文集以会议专家的论文为基础素材，结合其他知名学者的同类论文成果，全书共 16 篇高质量的论文结集出版，从历史、美学、建筑景观等视角，对大运河与海上丝绸之路线性遗产进行分析，并以人类文明的高度对文化遗产价值进行观照，视野角度上体现国际化。该书适用于遗产保护、城市规划、历史学和民族学、考古学等相关专业人员阅读，也适于对文化遗产研究、保护与开发感兴趣的广大读者。

十一、自然科学总论

1. 郑国柱,编著. **推动地球旋转的人**[M]. 天津:天津科技翻译出版公司. 1998. 第 9 页 3. 海上丝绸之路.

2. 陈美东，等，主编. **中国科学技术史国际学术讨论会论文集**[M]. 北京：中国科学技术出版社，1992. 第 184 页 海上丝绸之路与广州.

3. 王春，著. **星旋态宇宙模型**[M]. 西安：世界图书西安出版公司. 2010. 第 306 页 二、海上丝绸之路.

4. 云飞扬，魏广振，著. **百科大揭秘：探险之旅大百科**[M]. 西安：未来出版社，2011. 第 44 页 海上丝绸之路.

十二、天文学、地球科学

1. 中国海洋学会科普委员会,编. **海洋科普文选**[M]. 北京:海洋出版社,1985. 第 207 页 古代海上丝绸之路（朱少伟）.

2. 司徒尚纪，著. **岭南海洋国土**[M]. 广州：广东人民出版社，1996. 76 页 第一节 先秦时期古越人对海岸和近海的粗浅认识与原始的开发利用；第 81 页 第二节 秦汉到南北朝时期海上丝绸之路的开辟及其对海洋开发的作用；第 89 页 第三节 隋唐宋元时期中国政府对南海诸岛及其海域的管辖与传统海洋开发兴起；第 108 页 第四节 明清时期中国政府对南海诸岛及其海域主权进一步确立与传统海洋开发的深入扩大；第 131 页 第五节 鸦片战争以后中国政府和人民维护南海诸岛领海主权的斗争及近代海洋开发的开始.

3.　杨树珍，卢云亭，编著. **波涛间的胜景**[M]. 北京：海洋出版社，1998. 第 9 页 "海上丝绸之路" 溯源.

4.　马惠娣，等，编著. **蓝色海洋的召唤：开发海洋**[M]. 北京：金盾出版社；北京：科学出版社，1998.

5.　沈顺根，沈舟茵，编著. **海洋探险**[M]. 北京：知识出版社，1999. 第 7 页 5. 中国海上丝绸之路的开拓者是谁；第 14 页 12. 谁是明代七下西洋的伟大航海家？

6.　管华诗，主编. **海洋探秘　悠久的海洋文明**[M]. 济南：黄河出版社，2000. 第 131 页 3. 宋元海路的开拓与世界大航海的出现；第 140 页 4. 世界壮举：郑和七下西洋；第 154 页 五、精湛的古代航海技术；第 154 页 1. 大海航行靠舵手；第 159 页 2. 先进的天文航海术；第 169 页 3. 地文航海术的发展；第 179 页 4.《郑和航海图》：人类最早的海图遗产；第 184 页 六、海上丝绸之路；第 184 页 1. 海上丝绸之路的开辟；第 189 页 2. 唐代海上丝绸之路的繁盛；第 198 页 3. 宋元泉州港：世界大港及其海上贸易；第 212 页 4. 郑和船队织成的中外贸易网.

7.　黄永东，主编. **海洋世界　中卷：海洋世纪**[M]. 北京：人民出版社，2000. 第 456 页 9. 筑起新的 "海上丝绸之路"；第 470 页 1. 中国海洋文明曲折之路；第 471 页 2. 中国人正走向海洋.

8.　曾昭璇，著. **曾昭璇教授论文选集**[M]. 北京：科学出版社，2001. 第 198 页 "海上丝绸之路" 历史地理初探；第 283 页 中国海洋文化的特色——妈祖文化；第 277 页 论我国海洋文化历史发展与珠海市建设.

9.　谢宇，主编. **跨越时空的海洋探险**[M]. 北京：原子能出版社，2004. 第 227 页 中国秦代航海家；第 232 页 中国海上丝绸之路的开拓者；第 234 页 七下西洋的中国伟大航海家.

10.　谢宇，主编. **历史悠久的海洋文明**[M]. 北京：原子能出版社，2004. 第 230 页 中国的海上丝绸之路；第 233 页 航行方向的指示；第 236 页 悠久的中国海洋文化；第 241 页 海洋孕育了中华民族.

11.　黄勇，张景丽，崔今淑，著. **蔚蓝旖旎的海洋　图文版**[M]. 延吉：延边大学出版社，2005. 第 181 页 海上丝绸之路；第 183 页 中国航海史上的最大悲剧——海禁；第 185 页 航海终结者——郑和.

12.　杨柳，著. **西沙群岛珊瑚礁考察记**[M]. 上海：同济大学出版社，2007. 第 142 页 十一 海上丝绸之路.

13.　思钦，编著. **海洋 1001 问**[M]. 北京：中国大地出版社，2007. 第 170 页 "海上丝绸之路" 在哪里？第 37 页 我国海上和陆地丝绸之路在哪里衔接？

14.　司徒尚纪，著. **中国南海海洋国土**[M]. 广州：广东经济出版社，2007.

15.　李明春，徐志良，著. **海洋龙脉：中国海洋文化纵览**[M]. 北京：海洋出版社，2007. 第 50 页 九、海上丝绸之路——海上活动的结晶.

16.　司徒尚纪，著. **中国南海海洋文化**[M]. 广州：中山大学出版社，2009.

17.　于志刚，赵广涛，曹立华，等，编. **海洋地理**[M]. 北京：海洋出版社，2009. 第 118 页 "海上丝绸之路".

18.　曲金良，编著. **图说世界海洋文明**[M]. 长春：吉林人民出版社，2009. 第 175 页 042.

连接东西方的"海上丝绸之路"；第 179 页 043. 从法显归航看"海上丝绸之路".

19. 福建省炎黄文化研究会；中国人民政治协商会议福州市委员会，编. **福建海洋文化研究**[M]. 福州：海峡文艺出版社，2009.

20. 谢宇，主编. **穿越时空的海洋探险**[M]. 天津：天津科学技术出版社，2009. 第 118 页 中国秦代航海家；第 120 页 中国海上丝绸之路的开拓者；第 121 页 七下西洋的中国伟大航海家.

21. 周镇宏，胡日章主编.**21 世纪中国海洋开发战略：南海海洋资源综合开发战略高级研讨会论文集**[M]. 北京：海洋出版社，2001.

22. 杨槱，陈伯真，著. **人船与海洋的故事**[M]. 上海：上海交通大学出版社，2010. 第 25 页 第三章 古代海上贸易航线的开辟和发展；第 26 页 一、海上丝绸之路的开辟和发展；第 30 页 二、郑和下西洋.

23. 刘骆生，张一莉，著. **走近海洋**[M]. 北京：海洋出版社，2010. 第 128 页 第七章 南海 1 号——海洋强国的见证；第 148 页 四、回顾郑和下西洋；第 152 页 五、南海 1 号见证中国曾经是海上强国.

24. 胡沧泽，著. **海洋中国与福建**[M]. 哈尔滨：黑龙江人民出版社 ，2010. 该书以世界史的视野论述了中国的海洋文明，并以福建为典型阐释了福建海洋文明的发展、变化、特点以及周边海洋国家和地区的关系，进而论述了福建海洋文化，特别是闽南文化在中国海洋文明中的重要价值和独特作用。

25. 苏勇军，著. **浙东海洋文化研究**[M]. 杭州：浙江大学出版社，2011. 第 203 页 第三节 浙东"海上丝绸之路".

26. 王烨主编. **海洋知识百科**[M]. 昆明：云南大学出版社，2011. 第 224 页 9. 盛世华章——大唐海上丝瓷盛景；第 225 页 10. 昌盛繁荣——宋朝海上贸易的全新时期；第 225 页 11. 推波助澜——《马可·波罗游记》掀起欧洲航海运动；第 225 页 12. 丰功伟绩——唐朝、元朝的著名航海人物；第 226 页 13. 历史丰碑——大明船队与郑和下西洋的后世之争.

27. 《探索自然丛书》编委会，编. **探索自然丛书：探秘海洋**[M]. 北京：科学普及出版社，2012. 第 202 页 13. 联合国海上丝绸之路考察队.

28. 朱建君，修斌，编. **中国海洋文化史长编：魏晋南北朝隋唐卷**[M]. 青岛：中国海洋大学出版社，2013. 第 228 页 第四节 三大僧人的航海经历及其记录；第 239 页 第五章 魏晋南北朝隋唐时期的海上丝绸之路与海外贸易；第 239 页 第一节 魏晋南北朝时期的海外贸易；第 244 页 第二节 隋唐时期的海外贸易；第 269 页 第三节 活跃的唐代中外海商；第 277 页 第六章 魏晋南北朝隋唐时期的海港与城市；第 277 页 第一节 魏晋南北朝时期的海港；第 287 页 第二节 隋唐时期海港的发展状况；第 291 页 第三节 唐代繁荣的诸海港；第 341 页 第七章 魏晋南北朝隋唐时期的海外经略；第 438 页 第四节 隋唐时期与东南亚、西亚的海上文化交流；第 449 页 第九章 魏晋南北朝隋唐时期的海上社会.

29. 李巍然，主编. **魅力中国海系列丛书：东海宝藏**[M]. 青岛：中国海洋大学出版社，2014. 第 134 页 宁波：海上丝绸之路的东方始发港，第 138 页 泉州港：马可·波罗眼中的"东方第一大港".

30. 陈自强，著. **漳州古代海外交通与海洋文化**[M]. 福州：福建人民出版社，2014.

31. 李乃胜，等，编著. **经略海洋：2015**[M]. 北京：海洋出版社，2015. 突出科技引领支撑建设"21 世纪海上丝绸之路".

32. 崔凤，陈涛，主编. **中国海洋社会学研究 2015 年卷：总第 3 卷**[M]. 北京：社会科学文献出版社，2015. 第 3 页 21 世纪海上丝绸之路建设与海洋强国（张开城），第 11 页 海洋社会学视域下的 21 世纪"海上丝绸之路"研究（陈青松），第 19 页 时空、文化叙事与海洋族群——海上丝绸之路的社会学研究若干要点（林光纪）.

33. 李庆新，主编. **海洋史研究：第 7 辑**[M]. 北京：社会科学文献出版社，2015. 第 3 页 海洋丝绸之路与海洋文化研究（杨国桢）；第 9 页 唐代海南岛的海上贸易（叶显恩）；第 145 页 东南亚的"小广州"：河仙（"港口国"）的海上交通与海洋贸易（1670～1810 年代）（李庆新）；第 170 页 西贡埠广肇帮圣母庙初探（耿慧玲）.

34. 诸华国，周德光，编著. **瓯居海中：海上丝绸之路与温州海洋文化**[M]. 北京：中国言实出版社，2015.

35. 苏文菁，著. **海洋与人类文明的生产**[M]. 北京：社会科学文献出版社，2016. 该书从物质文明、制度文明与精神文明三个层面，对伴随人类大规模进行海洋贸易、移民等活动而产生的文明形态与内容进行了梳理，并对中西海洋文化的基本特征进行了对比，从中得出中国海洋文化的特征：无论是古代对世界文化遗产的贡献，还是当代对世界文明的贡献，中国的海洋文化是和平的、发展的、与人类共荣的文化；这也是当今成为世界第二大经济体的中国应有的文化姿态。

36. 王涛，著. **明清海盗（海商）的兴衰：基于全球经济发展的视角**[M]. 北京：社会科学文献出版社，2016. 该书主要内容包括：明清海盗研究的述评、大航海时代的来临与斗争、大航海时代初期"倭寇"的兴衰、海盗与全球海上霸权的争夺、海上争霸背景下郑氏海商集团的兴衰等。

37. 王日根，著. **海上丝绸之路研究丛书：耕海耘波 明清官民走向海洋历程**[M]. 厦门：厦门大学出版社，2018. 该书稿内容包括明清时期官方走向海洋的历程和民间走向海洋的历程等篇章，阐述明代朝贡体制的重建和海洋政策走向，倭匪问题与海疆管理的强化，福建官员对月港税制的贡献，月港开禁与漳州社会经济的发展，福建海洋区域贸易的国际化，清代海洋政策调整与江南城镇发展，等等。

38. 苏惠苹，著. **众力向洋**[M]. 厦门：厦门大学出版社，2018. 十六世纪以来，福建漳州府的沿海区域经历了从经济和社会发展相对落后到直线飞速上升的历史过程。闽南海洋社会受到了各种力量的重视，明清政府在海洋管理政策上屡有变迁，地方士绅充分把握形势、建言献策，而普通百姓们则有"犯禁""顺应"和"疏离"的不同表现。明清两朝政府、地方士绅和普通百姓都不同程度地参与到海洋管理的历史现场当中，他们共同推动了闽南海洋社会经济的发展与变迁。该书内容包括明代中叶九龙江下游两岸海洋社会的初步发展，隆万年间月港开海域海洋社会的蓬勃兴盛，明末清初海洋秩序的混乱与海洋人的夹缝求生，清代前期海洋管理的因势而变与海洋人的因应之道，清代中后期海洋社会的进一步发展与侨乡的形成等。

39. 潘茹红，编著. **海上丝绸之路研究丛书：海洋图书变迁与海上丝绸之路**[M]. 厦门：厦门大学出版社，2018. 该书阐述不同历史时期海洋图书编写类型、题材、内容的变迁历程，宋元开放的官方海洋政策，"海上丝绸之路"走向繁荣，官方主动面向海洋发展的思维，明清官方封闭的理念影响了对外交往范围的扩大，中国海洋发展进入民间性、地方性层面，海洋图书编写题材呈现多样化的特征，反映了中华海洋文化软实力的发展进程。

40. 苏文菁，李航，主编. **中国海洋文化发展报告：2019**[M]. 北京：社会科学文献出版社，2019. 该书总结中国海洋文化阶段性发展经验，建设当代中国海洋文化理论体系：对迄今为止当代中国海洋文化发展情况进行连续性的总结，以形成中国特色的海洋文化理论。记录当代中国海洋文化发展现况：该书将完成当代中国海洋文化研究领域最基础的积累与开创工作，为将来回溯当代中国海洋文化的发展历程提供了宝贵的研究素材，进一步完善了中国海洋文化研究的学科体系。

41. 苏文菁，著. **海上看中国**[M]. 北京：社会科学文献出版社，2016. 该书介绍了中国历史上的三次"向海"发展历程，海上丝绸之路的历史与现在，我国的海洋族群-疍民及其信仰体系。主要内容包括：中国历史上的三次"向海""海上丝绸之路"的"名"与"实"等。

42. 宁凌，等，著. **面向 21 世纪海上丝绸之路的中国与东盟海洋合作研究**[M]. 北京：中国经济出版社，2019. 该书在共建 21 世纪海上丝绸之路的历史背景下，以中国与东盟合海洋合作为研究对象，基于资源禀赋理论、国际政治理论、海洋经济理论、区域合作理论、国际贸易理论等理论，采取战略与策略相结合、全面与重点相结合、定性与定量相结合的研究思路和方法，通过对中国与东盟海洋合作的总体研究，以及中国与东盟主要国家、主要海洋合作领域的研究，明确制约中国与东盟海洋合作的问题，提出推进中国与东盟海洋合作的对策建议。

43. 刘大海，于莹，著. **"21 世纪海上丝绸之路"周边国家海洋合作指数评估报告**[M]. 北京：科学出版社，2019. 该书介绍了研究的体系框架，借鉴"丝绸之路经济带"创新合作模式，以"五通"为基础，从政策沟通、设施联通、贸易畅通、货币流通和民心相通五个方向对 2005-2016 年 34 个"海丝路"沿线国家海洋合作指数进行分析，并从梯次、国别、地区多视角进行了结果评价，总结"海丝路"沿线国家和地区与我国开展海洋合作情况，为完善海洋国际合作政策提供支撑和服务。

十三、生物科学

王铭铭，主编. **中国人类学评论：第 10 辑**[M]. 北京：世界图书北京出版公司. 2009. 第 234 页 来自海的故事——中国海上丝绸之路（王连茂）.

十四、农业科学

郭文韬，等，编著. **中国农业科技发展史略**[M]. 北京：中国科学技术出版社，1988. 第 275 页 四、开辟海上的"丝绸之路".

夏亨廉，肖克之，主编. **中国农史辞典：中国农史普及读本**[M]. 北京：中国商业出版社，

1994. 第 279 页 海上丝绸之路.

十五、工业技术

1. 中国历史文化名城研究会，编. **中国历史文化名城保护与建设**[M]. 北京：文物出版社，1987. 第 224 页 重新振兴海上丝绸之路——泉州经济和社会发展战略构想（朱定波）.

2. 徐清泉，著. **中国服饰艺术论**[M]. 太原：山西教育出版社，2001. 第 174 页 二、陆上及海上丝绸之路与服饰交流.

3. 中国香料香精化妆品工业协会，编. **中国香料香精发展史**[M]. 北京：中国标准出版社，2001. 第 20 页 一、明代海内外经济文化交流；第 20 页（一）"丝绸之路"拓展海上"香瓷之路".

4. 黄滋，等，编著；李永嘉，等，摄影. **中国古建筑文化之旅：浙江**[M]. 北京：知识产权出版社，2004. 第 36 页 海上丝绸之路的见证——宁波庆安会馆.

5.《名筑》编辑部，保利建筑顾问有限公司，主编. **2007 年亚洲新建筑**[M]. 哈尔滨：黑龙江科学技术出版社，2006. 第 70 页 广东海上丝绸之路博物馆.

6. 赵振东，等，主编. **广州设计招标作品精粹：2002-2007**[M]. 北京：中国建筑工业出版社，2007. 第 210 页 文化建筑 广东海上丝绸之路博物馆.

7. 庞伟，等，著. **景观·观点：广州土人景观：2000-2008 评论·作品·理论**[M]. 大连：大连理工大学出版社，2008. 第 96 页 阳江市海上丝绸之路博物馆景观设计.

8. 袁宣萍，徐铮，著. **浙江丝绸文化史**[M]. 杭州：杭州出版社，2008. 第 48 页 五、海陆丝绸之路.

9. 徐晓村，主编. **茶文化学**[M]. 北京：首都经济贸易大学出版社，2009. 第 244 页 四、海上茶路与茶叶传播.

10. 隗静秋，编著. **中外饮食文化**[M]. 北京：经济管理出版社，2010. 第 298 页 四、"郑和下西洋"与中外饮食文化交流.

11. 徐文浩，编著. **宁波老建筑**[M]. 宁波：宁波出版社，2010. 第 146 页 海上丝绸之路上的藏宝库——永丰库遗址.

12. 张晶，主编. **中国茶典全图解：茶文化与养生保健 上**[M]. 北京：军事医学科学出版社，2010. 第 39 页 五、海上茶路与茶叶传播.

13. 佳图文化，编著. **名家建筑全程实录 1**[M]. 天津：天津大学出版社，2011. 第 28 页 广东海上丝绸之路博物馆及副馆（接待中心）.

14. 宁波茶文化促进会，宁波东亚茶文化研究中心组，编；竺济法，编. **茶产业品牌整合与品牌文化：首届东亚茶经济、茶文化论坛"明州茶论"文集**[M]. 香港：中国文化出版社，2012. 第 182 页 论宁波"海上丝绸之路"申遗的特色印记茶文化（陈伟权）.

15. 深圳市博远空间文化发展有限公司编. **形·韵：国际最新顶级文化建筑**[M]. 南京：江苏人民出版社，2012. 第 338 页 广东海上丝绸之路博物馆.

16. 赵荣光，主编. **中国饮食文化史：东南地区卷**[M]. 北京：中国轻工业出版社，2013. 第 98 页 第四节 海上丝绸之路与中外文化交流；第 98 页 一、海上丝绸之路的开通.

17. 庞杰，申琳，史学群，主编. **食品文化概论**[M]. 北京：中国农业大学出版社，2014. 第

189 页 （四）"郑和下西洋"与中外饮食文化交流.

18. 白晓霞，主编；夏玲玲，编著. **百川汇南粤-海上丝绸之路对岭南文化的影响：建筑篇** [M]. 广州：中山大学出版社，2017. 该书内容包括岭南文化与岭南建筑概述、早期岭南建筑、晚清及民国时期的岭南建筑、宗教传播与岭南宗教遗址、华侨文化影响下的碉楼建筑、广州骑楼与西关大屋、西方的建筑文化细节对岭南建筑文化的影响等方面。

十六、医药、卫生

1. 马伯英，著. **中国医学文化史：下**[M]. 上海：上海人民出版社，2010. 第 224 页 105. 海上丝绸之路和阿拉伯人眼中的中国.

2. 冯立军，著. **海上丝绸之路与中医药文化的海外传播**[M]. 哈尔滨：黑龙江教育出版社，2017. 该书以"海上丝绸之路"的形成、发展、繁荣和转换为线索，论述中医药文化在东南亚的传播、发展，阐述中医药文化在东南亚传播的方式，同时也详细介绍了中医药文化在东南亚传播的丰富内容，比如中药材、医学技术、医药书籍、医学理论其至相关的医药文化和习俗。

3. 白晓霞，主编；陈小卡，编著. **百川汇南粤—海上丝绸之路对岭南文化的影响 医学篇** [M]. 广州：中山大学出版社，2017. 该书以岭南为切入点，从教会医院、西方著作、西医校及教育、西药企业等几个方面论述西方医学传入中国的过程，读者可以从中了解西方医学技术以岭南为发端进而传入中国的发展历程，以及西方医学在传华过程中与中国医学相互交融与碰撞中给中国医学带来的影响。

十七、交通运输

1. 中国海外交通史研究会，宁波市文物管理委员会，编. **宁波港海外交通史论文选集**[M]. 1983. 该书为宁波港海外交通史学术讨论会（1981）论文集，对宁波港的兴起、发展、繁荣和衰落的过程，宁波的海外交通与其他各种活动的相互关系及内在联系等，做了系统详尽而深刻的阐述，是一部宁波文献史料的集成。

2. 任威，李景芝，编著. **船舶与航运文化**[M]. 北京：人民交通出版社，2009. 第 64 页 四、海上丝绸之路.

3. 曾庆成，杨忠振，编著. **21 世纪海上丝绸之路港航物流系统研究**[M]. 大连：大连海事大学出版社，2017. 该书首先分析了"21 世纪海上丝绸之路"背景下港航物流系统面临的机遇与挑战，阐述了"21 世纪海上丝绸之路"航线网络、港口基础设施、海运物流需求，以及港口管理政策的发展现状。

4. 顿贺，编著. **海上丝路之造船开海**[M]. 广州：广东科技出版社，2017. 该丛书展示"海上丝绸之路文化遗产"，弘扬"和平、合作、共赢"的丝路精神，凸显科技品牌，详细讲述海上丝绸之路相关技术和文化，解读海上丝绸之路的新时代内涵。该书图文并茂讲述中国古代造船技术。该书由我国著名的造船专家、武汉理工大学顿贺教授所著，图文并茂地讲解了中国古代海上丝绸之路的技术基础领先于世界的造船技术。

5. 朱芳阳，贾清显等著. **北部湾港港口物流供应链动力机制研究**[M]. 成都：西南交通大学出版社，2018. 该书是北部湾港口水路运输物流供应链专题研究专著。

十八、环境科学、安全科学

1. 宁波日报报业集团，编. **生态宁波**[M]. 宁波：宁波出版社，2008. 第 112 页 天后宫：目睹海上丝绸之路首发式.
2. 邓楠，主编. 可持续发展：**人类生存环境：中国可持续发展研究会 1999 年学术年会论文集**[M]. 北京：电子工业出版社，1999. 第 61 页 福建沿海人文旅游资源突出的县级城市旅游发展战略研究——以海上丝绸之路起点历史名城南安市旅游规划研究为例（袁书琪）.
3. 柯木林，著. **从龙牙门到新加坡：东西海洋文化交汇点**[M]. 北京：社会科学文献出版社，2016. "龙牙门"是新加坡的古称。从"龙牙门"到"新加坡"，说明了新加坡历史发展的轨迹，也说明了这岛国从一个荒凉的渔村，发展成国际大港的历程。该书根据当下所发生的事件，从历史的角度剖析新加坡的发展、人物及地名变迁。全书分为石吻纪事、风流人物、源长流远、盛世修典四个部分。

十九、综合性图书

1. 杜瑜，朱玲玲，编. **中国历史地理学论著索引：1900-1980**[M]. 北京：书目文献出版社，1986. 第 366 页 6、郑和及其下西洋，第 369 页 7、中国与南洋交通.
2. 中国农业博物馆资料室，主编. **中国农史论文目录索引**[M]. 北京：林业出版社，1992. 第 300 页 2 海上丝绸之路.
3. 李之檀，编. **中国服饰文化参考文献目录**[M]. 北京：中国纺织出版社，2001. 第 617 页 海上丝绸之路.
4. 李元秀，主编. 一生读书计划：**影响中国历史进程的中国名址 4**[M]. 呼和浩特：内蒙古人民出版社，2005. 第 737 页 "海上丝绸之路"的起点——泉州.

期刊编

一、哲学、宗教

1. 海上丝绸之路与伊斯兰文化国际学术讨论会[J]. 中国穆斯林，1994：39.
2. 陆芸. **海上丝绸之路在宗教文化传播中的作用和影响**[J]. 西北民族大学学报（哲学社会科学版），2006：9-14.
3. 陆芸. **海上丝绸之路与宗教文化的交流**[J]. 中国宗教，2007：34-36.

4. 陆芸. 海上丝绸之路与伊斯兰文化[J]. 暨南史学，2012：76-83.

5. "海上丝绸之路与南北传佛教交流座谈会"在曼谷举行[J]. 中国宗教，2016（6）：85.

6. 王丽梅. 妈祖文化与海上丝绸之路[J]. 五邑大学学报（社会科学版），2016，18（1）：12-15.

7. 明远. "西来初地·华林禅寺与海上丝绸之路"学术研讨会暨华林禅寺大雄宝殿奠基庆典仪式在广州举行[J]. 法音，2016（9）：64-65.

8. 李慧芬. 东南亚华人民间宗教信仰与建设21世纪海上丝绸之路[J]. 学术评论，2016（2）：40-44.

9. 刘正刚，王熳丽. 汉唐海上丝绸之路与佛教传播[J]. 韶关学院学报，2016，37（3）：1-7.

10. 张诗雨. 海上丝绸之路上的宗教交流——《海上丝路叙事》系列之四[J]. 中国发展观察，2016（4）：52-55.

11. 卞梁. 论"海上丝绸之路"建设中的德教因素[J]. 广东技术师范学院学报，2016，37（9）：26-34.

12. 王荣国. 福建古代佛教与"海上丝绸之路"[J]. 福建史志，2016（5）：27-32.

13. 黄凯. 海上丝绸之路上的佛教文化交流——基于中古海路密教传播的考察[J]. 中山大学研究生学刊（社会科学版），2016（4）：21-29.

14. 刘慧茹. 海上丝绸之路与观音崇拜[J]. 丝绸之路，2016（2）：27-28.

15. 陈国生，关照宏. 澳大利亚的妈祖信仰与海上丝绸之路[J]. 妈祖文化研究，2017（4）：49-54.

16. 夏立平. 论21世纪海上丝绸之路建设与妈祖文化[J]. 妈祖文化研究，2017（1）：6-19.

17. 李一鸣，李洁宇，黄海蓉. 古代海上丝绸之路与海南妈祖信仰关系初探[J]. 新东方，2017（3）：46-50.

18. 施雪琴，许婷婷. 海上丝绸之路与印尼民丹岛华人民间信仰的传播[J]. 海交史研究，2017（1）：79-91.

19. 林国平. 海神信仰与海上丝绸之路——以妈祖信仰为中心[J]. 妈祖文化研究，2017（1）：20-26.

20. 梁轶奎. 海上丝绸之路与南海区域宗教传播[J]. 戏剧之家·上半月，2017（22）：228-229.

21. 林国平. 海神信仰与古代海上丝绸之路——以妈祖信仰为中心[J]. 福州大学学报（哲学社会科学版），2017，31（2）：5-9.

22. 刘婷玉. 明代海上丝绸之路与妈祖信仰的海外传播[J]. 中国高校社会科学，2017（6）：131-142.

23. 学愚. 佛教与21世纪海上丝绸之路[J]. 法音，2018（12）：46-49.

24. 连心豪. 论妈祖信仰与海上丝绸之路[J]. 妈祖文化研究，2018（4）：1-11.

25. 李百晟. 佛教与海上丝绸之路分论坛[J]. 法音，2018（11）：37.

26. 林明太，连晨曦，赵相相. 试析海上丝绸之路沿线主要国家的妈祖文化旅游联合开发[J]. 武夷学院学报，2018，37（5）：63-68.

27. 谭苑芳，林玮. 论海上丝绸之路之于"六祖革命"的文化地理学意义[J]. 宗教学研究，2018（3）：93-97.

28. 赖怡芳. 非物质文化遗产在海上丝绸之路的传播与保护——以妈祖信俗为例[J]. 特区

经济，2018（5）：121-124.

29. 贾发义，李志贤. **东南亚华人的关帝崇拜——"海上丝绸之路"文化传播的一个例证** [J]. 山西大学学报（哲学社会科学版），2018，41（5）：29-39.

30. 黄海燕. **论黄檗文化与福清精神的契合**[J]. 福建师大福清分校学报，2019（4）：6-12.

31. 张婧雅，李立柱. **福清黄檗文化研究综述**[J]. 福建师大福清分校学报，2019（4）：13-19.

32. 卞梁，连晨曦. **妈祖传播与泉州海上丝绸之路枢纽作用的联动——基于双核心驱动模式的视角**[J]. 妈祖文化研究，2019（2）：23-31.

33. 常净. **弘愿西渡求经典 孤帆劈浪传文明 纪念海上丝绸之路使者、译经巨擘义净大师** [J]. 中国宗教，2019（11）：38-39.

34. 田素美，谢清果. **论妈祖女神符号传播对"21世纪海上丝绸之路"构建的积极作用**[J]. 中华文化与传播研究，2019（1）：390-401.

35. 谢瑞隆. **妈祖传说在海上丝绸之路的传衍、变异及其海洋文化质素**[J]. 妈祖文化研究，2019（3）：18-24.

36. 李雨竹. **海上丝绸之路视野下妈祖文化的历史作用和现实作用**[J]. 长江丛刊，2019（32）：35-36.

37. 王志习. **海上丝绸之路视野下妈祖文化的历史作用和现实作用**[J]. 文物鉴定与鉴赏，2019（13）：152.

38. 冯相磊. **唐代海上丝绸之路上的高僧义净西行求法研究**[J]. 德州学院学报，2019，35（5）：18-23.

39. 司聘. **"21世纪海上丝绸之路"框架下的中斯佛教交流**[J]. 中国佛学，2019（1）：242-252.

40. 胡雅南. **长沙铜官窑 海上丝绸之路的陶瓷明珠**[J]. 新湘评论，2019（15）：48-49.

41. 连心豪. **明清海上丝绸之路上的妈祖信仰**[J]. 妈祖文化研究，2019（2）：1-7.

二、社会科学总论

1. 黄亮雄. **21世纪海上丝绸之路（广东）国际智库论坛会议综述**[J]. 战略决策研究，2016（4）：96-104.

2. 麻国庆. **全球社会与 21 世纪海上丝绸之路**[J]. 高等学校文科学术文摘，2016（1）：122-123.

3. 冯华. **海南省海上丝绸之路研究基地在海师大揭牌**[J]. 新教育（海南），2017（16）：26.

4. 郑军，张永庆，黄霞. **2000-2014年海上丝绸之路贸易网络结构特征演化**[J]. 国际贸易问题，2017，411（3）：154-165.

5. 谭菲. **"海上丝绸之路"建设中的产业人才作用机理分析与实证预测——以珠海市为例** [J]. 特区经济，2019（10）：38-43.

6. 谭菲. **"海上丝绸之路"背景下的人才供给问题研究——以珠海市为例**[J]. 河北企业，2019（10）：119-120.

三、政治、法律

1. **福建省人民政府办公厅关于成立福建省海上丝绸之路东端——泉州申报列入世界文化遗产名录领导小组的通知**[J]. 福建省人民政府公报，2002（15）：21.
2. 司徒尚纪. **海上丝绸之路与我国南海传统疆域形成**[J]. 广东蚕业，2002（1）：45-46.
3. **福建省"海上丝绸之路：泉州史迹"文化遗产保护管理办法**[J]. 福建省人民政府公报，2003（33）：4-7.
4. **漳州市政协举办第二届海商论坛"海上丝绸之路申遗"座谈会**[J]. 政协天地，2011（12）：50.
5. 邓海麟. **建构"海上丝绸之路"的历史经验与战略思考**[J]. 太平洋学报，2014（1）：1-6.
6. 邹立刚. **中国-东盟共建南海海上丝绸之路的战略思考**[J]. 海南大学学报（人文社会科学版），2014（4）：39-45.
7. 任宣. **东南亚侨胞考察粤海上丝绸之路史迹**[J]. 人民之声，2014（8）：14.
8. 任宣. **广东召开建设 21 世纪海上丝绸之路侨胞座谈会**[J]. 人民之声，2014（7）：12.
9. 杨谊兴. **福州市市长杨益民在接见台湾"南联盟"理事长时表示　加强深度合作，建设 21 世纪"海上丝绸之路"**[J]. 台声，2014（6）：104-105.
10. **国务院同意在汕头经济特区设立华侨经济文化合作试验区　充分发挥华侨华人资源优势　建设 21 世纪海上丝绸之路重要门户**[J]. 潮商，2014（4）：6-7.
11. 陈史. **努力打造 21 世纪海上丝绸之路重要门户全球华侨华人经济文化合作交流重大载体**[J]. 潮商，2014（4）：8-9.
12. 兰锋. **抓住海上丝绸之路建设机遇　推动福建改革开放科学发展：张高丽在福建考察纪行**[J]. 海峡通讯，2014（8）：4-5.
13. 张勇. **略论 21 世纪海上丝绸之路的国家发展战略意义**[J]. 中国海洋大学学报（社会科学版），2014（5）：13-18.
14. 王键. **建设 21 世纪海上丝绸之路开创两岸关系新局面**[J]. 现代台湾研究，2014（5）：33-39.
15. 徐璨，田琳. **科学统筹减灾全局　建设"一带一路"海陆新枢纽：专访广西壮族自治区人民政府副主席、自治区减灾委员会主任黄日波**[J]. 中国减灾，2015（9）：7-11.
16. 蒋利辉，冯刚. **"一带一路"，民族地区的重大战略机遇**[J]. 中国民族，2015（5）：12-13.
17. 周元，彭青林. **杨洁篪：海南要争做建设 21 世纪海上丝绸之路的先锋**[J]. 海南人大，2015（3）：20.
18. 黄晓坚. **海上丝绸之路与华侨华人：基于潮汕侨乡及海外潮人的历史考察**[J]. 新视野，2015（3）：117-123.
19. 李建勋. **南海航道安全保障法律机制对"21 世纪海上丝绸之路"的借鉴意义**[J]. 太平洋学报，2015（5）：68-77.
20. 王一琳. **中国东南亚南亚法律合作磋商会暨 21 世纪海上丝绸之路法律研讨会综述**[J]. 中国政法大学学报，2015（2）：156-157.
21. 王一琳. **21 世纪海上丝绸之路经济金融法律合作前瞻：中国东南亚南亚法律合作磋商会暨 21 世纪海上丝绸之路法律研讨会述评**[J]. 重庆与世界（学术版），2015（2）：46-48.

22. 李人达，邹立刚. **中国—东盟共建新海上丝绸之路法律机制研究**[J]. 中国海商法研究，2015（1）：8-13.

23. 陈明. **三条鱼的故事：印度佛教故事在丝绸之路的传播例证**[J]. 西域研究，2015（2）：63-83.

24. 周益，王常华. **"一带一路"背景下海南城乡社区服务管理发展研究**[J]. 安徽文学（下半月），2015（6）：156-157.

25. 杨泽伟. **论21世纪海上丝绸之路建设与国际海洋法律秩序的变革**[J]. 社会科学文摘，2016（12）：83-85.

26. 邹格林. **关于海上丝绸之路建设的几点思考**[J]. 决策与信息：下旬，2016（24）：54-55.

27. 李慧芬. **发挥泰国闽籍华侨华人优势　打造21世纪海上丝绸之路核心区**[J]. 福建理论学习，2016（12）：30-33.

28. 刘文波. **南海地缘政治格局与海上丝绸之路建设的地缘战略选择**[J]. 理论与现代化，2016（3）：35-39.

29. [美]克莱门斯，葛红亮，庞伟. **"海上丝绸之路"与中国海外军事基地建设评估**[J]. 印度洋经济体研究，2016（1）：22-30.

30. 林庆瑞，李明江，王思颖. **对海上丝绸之路倡议的地区回应——出于经济需要、国内问题和地缘政治考量**[J]. 中国周边外交学刊，2016（1）：79-93.

31. 南文龙，张争胜，赵亮. **"21世纪海上丝绸之路"建设对我国南海地区的影响分析**[J]. 社会科学文摘，2016（8）：28-30.

32. 黄兴华，石戣. **闽籍华侨华人参与建设21世纪海上丝绸之路核心区的路径研究**[J]. 福建理论学习，2016（4）：44-46.

33. 庄国土. **海上丝绸之路与中国海外移民**[J]. 人民论坛（中旬刊），2016（3）：244-246.

34. 朱陆民，阳海飞. **21世纪海上丝绸之路的民意构建——兼论东南亚华侨华人的作用**[J]. 学理论，2016（9）：64-66.

35. 邹格林. **关于海上丝绸之路建设的几点思考**[J]. 决策与信息（下旬），2016（8）：54-55.

36. **广州市海上丝绸之路史迹保护规定**[J]. 广州市人民政府公报，2016（2）：1-7.

37. 王新越，司武兴. **21世纪海上丝绸之路国家旅游合作研究**[J]. 中国海洋大学学报（社会科学版），2016（2）：41-45.

38. 王竞超. **论海上丝绸之路沿线的海盗威胁与中国对策**[J]. 武大国际法评论，2016（1）：264-287.

39. 张晏瑲. **由国际海洋法论海上丝绸之路的挑战**[J]. 法律科学（西北政法大学学报），2016（1）：174-181.

40. 钱媛媛. **21世纪海上丝绸之路背景下亚太地区港口国监控的区域协调问题研究**[J]. 中国海商法研究，2016，27（2）：105-111.

41. 刘涛. **沿线主要多边合作机制与推进21世纪"海上丝绸之路"**[J]. 长春教育学院学报，2016，32（12）：38-40.

42. 杨泽伟. **论21世纪海上丝绸之路建设与国际海洋法律秩序的变革**[J]. 东方法学，2016（5）：45-54.

43. 李亚娟. **海上丝绸之路建设与妈祖文化圈的发展路径研究**[J]. 青年时代，2016（1）：

32-32.

44. 李洁宇. **21 世纪海上丝绸之路面临的问题及解决路径**[J]. 中国党政干部论坛，2016（7）：49-51.

45. 林亚将. **护航21世纪海上丝绸之路——南海海盗防范区域合作法律机制研究**[J]. 福建论坛（人文社会科学版），2016（7）：186-192.

46. 赵亚娟. **论中国与东盟国家合作保护古沉船——以海上丝绸之路沿线古沉船为例**[J]. 暨南学报（哲学社会科学版），2016，38（9）：58-64.

47. 傅梦孜. **南海问题会否影响"21世纪海上丝绸之路"建设？**[J]. 太平洋学报，2016，24（7）：13-16.

48. 杨理智，张韧，白成祖等. **"21世纪海上丝绸之路"之4个主要东盟国家人文环境风险评估**[J]. 海洋通报，2016，35（6）：617-624.

49. 向明华. **广东加强 21 世纪海上丝绸之路法治建设的思考**[J]. 岭南学刊，2016（1）：91-98.

50. 杨泽伟. **论21世纪海上丝绸之路建设对南海争端解决的影响**[J]. 国际法学，2016（9）：104-114.

51. 张开城. **海上丝绸之路的宣示**[J]. 南方论刊，2016（9）：12-14.

52. 凌胜利. **中泰合作共建"海上丝绸之路"战略支点**[J]. 当代世界，2016（6）：69-71.

53. 孙泽霖. **"21世纪海上丝绸之路"战略的关键：南海共同开发**[J]. 改革与开放，2016（13）：5-6.

54. 阎铁毅，付梦华. **论确立中国海事事权的原则——以21世纪海上丝绸之路建设为背景**[J]. 新疆师范大学学报（哲学社会科学版），2016，37（6）：66-73.

55. 林惠玲，黄茂兴. **中国海洋文明与海上丝绸之路的复兴**[J]. 东南学术，2016（3）：26-35.

56. 郑一省. **海上丝绸之路历史中的印尼华侨华人**[J]. 八桂侨刊，2016（3）：27-33.

57. 杨青，王姗. **南海局势与海上丝绸之路建设**[J]. 宜春学院学报，2016，38（11）：21-24.

58. **推进福建佛教文化对外交往服务海上丝绸之路核心区建设**[J]. 政协天地，2016（2）：20.

59. **论21世纪海上丝绸之路建设对国际法治的贡献**[J]. 现代交际，2016（3）：32.

60. 韦红. **印尼国内政治对中国印尼共建海上丝绸之路的影响及对策**[J]. 社会主义研究，2016（3）：145-150.

61. 陆芸. **海上丝绸之路与移民——兼论中国历代政府对中外移民的管理**[J]. 学术探索，2016（6）：86-91.

62. 张芷凡. **论"海上丝绸之路"推进中的安全风险与法律应对——以构建海上通道安全合作机制为视角**[J]. 南海学刊，2016，2（2）：106-111.

63. 李晓霞. **海权观念的重塑——21世纪"海上丝绸之路"建设的理念目标**[J]. 理论月刊，2016（9）：163-168.

64. 陈思静. **论21世纪海上丝绸之路建设对国际法治的贡献**[J]. 现代交际，2016（6）：32.

65. 贾引狮，吕亚芳. **21世纪"海上丝绸之路"背景下中国—东盟地理标志法律协调问题研究**[J]. 南宁职业技术学院学报，2016，21（1）：36-39.

66. **21世纪海上丝绸之路建设下中国-东盟金融合作法律机制的完善**[J]. 太平洋学报，

2016（4）：1.

67. **宁波市海上丝绸之路史迹保护办法**[J]. 宁波市人民政府公报，2016（22）：4-6.

68. 刘文波. **南海问题与中国 21 世纪海上丝绸之路建设**[J]. 东南学术，2016（3）：18-25.

69. 南文龙，张争胜，赵亮. **"21 世纪海上丝绸之路"建设对我国南海地区的影响分析**[J]. 海洋开发与管理，2016（6）：84-91.

70. 林蓁. **南海水下文化遗产保护合作机制的可行性研究——基于建设 21 世纪海上丝绸之路视角**[J]. 海南大学学报（人文社会科学版），2016，34（2）：19-28.

71. 杨海涛，蒋慧. **构建和完善 21 世纪海上丝绸之路法律机制基本策略探究**[J]. 学术论坛，2016，38（2）：70-74.

72. 王勇辉. **"21 世纪海上丝绸之路"东南亚战略支点国家的构建**[J]. 世界经济与政治论坛，2016（3）：61-73.

73. 罗传钰. **21 世纪海上丝绸之路建设下中国—东盟金融合作法律机制的完善**[J]. 太平洋学报，2016，24（4）：1-11.

74. 陈肖英. **青田籍华侨华人与"海上丝绸之路"**[J]. 八桂侨刊，2016（1）：10-15.

75. 张中泽. **21 世纪海上丝绸之路与中国海洋权益维护**[J]. 山西社会主义学院学报，2016（4）：63-68.

76. 张群. **"中国—东盟关系与海上丝绸之路建设"国际研讨会综述**[J]. 中国周边外交学刊，2016（1）：287-296.

77. [孟]拉赫曼，吴娟娟，杜幼康. **21 世纪海上丝绸之路与中国—南亚关系**[J]. 印度洋经济体研究，2016（1）：31-62.

78. 谢婷婷. **超越地缘的全球治理理念创新——对21世纪海上丝绸之路倡议的分析**[J]. 国际关系研究，2016（4）：51-60.

79. 李家成. **东方海上丝绸之路视角下的中韩合作探析**[J]. 朝鲜·韩国历史研究，2016（0）：456-470.

80. 黄兴华，杨宏云. **东南亚华人企业在建设 21 世纪海上丝绸之路核心区中的助推作用研究**[J]. 福建理论学习，2017（4）：43-45.

81. 韦红，尹楠楠. **"21 世纪海上丝绸之路"东南亚战略支点国家的选择**[J]. 社会主义研究，2017（6）：124-132.

82. 杨怡爽. **跨界发展：从 21 世纪海上丝绸之路到亚洲生产网络的边界扩展**[J]. 当代亚太，2017（1）：26-43.

83. **泉州市人民政府关于公布第一批泉州市海上丝绸之路史迹保护名录的通知**[J]. 泉州市人民政府公报，2017（1）：24-25.

84. 周伟. **21 世纪海上丝绸之路与环南海公共外交**[J]. 公共外交季刊，2017（2）：65-70.

85. 蔡旭，李文静，张萍萍. **海上丝绸之路海洋环境法律保护研究**[J]. 湖北科技学院学报，2017，37（3）：36-41.

86. 杜以星，李民韬. **"海上丝绸之路"建设新形势下海事仲裁司法审查面临的新问题及应对思路——以海事仲裁协议效力为视角**[J]. 仲裁研究，2017（1）：18-25.

87. 廖中武. **"21 世纪海上丝绸之路"战略中妈祖文化的传播研究**[J]. 中共福建省委党校学报，2017（2）：115-120.

88. 梁二平. **海上丝绸之路的苏禄往事——纪念苏禄三王访问中国 600 周年**[J]. 丝绸之路，2017（21）：1-4.

89. 李人达. **建立新时期海上丝绸之路法律制度和发展规划的思考**[J]. 中国党政干部论坛，2017（6）：103-104.

90. 王小明. **21 世纪海上丝绸之路建设对接当地发展研究——印度尼西亚视角**[J]. 国际展望，2017，9（4）：122-143.

91. 施雪琴，叶丽萍. **契机与挑战：当代中国与印尼新型互动关系的构建——以 "21 世纪海上丝绸之路" 建设为背景**[J]. 当代世界与社会主义，2017（3）：144-153.

92. 刘超，王静. **"21 世纪海上丝绸之路" 能源投资准入之法律风险与应对**[J]. 中国矿业大学学报（社会科学版），2017，19（5）：59-65.

93. 刘益梅. **根治民粹土壤 建设海上丝绸之路——兼论排华与民粹主义的关系**[J]. 新疆社会科学，2017（1）：58-64.

94. 姜彦超. **利用 21 世纪海上丝绸之路促进南海问题解决探析**[J]. 农家科技（中旬刊），2017（7）：99.

95. **海上丝绸之路与中国海洋强国战略丛书**[J]. 读书，2017（3）：177.

96. 陈雅婷. **海洋法视域下的南海海盗治理问题——以建设 21 世纪海上丝绸之路为背景**[J]. 法制与社会：旬刊，2017（20）：135.

97. 马国俊. **中国与东盟 "海上丝绸之路" 周边安全合作**[J]. 才智：智慧版，2017（3）：245-246.

98. 于光胜. **打造 21 世纪海上丝绸之路的障碍与路径**[J]. 理论月刊，2017（5）：155-160.

99. 夏苇航，刘清才. **"21 世纪海上丝绸之路" 倡议视域中的中国—东盟关系**[J]. 社会主义研究，2017（6）：133-142.

100. 夏真真，汪万发. **21 世纪海上丝绸之路：非传统安全问题及其合作安排**[J]. 江南社会学院学报，2017，19（4）：27-33.

101. 陈江波. **"海湖庄园会晤" 后 "21 世纪海上丝绸之路" 战略的新思考**[J]. 海南大学学报（人文社会科学版），2017，35（6）：48-53.

102. 蔡紫旻，陈林森. **为海丝史迹护航——《泉州市海上丝绸之路史迹保护条例》出台侧记**[J]. 人民政坛，2017（3）：16-17.

103. 方剑. **"21 世纪海上丝绸之路" 倡议下我国与新加坡法律制度问题之比较**[J]. 行政与法，2017（8）：110-118.

104. **全总与交通运输部举办 "21 世纪海上丝绸之路" 民心相通交流营**[J]. 中国工运，2017（5）：16-16.

105. 毛启蒙，韩冬临. **"21 世纪海上丝绸之路" 的南海地缘政治风险及其治理路径**[J]. 中国—东盟研究，2017（2）：85-99.

106. 谢斌. **"21 世纪海上丝绸之路" 建设背景下的中国-东盟执法安全合作**[J]. 理论界，2017（5）：118-124.

107. 张程锦. **"海上丝绸之路" 倡议下的合作实践研究——以中国与太平洋岛国合作为例**[J]. 东岳论丛，2017（9）：143-149.

108. 曾建生. **中国古代海上丝绸之路诗歌与廉洁文化建设**[J]. 广州航海学院学报，2017，

25（2）：64-67.

109. 俞慈珍. **21 世纪海上丝绸之路核心区建设中福州统战工作**[J]. 中外企业家，2017（2）：7-9.

110. 李琳. **地缘政治视野下 21 世纪海上丝绸之路前景探析**[J]. 环球人文地理，2017（14）：347-347.

111. 朱雄. **海上丝绸之路与中外海洋社会互联互动**[J]. 泉州师范学院学报，2017，35（3）：99-103.

112. 扈琼琳. **21 世纪海上丝绸之路面临的非传统安全问题研究**[J]. 江汉大学学报（社会科学版），2017，34（3）：76-80.

113. 徐峰. **"海上丝绸之路"战略倒逼海事强制法松动**[J]. 天津航海，2017（1）：22-26.

114. 谢婷婷. **侨务公共外交在海丝建设中的实践策略——以华商为例**[J]. 太平洋学报，2017，25（11）：38-45.

115. 李德芳. **中国对太平洋岛国的文化外交：目标、路径及效用评析**[J]. 太平洋学报，2017，25（9）：57-69.

116. 曹峰毓，王涛. **南亚区域合作的历程、成效及挑战**[J]. 太平洋学报，2017，25（10）：74-83.

117. 谢宇航. **巴基斯坦财政制度变迁及其对俾路支民族分离主义运动影响研究**[J]. 太平洋学报，2017，25（10）：84-96.

118. 王珉. **国际海关便利通关制度最佳实践经验、发展趋势与中国因应之策**[J]. 太平洋学报，2017，25（6）：88-97.

119. 周燡. **"21 世纪海上丝绸之路"框架下我国海商法与民商法的碰撞与融合——以海上运输记名提单货物控制权为视域**[J]. 海大法律评论，2017（1）：106-123.

120. 吴波. **印度在 21 世纪海上丝绸之路倡议中的合作前景分析**[J]. 青年时代，2017（4）：72.

121. 朱大伟. **9.11 后新加坡的海上安全关切及其因应战略**[J]. 南海学刊，2017，3（2）：109-118.

122. 张治国. **海上咽喉管控模式变迁——以马六甲海峡为例**[J]. 太平洋学报，2018，26（10）：79-90.

123. 周楠，周欣. **试论中国与东盟海上反恐刑事合作机制的构建**[J]. 太平洋学报，2018，26（3）：90-101.

124. 黄博，邓云成，张相君. **中斐合作应对气候变化的路径与方向研究**[J]. 南海学刊，2018，4（4）：101-108.

125. 于宏源. **矿产资源安全与"一带一路"矿产资源风险应对**[J]. 太平洋学报，2018，26（5）：51-62.

126. 郑晨骏. **"一带一路"倡议下中哈跨界水资源合作问题**[J]. 太平洋学报，2018，26（5）：63-71.

127. 陈奉林. **从东方外交史的角度看马六甲王国沦陷的影响**[J]. 太平洋学报，2018，26（11）：70-80.

128. 李文怡. **"21 世纪海上丝绸之路"贸易法治化研究**[J]. 天府新论，2018（3）：130-136.

129. 宋灵. "21 世纪海上丝绸之路"倡议在印尼实施中华侨华人的作用[J]. 社会主义研究，2018（5）：138-144.

130. 龚娜，彭本利. 21 世纪海上丝绸之路背景下玉林妈祖文化遗产的法律保护[J]. 法制与社会：旬刊，2018（36）：238-239.

131. 胡新尚，中共泉州市委党史研究室课题组. 泉州建设 21 世纪海上丝绸之路先行区的文化优势[J]. 福建党史月刊，2018（6）：14-17.

132. 陈东，黄丽桩，莫廷婷. "海上丝绸之路"文化遗产保护地方立法的问题与视野[J]. 地方立法研究，2018，3（4）：57-72.

133. 卢虹. 19 世纪东南亚海上丝绸之路沿线海盗问题探析[J]. 文化创新比较研究，2018（29）：136.

134. 钟慧. "远洋群岛法律制度和 21 世纪海上丝绸之路国际研讨会"综述[J]. 中华海洋法学评论（中英文版），2018（1）：153-181.

135. 李国选，严双伍. "21 世纪海上丝绸之路"倡议推进下的中国南海岛礁建设[J]. 当代世界与社会主义，2018（2）：156-162.

136. 段林. "海上丝绸之路"下再看船舶碰撞油污损害责任承担[J]. 法制与社会：旬刊，2018（32）：46-47.

137. 何雨. 基于"21 世纪海上丝绸之路"建设的"一海两洋"战略研究[J]. 海南热带海洋学院学报，2018，25（1）：25-28.

138. 陈强. 21 世纪海上丝绸之路危险海域反海盗探究[J]. 海南热带海洋学院学报，2018，25（6）：17-22.

139. 邱小鹃. 21 世纪海上丝绸之路建设中东南亚华侨华人的作用[J]. 郑州航空工业管理学院学报（社会科学版），2018，37（3）：42-52.

140. 杨泽伟. "21 世纪海上丝绸之路"建设的风险及其法律防范[J]. 环球法律评论，2018，40（1）：163-174.

141. 李铭. "21 世纪海上丝绸之路"对中国—东盟在南海问题上的影响[J]. 经济师，2018（3）：96-97.

142. 李铭. 中国—东盟在南海问题上的发展前景——基于"21 世纪海上丝绸之路"的研究背景[J]. 湖北开放职业学院学报，2018，31（16）：100-101.

143. 本刊记者. 怀梦行远——《邮票上的海上丝绸之路》《邮票上的华侨华人》在榕首发[J]. 政协天地，2018（12）：34.

144. 臧术美. "中国'海上丝绸之路'与非洲和中东的政治经济学"会议综述[J]. 国外社会科学，2018（1）：150-152.

145. 李慧芬. 习近平总书记关于侨务工作重要论述与构建"21 世纪海上丝绸之路"研究[J]. 时代金融，2018（3）：207.

146. 黄德明，杨帆. 跨部门合作法律机制在国家管辖范围外海洋保护区建立管理中的作用——兼谈对"海上丝绸之路"倡议的启示[J]. 云南师范大学学报（哲学社会科学版），2018，50（6）：39-49.

147. 福州市人民代表大会常务委员会. 福建省人民代表大会常务委员会关于批准《福州市海上丝绸之路史迹保护条例》的决定[J]. 福建省人民代表大会常务委员会公报，2018

（4）：29-33.

148. 杨益民. 关于《福州市海上丝绸之路史迹保护条例》审查的报告——**2018 年 7 月 24 日在福建省第十三届人民代表大会常务委员会第四次会议上**[J]. 福建省人民代表大会常务委员会公报，2018（4）：35.

149. **李小鹏出席中国航海日论坛并致辞：弘扬航海精神推进高质量发展　实现航运现代化为"21 世纪海上丝绸之路"建设提供有力支撑**[J]. 航海技术，2018（4）：92.

150. 柯有铭. 关于《福州市海上丝绸之路史迹保护条例》的说明——**2018 年 7 月 24 日在福建省第十三届人民代表大会常务委员会第四次会议上**[J]. 福建省人民代表大会常务委员会公报，2018（4）：33-35.

151. 福建省人民政府办公厅. **福建省人民政府办公厅关于印发福建省开展 21 世纪海上丝绸之路核心区创新驱动发展试验实施方案的通知**[J]. 福建省人民政府公报，2018（18）：16-22.

152. [日]涩谷祐. **海上丝绸之路的选择与参与——能源联接与中日的作用**[J]. 日本研究，2018（3）：5-6.

153. 张文广. **护航 21 世纪海上丝绸之路**[J]. 人民法治，2018（3）：23-26.

154. 吴小玲. **钦廉籍华侨华人与海上丝绸之路**[J]. 八桂侨刊，2018（2）：48-57.

155. 肖洋. **竞争性抵制：美国对"冰上丝绸之路"的拒阻思维与战略构建**[J]. 太平洋学报，2019，27（7）：66.

156. 郑凡. **从海洋区域合作论"一带一路"建设海上合作**[J]. 太平洋学报，2019，27（8）：54-66.

157. 李炳旭，张晏瑞. **论我国主张管辖之外的水下文化遗产保护**[J]. 南海学刊，2019，5（1）：95-105.

158. 戴宗翰. **"南海行为准则"磋商及关键性法律问题的思考**[J]. 南海学刊，2019，5（3）：81.

159. 杨剑，郑英琴. **产权明晰与"一带一路"公共产品提供——关于纯公共品和分享品组合模式的探讨**[J]. 太平洋学报，2019，27（8）：42-53.

160. 王丽，肖琳，郑征. **海上信息丝绸之路建设构想**[J]. 中国信息化，2019（8）：102-104.

161. **海洋治理国际合作机制——以东北大西洋和马尾藻海模式为借鉴**[J]. 战略决策研究，2019，10（1）：82-102.

162. 章远. **21 世纪海上丝绸之路与中国化宗教外交构建——以中国佛教对东南亚地区交流为例**[J]. 国际展望，2019，11（2）：40-63.

163. 陈雪娇，王继远. **论文化遗产指定的法理与路径——以《江门市海上丝绸之路史迹保护条例》为例**[J]. 五邑大学学报（社会科学版）2019，21（3）：62-67.

164. 王海峰. **认清要求　把握优势　承担使命——对福建 21 世纪海上丝绸之路核心区建设的思考**[J]. 旗帜，2019（4）：46-47.

165. 盛思鑫. **中国为什么传统上不重视东南亚？——21 世纪海上丝绸之路的历史思考**[J]. 厦门大学学报（哲学社会科学版），2019（5）：109-122.

166. 曾红. **"海上丝绸之路"文献资源建设现状分析与举措——以江门市五邑图书馆为例**[J]. 图书情报，2019（8）：88-90.

167. 万明. **从印度洋时代向太平洋时代的转型：基于明代中国与海上丝绸之路的考察**[J].

新丝路学刊，2019（1）：1-16.

168. 郭映珍. **美国介入东南亚阻碍 21 世纪海上丝绸之路战略实施的外交分析**[J]. 新西部，2019（8）：57-58.

169. 陈天睿，高可为. **21 世纪海上丝绸之路背景下我国海权发展战略刍议——基于 SWOT 分析方法**[J]. 中国公共安全：学术版，2019（1）：12-16.

170. 陈盼盼. **"21 世纪海上丝绸之路"框架下中国—东盟渔业法律机制探究**[J]. 资源开发与市场，2019，35（12）：1508-1512.

171. 陈盼盼. **"21 世纪海上丝绸之路"背景下中国-东盟渔业合作法律机制的构建**[J]. 中华海洋法学评论（中英文版），2019（2）：72-95.

172. 翟语嘉. **"21 世纪海上丝绸之路"框架下能源通道安全保障法律机制探究**[J]. 法学评论，2019，37（2）：131-142.

173. 于镭，赵少峰. **"21 世纪海上丝绸之路"开启中国同太平洋岛国关系新时代**[J]. 当代世界，2019（2）：29-34.

174. 吴敏超. **新西兰华人与海上丝绸之路——以陈达枝为中心的探讨**[J]. 广东社会科学，2019（2）：135-143.

175. 祝秋利. **二十一世纪海上丝绸之路建设背景下的东南亚海盗问题研究**[J]. 东吴学术，2019（2）：105-110.

176. 赵业新. **论海上丝绸之路背景下中国与太平洋岛国深海采矿合作**[J]. 太平洋学报，2019，27（10）：31-46.

177. 张玉强. **"21 世纪海上丝绸之路"倡议下中国南海话语权的提升**[J]. 和平与发展，2019（6）：70-86，133-134.

178. 李环宇. **周恩来"和"思想与"21 世纪海上丝绸之路"建设研究**[J]. 六盘水师范学院学报，2019，31（5）：52-58.

179. 马文婷，史春林. **21 世纪海上丝绸之路航道安全保障共生系统构建研究**[J]. 广西社会科学，2019（9）：50-55.

180. 杨泽伟. **21 世纪海上丝绸之路建设重要节点地区的法律问题研究**[J]. 法学杂志，2019（8）：67-75.

181. 梁源. **海上丝绸之路背景下中国与太平洋岛国合作的前景**[J]. 南海学刊，2019（4）：110-118.

182. 乔榛，郑岩. **海上丝绸之路拓展的中俄合作方向与机制研究**[J]. 学术交流，2019（1）：95-102.

183. 郑海麟. **郑和拓展的海上丝绸之路及其国际意义再认识**[J]. 中国海洋大学学报（社会科学版），2019（3）：1.

184. 孙思琪，金怡雯. **21 世纪海上丝绸之路邮轮旅游合作法制保障论略**[J]. 中国海商法研究，2019（4）：40-49.

四、军　事

1. 吴佳熹. **共建"21 世纪海上丝绸之路"　推动中国与东盟的和平稳定和繁荣共进**[J]. 国

防，2015（2）：35-38.

2. 张文木. **从整体上把握中国海洋安全——"海上丝绸之路"西太平洋航线的安全保障、关键环节与力量配置**[J]. 中国外交，2016（3）：88-106.

五、文化、科学、教育、体育

1. **"海上丝绸之路与伊斯兰文化"国际学术讨论会论文提要**[J]. 回族研究，1994（2）：10-24.

2. **"海上丝绸之路与伊斯兰文化"国际学术讨论会开幕式发言摘要**[J]. 回族研究，1994（2）：8-10.

3. 高占福. **"海上丝绸之路与伊斯兰文化"国际学术讨论会述评**[J]. 回族研究，1994（2）：4-7.

4. 王晓燕. **探海陆丝路之兴衰. 溯民族文化之渊源——"丝绸之路与西北少数民族"国际学术研讨会综述**[J]. 中国文化研究，2001（1）：139-141.

5. **打造"海上丝绸之路"品牌 重振历史文化名城雄风——泉州新貌**[J]. 福建省人民政府公报，2002（6）：49-50.

6. 刘佐泉. **雷州文化的历史及特征与"海上丝绸之路"**[J]. 湛江师范学院学报，2002（2）：23-28.

7. 谭元亨. **海上丝绸之路与建设广东文化大省：评三部珠江文化研究专著**[J]. 学术研究，2003（8）：122-124.

8. 王凤. **触摸古刺桐文明——中国闽南文化节暨第二届中国泉州"海上丝绸之路"文化节**[J]. 中外文化交流，2003（4）：18-19.

9. 刘丰. **中华文化与域外文化的互动暨"海上丝绸之路泉州"学术研讨会综述**[J]. 哲学动态，2003（1）：18-20.

10. 洪三泰. **海上丝绸之路的灵魂**[J]. 人民之声，2004（2）：44-45.

11. 吴幼雄. **试析泉州"海上丝绸之路"多元一体文化内涵**[J]. 闽都文化研究，2004（1）：46-58.

12. 何振良. **略论泉州"海上丝绸之路"文化遗产及其保护与开发**[J]. 闽都文化研究，2004（1）：236-252.

13. 陈水德. **"海上丝绸之路"与中外文化互动倾向**[J]. 闽都文化研究，2004（2）：1299-1309.

14. 詹艳. **略论泉州"海上丝绸之路"与中外文化交流**[J]. 黔东南民族师范高等专科学校学报，2005（5）：48-49.

15. 龚缨晏. **千帆航琛越水来：海上丝绸之路与中外文化交流**[J]. 上海建桥学院学报，2018（2）：60-69.

16. 陈惠平. **"海上丝绸之路"的文化特质及其当代意义**[J]. 中共福建省委党校学报，2005（2）：68-72.

17. **重走"海上丝绸之路"——"哥德堡号"再泊千年商都**[J]. 广东艺术，2006（5）.

18. **展示中国在世界文明史上的伟大作用《广州日报》副总编辑顾涧清为我院作"'哥德堡号''中国皇后号'与海上丝绸之路"学术讲座**[J]. 广东培正学院学报，2006（4）：98.

19. 鲍志成，林士民. **宁波"海上丝绸之路"学术研讨会综述**[J]. 东方博物，2006（1）：112-119.

20. **宁波举行海上丝绸之路与文化创意产业论坛**[J]. 美术，2009（7）：124.

21. 骆文伟. **文化线路视域下的"海上丝绸之路：泉州史迹"申报世界遗产探索**[J]. 湖南医科大学学报（社会科学版），2009（4）：69-71.

22. **海上丝绸之路文化周在宁波揭幕**[J]. 丝绸之路，2009（3）：76.

23. **福建将推动"海上丝绸之路：泉州史迹"申报世界文化遗产**[J]. 文化市场，2009（1）：15.

24. 杨可，李俊伟. **发掘"海上丝绸之路""南海Ⅱ号"有望近期打捞重见天日**[J]. 潮商，2009（3）：78-79.

25. 刘根勤，陈超华. **广州亚运会与海上丝绸之路文化产业的开发策略研究**[J]. 文化遗产，2010（2）：152-156.

26. 林佳. **德化白瓷佛像——"丝绸之路"的流变符号**[J]. 佛教文化，2011（4）：30-33.

27. 刘泽英，刘广平. **闽南、漳泉两地拟申报海上丝绸之路始发地世界文化遗产**[J]. 丝绸之路，2011（4）：93.

28. **闽南、漳泉两地拟申报海上丝绸之路始发地世界文化遗产**[J]. 丝绸之路，2011（4）：93.

29. **"跨越海洋：中国'海上丝绸之路'八城市文化遗产精品联展"开幕**[J]. 丝绸之路，2012（20）：70.

30. **泉州、奎屯"海上·陆路丝绸之路"地名文化活动圆满结束**[J]. 中国地名，2012（10）：33.

31. **海上丝绸之路文化遗产精品联展拉开帷幕**[J]. 丝绸之路，2012（10）：115.

32. 王岚. **记载历史　传承未来："海上丝绸之路"申遗福州启航**[J]. 福建质量管理，2012（4）：44-45.

33. 刘建军. **海上丝绸之路海陆对接线的开辟及其现代意义：谈贺州区域文化传统现代化**[J]. 贺州学院学报，2012（1）：40-43.

34. 骆文伟. **作为文化线路的"海上丝绸之路：泉州史迹"遗产保护研究**[J]. 福建省社会主义学院学报，2013（6）：53-58.

35. 张伟疆. **海上丝绸之路在南海区域文化中的传播**[J]. 青年文学家，2013（19）：244-245.

36. 周鑫. **繁荣海上丝绸之路文化推进21世纪海上丝绸之路建设**[J]. 新经济，2014（31）：54-60.

37. 赵明龙. **人文交流：海上丝绸之路建设不可或缺的内容**[J]. 东南亚纵横，2014（11）：18-21.

38. 吴培植. **泉州海上丝绸之路与中外文化交流**[J]. 丝绸之路，2014（10）：50-51.

39. 丘树宏. **复兴"海上丝绸之路"**[J]. 理论参考，2014（9）：1.

40. 陆芸. **海上丝绸之路与宗教文化的交流**[J]. 理论参考，2014（9）：28-29.

41. 林勇. **释放华侨华人能量　促进海上丝绸之路建设**[J]. 福建理论学习，2014（7）：23-25.

42. 廖国一. **从北部湾出发的汉代海上丝绸之路研究述略**[J]. 广西民族研究，2014（5）：98-105.

43. 金荣. **浅析中国-东盟文化交流在 21 世纪海上丝绸之路的影响及前景**[J]. 广西社会主义学院学报，2014（5）：73-77.

44. 吴其魁. **文都古韵 海丝新帆：聚焦海上丝绸之路国际艺术节**[J]. 海峡影艺，2014（4）：70.

45. 吴革. **舟山，海上丝绸之路东西方文化交融的聚焦点**[J]. 浙江国际海运职业技术学院学报，2014（4）：44-49.

46. 王建国. **海南"海上丝绸之路"的文化魅力**[J]. 新东方，2014（4）：24-27.

47. 朱惠君. **普陀山：古代海上丝绸之路重要港口**[J]. 浙江国际海运职业技术学院学报，2014（3）：62-65.

48. 黄伟宗. **广东海上丝路文化的十大"星座"及星群：研究开发广东海上丝绸之路进程的调研报告**[J]. 广东蚕业，2014（2）：46-49.

49. **"海上丝绸之路"文化遗存**[J]. 宁波通讯，2015（8）：28.

50. 方正辉. **海上丝绸之路的文化价值**[J]. 对外传播，2015（3）：11-12.

51. 程强. **妈祖文化：海上丝绸之路的精神家园**[J]. 海峡通讯，2015（2）：38-39.

52. 周敬国. **彪炳千古的"海上丝绸之路"**[J]. 科学 24 小时，2015（2）：24-27.

53. 钱林霞，周蜜. **加强粤澳文化融合，推进海洋战略合作："海上丝绸之路中的澳门"座谈会召开**[J]. 新经济，2015（1）：24-37.

54. 梁二平. **大海湾，海上丝绸之路的起点**[J]. 丝绸之路，2015（1）：1-5.

55. 薛立胜，李志健. **"21 世纪海上丝绸之路"建设的文化考量**[J]. 对外传播，2015（4）：26-28.

56. 周建标. **发展海丝文化旅游助推海上丝绸之路核心区建设**[J]. 厦门特区党校学报，2016（4）：11-16.

57. 章莉莉. **海南"海上丝绸之路"文化资源的美术课程转化**[J]. 戏剧之家，2016（7）：217-218.

58. 伊春. **巧用空间 化解纷繁复杂难题—周岳谈《海上丝绸之路》邮票的设计**[J]. 集邮博览，2016（10）：8-9.

59. 陈李鹏. **泉州 21 世纪依托移动媒体的海上丝绸之路先行区文化传播研究**[J]. 湖南大众传媒职业技术学院学报，2016，16（5）：12-15.

60. 龚缨晏，陆臻杰. **关于宁波古代海上丝绸之路的几个问题**[J]. 宁波大学学报（人文科学版），2016，29（3）：1-6.

61. 鹿徽. **广东省 21 世纪海上丝绸之路体育发展需求的水域特色学科理论与实践研究——以广东海洋大学为例**[J]. 运动精品，2016，35（3）：57-59.

62. 罗崇雯. **澳门：古代与现代海上丝绸之路的节点——基于跨文化传播的视角**[J]. 新闻前哨，2016（10）：34-36.

63. 卞梁. **从"走出去"到"走进来"——"海上丝绸之路"建设中的德教因素**[J]. 文化发展论丛，2016（1）：89-101.

64. 张晗. **弘扬嘉庚精神融入21世纪海上丝绸之路建设布局——以厦门市发展为例**[J]. 开

封教育学院学报，2016，36（6）：271-272.

65.　蔡梦虹. **21 世纪海上丝绸之路战略下潮州工夫茶文化品牌与城市品牌形象塑造与传播研究**[J]. 中国民族博览，2016（6）：6-8.

66.　林仪，丁毓玲. **发挥华侨华人优势，进一步加强福建面向东盟的海上丝绸之路文化软实力建设**[J]. 福建省社会主义学院学报，2016（4）：90-97.

67.　郭洁茹，曹岳梅. **二十一世纪海上丝绸之路见真情——与斯里兰卡驻华大使卡鲁纳塞纳·科迪图瓦库博士的独家对话**[J]. 国际援助，2016（5）：76-85.

68.　霍秀媚，关友杏. **挖掘利用十三行文化遗迹，助推广州 21 世纪海上丝绸之路建设**[J]. 探求，2016（2）：17-23.

69.　丁洁雯. **大运河（宁波段）与海上丝绸之路的重要衔接——论庆安会馆的起源、价值与保护对策**[J]. 宁波大学学报（人文科学版），2016，29（4）：15-19.

70.　**中国正式推动"海上丝绸之路"申遗**[J]. 中外文化交流，2016（10）：7.

71.　燕海鸣. **互惠互利的远航　海上丝绸之路上的中外货物交流**[J]. 世界遗产，2016（6）：46-54.

72.　陈晔. **唐代明州"海上丝绸之路"与对外交往**[J]. 宁波广播电视大学学报，2016，14（2）：124-127.

73.　戚文闯. **海上丝绸之路研究综述**[J]. 福建省社会主义学院学报，2016（2）：80-88.

74.　林勇新. **建设新"海上丝绸之路"的内涵、前景与可行路径**[J]. 西安交通大学学报（社会科学版），2016，36（6）：6-8.

75.　**第二届 21 世纪海上丝绸之路高端论坛在华侨大学召开**[J]. 海外华文教育动态，2016（12）：163-164.

76.　吴江秋，黄俊元，刘平. **福建与新加坡合作发展旅游文化创意产业对策研究——以海上丝绸之路为战略视角**[J]. 长春工程学院学报（社会科学版），2016，17（4）：47-50.

77.　李群群，方旭红. **文化遗产类旅游产品品牌建设——以泉州"海上丝绸之路"为例**[J]. 广西经济管理干部学院学报，2016，28（3）：78-84.

78.　朱素珍. **海上丝绸之路视野下龙泉青瓷外销研究**[J]. 丝绸之路，2016（10）：52-53.

79.　陈默. **海南"海上丝绸之路"文化遗产保护的数字媒体展示模式研究**[J]. 电脑迷，2016（9）：132-132.

80.　宋迪涛，龙佩林，张磊. **海上丝绸之路背景下龙舟赛事与休闲旅游发展研究——以中华龙舟大赛海南万宁站为例**[J]. 四川体育科学，2016，35（1）：90-93.

81.　**"21 世纪海上丝绸之路"大学校长论坛在厦门大学举办**[J]. 海外华文教育动态，2016（4）：156-157.

82.　陈登源. **基于 21 世纪海上丝绸之路的福州文化产业国际拓展研究**[J]. 菏泽学院学报，2016，38（1）：74-78.

83.　黄翠翠，李青航. **港航类高职院校融入 21 世纪海上丝绸之路建设路径研究**[J]. 时代金融，2016（6）：305.

84.　杨励轩，吴景茵. **试论高校海洋教育传播对 21 世纪海上丝绸之路战略的重要性及建**

议[J]. 传播与版权，2016（6）：115-116.

85. 李晓平，苏德苹. **海上丝绸之路与客家民俗体育文化交流**[J]. 赣南师范大学学报，2016，37（2）：3-5.

86. 王济鹤. **瑞典暖炉与海上丝绸之路**[J]. 收藏，2016（15）：113.

87. 倪翀. **试论博物馆展览中图像的运用——以"海上丝绸之路特展"为例**[J]. 北京文博文丛，2016（1）：69-79.

88. 杨兴华，黄运平. **广西合浦海上丝绸之路历史文化遗产及其旅游价值**[J]. 旅游纵览(下半月），2016（11）：282.

89. 朴晶. **"海上丝绸之路"特别节目**[J]. 电视研究，2016（11）：3.

90. 林珊娜. **泉州市博物馆藏宋元外销军持赏析——伊斯兰文化与泉州海上丝绸之路陶瓷外销初探**[J]. 文物天地，2016（7）：80-82.

91. **"扬帆西沙，筑梦司南"第四届司南杯大帆船赛重走海上丝绸之路**[J]. 优品，2016(6）：150.

92. 苏勇军. **海上丝绸之路文化遗产与广播影视创作**[J]. 中国广播电视学刊，2016（8）：8-10.

93. 陈华健，李杰豪. **21世纪海上丝绸之路与我国海洋观养育的强化**[J]. 商学研究，2016，23（3）：67-73.

94. 马春华，周德华. **"21世纪海上丝绸之路"倡议与海军运用**[J]. 读写算（教师版）：素质教育论坛，2016（38）：3.

95. 张磊. **"和"文化软实力在21世纪海上丝绸之路建设中的作用**[J]. 文化软实力，2016，1（1）：54-57.

96. **广东海上丝绸之路博物馆简介**[J]. 自然与文化遗产研究，2016（1）：2.

97. **"闽台海上丝绸之路历史文化研究展望"学术研讨会在厦举行**[J]. 海外华文教育动态，2016（5）：162-163.

98. 李新舟. **海上丝绸之路联赛战厦门**[J]. 围棋天地，2016（12）：98-99.

99. 陈华健. **21世纪海上丝绸之路与大学生海洋安全观教育**[J]. 明日风尚，2016（14）：222-223.

100. 周建标. **发展海丝文化旅游 助推海上丝绸之路核心区建设**[J]. 泰山学院学报，2016，38（5）：122-129.

101. 张乐. **艺术类院校丝路教育如何深入课堂——以"海上丝绸之路"写生考察为例**[J]. 中国教育现代化，2016（25）：254-255.

102. 张诗雨. **海上丝绸之路上的文化交流——《海上丝路叙事》系列之三**[J]. 中国发展观察，2016（3）：57-61.

103. 马晓菲，孙远方. **海上丝绸之路的历史、现实与未来**[J]. 人文天下，2016（9）：39-48.

104. 周建标. **发展海丝文化旅游 助推海上丝绸之路核心区建设**[J]. 上海市社会主义学院学报，2016（6）：46-53.

105. 王成良. **妈祖文化在海上丝绸之路的历史和现实作用**[J]. 莆田学院学报，2016，23

（6）：11-14.

106. 吴春浩. **"海上丝绸之路"文献资源建设现状分析与发展策略研究**[J]. 图书馆工作与研究，2016（6）：125-128.

107. 周建标. **泉州发展海上丝绸之路文化旅游的形式和途经**[J]. 福建省社会主义学院学报，2016（2）：71-79.

108. 丁春华. **海纳百川：福州海上丝绸之路文化特色研究——以泉州和广州为比较对象**[J]. 经济与社会发展，2016，14（2）：79-83.

109. 张建民，张斓. **以徐福文化为创意元素推动海上丝绸之路相关地区非物质文化遗产资源的产业化**[J]. 大陆桥视野，2016（21）：76-80.

110. 李亮. **以粤语文化为载体共建粤桂文化传播的"海上丝绸之路"**[J]. 经济与社会发展，2016，14（6）：81-84.

111. 黄家庆，何光耀. **21世纪海上丝绸之路建设背景下广西沿海地区高等教育发展研究**[J]. 广西社会科学，2016（6）：36-40.

112. 李慧芬. **建设21世纪海上丝绸之路与弘扬中国海洋文化**[J]. 厦门特区党校学报，2016（6）：70-73.

113. 李珂. **让海洋文化融入海口21世纪海上丝绸之路发展战略中**[J]. 今日海南，2016（3）：42-44.

114. 王欣，王勇森，董天顺. **"远东杯"英雄归来——21世纪海上丝绸之路2016"远东杯"国际帆船拉力赛完美落幕**[J]. 走向世界，2016（46）：64-68.

115. 朱伟. **天际帆影——海丝史迹·寻踪：寻觅失落的音符——中国学人的"海上丝绸之路"研究**[J]. 世界遗产，2016（6）：29-37.

116. 邓颖颖，蓝仕皇. **南海文化遗产保护及其旅游开发利用研究——基于21世纪"海上丝绸之路"建设背景**[J]. 贵州省党校学报，2017（1）：57-62.

117. 黄国灿. **"21世纪海上丝绸之路"战略下文化档案品牌资源保护研究——以泉州市为例**[J]. 辽宁经济，2017（7）：42-43.

118. 陈朝萌. **深圳海上丝绸之路文化：历史与现实**[J]. 华南理工大学学报（社会科学版），2017，19（2）：93-99.

119. 章莉莉. **地域文化进入高校艺术设计课堂的教学研究-以海南"海上丝绸之路"文化为例**[J]. 新丝路，2017（4）：55，68.

120. 魏梦月，孙慧兰，张冰. **从《东西洋考每月统记传》看鸦片战争前夕南海地区的"海上丝绸之路"缩影**[J]. 学报编辑论丛，2017（0）：157-161.

121. 王继红. **海上丝绸之路的使者——"哥德堡"号**[J]. 集邮博览，2017（2）：72-73.

122. 杨建锋. **海上丝绸之路文化资源融入高校社会主义核心价值观教育的实践路径研究**[J]. 西部素质教育，2017，3（6）：27-28.

123. 黄静茹，白福臣，张苇锟. **广东—东盟科技合作模式及平台建设——基于"21世纪海上丝绸之路"的背景**[J]. 资源开发与市场，2017，33（10）：1242-1248.

124. 涂明谦. 关于福建海上丝绸之路文化交流与传播的思考[J]. 福建论坛（人文社会科学

版），2017（10）：163-168.

125. **福建海域水下考古与海上丝绸之路**[J]. 海外星云，2017（15）：32.

126. 郑剑玲. **当代中国海洋文化发展力与21世纪海上丝绸之路建设**[J]. 创新，2017，11（4）：114-122.

127. 杨春平，张文德. **中国与海上丝绸之路沿线国家专利关系研究**[J]. 情报杂志，2017，36（4）：67-71.

128. 姚芸. **打造面向青少年的"主题出版"普及读物——"海上丝绸之路青少年科普丛书"策划出版侧记**[J]. 中国编辑，2017（7）：38-41.

129. 植素芬. **高校图书馆助力"一带一路"建设的服务策略——以国内"21世纪海上丝绸之路"四省区高校为例**[J]. 宁波教育学院学报，2017，19（4）：100-104.

130. **首届"21世纪海上丝绸之路"重大倡议与中国-印尼人文交流机制研讨会顺利举办**[J]. 海外华文教育动态，2017（12）：121.

131. 张镒，柯彬彬. **文化遗产廊道构建影响因素及适宜性评价——以海上丝绸之路为例**[J]. 台湾农业探索，2017（6）：52-58.

132. 杨保筠. **加强文化交流，促进中国——东南亚"21世纪海上丝绸之路"建设**[J]. 亚非研究，2017（2）：3-18.

133. 黑耀光，刘文萍. **打破马六甲困局，为海上丝绸之路提供安全保障的两个港口——瓜达尔港、皇京港**[J]. 地理教学，2017（11）：53-55.

134. 郑泽隆. **海丝建设新平台 南粤兰台新作为——广东省档案部门服务21世纪海上丝绸之路建设侧记**[J]. 广东档案，2017（3）：34-35.

135. 曾庆江. **海上丝绸之路沿线华文媒体与中国近现代化进程**[J]. 南海学刊，2017，3（2）：103-108.

136. 詹敏芬. **大海的回声——海上丝绸之路泉州水彩写生行作品展隆重开幕**[J]. 泉州文学，2017（2）：2.

137. 朱锦程. **21世纪东南亚海上丝绸之路文化传播与海外华人文化认同研究**[J]. 福建论坛（人文社会科学版），2017（8）：179-185.

138. **国家文物局召开2017年海上丝绸之路保护和申遗工作会议**[J]. 中国文化遗产，2017（3）：110.

139. 郑剑玲. **21世纪海上丝绸之路的文化价值及路径选择**[J]. 学校党建与思想教育：中，2017（8）：90-93.

140. 那颜. **广州通海夷道：唐代海上丝绸之路**[J]. 百科探秘（海底世界），2017（Z2）：5-11.

141. 吴碧英. **传承与发展"海上丝绸之路"文化——以福州市为例**[J]. 济宁学院学报，2017（6）：102-105.

142. [加]玛丽，李强. **加拿大的妈祖文化与海上丝绸之路**[J]. 妈祖文化研究，2017（4）：43-48.

143. 莫意达. **穿越千年，探寻宁波港口变迁的"活化石"系列报道5 "海上丝绸之路"上汉文典籍的对外传播**[J]. 宁波通讯，2017（24）：72-75.

144. 张洁，郑港龙，任思远. **海上丝绸之路与区域文化发展传播初探——以 2016 年度东亚文化之都宁波市为例**[J]. 商场现代化，2017（3）：122-123.

145. 夏立平. **妈祖文化在海上丝绸之路建设中的作用**[J]. 珠江水运，2017（5）：54-55.

146. [泰]芭萍. **泰国与 21 世纪"海上丝绸之路"**[J]. 中外文化交流，2017（4）：94-95.

147. 帅志强，曾伟. **妈祖文化产业发展的意义、机遇及策略——以 21 世纪海上丝绸之路为背景**[J]. 徐州工程学院学报：社会科学版，2017，32（4）：6-11.

148. 樊威，李斌. **21 世纪海上丝绸之路文化发展展望**[J]. 军工文化，2017（3）：93-94.

149. **大海的回声——海上丝绸之路泉州水彩写生行作品展隆重开幕**[J]. 泉州文学，2017（2）：F0002.

150. 孟建煌，张宁宁. **妈祖文化与海上丝绸之路**[J]. 新天地，2017（3）：52-53.

151. 叶锋. 温州区瓦窑国宝级文物——**"海上丝绸之路"重要物证**[J]. 文化交流，2017（7）：F0003.

152. 本刊编辑部. **故宫博物院展出"海上丝绸之路"文物**[J]. 人民周刊，2017（9）：10.

153. 马黎. **展现丝路精神的力作——评大型纪录片《海上丝绸之路》**[J]. 求是，2017（12）：58.

154. 秦义，许斗斗. **"业缘"文化助力"21 世纪海上丝绸之路"建设**[J]. 福建工程学院学报，2017，15（2）：201-204.

155. 朱玉玲，詹衍玲，孙学政. **海上丝绸之路广东特色档案建设**[J]. 兰台世界，2017（4）：26-31.

156. 高乔子. **21 世纪海上丝绸之路建设中科学发挥广州优势**[J]. 广州航海学院学报，2017，25（1）：44-46.

157. 阮宏. **肇庆地区海上丝绸之路历史文化资源开发现状**[J]. 山海经：故事（上），2017（2）：48-49.

158. 夏明来. **青花瓷的海上丝绸之路**[J]. 检察风云，2017（12）：90-91.

159. 魏梦月，孙慧兰，张冰. **从《东西洋考每月统记传》看鸦片战争前夕南海地区的"海上丝绸之路"缩影**[J]. 学报编辑论丛，2017（1）：157-161.

160. 郑剑玲. **21 世纪海上丝绸之路的文化价值及路径选择**[J]. 学校党建与思想教育：中，2017（16）：90-93.

161. 高云. **海上丝绸之路视域下闽台高校对文化艺术遗产保护的研究**[J]. 北京印刷学院学报，2017，25（7）：49-51.

162. 张赛群，张俭松. **谱写"海上丝绸之路"新篇章**[J]. 智慧中国，2017（5）：54-55.

163. 刘荃，曾慧岚. **"21 世纪海上丝绸之路"的传播现状与建议——以印度尼西亚为例**[J]. 中国出版，2017（17）：60-64.

164. 茹艳，兰晰. **讲好"中国故事"的对外传播叙事策略——以《穿越海上丝绸之路》为例**[J]. 青年记者，2017（17）：57-58.

165. 周超，陈捷. **文化认同：海上丝绸之路精神融入高校校园文化建设的应然路径**[J]. 思想理论教育导刊，2017（8）：86-89.

166. 龚缨晏. **丝路帆远——以世界之眼看海上丝绸之路**[J]. 读者欣赏，2017（1）：18-32.

167. 罗景峰. **泉州市海上丝绸之路文化遗产旅游开发适宜性评价的必要性和可行性分析** [J]. 重庆文理学院学报（社会科学版），2017，36（2）：14-18.

168. 朱玉玲. **广东海上丝绸之路特色档案开发利用策略——以档案展览为例**[J]. 兰台世界，2017（21）：62-64.

169. 王婷婷，韩满，王宇. **基于"21世纪海上丝绸之路"文献的文本挖掘研究**[J]. 统计与信息论坛，2017，32（11）：84-91.

170. 许菁频，雷雯. **海上丝绸之路与宋元明时期龙泉青瓷的对外传播**[J]. 文化与传播，2018，7（4）：48-51.

171. 潘娜，鄢奋. **传承海上丝绸文化培育民族文化自信——以福建海上丝绸之路文化为例** [J]. 福建师大福清分校学报，2018（3）：7-10.

172. 李清霞. **海上丝绸之路文化的发展与民俗文化的传承——以海上丝绸之路起点泉州为例**[J]. 哈尔滨师范大学（社会科学学报），2018，9（3）：148-151.

173. 章骞. **海权与海上丝绸之路**[J]. 地理教学，2018（2）：4-6.

174. **专题：沉船与海上丝绸之路**[J]. 博物院，2018（2）：5.

175. **黄檗文化与海上丝绸之路研究院**[J]. 福建师大福清分校学报，2018（1）：2.

176. 李一平. **21世纪海上丝绸之路与中马文教合作**[J]. 中国周边外交学刊，2018（1）：148-158.

177. 李金梅. **粤琼应用型本科高校海上丝绸之路教育合作路径研究**[J]. 丝路视野，2018（9）：24.

178. 郑曼瑶，卢舜英. **浅谈"海上丝绸之路"背景下大学生创新创业能力培养**[J]. 卷宗，2018（12）：180.

179. 王兰娟，陈少牧. **闽南文化在海上丝绸之路建设中的历史作用与时代价值**[J]. 西安建筑科技大学学报（社会科学版），2018，37（3）：62-66.

180. 郑君瑜. **论妈祖文化与海上丝绸之路的关系**[J]. 文化学刊，2018（8）：11-15.

181. 陈恒汉. **闽潮文化在"海上丝绸之路"的流播**[J]. 东南传播，2018（10）：64-67.

182. 李芭乐. **海上丝绸之路第十一站——文明古国印度**[J]. 健康，2018（10）：48-51.

183. **中国文化遗产研究院"海丝"项目组参加海上丝绸之路保护和联合申遗城市联盟第一次联席会议预备会议**[J]. 中国文化遗产，2018（2）：111.

184. **故宫海上丝绸之路馆2020年开放**[J]. 中国收藏，2018（11）：28.

185. 曾庆江. **海上丝绸之路沿线华文媒体与中国近现代化进程**[J]. 中华文化海外传播研究，2018（2）：112-122.

186. **21世纪海上丝绸之路主题出版物展开幕**[J]. 珠江水运，2018（3）：40-40.

187. 彭朝晖. **谈冼太文化在"海上丝绸之路"建设中的作用**[J]. 科技资讯，2018，16（1）：242.

188. 陈彬强. **1840年以来我国海上丝绸之路文献整理成就述论**[J]. 图书馆建设，2018（6）：31-38.

189. 本刊. **第二届"21世纪海上丝绸之路"国际传播论坛在珠海举办**[J]. 中国广播，2018

（10）：47.

190. 张惠萍. **"21 世纪海上丝绸之路"倡议背景下侨批文献资源的建设与利用**[J]. 长春师范大学学报，2018，37（8）：163-167.

191. 陈曦. **海上丝绸之路文化遗产保护中的居民参与研究——以漳州市诏安县梅岭镇为例**[J]. 学理论，2018（8）：101-102.

192. 彭新东，吴爱邦. **"21 世纪海上丝绸之路"背景下东莞文化艺术对外交流与传播研究**[J]. 文化学刊，2018（5）：147-151.

193. 王大可，李本乾，冯妮. **全球媒体视域下的福建形象——以 21 世纪海上丝绸之路建设为背景**[J]. 对外传播，2018（5）：68-71.

194. 张晓，白福臣. **广东与东盟"四位一体"科技合作模式研究——基于海上丝绸之路建设视阈**[J]. 广东开放大学学报，2018，27（1）：28-34.

195. 张小语. **2018"远东杯"再升级重装启航　打造东北亚 21 世纪海上丝绸之路国际精品赛事**[J]. 走向世界，2018（16）：60-63.

196. 郭华夏，许敏琳. **地理研学实践活动设计——以"海上丝绸之路"汕头站"樟林古港"为例**[J]. 地理教学，2018（17）：50-53.

197. 叶惠珍，陈嘉静. **城市政务微信多模态话语结构与传播影响力研究——以海上丝绸之路起点城市泉州为例**[J]. 山西大同大学学报（社会科学版），2018，32（6）：79-84.

198. **厦门理工学院"21 世纪海上丝绸之路与厦门发展"研究中心简介**[J]. 学校党建与思想教育：中，2018（16）：98.

199. 黄小玲. **以海丝文化打开对话全球的窗口——透视"一带一路"语境下的泉州三届海上丝绸之路国际艺术节**[J]. 中外文化交流，2018（9）：27-32.

200. 李振福，李婉莹. **"郑和学院"倡议及建设构想——以共建 21 世纪海上丝绸之路为背景的研究**[J]. 东南亚纵横，2018（5）：22-27.

201. 吴沂珊，岑丽阳. **"一带一路"背景下东南亚海上丝绸之路文化交流与认同探讨**[J]. 科教导刊（电子版），2018（10）：257.

202. 杨宏云. **中国与印尼海洋文化交流和合作对策研究——以"21 世纪海上丝绸之路"建设为背景**[J]. 合肥工业大学学报：社会科学版，2018，32（5）：48-55.

203. 孟婵. **中国与"21 世纪海上丝绸之路"沿线国家科技论文合作分析——基于 Web of Science 的研究**[J]. 国际研究参考，2018（8）：39-46.

204. 郑易佳. **粤港澳大湾区连接海上丝绸之路形成多元文化纽带**[J]. 全球商业经典，2018（7）：52-57.

205. **"闽南文化与海上丝绸之路"论坛暨福建省闽南文化研究会 2019 学术年会在泉州师范学院召开**[J]. 地域文化研究，2019（4）：2.

206. 李晨，耿坤. **如何讲好"海丝"故事：关于"海上丝绸之路"主题展览叙事方法的研究——以"无界——海上丝绸之路的故事"为例**[J]. 中国博物馆，2019（3）：67-71.

207. **《广西山水民族分布手绘地图》与《广西与古代海上丝绸之路》丝绸地图**[J]. 地图，2019（5）：14-15.

208. 张斓，张建民. **以徐福文化引领"海丝"非遗资源的融合发展——徐福文化如何在海上丝绸之路建设上发挥文化先行的作用**[J]. 大陆桥视野，2019（10）：89-94.

209. 黄明波. **新媒体语境下泉州对海上丝绸之路沿线东南亚城市跨文化传播策略研究**[J]. 西南交通大学学报（社会科学版），2019，20（5）：89-95.

210. 艾激光，杨佳慧. **故苏禄国东王墓——一座见证海上丝绸之路繁盛和中菲传统友谊的外国国王陵墓**[J]. 文艺生活·文海艺苑，2019（3）：59-60.

211. 陈洁君. **"21世纪海上丝绸之路"建设中地方高校的角色定位——以福建泉州高校为例**[J]. 湖北经济学院学报：人文社会科学版，2019，16（7）：124-127.

212. 李铭. **中国—东盟在教育文化领域合作机制建设探究——基于"21世纪海上丝绸之路"研究视角**[J]. 太原城市职业技术学院学报，2019（7）：101-103.

213. 龙志成. **大学生创新创业教育课程建设探究——基于21世纪海上丝绸之路倡议的视角**[J]. 佳木斯职业学院学报，2019（3）：107-108.

214. 陈文宇. **"21世纪海上丝绸之路"背景下南海及东盟海神信仰文化研究**[J]. 各界，2019（6）：96-97.

215. 郑静玉. **融入21世纪海上丝绸之路：闽南文化的传承与创新**[J]. 长沙理工大学学报（社会科学版），2019，34（3）：52-58.

216. 林昱婷. **"海上丝绸之路"文化背景下幼儿园德育教育渗透研究**[J]. 考试周刊，2019（92）：159-160.

217. 林晶. **互动与共生：妈祖文化在海上丝绸之路沿线国家的传播**[J]. 黄河科技学院学报，2019，21（6）：17-25.

218. 张赟. **"文明之光·走向海洋"海上丝绸之路文化研学之旅**[J]. 新课程导学（下旬刊），2019（21）：16-23.

219. 耕生. **解读"海上丝绸之路沉船和贸易瓷器大展"的唐瓷**[J]. 收藏，2019（5）：72-81.

220. 帅志强. **21世纪海上丝绸之路的妈祖文化传播及资源开发**[J]. 中华文化与传播研究，2019（2）：210-211.

221. 陈苑琼. **论客家海上丝绸之路文献的搜集与整理**[J]. 嘉应学院学报，2019，37（5）：27-31.

222. 农工党广西区委会. **促进北部湾海上丝绸之路文化发展**[J]. 前进论坛，2019（2）：20.

223. 落凝. **海上丝绸之路国家巡礼——新加坡**[J]. 百科探秘：海底世界，2019（3）：2.

224. 落凝. **海上丝绸之路国家巡礼——泰国**[J]. 百科探秘：海底世界，2019（6）：2.

225. 邓涛. **汪大渊的海上丝绸之路**[J]. 泉州文学，2019（10）：48-51.

226. 廖深基. **论黄檗文化在新时代推进中日文化交流的价值**[J]. 福建师大福清分校学报，2019（4）：1-5.

227. 宫思禄，李莹，周毅等. **走进海上丝绸之路寻找海瓷椰雕文化的传承与发展创新之路**[J]. 环球市场，2019（19）：239.

六、语言、文字

1.　徐振忠. "海上丝绸之路"的英语译文[J]. 中国翻译，1993（2）：50-52.
2.　徐振忠. 评"海上丝绸之路"的英语译文[J]. 外国语言文学，1993（Z1）：142-144.
3.　林伦伦，陈佳璇，蔡锐群. "地方性知识表达"与面向东南亚的国际汉语教育：基于 **21世纪海上丝绸之路建设的战略构想**[J]. 韩山师范学院学报，2014（5）：81-86.
4.　**海上丝绸之路国际学术研讨会在泉州召开**[J]. 海外华文教育动态，2016（6）：158-159.
5.　张俭松，叶蕾. 郑和宗教参与多样性及其对海上丝绸之路各国的友好影响浅析[J]. 世界宗教研究，2016（5）：164-170.
6.　**首届中马"一带一路：海上丝绸之路国际学术研讨会"在马来西亚召开**[J]. 海外华文教育动态，2016（9）：165-166.
7.　**澳华裔大学生悉尼座谈"海上丝绸之路"考察收获**[J]. 海外华文教育动态，2016（3）：146-146.
8.　陈惠玲. **21世纪海上丝绸之路与高校海事英语教学**[J]. 林区教学，2017（1）：51-52.
9.　梁信息. **海南省"海上丝绸之路"外宣文本英译现状与对策研究**[J]. 经贸实践，2018（3）：40-41.
10.　刘伍颖. **服务 21 世纪海上丝绸之路的低资源语言处理**[J]. 广东外语外贸大学学报，2018，29（3）：77-82.
11.　吴明才. **分析接受美学视角下海上丝绸之路文化英译研究——以纪录片《海上丝绸之路》为例**[J]. 校园英语，2018（8）：222-223.
12.　马重奇. **海上丝绸之路与汉语闽南方言在东南亚一带的传播——新加坡和马来西亚闽南方言音系个案研究**[J]. 西南民族大学学报（人文社会科学版），2019，40（1）：177-188.
13.　许敏双，郑新春，林静. **赖斯文本类型视角下"海上丝绸"之路沿线省市三甲医院网站英译研究**[J]. 英语广场：学术研究，2019（11）：50-52.
14.　周振飞. **论海上丝绸之路背景下广西外语类人才培养的新使命**[J]. 知识经济（康健），2019（17）：8.
15.　周秀杰，彭雨晴. **海上丝绸之路的闽南语出版物：溯源、传承、流播**[J]. 出版发行研究，2019（4）：68-73.

七、文　学

1.　闰土. 探寻海上丝绸之路的起点[J]. 小康，2005（4）：73-76.
2.　万静. 论中国古代海上丝绸之路诗歌[J]. 文学教育，2016（2）：17-19.
3.　李伟. 以 **21世纪海上丝绸之路为主题申办世界博览会的可行性研究——以山东省青岛市为例**[J]. 神州，2016（3）：118-119.
4.　韩海燕，吕建军. **沿着"海上丝绸之路"的浪迹**[J]. 走向世界，2016（46）：78-80.
5.　张馥洁. **中国现代作家"海上丝绸之路"的海洋书写研究**[J]. 短篇小说（原创版），2016（32）：5-7.

6. 张明，张九强．**中国作家海上丝绸之路采访采风团走进泉州**[J]．泉州文学，2016（6）：F0003．

7. 万静．**论中国古代海上丝绸之路诗歌**[J]．文学教育，2016（4）：17-19．

8. 祁越．**海上丝绸之路诗歌的音乐性**[J]．艺术评鉴，2016（20）：29-31．

9. 钟世华．**海上丝绸之路始发港（外一首）**[J]．诗刊，2016（10）：22．

10. 侯水平．**从唐诗看蜀与海上丝绸之路**[J]．中华文化论坛，2017（7）：80-82．

11. 王笑．**海上丝绸之路的明珠**[J]．美文（上半月），2017（6）：59-61．

12. 吴胜强．**赞徐闻海上丝绸之路**[J]．诗词月刊，2017（10）：5．

13. 尹策．**《海上丝绸之路与十七世纪太仓文坛》**[J]．中国文学年鉴，2017（1）：999-1001．

14. 万静．**屈大均海上丝绸之路诗歌及其文化精神**[J]．五邑大学学报（社会科学版），2018，20（2）：22-26．

15. 贾君琪．**唐代海上丝绸之路诗歌的内容与情感**[J]．湖北工业职业技术学院学报，2018，31（6）：68-71．

16. 李壮．**21世纪海上丝绸之路与当代海洋诗歌**[J]．诗刊，2018（15）：56-60．

17. 洁玲，晓云．**海上丝绸之路与东南亚华文文学——第十二届东南亚华文文学研讨会在中国厦门、泰国曼谷举行**[J]．华文文学，2018（1）：129．

18. 胡可先．**天台山：浙东唐诗之路与海上丝绸之路的交汇**[J]．浙江社会科学，2019（12）：131-141，160．

19. 陈毓萱．**戏曲在异国舞台的往昔今日——读康海玲《海上丝绸之路上的戏曲传播》**[J]．福建艺术，2019（9）：46-48．

八、艺　术

1. 蔡丽红．**明清时期中国与邻国乐舞文化交流述略：以海陆丝绸之路的文化线路为例**[J]．福建师范大学学报（哲学社会科学版），2011（6）：157-160．

2. 陈明孝．**从南澳1号的出水，看明代海上丝绸之路的繁荣**[J]．中国科技博览，2014（4）：569．

3. 赵婷婷．**海上丝绸之路之清代贸易品玻璃器的料性与器型分析**[J]．当代手工艺，2014（3）：40-47．

4. 王伟，陈思扬．**海上丝绸之路与闽南戏曲当代发展——东亚文化格局中的闽南戏曲二次创业研究**[J]．艺苑，2015（2）：10-13．

5. **"海丝文明　广泽天下：21世纪海上丝绸之路图片巡回展"在广州开展**[J]．城市观察，2015（1）：F0003．

6. 毛翰，杨学正．**海上丝绸之路**[J]．当代音乐，2016（10）：129．

7. 王州．**泉州南音在海上丝绸之路交通中的国际传播样式探究**[J]．音乐研究，2016（4）：40-52．

8. **海上丝绸之路的宗教风光**[J]．中国宗教，2016（6）：86-87．

9. 朱素珍．**海上丝绸之路拾珍**[J]．收藏，2016（15）：96-102．

10. 卓晋萍，许志挺．**油彩乘风扬帆——油画家们的"海上丝绸之路"主题创作**[J]．油画，

2016（3）：5-10.

11. 李伟. 毛翰，杨学正. **海上丝绸之路**[J]. 当代音乐，2016（7）：129.

12. 金秋. **海上丝绸之路乐舞艺术研究**[J]. 民族艺术研究，2016，29（5）：13-22.

13. 张章. **《海上丝绸之路》：小视角讲述大故事**[J]. 广电时评，2016（5）：39-42.

14. 赵舒萌. **《海上丝绸之路》的中国故事，中国风范**[J]. 广电时评，2016（6）：46-47.

15. 梁二平. 从宋元古画看海上温州的丝绸之路[J]. 丝绸之路，2016（1）：12-15.

16. 宣宏宇，王琛. **飞越人类文明的交融路径　王琛镜头下的"21世纪海上丝绸之路"**[J]. 中国周刊，2017（10）：12-21.

17. 金秋. **海上丝绸之路乐舞艺术研究**[J]. 舞台艺术（音乐、舞蹈），2017（1）：13-22.

18. 康海玲. **人类学视野下的海上丝绸之路戏曲奇观——以新加坡酬神戏为例**[J]. 艺术评论，2017（8）：92-99.

19. 覃德华. **海上丝绸之路**[J]. 金田，2017（10）：2.

20. 南楠，张璐. **沟通古今历史、记录时代变革、绘制美好蓝图——记大型纪录片《海上丝绸之路》**[J]. 西部广播电视，2017（6）：92.

21. **海上丝绸之路国际音乐节在宁波启动等**[J]. 小演奏家，2017（3）：6.

22. 张伟. **《海上丝绸之路》：动人而惊险的生命跋涉**[J]. 国际人才交流，2017（9）：18-19.

23. 隋元鹏，王刚，刘安妮等. **《海上丝绸之路》**[J]. 山东工艺美术学院学报，2017（4）：24.

24. 朱姝，黄淑萍. **海上丝绸之路·贸易篇**[J]. 美术教育研究，2017（10）：187.

25. 朱姝，许明珠. **海上丝绸之路·艺术篇**[J]. 美术教育研究，2017（10）：187.

26. 贾怡. **海上丝绸之路视野下新加坡南音的维系与变异**[J]. 音乐研究，2017（3）：22-32.

27. 李小林. **海上丝绸之路艺术公园·亚洲园**[J]. 中国民族，2017（5）：122.

28. 朱姝，邱怡菁. **海上丝绸之路·建筑篇**[J]. 美术教育研究，2017（10）：187.

29. **广东海上丝绸之路博物馆**[J]. 建筑，2017（11）：82.

30. 谢喜梅. **海上丝绸之路上的音乐传播考察——评《海上丝绸之路的音乐文化》**[J]. 传媒，2017（19）：99-100.

31. 黄佳敏. **面向21世纪"海上丝绸之路"的德化陶瓷工艺美术品文化走向**[J]. 美术大观，2017（10）：100-101.

32. 张科. **海上丝绸之路主题纪录片创作策略及优化**[J]. 当代电视，2017（12）：32-33.

33. 杨晓丹. **紫禁城与海上丝绸之路（上）——瓷礼佳珍扬帆远播**[J]. 中华文化画报，2017（7）：20-25.

34. 杨咏，袁婷. 浅谈海上丝绸之路文化在文创设计中的应用[J]. 明日风尚，2018（3）：65.

35. 耿钧. **18世纪前的海上丝绸之路与同时期西方对中国艺术的认知**[J]. 艺术品鉴，2017（4）：372-374.

36. 本刊讯. **"一带一路——21世纪海上丝绸之路摄影季活动"在泉州开幕**[J]. 海峡影艺，2018（4）：52-53.

37. 骆卫坚，黄应锋，吕凤霄. **黄埔古村　海上丝绸之路从这里扬帆世界**[J]. 生态文明世界，2018（3）：76-81.

38. 宇鸿. **艺术，点亮"海丝"发展新图景——海上丝绸之路艺术发展论坛侧记**[J]. 海峡通讯，2018（1）：50-52.

39. 王晓茹，孙萱. **首届海上丝绸之路国际舞蹈发展与合作研讨会述评**[J]. 艺苑，2018（1）：20-21.

40. 张红，张琰光. **"海上丝绸之路"沿线主要国家海道测量机构海图产品分析**[J]. 智库时代，2018（30）：2-3.

41. 方佳媛. **对外传播的互文性叙事策略——以《穿越海上丝绸之路》为例**[J]. 青年记者，2018（29）：7-8.

42. 张朝晖，高怡丹. **海上丝绸之路对广彩瓷器的影响研究**[J]. 陶瓷研究，2018，32（2）：120-125.

43. 邓继团. **《长沙窑与海上丝绸之路》主题讲座沸腾铜官窑古镇**[J]. 陶瓷科学与艺术，2018（Z1）：121.

44. 李宜聪，王宏宇，马祺. **海上丝绸之路背景下辽宁滨海公共艺术研究**[J]. 戏剧之家：理论版，2018（11）：174.

45. 胡宇. **海上丝绸之路对清代民间广彩陶瓷设计的影响**[J]. 包装工程，2018，39（2）：223-227.

46. 邓继团. **《长沙窑与海上丝绸之路》主题讲座沸腾铜官窑古镇**[J]. 陶瓷科学与艺术，2018（2）：121.

47. 廖亦彩. **构建 21 世纪"海上丝绸之路"文化的德化陶瓷设计**[J]. 设计，2018（7）：79-81.

48. 陆婧. **庄丽芬 八〇后新人奖表演奖双得主——绽放在海上丝绸之路起点的牡丹**[J]. 曲艺，2018（11）：29-31.

49. 冯少协. **《海上丝绸之路》**[J]. 美术，2018（9）：24.

50. 毛翰（词），林水金（曲）. **海上丝绸路**[J]. 黄河之声，2018（18）：61.

51. 吴明俊. **龙泉——"海上丝绸之路"的重要一员**[J]. 文物鉴定与鉴赏，2018（8）：60-61.

52. 中央美术学院'海丝公园'创作团队. **海上丝绸之路艺术公园·亚洲园**[J]. 雕塑，2018（4）：50-55.

53. **福州"海上丝绸之路"中国画作品展启航**[J]. 艺术市场，2018（9）：17.

54. 周真真. **海上丝绸之路背景下中欧五彩瓷艺术交融研究**[J]. 新疆艺术学院学报，2019，17（2）：13-19.

55. 罗宏才. **明清江南地区与海上丝绸之路的艺术品交流**[J]. 南京艺术学院学报：美术与设计，2019（1）：12-18.

56. 孔璇，肖涛. **纪录片《穿越海上丝绸之路》的跨文化叙事策略**[J]. 视听，2019（10）：143-144.

57. 康海玲. **丝路戏路：海上丝绸之路上的马来西亚华语戏曲**[J]. 云南艺术学院学报，2019（1）：93-98.

58. 翟灿. **概论"海上丝绸之路"对广西设计艺术史的影响**[J]. 艺术品鉴，2019（23）：94-95.

59. **广西与海上丝绸之路沿线民族音乐文化比较**[J]. 戏剧之家，2019（9）：66.

60. 翟灿. **"海上丝绸之路"对广西设计艺术历史的影响**[J]. 大众文艺（学术版），2019（13）：81.

61. 杨柳. **广西与海上丝绸之路沿线民族音乐文化比较**[J]. 戏剧之家（理论版），2019（13）：66-67.

62. 李岩，朱宗侠. **龙泉青瓷参与开拓古代"海上丝绸之路"史迹探寻**[J]. 丽水学院学报，2019，41（3）：72-76.

63. 黄霞. **海上丝绸之路华侨华人的音乐文化认同探析**[J]. 文化创新比较研究，2019，3（34）：48-50.

64. 姜馨，车文丽. **浅析纪录片《海上丝绸之路》的叙事策略**[J]. 西部广播电视，2019，11（21）：134-135.

65. 曾晶，袁早华. **溯源景德镇青花瓷的海上丝绸之路**[J]. 陶瓷研究，2019（6）：41.

66. 李建武，臧艺兵. **鼓浪屿音乐文化与海上丝绸之路**[J]. 集美大学学报（哲学社会科学版），2019，22（2）：28-35.

67. 雷希. **海上丝绸之路上的"广西合浦山歌"**[J]. 戏剧之家（理论版），2019（26）：46-47.

68. 陈雯雯. **海上丝绸之路琵琶艺术研究**[J]. 科教导刊，2019（21）：167-168.

69. 文飞. **海上戏曲传播路 南洋依依中华情——评康海玲的《海上丝绸之路上的戏曲传播》**[J]. 黄河之声，2019（8）：6.

70. 闫铮. **试析海上音乐"丝绸之路"**[J]. 黄河之声，2019（8）：12.

九、历史、地理

1. 王建辉. **"海上丝绸之路"应称为"瓷器之路"**[J]. 求索，1984（6）：123-126.

2. 郑山玉. **华侨与海上丝绸之路——部分侨乡族谱中的海外移民资料分析**[J]. 华侨华人历史研究，1991（1）：21-30.

3. 陈柏坚. **广州是"海上丝绸之路"的始发港**[J]. 岭南文史，1992（2）：46.

4. 刘迎胜. **威尼斯—广州"海上丝绸之路"考察简记**[J]. 中国边疆史地研究，1992（1）：99-111.

5. 郭培忠. **丝绸之路 友谊之路——古代广东的海外交通和贸易**[J]. 中国典籍与文化，1993（4）：57-63.

6. 纪宗安. **试论南方丝绸之路与海上丝绸之路的关系**[J]. 岭南文史，1993（1）：9-14.

7. 丁毓玲. **"海上丝绸之路与伊斯兰文化"国际学术讨论会在泉州召开**[J]. 海交史研究，1994（1）：123-125.

8. 郑一钧. **"海上丝绸之路与伊斯兰文化"国际学术讨论会述要**[J]. 中国史研究动态，1994（8）：15-19.

9. 庄雨集. **古代"海上丝绸之路"首发地又树文化丰碑——《晋江市志》首发式暨编纂工作表彰大会巡礼**[J]. 中国地方志，1994（5）：74，77.

10. 胡善美. **"海上丝绸之路"与刺桐城**[J]. 科学与文化，1994（4）：28-30.

11. 薛梅丽. **海上丝绸之路与潮汕文化学术研讨会**[J]. 海交史研究，1994（2）：2.

12. 李云清. **朱然墓与海上丝绸之路**[J]. 马钢职工大学学报，1994（1）：55-58.

13. 陈炎. **海上丝绸之路与中泰两国的文化交流 为纪念亡友泰国史专家葛治伦教授逝世一周年而作**[J]. 海交史研究，1996（1）：14-26.

14. 刘真伦. **婆利即骠国考——海上丝绸之路研究**[J]. 中国边疆史地研究，1996（3）：85-89

15. 郑一钧，蒋铁民. **郑和下西洋时期伊斯兰文化的传播对海上丝绸之路的贡献**[J]. 中国海洋大学学报（社会科学版），1997（2）：8-12.

16. 唐嘉弘，张建华. **海上丝绸之路疏证**[J]. 南方文物，1997（2）：65-69.

17. 宋岘. **"澳门与海上丝绸之路"国际研讨会侧记**[J]. 世界历史，1999（6）：121-122.

18. 万明. **明代澳门与海上丝绸之路**[J]. 世界历史，1999（6）：2-9.

19. 鸿道. **汉代"海上丝绸之路"始发港——徐闻**[J]. 航海杂志，2000（6）：29.

20. 丘明章. **从海上丝绸之路的古文明到 21 世纪的新辉煌——湛江海港发展的回顾与展望**[J]. 岭南文史，2000（4）：8-12.

21. 黄启臣. **徐闻是西汉南海丝绸之路的出海港**[J]. 岭南文史，2000（4）：17-18.

22. 许永璋. **古代洛阳与南海丝绸之路**[J]. 史学月刊，2000（1）：30-37.

23. 阮应祺. **汉代徐闻港在海上丝绸之路历史中的地位**[J]. 岭南文史，2000（4）：19-21.

24. 黄伟宗. **应当重视"海上丝绸之路"的开发**[J]. 岭南文史，2000（4）：4-7.

25. 李金明. **联系福建与拉美贸易的海上丝绸之路**[J]. 东南学术，2001（4）：167-176.

26. 陈炎. **海上丝绸之路对世界文明的贡献**[J]. 今日中国（中文版），2001（12）：50-52.

27. 李娟芳，钟林. **对"海上丝绸之路始发港"之我见**[J]. 社科与经济信息，2001（5）：94-97.

28. 丁显操. **在海上"丝绸之路"的起点——记今日福建陈埭丁氏回族**[J]. 中国民族，2001（3）：54-55.

29. 章深. **广州"海上丝绸之路"及其相关研究的新进展："广州与'海上丝绸之路'学术座谈会"评述**[J]. 岭南文史，2001（3）：11-14.

30. 梁旭达，邓兰. **汉代合浦郡与海上丝绸之路**[J]. 广西民族研究，2001（3）：86-91.

31. 周家干. **合浦乾体古港作为"海上丝绸之路"始发港探源**[J]. 广西地方志，2002（5）：71-73.

32. 邢永福. **清代广州"十三行"档案首次系统公布——在"海上丝绸之路与广州港"研讨会上的讲话**[J]. 历史档案，2002（2）：134-136.

33. 吴建华. **海上丝绸之路与粤洋西路之海盗**[J]. 湛江师范学院学报，2002，23（2）：29-33.

34. 余庆绵. **广州是海上丝绸之路发祥地质疑**[J]. 羊城今古，2002（1）：26-27.

35. 王连胜. **海上丝绸之路——普陀山高丽道头探轶**[J]. 浙江海洋学院学报（人文科学版），2002，19（1）：11-14.

36. 吴小玲. **"海上丝绸之路"与钦州的发展**[J]. 钦州师范高等专科学校学报，2002（4）：58-63.

37. 黄家蕃. **南海"海上丝绸之路"合浦始发港具体所在刍议**[J]. 广西文史，2002（2）：19-21.

38. 赵焕庭. **广州是华南海上丝绸之路最早的始发港（Ⅰ）**[J]. 热带地理，2003，23（3）：294-298.

39. 赵焕庭. **广州是华南海上丝绸之路最早的始发港（Ⅱ）**[J]. 热带地理，2003，23（4）：394-400.

40. 曾昭璇. **一部反映广东海上丝绸之路历史的巨著——评黄启臣主编的《广东海上丝绸**

之路史》[J]. 岭南文史，2003（3）：41，44.

41. 刘明金. **中国陆海两条丝绸之路比较**[J]. 湛江海洋大学学报，2003，23（2）：6-11.

42. [法]施舟人. **"海上丝绸之路"与南音**[J]. 闽都文化研究，2004（2）：1310-1320.

43. 北海市海上丝绸之路始发港课题组. **合浦是最早海上丝绸之路始发港的研究与开发**[J]. 经济与社会发展，2004，2（10）：112-116.

44. 韩湖初，杨士弘. **关于中国古代"海上丝绸之路"最早始发港研究述评**[J]. 地理科学，2004，24（6）：738-745.

45. 王元林. **《广东海上丝绸之路史》评介**[J]. 中国史研究动态，2004（7）：28-29.

46. 冯峥. **海上丝绸之路与阳江特产**[J]. 岭南文史，2004（2）：58-60.

47. 邓家倍，任建芬. **广州不是中国汉代海上丝绸之路始发港**[J]. 广州社会主义学院学报，2004（1）：59-64.

48. 崔景文. **郑和——海上丝绸之路的伟大旗帜和先驱**[J]. 丝绸之路，2005（6）：4-9.

49. 范金民. **"郑和与海上丝绸之路——纪念郑和下西洋六百周年"学术研讨会在澳门举行**[J]. 郑和研究，2005（4）：69.

50. 王锋. **从海上丝绸之路的极盛时期看郑和下西洋的时代意义**[J]. 郑和研究，2005（2）：1-4.

51. 杨成鉴. **海上丝绸之路的起点站——双屿港**[J]. 浙江纺织服装职业技术学院学报，2005，4（1）：67-71，76.

52. 李军. **宋元"海上丝绸之路"繁荣时期广州，明州（宁波），泉州三大港口发展之比较研究**[J]. 南方文物，2005（1）：76-82.

53. 索占鸿. **海上丝绸之路　加文·孟席斯："郑和首先环球航行发现新大陆""1421：中国发现世界"**[J]. 大陆桥视野. 2006（11）：13-15.

54. 亚伦. **《海上丝绸之路》出版**[J]. 广东社会科学，2006（5）：120-121.

55. 袁晓春. **海上丝绸之路与14世纪中韩航海交流——以蓬莱高丽古船为中心**[J]. 当代韩国，2006（3）：90-94.

56. 赵焕庭. **番禺是华南海上丝路最早的始发港——对《关于中国古代"海上丝绸之路"最早始发港研究述评》的意见**[J]. 地理科学，2006，26（1）：118-127.

57. 覃主元. **汉代合浦港在南海丝绸之路中的特殊地位和作用**[J]. 社会科学战线，2006（1）：168-172.

58. **"海上丝绸之路"的发展**[J]. 海洋世界，2007（8）：24-25.

59. 王元林. **再论宋南海神东，西庙与广州海上丝绸之路**[J]. 暨南史学，2007（1）：417-430.

60. 徐鞠. **海上丝绸之路（汉朝）**[J]. 椰城，2008（3）：23-25.

61. 徐鞠. **海上丝绸之路（三国时期）**[J]. 椰城，2008（4）：19.

62. 徐鞠. **海上丝绸之路（南朝时期）**[J]. 椰城，2008（5）：18.

63. 徐鞠. **海上丝绸之路（明朝）**[J]. 椰城，2008（8）：25-26.

64. 徐鞠. **海上丝绸之路（清代）**[J]. 椰城，2008（9）：19.

65. 徐鞠. **海上丝绸之路（近期）**[J]. 椰城，2008（10）：15-16.

66. 张嫦艳，颜浩. **魏晋南北朝的海上丝绸之路及对外贸易的发展**[J]. 沧桑，2008（5）：19-21.

67. 黄启臣. **一部反映广东海上丝绸之路的新著：评顾涧清等著《广东海上丝绸之路研究》**[J]. 岭南文史，2008（3）：106-110.

68. 卢苇. **南海丝绸之路与东南亚**[J]. 海交史研究，2008（2）：5-13.

69. 唐亚林. **"海上丝绸之路"与中国古代圆形方孔钱在东南亚的传播**[J]. 东南亚纵横，2008（1）：83-86.

70. 毛民. **早期粟特商人与海上丝绸之路**[J]. 广州文博，2008（1）：41-56.

71. 桑希臣. **两汉时期的海上丝绸之路**[J]. 科学大观园，2009（21）：70-72.

72. **广州境内古遗址静待海上丝绸之路申遗成功**[J]. 丝绸之路，2009（12）：99.

73. **广州海上丝绸之路申报世界文化遗产**[J]. 丝绸之路，2009（4）：119.

74. 刘伟民. **文化主义与广东海上丝绸之路研究**[J]. 湖北经济学院学报（人文社会科学版），2009，6（12）：125-126.

75. 俞梓. **海上丝绸之路**[J]. 海洋与渔业，2009（10）：52.

76. 陈艳. **线路遗产与"海上丝绸之路"个案研究：以海上丝绸之路（中国宁波段）为例**[J]. 世界遗产论坛，2009（0）：107-116.

77. 张钧雷. **古刺桐港"海上丝绸之路"上的奇葩：港口史海拾零之泉州港（一）**[J]. 水运管理，2010（11）：38-40.

78. 张春兰. **宋代南外宗正司入泉与海上丝绸之路**[J]. 福建史志，2010（5）：25-28.

79. **"南澳一号"：中国海上丝绸之路之谜**[J]. 中国水运，2010（6）：62-63.

80. 涂师平. **立德立业立言：记我国著名"海上丝绸之路"研究先驱陈炎教授**[J]. 宁波通讯，2010（7）：44-45.

81. 张一平，严春宝. **南海海上丝绸之路学术研讨会综述**[J]. 史学月刊，2011（12）：117-122.

82. 张开城. **论广东海上丝绸之路文化资源的开发利用**[J]. 南方论刊，2011（11）：11-17.

83. 陈玉霞，高芬. **古代海上丝绸之路与中外交流**[J]. 兰台世界，2011（3）：78-79.

84. 曹凛. **元朝海上丝绸之路**[J]. 中国船检，2011（10）：108-111.

85. 王英华. **从广州出发：重走海上丝绸之路**[J]. 中国三峡，2011（8）：24-33.

86. 胡素萍，张华. **南海击波 丝路论剑："南海海上丝绸之路学术研讨会"会议综述**[J]. 中国史研究动态，2011（6）：73-75.

87. 娄建红. **汉代广州与海上丝路：探究广州在海上丝绸之路中的地位和作用**[J]. 人民论坛，2012（2）：128-139.

88. 龚缨晏. **"海上丝绸之路与世界文明进程"国际学术论坛综述**[J]. 中国史研究动态，2012（2）：78-82.

89. 盛观熙. **古代舟山与海上丝绸之路**[J]. 浙江国际海运职业技术学院学报，2012（2）：32-40.

90. **南越国遗迹和海上丝绸之路列入《中国世界文化遗产预备名单》**[J]. 丝绸之路，2012（24）：43.

91. 本刊编辑部. **十年十大考古发现系列之 1 南澳 I 号：海上丝绸之路的驿站**[J]. 文史参考，2012（12）：20-21.

92. 王元. **丝绸之路和海上贸易**[J]. 各界，2012（12）：34-37.

93. 栗建安. **碧落琼海共一色 珍瓷为媒传海外：海上丝绸之路上的中国古代外销瓷**[J]. 东

方收藏，2012（6）：19-22.

94. **南越国宫署遗址对海上丝绸之路研究价值的分析**[J]. 福建文博，2012（4）：26-30，

95. **福州海上丝绸之路将申遗**[J]. 丝绸之路，2012（4）：73.

96. 白芳. **略说广东"海上丝绸之路"**[J]. 福建文博，2012（2）：5-14.

97. 郭育生. **"海上丝绸之路"的外销瓷：磁灶童子山窑的产品及其工艺**[J]. 海交史研究，2012（1）：43-49.

98. 张华，赵逸民. **南海击波　丝路论道："南海海上丝绸之路学术研讨会"会议综述**[J]. 海南师范大学学报（社会科学版），2012（1）：164-166.

99. 高永丽. **"海上丝绸之路与世界文明进程"国际论坛在宁波举行**[J]. 文博，2012（1）：84.

100. 梅华全. **福建与"海上丝绸之路"**[J]. 福建文博，2012（1）：2-6.

101. 章佩岚. **"海上丝绸之路"对唐代海南的影响**[J]. 福建文博，2012（1）：7-11.

102. 涂师平. **从海上丝绸之路文物看世界多元文化融合**[J]. 收藏家，2012（10）：37-41.

103. 冯定雄. **新世纪以来我国海上丝绸之路研究的热点问题述略**[J]. 中国史研究动态，2012（4）：64-67.

104. 王慧慧. **"海上丝绸之路漳州申遗点"研究**[J]. 福建文博，2013（2）：20-24.

105. 汪震. **从刘华墓出土蓝釉波斯陶瓶看海上丝绸之路的中外交流**[J]. 福建文博，2013（1）：7-11.

106. 冯建勇. **海路绵延通万国——海上丝绸之路的历史脉络与现实观照**[J]. 理论参考，2014（9）：35-37.

107. 湛江潮州会馆石碑出土**"海上丝绸之路"史迹**[J]. 潮商，2014（4）：74.

108. 翊嫱. **太平洋有条丝绸之路**[J]. 炎黄纵横，2014（1）：15.

109. 曲金良. **五世纪初南中国海—印度洋"海上丝绸之路"的文化图景：以《法显传》为中心的微观考察**[J]. 新东方，2014（6）：8-15.

110. 徐方清. **"一带一路"战略构想悄然落地**[J]. 中国新闻周刊，2014（36）：45-47.

111. **丝绸之路—海上丝绸之路**[J]. 世界遗产，2014（1）：30-33.

112. 林娜. **郑和精神与"一带一路"构建**[J]. 赤子（上中旬），2015（8）：342-343.

113. 葛剑雄. **"一带一路"的历史被误读**[J]. 环境教育，2015（5）：53-54.

114. 和风. **"一带一路"国家新年风俗**[J]. 上海质量，2015（1）：56-59.

115. 王欢. **台山市海上丝绸之路遗存发现与研究**[J]. 福建文博，2015（1）：28-35.

116. 王锐丽. **翟墨领航：2015重走海上丝绸之路**[J]. 珠江水运，2015（1）：49-51.

117. 姜波，赵云，丁见祥. **海上丝绸之路的内涵与时空框架**[J]. 中国文物科学研究，2016（2）：23-28.

118. 何春燕. **浅谈九日山作为古代海上丝绸之路起点的几点依据**[J]. 才智：智慧版，2016（18）：206.

119. 马建春. **海上丝绸之路的历史贡献**[J]. 社会科学战线，2016（4）：81-87.

120. 王震中. **胶东早期海洋文明与海上丝绸之路之始**[J]. 鲁东大学学报（哲学社会科学版），2016，33（1）：1-5.

121. 贺圣达. **海上丝绸之路与中国的对外文化交流——以中国与东南亚的文化交流为例**

[J]. 东南亚南亚研究，2016（2）：66-73.

122. 麻静洁. **地缘政治经济视野下的"21世纪海上丝绸之路"经济带**[J]. 决策与信息（中旬刊），2016（32）：5-6.

123. 方俊吉. **中国历代海事发展与"二十一世纪海上丝绸之路"**[J]. 湖北大学学报（哲学社会科学版），2016，43（5）：63-69.

124. 柴利平，刘强，张振. **东营海北遗址发现十周年暨中国早期海上丝绸之路起源学术研讨会成功举办**[J]. 走向世界，2016（6）：7.

125. 梅艺华. **《岛夷志略》对海上丝绸之路的影响力**[J]. 城市地理，2016（2）：255.

126. 周雪香. **闽西客家与海上丝绸之路——以四堡雾阁邹氏为例**[J]. 福建论坛（人文社会科学版），2016（5）：154-161.

127. 张春兰. **试论闽安与海上丝绸之路**[J]. 福建文博，2016（2）：21-25.

128. 陈之林. **"海上丝绸之路"建设中长征精神的再运用**[J]. 科技经济导刊，2016（10）：213.

129. 贺彦豪，刘季宏. **走过海上丝绸之路的古街**[J]. 丝绸之路，2016（13）：32-37.

130. 段明伟. **"海权"与21世纪"海上丝绸之路"**[J]. 牡丹江大学学报，2016，25（3）：66-67.

131. 王永平. **伊本·白图泰眼中的杭州绳技——一种从海上丝绸之路传来的印度魔术**[J]. 山西大学学报（哲学社会科学版），2016，39（3）：59-67.

132. 张晓东. **明清时期的上海地区与海上丝绸之路贸易活动——兼论丝路贸易和殖民贸易的兴替**[J]. 史林，2016（2）：106-113.

133. 陈之林. **海上丝绸之路中的两岸对外经贸合作**[J]. 吉林广播电视大学学报，2016（9）：100-101.

134. 贻芥. **航海纹：海上丝绸之路的一瞥**[J]. 中华遗产，2016（12）：100-101.

135. 董立功. **海上丝绸之路与雷州祭海亭**[J]. 寻根，2016（3）：114-116.

136. 朱素珍. **海上丝绸之路拾珍**[J]. 收藏，2016（8）：96-102.

137. 李玉铭. **近代海上丝绸之路的新起点——交通、通讯工具变革与近代上海远洋航运的发展**[J]. 太平洋学报，2016，24（6）：89-99.

138. 雷兴鹤. **"海上丝绸之路与环南海社会文化史"学术研讨会综述**[J]. 中国史研究动态，2016（3）：71-72.

139. 章忠民，胡林梅. **明清海上丝绸之路经略与海权渐失**[J]. 社会科学，2016（1）：34-41.

140. 康爱华，羽离子. **海陵人吕岱对海上丝绸之路的开辟及其归葬**[J]. 泰州学术，2016（1）：49-58.

141. 姜波. **直挂云帆济沧海 海上丝绸之路上的沉船**[J]. 世界遗产，2016（6）：38-45.

142. 谢博，岳蓉. **郑和下西洋对21世纪海上丝绸之路建设的启示**[J]. 西南石油大学学报（社会科学版），2016，18（1）：1-7.

143. 刘凤鸣. **唐中后期东方海上丝绸之路繁荣原因探析**[J]. 魏晋南北朝隋唐史，2016（2）：73-85.

144. 程酩茜. **波斯釉陶：早期海上丝绸之路的见证者**[J]. 大众考古，2016（9）：58-65.

145. 李双幼. **海上丝绸之路历史记忆的个案考察**[J]. 青海民族大学学报（社会科学版），

2016，42（2）：100-105.

146. 珍荷. **陨没在海上丝绸之路的南宋商船**[J]. 中国拍卖，2016（6）：30-32.

147. 袁晓春. **海上丝绸之路与蓬莱高丽古船**[J]. 中国港口，2016（S1）：25-32.

148. 金秋蓉. **海上丝绸之路与福建近代中西文化的撞击**[J]. 重庆交通大学学报（社会科学版），2016，16（2）：18-22.

149. 易西兵. **广州海上丝绸之路史迹的文化内涵与遗产价值**[J]. 岭南文史，2016（2）：20-25.

150. 郭玉峰. **浅析陶瓷外销与海上丝绸之路的联系**[J]. 艺术品鉴，2016（4）：359-359.

151. 吴春明. **对"海上丝绸之路"研究有关问题的重新思考**[J]. 南方文物，2016（3）：186-191.

152. 袁晓春. **海上丝绸之路与蓬莱高丽古船**[J]. 中国港口，2016（Z1）：25-32.

153. 陈汉初. **广东侨批：见证海上丝绸之路**[J]. 岭南文史，2016（2）：30-33.

154. 章忠民，胡林梅. **明清海上丝绸之路经略与海权渐失**[J]. 明清史，2016（3）：34-41.

155. 李海英. **张保皋商团与9世纪东亚海上丝绸之路——以《入唐求法巡礼行记》为例**[J]. 哈尔滨学院学报，2016，37（4）：120-126.

156. 郑晓光. **华侨华人与近代海上丝绸之路——基于天一信局的个案考察**[J]. 淮南师范学院学报，2016，18（3）：59-64.

157. 刘向明，郑三粮. **广东梅州是海上丝绸之路的重要起点——以唐代梅县水车窑为中心的论述**[J]. 嘉应学院学报，2016，34（6）：12-16.

158. 韩翔，韩鹏. **古代海上丝绸之路与舟山城市变迁**[J]. 浙江海洋大学学报（人文科学版），2016，33（4）：33-37.

159. 彭明旭，杨晓菁. **基于海上丝绸之路视野下"刺桐"文化精神的分析**[J]. 泉州师范学院学报，2016，34（4）：8-12.

160. 刘明强，刘俊杏. **明末海上丝绸之路的重要遗产——肇庆崇禧塔与仙花寺公园遗址考述**[J]. 肇庆学院学报，2016，37（4）：52-56.

161. 毛军吉，陈文广. **赤湾妈祖庙与海上丝绸之路探析**[J]. 特区理论与实践，2016（5）：105-110.

162. 叶伟奇. **福建"海上丝绸之路"与外国银币的流入**[J]. 福建金融，2016（7）：51-56.

163. 张岚. **海上丝绸：永乐御碑**[J]. 检察风云，2016（5）：90-91.

164. 陆韧，苏月秋. **宋代海上丝绸之路广西口岸发展与西南地区的交通贸易**[J]. 长安大学学报（社会科学版），2016，18（2）：141-148.

165. 冷东. **再议海上丝绸之路中的"办馆"**[J]. 暨南学报（哲学社会科学版），2016，38（7）：89-94.

166. 占益波. **宋元"海上丝绸之路"对泉州城市发展的影响**[J]. 环球人文地理（评论版），2016（1）：167.

167. 黄颖. **海上丝绸之路形成的历史考察**[J]. 理论参考，2016（3）：53-54.

168. 熊雪如，王元林. **深圳地域与海上丝绸之路关系的历史演变**[J]. 岭南文史，2016（1）：33-37.

169. 葛永明，杨桂珍. **徐福与海上丝绸之路东方航线**[J]. 大陆桥视野，2016（21）：81-84.

170. 叶伟奇. **钱从海上来——从海上丝绸之路流入福建的外国银币**[J]. 东方收藏，2016（11）：85-90.

171. 沈永清.**《上海通志》关于"海上丝绸之路"记述的分析与思考**[J]. 上海地方志，2016（3）：25-28.

172. 沈洋. **法国在中欧海上丝绸之路中的历史地位——以"海后"号两航广州为线索的考察**[J]. 南海学刊，2016，2（1）：113-118.

173. 陈恺旻. **从《恩赐琅琊郡王德政碑》看海上丝绸之路中的福州**[J]. 文化学刊，2016（11）：219-223.

174. 梁冬. **一带一路的千年回唱——探视海上丝绸之路古沉船博物馆**[J]. 支部建设，2016（28）：46-47.

175. 莫艳梅. **《诸蕃志》：中西文化交流与海上丝绸之路的志书**[J]. 中国地方志，2017（5）：52-58.

176. 李云. **海上丝绸之路与徐闻的历史渊源**[J]. 丝路视野，2017（35）：4-5.

177. 范佳平. **海上丝绸之路上的德化窑青花盘**[J]. 中国港口，2017（Z2）：1-6.

178. 古小松. **早期海上丝绸之路与中南半岛国家的建立**[J]. 云南社会科学，2017（3）：93-100.

179. 叶锋. **温州瓯窑国宝级文物——"海上丝绸之路"重要物证**[J]. 文化交流，2017（7）：81.

180. 胡在强. **汉代海上"丝绸之路"的开发及对岭南的影响**[J]. 赤子，2017（21）：129.

181. 陶雪璐，水源，李楠等. **海上丝绸之路的宁波与博多**[J]. 文艺生活：下旬刊，2017（10）：59-60.

182. 李明山. **东南沿海疍民与海上丝绸之路（下）**[J]. 广东职业技术教育与研究，2017（6）：87-89.

183. **赵匡胤与海上丝绸之路**[J]. 老年文摘报，2017（32）：3.

184. 范佳平. **海上丝绸之路上的德化窑青花盘**[J]. 中国港口，2017（A02）：1-6.

185. 熊昭明. **汉代海上丝绸之路航线的考古学观察**[J]. 社会科学家，2017（11）：34-40.

186. **明清时期海上丝绸之路发展概况**[J]. 海洋世界，2017（7）：36-39.

187. 杨晓丹，杨晓霖. **紫禁城与海上丝绸之路（中）——西风东渐万国来朝**[J]. 中华文化画报，2017（8）：48-55.

188. 杨晓霖，杨晓丹. **紫禁城与海上丝绸之路（下）——洋为中用交互参酌**[J]. 中华文化画报，2017（9）：34-43.

189. 田心. **广西钦州"海上丝绸之路"历史文化遗址考证及评析**[J]. 北部湾大学学报，2017，32（2）：1-6.

190. 叶岗，陈民镇. **越文化与海上丝绸之路的发生与发展——兼及对"一带一路"战略的启示**[J]. 绍兴文理学院学报，2017，37（2）：12-22.

191. **《海上丝绸之路2000年》出版**[J]. 丝绸之路，2017（14）：F0004.

192. 秋月，小五. **海上丝绸之路：为中国打开世界之门**[J]. 东方文化周刊，2017（23）：56-61.

193. 杨洸. **广州海上丝绸之路研究综述**[J]. 广州社会主义学院学报，2017（2）：74-81.

194. 范佳平. **海上丝绸之路上的德化窑青花盘**[J]. 中国港口，2017（S2）：1-6.

195. 李东，王晓平. **从"海上丝绸之路"大背景下看妈祖文化的传播——以朝鲜半岛为例**[J]. 妈祖文化研究，2017（4）：25-31.

196. 刘明翰，陈月清. **郑和七下西洋对海上丝绸之路的贡献——郑和下西洋的伟绩同西欧早期殖民扩张的对比**[J]. 大连大学学报，2017，38（5）：1-10.

197. 谢重光. **唐宋元时期的漳州海上丝绸之路史迹**[J]. 大众考古，2017（3）：46-49.

198. 邱捷. **清代广东丝绸出口与"海上丝绸之路"**[J]. 学术研究，2017（5）：103-109.

199. 汪汉利. **三佛齐：宋代海上丝绸之路重要节点**[J]. 浙江海洋大学学报（人文科学版），2017，34（6）：1-6.

200. 王元林. **吴哥古迹出土陶瓷与海上丝绸之路文化交往**[J]. 南方文物，2017（2）：153-160.

201. 吴志坚. **全球视野下的海上丝绸之路研究——访高荣盛先生**[J]. 中国史研究动态，2017（2）：62-71.

202. 王思杰. **"海上丝绸之路"视域下的宋元泉州与宗教共生**[J]. 宁夏社会科学，2017（6）：170-178.

203. 李明山. **东南沿海疍民与海上丝绸之路（上）**[J]. 广东职业技术教育与研究，2017（5）：76-79.

204. [日]松浦章. **轮船时代的海上丝绸之路**[J]. 中国近代史，2017（3）：122-132.

205. 刘英英. **试述泉港东岳庙与"海上丝绸之路"的关系**[J]. 福建文博，2017（3）：61-65.

206. 何笙，王勇森. **"一带一路"上的青岛印记——板桥镇、塔埠头港等见证青岛海上丝绸之路发展历程**[J]. 走向世界，2017（33）：20-25.

207. 韩炜师. **从海上丝绸之路的遗产价值探讨文化遗产保护的理念**[J]. 文物世界，2017（1）：47-48.

208. 魏志江，魏珊. **论宋丽海上丝绸之路与海洋文化交流**[J]. 东疆学刊，2017，34（1）：89-95.

209. 郑婷婷. **试析泉州海上丝绸之路上的文物史迹**[J]. 文物鉴定与鉴赏，2017（4）：110-111.

210. 李博程. **试论僧人在海上丝绸之路文化交流中的纽带作用**[J]. 小品文选刊：下，2017（9）：124-125.

211. 梁轶奎. **汪大渊游记对 21 世纪海上丝绸之路建设的启示意义**[J]. 戏剧之家，2017（21）：223-224.

212. 沈安娜. **海上丝绸之路起点——泉州**[J]. 科学大观园，2017（17）：66-69.

213. 刘向明，郑三粮. **从考古发现看东江与海上丝绸之路的关系——以出土唐代梅县水车窑为中心的考察**[J]. 惠州学院学报，2017，37（2）：19-25.

214. 吕俊昌. **卜正民《塞尔登的中国地图：重返东方大航海时代》读解及相关问题辨析**[J]. 南海学刊，2018，4（2）：75-82.

215. 王元林. **《（安船）酌献科》与"下南"航线闽境地名及妈祖信仰考释**[J]. 南海学刊，2018，4（3）：98-105.

216. 刘恒武. **图像观识与海上丝绸之路史**[J]. 学术月刊，2017，49（12）：44-48.

217. 考古学视野下的海上丝绸之路[J]. 大众考古，2017（5）：95.

218. 吴培植. **泉州：海上丝绸之路起点城市**[J]. 文物鉴定与鉴赏，2017（9）：82-83.

219. 陈利华. **山海话语下的成功商贸——兼论郑成功对发展海上丝绸之路的重大贡献**[J]. 闽商文化研究，2017（2）：6-14.

220. 林坚. **哥德堡"海上丝绸之路"的记忆**[J]. 生态文明世界，2017（4）：36-45.

221. **紫禁城与"海上丝绸之路"——2017年5月9日至7月8日故宫博物院午门西雁翅楼**[J]. 收藏，2017（7）：152.

222. **紫禁城与"海上丝绸之路"**[J]. 装饰，2017（7）：7.

223. **盛世公主号海上丝绸之旅启航**[J]. 商务奖励旅游，2017（3）：45.

224. **盛世公主号海上丝绸之旅**[J]. 中国口岸科学技术，2017（7）：54-55.

225. **紫禁城与"海上丝绸之路"展**[J]. 艺术品，2017（6）：120.

226. **回古望今：揭秘历史上的海上丝绸之路**[J]. 科学大观园，2017（11）：70-71.

227. **紫禁城与海上丝绸之路**[J]. 中国艺术，2017（4）：93.

228. 毛章清，郑学檬. **8至14世纪海上丝绸之路的跨文化传播考察**[J]. 厦门大学学报（哲学社会科学版），2017（4）：43-50.

229. 姜波. **海上丝绸之路：环境、人文传统与贸易网络**[J]. 南方文物，2017（2）：142-145.

230. 林进忠，林旻，黄邵. **论21世纪海上丝绸之路建设背景下我国与东盟的金融合作——基于SWOT分析**[J]. 福建金融，2017（9）：18-21.

231. 吴石坚. **广州番禺学宫与明清海上丝绸之路**[J]. 岭南文史，2017（4）：58-61.

232. 范金民. **16—19世纪前期海上丝绸之路的丝绸棉布贸易**[J]. 江海学刊，2018（5）：174-187.

233. 杨国桢. **福州与海上丝绸之路**[J]. 闽都文化，2018（1）：67-73.

234. 张炜，祁山. **徐福与海上丝绸之路考辨**[J]. 山东师范大学学报（人文社会科学版），2018，63（3）：1-16.

235. 李鸣飞. **走过海上丝绸之路的蒙古公主**[J]. 文史知识，2018（1）：45-49.

236. 毛敏. **海上丝绸之路沉船与出水瓷器**[J]. 大众考古，2018（11）：19-26.

237. 汪勃. **扬州城与海上丝绸之路**[J]. 大众考古，2018（11）：27-30.

238. 王亮. **莞邑海上丝绸之路遗产述略**[J]. 自然与文化遗产研究，2018，3（11）：45-48.

239. 沈桂才. **广西古运河与海上丝绸之路（上）**[J]. 当代广西，2018（9）：57-59.

240. 冯心恺. **古海上丝绸之路上的珠光船影**[J]. 中国海事，2018（4）：76-78.

241. 周晓峰. **处州瓯江文明与"海上丝绸之路"**[J]. 东方收藏，2018（10）：19-29.

242. 熊昭明. **汉代海上丝绸之路合浦港的考古发现**[J]. 民主与科学，2018（1）：25-28.

243. 周运中. **青龙镇海上丝绸之路两则新史料**[J]. 都会遗踪，2018（2）：160-168.

244. 韩香. **唐代来华波斯商贾与海上丝绸之路**[J]. 西北民族论丛，2018（1）：97-110.

245. 沈桂才. **广西古运河与海上丝绸之路（下）**[J]. 当代广西，2018（10）：56-58.

246. 徐虹. **广州海上丝绸之路遗迹——怀圣寺研究述评**[J]. 暨南史学，2018（1）：212-224.

247. 郑剑文，李祖耀，成冬冬，等. **泉州老故事"东方第一大港"的历史传奇——海上丝绸之路上 那些不曾远去的帆影**[J]. 城市地理，2018（9）：18-27.

248. 张云龙，柏凯玲，曹凡. **江苏海上丝绸之路历史遗迹保护研究**[J]. 边疆经济与文化，

2018（10）：85-86.

249. 刘恒武. **图像资料与历史研究（笔谈）——图像观识与海上丝绸之路史**[J]. 历史学，2018（3）：44-48.

250. 高山. **两千年从未中断的海上丝绸之路**[J]. 世界文化，2018（4）：40-41.

251. 齐上志. **水下考古与闽都海上丝绸之路**[J]. 炎黄纵横，2018（4）：60-61.

252. 袁晓春. **海上丝绸之路朝鲜史料中的宁波海商**[J]. 民族史研究，2018（1）：223-238.

253. 魏春泉. **海上丝绸之路与福建近代中西文化的撞击**[J]. 青年文学家，2018（9Z）：186-186.

254. 乔璐璐. **阿拉伯古典文献中的广州海上丝绸之路**[J]. 智库时代，2018（49）：190.

255. 吴石坚. **广州番禺学宫与海上丝绸之路的历史因缘**[J]. 广州文博，2018（1）：159-165.

256. 郑好. **广西特色海上丝绸之路文化遗产保护区建设的思考**[J]. 广西社会主义学院学报，2018，29（3）：92-97.

257. 吴培植. **泉州港江口古码头——"海上丝绸之路"遗产点**[J]. 自然与文化遗产研究，2018，3（8）：89-91.

258. 梁行洲，李黎，张景科，等. **海上丝绸之路窑址裂隙充填灌浆材料比选室内试验研究**[J]. 文物保护与考古科学，2018，30（3）：41-50.

259. 林莉琼. **2017 年广州海上丝绸之路水下考古项目出水器物脱盐保护研究**[J]. 文博学刊，2018（3）：48-58.

260. 朱志龙. **"海上丝绸之路：广州文化遗产"学术研讨会概述**[J]. 广州文博，2018（0）：414-419.

261. 刘珊. **基于 LBS 模式的"21 世纪海上丝绸之路"跨境电商推荐系统研究**[J]. 电信技术，2018（11）：17-20.

262. 郝诗雨，赵媛，王晓歌. **基于空间句法的泉州海上丝绸之路文化遗迹可达性研究**[J]. 北京联合大学学报，2018，32（3）：22-30.

263. **探析海上丝绸之路——以福建南安九日山为例**[J]. 文物鉴定与鉴赏，2018（10）：60.

264. 刘冬媚. **陶瓷贸易：13 至 17 世纪的"海上丝绸之路"**[J]. 艺术品，2018（10）：74-80.

265. 庄萍萍. **探析海上丝绸之路——以福建南安九日山为例**[J]. 文物鉴定与鉴赏，2018（19）：60-61.

266. 万明. **从《郑和锡兰布施碑》看海上丝绸之路上的文化共生**[J]. 国际汉学，2018（4）：25-31.

267. 李欣妍. **海上丝绸之路·北海史迹的研究与保护申遗刍议**[J]. 遗产与保护研究，2018，3（12）：44-47.

268. 王巧荣. **海上丝绸之路南海航线对中国南海权益的历史价值**[J]. 桂海论丛，2018，34（4）：52-57.

269. **多元视角下的海上丝绸之路探源——以南越国时期城址的濒水文化机制为例**[J]. 新丝路（中旬刊），2018（11）：42.

270. 朱素颖. **近代西医院在海上丝绸之路上的独特角色——以广州眼科医局（1835—1855）为例**[J]. 岭南文史，2018（3）：28-31.

271. 张岩鑫. **谈宁波在中国古代海上丝绸之路的地位——由两幅地图和一幅绘画谈起**[J].

艺术教育，2018（23）：147-148.

272. 叶建维，游勇，郎尚德. **地方志服务"一带一路"——《灵渠—合浦：海上丝绸之路历史溯源》专题研讨会在合浦县召开**[J]. 广西地方志，2018（5）：2.

273. 梁冬. **"一带一路"的千年回唱——探访海上丝绸之路古沉船博物馆**[J]. 老同志之友（下半月），2018（2）：36-37.

274. 伏杰. **历史上的"海上丝绸之路"**[J]. 中国税务，2019（4）：58-59.

275. 万明. **海上丝绸之路的真实图景**[J]. 人民周刊，2019（11）：86.

276. 何国卫. **"南海一号"与"海上丝绸之路"**[J]. 中国船检，2019（10）：112-116.

277. 李性辅，毛峰. **海上丝绸之路开拓者——徐福**[J]. 大陆桥视野，2019（12）：98-99.

278. 赵红艳，胡荒静琳，郭可潍，等. **海上丝绸之路视域下中国南路棉花传播研究**[J]. 丝绸，2019，56（8）：99-105.

279. **义净与海上丝绸之路**[J]. 视界观，2019（7）：87.

280. **海上丝绸之路与海洋文明**[J]. 文明，2019（11）：144-147.

281. 祁文斌. **海上丝绸之路的历史拐点**[J]. 山西老年，2019（7）：17.

282. 冯谯文. **忆徐闻古代海上丝绸之路**[J]. 青春岁月，2019（2）：419.

283. 毛敏. **"海上丝绸之路"传入的异域珍宝**[J]. 大众考古，2019（5）：36-41.

284. 李孝聪. **中外古地图与海上丝绸之路**[J]. 思想战线，2019，45（3）：110-124.

285. 栗建安. **海上丝绸之路的中国水下考古概述**[J]. 文物保护与考古科学，2019，31（4）：128-133.

286. 韩香. **唐代来华波斯商贾与海上丝绸之路**[J]. 魏晋南北朝隋唐史，2019（3）：97-110.

287. 李海珍. **海上丝绸之路与徐闻的历史渊源探讨**[J]. 文物鉴定与鉴赏，2019（12）：74-75.

288. 陈支平. **明代"海上丝绸之路"发展模式的历史反思**[J]. 中国史研究，2019（1）：191-198.

289. 韩春鲜，光晓霞. **唐代扬州海上丝绸之路的商贸与文化交流**[J]. 唐都学刊，2019（2）：51-55.

290. 林枫. **明清福建商帮的形成与海上丝绸之路**[J]. 文史知识，2019（9）：87-95.

291. 缪克. **黄泗浦：风光旖旎的海上丝绸之路发源地**[J]. 江苏地方志，2019（4）：8-11.

292. 张晓斌，郑君雷. **广东海上丝绸之路史迹的类型及其文化遗产价值**[J]. 文化遗产，2019（3）：141-148.

293. 陈芸，周晓楠. **"广州十三行与海上丝绸之路"学术研讨会综述**[J]. 海交史研究，2019（1）：119-124.

294. 李德霞. **16—17世纪中拉海上丝绸之路的形成与发展**[J]. 社会科学文摘，2019（9）：97-99.

295. 蔡思雨. **从边缘到中心：汉代海上丝绸之路上的合浦郡**[J]. 唐山文学，2019（4）：71-72.

296. 刘松，吕良波，李青会等. **岭南汉墓出土玻璃珠饰与汉代海上丝绸之路中外交流**[J]. 文物保护与考古科学，2019，31（4）：18-29.

297. 陈刚. **关于海上丝绸之路·北海史迹保护和申报世界文化遗产工作的思考**[J]. 广西地方志，2019（4）：26-31.

298. 孙博. **"文献记载与考古发现：海上丝绸之路的新探索"学术研讨会综述**[J]. 海交史

研究，2019（1）：125-137.

299. 毕旭玲. **明清以前古徐州港口群的历史重构——基于古代海上丝绸之路发展视野的考察**[J]. 徐州工程学院学报（社会科学版），2019，34（4）：14-20.

300. 付琳，官民伙. **"重建海上丝绸之路史前史：东亚新石器时代海洋文化景观"国际学术研讨会综述**[J]. 南方文物，2019（3）：236-242.

301. 刘涛. **陈洪谟所修正德《大明漳州府志》背后的故事——湖湘军户文化与明代海上丝绸之路渊源考**[J]. 长江文明，2019（3）：45-63.

302. 吕伟涛. **图画中的妈祖文化与海上丝绸之路——中国国家博物馆藏《天后圣母事迹图志册》研究**[J]. 博物院，2019（1）：85-91.

303. 余达忠. **超越生态位：16—20世纪闽粤赣边区客家的生计方式与海外播迁——兼论客家对海上丝绸之路的贡献**[J]. 中华文化与传播研究，2019（1）：360-370.

304. 陈国威. **明代中外舆图中的雷州半岛及其海交史初探**[J]. 南海学刊，2019，5（1）：106-118.

305. 刘思瑞. **民国时期南洋贸易文献史料整理与分析**[J]. 南海学刊，2019，5（3）：90.

306. 郑祥林. **海上"丝绸之路"的开拓者——从马三保到郑和**[J]. 山西老年，2019（8）：22-23.

十、经　济

1. 吴瑞根. **海上丝绸之路与"中国之船"**[J]. 拉丁美洲研究，1983（1）：43-45.
2. 韩琳. **"东方水上丝绸之路"**[J]. 今日中国（中文版），1994（12）：25-26.
3. 马仕本. **重振"海上丝绸之路"始发港雄风——广西北海港大步走向世界**[J]. 珠江水运，1995（5）：18.
4. 陈国生，杨晓霞. **西南三条丝绸之路与西南旅游经济开发**[J]. 热带地理，1997（4）：419-427.
5. 日农. **泉州—海上丝绸之路的起点**[J]. 今日中国（中文版），1998（1）：34-41.
6. 沈荣嵩. **海上丝绸之路——徐闻古港的兴衰**[J]. 珠江水运，2001（4）：46-47.
7. 耿昇. **从法国安菲特利特号船远航中国看17—18世纪的海上丝绸之路**[J]. 西北第二民族学院学报（哲学社会科学版），2001（2）：3-11.
8. 阮应祺. **海上丝绸之路航线上雷州半岛主港概述**[J]. 湛江师范学院学报，2002（2）：19-22.
9. **"歌德堡号"与"雾里青"：海上丝绸之路的故事在续写**[J]. 茶叶经济信息，2003（7）：35-37.
10. 傅云新，唐文雅. **广州海上丝绸之路旅游资源及其开发探讨**[J]. 经济师，2003（5）：223-225.
11. 刘林智. **海上丝绸之路及其特色旅游资源开发**[J]. 资源开发与市场，2004（2）：139-140.
12. 本刊编辑部. **构筑海上丝绸之路　发展现代航海事业——致首届中国"航海日"**[J]. 中国水运，2005（7）：6-7.
13. **瑞典"哥德堡"号将重返海上丝绸之路**[J]. 交通建设与管理，2005（6）：70-71.

14. 韩北. **合浦——海上丝绸之路始发港"理论研讨会在广西北海召开**[J]. 地理科学, 2005（1）: 125-126.

15. 瞿世民. **从丝绸之路到黑奴航线的古、近代远洋航运**[J]. 中国远洋航务公告, 2005（2）: 57-58.

16. 胡国良. **拓开海上丝绸之路 振兴广东造船工业——在"海上丝绸之路发祥地文化论坛"上的欢迎词**[J]. 广东造船, 2006（3）: 55-56.

17. 广东造船工程学会秘书处. **我会主办"海上丝绸之路发祥地文化论坛"**[J]. 广东造船, 2006（3）: 55.

18. **千年等一回"南海1号"出水建广东海上丝绸之路博物馆**[J]. 收藏: 拍卖, 2008（1）: 10.

19. 马英明. **北美航线——海上丝绸之路的最远端**[J]. 广州航海高等专科学校学报, 2008, 16（3）: 29-31.

20. 龚伟丽, 刘义发. **"海上丝绸之路"南沙再发力: 广州港南沙港区特别报道**[J]. 珠江水运, 2009（10）: 22-27.

21. **海陆"丝绸之路"对接点: 贺州古道**[J]. 西部交通科技, 2009（10）: 165.

22. 黄德旺. **浅谈福建海上丝绸之路与泉州港**[J]. 福建文博, 2009（4）: 73-75.

23. **"钢铁丝绸之路"令人瞩目**[J]. 大陆桥视野, 2009（7）: 16.

24. 杨胜利. **牵手丝路行再续两岸情: 海峡两岸青年学子牵手丝绸之路行活动纪实**[J]. 台湾工作通讯, 2010（8）: 13-14.

25. **2010年中国航海日以"海洋·海峡·海员"为主题 五缘之水将汇聚"海上丝绸之路"起点泉州**[J]. 航海, 2010（3）: 7.

26. 孙光圻, 苏作靖. **明代《雪尔登中国地图》之图类定位及其在海上丝绸之路研究中的学术价值**[J]. 水运管理, 2012（8）: 29-32.

27. **连接海陆丝绸之路的交通要冲——茂林桥**[J]. 西部交通科技, 2012（6）: F0004.

28. 周长山. **日本学界的南方海上丝绸之路研究**[J]. 海交史研究, 2012（2）: 92-99.

29. 张伟疆. **海上丝绸之路在南海区域文化中的传播**[J]. 青年文学家, 2013（19）: 244-245.

30. 颜洁. **南海丝绸之路最早始发港合浦兴衰史考证**[J]. 东南亚纵横, 2013（12）: 62-68.

31. 许家堃. **哪里是海上丝绸之路的始发港**[J]. 沧桑, 2013（3）: 18-20.

32. 许娟, 卫灵. **印度对21世纪"海上丝绸之路"倡议的认知**[J]. 南亚研究季刊, 2014（3）: 1-6.

33. 周健. **提升城市人文精神打造海上丝绸之路明珠: 以北海市为例**[J]. 产业与科技论坛, 2014（24）: 35-36.

34. 周萍, 汪品霞, 陈秋娟. **"海上丝绸之路"平台上对工商改革的共识**[J]. 工商行政管理, 2014（19）: 40-41.

35. **"共建21世纪海上丝绸之路"学术座谈会**[J]. 城市观察, 2014（3）: 193.

36. **中国"海上丝绸之路"行君子之道**[J]. 世界博览, 2014（1）: 92.

37. 黄育蓉. **关于广东参与"海上丝绸之路"建设的思考**[J]. 商情, 2014（28）: 71.

38. **中国加速实施"海上丝绸之路"计划**[J]. 珠江水运, 2014（24）: 31.

39. 陈楠枰. **21世纪海上丝绸之路的交通谋划 从水路安全畅通起步**[J]. 交通建设与管理, 2014（21）: 26-27.

40.　宋欣欣. **国际间港口合作是建海上丝绸之路重要方向**[J]. 珠江水运，2014（20）：27.

41.　徐祖远. **海上丝绸之路有利于重构世界秩序**[J]. 大陆桥视野，2014（13）：47-48.

42.　杜传志. **发挥港口综合优势打造 21 世纪海上丝绸之路战略支点**[J]. 大陆桥视野，2014（13）：49-51.

43.　白雪梅，王敏. **海上丝绸之路再升温**[J]. 东北之窗，2014（13）：62-63.

44.　高嵩. **21 世纪海上丝绸之路的时代价值纵论**[J]. 综合运输，2014（12）：14-18.

45.　张丽丽，吕靖，艾云飞. **基于 ism 和 ahp 的建设海上丝绸之路影响因素分析**[J]. 工业技术经济，2014（11）：38-43.

46.　高嵩，李清. **建设 21 世纪"海上丝绸之路"与实施"海运强国"战略浅析**[J]. 世界海运，2014（10）：12-15.

47.　庞宏敏. **21 世纪"海上丝绸之路"——互利共赢的新通道：访中国社会科学院海疆问题专业研究学者王晓鹏**[J]. 世界海运，2014（10）：10-11.

48.　吴明华. **海运贸易舞动"海上丝绸之路"**[J]. 中国远洋航务，2014（6）：30-31.

49.　姚亚平. **两会·航运好声音：全国人大代表、中远集团董事长马泽华：打造新"海上丝绸之路"为海运业带来新机遇**[J]. 中国远洋航务，2014（4）：22-25.

50.　吴明华. **海运贸易舞动"海上丝绸之路"**[J]. 航海，2014（3）：10-12.

51.　**关于深化国际港航合作、促进"一带一路"互动发展的倡议**[J]. 大陆桥视野，2014（11）：46-47.

52.　熊燕舞. **"一带一路"的交通先行军**[J]. 运输经理世界，2014（9）：6.

53.　吴涧生，张建平，杨长湧. **我国与东盟共建 21 世纪海上丝绸之路的内涵、潜力和对策**[J]. 中国经贸导刊，2014（36）：21-25.

54.　宋鑫陶. **海洋经济与"海上丝绸之路"**[J]. 商周刊，2014（22）：27-28.

55.　田丰，李翰敏，陈孝明. **弘扬海上丝绸之路精神构建广东对外开放新格局**[J]. 新经济，2014（31）：39-46.

56.　钱林霞，张瑄，周蜜. **广东与 21 世纪海上丝绸之路理论研讨会在广州举行**[J]. 新经济，2014（31）：9-13.

57.　李媛. **浅谈海上丝绸之路建设对我国纺织产业国际化布局的影响**[J]. 建材与装饰，2014（31）：173-174.

58.　晋保平. **广东参与共建 21 世纪海上丝绸之路的优势和作用**[J]. 新经济，2014（31）：14-16.

59.　张建国. **21 世纪海上丝绸之路建设面临的困难挑战及对策建议**[J]. 新经济，2014（31）：20-21.

60.　洪伟东. **推进海上丝绸之路建设打造广东开放型海洋经济升级版**[J]. 新经济，2014（31）：22-24.

61.　郑贵斌. **21 世纪海上丝绸之路：我国经济深度开放的重大战略**[J]. 新经济，2014（31）：29-30.

62.　甘新. **广州将为建设 21 世纪海上丝绸之路做出新贡献**[J]. 新经济，2014（31）：27-28.

63.　张勇. **建设 21 世纪海上丝绸之路的战略意义**[J]. 新经济，2014（31）：47-53.

64.　林宏宇. **"海上丝绸之路"国际战略意义透析**[J]. 理论参考，2014（9）：8-9.

65. 秦诗立. **建设海上丝绸之路为浙江创造新机遇**[J]. 今日浙江，2014（21）：28.

66. 孙立锋，马丁玲. **宁波参与21世纪"海上丝绸之路"建设的对策研究**[J]. 宁波通讯，2014（19）：40-41.

67. 李荣，刘玲. **多省将成为"海上丝绸之路"前沿阵地**[J]. 时代金融，2014（19）：47.

68. 刘聪. **"海上丝绸之路"助推广东与东盟合作升级**[J]. 新经济，2014（19）：12-15.

69. 秦诗立. **浙江参与海上丝绸之路建设的着力点**[J]. 浙江经济，2014（19）：40-41.

70. 高峰. **为什么要建设海上丝绸之路？**[J]. 珠江水运，2014（19）：43-44.

71. 江鲁. **关于积极参与21世纪海上丝绸之路建设推进宁波城市国际化的几点思考**[J]. 宁波通讯，2014（17）：40-41.

72. 尹继承. **将钦州打造成广西"海上丝绸之路"桥头堡的战略思考**[J]. 当代广西，2014（17）：53-54.

73. 钱林霞. **广东研究建设21世纪海上丝绸之路**[J]. 新经济，2014（16）：4-7.

74. 本刊. **广东海上丝绸之路研究院成立**[J]. 新经济，2014（16）：35-36.

75. 李庆新. **历史视野下的广东与海上丝绸之路**[J]. 新经济，2014（16）：8-13.

76. 杨明. **共建海上丝绸之路促进全球和平发展**[J]. 新经济，2014（16）：1.

77. 林云. **共建"海上丝绸之路"：第11届中国-东盟国际博览会筹备工作侧记**[J]. 中国会展，2014（15）：102.

78. 海宣. **"探访海上丝绸之路"启动**[J]. 珠江水运，2014（13）：39.

79. **中国联合国教科文组织全国委员会秘书长杜越：海上丝绸之路申遗 中国要发挥主导作用**[J]. 中国对外贸易，2014（12）：18.

80. 杨会祥. **以侨为桥建设21世纪海上丝绸之路的思考**[J]. 南方论刊，2014（12）：37-39.

81. **亲诚惠容 近睦远交 打造"21世纪海上丝绸之路先行区" "首届中国（泉州）海上丝绸之路国际品牌博览会"隆重召开**[J]. 中国对外贸易，2014（11）：8-9.

82. **建设21世纪海上丝绸之路：惠州起航**[J]. 同舟共进，2014（11）：46-47.

83. 王景敏，朱芳阳. **广西在"海上丝绸之路"建设中的战略选择与对策**[J]. 钦州学院学报，2014（11）：45-48.

84. 李向阳. **论海上丝绸之路的多元化合作机制**[J]. 世界经济与政治，2014（11）：4-17.

85. **刘建沪副会长出席广东21世纪海上丝绸之路国际博览会**[J]. 全国商情，2014（42）：10.

86. 宫超. **中国—东盟博览会：构筑海上丝绸之路合作大平台**[J]. 瞭望，2014（37）：42-44.

87. **"21世纪海上丝绸之路"跨境电商平台正式开通**[J]. 商场现代化，2014（34）：9.

88. 向晓梅. **广东与21世纪海上丝绸之路沿线国家经贸合作模式创新研究**[J]. 新经济，2014（31）：33-34.

89. 董小麟. **关于广东在建设21世纪海上丝绸之路中发挥更大作用的思考**[J]. 新经济，2014（31）：31-32.

90. 方园园. **深化与东盟合作：推动广西发挥共建21世纪"海上丝绸之路"的优势**[J]. 商：个人理财，2014（21）：228.

91. **国新办就第11届中国－东盟博览会等举行新闻发布会 中国－东盟博览会构筑21世纪海上丝绸之路新平台**[J]. 中国投资，2014（15）：11.

92. "南海争端解决与'海上丝绸之路'建设"研讨会在北京举行[J]. 世界知识, 2014 (14): 77.

93. 礼牧. **海涛声中万国商　海上丝绸之路: 从历史到未来**[J]. 新商务周刊, 2014 (14): 22-26.

94. **"21 世纪海上丝绸之路" 跨境电商平台正式开通**[J]. 西部交通科技, 2014 (12): 10.

95. 梁明. **新丝路　新合作　新融合: 首届中国海上丝绸之路国际品牌博览会将在泉州举办** [J]. 中国品牌, 2014 (11): 46-47.

96. **中国(泉州)海上丝绸之路国际品牌博览会部分海外参展商品**[J]. 中国对外贸易, 2014 (11): 76-79.

97. 高峰. **为何要建设 21 世纪海上丝绸之路?** [J]. 物流时代, 2014 (11): 78-79.

98. 杨沛超. **中国—东盟信息港: 21 世纪海上丝绸之路新港湾**[J]. 网络传播, 2014 (10): 66-70.

99. 赵明. **扬帆 21 世纪海上丝绸之路: 第十一届中国-东盟博览会掠影**[J]. 电器, 2014(10): 38-39.

100. **广州海上丝绸之路史迹申报世遗**[J]. 党政干部参考, 2014 (10): F0003.

101. 张高丽. **携手共建二十一世纪海上丝绸之路　共创中国-东盟友好合作美好未来: 在第十一届中国—东盟博览会和中国—东盟商务与投资峰会上的致辞**[J]. 广西经济, 2014 (9): 12-14.

102. 陈茂辉. **发挥华侨作用建设 21 世纪海上丝绸之路**[J]. 学习与研究, 2014(6): 59-62.

103. 王海蕴. **"一带一路" 打造对外开放新格局**[J]. 财经界, 2014 (12): 72-73.

104. 中国—东盟中心. **建立海上丝绸之路对东盟的意义**[J]. 中国报道, 2014 (11): 41.

105. 施伟滨. **共建 21 世纪海上丝绸之路: 海峡两岸海洋经济合作交流会在汕头举办**[J]. 两岸关系, 2014 (10): 28-29.

106. 李延强. **参建海上丝绸路　打造海陆新门户: 广西北部湾经济区参与共建 21 世纪海上丝绸之路探讨**[J]. 东南亚纵横, 2014 (10): 9-10.

107. **复兴丝绸之路建立合作新模式: 习近平主席出席上合组织杜尚别峰会并访问塔吉克斯坦等四国**[J]. 经济导刊, 2014 (10): 4-5.

108. 江瑞平. **共建 21 世纪海上丝绸之路: 走出东亚格局中的二元困境**[J]. 东南亚纵横, 2014 (10): 11-15.

109. 田丰, 李翰敏, 陈孝明. **弘扬海上丝绸之路精神构建广东对外开放新格局**[J]. 新经济, 2014 (31): 39-46.

110. 甘新. **广州将为建设 21 世纪海上丝绸之路做出新贡献**[J]. 新经济, 2014 (31): 27-28.

111. 洪伟东. **推进海上丝绸之路建设打造广东开放型海洋经济升级版**[J]. 新经济, 2014 (31): 22-24.

112. 张勇. **建设 21 世纪海上丝绸之路的战略意义**[J]. 新经济, 2014 (31): 47-53.

113. 张伟. **古丝绸之路, 汉唐盛世的开放、交融**[J]. 中国经济周刊, 2014 (26): 28-30.

114. 林宏宇. **"海上丝绸之路" 国际战略意义透析**[J]. 人民论坛, 2014 (25): 50-51.

115. 本刊. **海上丝绸之路筑梦亚洲**[J]. 晚霞, 2014 (20): 22.

116. 刘聪. **"海上丝绸之路" 助推广东与东盟合作升级**[J]. 新经济, 2014 (9): 12-15.

117. 尹继承. **将钦州打造成广西"海上丝绸之路"桥头堡的战略思考**[J]. 当代广西，2014（17）：53-54.

118. 李庆新. **历史视野下的广东与海上丝绸之路**[J]. 新经济，2014（16）：8-13.

119. 海宣. **"探访海上丝绸之路"启动**[J]. 珠江水运，2014（13）：39.

120. [印]赛格尔，王浩. **中印共同建设21世纪海上丝绸之路**[J]. 东南亚纵横，2014（10）：16-17.

121. 高兰. **海上丝绸之路：周边外交的动脉与桥梁**[J]. 理论参考，2014（9）：20-21.

122. 刘赐贵. **发展海洋合作伙伴关系 推进21世纪海上丝绸之路建设的若干思考**[J]. 理论参考，2014（9）：5-7.

123. **21世纪海上丝绸之路：实现中国梦的海上大通道**[J]. 理论参考，2014（9）：10-11.

124. 冯定雄. **新世纪以来我国海上丝绸之路研究的热点问题述略**[J]. 理论参考，2014（9）：30-34.

125. 全毅. **21世纪海上丝绸之路的战略构想与建设方略**[J]. 理论参考，2014（9）：12-15.

126. 陈振杰. **从古地图中追寻"海上丝绸之路"的发展与变迁**[J]. 中国远洋航务，2014（3）：80-84.

127. 刘松竹，吴尔江. **海上丝绸之路建设背景下广西与东盟经济合作深化问题研究**[J]. 广西财经学院学报，2014，27（3）：44-47.

128. 吴国培，杨少芬，赵晓斐，杨秀萍. **福建金融业融入"21世纪海上丝绸之路"建设研究**[J]. 福建金融，2014（10）：4-7.

129. 王日根. **建设21世纪海上丝绸之路福建具有五大优势**[J]. 理论参考，2014（9）：56.

130. 陈拓. **福建建设21世纪海上丝绸之路 突出连接东盟**[J]. 福建轻纺，2014（8）：21-22.

131. 廉军伟. **浙江要主动参与"海上丝绸之路"建设**[J]. 浙江经济，2014（8）：42-43.

132. 全毅，汪洁，刘婉婷. **21世纪海上丝绸之路的战略构想与建设方略**[J]. 国际贸易，2014（8）：4-15.

133. **"中国—东盟博览会"构筑21世纪海上丝绸之路新平台**[J]. 中国食品工业，2014（8）：30-34.

134. 覃小华，甘永萍. **新丝绸之路建设背景下广西与东盟旅游合作发展研究**[J]. 东南亚纵横，2014（8）：9-12.

135. 黄育蓉. **关于广东参与"海上丝绸之路"建设的思考**[J]. 商情，2014（28）：71.

136. **中国加速实施"海上丝绸之路"计划**[J]. 珠江水运，2014（24）：31.

137. 陈楠枰. **21世纪海上丝绸之路的交通谋划 从水路安全畅通起步**[J]. 交通建设与管理，2014（21）：26-27.

138. 宋欣欣. **国际间港口合作是建海上丝绸之路重要方向**[J]. 珠江水运，2014（20）：27.

139. 徐祖远. **海上丝绸之路有利于重构世界秩序**[J]. 大陆桥视野，2014（13）：47-48.

140. 杜传志. **发挥港口综合优势打造21世纪海上丝绸之路战略支点**[J]. 大陆桥视野，2014（13）：49-51.

141. 白雪梅，王敏. **海上丝绸之路再升温**[J]. 东北之窗，2014（13）：62-63.

142. 高嵩. **21世纪海上丝绸之路的时代价值纵论**[J]. 综合运输，2014（12）：14-18.

143. 高嵩，李清. **建设21世纪"海上丝绸之路"与实施"海运强国"战略浅析**[J]. 世界海运，2014（10）：12-15.

144.　庞宏敏. **21 世纪"海上丝绸之路"——互利共赢的新通道：访中国社会科学院海疆问题专业研究学者王晓鹏**[J]. 世界海运，2014（10）：10-11.

145.　**"海上丝绸之路"的由来**[J]. 宁波经济（财经视点），2014（10）：29.

146.　平民. **海上丝绸之路：云南广西挑大梁港口建设成重点**[J]. 珠江水运，2014（8）：33.

147.　徐堇. **古代海上丝绸之路对中国港口经济的影响**[J]. 企业导报，2014（7）：42.

148.　刘宇雄. **广东："海上丝绸之路"新起航**[J]. 珠江水运，2014（6）：10-12.

149.　吴秀凤. **海上丝绸之路受关注 南海现新商机**[J]. 广东造船，2014（6）：34.

150.　李伟，艾万政. **海运角度看"海上丝绸之路"上的舟山港**[J]. 中国水运（下半月），2014（4）：45-46.

151.　林健芳，荀常. **水运文化助推海上丝绸之路建设**[J]. 广东交通，2014（3）：53.

152.　龚缨晏. **关于古代"海上丝绸之路"的几个问题**[J]. 海交史研究，2014（2）：1-8.

153.　王晓鹏，张春阳. **郑和航海活动的历史功绩及其对建设 21 世纪"海上丝绸之路"的启示**[J]. 世界海运，2014（1）：8-10.

154.　孔果. **扮靓陆上丝绸之路与海上丝绸之路交汇点：2013 年连云港市港口与口岸工作亮点纷呈**[J]. 大陆桥视野，2014（1）：42-45.

155.　**广西从五方面建设成为 21 世纪"海上丝绸之路"新门户和新枢纽**[J]. 广西经济，2014（7）：48.

156.　岑树田. **广西与其他省市参与 21 世纪"海上丝绸之路"建设的比较研究**[J]. 广西经济，2014（7）：49-51.

157.　**融入 21 世纪"海上丝绸之路"助推福建科学发展跨越发展**[J]. 福建理论学习，2014（7）：1.

158.　陈斌. **振兴海上丝绸之路推动福建跨越发展**[J]. 福建理论学习，2014（7）：19-22.

159.　吴崇伯. **福建构建 21 世纪海上丝绸之路战略的优势、挑战与对策**[J]. 亚太经济，2014（6）：109-113.

160.　龙宇翔. **抓住机遇为推进"21 世纪海上丝绸之路"建设作贡献**[J]. 政协天地，2014（6）：18-19.

161.　秦友莲. **直挂云帆济沧海　全国政协"推进 21 世纪海上丝绸之路建设"调研组在福建**[J]. 政协天地，2014（6）：11-14.

162.　林馥盛. **汕头着力建设 21 世纪海上丝绸之路重要门户华侨试验区、海湾新区管理机构举行揭牌仪式**[J]. 潮商，2014（6）：5.

163.　李文增，冯攀，李拉. **中国丝绸之路区域发展战略问题研究（上）**[J]. 产权导刊，2014（6）：25-28.

164.　蔡卫红. **福建抢抓海上丝绸之路新机遇刻不容缓**[J]. 福建理论学习，2014（6）：22-24.

165.　刘艳霞，朱蓉文，黄吉乔. **海上丝绸之路沿线地区概况及深圳参与建设的潜力分析**[J]. 城市观察，2014（6）：37-46.

166.　林香红，高健，张玉洁. **福建省"海上丝绸之路"建设的优势与发展路径研究**[J]. 海洋经济，2014（6）：29-36.

167. 韦有周，赵锐，林香红. **建设"海上丝绸之路"背景下我国远洋渔业发展路径研究** [J]. 现代经济探讨，2014（7）：55-59.

168. 王建荣，冯卫英. **探索海上丝绸之路与中国茶的传播**[J]. 农业考古，2014（2）：209-214.

169. **积极为福建融入新海上丝绸之路建言献策**[J]. 论学习，2014（6）：1.

170. 李金明. **福建应发挥古代海上丝绸之路的优势**[J]. 福建理论学习，2014（6）：14-17.

171. 吴崇伯. **深化福建东盟经济合作推动海上丝绸之路建设**[J]. 福建理论学习，2014（6）：18-21.

172. 于光军. **建设"丝绸之路经济带"与"21世纪海上丝绸之路"研究热点述评**[J]. 内蒙古社会科学，2014（6）：9-12.

173. 丘德奎. **面向三大领域改革开放构建六大支撑体系：玉林市参与21世纪"海上丝绸之路"经济带建设的思考**[J]. 广西经济，2014（5）：23-25.

174. 高娟. **21世纪海上丝绸之路起航**[J]. 海运纵览，2014（5）：19-21

175. 谷源洋. **大国汇集亚洲与中国"经略周边"："21世纪海上丝绸之路"建设**[J]. 亚非纵横，2014（5）：46-56.

176. **携手推进泛北合作共建海上丝绸之路**[J]. 广西经济，2014（5）：9.

177. 徐建伟，赵芸芸. **"丝绸之路"背景下我国与中亚国家产业合作的重点研究**[J]. 开发研究，2014（5）：17-21.

178. **广东海上丝绸之路研究院成立**[J]. 南方经济，2014（5）：2.

179. **彭清华："海上丝绸之路"是连接中国与东盟的合作共赢之路**[J]. 广西经济，2014（5）：10.

180. 耿相魁，耿冰，刘卉芳，陆叶. **舟山群岛新区建设21世纪海上丝绸之路重要节点的优势与路径**[J]. 浙江海洋学院学报（人文科学版），2014（5）：18-24.

181. 王明初，兰岚. **海南要建设"海上丝绸之路"的"桥头堡"**[J]. 今日海南，2014（5）：27.

182. **从泛北部湾经济合作到"海上丝绸之路"**[J]. 广西经济，2014（5）：12.

183. 楼春豪. **21世纪海上丝绸之路的风险与挑战**[J]. 印度洋经济体研究，2014（5）：4-15.

184. 周春霞. **广东：建设海上丝绸之路"桥头堡"**[J]. 开放导报，2014（5）：55-58.

185. 本刊讯. **海南代表团建议：支持在海上丝绸之路建设中发挥海南桥头堡作用**[J]. 海南人大，2014（4）：37-38.

186. 刘赐贵. **发展海洋合作伙伴关系推进21世纪海上丝绸之路建设的若干思考**[J]. 国际问题研究，2014（4）：1-8.

187. 杨伦庆，刘强，吴迎新，原峰. **广东推进建设21世纪海上丝绸之路的若干思考**[J]. 海洋信息，2014（4）：25-28.

188. **推动丝绸之路经济带和海上丝绸之路重要项目**[J]. 交通世界（运输·车辆），2014（4）：16.

189. 张斌. **以对东盟国家公共外交策略的创新推动21世纪海上丝绸之路建设**[J]. 东南亚纵横，2014（11）：14-17.

190. 白银冰. 借"海上丝绸之路"拓发展新空间[J]. 当代广西，2014（11）：3.

191. 孙云，李俊叶，赵高斌. **中美丝绸之路战略发展现状比较：结合中美丝路战略新闻差异探讨**[J]. 新闻知识，2014（11）：30-32.

192. **泉州市副市长陈荣洲：推动"21世纪海上丝绸之路"建设 服务国家发展战略**[J]. 中国对外贸易，2014（11）：10-19.

193. 黄齐. **海上丝绸之路上的中外印记**[J]. 地图，2014（5）：40-49.

194. 吴崇伯. **融入国家"21世纪海上丝绸之路"战略的优势与对策论析——以福建为例**[J]. 华侨大学学报（哲学社会科学版），2014（4）：7-13.

195. 徐明华，孙建军，王文洪，吴似真. **浙江舟山群岛新区：21世纪"海上丝绸之路"的排头兵**[J]. 当代社科视野，2014（4）：10-12.

196. 刘雅文. **两条丝绸之路让对外开放通道更顺畅**[J]. 化工管理，2014（4）：18-21.

197. 赵晋平. **促进陆海丝绸之路建设的关键在行动**[J]. 中国发展观察，2014（4）：25-26.

198. 李朴民. **南北并进海陆统筹共同推进"一带一路"建设**[J]. 中国经贸导刊，2014（31）：4-6.

199. 徐少华. **广东要争当贯彻推进"一带一路"战略的排头兵**[J]. 新经济，2014（3）：1-5.

200. 王慧春. **深度参与"一带一路"建设**[J]. 共产党人，2014（23）：35-37.

201. 赵晋平，罗雨泽. **拓展沿海边贸"海上丝绸之路"**[J]. 瞭望，2014（11）：50-51.

202. 张梅芳. **全国人大代表、海南省省长刘赐贵：将海南打造成21世纪海上丝绸之路"桥头堡"**[J]. 中国经济周刊，2015（9）：38-39.

203. 张科. 海上丝绸之路战略中加强对沿海城市发展文化因素的思考：以湛江市为例[J]. 对外经贸. 2015（4）：74-75.

204. 顾涧清，李钧，魏伟新. **广州推进21世纪海上丝绸之路建设战略的目标与对策思考**[J]. 广东广播电视大学学报，2015，24（2）：28-34.

205. **"圆桌讨论"，镜鉴古今建设现代化湾区新城，承继中国古丝绸之路历史**[J]. 新经济，2015（13）：27-28.

206. 齐兰，刘琳. **广西如何参与21世纪海上丝绸之路建设**[J]. 当代广西，2015（9）：55.

207. 何立峰. **共建21世纪海上丝路 共享繁荣发展机遇：在21世纪海上丝绸之路国际研讨会上的演讲**[J]. 商业文化，2015（7）：31-32.

208. 高燕. **深化经贸合作 实现互利共赢 共同推进21世纪海上丝绸之路建设：在21世纪海上丝绸之路国际研讨会上的演讲**[J]. 商业文化，2015（7）：33-34.

209. **国家发展改革委、外交部、商务部联合发布《推动共建丝绸之路经济带和21世纪海上丝绸之路的愿景与行动》**[J]. 城市规划通讯，2015（7）：1-2.

210. 思源. **"21世纪海上丝绸之路国际研讨会"综述**[J]. 商业文化，2015（7）：35.

211. 尹文渊. **21世纪海上丝绸之路研究评述**[J]. 现代商业，2015（6）：47-49.

212. 黄端. **千年潮未落 扬帆再起航：福建全力打造21世纪海上丝绸之路核心区**[J]. 海峡通讯，2015（4）：16-17.

213. 胡建华. **广西推进21世纪"海上丝绸之路"建设的路径选择**[J]. 广西社会科学，2015（4）：46-50.

214. 刘复培. **闽江潮涌"新海丝"：福州致力打造 21 世纪海上丝绸之路战略枢纽城市**[J]. 海峡通讯，2015（4）：20-21.

215. **21 世纪海上丝绸之路与广东海洋经济发展新思路**[J]. 新经济，2015（3）：43.

216. **发展海洋经济与广东海上丝绸之路建设研讨会现场发言**[J]. 新经济，2015（4）：35-40.

217. 向晓梅. **广东与 21 世纪海上丝绸之路国家经贸合作新内涵新模式**[J]. 新经济，2015（4）：28-31.

218. **国家发展改革委、外交部、商务部 推动共建丝绸之路经济带和 21 世纪海上丝绸之路的愿景与行动**[J]. 农村农业农民（下半月），2015（4）：5-8.

219. **各地打造"21 世纪海上丝绸之路"** [J]. 宁波通讯，2015（3）：33.

220. **建设 21 世纪海上丝绸之路核心区**[J]. 海峡通讯，2015（3）：1.

221. 刘文镇，刘志高，王东明. **强化合作交流纽带 共建 21 世纪海上丝绸之路：21 世纪海上丝绸之路国际研讨会在福建泉州举行**[J]. 中国品牌，2015（3）：26-27.

222. 周明伟. **增强共同体意识 携手共建 21 世纪海上丝绸之路**[J]. 对外传播，2015（3）：9-10.

223. 陈伟光. **论 21 世纪海上丝绸之路合作机制的联动**[J]. 国际经贸探索，2015（3）：72-82.

224. 李泽中. **21 世纪海上丝绸之路与广东发展新机遇**[J]. 广东经济，2015（3）：14-21.

225. 熊澄宇. **海上丝绸之路建设与文化产业发展**[J]. 对外传播，2015（3）：15-17.

226. 蔡鹏鸿. **启动"21 世纪海上丝绸之路"建设南海和平之海**[J]. 当代世界，2015（2）：28-31.

227. 余密林. **对建设 21 世纪海上丝绸之路的若干思考**[J]. 发展研究，2015（2）：16-18.

228. 卢文刚，黄小珍，刘沛. **广东省参与"21 世纪海上丝绸之路"建设的战略选择**[J]. 经济纵横，2015（2）：49-53.

229. **海口将打造"21 世纪海上丝绸之路"重要支点城市**[J]. 中国水运，2015（2）：80.

230. 唐姣美，钟明容. **广西打造 21 世纪海上丝绸之路的研究**[J]. 新丝路，2015（16）：37-38.

231. 李世杰，王成林. **21 世纪"海上丝绸之路"建设：经贸纽带与战略支撑**[J]. 海南大学学报（人文社会科学版），2015，33（2）：17-23.

232. 彭京宜. **把海南打造成为"21 世纪海上丝绸之路"的桥头堡**[J]. 新东方，2015（1）：1-3.

233. 钱林霞，周蜜. **海上丝绸之路是向世界发展的一个途径：访澳门理工学院院长李向玉教授**[J]. 新经济，2015（1）：19-23.

234. 张虎. **论 21 世纪海上丝绸之路构建中航运的先导作用**[J]. 中国海商法研究，2015（1）：3-7.

235. 王敏. **台湾参与"21 世纪海上丝绸之路"的战略构想与可行路径**[J]. 亚太经济，2015（1）：140-144.

236. 汤震宇. **建设 21 世纪海上丝绸之路构筑对外开放新格局**[J]. 华侨大学学报（哲学社会科学版），2015（1）：5-14.

237. 杨晓杰. **对确保 21 世纪海上丝绸之路建设安全的若干思考**[J]. 广东省社会主义学

院学报，2015（1）：91-95.

238. 胡秀群，李俊成. **21世纪海上丝绸之路之南洋航线：海南需要做什么？** [J]. 中国海商法研究，2015（1）：14-18.

239. 陈晓律，叶璐. **中国构建海上丝绸之路的两个节点：马来西亚与泰国**[J]. 南京政治学院学报，2015，31（1）：73-78.

240. 杨伦庆，刘强. **湛江参与21世纪海上丝绸之路建设的思考**[J]. 湖北省经济管理干部学院学报，2015（1）：82-83.

241. 中国（海南）改革发展研究院课题组. **把海南建设成为海上丝绸之路"南海基地"** [J]. 今日海南，2015（1）：11-14.

242. 唐松，宋宗宏，祝佳. **世纪海上丝绸之路建设：广州的战略选择与关键问题**[J]. 城市观察，2015（1）：57-64.

243. 丁汉东. **广东徐闻海上丝绸之路始发港：争当"一带一路"建设排头兵**[J]. 中国检验检疫，2015（1）：14-16.

244. 涂师平. **跨越海洋：中国"海上丝绸之路"八城市文化遗产精品联展**[J]. 世界知识画报（艺术视界），2012（8）：6-9.

245. **"海上丝绸之路"申遗启动**[J]. 丝绸之路，2011（24）：47.

246. 陶琳. **中国"一带一路"建设与东南亚、南亚在华留学生的关联研究**[J]. 传承，2015（3）：148-149.

247. 彭光谦. **论道"一带一路"：复兴"丝路"文明促进共同繁荣**[J]. 中国投资，2014（19）：28-33.

248. 李思成. **海上丝绸之路：比陆上丝绸之路更悠久**[J]. 科学大观园，2015（7）：70-71.

249. 朱晨鹏，代龙超. **南海深处续传奇海南边防总队服务21世纪海上丝绸之路纪实**[J]. 中国边防警察杂志，2015（1）：68-71.

250. 胡利琴. **广州在二十一世纪海上丝绸之路的地位和作用探究**[J]. 世纪桥，2015（4）：89-91.

251. 牛林杰. **"欧亚倡议"+"一带一路"：深化中韩合作的新机遇**[J]. 世界知识，2015（5）：28-29.

252. 林丽珍. **泉州与海上丝绸之路的历史、现在和未来**[J]. 开封教育学院学报，2015，35（6）：9-12.

253. 常立伟. **以海上丝绸之路为抓手：亚太海事合作再上新平台**[J]. 中国海事，2015（5）：55-56.

254. 孟飞荣，高秀丽. **海上丝绸之路战略下湛江港口发展策略分析**[J]. 物流技术，2015（5）：46-48.

255. 华欣. **"海上丝绸之路"节点港口合作取得重要突破 上港集团获以色列第一大港经营权**[J]. 港口经济，2015（4）：38.

256. 周方冶. **中泰铁路合作：21世纪海上丝绸之路建设的探路者**[J]. 中国远洋航务，2015（2）：46-47.

257. **中国船队：承载"海上丝绸之路"梦想**[J]. 中国远洋航务，2015（2）：48.

258. 郑智敬，徐伟. **福建港口加快融入"海上丝绸之路"建设步伐**[J]. 中国港口，2015

（1）：27-29.

259. 吴长荣. "海上丝绸之路"忆航[J]. 航海，2015（1）：24-25.

260. 王争鸣. **湛江海事：落实"一带一路"，为湛江港发展"保驾护航"** [J]. 珠江水运，2015（9）：36-37.

261. 刘杰，王凌峰. **"一带一路"刺激，港航现新趋势**[J]. 进出口经理人，2015（6）：88-89.

262. 张滨，黄波，樊娉. **"一带一路"背景下我国海陆联运建设与发展**[J]. 中国流通经济，2015（6）：96-102.

263. 罗凯，马博. **"一带一路"战略背景下 广东自贸区迎来发展机遇**[J]. 中国港口，2015（5）：18-20.

264. 郭霞. **一带一路：看得见的未来**[J]. 商周刊，2015（6）：33-34.

265. **博鳌亚洲论坛开幕"一带一路"成重头戏**[J]. 中国对外贸易，2015（4）：11.

266. **中国—东盟省市长博鳌签署《共同声明》建立"一带一路"地方联动机制**[J]. 今日海南，2015（4）：6-7.

267. 曹伟. **西南边陲如何融入"一带一路"：专访全国人大代表、曲靖市市长范华平**[J]. 小康，2015（4）：81.

268. 王莉莉. **新增援外资金向"一带一路"倾斜**[J]. 中国对外贸易，2015（1）：29.

269. 安宇宏. **"一带一路"战略**[J]. 宏观经济管理，2015（1）：82.

270. 龙凯锋. **"一带一路"，互利共赢的大战略**[J]. 金融经济（市场版），2015（1）：14-15.

271. 李飞星，罗国强，郭丽珍. **广东参与一带一路建设的战略选择**[J]. 开放导报，2015（1）：47-50.

272. 王庚武，徐赛，范汪洋. **南海之外看"丝路"：一位新加坡学者眼里的"海上丝绸之路"** [J]. 世界知识，2015（4）：58-59.

273. 钱林霞，蔡兵. **广东发展海洋经济与建设海上丝绸之路研讨会召开**[J]. 新经济，2015（3）：22.

274. 叶竹盛. **海上丝绸之路：中国不能标新立异——对话历史地理学者葛剑雄**[J]. 南风窗，2015（9）：35-38.

275. 王伟光. **携手共建21世纪海上丝绸之路**[J]. 中国科技投资，2015（7）：5-6.

276. 刘文镇，杨开胜. **风帆不止逐梦海丝 开放合作共谱新篇：首届21世纪海上丝绸之路博览会暨第十七届海峡两岸经贸交易会在福州举行**[J]. 中国品牌，2015（6）：80.

277. **第十三届中国海峡项目成果交易会：海洋丝绸之路主题展暨海洋产业展将于2015年6月举行**[J]. 中国远洋航务，2015（4）：105.

278. 张林，刘霄龙. **异质性、外部性视角下21世纪海上丝绸之路的战略研究**[J]. 国际贸易问题，2015（3）：44-53.

279. 谭秀杰，周茂荣. **21世纪"海上丝绸之路"贸易潜力及其影响因素：基于随机前沿引力模型的实证研究**[J]. 国际贸易问题，2015（2）：3-12.

280. 郑丹华. **21世纪海上丝绸之路：扬帆正当时**[J]. 同舟共进，2015（2）：20-21.

281. 张一平. **海上丝绸之路上的海南岛**[J]. 新东方，2015（2）：1-6.

282. 范娜娜. **21世纪海上丝绸之路：推进广州建设国际商贸中心城市**[J]. 现代商业，2015

（1）：69-70.

283. 唐松，宋宗宏，祝佳. **21世纪海上丝绸之路建设：广州的战略选择与关键问题**[J]. 城市观察，2015（1）：57-64.

284. **找准"一带一路"建设中的海南坐标：把海南建设成为海上丝绸之路"南海基地"**[J]. 今日海南，2015（1）：10-14.

285. 黄启臣. **邓小平等四代领导人老话重提丝绸之路**[J]. 岭南文史，2015（1）：21-27.

286. 刘路. **海上丝绸之路起点福州甘棠港辨析（三）**[J]. 福建社科情报，2015（1）：35-40.

287. 张建学. **到底哪里是丝绸之路的起点？**[J]. 环球市场信息导报（理论），2015（1）：144-145.

288. 胡利琴. **广州在二十一世纪海上丝绸之路的地位和作用探究**[J]. 世纪桥，2015（4）：89-91.

289. 常立伟. **以海上丝绸之路为抓手：亚太海事合作再上新平台**[J]. 中国海事，2015（5）：55-56.

290. 孟飞荣，高秀丽. **海上丝绸之路战略下湛江港口发展策略分析**[J]. 物流技术，2015（5）：46-48.

291. 玛雅. **中国高铁与"一带一路"倡议的大智慧：专访西南交大中国高铁战略研究中心主任高柏**[J]. 决策与信息（上旬刊），2015（4）：8-20.

292. 周方冶. **中泰铁路合作：21世纪海上丝绸之路建设的探路者**[J]. 中国远洋航务，2015（2）：46-47.

293. **共建"一带一路"愿景与行动发布　基本形成安全高效陆海空通道网络**[J]. 交通企业管理，2015（4）：6.

294. 黄益斌. **"一带一路"战略中的民航业发展机遇**[J]. 空运商务，2015（3）：13-15.

295. **中国船队：承载"海上丝绸之路"梦想**[J]. 中国远洋航务，2015（2）：48.

296. 郑智敬，徐伟. **福建港口加快融入"海上丝绸之路"建设步伐**[J]. 中国港口，2015（1）：27-29.

297. 吴长荣. **"海上丝绸之路"忆航**[J]. 航海，2015（1）：24-25.

298. 王争鸣. **湛江海事：落实"一带一路"，为湛江港发展"保驾护航"** [J]. 珠江水运，2015（9）：36-37.

299. 刘杰，王凌峰. **"一带一路"刺激，港航现新趋势**[J]. 进出口经理人，2015（6）：88-89.

300. 刘文镇，陈萍. **携手"编织"海上"新丝路"　共谱品牌发展新篇章：首届中国（泉州）海上丝绸之路国际品牌博览会隆重举行**[J]. 中国品牌，2015（1）：54-55.

301. 中国（海南）改革发展研究院课题组. **把海南建设成为海上丝绸之路"南海基地"**[J]. 今日海南，2015（1）：11-14.

302. 李峥. **"一带一路"蕴含新契机**[J]. 现代制造，2015（2）：1.

303. 陈静. **"一带一路"对我国企业的管理带来新的转变**[J]. 中外企业家，2015（11）：33.

304. **一带一路拟建在建工程规模达万亿**[J]. 企业决策参考，2015（10）：6-8.

305. 陈沁，黄山. **"一带一路"的科伦坡因素**[J]. 新世纪周刊，2015（9）：28-31.

306. 庞彪. **聚焦"一带一路"基础设施互联互通先行**[J]. 中国物流与采购，2015（8）：32-35.

307. 单涛，杨亮. **一带一路战略对中小物流企业融资思考**[J]. 财经界，2015（8）：108-109.

308. 林毅夫. **"一带一路"需要加上"一洲"**[J]. 党政论坛，2015（8）：32.

309. 罗莉. **基于一带一路理念下的企业对外直接投资区位选择**[J]. 商场现代化，2015（7）：10.

310. 黄庶冰. **"一带一路"战略背景下广西物流业发展的机遇与挑战分析**[J]. 企业技术开发，2015（7）：117-119.

311. 王莹，王呈仓. **"一带一路"战略下企业的国际化发展思路**[J]. 北方经贸，2015（6）：25-26.

312. **一带一路那么热 物流业而要冷静面对**[J]. 物流科技，2015（6）：1.

313. 张方星. **浅谈"一带一路"战略中如何推进我国会计国际化**[J]. 工程经济，2015（5）：124-128.

314. 卞文志. **自贸区与"一带一路"战略结合，物流业助推四地自贸区建设**[J]. 智富时代，2015（5）：10-11

315. 项瑜. **基于"一带一路"背景下烟草企业营销战略研究**[J]. 品牌（下半月），2015（5）：9-10.

316. 刘全保，黄芳芳. **布局一带一路，商会如何下棋？**[J]. 经济，2015（5）：144-146.

317. 汪鸣. **"一带一路"背景下物流业需冷思考**[J]. 物流时代，2015（5）：22.

318. 姜超峰. **物流企业该为"一带一路"做些什么？**[J]. 中国储运，2015（5）：39.

319. 李向阳. **"一带一路"建设谨防政策误区**[J]. 领导科学，2015（5）：20.

320. 王之泰. **"一带一路"，物流先行**[J]. 中国储运，2015（5）：41.

321. **中国再出发——一带一路＋亚投行＝？——解读一带一路有什么内容？对你意味着啥？**[J]. 企业界，2015（4）：38-39.

322. 黄庶冰. **"一带一路"战略背景下广西物流业发展的机遇与挑战分析**[J]. 企业技术开发（学术版），2015（3）：117.

323. 天酬. **"一带一路"战略倒逼国内物流**[J]. 中国储运，2015（3）：12.

324. 何杨丽. **加快北部湾经济区开放发展助力"一带一路"战略有效实施**[J]. 现代经济信息，2015（6）：454-455.

325. 傅国华，张晖，张琪. **创建热带农业跨国产业链 率先嵌入海上丝绸之路**[J]. 今日海南，2015（5）：26-28.

326. 调研组成员. **海南省参与"海上丝绸之路"建设的政策建议**[J]. 理论动态，2015（1）：36-44.

327. **抢抓"一带一路"机遇 努力打造"海上澄迈"**[J]. 中国名城，2015（5）：95

328. 曹秋秀. **"一带一路"视野下的海南旅游新机遇：访中国旅游研究院副院长张栋**[J]. 今日海南，2015（2）：10-12.

329. 殷瑞瑞，赵炳新，于振磊. **"21世纪海上丝绸之路"东亚国家间产业网络及其关联效应研究**[J]. 经济问题探索，2016（6）：119-126.

330. 陆建人. **21世纪海上丝绸之路与中国和东盟的产业合作**[J]. 广西大学学报（哲学社

会科学版），2016，38（6）：15-20.

331. 覃辉银. **新加坡：建设 21 世纪海上丝绸之路的重要支点**[J]. 东南亚纵横，2016（2）：66-72.

332. **主动融入"一带一路"人才培养战略：招商局"共铸蓝色梦想——21 世纪海上丝绸之路优才计划"在上海海事大学落地**[J]. 上海海事大学学报，2016，37（3）：80.

333. [日]松浦章，马成芬. **轮船时代的海上丝绸之路**[J]. 国家航海，2016（4）：122-132

334. **跨海和声 海上丝绸之路与中国**[J]. 世界遗产，2016（6）：22-23.

335. 张玉梅. **2016 年"海上丝绸之路"税收服务公益活动在京举办**[J]. 国际税收，2016（7）：77.

336. 阮宏. **肇庆地区海上丝绸之路历史文化资源开发现状**[J]. 山海经：故事（上），2016（4）：48-49.

337. 谭海清. **加快建设"海上丝绸之路重要门户"——汕头市委书记陈茂辉专访**[J]. 小康（中旬刊），2016（6）：44-51.

338. 潘登. **千人骑行 推动全民健身——2016 年海上丝绸之路环泉州湾国际公路自行车赛**[J]. 海峡影艺，2016（4）：10-13.

339. 燕琦. **七海扬帆——中国古代船舶与海上丝绸之路**[J]. 科教导刊（电子版），2016（12）：188.

340. **上港集团：接长江经济带和 21 世纪海上丝绸之路国家战略**[J]. 中国远洋海运，2016（11）：96-98.

341. **深化产能合作，实现共同发展——在第二届"21 世纪海上丝绸之路与推进国际产能和装备制造合作论坛"上的致辞**[J]. 北京周报：英文版，2016（42）：I0001-I0003.

342. 董文章. **南海一号：广东海上丝绸之路的见证**[J]. 当代检察官，2016（8）：39.

343. 张明，张九强. **中国作家海上丝绸之路采访采风团走进泉州**[J]. 泉州文学，2016（6）：81.

344. 孙苗，徐鹏杰，李佳芮. **探究海岛发展新模式 助力海上丝绸之路建设**[J]. 河北渔业，2016（2）：53-55.

345. 高翔，李大雁，吴昆明，等. **"21 世纪海上丝绸之路"国家贸易便利化水平对进出口的影响和贸易潜力预测**[J]. 黑龙江生态工程职业学院学报，2016，29（6）：38-39.

346. 唐珺钰. **海上丝绸之路与人民币国际化机遇**[J]. 金融博览，2016（1）：60-61.

347. 祁祺. **沿海欠发达地区与海上丝绸之路国家科技资源整合与产业发展路径研究**[J]. 科学管理研究，2016，34（3）：68-71.

348. 胡秀珠. **福建在构建 21 世纪海上丝绸之路核心区中的口岸经济发展策略**[J]. 全国流通经济，2016（28）：48-50.

349. 龚缨晏. **全球视野下的海上丝绸之路**[J]. 深交所，2016（3）：85-89.

350. 陈南辉，周娜. **革命老区海铁联运对接"海上丝绸之路"**[J]. 中国老区建设，2016（10）：41.

351. 尤思德. **以"海上丝绸之路"沿线为重点 推进国际产能合作**[J]. 中国经贸导刊，2016（2）：22-23.

352. 黄国灿. **厦门融入"21 世纪海上丝绸之路"战略的定位发展研究**[J]. 厦门特区党校

学报，2016（6）：74-77.

353. 毛彬彬，陈遥. **国际社会对 21 世纪海上丝绸之路的认知——以印度和东盟为例**[J]. 东南亚纵横，2016（3）：87-92.

354. 柳礼奎，孙东亮，焦慧元. **21 世纪海上丝绸之路旅游合作探析**[J]. 港口经济，2016（8）：40-42.

355. 梁宇航. **"21 世纪海上丝绸之路"对我国对外贸易影响的分析**[J]. 企业科技与发展，2016（7）：25-27.

356. 黄德春，井璐，[德]Thomas，等. **21 世纪海上丝绸之路下"世界水谷"全球体系建设的战略问题**[J]. 水利经济，2016，34（1）：64-67.

357. 沈伟腾，李竹青，胡求光. 21 世纪"海上丝绸之路"农产品贸易潜力及其影响因素分析[J]. 世界经济情况，2016（7）：65-78.

358. 赵长峰，郝健荣，何丽君. **"21 世纪海上丝绸之路与中国印尼战略合作"国际研讨会综述**[J]. 社会主义研究，2016（3）：167-172.

359. 乐明. 二十国领导人峰会为促进世界经济复苏发挥作用海上丝绸之路成为中外经济文化交流海上大通道——**2016 年 9 月新邮介绍**[J]. 上海集邮，2016（9）：7-9.

360. 于兴华. **海上丝绸之路"直挂云帆济沧海"**[J]. 财经界，2016（34）：44-47.

361. 中国文化遗产研究院国家文物局水下文化遗产保护中心. **古代世界的海上交流——全球视野下的海上丝绸之路**[J]. 中国文物科学研究，2016（2）：17-22.

362. 符森，余朕. **中国与 21 世纪海上丝绸之路沿线国家贸易量的影响因素研究**[J]. 时代金融，2016（12）：59-60.

363. 张明. **新加坡与海上丝绸之路**[J]. 中国经济信息，2016（Z1）：44-45.

364. 傅天甫. **海上丝绸之路上的茉莉花茶香**[J]. 民主，2016（2）：43-44.

365. 李迎旭. **广东参与 21 世纪海上丝绸之路建设的重点及对策**[J]. 嘉应学院学报，2016，34（6）：45-49.

366. 苏浩，梁晓君. **"21 世纪海上丝绸之路：发展对接与合作共赢"国际研讨会在东海召开**[J]. 太平洋学报，2016，24（8）：105.

367. 任力，向宇，吴亚兰等. **福建在海上丝绸之路战略中的金融对策**[J]. 金融教育研究，2016，29（5）：3-11.

368. 刘子众. **广东省海上丝绸之路滨海体育旅游品牌构建的制约因素及战略重点**[J]. 运动精品，2016，35（11）：43-45.

369. 符森，余朕. **中国与 21 世纪海上丝绸之路沿线国家贸易量的影响因素研究**[J]. 时代金融，2016（35）：59-60.

370. 杜旸. **21 世纪海上丝绸之路面临的机遇与挑战**[J]. 决策探索，2016（8）：68.

371. 王秋雅，刘静暖. **"海上丝绸之路"：琼粤旅游产业一体化共建研究**[J]. 现代商业，2016（21）：71-72.

372. 幸继联，赵宏利，陈修文，等. **茂名市参与"海上丝绸之路"的发展思路——以能源领域合作为例**[J]. 南方论刊，2016（11）：21-23.

373. 向晓梅. **广东与 21 世纪海上丝绸之路主要国家经贸合作的新内涵与新模式**[J]. 华南师范大学学报（社会科学版），2016（3）：23-27.

374. 马超平. **广东自贸区对接"海上丝绸之路"可行性及经济效应分析**[J]. 中国商论，2016（26）：122-123.

375. 黄汉业. **为"21 世纪海上丝绸之路"增姿添彩——湄洲湾北岸经济开发区跨越式发展之路**[J]. 人民论坛：中旬刊，2016（23）：107.

376. 付邵武. **21 世纪海上丝绸之路建设与我国沿海港口发展**[J]. 智富时代，2016（1X）：18-19.

377. 杨小杰，蒋丽玲. **海上丝绸之路与旅游研究综述**[J]. 商：个人理财，2016（26）：293.

378. 程龙彪. **海上丝绸之路研究综述**[J]. 环球市场信息导报，2016（12）：36-39.

379. 周建标. **发展海上丝绸之路文化旅游，助推海上丝绸之路核心区建设**[J]. 黄河科技学院学报，2016，18（5）：67-73.

380. 宋一兵，温志洪. **旅游视域的广州海上丝绸之路研究评述——兼论中国南向地缘旅游战略的历史渊源**[J]. 南海学刊，2016，2（4）：90-97.

381. 张天浩. **21 世纪海上丝绸之路：政策与行动**[J]. 经济，2016（35）：40-42.

382. 向丽君. **中国在"21 世纪海上丝绸之路"建设中的税收协调问题**[J]. 山西财政税务专科学校学报，2016，18（3）：17-20.

383. [印度]阿南德，朱翠萍. **海上丝绸之路透视：地缘政治和安全挑战**[J]. 印度洋经济体研究，2016（1）：120-123.

384. 周爱民，宋暄. **海上丝绸之路支点港口城市金融创新路径探索**[J]. 中国流通经济，2016，30（10）：97-104.

385. 李宏干. **我和海上丝绸之路的故事**[J]. 集邮博览，2016（12）：46-47.

386. 刘松敏. **广东海上丝绸之路博物馆旅游纪念品开发研究**[J]. 旅游纵览（下半月），2016（7）：153-155.

387. 陈世伦. **"21 世纪海上丝绸之路"倡议下的中柬关系：对外援助关系下的风险分析**[J]. 南洋问题研究，2016（4）：92-102.

388. [印度]萨胡加，朱翠萍. **共建海上丝绸之路：经济潜力与区域合作**[J]. 印度洋经济体研究，2016（1）：124-128.

389. 陈登源. **基于 21 世纪海上丝绸之路的福州文化产业"走出去"战略研究**[J]. 河南理工大学学报：社会科学版，2016，17（1）：21-26.

390. 杨程玲. **东盟海上互联互通及其与中国的合作——以 21 世纪海上丝绸之路为背景**[J]. 太平洋学报，2016，24（4）：73-80.

391. 张小叶. **海上丝绸之路上的明珠："达之路吉布提经济特区"**[J]. 中国对外贸易，2016（5）：20-23.

392. 张大勇. **加强"21 世纪海上丝绸之路"战略支点建设研究**[J]. 中国工程科学，2016，18（2）：105-110.

393. 海尔，李雨蒙. **希腊成为海上丝绸之路欧洲首站**[J]. 中国民商，2016（9）：68-70.

394. 王勇森，王欣，袁华强. **沿着海上丝绸之路的浪迹——"中国·青岛"号帆船 60 天完成 21 世纪海上丝绸之路航行侧记**[J]. 走向世界，2016（2）：10-15.

395. 谢宏. **海上丝绸之路建设背景下阳江旅游经济发展路径研究**[J]. 价值工程，2016，35（17）：65-66.

396. 陈邦瑜. **浅谈 21 世纪"海上丝绸之路"背景下北海文化旅游的开发策略**[J]. 经济与社会发展，2016，14（2）：18-22.

397. 郑炜. **21 世纪海上丝绸之路背景下的潮商发展战略研究**[J]. 赤峰学院学报（汉文哲学社会科学版），2016，37（8）：72-74.

398. 邵桂兰，王雪梅，李晨. **中国对海上丝绸之路沿线国家出口结构分析**[J]. 现代商业，2016（25）：37-39.

399. 蒋帅，周艳红. **21 世纪海上丝绸之路发展前景刍议**[J]. 中国经贸，2016（3）：38-40.

400. 金缀桥，杨逢珉. **中国对印度尼西亚农产品出口增长的影响因素分析——以"21 世纪海上丝绸之路"为视角的研究**[J]. 世界农业，2016（4）：91-98.

401. **构建 21 世纪"海上丝绸之路"**[J]. 经济，2016（10）：82.

402. 宝德中国古船研究所. **千帆竞渡 海上丝绸之路上的船舶**[J]. 世界遗产，2016（6）：12-19.

403. 彭丽红，杨博. **海上丝绸之路重要节点：马来西亚的国家战略研究**[J]. 河北经贸大学学报，2016，37（4）：110-114.

404. 李聪，宋兵. **海上丝绸之路指数写入"十三五"规划**[J]. 珠江水运，2016（6）：37.

405. 周岩，陈淑梅. **21 世纪海上丝绸之路贸易自由化和便利化的经济效应分析**[J]. 亚太经济，2016（1）：50-56.

406. 谭瑶. **21 世纪海上丝绸之路建设研究综述**[J]. 东南亚纵横，2016（3）：81-86.

407. 刘佳骏. **"21 世纪海上丝绸之路"沿线产能合作路径探析**[J]. 国际经济合作，2016（8）：9-12.

408. 蔡美玲，盛宝莲. **关于东南亚国家政府信用评价的实证分析——以海上丝绸之路为视角**[J]. 对外经贸，2016（10）：10-14.

409. 张瑄. **《海上丝绸之路金融合作发展研究》课题成果发布会**[J]. 新经济，2016（22）：14.

410. **共建海上丝绸之路共享精彩东博盛会 ——东博会推动中国—东盟战略伙伴关系不断发展**[J]. 中国经贸，2016（18）：17-19.

411. 陈邦瑜. **广西参与"海上丝绸之路"建设的基础与对策**[J]. 产业与科技论坛，2016（4）：116-117.

412. 赵一飞. **夯实海上丝绸之路基础——推进新型国际海洋法制建设之见**[J]. 经济，2016（4）：62.

413. 阳晓霞. **依托自贸区优势建设海上丝绸之路——中国华融董事长赖小民谈抢抓福建自贸区建设机遇**[J]. 中国金融家，2016（7）：57-59.

414. 颜双波. **"四化同步"发展历史演进、评价模型与路径选择——基于海上丝绸之路核心区的研究**[J]. 福建论坛（人文社会科学版），2016（10）：229-236.

415. **海上丝绸之路关联区域六大板块及部分代表性史迹**[J]. 世界遗产，2016（6）：29-30.

416. 胡刚翔，曹丹，黄炜等. **海上丝绸之路背景下中国-东盟强制性认证制度的研究**[J]. 中国标准化，2016（1）：84-86.

417. **推动共建丝绸之路经济带和 21 世纪海上丝绸之路的愿景与行动（摘选）**[J]. 地理教育，2016（5）：62.

418. 邓春花. **闽商：中国海洋文化的践行者 海上丝绸之路的创建者——访《闽商发展史》总主编苏文菁教授**[J]. 闽商文化研究，2016（1）：6-8.

419. 康霖. **地方参与 21 世纪"海上丝绸之路"建设比较分析**[J]. 新东方，2016(1)：54-58.

420. 曾庆成，吴凯，滕藤. **海上丝绸之路港口的空间分布特征研究**[J]. 大连理工大学学报（社会科学版），2016，37（1）：25-30.

421. 杨玉民. **打造 21 世纪海上丝绸之路重要枢纽城市——基于发挥汕头特区优势的思考**[J]. 中共银川市委党校学报，2016（1）：83-87.

422. 杜娟. **海上丝绸之路框架下的中俄合作**[J]. 学术交流，2016（1）：219.

423. 刘彩虹. **明代海上丝绸之路的变迁及其启示**[J]. 西部皮革，2016，38(16)：284-285.

424. **上海对外经贸大学举行"海上丝绸之路与印度洋海上安全"学术研讨会**[J]. 上海对外经贸大学学报，2016，23（4）：F0003.

425. 张蕾. **"21 世纪海上丝绸之路"背景下的南海周边国家应对气候变化合作探讨**[J]. 东南亚研究，2016（6）：11-19.

426. 饶兆斌. **经济高于地缘政治：马来西亚对 21 世纪海上丝绸之路的观点**[J]. 南洋问题研究，2016（4）：53-66.

427. 黄杨杨. **21 世纪海上丝绸之路下广西金融产业的发展环境分析**[J]. 新经济，2016（3）：38-39.

428. **第二届中国（泉州）海上丝绸之路国际品牌博览会举办新闻发布会**[J]. 中国对外贸易，2016（5）：52-53.

429. 蔡振伟，林勇新. **油气合作与 21 世纪"海上丝绸之路"建设**[J]. 今日海南，2016（7）：44-46.

430. 卞靖. **以东盟国家为重点打造 21 世纪海上丝绸之路东南太平洋通道**[J]. 当代经济管理，2016，38（4）：35-39.

431. 张海军. **海上丝绸之路上的璀璨明珠 长沙窑中外文化交流略谈**[J]. 收藏家，2016（3）：17-24.

432. 黄卫东. **海上丝绸之路与专属经济区建设**[J]. 辽宁经济，2016（6）：32-33.

433. 陈时儆. **构建合作网络是海上丝绸之路核心区发展的必由之路**[J]. 发展研究，2016（2）：8-11.

434. 朱翠萍. **"21 世纪海上丝绸之路"的建设能力与战略思考**[J]. 南亚东南亚研究；东南亚南亚研究，2016（1）：18-23.

435. 黄家庆. **钦州港融入新"海上丝绸之路"建设的思考——钦州港区开发建设研究之三**[J]. 北部湾大学学报，2016，31（5）：1-5.

436. 温法仁. **"海上丝绸之路"货币对商贸作用的研究**[J]. 区域金融研究，2016（11）：86-90.

437. 黄建钢. **互动和共进：中国海洋方略的内涵——从"21 世纪海上丝绸之路"和"海陆统筹"的视角思考**[J]. 治理研究，2016（1）：94-100.

438. **21 世纪海上丝绸之路面临的机遇与挑战**[J]. 决策探索·下旬刊，2016（8）：68.

439. 赵山花. **21 世纪海上丝绸之路建设背景下的港口建设**[J]. 港口经济，2016(2)：32-34.

440. 杨小杰，肖艳. **21 世纪海上丝绸之路战略下广西旅游产业对地区经济拉动效应的实**

证分析[J]. 旅游纵览（下半月），2016（7）：151-152.

441. 陈芙英，胡志华. **海上丝绸之路东南亚航运网络空间格局研究**[J]. 大连海事大学学报，2016，42（4）：91-96.

442. 杨兴华，刘红红. **广西—东盟共建 21 世纪海上丝绸之路战略价值研究**[J]. 现代商贸工业，2016，37（33）：66-67.

443. 李丹. **打造海上金融门户——厦门银监局局长张新潭谈服务"海上丝绸之路"战略**[J]. 中国金融家，2016（12）：88-89.

444. [秘鲁]卡普尼亚伊. **面向拉美的海上丝绸之路**[J]. 中国投资，2016（3）：72-75.

445. 旭莲. **HAROPA：欧洲门户港对接"21 世纪海上丝绸之路"**[J]. 航海，2016（2）：12-13.

446. 罗亮. **从南海争端视角看中国—东盟共建 21 世纪"海上丝绸之路"**[J]. 广西师范大学学报（哲学社会科学版），2016，52（6）：8-13.

447. 张洋. **21 世纪海上丝绸之路会展物流与国际贸易关系研究**[J]. 理论月刊，2016（7）：160-165.

448. 赵泽琳. **新加坡在 21 世纪海上丝绸之路上的枢纽作用**[J]. 南宁师范大学学报（哲学社会科学版），2016，37（2）：20-24.

449. 刘伟. **推进汕头市"头号工程"建设 打造 21 世纪海上丝绸之路重要门户**[J]. 港口经济，2016（11）：29-31.

450. 韩英. **加快融入"21 世纪海上丝绸之路"国家战略的几点建议**[J]. 福建理论学习，2016（10）：42-45.

451. 刘丹. **海上丝绸之路沿线机场公司运营效率研究**[J]. 厦门大学学报（哲学社会科学版），2016（6）：126-136.

452. 陈金昌，包国春，林甜甜. **"东方米兰"嫁接"一带一路"，时尚之都演绎海丝风情——第二届中国（泉州）海上丝绸之路国际品牌博览会、第十九届海峡两岸纺织服装博览会在石狮举行**[J]. 中国品牌，2016（5）：86.

453. 王少泉，谢国财. **福建在海上丝绸之路中地位变迁研究**[J]. 福建论坛（人文社会科学版），2016（10）：222-228.

454. 周建标. **发展文化旅游助推海上丝绸之路核心区建设**[J]. 东方论坛，2016（5）：69-76.

455. 郭敏，卢红飚. **21 世纪海上丝绸之路战略格局下的海南定位**[J]. 贵州省党校学报，2016（1）：60-66.

456. 岳交协. **广东《21 世纪海上丝绸之路货运物流通道与枢纽节点规划》通过专家评审**[J]. 广东交通，2016（6）：18.

457. **中国与 21 世纪海上丝绸之路沿线国家贸易量的影响因素研究**[J]. 时代金融（中旬刊），2016（12）：59-59.

458. 王勇. **自贸区建设背景下两岸共建"21 世纪海上丝绸之路"探讨**[J]. 台湾研究，2016（3）：52-58.

459. 周萍. **聚力"海上丝绸之路"共议商标品牌保护**[J]. 市场监督管理，2016(19)：69-70.

460. **国家发展改革委：第二届 21 世纪海上丝绸之路与推进国际产能与装备嗣遗合作论**

坛举行[J]. 中国招标，2016（38）：45-46.

461.　程永林. "21世纪海上丝绸之路"、经济竞争与风险管理[J]. 海外投资与出口信贷，2016（2）：14-17.

462.　吴国培. 金融支持福建建设21世纪海上丝绸之路核心区之战略思考[J]. 福建金融，2016（1）：4-9.

463.　何笙，王勇森，袁华强，等. 回顾2015大事伴我们前行：沿着海上丝绸之路的浪迹——"中国·青岛"号帆船60天完成21世纪海上丝绸之路航行侧记[J]. 走向世界，2016（2）：8-15.

464.　郑冬梅. 21世纪海上丝绸之路核心区海洋治理研究[J]. 中共福建省委党校学报，2016（11）：93-100.

465.　陈芙英，胡志华. 海上丝绸之路东南亚航运网络的复杂性分析[J]. 上海大学学报（自然科学版），2016，22（6）：804-812.

466.　21世纪海上丝绸之路战略下广西旅游产业对地区经济拉动效应的实证分析[J]. 旅游纵览（行业版），2016（7）：151.

467.　张诗雨. 海上丝绸之路的由来——《海上丝路叙事》系列之一[J]. 中国发展观察，2016（1）：54-58.

468.　罗梦寒. 海上丝绸之路建设与海上人民币贸易圈的构建分析[J]. 时代金融，2016（33）：310.

469.　袁媛，宋成轮，谢树强. 21世纪海上丝绸之路战略背景分析——基于MATLAB多项式拟合[J]. 中国商论，2016（16）：102-103.

470.　苟利武，胡莉. 近代广西"海上丝绸之路"与商埠贸易研究[J]. 改革与开放，2016（14）：8-9.

471.　于兴华. 海上丝绸之路"直挂云帆济沧海"[J]. 财经界，2016（12）：44-47.

472.　黄汉业. 为"21世纪海上丝绸之路"增姿添彩——湄洲湾北岸经济开发区跨越式发展之路[J]. 人民论坛：中旬刊，2016（34）：107.

473.　叶刘刚. 中国与海上丝绸之路沿线国家的贸易演变：1992-2014[J]. 东南亚研究，2016（4）：70-79.

474.　孔怡婷，胡高福. 基于"21世纪海上丝绸之路"建设的中澳自贸区研究[J]. 北方经济，2016（8）：40-43.

475.　宋兵. 海上丝绸之路指数正式写入国家"十三五"规划[J]. 中国远洋海运，2016（4）：22.

476.　本刊编辑部. 建设海上丝绸之路 构建江苏与马来西亚经贸双向互动机制[J]. 大陆桥视野，2016（12）：36.

477.　广东揭阳：打造海上丝绸之路电商港[J]. 中国电子报，2016（4）：3.

478.　杨理智，张韧. "21世纪海上丝绸之路"地缘环境分析与风险区划[J]. 军事运筹与系统工程，2016，30（1）：5-11.

479.　深化互信、加强对接，共建21世纪海上丝绸之路（节选）[J]. 英语角，2016（9）：60-63.

480.　张时立. 中国自贸建设与"21世纪海上丝绸之路"——以上海自贸区建设为例[J].

社会科学研究，2016（1）：57-66.

481.　尤思德. 以"海上丝绸之路"沿线为重点　推进国际产能合作[J]. 中国经贸导刊，2016（3）：22-23.

482.　沈伟腾，胡求光. "海上丝绸之路"农产品贸易潜力及其影响因素分析[J]. 科技与经济，2016，29（6）：56-60.

483.　马超平. 广东自贸区对接"海上丝绸之路"面临的障碍、挑战与对策研究[J]. 统计与管理，2016（12）：36-38.

484.　颜双波. 基于主成分分析的县域经济创新能力评价研究——以海上丝绸之路起点泉州为例[J]. 科技和产业，2016，16（9）：16-22.

485.　肖方晨. 海上丝绸之路之旅——中国民营科技国际电商贸易促进会"下南洋"[J]. 中国信息化，2016（12）：90-93.

486.　中国贸促会副会长陈洲出席2016广东21世纪海上丝绸之路国际博览会[J]. 中国对外贸易，2016（11）：43.

487.　推动共建丝绸之路经济带和21世纪海上丝绸之路的愿景与行动[J]. 国际品牌观察，2016（5）：1-6.

488.　张开城. 中华海商精神与21世纪海上丝绸之路建设[J]. 特区经济，2016（9）：20-24.

489.　林岸连，吴淑娟. 广东沿海城市融入海上丝绸之路的定位和战略研究——以江门和东盟国家经济合作为例[J]. 沿海企业与科技，2016（6）：12-15.

490.　周伟. 21世纪"海上丝绸之路"建设：海南的角色与作用[J]. 南海学刊，2016，2（2）：112-118.

491.　胥颖. 柳工参展第2届2016广东21世纪海上丝绸之路国际博览会工程机械及农业机械展[J]. 工程机械，2016，47（12）：76.

492.　唐奇芳. 21世纪海上丝绸之路与湄公河次区域的建设与对接——产业园区视角[J]. 东南亚纵横，2016（6）：45-49.

493.　章圣洁，刘赫弋，尹慧娟，等. 基于海上丝绸之路视角下的大连金融创新的对策研究[J]. 商场现代化，2016（14）：221-222.

494.　祁兵. 从"海上丝绸之路"的发展看越南古钱币变迁[J]. 区域金融研究，2016（8）：86-90.

495.　张莎莎. 两宋时期宁波海上丝绸之路的对外影响——以技术影响为例[J]. 人间，2016，213（18）：69-70.

496.　刘翔. 海上丝绸之路之历史遗存——宋代市舶银铤考[J]. 区域金融研究，2016（11）：81-85.

497.　建设海上丝绸之路构建江苏与马来西亚经贸双向互动机制[J]. 大陆桥视野（经济瞭望），2016（12）：36.

498.　黄哲. 汕头古代海上丝绸之路史迹概述[J]. 潮商，2016（3）：66-67.

499.　探寻"海上丝绸之路"新加坡+马来西亚航海文化之旅　2016年上海市青少年航海夏令营活动启动[J]. 航海，2016（3）：34-35.

500.　段亚男，张水清. 宁波参与海上丝绸之路建设的优势[J]. 浙江经济，2016（19）：54-55.

501. 郑国姣，杨来科. **21 世纪海上丝绸之路共建战略**[J]. 中国流通经济，2016，30（1）：58-63.

502. 许培源，陈乘风. **马来西亚在"海上丝绸之路"建设中的角色**[J]. 亚太经济，2016（5）：70-74.

503. 李翔. **21 世纪海上丝绸之路与广州城市发展关系**[J]. 山海经（故事上），2016（12）：122-123.

504. 郭振雪. **"21 世纪海上丝绸之路"的地缘政治解析**[J]. 延边大学学报（社会科学版），2016，49（1）：26-32.

505. 张星强，苏畅. **发展海上丝绸之路的税收协调研究——以东南亚地区为例**[J]. 经济研究参考，2016（53）：36-41.

506. 麦艳. **广西建设 21 世纪海上丝绸之路的思考**[J]. 环球市场信息导报，2016（10）：6-7.

507. 张天桂. **中国-东盟 FTA 升级和次区域经济合作——共建"21 世纪海上丝绸之路"的视角**[J]. 中国商论，2016（14）：97-99.

508. 耿仲钟，肖海峰. **中国与"21 世纪海上丝绸之路"沿线国家农产品贸易特征分析**[J]. 农业经济问题，2016（6）：81-88.

509. 李文涛. **"21 世纪海上丝绸之路"通道建设的税收政策协同研究**[J]. 经济研究参考，2016（23）：7-10.

510. 张玉娥，余稳策，晋乐. **海上丝绸之路背景下中国广西与东盟国家农产品竞争性与互补性**[J]. 世界农业，2016（7）：32-38.

511. [韩]朴英姬，孟晓. **"21 世纪海上丝绸之路"视角下的中韩自贸区建设**[J]. 东方论坛，2016（6）：48-54.

512. 刘韡昱. **论海上丝绸之路起点处的音乐文化交流——以泉州南音为例**[J]. 广播歌选，2016（1）：50-54.

513. 沈延环. **探究海洋文明 助推福建发展——福建与海上丝绸之路研讨会在榕召开**[J]. 炎黄纵横，2016（1）：44.

514. 郑超. **海上丝绸之路引领中新经贸合作**[J]. 国际工程与劳务，2016（5）：64-65.

515. 易露霞，邓志虹. **21 世纪"海上丝绸之路"战略下珠三角地区国际物流人才培养探究**[J]. 对外经贸，2016（9）：151-152.

516. 付煜，张百顺，梁洪川. **北海港："海上丝绸之路"的历史流变**[J]. 贺州学院学报，2016，32（4）：34-37.

517. 马博. **打造"21 世纪海上丝绸之路"交汇点：中国—斯里兰卡关系发展的机遇与挑战**[J]. 世界经济与政治论坛，2016（1）：48-63.

518. 秦雯. **新时期海上丝绸之路物流业效率评价**[J]. 商业时代，2016（9）：79-81.

519. 张诗雨. **21 世纪海上丝绸之路的蓝图构建——《海上丝路叙事》系列之十四**[J]. 中国发展观察，2016（14）：45-49.

520. [柬埔寨]万那瑞斯·常，颜洁. **缩小东盟内部发展差距——21 世纪海上丝绸之路所扮演的角色**[J]. 东南亚纵横，2016（6）：15-20.

521. 付邵武. **21 世纪海上丝绸之路建设与我国沿海港口发展**[J]. 智富时代，2016（1）：

18-19.

522. 周春霞.21世纪海上丝绸之路背景下广东-东盟合作平台建设机制研究——兼与海南、广西、云南三省的比较[J].广东经济,2016(11):36-41.

523. 武丹.从古代泉州谈"21世纪海上丝绸之路"[J].经济研究参考,2016(45):4-7.

524. 韦红.21世纪海上丝绸之路建设与中国—东盟共建地区和谐海洋秩序[J].东南亚纵横,2016(6):39-44.

525. 朱智洺,丁丽红.21世纪海上丝绸之路-中国东盟农产品贸易发展空间研究[J].河南科学,2016,34(6):1005-1011.

526. 康涛.海上丝绸之路是泉州最深刻的文化基因[J].留学生,2016(9):35.

527. 李小年.构建21世纪海上丝绸之路——浅谈设立中日韩邮轮自贸区的构想[J].经济,2016(10):82-84.

528. 郭克良,蓝文权,蒙运芳.21世纪海上丝绸之路产业合作架构分析——上海自贸区产业创新发展的启示[J].宏观经济管理,2016(3):44-47.

529. 罗帅.汉代海上丝绸之路的西段(一)——印度西南海岸古港穆吉里斯[J].新疆师范大学学报(哲学社会科学版),2016,37(5):60-68.

530. 麻静洁.地缘政治经济视野下的"21世纪海上丝绸之路"经济带[J].决策与信息(下旬),2016(11):5-6.

531. 张诗雨.21世纪海上丝绸之路建设的战略实施路径——《海上丝路叙事》系列之十五[J].中国发展观察,2016(15):45-48.

532. 陈杨泰.建设海上丝绸之路 构建江苏与马来西亚经贸双向互动机制[J].大陆桥视野,2016(23):36.

533. 万晗.共筑海上丝绸时尚之路 石狮成功举办2016海丝海博会[J].纺织服装周刊,2016(15):14-15.

534. 泉州市委统战部.建设海丝之路"连心桥"——泉州凝聚侨心侨力参与21世纪海上丝绸之路先行区建设[J].中国统一战线,2016(4):42-43.

535. 林昆勇,余克服.参与共建海上丝绸之路 促进广西海洋生态建设[J].城市,2016(2):15-20.

536. 马福平.展"海上丝绸之路"风帆 共圆"潮人"文化复兴梦——把握机遇,打造魅力保税区——访汕头市政府党组成员、汕头保税区管委会负责人蔡佩侬[J].文化月刊(下旬刊),2016(7):8-19.

537. 周健.合浦推动南珠产业化集群发展,打造海上丝绸之路珠宝中心[J].新丝路,2016(11):10-11.

538. 陶红亮.海上丝绸之路第一港——徐闻(一)[J].海洋世界,2017(7):64-67.

539. 陶红亮.海上丝绸之路第一港——徐闻(二)[J].海洋世界,2017(8):66-69.

540. 海上丝绸之路第一港——徐闻(三)[J].海洋世界,2017(9):62-65.

541. 刘开智,许志桦,曹小曙."21世纪海上丝绸之路"对香港港口发展的机遇与挑战[J].中国名城,2016(2):11-18.

542. 21世纪海上丝绸之路下广西金融产业的发展环境分析[J].新经济,2016(2):38.

543. 张晓鸣."海上丝绸之路"上的广彩[J].广州航海学院学报,2016,24(1):37-41.

544.　李姗，代合治. **21 世纪海上丝绸之路旅游发展研究**[J]. 山东师范大学学报（自然科学版），2016，31（1）：137-140.

545.　**"21 世纪海上丝绸之路建设暨国际产能合作研讨会"在厦门举行**[J]. 中国投资，2016（19）：13.

546.　**宁吉喆副主任出席第二届 21 世纪海上丝绸之路与推进国际产能与装备制造合作论坛**[J]. 中国产经，2016（10）：20.

547.　吴娟. **漳州市融入 21 世纪海上丝绸之路建设刍议**[J]. 漳州职业技术学院学报，2016，18（2）：38-43.

548.　林念修. **建立中国—东盟信息港是推动海上丝绸之路建设重大战略举措**[J]. 河南科技，2016（19）：5.

549.　曹丽萍. **广东引领 21 世纪海上丝绸之路建设的战略思考**[J]. 社科纵横，2016（2）：39-42.

550.　张宁容. **东帝汶积极参与"21 世纪海上丝绸之路"原因分析**[J]. 商：个人理财，2016（12）：107.

551.　呼东方. **海上丝绸之路的"泉州味道"**[J]. 新西部，2016（8）：50-54.

552.　司聘. **21 世纪海上丝绸之路战略构架下深化中国-斯里兰卡经济合作研究**[J]. 兰州财经大学学报，2016（2）：9-14.

553.　**21 世纪海上丝绸之路建设与我国沿海港口发展**[J]. 智富时代（时代经济），2016（1）：18.

554.　沈赤兵. **中华商圣沈万三：开拓海上丝绸之路比郑和还早几十年**[J]. 中国远洋海运，2016（1）：100-102.

555.　臧术美. **"中国'海上丝绸之路'与南亚的政治经济学"国际学术研讨会综述**[J]. 国外社会科学，2016（1）：148-151.

556.　刘祖博. **试论中国古船杨帆海上丝绸之路**[J]. 艺术品鉴，2016（11）：438-439.

557.　郑国姣，杨来科. **共建 21 世纪海上丝绸之路的战略对策**[J]. 经济研究参考，2016（18）：32-33.

558.　**林业助推海上丝绸之路经济带建设——中澳林业产业投资与贸易洽谈会在澳成功召开**[J]. 林产工业，2016（11）：64.

559.　**广西建设 21 世纪海上丝绸之路的思考**[J]. 环球市场信息导报，2016（6）：6.

560.　张明. **新加坡与海上丝绸之路**[J]. 中国经济信息，2016（3）：44-45.

561.　方云军. **依托 21 世纪海上丝绸之路建设中国-斯里兰卡命运共同体**[J]. 外国语言文学与文化论丛 12——区域与国别研究专辑，2016（1）：260-269.

562.　巍媛媛. **对"21 世纪海上丝绸之路"东部非洲节点重要性的再思考**[J]. 海南大学学报（人文社会科学版），2016，34（4）：48-54.

563.　张诗雨. **海上丝绸之路上的商品交流——《海上丝路叙事》系列之二**[J]. 中国发展观察，2016（2）：58-62.

564.　董馨. **21 世纪海上丝绸之路建设中广东的战略地位及对策**[J]. 珠江论丛，2016（1）：21-29.

565.　黄健恩. **海上丝绸之路对罗定的影响分析**[J]. 丝绸之路，2016（12）：27-28.

566. **重走海上丝绸之路**[J]. 一带一路报道，2016（1）：88.

567. 许培源. **泉州市建设 21 世纪海上丝绸之路先行区的思考**[J]. 国际援助，2016（2）：57-61.

568. 杜旸. **21 世纪海上丝绸之路面临的机遇与挑战**[J]. 决策探索，2016（16）：68.

569. 孟刚. **21 世纪海上丝绸之路南线四国融资合作研究**[J]. 开发性金融研究，2016（1）：72-79.

570. 徐振伟，文佳筠. **"海上丝绸之路"战略下的粮食合作建议**[J]. 新产经，2016（10）：83-84.

571. 杨洸. **泉州海上丝绸之路研究综述**[J]. 泉州师范学院学报，2016，34（5）：29-34.

572. 李鸿阶，林心淦，林在明. **相关省市建设 21 世纪海上丝绸之路的经验做法及对福建的借鉴作用**[J]. 福建论坛（人文社会科学版），2016（4）：160-166.

573. **21 世纪海上丝绸之路战略背景分析**[J]. 中国商论，2016（16）：102.

574. 赵山花. **21 世纪海上丝绸之路背景下的港口建设**[J]. 中国港口，2016（2）：35-37.

575. 夏维华. **二十一世纪海上丝绸之路 沿海国家进口需求变化与中国的战略优势**[J]. 对外经贸实务，2016（6）：17-20.

576. 范佳平. **论泉州港在海上丝绸之路中的地位和优势**[J]. 中国港口，2016（S1）：13-16.

577. 谢钢，朱翠萍. **海上丝绸之路和印度洋地区：合作与竞争趋势**[J]. 印度洋经济体研究，2016（1）：114-120.

578. 邹伟勇，金祎，熊晓冬. **广东建设"21 世纪海上丝绸之路"战略枢纽的交通协同策略**[J]. 规划师，2016，32（2）：38-45.

579. **"全球视野下澳门、香港与海上丝绸之路"学术研讨会召开**[J]. 新经济，2016（1）：50-51.

580. 向阳，王小英. **海上丝绸之路今昔谈——珠海地区古代海上丝绸之路与近代对外贸易的发展**[J]. 广东档案，2016（3）：20-22.

581. 周超文. **福建省建设 21 世纪海上丝绸之路核心区对广西的启示**[J]. 广西经济，2016（8）：71-72.

582. 符森，马锐. **21 世纪海上丝绸之路国家风电发展潜能分析——基于 DGM（2.1）预测模型的实证研究**[J]. 经贸实践，2016（13）：1-3.

583. 李艺. **福州海上丝绸之路研究综述**[J]. 福建省社会主义学院学报，2016（6）：89-96.

584. 张国玲. **海上丝绸之路对中华海洋文明的诠释**[J]. 特区经济，2016（11）：9-13.

585. 萧烟. **海上丝绸之路的由来及其对海南岛的影响**[J]. 现代青年，2016（2）：26-30.

586. 韩洪文，董银苹，唐振. **中日古代海上丝绸之路发展历程及当代启示**[J]. 西北工业大学学报（社会科学版），2016，36（3）：124-128.

587. 魏澄荣. **以科技引领 21 世纪海上丝绸之路核心区建设**[J]. 社科纵横，2016，31（11）：47-49.

588. 康晓丽. **福建海上丝绸之路建设面临的海外风险与防范建议**[J]. 厦门特区党校学报，2016（2）：36-41.

589. 黄丽华. **浅谈海上丝绸之路对南海区域发展的影响**[J]. 海南热带海洋学院学报，2016，23（1）：25-29.

590. "21 世纪海上丝绸之路"沿线港口报告[J]. 中国远洋海运，2016（9）：42-43.

591. 匡荣韬. 以公共外交推动福建"21 世纪海上丝绸之路"核心区建设[J]. 福建论坛. 人文社会科学版，2016（5）：181-186.

592. 陈彦博，肖思吟. "21 世纪海上丝绸之路"助力广州会展经济能级[J]. 湖北省经济管理干部学院学报，2016（24）：23-25.

593. 王元林，熊雪如. 历史上深圳地域与海上丝绸之路渊源初探[J]. 深圳大学学报（人文社会科学版），2016，33（3）：20-24.

594. 安斌峰，徐辉. 海上丝绸之路、海洋文化与海洋战略之纵横研究[J]. 海洋信息，2016（2）：48-53.

595. 范佳平. 论泉州港在海上丝绸之路中的地位和优势[J]. 中国港口，2016(Z1)：13-16.

596. 颜维海. 广西参与 21 世纪"海上丝绸之路"建设的战略思考[J]. 传承，2016（10）：97-99.

597. 陈文宇. "21 世纪海上丝绸之路"背景下的广东自贸区发展[J]. 广州航海学院学报，2016，24（2）：42-44.

598. 同拓海上丝绸路　共建华侨试验区[J]. 潮商，2016（1）：97.

599. 宁凌，欧春尧. 经济新常态下我国海上丝绸之路主要港口动态效率研究[J]. 广西财经学院学报，2016，29（6）：19-27.

600. 李小峰. "海上丝绸之路"视阈下邮轮文化与邮轮产业发展的关系[J]. 中国海商法研究，2016，27（1）：63-67.

601. 曹萍. 海上丝绸之路对人民币区域化的助推作用[J]. 丝路视野，2016（5）：20-24.

602. 李好，潘小芳. "一带一路"视域下广西推进与东盟经贸合作的 SWOT 分析[J]. 南海学刊，2016，2（3）：100-106.

603. 阳阳. "海丝"合作下的越南交通基建需求与舆论态度[J]. 南海学刊，2016，2（3）：91-99.

604. 熊灵，陈美金. 中国与印尼共建 21 世纪海上丝绸之路：成效、挑战与对策[J]. 边界与海洋研究，2017，2（6）：24-36.

605. 王静飞. 21 世纪海上丝绸之路背景下舟山旅游资源开发研究[J]. 中国市场，2017(34)：235-236.

606. 罗斌. 第二届"21 世纪海上丝绸之路"建设高峰论坛闪耀中国航海日[J]. 航海，2017（4）：3-5.

607. 毛立洋. "21 世纪海上丝绸之路"的机遇与挑战试析[J]. 中外交流，2017（41）：41.

608. 王妙妙. 全球港口体系和海上丝绸之路节点选择[J]. 中国港口，2017（Z2）：12-19.

609. 丘磊光. 浅析海上丝绸之路建设对福建海运发展的影响[J]. 福建质量管理，2017（2）：80.

610. 谢文泽. 拉美是 21 世纪海上丝绸之路的自然延伸[J]. 国企管理，2017（8）：24-25.

611. 吴春萌，白福臣. 硅谷创新成长模式对广东建设海上丝绸之路科技合作圈的启示[J]. 广东海洋大学学报，2017，37（5）：68-74.

612. 石瑞颖. 21 世纪海上丝绸之路与广西财政发展的相关分析[J]. 科技经济导刊，2017（28）：202-203.

613. 黄玮，毛汉霖. **钦州市与东盟共建 21 世纪海上丝绸之路战略分析**[J]. 北部湾大学学报，2017（8）：17-21.

614. **伊萨积极投身中国"海上丝绸之路"建设**[J]. 金属加工（热加工），2017（Z2）：51.

615. 蒋蔚芳. **中国出口贸易中的本地市场效应估计——以"21 世纪海上丝绸之路"国家为例**[J].市场周刊：艺术品投资，2017（9）：125-127.

616. 彭清华. **奋力书写 21 世纪海上丝绸之路新篇章**[J]. 当代广西，2017（14）：14-15.

617. 殷琦. **"软联通"视角下福建 21 世纪海上丝绸之路核心区建设的路径选择**[J]. 东南传播，2017（11）：24-26.

618. 李向阳. **论海上丝绸之路的多元化合作机制**[J]. 改革开放以来的中国与世界，2017（1）：29-44.

619. 张华春，黄有方，胡坚堃. **海上丝绸之路下东亚港口枢纽地位评价**[J]. 华中师范大学学报（自然科学版），2017，51（2）：208-214.

620. 何骥晨. **宋代海上丝绸之路简论**[J]. 长江丛刊，2017（11）：104.

621. 姚景芳，陈淑华. **谈海上丝绸之路的历史贡献与重建对策**[J]. 辽宁师专学报（社会科学版），2017（5）：33-34.

622. 杜军，赵聪，鄢波. **21 世纪海上丝绸之路建设背景下基于引力模型的中国与新加坡双边贸易潜力研究**[J]. 东南亚纵横，2017（6）：62-68.

623. 古小松. **早期海上丝绸之路与中印文化在中南半岛的交会**[J]. 中国周边外交学刊，2017（2）：140-153.

624. 岑嘉悦，黄秋兰. **海上丝绸之路建设背景下进一步加强大陆对台贸易发展路径研究**[J]. 市场周刊；市场周刊：艺术品投资，2017（7）：27-30.

625. 朱妮娜，范丹，王博. **海上丝绸之路对中国—东盟经贸关系影响实证分析**[J]. 中国集体经济，2017（9）：15-16.

626. 王建邦. **"21 世纪海上丝绸之路"建设下的对台湾投资**[J]. 贵州大学学报（社会科学版），2017，35（2）：59-63.

627. 天津市人民政府驻福州办事处课题组. **福建省加快推进"21 世纪海上丝绸之路"核心区建设的实践及对天津的启示**[J]. 港口经济，2017（3）：5-8.

628. 李滟茹. **"21 世纪海上丝绸之路"下的海南发展**[J]. 北方文学：中，2017（15）：210.

629. **谱写海上丝绸之路新篇章 记第 14 届"中国—东盟"博览会**[J]. 西部大开发，2017（9）：15.

630. 戴秦，欧丽萍. **海上丝绸之路对上海自贸区建设的影响**[J]. 湖北省经济管理干部学院学报，2017（33）：53-55.

631. 马红. **21 世纪海上丝绸之路：历史回溯、现实意义与连云港融入**[J]. 大陆桥视野，2017（17）：74-79.

632. 李嘉曾. **两艘古船的启示——海上丝绸之路与开放型世界经济**[J]. 群言，2017（4）：30-33.

633. **基于层次分析法的海上丝绸之路发展战略对中国工业经济影响力的评估**[J]. 中国市场，2017（11）：31.

634. 潘珠. **海南融入 21 世纪海上丝绸之路发展对策研究**[J]. 海南热带海洋学院学报，

2017，24（1）：18-24.

635.　陶红亮. **悠悠古老海上丝绸之路**[J]. 海洋世界，2017（4）：68-73.

636.　戚凯，刘乐. **"21 世纪海上丝绸之路"建设的海事保障与中国角色**[J]. 当代亚太，2017（2）：132-155.

637.　李艺. **福州"海上丝绸之路"价值刍议**[J]. 福州党校学报，2017（2）：68-71.

638.　刘鹏，胡潇文. **国际机制视角下的"21 世纪海上丝绸之路"建设**[J]. 印度洋经济体研究，2017（3）：1-22.

639.　蔡婷，侯方淼. **中国对"海上丝绸之路"沿线国家出口贸易实证分析——以林产品为例**[J]. 北京林业大学学报（社会科学版），2017，16（1）：50-55.

640.　黄浩瀚. **海上丝绸之路重要门户汕头的通航贸易**[J]. 广东档案，2017（2）：20-22.

641.　**海上丝绸之路互联互通国际研讨会开幕**[J]. 科学养鱼，2017（8）：52-53.

642.　郝名，马诗华. **宁波与日本"海上丝绸之路"遗迹调查**[J]. 智富时代，2017（6X）：383-384.

643.　赵昌，许善品. **澳大利亚学者对"21 世纪海上丝绸之路"南线的认知述评**[J]. 国外社会科学，2017（3）：92-101.

644.　林仪. **"海上丝绸之路历史上的移民与贸易"学术研讨会综述**[J]. 海交史研究，2017（1）：145-149.

645.　李肇星. **以海纳百川的胸怀，以乘风破浪的勇气，共建 21 世纪海上丝绸之路**[J]. 国别和区域研究，2017（1）：6-9.

646.　黄国灿. **厦门旅游业融合"21 世纪海上丝绸之路"建设的对外开放发展研究**[J]. 厦门特区党校学报，2017（4）：76-80.

647.　黄艳葵. **跨境基础设施 PPP 项目的法律保障问题分析——基于对 15 个海上丝绸之路沿线国家的分析**[J]. 经济研究参考，2017（29）：43-47.

648.　黄超，陈奇. **"21 世纪海上丝绸之路"下的粤港澳大湾区联动开放新路径**[J]. 现代经济信息，2017（22）：473.

649.　杨莉，祝捷. **"海上丝绸之路"沿线港口资源整合规划研究**[J]. 赤峰学院学报·自然科学版，2017，33（13）：68-69.

650.　李文浩. **揭秘历史上的海上丝绸之路**[J]. 智慧中国，2017（7）：68-71.

651.　彭渤，胡麦秀. **中国与"海上丝绸之路"沿线国家贸易对我国经济增长的影响分析——基于 VAR 模型的实证研究**[J]. 海洋经济，2017，7（5）：30-36.

652.　刘修德，苏文菁. **"海上丝绸之路"，让世界认识中国**[J]. 生态文明世界，2017（2）：38-45.

653.　郑栋良. **一带一路背景下探究高校在海上丝绸之路建设中的角色定位**[J]. 中外交流，2017（42）：46-47.

654.　冯学钢，唐睿. **"21 世纪海上丝绸之路"沿线省市入境旅游市场效率研究**[J]. 旅游管理，2017（11）：1-11.

655.　郭旭. **21 世纪海上丝绸之路航海保障服务体系研究**[J]. 广州航海学院学报，2017，25（3）：37-39.

656.　江美英. **福州市融入 21 世纪海上丝绸之路建设的思考**[J]. 收藏与投资，2017（4）：

74.

657. 许国良. **"21世纪海上丝绸之路"中国与东印度洋沿线国家实证分析**[J]. 大陆桥视野，2017（2）：1-2.

658. 徐东升，毛蕾，靳小龙. **推陈出新，探寻新的学术增长点——"唐代江南社会经济与海上丝绸之路"学术研讨会综述**[J]. 中国经济史研究，2017（1）：191-192.

659. 陈晖莉. **东盟十国主流媒体齐聚山河智能，共话21世纪海上丝绸之路**[J]. 中国军转民，2017（4）：18.

660. 俞国祥，胡麦秀. **中国与东盟机电产品的出口竞争力和结构比较分析——以"21世纪海上丝绸之路"为背景**[J]. 上海管理科学，2017，39（6）：60-64.

661. 麦婉华. **广西：海上丝绸之路的重要节点**[J]. 小康·中旬刊，2017（26）：52-55.

662. 刘镇，邱志萍，刘伟明. **自贸协定对"21世纪海上丝绸之路"出口贸易的影响**[J]. 经济经纬，2017，34（5）：68-74.

663. 傅淑青. **土库：海上丝绸之路的遗存**[J]. 文化月刊（下旬刊），2017（1）：60-63.

664. 谭卓，杨松岭，蔡文杰. **"21世纪海上丝绸之路"油气勘探开发合作战略**[J]. 国际经济合作，2017（5）：8-13.

665. 陈昕. **福州"海上丝绸之路"文化城市品牌建设探究**[J]. 东南传播，2017（8）：48-50.

666. 刘益梅. **华人经济在海上丝绸之路建设中的助推作用探讨**[J]. 丽水学院学报，2017，39（1）：9-16.

667. 陈展，周广仁. **税收服务"海上丝绸之路""走出去"企业研究**[J]. 税务研究，2017（2）：24-29.

668. 冯远. **论海上丝绸之路交流互通的多样性——以"丝路帆远——海上丝绸之路七省联展"为例**[J]. 一带一路报道，2017（4）：62-65.

669. 刘运昌，王绍仁，潘文军. **科技创新与物流发展——基于"海上丝绸之路"重点省市数据分析**[J]. 科技与经济，2017，30（1）：41-45.

670. 李海燕，兰永红. **海上丝绸之路沿线国家税务风险防控的国际借鉴研究**[J]. 国际税收，2017（4）：68-72.

671. 朱念，李燕. **海上丝绸之路战略背景下粤桂琼农业转型升级合作研究——区域产业合作与转型研究系列论文之三**[J]. 南宁职业技术学院学报，2017，22（3）：23-26.

672. 余珍艳. **"21世纪海上丝绸之路"战略推进下中国-印度尼西亚海洋经济合作：机遇与挑战**[J]. 战略决策研究，2017，8（1）：61-81.

673. **新机遇 新动力 新空间——第二届"21世纪海上丝绸之路"建设高峰论坛在沪举行**[J]. 水运管理，2017（7）：54.

674. **第三届海上丝绸之路国际艺术节在泉州举办**[J]. 福建艺术，2017（9）：76.

675. 罗景峰. **泉州海上丝绸之路文化遗产旅游开发适宜性评价研究**[J]. 广东外语外贸大学学报，2017，28（1）：107-115.

676. 李湛. **海上丝绸之路第六站——风光旖旎的北海**[J]. 健康，2017（12）：46-49.

677. 王可佳. **浅析青岛与"东方海上丝绸之路"的历史渊源**[J]. 烟台职业学院学报，2017，23（2）：14-18.

678. 吴丹微. **广州与海上丝绸之路**[J]. 文物天地，2017（10）：6-10.

679.　谢文泽. **拉美是 21 世纪海上丝绸之路的自然延伸**[J]. 国企管理，2017（15）：24-25.

680.　潘永，王太云. **21 世纪海上丝绸之路金融需求的形成机制与规模测度——基于中国—东盟的样本数据**[J]. 广西社会科学，2017（4）：34-39.

681.　**第三届中国-东盟共建 21 世纪海上丝绸之路采访活动圆满结束**[J]. 中国报道，2017（6）：53.

682.　黄国勇. **广西农业谱写海上丝绸之路新篇章**[J]. 广西经济，2017（5）：35.

683.　李艳芳. **"21 世纪海上丝绸之路"框架下中斯经济关系的重塑研究**[J]. 南亚研究，2017（2）：29-53.

684.　李肇星. **以海纳百川的胸怀，以乘风破浪的勇气，共建 21 世纪海上丝绸之路**[J]. 国别和区域研究，2017（Z1）：6-9.

685.　麦婉华. **广西：海上丝绸之路的重要节点**[J]. 小康·中旬刊，2017（9）：52-55.

686.　**"跨海和声"海上丝绸之路文化遗产保护论坛举办**[J]. 世界遗产，2017（6）：130-133.

687.　袁晓春. **海上丝绸之路朝鲜史料中的宁波海商**[J]. 民族史研究，2017（0）：223-238.

688.　李滟茹. **"21 世纪海上丝绸之路"下的海南发展**[J]. 北方文学：下，2017（5）：210.

689.　杨兴华，姚锦金. **"海上丝绸之路"旅游发展：泉州对合浦的启示**[J]. 金融经济，2017（5）：41-43.

690.　黄新炎. **"一带一路"题材纪录片的"当代中国"形象诠释——以上海纪实频道《海上丝绸之路》为例**[J]. 中国电视，2017（7）：85-89.

691.　范勇. **科技创新与物流发展——基于"海上丝绸之路"重点省市数据分析**[J]. 生产力研究，2017（7）：120-123.

692.　**邮轮产业助力海上丝绸之路发展**[J]. 旅游纵览·行业版，2017（4）：208.

693.　曲国明，王媛，沈树明. **江苏省与 21 世纪海上丝绸之路国家经贸合作路径研究——基于江苏企业的视角**[J]. 时代经贸：下旬，2017（3）：30-33.

694.　何小美. **海上丝绸之路：指向幸福未来**[J]. 新一代，2017（17）：64.

695.　郑军，张永庆，黄霞. **基于演化博弈的海上丝绸之路合作稳定性分析**[J]. 运筹与管理，2017，26（4）：54-61.

696.　魏克良. **深入推进 21 世纪海上丝绸之路核心区建设**[J]. 中国经贸导刊，2017（22）：20-21.

697.　赵旭，梁雪讲，周巧琳，等. **海上丝绸之路沿线港口体系的空间布局演化**[J]. 上海海事大学学报，2017，38（4）：43-48.

698.　容子. **哥德堡号中国之旅——中瑞"海上丝绸之路"史话**[J]. 档案春秋，2017（4）：9-12.

699.　余飞. **立足"21 世纪海上丝绸之路"建设美好新海南**[J]. 新东方，2017（3）：5-8.

700.　刘宇彤，萧珍丽，胡文瑞，等. **新海丝，新平潭——关于"21 世纪海上丝绸之路"战略框架下深化平潭与台湾经济合作交流面临的挑战对策研究**[J]. 新丝路（中旬刊），2017（1）：5-8.

701.　丁丽红，朱智洺. **中国对"21 世纪海上丝绸之路"沿岸国家的农产品出口研究——基于贸易便利化视角**[J]. 山东农业科学，2017，49（1）：167-172.

702.　谷晓冰. **基于海上丝绸之路背景下的湛江海岛旅游开发及对策研究**[J]. 四川旅游学

院学报，2017（5）：79-82.

703. 刘超，吴晓斌. **21世纪海上丝绸之路视阈下我国能源货物贸易制度之疏失与更新**[J]. 法治社会，2017（3）：40-52.

704. 李大光. **经略东海与融入21世纪海上丝绸之路**[J]. 中国经贸导刊，2017（28）：71-74.

705. 吴喜龄，陈万灵. **21世纪海上丝绸之路的中国与东盟共赢性研究——基于中国与东盟合作效应的计量**[J]. 商业时代，2017（22）：128-131.

706. 马超平. **广东自贸区对接"21世纪海上丝绸之路"战略的有效路径与对策研究**[J]. 科技资讯，2017，15（31）：121-122.

707. 刘聃. **海上丝绸之路创新创业学院构想与实施**[J]. 就业与保障，2017（23）：20-23.

708. **21世纪海上丝绸之路第一站——"榕城"福州**[J]. 健康，2017（2）：48-51.

709. 赵宏利，彭梓洺，陈修文等. **茂名参与海上丝绸之路建设的旅游产品开发探讨**[J]. 南方论刊，2017（7）：22-23.

710. 张毅. **"21世纪海上丝绸之路"建设对我国海洋高等教育的启示**[J]. 农村经济与科技，2017，28（19）：235-237.

711. 黄永弟. **"21世纪海上丝绸之路"与印尼"全球海洋支点"战略对接的思考**[J]. 宏观经济管理，2017（3）：61-65.

712. 李文霞，杨逢珉. **中国对"海上丝绸之路"沿线国家农产品出口的影响因素及潜力研究**[J]. 现代经济探讨，2017（11）：69-77.

713. 周建明. **以海上丝绸之路为视角：普鲁士银币与中德贸易**[J]. 区域金融研究，2017（12）：77-83.

714. 刘大中. **"21世纪海上丝绸之路"战略下的海南"全域旅游"发展研究**[J]. 旅游纵览（下半月），2017（6）：201-203.

715. 朱建君. **海参之链："海上丝绸之路"上的中澳早期交通**[J]. 学海，2017(5)：121-126.

716. 范祚军，凌铃. **北海在"21世纪海上丝绸之路"建设背景下加强对东盟开放合作的路径探讨**[J]. 中国—东盟研究，2017（3）：33-44.

717. 金乾伟. **21世纪海上丝绸之路与东盟绿色金融安全建设构想研究**[J]. 湖北经济学院学报（人文社会科学版），2017，14（5）：36-38.

718. 董茜茜. **唐朝之海上丝绸之路**[J]. 明日风尚，2017（6）：335.

719. 庞莲荣，刘坤章. **"海上丝绸之路"视角下的湛江—东盟邮轮旅游通道构建**[J]. 经济论坛，2017（8）：51-54.

720. 刘聃. 海上丝绸之路创新创业学院构想与实施[J]. 就业与保障，2017（12）：20-23.

721. 全毅，张庭祥，林裳，等. **福建融入海上丝绸之路建设的路径与对策**[J]. 东南学术，2017（4）：129-137.

722. 谢琳灿. **"全球海上支点"对接"21世纪海上丝绸之路"——对印尼产能与基础设施合作的机遇与风险**[J]. 中国经贸导刊，2017（22）：14-16.

723. 钟瑞添，张才圣. **21世纪海上丝绸之路战略支点衔接问题研究——以中国（广西）与东盟为视角**[J]. 广西社会科学，2017（1）：31-37.

724. 福建社会科学院中国与海上丝绸之路研究中心课题组，李鸿阶，林在明. **海南在21世纪海上丝绸之路的角色定位与责任担当**[J]. 学术评论，2017（1）：45-51.

725. 马红. **21世纪海上丝绸之路：历史回溯、现实意义与连云港融入**[J]. 大陆桥视野，2017（9）：74-79.

726. 赵旭，高苏红，王晓伟. **"21世纪海上丝绸之路"倡议下的港口合作问题及对策**[J]. 西安交通大学学报（社会科学版），2017，37（6）：66-74.

727. **21世纪海上丝绸之路背景下全球化港口物流供应链生态系统研究——以山东半岛港口群为例**[J]. 中国市场·宏观经济，2017（4）：273.

728. 宫晓婞，吕靖. **海上丝绸之路关键节点动态安全效率评价**[J]. 系统工程学报，2017，32（3）：414-422.

729. 何闰顺，缪军翔，邵凤等. **舟山自贸区与现代海上丝绸之路**[J]. 农村经济与科技，2017，28（10）：130-131.

730. **聚焦两岸，共建海上丝绸之路**[J]. 服装设计师，2017（5）：22.

731. 陈才，刘晓晴. **以中国—东盟信息化合作推动21世纪海上丝绸之路发展**[J]. 世界电信，2017，30（2）：59-62.

732. 柯彬彬，张镒. **海上丝绸之路文化遗产廊道旅游价值评价**[J]. 开发研究，2017（5）：83-87.

733. 马超平. **沪、津、闽自贸区与"海上丝绸之路"对接的经验及其对广东的启示**[J]. 中国管理信息化，2017，20（14）：123-124.

734. **冼剑雄与广东海上丝绸之路博物馆设计**[J]. 重庆建筑，2017（10）：2.

735. 魏海蕊，盛昭瀚. **我国内陆省份参与海上丝绸之路的外向型特征与优化策略——基于无水港海港定向合作视角**[J]. 国际贸易问题，2017（5）：91-102.

736. 李湛. **海上丝绸之路第五站——椰城海口**[J]. 健康，2017（10）：46-49.

737. 陈继勇，卢世杰. **"21世纪海上丝绸之路"沿线国家贸易竞争性测度及影响因素**[J]. 经济与管理研究，2017，38（11）：3-14.

738. 李志勇. **"海上丝绸之路"背景下中国—东盟旅游合作内容、途径及政策建议**[J]. 广东海洋大学学报，2017，37（5）：61-67.

739. 李向阳. **论海上丝绸之路的多元化合作机制**[J]. 改革开放以来的中国与世界，2017（0）：29-44.

740. **习近平在广西北海铁山港作业区考察强调：写好海上丝绸之路新篇章 港口建设和港口经济很重要**[J]. 交通企业管理，2017，32（3）：33.

741. **习近平：写好新世纪海上丝绸之路新篇章**[J]. 国际援助，2017（2）：18-19.

742. 冯学钢，唐睿. **"21世纪海上丝绸之路"沿线省市入境旅游市场效率研究**[J]. 南京审计大学学报，2017，14（4）：1-11.

743. 梁颖，卢潇潇. **加快"21世纪海上丝绸之路"重要节点建设的建议**[J]. 亚太经济，2017（4）：18-22.

744. 于洪君. **建设"21世纪海上丝绸之路"：中国与东盟的共同愿景与行动**[J]. 中国—东盟研究，2017（3）：8-14.

745. **新机遇 新动力 新空间——第二届"21世纪海上丝绸之路"建设高峰论坛在沪举行**[J]. 集装箱化，2017，28（7）：30.

746. 彭清华. **奋力书写21世纪海上丝绸之路新篇章**[J]. 广西经济，2017（7）：5-7.

747. 刘保奎. **21 世纪海上丝绸之路对中国沿海城市的影响**[J]. 景观设计学，2017，5（4）：36-43.

748. 王雅丽，乐家华. **"海上丝绸之路"区位优势下中泰水产品贸易发展现状**[J]. 中国渔业经济，2017，35（4）：47-52.

749. **融入海上丝绸之路增进国际产能合作**[J]. 当代贵州，2017（45）：72.

750. 全毅，郑美青. **福建与东南亚：21 世纪海上丝绸之路重要枢纽**[J]. 福州大学学报（哲学社会科学版），2017，31（4）：22-30.

751. 吴小呈. **邮轮产业助力海上丝绸之路发展**[J]. 旅游纵览（下半月），2017（4）：208.

752. 邱璇. **21 世纪海上丝绸之路布局与愿景**[J]. 智库时代，2017（15）：14.

753. 戚凯，刘乐. **"21 世纪海上丝绸之路"建设的海事保障与中国角色**[J]. 中国外交，2017（9）：132-155.

754. 万晗. **聚焦两岸，共建海上丝绸之路 2017 第三届中国（泉州）海上丝绸之路国际品牌博览会暨第二十届海峡两岸纺织服装博览会举办**[J]. 纺织服装周刊，2017（15）：10-11.

755. **"葡萄牙和中国蓝色合作伙伴和二十一世纪海上丝绸之路"研讨会在沪举办**[J]. 现代工商，2017（11）：16.

756. 吴迪. **"丝绸之路"经济带和"海上丝绸之路"之金融支持对策研究**[J]. 产业与科技论坛，2017，16（12）：27-28.

757. **联合国教科文组织召开海上丝绸之路国际专家工作会**[J]. 中国文化遗产，2017（4）：110.

758. 曾慧娟，张雅萍. **闽西南四市生态旅游合作模式研究——基于"海上丝绸之路"建设背景**[J]. 龙岩学院学报，2017，35（3）：65-71.

759. 丁清华. **海上丝绸之路的历史见证**[J]. 海峡教育研究，2017（2）：78-83.

760. 秦升. **超越"竞争性援助"："21 世纪海上丝绸之路"建设与太平洋岛国经济发展的新思考**[J]. 太平洋学报，2017，25（9）：47-56.

761. 王明惠，庄佩芬. **福建自贸区融入 21 世纪海上丝绸之路的对策研究**[J]. 福建农林大学学报（哲学社会科学版），2017，20（6）：66-70.

762. **海上丝绸之路艺术园**[J]. 海峡教育研究，2017（4）：2.

763. 刘礼福. **唐人陶艺参展 2017 海上丝绸之路国际博览会**[J]. 艺术市场，2017（19）：194.

764. 张璠. **海上丝绸之路建设与广告产业合作研究初探**[J]. 中华文化与传播研究，2017（2）：166-174.

765. 李大海，孙杨，韩立民. **21 世纪海上丝绸之路：物流分析、支点选择与空间布局**[J]. 太平洋学报，2017，25（1）：85-97.

766. 郭瑞鹏. **"海上丝绸之路与印度洋通道安全建设"学术研讨会综述**[J]. 国际商务研究，2017，38（2）：F0003.

767. 商车. **安凯 A9 护航"21 世纪海上丝绸之路"沿海港口行**[J]. 商用汽车新闻，2017（25）：2.

768. 李彬. **论闽台高校旅游管理专业校企合作——以建设 21 世纪海上丝绸之路为视角**

[J]. 闽南师范大学学报（哲学社会科学版），2017，31（1）：36-41.

769. 郝名，马诗华. **宁波与日本"海上丝绸之路"遗迹调查**[J]. 智富时代，2017（6）：383-384.

770. **紫禁城与[海上丝绸之路]**[J]. 荣宝斋·精选版，2017（6）：257.

771. 王列辉，朱艳. **基于"21世纪海上丝绸之路"的中国国际航运网络演化**[J]. 地理学报，2017，72（12）：2265-2280.

772. 吕桂霞. **重视斐济在"21世纪海上丝绸之路"南线建设中的引领作用**[J]. 团结，2017（6）：57.

773. 李大海，孙杨，韩立民. **21世纪海上丝绸之路：物流分析、支点选择与空间布局**[J]. 物流管理，2017（6）：85-97.

774. 刘继森，张聪颖. **21世纪海上丝绸之路与广东对外开放新格局**[J]. 经贸实践，2017（2X）：30.

775. 李勇. **"21世纪海上丝绸之路经济带"区域货币一体化研究**[J]. 西安交通大学学报（社会科学版），2017，37（2）：44-49.

776. 杨林燕. **海上丝绸之路沿线港口物流对国际贸易的影响——基于15个港口的面板数据分析**[J]. 太原学院学报（社会科学版），2017，18（3）：14-17.

777. 叶飞文. **海上丝绸之路铸就福建"丝路精神"**[J]. 宏观经济管理，2017（8）：67-70.

778. 牛文晓. **关于建设21世纪海上丝绸之路的若干思考**[J]. 今日财富，2017（19）：8.

779. 中飞. **打造福建海上丝绸之路空中通道——访全国人大代表、厦门航空公司党委书记、董事长车尚轮**[J]. 中国产经，2017（3）：56.

780. 刘章才. **茶文化西传与海上丝绸之路**[J]. 茶世界，2017（6）：63-65.

781. 李铭. **影响21世纪海上丝绸之路建设的东盟因素分析**[J]. 中国商论，2017（20）：80-82.

782. 罗景峰. **泉州海上丝绸之路文化遗产旅游开发适宜性可变模糊评价**[J]. 开发研究，2017（2）：120-125.

783. 刘舒羽. **从南海贸易圈到21世纪海上丝绸之路战略的发展**[J]. 西安财经学院学报，2017，30（1）：52-58.

784. 范丹，朱妮娜，王博. **海上丝绸之路战略下中国东盟经贸形势分析**[J]. 探求，2017（1）：60-63.

785. 冯毅. **"海上丝绸之路"上的宁波往事**[J]. 宁波通讯，2017（14）：60-63.

786. 曲国明，路璐. **中国对21世纪海上丝绸之路沿线国家出口的影响因素及潜力研究**[J]. 商业时代，2017（20）：145-147.

787. 林玉珍，熊宇仪. **"21世纪海上丝绸之路"下海南省旅游业发展分析**[J]. 福建质量管理，2017（16）：38.

788. 张益茂. **一件民国官封，一段海上丝绸之路旧闻**[J]. 集邮博览，2017（7）：42-43.

789. 叶农，陈益歆. **海上丝绸之路的新支点——鸦片战争后港澳对外贸易研究综述**[J]. 海交史研究，2017（2）：124-141.

790. 曲国明. **江苏省与21世纪海上丝绸之路沿线国家贸易互补性与竞争性研究**[J]. 江苏商论，2017（5）：30-33.

791. 周春霞. **21 世纪海上丝绸之路建设的研究现状和趋势展望——基于中国知网 CNKI 上 550 篇论文的统计分析**[J]. 社科纵横，2017，32（2）：87-94.

792. 郑学檬. **唐宋元海上丝绸之路和岭南、江南社会经济发展**[J]. 中国社会科学文摘，2017（7）：66-67.

793. **"21 世纪海上丝绸之路"战略下的海南"全域旅游"发展研究**[J]. 旅游纵览·行业版，2017（6）：201.

794. 陈意新，马超平. **广东自贸区对接"海上丝绸之路"的跨境金融创新研究**[J]. 金融教育研究，2017，30（2）：54-58.

795. 杨晓东. **探索桂林文旅新型城镇化模式，助力海上丝绸之路**[J]. 社会科学家，2017（1）：91-95.

796. 李芭乐. **21 世纪海上丝绸之路第二站——"光明之城"泉州**[J]. 健康，2017（4）：48-51.

797. 郑学檬. **唐宋元海上丝绸之路和岭南、江南社会经济研究**[J]. 中国经济史研究，2017（2）：5-23.

798. 何小美. **海上丝绸之路：指向幸福未来**[J]. 新一代，2017（9）：64.

799. 樊晓菲，邓慧杰，杨璐瑶. **基于层次分析法的海上丝绸之路发展战略对中国工业经济影响力的评估**[J]. 中国市场，2017（31）：31-32.

800. 袁莉琳，季鹏. **"21 世纪海上丝绸之路"沿线区域枢纽港优化选择**[J]. 经济地理，2017，37（11）：1-9.

801. 曲雯嘉. **论"21 世纪海上丝绸之路"沿线国家互联互通建设**[J]. 贵州社会科学，2017（8）：47-52.

802. 马超平，易露霞. **推进广东自贸区对接"海上丝绸之路"的战略与策略研究**[J]. 改革与开放，2017（2）：9-10.

803. 李晓莉. 21 世纪海上丝绸之路沿线国家投资环境分析[J]. 学术探索，2017（4）：73-81.

804. 吴伟峰. **广西合浦汉代出土文物与海上丝绸之路**[J]. 当代广西，2017（10）：32-33.

805. 朱晓翔. **中国与"海上丝绸之路"国家间旅游流双向互动关系分析**[J]. 太平洋学报，2017，25（8）：81-93.

806. 陈继勇，卢世杰. **"21 世纪海上丝绸之路"沿线国家贸易竞争性测度及影响因素**[J]. 社会科学文摘，2017（11）：15-17.

807. 宋娅妮，肖玉徽. **"21 世纪海上丝绸之路"背景下海南物流的发展**[J]. 湖北省经济管理干部学院学报，2017（34）：65-67.

808. 郑冬梅. **21 世纪海上丝绸之路核心区的动力构建及发展路径**[J]. 亚太经济，2017（6）：153-157.

809. 郑冬梅. **蓝色合作视域中 21 世纪海上丝绸之路核心区建设研究**[J]. 中共福建省委党校学报，2017（11）：72-78.

810. 张超，王绍仁，潘文军. **海上丝绸之路经济带物流协作模式实证研究——基于供给侧视角下的 LPI**[J]. 物流技术，2017，36（12）：108-115.

811. 陆韧，余华. **南方陆上丝绸之路与海上丝绸之路互联互通的历史进程**[J]. 云南大学学报（社会科学版），2017，16（2）：71-81.

812. 王靖. **海上丝绸之路建设面临的挑战和对策**[J]. 纳税，2017（19）：122.

813. **姜增伟会长出席2017广东21世纪海上丝绸之路国际博览会产融合作发展高端论坛开幕式并致辞**[J]. 中国对外贸易，2017（10）：48.

814. 翁启伟. **"海上丝绸之路"背景下海南物流业国际竞争力研究**[J]. 中国商论，2017（35）：150-151.

815. **21世纪海上丝绸之路：历史回溯、现实意义与连云港融入**[J]. 大陆桥视野（经济瞭望），2017（9）：74.

816. 周丽. **海上丝绸之路语境下枢纽门户城市产业发展研究——以广东省肇庆市为例**[J]. 特区经济，2017（8）：19-22.

817. 吴文仙. **融入海上丝绸之路 增进国际产能合作——写在妥乐论坛——"中国—东盟国际产能合作"召开之际**[J]. 当代贵州，2017（45）：72-73.

818. **"海上丝绸之路"战略下的我国港口功能布局研究**[J]. 海洋开发与管理，2017（2）：3.

819. 唐媛媛. **古代海上经济链——海上丝绸之路**[J]. 铁军，2017（5）：36.

820. 韦晓慧. **海上丝绸之路核心城市与区域的科技合作战略研究**[J]. 科学管理研究，2017，35（3）：63-66.

821. 黄庆波，林晗龙，刘思琦. **21世纪海上丝绸之路港口建设投资风险研究**[J]. 大连海事大学学报（社会科学版），2017，16（6）：61-66.

822. 梁莉萍. **共商纺织行业实体经济振兴大计——第八届中国纺织服装企业家活动日暨海上丝绸之路纺织服装产业对接会召开**[J]. 中国纺织，2017（5）：109.

823. 李湛. **海上丝绸之路第四站——魅力湛江**[J]. 健康，2017（8）：46-49.

824. 吴可亮. **东北亚海上丝绸之路建设问题研究**[J]. 东北亚经济研究，2017（1）：98-109.

825. 胡艺，闫吉丽，全毅. **中国与"21世纪海上丝绸之路"沿线国家贸易互补性测度及其影响因素的实证研究**[J]. 世界经济研究，2017（8）：51-63.

826. 黄超，陈奇. **"21世纪海上丝绸之路"下的粤港澳大湾区联动开放新路径**[J]. 现代经济信息，2017（15）：473.

827. 熊勇清，许智宏. **海上丝绸之路上港口与港口城市的互动发展机制研究**[J]. 财经理论与实践，2017，38（1）：128-133.

828. 田丰. **海上丝绸之路精神与广东近代思潮**[J]. 岭南文史，2017（1）：4-8.

829. 武文卿. **工程企业应成为海上丝绸之路基建主体**[J]. 中国招标，2017（22）：16-17.

830. 郑传锋. **章林古港与中国"海上丝绸之路"关系探索**[J]. 南方职业教育学刊，2017，7（1）：97-100.

831. 曹云华，李均锁. **21世纪海上丝绸之路：东南亚的角色扮演**[J]. 兰州学刊，2017（5）：197-208.

832. 高乔子. **海上丝绸之路上的广东海商**[J]. 广州航海学院学报，2017，25（4）：62-64.

833. 黄迪，胡麦秀. **中国对"21世纪海上丝绸之路"沿线国家的投资潜力分析——基于投资非效率因素的研究**[J]. 海洋经济，2017，7（6）：27-38.

834. 朱念，梁芷铭. **海上丝绸之路背景下广西产业转型升级研究——区域产业合作与转型研究系列论文之二**[J]. 南宁职业技术学院学报，2017，22（1）：26-30.

835. 李佳晶，张银玲. **海上丝绸之路历史文化旅游资源的挖掘与提升——以广西玉林市为例**[J]. 太原城市职业技术学院学报，2017（2）：21-22.

836. 张建武. **中国与海上丝绸之路国家贸易的影响因素分析——兼论"龙腾模型"的可行性**[J]. 人民论坛·学术前沿，2017（15）：70-77.

837. 孟思源，王汉友，邹咏梅. **"一带一路"背景下江门"海上丝绸之路"申遗点旅游纪念品设计探究**[J]. 艺术百家，2017（5）：225-227.

838. 刘大海，王艺潼，刘芳明，等. **"21世纪海上丝绸之路"海上战略支点港的主要建设模式及其政策风险**[J]. 改革与战略，2017，33（3）：126-129.

839. 何帆，朱鹤，张骞. **21世纪海上丝绸之路建设：现状、机遇、问题与应对**[J]. 国际经济评论，2017（5）：116-133.

840. 王先庆. **构建海上丝绸之路，打造世界贸易港湾**[J]. 上海建桥学院学报，2017（2）：24-27.

841. 李剑，兰潇文，姜宝. **"海上丝绸之路"战略下的我国港口功能布局研究——基于临港产业空间集聚视角**[J]. 海洋开发与管理，2017，34（2）：3-9.

842. 李月清. **筑梦"一带一路"——中国石油石化企业参建"丝绸之路经济带"和"21世纪海上丝绸之路"纪实**[J]. 中国石油企业，2017（5）：48-63.

843. **伊萨积极投身中国"海上丝绸之路"建设**[J]. 金属加工：热加工，2017（23）：51.

844. 穆晓央. **"海上丝绸之路背景下"福建区域物流发展水平评价研究**[J]. 经贸实践，2017（17）：41-42.

845. 张广威，刘曙光. **21世纪海上丝绸之路：战略内涵、共建机制与推进路径**[J]. 太平洋学报，2017，25（8）：73-80.

846. 朱灏，李宪印，尚云乔，等. **21世纪海上丝绸之路背景下全球化港口物流供应链生态系统研究——以山东半岛港口群为例**[J]. 中国市场，2017（11）：273-276.

847. 杨兴华，姚锦金. **"海上丝绸之路"旅游发展：泉州对合浦的启示**[J]. 金融经济，2017（10）：41-43.

848. 张春宇. **多举措深化"21世纪海上丝绸之路"建设**[J]. 中国远洋海运，2017（5）：22-24.

849. **上港集团加快布局"海上丝绸之路"**[J]. 港口经济，2017（6）：17.

850. **中国与巴拿马政府签署海运协定 深化海运海事领域合作 共建21世纪海上丝绸之路**[J]. 中国远洋海运，2017（12）：18.

851. 方李莉. **"黄色"与"蓝色"的中国选择—来自"海上丝绸之路"的启示**[J]. 群言，2017（2）：25-27.

852. 刘继森，张聪颖. **21世纪海上丝绸之路与广东对外开放新格局**[J]. 经贸实践，2017（2）：30.

853. 王东. **古代海上丝绸之路深圳觅踪**[J]. 深交所，2017（6）：113-114.

854. 司徒尚纪，许桂灵. **黄道婆对棉纺织业的贡献与我国海上丝绸之路**[J]. 新东方，2017（3）：41-45.

855. 王凤娟，卢毅. **"一带一路"海外承包工程非传统安全风险分析——以21世纪海上丝绸之路为例**[J]. 工程管理学报，2017，31（1）：129-133.

856.　杨玉燕，王景敏. **港航物流服务体系转型升级的困境与出路——以海上丝绸之路战略下的广西北部湾为例**[J]. 中国集体经济，2017（15）：73-74.

857.　孙勇才，孔铎. **盛世重光：21 世纪海上丝绸之路**[J]. 中国建设信息化，2017（11）：66-68.

858.　陈呈. **建设 21 世纪海上丝绸之路与弘扬嘉庚精神**[J]. 福建文博，2017（1）：79-82.

859.　张赛群. **华侨华人与"海上丝绸之路"：基于历史和现实的思考**[J]. 东南亚纵横，2017（3）：74-79.

860.　**巴西首艘直航珠海货轮抵达高栏港 海上"丝绸之路"建设再添新通道**[J]. 中国储运，2017（10）：123.

861.　祁怀高. **欧洲煤钢联营经验对南海共同开发的启示**[J]. 太平洋学报，2017，25（10）：60-73.

862.　**《海上"丝绸之路"：21 世纪中国的战略倡议和新亚洲构想》**[J]. 对外传播，2017（5）：80.

863.　阎根齐. **论海南渔民在"南海丝路"上的地位和作用**[J]. 南海学刊，2018，4（1）：69-75.

864.　覃丽芳. **越南油气业投资与贸易发展分析**[J]. 南海学刊，2018，4（4）：109-118.

865.　沈予加. **澳大利亚对"一带一路"倡议的态度及原因探析**[J]. 太平洋学报，2018，26（8）：87-98.

866.　张宇. **中国与拉美国家可持续发展合作研究**[J]. 太平洋学报，2018，26（12）：47-60.

867.　王成福，黄承锋，等. **古新丝路视域下的中巴伊土国际通道文化价值研究**[J]. 太平洋学报，2018，26（5）：40-50.

868.　张勇，史沛然. **"一带一路"背景下的中拉经贸合作机遇：全球价值链视角**[J]. 太平洋学报，2018，26（12）：35-46.

869.　张原. **新世纪以来中国对拉美援助和投资的减贫效应研究**[J]. 太平洋学报，2018，26（12）：61-73.

870.　邹云美，陈军. **21 世纪海上丝绸之路我国沿海港口类型化研究**[J]. 上海海事大学学报，2018，39（3）：64-68.

871.　王列辉，朱艳. **上海港在"21 世纪海上丝绸之路"的地位及发展战略研究**[J]. 人文地理，2018，33（4）：121-129.

872.　李芭乐. **海上丝绸之路第九站——"千岛之国"印度尼西亚**[J]. 健康，2018（6）：48-51.

873.　李芭乐. **海上丝绸之路第十站——热带岛国斯里兰卡**[J]. 健康，2018（8）：46-49.

874.　张卓莉. **广西参与 21 世纪"海上丝绸之路"建设战略研究**[J]. 湖北开放职业学院学报，2018，31（15）：110-111.

875.　郑冬梅. **21 世纪海上丝绸之路核心区创新驱动发展机制研究**[J]. 中共福建省委党校学报，2018（12）：96-103.

876.　牟乃夏，廖梦迪，张恒才，等. **"海上丝绸之路"沿线重要港口区位优势度评估**[J]. 地球信息科学学报，2018，20（5）：613-622.

877.　何帆，朱鹤，张骞. **21 世纪海上丝绸之路建设：现状、机遇、问题与应对**[J]. 世界经济导刊，2018（1）：116-133.

878. 刘钻扩，辛丽，曹飞飞. **21世纪海上丝绸之路物流绩效对中国机电产品出口的影响**[J]. 华东经济管理，2018，32（11）：52-59.

879. 谢朝武，黄锐. **"21世纪海上丝绸之路"旅游安全风险与合作治理**[J]. 旅游导刊，2018，2（5）：80-85.

880. 高欣，王璐. **"海上丝绸之路"战略对南海权益维护的影响**[J]. 青春岁月，2018（20）：346-348.

881. 张偲，王淼. **海上丝绸之路沿线国家蓝碳合作机制研究**[J]. 经济地理，2018，38（12）：25-31.

882. 王婷，陈柳武，王笑君. **福建自贸区与"21世纪海上丝绸之路"深度对接研究**[J]. 福建论坛（人文社会科学版），2018（10）：189-196.

883. 钱耀军. **中国与新加坡贸易合作研究——基于"21世纪海上丝绸之路"战略背景**[J]. 调研世界，2018（4）：51-55.

884. 梁颖，陈乔. **加强政策沟通 推动21世纪海上丝绸之路建设**[J]. 宏观经济管理，2018（10）：69-75.

885. 潘静静，王莹. **福建省港口融入海上丝绸之路建设现状与思路**[J]. 重庆交通大学学报（社会科学版），2018，18（1）：64-68.

886. 梁刚，蒋励佳，莫丽茵等. **广西支持海上丝绸之路东南亚国家绿色金融发展的策略研究**[J]. 开发性金融研究，2018（3）：50-60.

887. 孟玉华. **琅琊港：古代"海上丝绸之路"最早的起点之一？**[J]. 海洋史研究，2018（2）：345-358.

888. 尹向明，魏磊. **海商兴衰对21世纪海上丝绸之路建设的启示**[J]. 区域金融研究，2018（9）：5-9.

889. **共建21世纪海上丝绸之路 构建中国—东盟创新共同体**[J]. 中国食品工业，2018（8）：4.

890. 侯利民. **21世纪海上丝绸之路背景下漳州市农业发展SWOT分析**[J]. 现代农业科技，2018（5）：253-254.

891. 郭晓珍，何军明. **福建省推进21世纪海上丝绸之路核心区建设对策研究**[J]. 厦门特区党校学报，2018（6）：74-77.

892. 耿元骊. **五代十国时期南方沿海五城的海上丝绸之路贸易**[J]. 陕西师范大学学报：哲学社会科学版，2018，47（4）：79-88.

893. 刘婵娟，胡志华. **"21世纪海上丝绸之路"海运网络空间格局及其复杂性研究**[J]. 世界地理研究，2018，27（3）：11-18.

894. 王洪华. **寻根海上丝绸之路文化资源深挖茂名地方经济文化发展潜力**[J]. 南方论刊，2018（9）：93-95.

895. 陈振杰. **匠心问舟——记海上丝绸之路中式木帆船模型展览**[J]. 中国远洋海运，2018（3）：92-94.

896. 廖萌. **21世纪海上丝绸之路核心区的发展现状、问题和对策研究**[J]. 经济视角，2018（2）：83-90.

897. 康颜丽，汤秋平. **东南亚海上丝绸之路经济带合作前景分析**[J]. 中外交流，2018（22）：102.

898. 姚可欣，严智琳.**"海上丝绸之路"振兴背景下广东自贸区功能定位的思考**[J]. 市场周刊，2018（8）：66-67.

899. 本刊编辑部. **"福船、闽商与海上丝绸之路"学术研讨会顺利召开**[J]. 闽商文化研究，2018（2）：49-52.

900. 席平. **创建远洋移动中国商城　打造海上丝绸之路驼队**[J]. 大陆桥视野，2018（8）：61-63.

901. 蔡蕊. **海上丝绸之路沿线港口发展现状及效率分析**[J]. 时代经贸，2018(19)：81-88.

902. 侯冠平. **"海上丝绸之路"支点下的三亚旅游业发展战略思考**[J]. 中国经贸导刊，2018（20）：61-64.

903. 臧学琴，朱家明，王妍等. **海上丝绸之路对中国-东盟产业原材料进出口的影响**[J]. 智富时代，2018（11）：56-57.

904. 莫金鸣，刘耀. **浅谈深港地区在海上丝绸之路的地位和作用**[J]. 特区实践与理论，2018（2）：122-128.

905. 王智生，何梓翔. **福建省在海上丝绸之路环境下的跨境电子商务发展研究[J].** 消费导刊，2018（3）：56-57.

906. 李芭乐. **海上丝绸之路第八站——风情万种的马来西亚**[J]. 健康，2018（4）：48-51.

907. 李洁宇.**21世纪海上丝绸之路创新内涵、阻力及应对之策分析**[J]. 西部学刊，2018（12）：42-44.

908. 王运昌，杨柳. **基于"海上丝绸之路"视角的东盟跨境电商发展研究**[J]. 中国集体经济，2018（20）：106-107.

909. 林明太，连晨曦，陈立峰. **我国海上丝绸之路沿线城市妈祖文化的联合旅游开发研究**[J]. 牡丹江大学学报，2018，27（11）：5-8.

910. **"21世纪海上丝绸之路"海运网络空间格局及复杂性研究**[J]. 世界地理研究，2018（3）：11.

911. 廖国一，樊博琛. **岭南及东南亚等地发现的汉代货币与海上丝绸之路**[J]. 区域金融研究，2018（3）：86-90.

912. 郭伟锋，邰俊利. **海上丝绸之路节点城市旅游业绩效时空分异研究**[J]. 湖北文理学院学报，2018，39（11）：18-24.

913. 苏明. **广东港口物流企业发展路径探究——基于"海上丝绸之路"倡议**[J]. 北方经贸，2018（8）：15-17.

914. 廖萌.**21世纪海上丝绸之路背景下中国企业投资印尼研究**[J]. 亚太经济，2018（1）：126-132.

915. 杨玲. **汉至宋时期的梧州与"海上丝绸之路"**[J]. 北部湾大学学报，2018，33（6）：46-53.

916. 王琼，王珍珍. **闽台合力开拓海上丝绸之路旅游市场的路径研究**[J]. 龙岩学院学报，2018，36（1）：79-84.

917. 周德全,梁元卿,高志军.**21世纪海上丝绸之路与上海国际航运中心联动发展**[J]. 中国航海，2018，41（2）：119-123.

918. 杨国桢，陈辰立. **历史与现实：海洋空间视域下的"海上丝绸之路"**[J]. 广东社会科学，2018（2）：110-116.

919. **海上丝绸之路沿线港口发展现状及效率分析**[J]. 时代经贸（北京商业），2018（19）：81.

920. **创建远洋移动中国商城打造海上丝绸之路驼队**[J]. 大陆桥视野（经济瞭望），2018（8）：61.

921. **"海上丝绸之路"的文化现象及跨文化管理**[J]. 企业文明，2018（10）：78.

922. 陈秀英，刘胜. **"21世纪海上丝绸之路"沿线国家服务贸易竞争力分析**[J]. 首都经济贸易大学学报，2018，20（2）：51-61.

923. 夏立平. **发挥妈祖文化在建设21世纪海上丝绸之路中的作用**[J]. 妈祖文化研究，2018（1）：1-8.

924. 黄晓阳，蔡冬丹. **广东自贸区对接"海上丝绸之路"的跨境金融创新研究**[J]. 大众投资指南，2018（18）：211.

925. 吴仁安. **浅谈21世纪海上丝绸之路核心区建设的关键**[J]. 幸福生活指南，2018（7）：244.

926. 卢扬，郑崇伟，刘言志，等. **"海上丝绸之路"战略攸关区波浪能、风能开发预先研究**[J]. 中国科技成果，2018（8）：32-34.

927. 陈松洲. **汕头在"21世纪海上丝绸之路"建设中的发展策略研究**[J]. 南方职业教育学刊，2018，8（2）：84-92.

928. 罗先智，杨京钟. **论福建泉州推进"21世纪海上丝绸之路"经贸合作优势**[J]. 沈阳农业大学学报：社会科学版，2018，20（2）：158-162.

929. 姜宝，李剑，江晓霞. **"海上丝绸之路"上的"互联互通"与贸易效率**[J]. 华东经济管理，2018，32（10）：54-60.

930. 鞠长猛. **论大洋洲华侨华人对"海上丝绸之路"建设的助推作用**[J]. 华侨华人研究，2018（0）：3-25.

931. 邢瑞利. **新西兰与"21世纪海上丝绸之路"倡议对接研究**[J]. 战略决策研究，2018，9（1）：78-95.

932. 郑紫馨. **21世纪海上丝绸之路下探究中越南海新型合作关系**[J]. 知识文库，2018（10）：58-59.

933. 王成，王茂军，王艺. **中国嵌入"21世纪海上丝绸之路"航运网络的关键节点识别**[J]. 地理科学进展，2018，37（11）：1485-1498.

934. 林丽娟. **福建打造21世纪海上丝绸之路核心区的战略思考**[J]. 福州党校学报，2018（2）：43-47.

935. 国家开发银行"海上丝绸之路战略性项目实施策略研究：重点国家的战略评估与政策建议"课题组. **"21世纪海上丝绸之路"背景下的我国海洋产业国际合作**[J]. 海洋开发与管理，2018，35（4）：3-8.

936. 徐文强，甘胜军. **海上丝绸之路沿线国家邮轮港口合作存在的问题及对策**[J]. 水运管理，2018，40（10）：29-31.

937.　李正红，吴红梅. **中国与海上丝绸之路国家木质林产品进口贸易效率研究**[J]. 北京林业大学学报（社会科学版），2018，17（1）：59-65.

938.　赵飞飞，周昌仕. **中国与海上丝绸之路沿线国家港口合作探析**[J]. 四川职业技术学院学报，2018，28（2）：66-71.

939.　耿元骊. **五代十国时期南方五城的海上丝绸之路贸易**[J]. 中国社会科学文摘，2018（11）：152.

940.　刘镇，邱志萍，朱丽萌. **海上丝绸之路沿线国家投资贸易便利化时空特征及对贸易的影响**[J]. 经济地理，2018，38（3）：11-20.

941.　**21世纪海上丝绸之路建设"一带一路"倡议的认识误区与理论探索**[J]. 太平洋学报，2018（1）：75.

942.　景朝阳. **扬起新时代对外开放新风帆——建设海上丝绸之路北部湾自由贸易港区的若干思考**[J]. 中国产经，2018（6）：67-69.

943.　吴妍. **福建省推出21世纪海上丝绸之路核心区创新驱动发展试验实施方案**[J]. 福建轻纺，2018（7）：4.

944.　**2018广东21世纪海上丝绸之路博览会柬埔寨推介会在金边举行**[J]. 世界热带农业信息，2018（9）：522.

945.　朱小林，陈昌定，姚婉莹. **考虑物流绩效及规模效益的海上丝绸之路枢纽网络设计与研究**[J]. 计算机应用与软件，2018，35（11）：66-73.

946.　唐睿，冯学钢. **"一带一路"倡议是否推动了入境旅游的发展？——基于"21世纪海上丝绸之路"沿线地区双重差分的实证**[J]. 上海对外经贸大学学报，2018，25（4）：17-27.

947.　黄咏烨，叶笑阳. **"海上丝绸之路"的文化现象及跨文化管理——以中国港湾工程有限责任公司海外发展为例**[J]. 企业文明，2018（10）：78-81.

948.　孟芳，周昌仕. **中国对"海上丝绸之路"沿线国家和地区水产品出口贸易影响因素的实证分析**[J]. 对外经贸，2018（5）：28-33.

949.　姚芳芳. **泰国主要海洋产业发展及其与中国的对比与合作——基于海上丝绸之路建设视角**[J]. 中国渔业经济，2018，36（5）：46-53.

950.　周昌仕，姚芳芳. **"21世纪海上丝绸之路"背景下中泰水产品贸易互通研究——基于影响因素和发展潜力的实证分析**[J]. 世界农业，2018（3）：122-130.

951.　唐睿. **旅游企业对入境旅游市场效率的影响——基于"21世纪海上丝绸之路"五省市的实证研究**[J]. 暨南学报（哲学社会科学版），2018，40（3）：123-132.

952.　袁丁. **中国（广东）自由贸易试验区在21世纪海上丝绸之路建设中的节点作用**[J]. 东南亚纵横，2018（5）：3-9.

953.　俞国祥，胡麦秀. **"21世纪海上丝绸之路"背景下中国与东盟水产品贸易的竞争性和互补性研究**[J]. 海洋开发与管理，2018，35（2）：11-16.

954.　黄迪，胡麦秀. **中国对外直接投资与产业结构升级关系研究——基于"海上丝绸之路"战略**[J]. 上海管理科学，2018，40（3）：75-81.

955.　侯利民. **21世纪海上丝绸之路核心区建设中农业发展的路径分析——以漳州为例**[J]. 惠州学院学报，2018，38（2）：84-87.

956. 黄晓阳，蔡冬丹.**"海上丝绸之路"背景下的金融人才需求预测——以珠海市为例**[J]. 商业故事，2018（21）：8-9.

957. 彭渤，胡麦秀.**与"海上丝绸之路"沿线国家贸易对我国经济增长贡献率研究**[J]. 商业时代，2018（4）：137-140.

958. 王成，王茂军，杨勃.**港口航运关联与港城职能的耦合关系研判——以"21世纪海上丝绸之路"沿线主要港口城市为例**[J]. 经济地理，2018，38（11）：158-165.

959. 马佳.**探讨"引进来走出去"的行业发展思路"海上丝绸之路"——黄金珠宝新市场、新机遇论坛在京举行**[J]. 中国黄金珠宝，2018（8）：18-21.

960. 王君.**我国与海上丝绸之路沿线国家的跨境电商物流绩效及提升策略**[J]. 物流工程与管理，2018，40（7）：12-15.

961. 夏云鹏，余依桐，吕乐.**物流与金融协同发展关系的应用研究——以一带一路海上丝绸之路核心区福建省为例的实证分析**[J]. 物流工程与管理，2018，40（8）：68-71.

962. 高金田，武琳.**中国与"21世纪海上丝绸之路"国家水产品产业内贸易影响因素研究**[J]. 中国海洋经济，2018（2）：3-22.

963. 范志明，李晓东，朱晓明.**加大境外经贸合作区扶持力度——打造"21世纪海上丝绸之路"上的"广西支点"**[J]. 中国农垦，2018（2）：29-31.

964. 赵旭，高苏红，周巧琳等.**21世纪海上丝绸之路沿线港口体系演化研究——基于Logistics、Lotka-Volterra模型**[J]. 运筹与管理，2018，27（8）：172-181.

965. 温亚琴，杜军，鄢波.**21世纪海上丝绸之路背景下"囚徒困境"之破解——基于中印关系的博弈论视角**[J]. 湖北省经济管理干部学院学报，2018（3）：16-19.

966. 杨逢珉，田洋洋.**中国与"21世纪海上丝绸之路"沿线国家农产品贸易研究——基于竞争性、互补性和贸易潜力的视角**[J]. 现代经济探讨，2018（8）：54-65.

967. 刘清涛.**唐宋时期海上丝绸之路上的古罗国——基于中文史料的探查**[J]. 海交史研究，2018（2）：17-30.

968. 王茹芹.**经济全球化是不可逆转的历史大趋势——在"福船、闽商与海上丝绸之路"研讨会上的致辞**[J]. 闽商文化研究，2018（2）：6-7.

969. 许爱云.**提升"海上丝绸之路核心区"本土酒店核心竞争力的研究——以泉州石井悦凯酒店为例**[J]. 中国市场，2018（25）：120-121.

970. 马仲武.**海上丝绸之路的历史交往与亚非欧文明互学互鉴——"国际儒学论坛"科伦坡国际学术研讨会综述**[J]. 国外社会科学，2018（2）：147-150.

971. 李霞，廖泽芳.**21世纪海上丝绸之路视域下中国对外贸易与OFDI联动发展考察**[J]. 现代经济探讨，2018（8）：66-73.

972. 姜巍.**海上丝绸之路倡议下东盟基础设施禀赋的经济增长效应及其启示**[J]. 广西财经学院学报，2018，31（4）：43-56.

973. 王慧，王启仿.**"海上丝绸之路"沿海港口城市国际化水平评价——基于PROMETHEE方法的应用**[J]. 科技与管理，2018，20（6）：51-59.

974. 王君.**我国与海上丝绸之路沿线国家的跨境电商物流绩效及提升策略**[J]. 物流工程与管理，2018，40（7）：12-15.

975. 珠海国际会展中心.**冲破考验 再展实力 珠海国际会展中心圆满接待第二届"21世**

纪海上丝绸之路"中国（广东）国际传播论坛[J]. 中国会展，2018（18）：25.

976. 丁莉. **以港口为战略支点 书写 21 世纪海上丝绸之路建设新篇章**[J]. 中国港口，2018（7）：1-4.

977. 陈昕. **"海上丝绸之路"文化城市品牌建设探究——以福建省会福州为例**[J]. 东南传播，2018（12）：70-73.

978. 孙超. **"21 世纪海上丝绸之路"的起点——访印度尼西亚驻华大使周浩黎**[J]. 中国发展观察，2018（23）：39-43.

979. 苏铁. **唐、明二朝市舶太监制度钩沉——兼述对"海上丝绸之路"的负面影响**[J]. 海关与经贸研究，2018，39（3）：35-52.

980. 黄福东. **共建"21 世纪海上丝绸之路"——打造广西与越南边境旅游合作的升级版**[J]. 广西教育学院学报，2018（5）：23-28.

981. 梁培金. **金融支持"21 世纪海上丝绸之路"城市发展研究——以"海丝"起点城市泉州为例[J].** 福建金融，2018（10）：65-70.

982. **提升"海上丝绸之路核心区"本土酒店核心竞争力的研究——以泉州石井悦凯酒店为例**[J]. 中国市场，2018（9）：120.

983. **《联合国海洋法公约》在中国海洋贸易争端适用中的几个问题——以"21 世纪海上丝绸之路"战略布局为切入点**[J]. 西部论丛，2018（8）：13.

984. **广西北部湾经济区和东盟开放合作办公室. 全力打造北部湾经济区升级版 谱写新世纪海上丝绸之路新篇章**[J]. 广西经济，2018（1）：38-39.

985. 刘丹，范换利，徐红. **基于"海上丝绸之路"建设的物流业发展对策研究——以福建省为例**[J]. 创新，2018，12（5）：1-12.

986. 邓元媛. **"海上丝绸之路"建设背景下广西地方高校国际贸易应用型人才培养模式的改革与创新研究——以广西财经学院为例**[J]. 传播与版权，2018（4）：143-144.

987. **共建 21 世纪海上丝绸之路构建中国-东盟创新共同体——中国-东盟博览会组委会 中国—东盟商务与投资峰会组委会**[J]. 中国食品工业，2018（8）：4-8.

988. **21 世纪海上丝绸之路合作评价体系构建与应用——基于中国与丝路沿线国家指数分析**[J]. 南海学刊，2019（2）：90.

989. 王茹芹. **海上丝绸之路**[J]. 时代经贸，2019（10）：64-83.

990. [德]普塔克. **《海上丝绸之路》**[J]. 风流一代，2019（33）：59.

991. 范金民. **16—19 世纪前期海上丝绸之路的丝绸棉布贸易**[J]. 经济史，2019（1）：174-187.

992. 辛方坤. **21 世纪海上丝绸之路：生态风险及应对**[J]. 太平洋学报，2018，26（7）：59-70.

993. 郑泽民. **海口港的发展与海上丝绸之路建设**[J]. 南海学刊，2018，4（1）：62-68.

994. 郑崇伟. **21 世纪海上丝绸之路：关键节点的能源困境及应对**[J]. 太平洋学报，2018，26（7）：71-78.

995. 林翔. **21 世纪海上丝绸之路博览会暨第二十届海峡两岸经贸交易会在福州开幕——打造海上丝绸之路平台两岸共享交流合作发展机遇**[J]. 台声，2018（11）：74-77.

996. 王剑波. **宋元海上丝绸之路的财富源头——龙泉及瓯江两岸在宋元海上丝绸之路中

的重要地位[J]. 人民论坛：中旬刊；人民论坛，2018（17）：143-144.

997. 侯毅. **21 世纪海上丝绸之路与中韩海上合作**[J]. 中国边疆学，2018（2）：194-204.

998. 刘新霞，王茹. **海上丝绸之路与冰上丝绸之路比较研究**[J]. 产业与科技论坛，2018，17（24）：91-92.

999. 马文怡. **浅析如何实现"21 世纪海上丝绸之路"与"丝绸之路经济带"对接**[J]. 金融经济：下半月，2018（16）：35-37.

1000. 橄榄，孙萌，李思妍. **海上丝绸之路的彼端**[J]. 世界博览，2018（7）：61-65.

1001. 王轶华. **海上丝绸之路起点——泉州**[J]. 当代学生（探秘），2018（1）：26-28.

1002. **福建：故宫海上丝绸之路馆启动**[J]. 一带一路报道，2018（6）：8.

1003. 刘淑玉. **海上丝绸之路海南特色档案建设**[J]. 档案时空，2018（3）：36-37.

1004. 李湛. **海上丝绸之路第七站——走进越南**[J]. 健康，2018（2）：46-49.

1005. 谢文一，孔贝溶，高清贵. **海上丝绸之路之再建**[J]. 广西质量监督导报，2018（12）：77-78.

1006. 田圣宝. **东方海上丝绸之路研究述评**[J]. 山东行政学院学报，2018（1）：110-116.

1007. 胡章华. **简析合浦与海上丝绸之路**[J]. 卷宗，2018（4）：289-290.

1008. 董光海. **海口：撬动"海上丝绸之路"开放发展的支点**[J]. 大陆桥视野，2018（3）：88-89.

1009. 朱慧敏. **克拉克瓷：海上丝绸之路见证者**[J]. 理财（收藏），2018（5）：98.

1010. 张鹏飞，吴建军. **海上丝绸之路框架下，海外港口如何保安？**[J]. 船舶经济贸易，2018（7）：32-37.

1011. 周燕妮，陈铭德. **泉州打造海上丝绸之路会展品牌策略研究**[J]. 现代营销（学苑版），2018（5）：116-117.

1012. **宁波舟山港"海上丝绸之路"货运忙**[J]. 宁波经济（财经视点），2018（3）：62.

1013. 杨思，彭澎，刘希壳，张恒才，陆锋. **"海上丝绸之路"沿线重要港口竞争力评价**[J]. 地球信息科学学报，2018，20（5）：623-631.

1014. 董俊珏，谢西娇. **古代福清与海上丝绸之路的文化因缘**[J]. 福建师大福清分校学报，2018（1）：1-5.

1015. 李巧柔. **宁波海关：助力"中国制造"扬帆"海上丝绸之路"**[J]. 中国海关，2018（9）：30-31.

1016. 杨翠香，宗康，胡志华. **中国与海上丝绸之路的连通性分析**[J]. 上海大学学报（自然科学版），2018，24（3）：495-502.

1017. 丁畅. **广东参与海上丝绸之路建设的对策**[J]. 中国商论，2018（29）：150-153.

1018. 本刊编辑部. **"海上丝绸之路空间数据分析"专辑导言**[J]. 地球信息科学学报，2018，20（5）：553.

1019. 杜懋之，杜普莱，杨莉. **重新审视中国的"海上丝绸之路"倡议**[J]. 国外社会科学，2018（4）：156-157.

1020. 王晶晶. **扬州海上丝绸之路文化旅游资源开发探讨**[J]. 扬州职业大学学报，2018，22（2）：8-11.

1021. 霍杰. **宁波在海上丝绸之路地位演变研究**[J]. 内蒙古科技与经济，2018（3）：9-11.

1022. 万明. **15世纪海上丝绸之路的货币新探**[J]. 日本学论坛，2018（3）：10-20.

1023. 徐梓航. **"海上丝绸之路"背景下如何发展游轮旅游**[J]. 当代旅游，2018（1）：41-42.

1024. 曹锐. **21世纪海上丝绸之路上的地理要冲**[J]. 求学：理科版，2018（Z2）：54-55.

1025. 冯立军. **"中澳航线"：一段被"忽略"的"海上丝绸之路"**[J]. 厦门大学学报：哲学社会科学版，2018（4）：97-104.

1026. **从郑和下西洋聊海上丝绸之路的崛起（上）**[J]. 北京广播电视报，2018（16）：35.

1027. 耿元骊. **五代十国时期南方沿海五城的海上丝绸之路贸易**[J]. 魏晋南北朝隋唐史，2018（6）：79-88.

1028. 李伟. **印度尼西亚深化经贸合作共建海上丝绸之路探析**[J]. 对外经贸实务，2018（1）：34-37.

1029. 裴贵春，于洪君. **中国与东盟：共建"21世纪海上丝绸之路"的现实与前景**[J]. 中国—东盟研究，2018（4）：3-14.

1030. 李齐，侯喆，辛文. **"海上丝绸之路"背景下珠海产业转型升级的创新路径研究**[J]. 中国国际财经（中英文版），2018（9）：24.

1031. 张卓莉. **发展伦理视域下广西"海上丝绸之路"建设研究**[J]. 纳税，2018（9）：161-162.

1032. 阿苏，福州市旅游发展委员会高端旅游发展处（图）. **"海上丝绸之路"（福州）国际旅游节 发现福州的"新"城市精神**[J]. 海峡旅游，2018（10）：92-93.

1033. 刘畅，李清，高嵩. **海运通关——助力"21世纪海上丝绸之路"建设的有力抓手**[J]. 中国远洋海运，2018（9）：40-42.

1034. 陶红亮. **21世纪海上丝绸之路**[J]. 海洋世界，2019（3）：84-89.

1035. 刘冻，汤昌平，卞军. **东方：海上丝绸之港**[J]. 东方文化周刊，2019（21）：29.

1036. 钱立胜，胡一民. **汉唐盛世之"海上丝绸之路"**[J]. 航海，2019（1）：18-20.

1037. 刘剑. **太仓的"海上丝绸之路"遗迹**[J]. 大众考古，2019（9）：36-43.

1038. 谭菲. **广东海上丝绸之路研究论述**[J]. 国际公关，2019（6）：7-8.

1039. 张洁. **宁波"海上丝绸之路"研究综述**[J]. 浙江理工大学学报（社会科学版），2019，42（4）：389-397.

1040. 陶红亮. **海上丝绸之路的重要贡献（三）**[J]. 海洋世界，2019（2）：86-89.

1041. 赵鸣. **海上丝绸之路与徐福东渡的意义**[J]. 大陆桥视野，2019（11）：91-96.

1042. **闪耀在海上丝绸之路的科技新区——记海口国家高新技术产业开发区**[J]. 科学中国人，2019（18）：64.

1043. 万明. **15世纪海上丝绸之路的货币新探**[J]. 经济史，2019（1）：10-20.

1044. 张良群. **关于古海上丝绸之路的几点思考**[J]. 大陆桥视野，2019（10）：95-98，103.

1045. 朱亚非. **论古代北方海上丝绸之路兴衰变化**[J]. 山东师范大学学报（人文社会科学版），2019，64（6）：66-76.

1046. 彭崇超. **清初广东海禁时期的"海上丝绸之路"——以平南王统御的走私贸易为中心**[J]. 新经济，2019（06）：24-30.

1047. 夏然. **海上丝绸之路国家巡礼——印度尼西亚**[J]. 百科探秘：海底世界，2019（12）：2.

1048. 夏然. **海上丝绸之路国家巡礼——马来西亚**[J]. 百科探秘：海底世界，2019（10）：2.

1049. 马广奇，秦亚敏. **海上丝绸之路金融支持模式创新研究**[J]. 理论探讨，2019（1）：109-114.

1050. 徐剑华. **港口联通性指数与海上丝绸之路建设**[J]. 中国远洋海运，2019（5）：2.

1051. 肖宪. **古代从海上丝绸之路来华的西亚人**[J]. 群言，2019（12）：41-44.

1052. 叶康铧，徐成钰，陈岫森. **海上丝绸之路贸易重镇"㙍府"的考证**[J]. 产业与科技论坛，2019，18（23）：90-91.

1053. **《江门市海上丝绸之路史迹保护条例》施行**[J]. 城市规划通讯，2019（8）：13.

1054. 於燕燕，李洋，刘学超. **中西汇流：18、19世纪的海上丝绸之路**[J]. 大众考古，2019（5）：20-28.

1055. **海上丝绸之路与广西区域发展研究院**[J]. 上海经济研究，2019（3）：2.

1056. 毛敏. **物质文化遗产视野下的海上丝绸之路**[J]. 福建文博，2019（1）：27-34.

1057. 王保庆，申艳楠. **21世纪海上丝绸之路：文化差异与融合**[J]. 珠江论丛，2019（2）：16-23.

1058. 刘丹，王丹丹，徐红，等. **海上丝绸之路沿线地区航线运营效率研究**[J]. 武汉理工大学学报（信息与管理工程版），2019，41（4）：399-404.

1059. 仙辑. **海上丝绸之路的起锚地：登州古港**[J]. 走向世界，2019（22）：84.

1060. 崔晓菁，徐伟，等. **海上丝绸之路沿线国家海洋空间规划进展研究**[J]. 海洋科学前沿，2019，6（2）：64-69.

1061. 孔素雅，郭建鑫. **中国在南海地区推进海上丝绸之路的挑战**[J]. 新丝路，2019(16)：78-79.

1062. 曹忠祥. **对海上丝绸之路国内沿海区域布局的思考**[J]. 中国发展观察，2019（16）：36-40.

1063. 张新放，吕靖. **21世纪海上丝绸之路港口体系时空格局演变**[J]. 经济地理，2019，39（11）：33-40.

1064. 赵琪. **元至明初的刘家港与海上丝绸之路**[J]. 苏州科技大学学报（社会科学版），2019，36（3）：56-62.

1065. 林森源，卓华洲，翟子尊，等. **粤西海上丝绸之路对粤西地区的文化影响**[J]. 魅力中国，2019（31）：35.

1066. 王军，刘丽娇，王美蓉. **海上丝绸之路集装箱航线网络脆弱性研究**[J]. 中国水运（下半月），2019（1）：33-34.

1067. 刘家国，郭君雨，崔进. **21世纪海上丝绸之路沿线国家投资风险研究**[J]. 中国石油大学学报（社会科学版），2019，35（5）：15-26.

1068. 马建春. **公元7—15世纪"海上丝绸之路"的中东商旅**[J]. 社会科学文摘，2019（6）：93-95.

1069. 马建春. **公元7—15世纪"海上丝绸之路"的中东商旅**[J]. 中国史研究，2019（1）：183-189.

1070. 马建春，徐虹. **文化互动与广东"21世纪海上丝绸之路"建设**[J]. 暨南学报（哲学社会科学版），2019，41（5）：72-83.

1071. 金欣. **泉州在"海上丝绸之路"扮演的角色及其发展**[J]. 经济研究导刊，2019（28）：

147-148.

1072. 伍静，张笛，万程鹏. **基于复杂网络的海上丝绸之路沿线港口地位评价**[J]. 交通信息与安全，2019，37（3）：101-108.

1073. 张静瑶. **"21世纪海上丝绸之路"背景下印度海洋战略解读**[J]. 南国博览，2019（2）：1-2.

1074. 宋睿，叶成华，俞演名等. **21世纪海上丝绸之路港口投资与运营模式研究**[J]. 消费导刊，2019（28）：183-184.

1075. 王泽海，黄保霖，曹祯，等. **海上丝绸之路背景下福州经济发展路径探究**[J]. 度假旅游，2019（4）：43-44.

1076. 张宁宁. **"海上丝绸之路"倡议下山东与台湾贸易潜力研究**[J]. 华东经济管理，2019，33（9）：39-46.

1077. 刘家国，崔进. **"21世纪海上丝绸之路"互联互通建设风险及对策**[J]. 世界海运，2019，42（8）：5-11.

1078. 裴长洪. **海上丝绸之路亮点：中国柬埔寨经济贸易关系发展分析**[J]. 财经智库，2019，4（4）：5-17.

1079. 王诺，田玺环，赵伟杰. **基于"海上丝绸之路"通道安全的海外港口战略布局研究**[J]. 世界地理研究，2019，28（5）：74-82.

1080. 宋兴洲. **海上丝绸之路建设中航运企业的法律风险对策**[J]. 中国远洋海运，2019（8）：54-55.

1081. 王承娜. **海上丝绸之路核心区轴辐式区域物流网络构建**[J]. 武夷学院学报，2019，38（2）：35-40.

1082. 张桂梅，李晓璇. **中国与"21世纪海上丝绸之路"西线国家贸易潜力研究**[J]. 山东工商学院学报，2019，33（6）：22-35.

1083. 李德霞. **16—17世纪中拉海上丝绸之路的形成与发展**[J]. 历史档案，2019（2）：59-66.

1084. 蔡文胜. **从出土钱币看澄海与"海上丝绸之路"的联系**[J]. 潮商，2019（4）：37-42.

1085. 冯金平，王侃. **"海上丝绸之路-启航烟台"航空产业发展大会成功举办**[J]. 空运商务，2019（6）：11-12.

1086. 何芳东. **采珠业的发展与合浦古代海上丝绸之路的开辟**[J]. 社科纵横，2019，34（8）：112-117.

1087. 王海峰. **新时期福建21世纪海上丝绸之路核心区建设思路探析**[J]. 国际贸易，2019（5）：76-81.

1088. 何军明. **充分发挥厦门作用 推进福建省海上丝绸之路"核心区"建设**[J]. 大陆桥视野，2019（06）：88-91.

1089. 岳秋荧. **海上丝绸之路对广东省国际贸易的影响——基于企业调研**[J]. 财经与管理，2019，3（7）：7-11.

1090. 陈晶莹，陈嘉俊. **台湾融入21世纪海上丝绸之路的必要性和重要性**[J]. 山西青年，2019（10）：135.

1091. 张菁菁. **新时期泉州港融入"海上丝绸之路"建设的分析及建议**[J]. 现代商业，2019

（13）：76-77.

1092. 傅远佳. **广西全面参与建设 21 世纪海上丝绸之路的战略研究**[J]. 产业创新研究，2019（5）：30-32.

1093. 黄雅铭，李海霞，钟思洁，等. **海上丝绸之路沿线国家外宣文献翻译现状及对策调研**[J]. 科教导刊（电子版），2019（8）：242-244.

1094. 杨晓杰. **建设 21 世纪"海上丝绸之路"：时代背景、突出特点及战略价值**[J]. 探求，2019（6）：32-36.

1095. 杨晓丽. **我国与"海上丝绸之路"经济带国家贸易合作的策略分析**[J]. 对外经贸实务，2019（1）：26-29.

1096. 李天碧. **构建开放型世界港口经济 谱写海上丝绸之路新篇章**[J]. 中国水运，2019（6）：6.

1097. 陈松洲，陈腾鹏. **汕头建设"21 世纪海上丝绸之路"重要门户的路径选择**[J]. 东莞理工学院学报，2019，26（2）：77-82.

1098. 蔡梓涵. **中远海运特运：匠心绘制"21 世纪海上丝绸之路"工笔画**[J]. 一带一路报道，2019（4）：44.

1099. 黄雅铭，李海霞，钟思洁等. **海上丝绸之路沿线国家外宣文献翻译现状及对策调研**[J]. 科教导刊（电子版），2019（3）：242-244.

1100. 殷军杰. **参与 21 世纪海上丝绸之路建设的地方探索与实践**[J]. 中国商论，2019（11）：70-71.

1101. 王纪元，肖海峰. **"21 世纪海上丝绸之路"沿线国家农产品贸易格局分析**[J]. 统计与决策，2019，35（9）：119-123.

1102. 支晓艳. **"海上丝绸之路"建设下长三角港口物流群协同发展策略**[J]. 营销界，2019（20）：106.

1103. 何军明. **充分发挥厦门作用 推进福建省海上丝绸之路"核心区"建设**[J]. 大陆桥视野，2019（6）：88-91.

1104. 王凤婷，田园，程宝栋. **中国与"21 世纪海上丝绸之路"沿线国家农产品出口贸易研究**[J]. 国际经济合作，2019（2）：80-90.

1105. 岳秋荧. **海上丝绸之路对广东省国际贸易的影响——基于企业调研**[J]. 财经与管理，2019，3（6）：10-13.

1106. 侯瑞萍，黎翔. **粤港澳大湾区对接海上丝绸之路的旅游合作机制研究**[J]. 产业与科技论坛，2019，18（6）：22-23.

1107. 吴敌. **21 世纪海上丝绸之路背景下天然气供应链发展策略研究**[J]. 中国水运：下半月，2019，19（2）：56-57.

1108. 宁瑶. **中国与印尼共建"21 世纪海上丝绸之路"的基础、挑战及建议**[J]. 福建质量管理，2019（23）：174.

1109. 颜靖柯，陈俊林，晏伟龙等. **浅析 21 世纪海上丝绸之路对中国工业化影响的评价模型**[J]. 智能城市，2019，5（5）：48-49.

1110. 张懿. **21 世纪海上丝绸之路背景下中国对东盟水产品出口贸易研究**[J]. 农业工程，2019，9（6）：122-125.

1111. 杨向乐，洪锦端. **广州市向"21世纪海上丝绸之路"沿线国家产业转移的对策研究**[J]. 大众投资指南，2019（14）：184-185.

1112. 杨晓杰. **东南亚在21世纪"海上丝绸之路"建设中特殊战略地位总体分析**[J]. 长江论坛，2019（3）：30-35.

1113. 赵鸣，王丹，刘芳. **海上丝绸之路文化保护与旅游产业发展研究——以江苏为例**[J]. 东北亚经济研究，2019，3（3）：82-92.

1114. 年猛. **21世纪海上丝绸之路建设：广州的地位、发展思路与战略定位**[J]. 城市，2019（11）：13-24.

1115. 王娟，刘赛. **中国与"海上丝绸之路"沿线国家入境旅游增长的投资追随效应**[J]. 地域研究与开发，2019，38（1）：81-87.

1116. **关于我省21世纪海上丝绸之路核心区建设专题调研的报告**[J]. 福建省人民代表大会常务委员会公报，2019（4）：170-175.

1117. 郑文韬. **基于DEA-Malmquist模型的"21世纪海上丝绸之路"沿线地区创新效率实证分析**[J]. 科技和产业，2019，19（10）：114-119.

1118. 陈秀莲. **"21世纪海上丝绸之路"背景下中国与东盟国家发展船舶贸易的对策**[J]. 对外经贸实务，2019（2）：8-11.

1119. 林凤明. **"21世纪海上丝绸之路"倡议下国际贸易电子提单流通制度的修改与完善**[J]. 对外经贸实务，2019（11）：65.

1120. 毛敏. **博物馆展示"海上丝绸之路"的思考与探索：以"CHINA与世界"展览为例**[J]. 长江丛刊，2019（11）：101-102.

1121. 雷宏，张凯阳. **福建"湾区经济"发展战略研究——基于"21世纪海上丝绸之路核心区"建设视角**[J]. 湖北省经济管理干部学院学报，2019（5）：54-56.

1122. 关伟嘉. **新媒体时代广州海上丝绸之路传承与创新——以"广船"历史文化长廊为例**[J]. 记者观察（下），2019（7）：111.

1123. 魏海蕊，贾娜娜，智路平. **基于无水港的内陆省参与海上丝绸之路的可持续物流网络**[J]. 系统工程，2019，37（4）：63-73.

1124. **闪耀在海上丝绸之路的科技新区——记海口国家高新技术产业开发区**[J]. 科学中国人，2019（18）：64-65.

1125. 叶珊珊，叶晓慧. **海外华商在广州21世纪海上丝绸之路建设中的参与效果及对策研究**[J]. 时代经贸，2019（13）：38-39.

1126. 林琳. **21世纪海上丝绸之路中国区及海外华人华侨在其发展中的作用**[J]. 魅力中国，2019（22）：382-383.

1127. 徐晓东，乔志. **环南海区域内贸易现状及其对"21世纪海上丝绸之路"建设的启示**[J]. 广西师范大学学报（哲学社会科学版），2019（6）：74-82.

1128. 黄保霖. **融入海上丝绸之路核心区经济发展的路径思考分析——以福州为例**[J]. 中国电动车，2019（7）：77-79.

1129. 惠青，陈松. **海上丝绸之路战略背景下海南省海洋经济可持续发展路径研究**[J]. 现代商业，2019（31）：42-43.

1130. 魏建钢. **唐代"海上丝绸之路"兴起的原因分析——以越窑"秘色瓷"出口为例**[J].

世界地理研究，2019，28（5）：172-180.

1131. 金英姬. **"21 世纪海上丝绸之路"——中国在南太平洋地区的合作共赢之道**[J]. 中国远洋海运，2019（4）：42-45.

1132. 魏景赋，金瑞. **多维距离对中国企业 OFDI 区位选择的影响——基于"海上丝绸之路"沿线国家的实证分析**[J]. 江汉大学学报（社会科学版），2019，36（3）：67-80.

1133. 李后强，翟琨. **"世界咽喉"港口来自中国造——走进 21 世纪海上丝绸之路延伸线上的重要节点巴拿马**[J]. 一带一路报道，2019（2）：82-83.

1134. 王睿欣. **从交往理性的维度看马来西亚华人在"21 世纪海上丝绸之路"构建中的角色**[J]. 榆林学院学报，2019，29（3）：45-50.

1135. 彭崇超. **清初广东海禁时期的"海上丝绸之路"——以平南王统御的走私贸易为中心**[J]. 新经济，2019（6）：24-30.

1136. 于莹，刘大海，安晨星. **21 世纪海上丝绸之路合作评价体系构建与应用——基于中国与海丝路沿线国家指数分析**[J]. 南海学刊，2019，5（2）：90-99.

1137. 刘钻扩，辛丽. **21 世纪海上丝绸之路贸易便利化对中国机电产品出口的影响——基于 SYS-GMM 的动态分析**[J]. 统计与信息论坛，2019，34（6）：58-66.

1138. 王振玲. **欧盟机构对"一带一路"倡议的认知以及中国的应对策略——认知与权限类别基础上的多重对接**[J]. 太平洋学报，2019，27（4）：64-77.

1139. 张颖. **试论"一带一路"倡议在南太平洋岛国的实施路径**[J]. 太平洋学报，2019，27（1）：93-104.

1140. 李娜. **明清时期海上西洋丝绸之路再探**[J]. 历史档案，2019（4）：53-56.

1141. 余淼杰. **海上"丝绸之路"串起东南亚朋友圈**[J]. 浙商，2019（10）：25.

十一、农业科学

1. **"丝绸之路生态文化万里行"组委会成立 为"丝绸之路"注入生态文化新理念**[J]. 中国林业，2011（15）：2-3.

2. 李湛. **海上丝绸之路第三站——"羊城"广州**[J]. 健康，2017（6）：48-51.

3. 本刊讯. **"海上丝绸之路"相关国家植物保护高级研讨会在广西南宁举办**[J]. 中国植保导刊，2018，38（10）：98.

十二、工业技术

1. 姜小武，毛志强. **廿八都：海上丝绸之路上的神秘古镇**[J]. 文化交流，2011（1）：43-47.

2. 蔡梦虹. **21 世纪海上丝绸之路战略下潮州工夫茶文化品牌与城市品牌形象塑造与传播研究**[J]. 中国民族博览，2016（12）：6-8.

3. **上海海事大学金永兴书记出席首届"海上丝绸之路"建设高峰论坛并致辞**[J]. 水运管理，2016，38（7）：8.

4. 梁莉萍. **架对接桥梁 展科技新貌——海上丝绸之路产业对接会暨第七届纺织企业家活**

动日举办[J]. 中国纺织，2016（5）：114-115.

5. 时尚休闲石狮再踏海上丝绸之路——第二届中国（泉州）海上丝绸之路国际品牌博览会、第十九届海峡两岸纺织服装博览会圆满闭幕[J]. 流行色，2016（5）：111-112.

6. 本刊编辑部. "海上丝绸之路产业对接会暨第七届纺织企业家活动日"亮相 2016"海丝海博会"[J]. 纺织导报，2016（5）：8.

7. 王煜. 三一集团首次亮相海博会，布局珠三角积极对接海上丝绸之路[J]. 工程机械，2016，47（12）：76.

8. 海上丝绸之路上的宝石国[J]. 建设机械技术与管理，2016（2）：18-19.

9. 杨春平，张文德. 海上丝绸之路沿线国家专利实力评价研究[J]. 中国发明与专利，2016（10）：46-50.

10. 杨海生，闵元元，龙向真. 海上丝绸之路文化与现代产品融合设计研究[J]. 丝路视野，2016（26）：2-3.

11. 共建 21 世纪海上丝绸之路 共筑更紧密的中国-东盟命运共同体——第 13 届中国-东盟博览会和商务与投资峰会圆满落幕[J]. 中国食品工业，2016（10）：22-25.

12. 高云. 古代海上丝绸之路对福建古建筑的影响研究[J]. 湖北科技学院学报，2016，36（1）：140-142.

13. 海上丝绸之路使古人饮食更精细[J]. 老年文摘报，2016（92）：7.

14. 2017 年中国高校社会科学前沿论坛——中国与世界：多元视野下的海上丝绸之路研讨会征文启事[J]. 中国高校社会科学，2017（2）：155.

15. "海上丝绸之路""海上陶瓷之路"和"海上香料之路"是同一条路吗？[J]. 百科探秘：海底世界，2017（Z2）：96.

16. 王旭婧. 结合地域文化元素的旅游纪念品设计研究与设计实践——以"海上丝绸之路"起点城市泉州为例[J]. 工业设计，2017（9）：105-106.

17. 马艳敏. 浅析"海上丝绸之路"文化的多元融合[J]. 丝路视野，2016（5）：64-66.

18. 林念修：建立中国—东盟信息港是推动海上丝绸之路建设重大战略举措[J]. 河南科技，2016（19）：5.

19. 许尔君. 海上丝绸之路的历史、现实与未来[J]. 泰山学院学报，2016，38（5）：107-121.

20. 杨海生. 连云港海上丝绸之路文化产品开发解析[J]. 丝路视野，2016（24）：2-3.

21. 韩海燕，董天顺. 3 罐崂山茶"漂"过三大洲 晓阳春"掌门人"匡新：茶文化是"海上丝绸之路"的精髓之一[J]. 走向世界，2016（2）：62-65.

22. 丝路融合石狮共赢 品博海博霓裳共舞——第二届中国（泉州）海上丝绸之路国际品牌博览会[J]. 流行色，2016（4）：103.

23. 蒋鸣湄. 海上丝绸之路清真饮食文化标记保护问题研究[J]. 北部湾大学学报，2016，31（12）：16-21.

24. 展"海上丝绸之路"风帆 共圆"潮人"文化复兴梦[J]. 文化月刊·下旬刊，2016（14）：8-9.

25. 雷郑延，高水练. 以茶文化促进"21 世纪海上丝绸之路"人际传播[J]. 茶叶，2016，42（1）：52-55.

26. 石莹怡. 21 世纪海上丝绸之路战略背景下湛江城市规划趋势及对策[J]. 建设科技，

2016（15）：68-69.

27. 蔡雅娟. **海上丝绸之路与安溪茶文化传播**[J]. 中国茶叶，2016，38（1）：38-40.

28. 王一娜. **"粤海关与海上丝绸之路"学术研讨会综述**[J]. 海洋史研究，2017(2):345-351.

29. 程博. **"21世纪海上丝绸之路"对海洋强国战略的影响研究**[J]. 中外交流，2017（48）：31.

30. **"海上丝绸之路"国际智库联盟成立**[J]. 西部交通科技，2017（8）：I0004.

31. 赵柒斤. **海上丝绸之路使古人饮食更精细**[J]. 烹调知识，2017（3）：7.

32. 马建春. **古代"海上丝绸之路"的六种贡献**[J]. 海洋世界，2017（7）：40-51.

33. 田景奎. **"海上丝绸之路"沿线国家传统药物研讨**[J]. 国际学术动态，2017(3)：35-37.

34. 张远. **"疯狂"的瓶子——海上丝绸之路上的青花奇缘**[J]. 科学大观园，2017（13）：68-69.

35. 蔡梦虹. **21世纪海上丝绸之路与潮汕侨乡非遗文化的海外传播研究——以潮州工夫茶文化海外传播为例**[J]. 文化学刊，2017（3）：163-168.

36. 陶红亮. **海上丝绸之路的起点之——广州（一）**[J]. 海洋世界，2017（10）：64-69.

37. **重器脊梁，焊接铸就 伊萨积极投身中国"海上丝绸之路"建设**[J]. 电焊机，2017(11)：14.

38. **"海上丝绸之路""海上陶瓷之路"和"海上香料之路"是同一条路吗？**[J]. 百科探秘：海底世界，2017（7）：96.

39. **宋代海上丝绸之路发展概况**[J]. 海洋世界，2017（7）：34-35.

40. 肖方晨. **海上丝绸之路之旅——中国民营科技国际电商贸易促进会赴菲律宾交流对接洽谈**[J]. 中国信息化，2017（4）：49-51.

41. 陈丽华，文静. **瓷韵——泉州瓷：海上丝绸之路的"特使"**[J]. 读者欣赏，2017（1）：40-51.

42. **广东海上丝绸之路博物馆**[J]. 城乡建设，2017（11）：62-63.

43. 黄婕. **妈祖文化与海上丝绸之路的民间交流及其途径研究**[J]. 闽台文化研究，2017（4）：67-71.

44. 李光伟. **中国与世界：多元视野下的海上丝绸之路研讨会综述**[J]. 中国高校社会科学，2017（4）：153-154.

45. 蔡定益. **海上丝绸之路视角下的浮梁近代红茶历史**[J]. 茶桑科技与信息，2017（4）：30-31.

46. 那颜. **广州通海夷道：唐代海上丝绸之路**[J]. 百科探秘：海底世界，2017（7）：5-11.

47. 禹丝思，孙中昶，郭华东，等. **海上丝绸之路超大城市空间扩展遥感监测与分析**[J]. 遥感学报，2017，21（2）：169-181.

48. 陈春声. **粤海关史研究的传承与创新——在"粤海关与海上丝绸之路"学术研讨会上的致辞**[J]. 海洋史研究，2017（2）：132-135.

49. 郑剑文，李祖耀（图），成冬冬（图），等. **泉州老故事 "东方第一大港"的历史传奇——海上丝绸之路上 那些不曾远去的帆影**[J]. 城市地理，2018（9）：18-27.

50. 廖亦彩. **在反思"海上丝绸之路"文化建构中发展陶瓷生产**[J]. 工业设计，2018（2）：126-127.

51. 郑崇伟. **21世纪海上丝绸之路：风能资源详查**[J]. 哈尔滨工程大学学报，2018，39（1）：16-22.

52. 郑崇伟. **21世纪海上丝绸之路：风能的长期变化趋势**[J]. 哈尔滨工程大学学报，2018，39（3）：399-405.

53. 李女仙，廖达，马雁云. **广州黄埔古港"海上丝绸之路"主题展示设计**[J]. 设计，2018（11）：9.

54. 杨慧全，谢德通. **海上丝绸之路对广式家具融合与创新的影响**[J]. 设计，2018（9）：102-103.

55. 左坤鹏，李厚朴，许杰，等. **北斗卫星导航系统海上丝绸之路定位性能分析**[J]. 测绘科学技术，2018，6（4）：343-350.

56. 刘昕，王苈，罗洁. **面向文化创意产业的工业设计专业集中实践教学研究——以海上丝绸之路文化创意设计为例**[J]. 艺术教育，2018（18）：99-100.

57. **"海上丝绸之路城市安全规划与管理国际联合研究院"在福州大学成立**[J]. 福州大学学报（哲学社会科学版），2018，32（2）：2.

58. 陈坤. **广州海上丝绸之路文化在数字创意产品设计中的传承与创新**[J]. 美与时代：创意（上），2018（7）：29-30.

59. 王成. **海上丝绸之路中广西侗族传统建筑艺术特色探析——评《侗族传统建筑形制与空间研究》**[J]. 领导科学，2019（4）：126.

60. 叶扬秋. **基于"互联网+"视阈的情境可视化应用研究——以福州海上丝绸之路史迹为例**[J]. 自然与文化遗产研究，2019，4（3）：6-9.

61. 李鹏南. **广东海上丝绸之路博物馆空间更新设计策略研究**[J]. 设计，2019，32（5）：39-41.

62. 徐宾，许大海. **运河输送视野下"海上丝绸之路"手工艺传播路径**[J]. 南京艺术学院学报：美术与设计，2019（6）：114-121.

63. 张涵. **穿越海上丝绸之路这抹东方青影风靡世界**[J]. 中国收藏，2019（9）：98-101.

64. 助画方略. **"海上丝绸之路"沿线国家插画艺术欣赏（之二十五）**[J]. 青年博览，2019（1）：F0002.

65. 刘凡. **丁谓《天香传》与海南沉香论述**[J]. 南海学刊，2019，5（2）：109.

十三、生物科学

1. 王恒，杨昊翔，张丽. **海上丝绸之路沿线区域植被覆盖变化特征**[J]. 遥感技术与应用，2018，33（4）：703-712.

2. 杨逸凡，薛俊增，刘亮等. **"21世纪海上丝绸之路"航线船舶压载水浮游植物群落特征**[J]. 上海海洋大学学报，2018，27（3）：336-343.

十四、医药、卫生

1. 倪杰文，刘文宝，徐菲，等."21世纪海上丝绸之路"医学地理信息系统的设计[J].转化医学杂志，2016，5（6）：366-369.
2. 潘沙沙，张思容，王露，等.21世纪海上丝绸之路沿线国家中医执业法规研究[J].中国卫生事业管理，2016，33（8）：595-598.
3. 毛章清，张雪.厦大新闻学茶座（23）郑学檬教授谈"东方想象：海上丝绸之路的边际效应"[J].国际新闻界，2017，39（2）：174-176.
4. 潘沙沙，张思容，苗青，等.海上丝绸之路沿线国家中医药科教概况[J].中华全科医学，2017，15（5）：729-732.
5. 陈坚雄，冼绍祥，刘小斌，等.岭南医学与海上丝绸之路的历史回顾与思考[J].中医杂志，2019，60（22）：1975-1977.
6. 肖伟，于凡，许利嘉，等.海上丝绸之路上的重要资源——辣木叶茶[J].中国现代中药，2019，21（7）：851-854.
7. 李芭乐，李辰.海上丝绸之路第十三站——"西方文明的摇篮"希腊[J].健康，2019（2）：42-45.
8. 海上丝绸之路上的药材资源——辣木[J].中国现代中药，2019（7）：988.

十五、自然科学总论

封学军，张铖，蒋柳鹏，等."海上丝绸之路"集装箱航运网络路由策略研究[J].复杂系统与复杂性科学，2017，14（4）：58-65.

十六、天文学、地球科学

1. 张明俊.海上丝绸之路研究在福建[J].海洋开发与管理，1997（4）：73-75.
2. 吴巍巍."海上丝绸之路"与明清时期西方人在闽台地区的文化活动初探[J].国家航海，2013（3）：170-178.
3. 吴坤悌，李京京，黄志强.海南与海上丝绸之路[J].气象知识，2014（6）：52-55.
4. 朱瑾.将"现代海上丝绸之路"与"浙江舟山群岛新区"结合起来——《"浙江舟山群岛新区·现代海上丝绸之路"研究》书评[J].海洋开发与管理，2014（12）：116.
5. 麦康森.21世纪海上丝绸之路与中国海洋战略性新兴产业[J].新经济，2014（31）：17-19.
6. 助推"海上丝绸之路"建设，OI China在上海成功举办[J].机电设备，2014（5）：6-7.
7. 韩英.重振21世纪海上丝绸之路 加快构建三明对接海洋经济"黄金走廊"[J].市场论坛，2014（10）：26-28.
8. 龚缨晏.中国古代海洋梦：海上丝绸之路与中国古代的海洋观[J].地图，2014（5）：26-39.
9. 刘怡.2014年"世界海洋日暨全国海洋宣传日"广东"十大美丽海岛"出炉"重走海上丝绸之路"活动启动[J].海洋与渔业，2014（7）：22.

10. 房仲甫. **哥伦布之前的中国航海之六　千年丝绸之路的开辟**[J]. 海洋世界，2008（9）：38-39.

11. **高铭远版——重走海上丝绸之路：规模最大**[J]. 游艇业，2015（1）：34-37.

12. 韩鹏. **创新驱动积极发挥海洋科技在 21 世纪海上丝绸之路建设中的作用**[J]. 海洋开发与管理，2015（6）：52-54.

13. 陈晓鹏. **国内外学者共襄"一带一路"盛举："21 世纪海上丝绸之路建设与海洋安全合作"国内和国际学术研讨会简讯**[J]. 太平洋学报，2015（5）：2.

14. 吕长红，SIMIC. **两会"一带一路"、"海洋"、"航运"议题聚焦**[J]. 海运纵览，2015（3）：6-9.

15. 吴迎新. **海上丝绸之路沿线国家和地区合作研究——以海洋产业竞争优势及合作为中心**[J]. 中山大学学报（社会科学版），2016，56（2）：188-197.

16. 孙峰，王建富. **"海上丝绸之路"舟山段地名文化遗产资源调查与研究**[J]. 浙江国际海运职业技术学院学报，2016，12（2）：16-21.

17. 江泽慧，陈建伟，王霁. **弘扬海洋生态文化 延展海上丝绸之路 培育海洋强国的文化支撑**[J]. 生态文明世界，2016（4）：8-17.

18. 柳礼奎，孙东亮，焦慧元. **海洋之旅与 21 世纪海上丝绸之路**[J]. 海洋信息，2016（2）：44-47.

19. 赵一飞. **夯实海上丝绸之路基础——推进新型国际海洋法制建设之见**[J]. 经济，2016（4）：62-63.

20. **弘扬广西北部湾海洋文化精神 助推 21 世纪海上丝绸之路建设——广西社会科学杂志社、钦州市社会科学界联合会和钦州学院主办"海洋文化与广西北部湾发展论坛"**[J]. 广西社会科学，2016（11）：2-4.

21. 周怡岑，陈国生. **"21 世纪海上丝绸之路"战略中大湘南旅游发展的 SWOT 分析及实现路径研究**[J]. 丝路视野，2016（5）：29-32.

22. 陈明宝，韩立民. **"21 世纪海上丝绸之路"蓝色经济国际合作：驱动因素、领域识别与机制构建**[J]. 中国工程科学，2016，18（2）：98-104.

23. 张中泽. **21 世纪海上丝绸之路与中国海洋权益的维护**[J]. 山西农经，2016(9)：106-107.

24. 何帆. **21 世纪海上丝绸之路建设的金融支持**[J]. 金融与保险，2016（1）：27-33.

25. 邓颖颖. **21 世纪"海上丝绸之路"背景下南海海洋保护区建设探析**[J]. 学术论坛，2016，39（7）：42-47.

26. 吴春霞，周甜. **往来于海上丝绸之路的和平使者**[J]. 百科探秘：海底世界，2017（7）：34-37.

27. 郑崇伟，孙威，陈璇，等. **经略"21 世纪海上丝绸之路"：综合应用平台建设**[J]. 海洋开发与管理，2017，34（2）：52-57.

28. 尹伶俐. **21 世纪海上丝绸之路海洋文化传承与创新的局限性研究**[J]. 广州航海学院学报，2017，25（3）：50-52.

29. 郑崇伟，李崇银. **21 世纪海上丝绸之路：海洋新能源大数据建设研究——以波浪能为例**[J]. 海洋开发与管理，2017，34（12）：61-65.

30. 施婷婷，徐涵秋，王帅，等. **海上丝绸之路起点——泉州港岸线变化的遥感动态研究**

[J]. 地球信息科学学报，2017，19（3）：407-416.

31. 王成荣. 21 世纪海上丝绸之路背景下的广东省蓝碳发展研究[J]. 海洋开发与管理，2017，34（8）：39-43.

32. 汉代海上丝绸之路发展概况[J]. 海洋世界，2017（7）：28-29.

33. 史新吾. 回古望今：揭秘历史上的海上丝绸之路[J]. 晚晴，2017（6）：57-60.

34. 张文强. 海上丝绸之路千年兴衰史[J]. 读者欣赏，2017（1）：33-39.

35. 唐代海上丝绸之路发展概况[J]. 海洋世界，2017（7）：30-33.

36. 陶红亮. 海上丝绸之路的重要始发港——泉州（一）[J]. 海洋世界，2017（12）：62-65.

37. 《海上丝绸之路与中国海洋强国战略》丛书首发式在北京举行[J]. 福州大学学报（哲学社会科学版），2017，31（2）：2.

38. 倪杰文，胡永祥，陈国良. 医学地理信息系统在"21 世纪海上丝绸之路"战略构想中的作用[J]. 第二军医大学学报，2017，38（3）：370-373.

39. 齐庆华，蔡榕硕. 21 世纪海上丝绸之路海洋环境的气候变化与风暴灾害风险探析[J]. 海洋开发与管理，2017，34（5）：67-75.

40. 齐庆华，蔡榕硕. 21 世纪海上丝绸之路海表温度异常与气候变率的相关性初探[J]. 海洋开发与管理，2017，34（4）：41-49.

41. 齐庆华，蔡榕硕. 21 世纪海上丝绸之路海洋上层热含量及热比容海平面异常变化[J]. 海洋学报，2017，39（11）：37-48.

42. 冯素云，张凯选，鹿琳琳. "海上丝绸之路"超大城市环境变化遥感分析[J]. 地球信息科学学报，2018，20（5）：602-612.

43. 叶建玉，谢红彬. 基于 CiteSpace 的"海上丝绸之路"研究知识图谱分析[J]. 海洋开发与管理，2018，35（5）：14-19.

44. 张哲，郑崇伟，汪梦西，等. "21 世纪海上丝绸之路"的风能和波浪能[J]. 海洋开发与管理，2018，35（4）：63-66.

45. 樊兢. "21 世纪海上丝绸之路"海洋产业合作研究——基于中国与 26 个沿线国家的实证分析[J]. 改革与战略，2018，34（11）：93-101.

46. 郑崇伟. 21 世纪海上丝绸之路：斯里兰卡海域的波浪能评估及决策建议[J]. 哈尔滨工程大学学报，2018，39（4）：614-621.

47. 许跃，郑崇伟，张仲，等. "21 世纪海上丝绸之路"的海洋环境研究——印度洋海表风速变化趋势[J]. 海洋开发与管理，2018，35（2）：78-81.

48. 解晓茹，武文，郭佩芳. 社交媒体在"21 世纪海上丝绸之路"沿线国家海洋防灾减灾中的应用及借鉴[J]. 南京信息工程大学学报（自然科学版），2018，10（3）：386-394.

49. 姚芳芳，周昌仕，翁春叶. 中国与海上丝绸之路沿线国家海洋产业合作模式研究——基于 BCG Matrix-AHP 的实证分析[J]. 资源开发与市场，2018，34（4）：471-478.

50. 徐静静，谭攻克. 21 世纪海上丝绸之路战略构架下中国-肯尼亚海洋合作之探讨[J]. 海洋开发与管理，2018，35（5）：10-13.

51. 杨文广，郑崇伟，黎鑫，等. "海上丝绸之路"的恶劣环境及应对——极值风速和波高[J]. 海洋开发与管理，2018，35（01）：132-135.

52. 李睿. 先发海洋强国发展经验及对 21 世纪海上丝绸之路建设的启示[J]. 产业创新研

究，2019（1）：11-13.

53. 洪梅，高正飞，曾文华，等. **"海上丝绸之路"沿岸国家海洋综合风险分析与量化评估——以菲律宾为例**[J]. 海洋通报，2019，38（3）：257-265.

54. 乔方利，王关锁，肖斌. **基于自主创新的21世纪海上丝绸之路海洋业务化预报产品**[J]. 海洋学报，2019，41（1）：191-192.

55. 郑崇伟，高成志，高悦. **"21世纪海上丝绸之路"波浪能的气候特征及变化趋势**[J]. 太阳能学报，2019，40（6）：1487-1493.

56. 姚华舟，李建星，吕鹏瑞，等. **海上丝绸之路沿线陆域地质演化与成矿**[J]. 华南地质与矿产，2019，35（1）：1-19.

57. 王方方，杨旭宇. **南海生态环境变化与海洋经济发展关系——基于环境协调发展视角**[J]. 南海学刊，2019，5（2）：100.

十七、交通运输

1. 玛俞，周佳霓，颜财斌. **千年福船　重回海上丝绸之路**[J]. 中华手工，2016（8）：74-79.

2. 燕琦. **七海扬帆——中国古代船舶与海上丝绸之路**[J]. 科教导刊（电子版），2016（4）：188.

3. 宋为伟. **福建泉州：海上丝绸之路港口发展大提速**[J]. 国际援助，2016（2）：48-49.

4. 宗康，胡志华. **海上丝绸之路沿线港口的连接性分析**[J]. 广西大学学报（自然科学版），2016，41（5）：1423-1431.

5. 袁晓春. **马可波罗对海上丝绸之路中国造船技术的记载与传播**[J]. 南海学刊，2016，2（1）：108-112.

6. 张璐，殷焕焕. **21世纪海上丝绸之路战略下港口腹地划分研究**[J]. 交通运输研究，2017，3（1）：17-22.

7. 赵旭，王晓伟，周巧琳. **"海上丝绸之路"背景下的港口战略联盟稳定性研究**[J]. 大连海事大学学报，2016（2）：117-123.

8. 赵旭，王晓伟，周巧琳. **海上丝绸之路战略背景下的港口合作机制研究**[J]. 中国软科学，2016（12）：5-14.

9. 张国雄. **航海通信保障助力"21世纪海上丝绸之路"建设**[J]. 珠江水运，2017（9）：42.

10. **海洋联盟亚欧航线开启海上丝绸之路**[J]. 中国远洋海运，2017（5）：20-21.

11. 刘婵娟，胡志华. **海上丝绸之路海运网络层次体系划分**[J]. 经济地理，2017，37（7）：27-32.

12. 陶红亮. **海上丝绸之路的开辟和发展**[J]. 海洋世界，2017（5）：70-73.

13. **交通运输部与国际海事组织签署合作意向书　通过21世纪海上丝绸之路倡议推动IMO文件有效实施**[J]. 海运纵览，2017（6）：35.

14. 严南南，陆珉，宗康. **海上丝绸之路航线网络的连通性建模与仿真研究**[J]. 华中师范大学学报（自然科学版），2017，51（5）：655-662.

15. 贾大山. **海上丝绸之路战略与港口网络化发展**[J]. 中国远洋海运，2017（3）：58-59.

16. 王诺，林婉妮. **建设"21世纪海上丝绸之路"视角下南海海上搜救体系构建研究[J]. 中**

国软科学，2018（8）：10-17.

17. 徐继男. **21世纪海上丝绸之路背景下高职院校提升船员国际化水平的策略**[J]. 校园英语，2018（17）：52-53.

18. 越明，李爽，吕姁婧，等. **基于节点收缩法的海上丝绸之路沿线集装箱港口网络节点重要度评估**[J]. 中国水运（下半月），2019，19（5）：33-34.

19. 刘海燕. **海上丝绸之路集装箱航运网络脆弱性影响因素研究**[J]. 中国水运，2019（2）：15-18.

20. 于安琪，王诺. **"21世纪海上丝绸之路"集装箱海运网络连通性分析**[J]. 上海海事大学学报，2019，40（4）：72-77.

21. 张哲辉，宁涛，闫蕊. **21世纪海上丝绸之路港口布局优化实证研究**[J]. 中国港口，2019（7）：1-4.

22. 宫晓婷，吕靖，李辉. **海上丝绸之路关键海峡/运河安全效率研究**[J]. 运筹与管理，2019，28（3）：173-182.

23. **厦门港新增第六条"海上丝绸之路"航线**[J]. 起重运输机械，2019（6）：90.

十八、环境科学、安全科学

1. 肖汉强. **推动海上丝绸之路和生态文明建设的战略与建议**[J]. 办公自动化，2014（19）：21.

2. **中国政府与联合国开发计划署签署《关于共同推进丝绸之路经济带和21世纪海上丝绸之路建设的谅解备忘录》**[J]. 设备监理，2016（6）：4-5.

3. 黎鑫，张韧，卢扬，等. **"海上丝绸之路"自然环境风险分析**[J]. 海洋通报，2016，35（6）：609-616.

4. **先秦时期海上丝绸之路发展概况**[J]. 海洋世界，2017（7）：26-27.

5. 尹辉，戴学军. **"海上丝绸之路"背景下的惠州市生态文明建设**[J]. 科技资讯，2018，16（35）：105-106.

学位论文编

一、哲学、宗教

1. 魏小飞. **海上丝绸之路与南海区域宗教传播：以 14 世纪海上旅行家的游记为基础**[D]. 海口：海南师范大学，硕士学位论文，2012.
2. 巫大健. **海上丝绸之路时期泉州多宗教文化共存现象的原因及特征探析**[D]. 乌鲁木齐：新疆师范大学，学位论文，2013.

二、政治、法律

1. 赵泓博. **"21 世纪海上丝绸之路"对海洋强国战略的影响研究**[D]. 兰州：西北师范大学，硕士学位论文，2015.
2. 强彬彬. **超越依附结构：建设 21 世纪"海上丝绸之路"的政治经济学分析**[D]. 北京：国际关系学院，硕士学位论文，2015.
3. 孙佳伟. **21 世纪海上丝绸之路与中国海权建设**[D]. 广州：暨南大学，硕士学位论文，2015.
4. 李骁. **21 世纪海上丝绸之路：安全风险及其应对**[D]. 北京：中国社会科学院，硕士学位论文，2015.
5. 李连环. **从宋代海上丝绸之路看中国的对外交往**[D]. 北京：外交学院，硕士学位论文，2015.
6. 郭芸. **21 世纪海上丝绸之路建设背景下我国南海维权执法中的法律问题**[D]. 湘潭:湘潭大学，硕士学位论文，2016.
7. 张建康. **21 世纪海上丝绸之路的安全挑战研究**[D]. 厦门：厦门大学，硕士学位论文，2016.
8. 谢博. **印度海洋战略对我国"海上丝绸之路"建设的影响**[D]. 贵阳：贵州师范大学，硕士学位论文，2016.
9. 周亚黎. **中国的新海权观与实践路径 ——以 21 世纪海上丝绸之路战略的推进为例**[D]. 长春：吉林大学，硕士学位论文，2016.
10. 雷林环. **"21 世纪海上丝绸之路"框架下中国对印尼基础设施投资的风险研究**[D]. 北京：中国人民大学，硕士学位论文，2016.
11. 叶锟. **21 世纪"海上丝绸之路"战略支点国实施问题研究 ——以泰国与斯里兰卡为例**[D]. 上海：华东师范大学，硕士学位论文，2016.
12. 徐毅. **广东省参与 21 世纪海上丝绸之路建设的政府作用研究**[D]. 广州：华南理工大学，硕士学位论文，2016.
13. 刘依函. **中国在南海问题的利益诉求——以 21 世纪海上丝绸之路为视角**[D]. 长春:吉

林大学，硕士学位论文，2016.

14. 石淑琴. **马来西亚华人华侨与 21 世纪海上丝绸之路的构建**[D]. 南京：南京大学，硕士学位论文，2016.

15. 吴玉美. **"21 世纪海上丝绸之路"通道安全研究**[D]. 广州：广东外语外贸大学，硕士学位论文，2016.

16. 高涵柏. **印度"东向政策"的新变化对"21 世纪海上丝绸之路"建设的影响研究**[D]. 广州：对外经济贸易大学，硕士学位论文，2016.

17. 柳维睿. **我国与邻国渔业资源共同开发法律问题研究——以"21 世纪海上丝绸之路建设"为视角**[D]. 沈阳：沈阳工业大学，硕士学位论文，2017.

18. 姜晓甜. **"21 世纪海上丝绸之路"视阈下中国对东盟国家公共外交研究**[D]. 长春：吉林大学，硕士学位论文，2017.

19. 张小佳. **21 世纪海上丝绸之路核心区建设背景下利用侨力资源研究**[D]. 福州：福建农林大学，硕士学位论文，2017.

20. 王多月. **战略支撑点与"21 世纪海上丝绸之路"的建设**[D]. 武汉：中南财经政法大学，硕士学位论文，2017.

21. 黄建峰. **"21 世纪海上丝绸之路"战略研究**[D]. 济南：山东师范大学，硕士学位论文，2017.

22. 李嘉琛. **21 世纪海上丝绸之路战略背景下中国与东盟非传统安全合作研究**[D]. 湛江：广东海洋大学，硕士学位论文，2017.

23. 王晓静. **印度的东向行动战略及其对 21 世纪海上丝绸之路建设的影响**[D]. 石家庄：河北师范大学，硕士学位论文，2018.

24. 陈子越. **印度对"21 世纪海上丝绸之路"倡议的认知与中印关系的未来**[D]. 上海：华东师范大学，硕士学位论文，2018.

25. 魏鹏博. **21 世纪海上丝绸之路背景下中巴海上执法合作机制研究**[D]. 浙江：浙江大学，硕士学位论文，2018.

26. 王浩. **海上丝绸之路背景下南海海洋环境保护法律机制的构建**[D]. 浙江：浙江大学，硕士学位论文，2018.

27. 王静. **21 世纪海上丝绸之路能源投资风险法律防范机制研究**[D]. 泉州：华侨大学，硕士学位论文，2018.

28. 黄栋栋. **"21 世纪海上丝绸之路"背景下的中印尼海洋合作研究**[D]. 武汉：华中师范大学，硕士学位论文，2019.

29. 严义晨. **中国与"21 世纪海上丝绸之路"沿线国家贸易竞争性和贸易潜力的研究**[D]. 武汉：武汉大学，硕士学位论文，2019.

三、经　济

1. 邹磊. **中国与伊斯兰世界"新丝绸之路"的兴起**[D]. 上海：复旦大学，博士学位论文，2013.

2. 杨理智. **"21 世纪海上丝绸之路"安全风险评价体系和评估技术研究**[D]. 长沙：国防

科技大学，博士学位论文，2018.

3. 唐亚林. "海上丝绸之路"与宋朝铜钱在东南亚的传播[D]. 桂林：广西师范大学，硕士学位论文，2010.

4. 梁索丽. **论古代海上丝绸之路对中阿贸易发展的影响**[D]. 北京：对外经济贸易大学，硕士学位论文，2013.

5. 杨子慧. **21世纪海上丝绸之路战略背景下中国-东盟自贸区研究**[D]. 南京：东南大学，硕士学位论文，2015.

6. 孙丽超. **"21世纪海上丝绸之路"对中国—东盟贸易潜力的影响研究**[D]. 大连：大连海事大学，硕士学位论文，2015.

7. 古蕾蕾. **"21世纪海上丝绸之路"沿线华商会发展的区域特征及比较研究**[D]. 上海：华东师范大学，硕士学位论文，2015.

8. 王硕. **中泰经贸合作战略创新探索——"21世纪海上丝绸之路"背景下的农业产业链合作研究**[D]. 北京：对外经济贸易大学，硕士学位论文，2015.

9. 谷雨. **21世纪海上丝绸之路贸易一体化研究**[D]. 广州：中山大学，硕士学位论文，2015.

10. 王伟. **海南参与21世纪海上丝绸之路南海基地建设研究**[D]. 海口：海南大学，硕士学位论文，2016.

11. 季鹏. **中国与21世纪海上丝绸之路沿线区域港口联动发展研究**[D]. 福州：福建师范大学，硕士学位论文，2016.

12. 李鑫. **"21世纪海上丝绸之路"框架下中国核电"走出去"战略研究**[D]. 北京：中共中央党校，硕士学位论文，2016.

13. 赵旭颖. **"21世纪海上丝绸之路"背景下中国能源安全战略研究**[D]. 武汉：武汉工程大学，硕士学位论文，2016.

14. 林丹丹. **"海上丝绸之路"建设中的泉州城市外交——一种基于SWOT框架的分析**[D]. 天津：天津师范大学，硕士学位论文，2016.

15. 李文佳. **中国对海上丝绸之路沿线主要国家直接投资的经济效应研究**[D]. 昆明：云南师范大学，硕士学位论文，2016.

16. 王光明. **我国海上丝绸之路沿线省市的物流效率评价**[D]. 太原：中北大学，硕士学位论文，2016.

17. 史雅洁. **海上丝绸之路核心区福建省城市体系研究**[D]. 临汾：山西师范大学，硕士学位论文，2016.

18. 郭仁燕. **中国"海上丝绸之路"倡议与印尼"全球海洋支点战略"对接的基础与挑战**[D]. 北京：外交学院，硕士学位论文，2016.

19. 李小月. **21世纪海上丝绸之路贸易投资合作阻碍及建议**[D]. 广州：广东外语外贸大学，硕士学位论文，2016.

20. 付伟伟. **中国21世纪海上丝绸之路倡议研究**[D]. 北京：北京外国语大学，硕士学位论文，2016.

21. 汪洁. **21世纪海上丝绸之路贸易便利化研究**[D]. 福州：福州大学，硕士学位论文，2016.

22. 兰筱琳. **中国与海上丝绸之路沿线国家油气资源开发合作研究**[D]. 福州：福建师范大学，硕士学位论文，2016.

23. 陈郴. **中国与"海上丝绸之路"沿线国家贸易潜力实证研究——基于贸易引力模型实证分析**[D]. 上海：上海社会科学院，硕士学位论文，2017.

24. 施纯万. **中国海关与"21世纪海上丝绸之路"沿线东盟国家海关关务合作研究**[D]. 北京：对外经济贸易大学，硕士学位论文，2017.

25. 苏郁翔. **海上丝绸之路规划下中国大陆与东协之政经发展**[D]. 新北：淡江大学，硕士学位论文，2017.

26. 冯帆. **克拉地峡运河与21世纪海上丝绸之路枢纽建设研究--基于海洋运输成本的实证分析**[D]. 北京：对外经济贸易大学，硕士学位论文，2017.

27. 李卫卫. **广东与"21世纪海上丝绸之路"沿线国家贸易效应研究**[D]. 广州：暨南大学，硕士学位论文，2017.

28. 王雨泽. **21世纪海上丝绸之路背景下的中国--印尼产能合作**[D]. 南宁：广西大学，硕士学位论文，2017.

29. 王晓伟. **海上丝绸之路战略背景下的港口合作网络稳定性研究**[D]. 大连：大连海事大学，硕士学位论文，2017.

30. 郭敏. **中国与21世纪海上丝绸之路沿线国家的贸易与海运能力研究**[D]. 暨南大学，硕士学位论文，2017.

31. 周巧琳. **海上丝绸之路沿线港口体系演化研究**[D]. 大连：大连海事大学，硕士学位论文，2017.

32. 王朋伟. **中国对"21世纪海上丝绸之路"西线国家出口贸易潜力的研究**[D]. 宁波：宁波大学，硕士学位论文，2017.

33. 卢虎. **21世纪海上丝绸之路集装箱枢纽港发展潜力评价**[D]. 大连：大连海事大学，硕士学位论文，2017.

34. 余朕. **中国对21世纪海上丝绸之路沿线国家出口贸易的影响因素研究**[D]. 广州：广东外语外贸大学，硕士学位论文，2017.

35. 陈璐. **中国ODI与制造业产能优化研究——以21世纪海上丝绸之路沿线国家为例**[D]. 济南：山东财经大学，硕士学位论文，2017.

36. 王明明. **海上丝绸之路框架下我国港口合作发展研究**[D]. 大连：大连海事大学，硕士学位论文，2017.

37. 陈虹桥. **21世纪海上丝绸之路背景下的海洋金融研究——创建可行性与发展策略**[D]. 广州：广东外语外贸大学，硕士学位论文，2017.

38. 向丽君. **中国与21世纪海上丝绸之路国家贸易依存度研究——基于增加值的方法**[D]. 广州：广东外语外贸大学，硕士学位论文，2017.

39. 黎氏玉碧（LE, THI, NGOC BICH）等. **"两廊一圈"与"21世纪海上丝绸之路"的战略对接——"互联互通"视角**[D]. 上海：上海外国语大学，硕士学位论文，2017.

40. 王嘉南. **"21世纪海上丝绸之路"战略背景下南海区域合作机制研究**[D]. 海口：海南大学，硕士学位论文，2017.

41. 许碧华. **"21世纪海上丝绸之路"沿线国家基础设施类公共产品的供给水平评价**[D]. 深圳：深圳大学，硕士学位论文，2017.

42. 汪文花. **海上丝绸之路史迹旅游资源评价与空间分布特征研究——以泉州市为例**[D].

福州：福建师范大学，硕士学位论文，2018.

43. 李正红. **中国与海上丝绸之路沿线国家木质林产品贸易潜力研究**[D]. 北京：北京林业大学，硕士学位论文，2018.

44. 赵亮. **我国企业参与 21 世纪海上丝绸之路沿线港口项目的现状研究**[D]. 北京：外交学院，硕士学位论文，2018.

45. 王恒. **海上丝绸之路沿线港口城市扩张遥感分析研究**[D]. 北京：中国科学院大学，硕士学位论文，2018.

46. 彭渤. **中国与"海上丝绸之路"国家贸易对本国经济增长影响**[D]. 上海：上海海洋大学，硕士学位论文，2018.

47. 李玉斌. **中国"海上丝绸之路"建设的安全保障与战略支点构建**[D]. 山西师范大学，硕士学位论文，2018.

48. 王珍（JANE WANGUI KIONI）. **基于数据包络分析模型的海上丝绸之路集装箱港口经营绩效评价**[D]. 大连：大连海事大学，硕士学位论文，2018.

49. 徐奔. **中国对"21 世纪海上丝绸之路"沿线国家直接投资的贸易效应研究**[D]. 广州：广东外语外贸大学，硕士学位论文，2018.

50. 张梦婕. **"21 世纪海上丝绸之路"中心城市网络建模及其结构研究**[D]. 济南：山东大学，硕士学位论文，2018.

51. 乔丹. **21 世纪海上丝绸之路贸易自由化便利化及其经济效应研究**[D]. 泉州：华侨大学，硕士学位论文，2018.

52. 李凌峰. **国际海洋运输服务贸易与货物贸易的相关性研究——基于海上丝绸之路沿线十二国的比较**[D]. 上海：华东师范大学，硕士学位论文，2018.

53. 黄迪. **21 世纪"海上丝绸之路"背景下中国对外直接投资与产业结构升级关系研究**[D]. 上海：上海海洋大学，硕士学位论文，2018.

54. 杨诗雯. **中国对 21 世纪海上丝绸之路沿线国家资源导向型 OFDI 的贸易效应研究**[D]. 大连：大连海事大学，硕士学位论文，2018.

55. 范家琛. **海上丝绸之路构想在东南亚地区的实践研究**[D]. 保定：河北大学，硕士学位论文，2019.

56. 郭瑞. **与"海上丝绸之路"沿线国贸易对我国经济增长的影响**[D]. 曲阜：曲阜师范大学，硕士学位论文，2019.

四、文化、科学、教育、体育

1. 曾凡东. **广东海上丝绸之路博物馆的发展研究**[D]. 广州：华南理工大学，硕士学位论文，2014.

2. 胡灵娟. **广州海上丝绸之路史迹保护机制研究**[D]. 兰州：兰州大学，硕士学位论文，2015.

3. 林青. **构建 21 世纪海上丝绸之路中国文化品牌的财政政策研究**[D]. 福州：福建师范大学，硕士学位论文，2018.

4. 李文. **海上丝绸之路的影像传播策略研究**[D]. 成都：成都理工大学，硕士学位论文，

2018.

5. 蒋双江. **合浦汉代"海上丝绸之路"文化遗产的历史价值及"申遗"对策研究**[D]. 桂林：广西师范大学，硕士学位论文，2019.

五、语言、文字

1. 李一. **"21世纪海上丝绸之路"文献汉译中的改写策略研究**[D]. 大连：大连理工大学，硕士学位论文，2015.

2. 胡国. **21世纪海上丝绸之路与推进国际产能和装备制造合作论坛笔译实践报告**[D]. 南宁：广西大学，硕士学位论文，2016.

3. 孙玉莲. **《发展海南与东盟多边经贸关系，促进21世纪"海上丝绸之路"与区域繁荣梦想》（节选）翻译报告**[D]. 海口：海南大学，硕士学位论文，2017.

4. 李晓婷. **《海上丝绸之路》访谈节目口译实践报告**[D]. 青岛：中国石油大学（华东），硕士学位论文，2017.

5. 宋珊珊. **《新加坡与海上丝绸之路1300-1800》翻译实践报告**[D]. 烟台：烟台大学，硕士学位论文，2018.

6. 刘洋. **"21世纪海上丝绸之路"沿线地名英译及补偿研究**[D]. 大连：大连海事大学，硕士学位论文，2018.

7. 韩楚璨. **海上丝绸之路沿线国家对"一带一路"报道的态度研究**[D]. 大连：大连海事大学，硕士学位论文，2018.

8. 邬珺. **口译活动的困难及应对策略——"2017广东21世纪海上丝绸之路国际博览会"口译实践报告**[D]. 广州：广东外语外贸大学，硕士学位论文，2018.

六、艺 术

1. 施玥. **中国大型纪录片音乐四种功能研究：以《再说长江》《新丝绸之路》《森林之歌》为例**[D]. 天津：天津音乐学院，硕士学位论文，2012.

2. 陈桃. **NHK《新丝绸之路》的叙事研究**[D]. 兰州：兰州大学，硕士学位论文，2013.

3. 吴依莹. **明清海上丝绸之路对中国外销瓷审美研究**[D]. 西安：西北大学，硕士学位论文，2016.

4. 黄诗箴. **论述泉州民间歌谣在海上丝绸之路时期的音乐文化传承**[D]. 厦门：厦门大学，硕士学位论文，2016.

5. 连丽敏. **纪录片《一带一路》和《穿越海上丝绸之路》的跨文化叙事研究**[D]. 保定：河北大学，硕士学位论文，2017.

七、历史、地理

1. 朱鹏. **明代与清代前期广东的海上丝绸贸易**[D]. 广州：暨南大学，硕士学位论文，2003.

2. 周敬阳. **论秦汉时期岭南海上丝绸之路的三大始发港**[D]. 广州：华南师范大学，硕士学位论文，2007.
3. 谢建伟. **浅析唐代海上丝绸之路的佛僧求法热潮**[D]. 湘潭：湖南科技大学，硕士学位论文，2009.
4. 王亚伟. **基于海上丝绸之路相关出土器物的中外交流研究**[D]. 北京：中国科学院大学，硕士学位论文，2018.
5. 袁楠. **海上丝绸之路（南海段）历史线路分析及其历史地理信息系统构建研究**[D]. 北京：北京建筑大学，硕士学位论文，2018.
6. 张钟. **文化线路中区域遗产点价值认定与评估研究——以海上丝绸之路宁波区域为例**[D]. 杭州：浙江大学，硕士学位论文，2018.

八、天文学、地球科学

1. 吴静. **"丝绸之路"波列的年际变化特征研究**[D]. 青岛：中国海洋大学，硕士学位论文，2014.

九、工业技术

1. 焦相东. **海丝精神的诠释——厦门海上丝绸之路航海纪念碑设计**[D]. 福州：福州大学，硕士学位论文，2017.
2. 杨沫. **织物软装饰在展示环境设计中的应用研究——以古青州海上丝绸之路博物馆环境设计为例**[D]. 济南：山东建筑大学，硕士学位论文，2018.

十、交通运输

1. 张洪雨. **海上丝绸之路背景下的境外枢纽港口选点分析**[D]. 大连：大连海事大学，硕士学位论文，2015.
2. 姜运星. **海上丝绸之路航线航行气象信息分析与应用**[D]. 大连：大连海事大学，硕士学位论文，2016.
3. 林灵芳. **船坞空间模式的借鉴——厦门海上丝绸之路纪念园设计**[D]. 福州：福建大学，硕士学位论文，2017.
4. 吕泽军. **海上丝绸之路集装箱航线网络级联失效抗毁性研究**[D]. 大连：大连海事大学，硕士学位论文，2017.
5. 吴迪. **海上丝绸之路集装箱海运网络的脆弱性及其风险控制研究**[D]. 大连：大连海事大学，博士学位论文，2018.
6. 朱艳. **基于"21世纪海上丝绸之路"的中国国际航运网络演化**[D]. 上海：华东师范大学，硕士学位论文，2018.
7. 高苏红. **我国与海上丝绸之路沿线国家交通运输投资合作研究**[D]. 大连：大连海事大

学，硕士学位论文，2018.

8. 胡远程. **"21 世纪海上丝绸之路"沿线船舶碰撞事故风险研究**[D]. 武汉：武汉理工大学，硕士学位论文，2018.

9. 左世超. **"21 世纪海上丝绸之路"战略支点港口选取研究**[D]. 大连：大连海事大学，硕士学位论文，2018.

10. 梁雪娇. **海上丝绸之路背景下欧洲集装箱港口网络构建研究**[D]. 大连：大连海事大学，硕士学位论文，2018.

十一、环境科学、安全科学

1. 陶子韬. **海上丝绸之路博物馆室内热湿环境被动调节技术研究**[D]. 西安：西安建筑科技大学，硕士学位论文，2017.

2. 张宇. **"海上丝绸之路"中国段城市城镇化与生态环境耦合研究**[D]. 太原：山西师范大学，硕士学位论文，2018.

会议论文编

一、哲学、宗教

陆芸. **试析海上丝绸之路在宗教文化传播中的作用**[C]//登州与海上丝绸之路——登州与海上丝绸之路国际学术研讨会论文集，2008.

二、政治、法律

1. 王义桅. **丝绸之路公共外交的使命**[C]//公共外交季刊 2014 年冬季号第 7 期（总第 20 期），2014.
2. 张晓东. **海上丝绸之路与海权的关系：历史与现实的启示**[C]//2014 年度上海市海洋湖沼学会年会暨学术年会论文集，2014.
3. 钟新，邝西曦. **新丝绸之路外交：促进中国与周边国家多主体之间良性互动**[C]//公共外交季刊 2014 年冬季号第 7 期（总第 20 期），2014.
4. 张郃. **建设 21 世纪"海上丝绸之路"与中国"海洋强国"战略**[C]//第九届中国海洋文化论坛，2014.

三、经　济

1. 张书裔. **海上丝绸之路与琼州的开发**[C]//福建省钱币学会第二次会员代表大会、第五次东南亚历史货币暨海上丝绸之路货币研讨会专辑，1994.
2. 吴平. **海上丝绸之路货币探索**[C]//福建省钱币学会第二次会员代表大会、第五次东南亚历史货币暨海上丝绸之路货币研讨会专辑，1994.
3. 盛观熙. **海上丝绸之路与明州港**[C]//福建省钱币学会第二次会员代表大会、第五次东南亚历史货币暨海上丝绸之路货币研讨会专辑，1994.
4. 徐心希. **海上丝绸之路综论**[C]//福建省钱币学会第二次会员代表大会、第五次东南亚历史货币暨海上丝绸之路货币研讨会专辑，1994.
5. 袁书琪. **福建沿海人文旅游资源突出的县级城市旅游发展战略研究——以海上丝绸之路起点历史名城南安市旅游规划研究为例**[C]//可持续发展：人类生存环境：中国可持续发展研究会 1999 年学术年会论文集，1999.
6. 陈国林. **中世纪海上丝绸之路货币—本洋银元研究**[C]//福建省钱币学会第三次会员代表大会论文集，2000.
7. 张钧雷. **"海上丝绸之路"上的一朵奇葩**[C]//"泉州港与海上丝绸之路"国际学术研讨会论文集，2002.

8. 张春贤. **在"泉州港与海上丝绸之路"国际学术研讨会开幕式上的讲话**[C]//"泉州港与海上丝绸之路"国际学术研讨会论文集，2002.

9. 陈高华. **在"泉州港与海上丝绸之路"国际学术研讨会上的讲话**[C]//"泉州港与海上丝绸之路"国际学术研讨会论文集，2002.

10. 汪征鲁. **"泉州港与海上丝绸之路"国际学术研讨会论文述论**[C]//"泉州港与海上丝绸之路"国际学术研讨会论文集，2002.

11. 林祖乙. **"泉州港与海上丝绸之路"国际学术研讨会闭幕词**[C]//"泉州港与海上丝绸之路"国际学术研讨会论文集，2002.

12. 李玉昆. **海上丝绸之路与宋元泉州海商**[C]//"泉州港与海上丝绸之路"国际学术研讨会论文集，2002.

13. 盛观熙. **海上丝绸之路与明州港**[C]//《内蒙古金融研究》钱币文集（第四辑），2003.

14. 甘永萍. **合浦海上丝绸之路及其特色旅游资源开发初探**[C]//海上丝绸之路研究：中国·北海合浦海上丝绸之路始发港理论研讨会论文集，2004.

15. 吕余生，谢能，刘蒙平. **加强研究，打造品牌，促进发展——海上丝绸之路研究：中国·北海合浦海上丝绸之路始发港理论研讨会综述**[C]//海上丝绸之路研究：中国·北海合浦海上丝绸之路始发港理论研讨会论文集，2004.

16. 万明. **试论明代海陆丝绸之路的变迁——从葡萄牙耶稣会修士鄂本笃自陆路来华谈起**[C]// 三绸之路比较研究学术讨论会论文集，2006.

17. 廖国一. **汉代环北部湾货币流通圈与"海上丝绸之路"——以环北部湾地区中国与越南汉代墓葬出土钱币为例**[C]//第二届中国与东南亚民族论坛论文集，2006.

18. 李庆新. **海上丝绸之路研究的几个问题**[C]//登州与海上丝绸之路——登州与海上丝绸之路国际学术研讨会论文集，2008.

19. 曹艳英，李振兴. **关于胶东半岛打造"东方海上丝绸之路"旅游品牌的构想**[C]//登州与海上丝绸之路——登州与海上丝绸之路国际学术研讨会论文集，2008.

20. 王纪孔. **海上丝绸之路研究的经济学思考**[C]//2008 年登州与海上丝绸之路国际学术研讨会论文集，2008.

21. 李金明. **从水下考古发现看中国古代海上丝绸之路的发展**[C]//海洋文化与福建发展，2011.

22. 卢克松. **构建产业化模式开创"新丝绸之路"**[C]//2012 年蚕业经济管理学术研讨会论文集，2012.

23. 刘锋. **共建 21 世纪海上丝绸之路与中国和平崛起**[C]//第九届中国海洋文化论坛. 2014.

24. 刘力菲，李博. **舟山：21 世纪海上丝绸之路的重要枢纽**[C]//第九届中国海洋文化论坛. 2014.

25. **宋元时期曾是繁华的"丝绸之路"：温州瓷器从海上外销**[C]//第九届中国海洋文化论坛. 2014.

26. 郑永年. **中国重返丝绸之路的几个重大问题**[C]//共识（2014 春刊 11）——新丝路新思路 新常态新常识，2014.

27. 李惠武. **开足马力下南洋 构建开放新优势：广东参与建设"21 世纪海上丝绸之路"探讨**[C]//市场经济与全面深化改革——2014 岭南经济论坛论文集，2014.

28. 唐洪森, 马震洲. **舟山民营企业参与"21 世纪海上丝绸之路"对策建议**[C]//第九届中国海洋文化论坛, 2014.

29. 白永秀, 吴航, 王泽润. **丝绸之路经济带的战略构想及其实现步骤**[C]//2014 年中国区域科学协会理事换届大会暨区域发展与城镇化学术研讨会论文集, 2014.

30. 刘锋. **共建 21 世纪海上丝绸之路与中国和平发展**[C]//北京论坛（2014）文明的和谐与共同繁荣——中国与世界：传统、现实与未来："人类与海洋"专场论文及摘要集, 2014.

31. 崔泉森. **论秀州在宋元时期海上丝绸之路中的作用与地位**[C]//第九届中国海洋文化论坛. 2014.

32. 万方浩, 刘万学. **"一带一路"框架下的植保国际合作与发展契机**[C]//病虫害绿色防控与农产品质量安全——中国植物保护学会 2015 年学术年会论文集, 2015.

33. 程微, 王忠强. **"一带一路"国家战略与自贸区发展对上海港集疏运体系的影响分析**[C]//协同发展与交通实践——2015 年中国城市交通规划年会暨第 28 次学术研讨会论文集, 2015.

34. 马胜荣. **媒体要重视"一带一路"倡议的传播效果**[C]//公共外交季刊 2015 年春季号第 8 期（总第 21 期）, 2015.

35. 中国国际经济交流中心"一带一路"课题组. **"一带一路"：全球共同的需要人类共同的梦想**[C]//国际经济分析与展望（2014~2015）, 2015.

四、文化、科学、教育、体育

1. 何振良. **试论泉州"海上丝绸之路"文化遗产的保护与利用**[C]//"泉州港与海上丝绸之路"国际学术研讨会论文集, 2002.

2. 李亦园. **释论"海上丝绸之路：泉州史迹"申报"世界文化遗产"之内在文化意涵**[C]//"泉州港与海上丝绸之路"国际学术研讨会论文集, 2002.

3. 陈水德. **"海上丝绸之路"与中外文化互动倾向**[C]//闽南文化研究——第二届闽南文化研讨会论文集（下）, 2003.

4. 何振良. **略论泉州"海上丝绸之路"文化遗产及其保护与开发**[C]//闽南文化研究——第二届闽南文化研讨会论文集（上）, 2003.

5. 哈艳秋, 蓝红宇. **略论"海上丝绸之路"的中外文化传播与交流**[C]//第三届世界华文传媒与华夏文明传播国际学术研讨会论文集, 2003.

6. 钟来全. **中国——东盟博览会"新海上丝绸之路"的开辟——谈区域文化传统在全球化进程中的现代化**[C]//第三届广西青年学术年会论文集（社会科学篇）, 2004.

7. 万明. **整体视野下的丝绸之路——以明初中外物产交流为中心**[C]//"丝绸之路与文明的对话"学术讨论会论文集, 2006.

8. 李永杰. **"海上丝绸之路"与晋江文化**[C]//朱熹理学与晋江文化学术研讨会论文集, 2007.

9. 何振良, 陈鹏鹏. **略论"海上丝绸之路：泉州史迹"文化遗产的保护与利用**[C]//中国文化遗产保护无锡论坛——文化线路遗产的科学保护论文集, 2009.

10. 全洪. **广州海上丝绸之路文化遗产的研究与展望（摘要）**[C]//中国文化遗产保护无锡

论坛——文化线路遗产的科学保护论文集，2009.

11. 李英魁. **海上丝绸之路研究（节录）：以中国段宁波文化遗产为个案**[C]//中国文化遗产保护无锡论坛——文化线路遗产的科学保护论文集，2009.

12. 顾风，刘尚杰. **申遗视野下的海上丝绸之路和扬州价值**[C]//中国文化遗产保护无锡论坛——文化线路遗产的科学保护论文集，2009.

13. **千年沧桑百年孤港（节录）：登州在"海上丝绸之路"对外交往中的作用**[C]//中国文化遗产保护无锡论坛——文化线路遗产的科学保护论文集，2009.

14. [美]DON ES. **社会化媒体对营销和传播的启示：全新的数字化丝绸之路（英文）**[C]//北京论坛（2012）文明的和谐与共同繁荣——新格局·新挑战·新思维·新机遇："社会化媒体时代的创新与变革"传媒分论坛论文及摘要集，2012.

15. **文化价值与文化交流：普陀山宗教文化与海上丝绸之路**[C]//第九届中国海洋文化论坛，2014.

16. 金涛. **浙江舟山"海上丝绸之路"的历史轨迹及其对策建议**[C]//第九届中国海洋文化论坛，2014.

五、语言、文字

孙宏开. **丝绸之路上的语言接触和文化扩散**[C]//多元文明冲突与对话中语言的认同与流变，2007.

六、艺　术

1. [德]施舟人. **"海上丝绸之路"与南音（英文）**[C]//"泉州港与海上丝绸之路"国际学术研讨会论文集，2002.

2. 粘秋生，方警春. **宋元时期德化窑在"海上丝绸之路"的商贸地位及其文化意义**[C]//首届 ISCAEE2006 中国清华大学国际陶艺教育交流年会论文集，2006.

3. 艾娣雅·买买提. **汉唐乐与丝绸之路音乐文化交流考略**[C]//汉唐音乐史首届国际研讨会论文集，2009.

4. 钟丽娟. **浅谈唐代丝绸之路景教绘画**[C]//丝绸之路经济带文化资源与文化产业高峰论坛论文集，2014.

七、历史、地理

1. 卢苇. **郑和下西洋和海上丝绸之路的繁荣**[C]//中外关系史论丛（第四辑），1992.

2. 陈炎. **16-18 世纪澳门港在海上丝绸之路中的特殊地位和影响**[C]//中外关系史论丛（第四辑），1992.

3. 朱非索. **南海"丝绸之路"考古发现浅析**[C]//"迎接二十一世纪的中国考古学"国际学术研讨会论文集，1993.

4. 袁明祥. **试论南方丝绸之路货币**[C]//福建省钱币学会第二次会员代表大会、第五次东南亚史货币暨海上丝绸之路货币研讨会专辑，1994.

5. 朱亚非. **论早期北方海上丝绸之路**[C]//三条丝绸之路比较研究学术讨论会论文集，2001.

6. 陈潮. **试论海上丝绸之路兴起的原因**[C]//三条丝绸之路比较研究学术讨论会论文集，2001.

7. 许在全. **泉州吏治与海上丝绸之路**[C]//"泉州港与海上丝绸之路"国际学术研讨会论文集，2002.

8. 栗建安. **闽南古代陶瓷与"海上丝绸之路"**[C]//闽南文化研究——第二届闽南文化研讨会论文集（下），2003.

9. 刘世旭. **略论"南方丝绸之路"出土海贝与贝币**[C]//《内蒙古金融研究》钱币文集（第四辑），2003.

10. [德]施舟人. **"海上丝绸之路"与南音**[C]//闽南文化研究——第二届闽南文化研讨会论文集（下），2003.

11. 吴幼雄. **试析泉州"海上丝绸之路"多元一体文化内涵**[C]//闽南文化研究——第二届闽南文化研讨会论文集（上），2003.

12. 刘明贤. **合浦徐闻二港在古代海上丝绸之路中的特殊作用**[C]//海上丝绸之路研究：中国·北海合浦海上丝绸之路始发港理论研讨会论文集，2004.

13. 黄启臣. **西汉海上丝绸之路与内地的互动——以徐闻、合浦始发港为中心**[C]//海上丝绸之路研究：中国·北海合浦海上丝绸之路始发港理论研讨会论文集，2004.

14. 李俊康. **从西江到海上丝绸之路始发港的考察**[C]//海上丝绸之路研究：中国·北海合浦海上丝绸之路始发港理论研讨会论文集，2004.

15. 傅举有. **从考古资料看合浦海上丝绸之路的兴起和发展**[C]//海上丝绸之路研究：中国·北海合浦海上丝绸之路始发港理论研讨会论文集，2004.

16. 广西文物工作队课题组. **西汉海上丝绸之路始发港——合浦港的考古学实践与初步认识**[C]//海上丝绸之路研究：中国·北海合浦海上丝绸之路始发港理论研讨会论文集，2004.

17. 吴传钧. **海上丝绸之路的回顾与前瞻**[C]//海上丝绸之路研究：中国·北海合浦海上丝绸之路始发港理论研讨会论文集，2004.

18. 白芳. **宁波与海上丝绸之路**[C]//宁波与"海上丝绸之路"国际学术研讨会论文集，2005.

19. 孙进已. **对海上丝绸之路研究的几点拙见**[C]//宁波与"海上丝绸之路"国际学术研讨会论文集，2005.

20. 席龙飞. **宁波的造船业与海上丝绸之路**[C]//宁波与"海上丝绸之路"国际学术研讨会论文集，2005.

21. 施祖青. **宁波"海上丝绸之路"与移民关系初探**[C]//宁波与"海上丝绸之路"国际学术研讨会论文集，2005.

22. 林士民. **浅谈宁波"海上丝绸之路"历史发展与分期**[C]//宁波与"海上丝绸之路"国际学术研讨会论文集，2005.

23. 李玉昆. **明海上丝绸之路与宁波佛教**[C]//宁波与"海上丝绸之路"国际学术研讨会论文集. 2005.

24. 黄浙苏. **论妈祖信仰对宁波海上丝绸之路发展的作用**[C]//宁波与"海上丝绸之路"国际学术研讨会论文集，2005.

25. 靳维柏. **明清时期的闽浙海防与海上丝绸之路**[C]//宁波与"海上丝绸之路"国际学术研讨会论文集，2005.

26. 王连胜. **普陀山的新罗礁、高丽道头在"东亚海上丝绸之路"中的重要地位**[C]//宁波与"海上丝绸之路"国际学术研讨会论文集，2005.

27. 鲍志成. **试论宁波"海上丝绸之路"的历史地位及主要特征**[C]//宁波与"海上丝绸之路"国际学术研讨会论文集，2005.

28. 邹振环. **丝绸之路：文明对话之路上的《华夷译语》**[C]//"丝绸之路与文明的对话"学术讨论会论文集，2006.

29. 廖国一. **汉代合浦郡与东南亚等地的"海上丝绸之路"及其古钱币证据**[C]//首届广西社会科学界学术年会论文集，2006.

30. 黄浙苏. **论妈祖信仰对宁波海上丝绸之路发展的作用**[C]//2006中华妈祖文化学术论坛论文集，2006.

31. 何振良，李玉昆. **略论海上丝绸之路与泉州**[C]//福建省首届海洋文化学术研讨会，2007.

32. 金德洙. **张保皋与"东方海上丝绸之路"**[C]//2008年登州与海上丝绸之路国际学术研讨会论文集，2008.

33. 凌云鹏. **登州：海上丝绸之路从这里启航**[C]//2008年登州与海上丝绸之路国际学术研讨会论文集，2008.

34. 王志民. **齐鲁文化与东方海上丝绸之路**[C]//2008年登州与海上丝绸之路国际学术研讨会论文集，2008.

35. 黄海研. **回到文化遗产的历史现场（摘要）：以广州海上丝绸之路文化史迹的保护和利用为中心**[C]//中国文化遗产保护无锡论坛——文化线路遗产的科学保护论文集，2009.

36. 张一平. **海上丝绸之路上的海南岛**[C]//人海相依：中国人的海洋世界，2010.

37. 廖国一. **汉代合浦郡与东南亚等地的"海上丝绸之路"及其古钱币证据**[C]//中国钱币论文集（第五辑）.2010.

38. 吴幼雄. **试析泉州"海上丝绸之路"多元一体文化内涵**[C]//中华文化与地域文化研究——福建省炎黄文化研究会20年论文选集[第二卷]，2011.

39. 沈昌伟. **忽必烈和十三世纪的海上丝绸之路**[C]//纪念成吉思汗诞辰850周年学术研讨会论文集，2012.

40. 马颂梅. **郑和下西洋与海上丝绸之路**[C]//第三届昆明郑和研究国际会议论文集，2014.

41. 袁晓春. **海上丝绸之路上的广东、福建海商**[C]//人海相依：中国人的海洋世界，2014.

42. 赖进义. **论《郑和航海图》与海上丝绸之路间的关系**[C]//第三届昆明郑和研究国际会议论文集，2014.

43. 孙峰. **古代马秦山地名考证：基于浙东"海上丝绸之路"的推测**[C]//第九届中国海洋文化论坛，2014.

44. 郑自海，郑自江. **明初"海上丝绸之路"中三位云南籍航海家**[C]//第三届昆明郑和研究国际会议论文集，2014.

八、天文学、地球科学

1. **《新丝绸之路地图集》编制可行性研究报告**[C]//地图学与 GIS 学术讨论会论文集，2002.
2. 陈国森；黄荣辉；周连童. **热力耗散激发的丝绸之路遥相关的斜压不稳定**[C]//第八次全国动力气象学术会议论文摘要，2013.
3. 陆深海. **舟山"海上丝绸之路"与新"丝路"建设**[C]//第九届中国海洋文化论坛，2014.
4. 骆小平，黄建钢. **21 世纪海上丝绸之路与浙江海洋经济发展探究**[C]//第九届中国海洋文化论坛，2014.

九、工业技术

1. 关颖相. **广东海上丝绸之路博物馆建筑设计详述**[C]//2011 第 9 届两岸四地工程师（广州）论坛论文集，2011.
2. 陈军. **广东海上丝绸之路博物馆混凝土结构设计实践**[C]//中国建筑学会建筑结构分会2012 年年会论文集，2012.